广东客属海外联谊会组编

廣東客家史

（上册）

黄浩書

谭元亨 主编

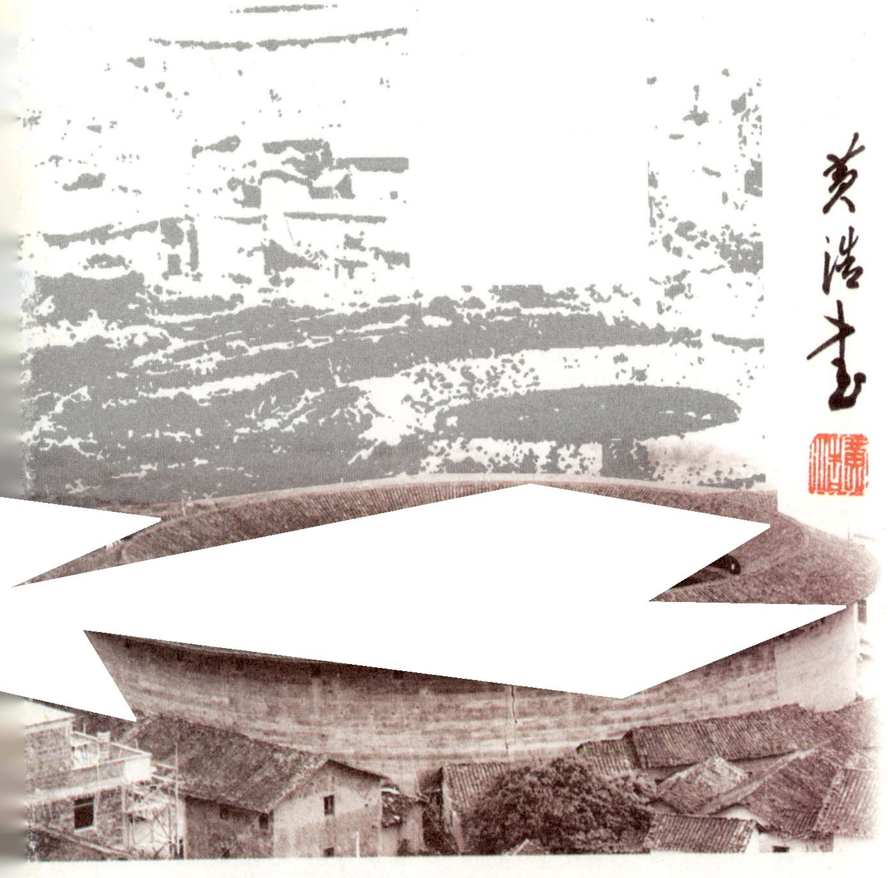

廣東省出版集團
广东人民出版社
·广州·

图书在版编目（CIP）数据

广东客家史（上下册）/谭元亨主编．—广州：广东人民出版社，2010.10
ISBN 978-7-218-06908-1

Ⅰ．①广…　Ⅱ．①谭…　Ⅲ．①客家—民族历史—广东省
Ⅳ．①K281.1

中国版本图书馆 CIP 数据核字（2010）第 198917 号

组编单位：广东客属海外联谊会
协编单位：岭南教育集团客家文化研究院

广东客家史（上下册）　谭元亨主编

出 版 人：金炳亮

责任编辑：谢海宁　周米亚
装帧设计：张力平　张竹媛
责任技编：周　杰

出版发行：广东人民出版社
地　　址：广州市大沙头四马路 10 号（邮政编码：510102）
电　　话：（020）83798714（总编室）
传　　真：（020）83780199
网　　址：http://www.gdpph.com
印　　刷：广东省教育厅教育印刷厂
书　　号：ISBN 978-7-218-06908-1
开　　本：787 mm×1092 mm　1/16
印　　张：62.25　**字　数：**1500 千字
版　　次：2010 年 10 月第 1 版　2010 年 10 月第 1 次印刷
定　　价：258.00 元（上下册）

如发现印装质量问题，影响阅读，请与出版社（020-83795749）**联系调换。**
售书热线：（020）83790604　83791487

《广东客家史》编委会

本书作者分工

概　论　谭元亨

第一章　廖　文

第二章　谭元亨

第三章　谭元亨　吴招胜　吴　雁

第四章　曾汉祥

第五章　曾祥委　谭元亨

第六章　蔡高暖　贝闻喜等

第七章　方尤瑜

第八章　谭元亨　丘立才

第九章　谭元亨　陈广万　黄启臣　李小华　刘小妮

第十章　刘小妮

第十一章　刘兴东　罗可群　蔡高暖等

第十二章　谭元亨　吴招胜　廖　文　宋韵琪

第十三章　练春招　庄初升　严修鸿　刘立恒　李小华

第十四章　张维耿　练春招　严修鸿等

第十五章　罗可群等

第十六章　刘小妮等

另，黄善芳、李笠德、黄鹤等亦参加了早期的修订工作。

序　言

中华民族是一个伟大的民族，历五千年的历史变迁，其“多元一体”的格局使之有了更大的活力。流水不腐，户枢不蠹，正是不同民族，不同族群的互动，尤其是南北之间的大迁徙，激活了整个中华民族，从而成为世界四大文明中唯一不曾寂灭并始终延续，不断走向峰巅的文明。在中华五十六个民族中，汉民族也同样具有“多元一体”的格局，远古的华、夏二族，先秦的秦人、楚人等，最后则汇为古汉族。而古汉族仍不断吸收新鲜血液，所谓的北胡南蛮东夷西狄，也都大部分融合到了这么个文明势位居高的民族之中。直到今天，汉族仍以其八大方言族群，构成其“多元一体”的新格局。

因此，当今日世界，以其多元文化显示其文明的上升态势、民主格局之际，大中华文化圈中客家文化之复兴，也就成为了历史进步的题中之意。中国大陆的改革开放，海峡对岸的解除戒严，分别令客家学研究与“还我客语运动”同步兴盛起来。经历近30年的努力，客家文化重新为国人及世界所认识，对这个民系的源流有更深的追溯，对其在大迁徙中铸造的人文精神与历史品格，也有了不少切中肯綮的论述。于是，积30年研究之功，在客家第一大省的广东，终于推出了全国第一部地域性的客家史——《广东客家史》，这是令人振奋的。

正如中山大学一位资深教授所言：

> 它的出现，对于多元一体的中华民族文化而言，无疑具有带动意义乃至标志意义，它标志着，多元文化在中国不仅得到了广泛的认同，而且发展到了自觉与成熟的阶段，与世界多元化的浪潮相呼应，并成为推动历史进步的伟大动力。所谓“经济全球化，文化多元化”，是世界发展的双翼，缺一不可。没有文化的多元化，经济的全球化只会成为强权单一的话语，最终只会令这个世界失去色彩、失去活力乃至生命。因此，在海峡两岸，客家文化自上世纪七八十

年代开始复苏，便成为整个中华民族伟大复兴的一部分，是令人振奋的。

作为广东，中国客家的第一大省，拥有近3000万客家人，出现第一部客家史，是在所必然的，正如第一位客家学大师罗香林出在广东，出在我们中大一样。今日，全国影响最大的客家文化研究所，也设在老中大校址——华南理工大学，它本来也是中大的一部分，1952年文理分科留在了老中大原址。

由罗香林开创的客家学，迄今也已有80年时光了，这80年，中国发生了翻天覆地的变化，从“东亚病夫”，成为了世界民族之林的参天大树，跻身于政治强国、经济强国，乃至体育强国的前列。可以说，客家也与时俱进，2008年北京奥运会拿金牌的，仅客家运动员就拿了近10枚，无负于历史上客属地“三乡”（文化之乡、华侨之乡、体育之乡）的美誉。

罗香林开创的这一学科，给后人留下了不少拓展的方向，积80年的考察、调查、研究，今日客家学的规模，已非当日可比了，一批学贯中西，有真知灼见的客家学学者正脱颖而出，年轻人更以其新锐、敏感的姿态，加入到这一行列之中，广州的几大研究机构，更有不少见解独到、学识深厚的研究著作问世，这部《广东客家史》，正是他们群策群力，共同奋斗的结果。

可以说，广东客家人最多，客家文化也最深厚，客家民俗事象更是丰富多彩，要发掘这一历史宝库，殊非易事。幸广东广大学者，有多年的探索，为这部《广东客家史》打下了坚实的基础。可以说，这百万言巨著，熔铸了几代学人辛劳的心血，汇聚了几十年新的发现。

尽管如此，这部专著，仍有不少创新之处，不拘陈说，敢于立言，提出了一系列全新的、科学的观点，破解了众多的客家文化之谜，在罗香林的学说上，大大地推进了一步。

当年，由于历史的局限，信息量的不足，身为广东客家人的罗香林，亦不可能对自己所在省份的客家分布、人口数量等予以较全面与准确的考证。而今天，这些局限已经不会那么多了，信息量更是丰富得多，加上我们一些客方言研究的学者，不辞劳苦，足迹遍及全省各个市县，更直接深入到乡、村一级，从而有可能拿出相当准确，颇为细微的方言分布图。而从方言之分布，我们便可以准确地把握到整个客家人口的分布，并且同时给客家迁徙的路线提供有力的佐证，罗香林未能做到的，他们做到了，从而大大补充了广东客家的历史内容。

同样，源流一脉，全书以“从中原到岭海”为线索，没有简单把客家形成之前的大迁徙，统统视为“客家先民”所为，更为准确地使用“中原人”这一身份。的确，秦汉之际，迁入广东的中原人，后来分别融入了广府与客家两大民系当中，而两晋时期，南下粤东的中原人，亦同时融入客家与潮汕人当中，直到两宋，客家民系方正式形成，其间南下的，方大都为客家人。如何审慎地区别对待这三次大迁徙，而不为其他民系所混淆，需要大量的实证，才能作出科学的结论。惟有这样，中国历史上文化重心的南迁与客家民系在近代史上的崛起之间的关系，也就具有更大的研究价值。而客家人的人文精神，正是在这一次次的大迁徙及一次又一次的崛起中，得以充实、发扬。

关于全书不少创见，这里就不一一列举了，仅此几例，便足可证明，参与写作的学者们，有着怎样深厚的文化功底，又有着怎样的学术勇气，凭此，我们可以相信，作为第一部地域性的客家史，足以在客家学上树立起一重要的里程碑。

“学之之博，未若知之之要；知之之要，未若行之之实。”这部《广东客家史》不仅仅是“写”出来的，更重要的是“行”出来的。行万里路，每每比破万卷书更有得益，纸上得来终觉浅，实践出真知，这才有煌煌百万言。“行之之实”一步一个脚印捧托出来。

文化建设，功在千秋，希望有更多的学者，投身于客家文化的研究，为建设广东文化大省，弘扬客家文化，继承与发扬我们这个拥有5000年文明史的中华民族的优秀传统，做出更大的贡献。

是为序。

黄浩

2010年10月

（序言作者黄浩系广东省委原常委、广东省委宣传部原部长、广东客属海外联谊会会长）

目录

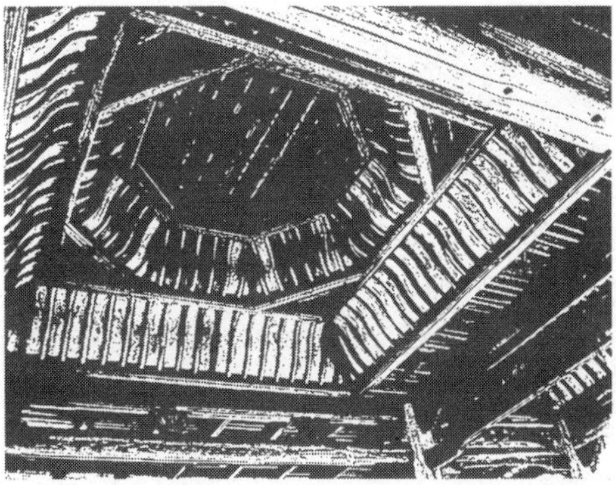

·上册·

·下册·

概　论

一

“欲知大道，必先为史。”这是著名启蒙思想家龚自珍的名言。他如此重视历史，自是与中国的传统分不开。恐怕，在这个蔚蓝色的星球上，史书最多的国家，非中国莫属。但龚自珍强调“为史”，目的在于“知大道”。道者，国人的解释很多，而龚自珍这里讲的“大道”，当是指向未来的发展，以史为鉴，拓开一个新的时代，所以，他才不惜呼号“我劝天公重抖擞，不拘一格降人才”。

其实，《汉书·京房传》中已有：“惟有道者能以往知来。”再往前，更有荀子说过：“善言古者，必有节于今。”关于“道”与“史”的关系，古之哲人，已有过不少精辟的论述。可见历史对于今天，对于“大道”，是何等地重要。我们从来就不是一个食古不化的民族，我们之所以拥有世界之最的历史典籍，当是更看重与向往未来，这是毋庸置疑的。

推出这么一部百万言的《广东客家史》，其宗旨亦在于此。

广东是中国的第一大客家省，这是世所公认的。广东的客家人，为中国近现代历史的进步，做出了不可磨灭的伟大贡献——这正是“史”所着眼之处。试想一下，如果没有来自花县的洪秀全揭竿而起，发动惊动世界的太平天国，如果没有以“洪秀全第二”自居的孙中山，令千年帝制，一朝倾覆，如果没有“两叶”（叶挺、叶剑英）在北伐、土地革命及抗日战争中纵横捭阖，那么，一部中国的近现代史就很难会是这样书写。可以列举的历史功业还很多，但“客家人有过去”这一定论就足以引为骄傲的了。

但是，过去的辉煌，未必就等于未来的保证，这句话本身就暗含有对今天与未来的迷茫及期许，甚至包含有惋惜与失望。听话听声，锣鼓听音，这背后复杂的意义，恐怕一语难以道尽。相信客家人听到这句话，未必会视为赞许，当然，能这么意识到，也正是希望之所在。“后之视今，犹今之视昔”，这同是《汉书》中所说的。正是寄希望“后之视今”，我们方可永继已有的辉煌。

那么，这部《广东客家史》正是为了“后之视今”，而来“今之视昔”，追溯源流，激浊扬清，方可开拓未来，再创辉煌，指向是再明确不过的。

能为一个民系或族群写史，这也是社会变革、思想解放之必然。民族的解放、族群的解放，一直到人的自由全面的发展，这都是历史进步的题中之意。《广东客家史》算是一个开头，相信江西的客家史、福建的客家史，乃至中国客家史，都会陆续出来。为这么一个为中国历史进步而立下丰功伟绩的民系立传，自责无旁贷，我们希望，一部厚重、大气的《客家史》能够在不久的将来问世，而更广泛、更深入的客家研究，当结出丰硕的成果来。

二

如何“为史”，则是摆在我们面前最“现实”不过的问题。

这并不是说，所有参与撰写这部《广东客家史》的人不知道史如何为之，其实，不少人都是史学方面的专家，参与过各种类型的历史著作的编撰。问题在于，今天“为史”，已不再是过去的概念了。随着历史视野的扩大，人们对影响历史发展的各种因素都有了新的认识、新的发掘乃至新的判断，研究的思路、方法也都有了很大的不同——如何逼近历史的真实，如何评估历史的思想，种种，都有待我们去努力。人类学、社会学、经济学、民俗学种种，都是“为史”所必不可少的内容，尤其是文化的因素，当今愈加突出，由“隐性”走向了“显性”——正是在这样的背景下，客家学方成为了当代的一门显学，成为文化研究的重要一环。而客家史是其重中之重，人们所予以的期盼，可想而知。

客家学的创立者罗香林，在半个世纪前重新修订并独立发表的《客家源流考》一书，当然是“为史”的杰作，对客家历史、文化的贡献，是首屈一指的。迄今，不少人怎么指责，乃至否定，都始终无法离开这一框架。我们从不认为，史著是不可以挑剔的，永远一成不变的，但是，其基本点，尤其是内中的思想，毕竟有其闪光之处，有合理的成分。例如，不少学者认为他制造了一个“客家的神话”，有的甚至把这推向了极端，说客家只是一个“历史的误会，误会的历史”，从而最终否定了这个族群的存在，将其说成是广府人的一部分。其实，众所周知，神话、传说，从来是一个族群的精神所在，或者说，是由其历史演绎而成的，前面就有古希腊罗马神话为印证，特洛伊木马的神话，最终竟为考古所证实。当然，我们不是说，所有神话都有历史事件的依据，不过，我们完全可以说，所有神话、传说，都有历史意识、族群精神所维系，是历史意识与族群精神演绎、过滤而成的，无视这一条，真实与真理也就只成一个徒有其表的空壳，失去了其生动的灵魂。我们可以把神话还原，甚至可以作为史证的一部分，但不可以无视其存在的合理性，并予以全盘否定。

同样，我们只能站在巨人的肩膀上往前眺望，却不能把巨人扳倒。因此，在罗香林创立的学说上，我们可以纠正其错谬、补充其不足，却不能取一种对立的态势，以“土著说”、“误会说”加以一笔抹杀。这样，不仅是无视历史，而且是不合乎科学的。

例如，罗香林的“源流考”中，让人诟病得最多的是对谱牒的使用，尤其是他对谱牒采取的“六经注我”的态度，合适者用之，不合适者弃之。有的人更认为，所有的族谱，大都是伪托的，尤其是客家的，攀附名门最为明显，如果说明、清尚近，其记载多少还有点可信度，而明、清以前，则无以信了。其实，全盘肯定或一概否决，都是太简单化了，我们应取科学分析的态度。

应该说，正史、舆地、方志，无疑是建构一部客家移民史的重要依据，却每每有被定格或固化之疑虑。而来自于民间的谱牒，自是鲜活，有血有肉，却又每每有假托的诟病。如何把二者结合，不僵化而灵动，不虚妄而实沉，一直是当代学人所探求的。因此，我们在撰写这部《广东客家史》之际，当力求从深度上，即思想上的考量，广度上，即社会与历史文化的视野，科学地进行研究，尤其是令族谱的研究提升到一个新的高度。

对谱牒的发掘，有人认为是田野作业之“深山采芝”，这一譬喻无疑是生动的、准确的，同时，也充分体现出这一探求的重要。深山者，可见其艰难，采芝也，则见其之珍贵，学术上的成就，没有艰苦的探索是不会获取的。不少史学大师的书，都称族谱是未曾开启的历史宝藏，但他们都没来得及去做。现在，我们理应努力去做，把处于璞状态的谱牒，锻打成了通灵的玉块，让人识知其无可估量的价值，并从中聆听到悠远的历史足音，支撑起这么一部大气、厚重的移民史来，令前辈大师们当为之欣慰矣。

宏观着眼，微观深入；纵横捭阖，驱遣自如，一部移民史，当写得满纸烟云，让人不忍释手，凝聚着作者的功力与情感，让读者们也同样在这山一般厚重的大书中，采到至贵的灵芝来！

三

神话、传说，也许是虚的，谱牒之类，作为“祖宗言”，也可以视为虚的。因为仅仅是历史精神的体现，那么，作为历史，当我们从不同的路径去逼近它的真实之际，势必还需要有新的开拓。

最近，有人试图以“方言群”来重新构建客家，以取代“民系”或“族群”的概念或提法。但是，其阐释却未能到位，仍很模糊不清，缺乏相应的系统性及理论上的明确。这些，姑且按下不谈。但这一提法中，亦有其合理的成分，因为，没有了客方言，客家也就不复存在了，构成一个民系或族群的主要界限，除开方言——他们共同的语言之外，其他的就难以成立了。因此，一幅“方言地图”，便是一个民系或族群的真正的、至为准确的分布图。

正因为这个原因，我们把客家方言史，视之为重要的内容，这样，不仅可以把全省客家人的分布，同时一下子说清楚，而且还可以对客家的生存状态（如地理气候环境）、文化生态（人文历史环境），尤其是客家人进入广东的迁徙路线，说得更为准确与明白。本来，罗常培早就说过：“如果有人把客家问题彻底地研究清楚，那么，关于一部分中国民族迁徙的途径和语言演变的历程，就可认识了多一半。从事这件工作，一方面固然可以拿语言的系统去推迹民族迁徙的途径，一方面也可以拿民族迁徙的历史去联络语言的关系……”①

罗常培提出这么做为的是“好找出各期客家话的流变，然后进一步再和广东、广西、福建、湖南、四川、台湾等处所有客家话去比较，同时再尽量多收集客家的宗谱，作为推导迁徙途径的帮助，那么，整个客家语组的纵横两方面或许就显豁地表现出来”②。

他这里也提到谱牒了，可见这位语言大师，对谱牒与方言的相互参照，是持相当肯定态度的。

感谢庄初升、严修鸿两位语言学博士，他们的足迹深入到了整个广东的每一个客家山乡，从而为我们绘制了一幅幅相当详尽的客家方言地图，称得上是“深山采芝”了。

而最引人注目的是，他们绘制了关于客方言中的梅县音与水源音各自的走向与交互的地图。这一方言地图，当雄辩地证明了当年客家人进入广东的路线至少有两条，早期是直接从江西寻乌、定南沿东江水源进入广东龙川的，所以，这一片的方

①② 罗常培：《语言与文化》，北京出版社2004年版，第199页。

言才会被称为“水源音”。有人视其为“客家古音”亦不无道理。而稍后，则是过石城、石壁间的“闽粤道衢”，沿汀江、梅江进入梅州一带的，由于梅州地位在明清期间日渐凸显，嘉应音也就成为客家方言中的强势语言，所以，如今亦有人视其为“客家标准音”，同样不无道理。为此，本书对它们一视同仁，分列为一章中的平行两部分。

下边这幅图，似乎已不用多加解释了。

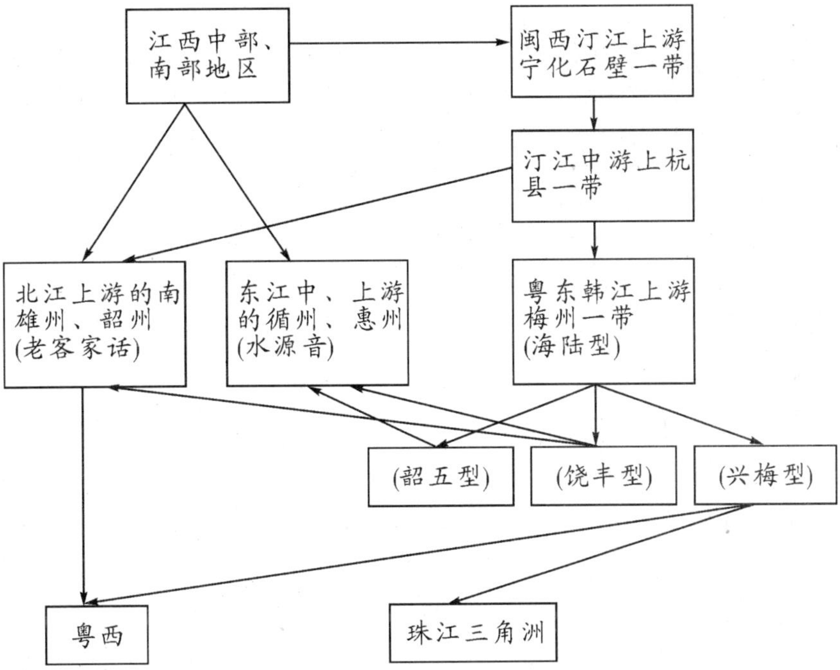

客家方言形成示意图

凭这幅图，我们可以解决广东客家当中许多至今仍争议不已的问题。其实，不自以为是、唯我独尊，这些问题都是不难解决的，我们应以平常心视之。

四

构建一部《广东客家史》，仅上面两节的说明，我们已从好几个方面，打破已有的窠臼，拓开了不少新的思路，这已是很明白的了。

但是有一条，很根本的一条，我们还没说到。

研究工作大致可归于两条轨迹：一条是人们业已公认的与认识论、与科学观、与逻辑判断密不可分的、实证的轨迹，它自然是理性的——theorogne（理性的历程）。这与罗香林开启的源流考是一致的，与当今强调历史学的研究方法是一致的。以至于有人宣称，以历史学也包括部分人类学为基础的研究，才是正宗学术研究，而其他的，包括文化研究在内，则很难为学术界所认同，至少，其中能被认可的东西不多。其针对性是显而易见的。

其实，研究上亦同时存在另一种轨迹，尤其是20世纪以来，更强调这一范式，这便是非理性的——pathogne（情感历程）。诸如历史哲学、文化学，也包括人类学在内，当人类学强调过程、历史、结构之际，如仅仅是过程研究，如没有人文关怀，没有意义上的阐释，那就是浅薄的、苍白的——这似乎已有了情感色彩。而A.斯坦因在其《历史哲学与价值问题》上就论证过，历史哲学是“人类把握历史真实的痛苦而产生的”，这就更具非理性了。当唯美主义向文化靠拢，出现诸如野兽派，尤其是毕加索等大师之际，请问“学术界”（请注意加上了引号）又是如何“认同”的呢？

话题还是回到什么才是正宗的学术，什么才是正宗的客家学上，如果仍继续抱残守缺，排斥、无视当今学术研究的已有的新的成果，客家学本身也就会被窒息掉。早在上个世纪，当人类思维从理性阶段，深入到潜意识或深度心理学，即纳入非理性时，学术本身也就不是因循第一个轨迹即理性的，theorogne 演进了，这里没必要重复非理性、悟性、解构主义等，一切，都已是不言而喻的。

时至今日，我们已无可否认，作为客家学，难道不正是“人类把握历史真实的痛苦而产生的”么？这如同历史哲学一样，它当更赋予非理性的、感情的色彩。客家学已有的研究，当已充分地证明，“客家”的称谓，是由他称到自称、不得已为自我接受的产物，即“主客意识”与边缘地位冲突的结果。客家人强烈的身份认同与族群意识，正是在与其他族群，尤其是广府人互动过程中作为自我意识的觉醒而发生的，这经历了自明、清、民国这么漫长的历史时期才萌发、成长、提升起来的，所以，才有人分别以明、清乃至民国为界定确定客家这个族群的产生，甚至称其为“历史的误会，误会的历史”——这里边，实在有太多的非理性成分，不可以用理论厘清的，这有徐旭曾的《丰湖杂记》与罗香林的《客家研究导论》为证，它们均面临非理性的土客械斗以及教科书中种种的非理性的侮蔑，从而被“激发”出来，而非所谓学术研究上的逻辑论证出来。“客”字边上加上“犬”旁，本就是一种偏见，一种无知，与理性是挂不上钩的。

也许，这一自辩，也未必理性。

但毫无疑义，这里所做的努力，当深信，为客家学的研究，一旦被认可，当为这门学科一个决定性的新方向铺平了道路，并令这门学科挣脱或摆脱种种的非议而立于不败之地。

这一新方向，当然不会取消各个学科的差异，而是为其建造起跨越的桥梁，它是跨历史、跨地域的，这将扩大我们的学术视野，扩大我们的世界。一门学科的成熟，必然伴随视野的扩大，伴随思路的开阔，特别是“八面来风”，有着愈来愈多的互相贯通、互相融洽的思想。学术壁垒最终只能是作茧自缚，这早已有前车之鉴，线性的轨迹将被多元、立体的空间所取代——那将是一门学科得以辉煌的时刻！

当今，在客家学研究中至为强调的人类学这一门学科，它究竟是属于 theorogne（理性历程），还是 pathogen（情感历程）的？理性，抑或非理性？

从这一门学科产生的大背景而言，显然是后者而非前者，因为，从 19 世纪末至 20 世纪，人类已经意识到，主宰我们思维的成分，不仅仅只有理性，关于这点，谭元亨在《断裂与重构——中西思维方式演进比较》中就已经讲道：

> 人类并不是纯理性的动物，人们从如醉如痴的宗教仪式，疯狂变态的流行音乐，处于“迷狂”状态中的文学艺术，及至于千变万化的政治、经济等社会生活中，分明还可以感觉到一种内在的、盲目的、冲动的、无法抑制的力量。一种与科学、逻辑或理性不相干的力量，在相当程度上支配了人的思想与行为，而这种力量，则是理性成为人类思维两翼中的另一翼——非理性。也就是说，人的直觉、意欲、本能，也深深地嵌入到人类看来是有迹可循的思维活动之中，关于这点，中国的直观思维已作出了明证。①

似乎已不需要太多的论证，因为这已成为学术界的共识，例如叔本华、尼采为代表的唯意志论，席美尔、柏格森的生命哲学，海德格尔、萨特的现象学—存在主义。当然，特别是弗洛伊德，他是这么说过：“我们相信人类在生存竞争的压力之下，曾经竭力放弃了原始冲动的满足，将文化创造起来，而文化之所以不断地改造，也由于历史加入社会生活的个人，继续地为公共利益而牺牲其本能的享乐。”所以，他要释放这种非理性的、原始的冲动或本能，来一次解放。西方马克思主义也就是弗氏理论与非理性相结合的产物。

在确认这一学术乃至整个时代大背景之后，我们再来审视文化人类学自身。

其所关注的，便是人类的各种文化现象，且着重于描绘、分析、阐释人们的思想与行为方式，社会与文化的异同，即人们在生活方式、风俗习性、婚姻、宗族、亲情、宗教信仰、经济模式乃至原始仪式与艺术，种种，其间的共性与差异——这一概括，是美国学者霍尔姆斯（W. H. Holmes）在上世纪初提出来并为人类学界所认识的。

而上述的“字眼”即内容，显然与理性逻辑之类相去甚远，更是一种情感的、

① 谭元亨：《断裂与重构——中西思维方式演进比较》，广东高等教育出版社 2007 年版，第 141 页。

原始的、非理性的描述。

而从西方哲学的观点出发，建立在理性的认识论上的，当是逻辑学。而研究人的意志、介乎于理性与非理性之间，当为伦理学。那么，研究人的感性经验的，从以上阐述来看，人类学无疑当在其行列之中。换句话说，它是相对于情感或感性认识的一门学科，属感性学范畴，更多地以感性经验为基础——这便是人类学为什么如此注重田野工作并视为研究重心的原因了。

因此，当我们愈深入探索文化人类学之际，尤其是愈重视实际调查，愈重视经验接受——如大量的田野工作报告之际，我想，中国的文化人类学者是当大都有这样一种体会，它似乎愈来愈接近中国传统做学问的宗旨，那便是强调感性直觉，强调生命的体验，穷理尽性以至于命，从而重构一种时空即历史地理记忆，或岁月与场景的记忆。我想，这也已是一种共识了，中国文化重在生命，重在体验，重在感应，而这种体验，自与“情感历程”相通，虽不可完全划等号，只会更深入、更具意味……这里绝非虚构什么中国式的文化人类学，但对于中国学者而言，当有自身的拓展与深化，切切不可照样画葫芦，甚至于拾人牙慧，失去了自身。本来，中国文化中的整体观，贴近事物的经验论等，当与文化人类学的整体论、实践性，有着很大的相似及黏合作用。当我们寻求这么一个“情感历程”的描绘之际，是必会调动出中国文化诸多元素来，使之得到丰富与充实。

“情感历程”无疑当坚定不移地去努力体现这样一个族群相对定型的心态，相对成熟的人文理念所构造的精神文化。这样一种精神文化，当可以外化为物质文化，以火龙、拜太阳等仪式来表达，亦以建筑乃至雕塑作为载体，但更以文化艺术，以理想信念来体现，表现在人际关系、宗教信仰、品格塑造、处世方式、价值判断等各个方面——只有这些方面的差异，人们方可辨析出客家人来，诸如南洋几百年间的民谚所区别的——“客人开埠、广人旺埠、潮人占埠”给各自的定位。正是在这更高的层次上，客家精神方可以是“这一个”而不与他人所混同，方可以在历史记忆中留下清晰的“情感历程”（pathogne）来，从而真正勾勒出一幅客家文化地图。

只有学科的多样性——尤其是不可摒弃文化艺术这类形而上的学科，视野上的多角度，这包括伦理的、历史的、审美的角度，方可以重构这么一幅客家文化的情感——精神地图，从面揭示这一文化地图的内涵之丰富与深刻，并且令人信服地划出这样一条边界——文化的边界，让客家人与其他人都能认可，各自也都能维护自身的文化尊严而不至于互相混淆并互相争吵不休。

五

平心而论，要写一部《广东客家史》，并不是一件容易的事。

首先，客家学的发轫是在广东，所以，广东自身引发的种种争论也就是最多的，学术上的门户之见自不消说，由于地域不同、方言亦有所不同，引发的各种争议也就林林总总，纷纭杂沓。

其次，广东客家人口最多，分布地域最广，要彻底查清楚，并不是一件容易的事。例如，在粤东，则有一句话，“大埔无潮，澄海无客”，也就是说，偌大一个潮汕地区，仅有一个澄海没有客家人，而大埔则没有潮州人。同样，在更大的广府地区，也仅仅只有顺德没有客家人，其他县都有。以上归总起来，全省仅顺德是纯广府人县，仅澄海是纯潮人县，那么，整个广东十九万平方公里上，除开这两个县，也就都有客家人的分布。所以，客家人在广东所占的地域，是最广阔的。

还有一点是，无山不住客，无客不住山。客家人所在的地方，大都在大山里面，要做调查，殊为不易。加上山区的经济滞后，交通不发达，不仅跑路难，经济支持的力度也不够，我们当中好几位作者，在采写中遭遇到的困窘，都是难以形诸于笔墨的。

这些，还是很直观、很实际的问题，还有更多的，则不好说了。

所以，我们这部《广东客家史》得以完成也同样经历了不少曲折，不少磨难。不过，最终还是争了个“为天下先”，亦可聊以自慰矣。

正如开篇中所说的，能为一个民系或族群写史，也只有在改革开放的今天才可能，而在过去，则是无法想象的，这不仅是学术的进步，更是历史的进步。

因此，我们当更看重这当中历史的历史！

汉代陆贾有云：

善言古者合之于今
能述远者考之于近

我们能否达到古人提出的标准，当有广大的读者作出评价。

第一章
广东客家历史地理

客家人是一个始终“在路上”的民系。从众多客家族谱中，我们可以梳理出几个节点：河南光州、江西鄱阳筷子巷、江西赣州石城、广东龙川、福建宁化石壁、福建上杭瓦子街、广东梅县松口[①]。自宋以来，客家人大本营主要在我国南方的广东省、福建省、江西省交界地区，尤其是俗称的“客家四州”——广东梅州、江西赣州、福建汀州、广东惠州及广东河源、韶关等市。客家人大本营在山地，明清之际，有的客家人坚守山区，有的在迁海复界之际到滨海地区，也有的漂洋过海到海外谋生。从客家大本营启程，“一枝散五叶”，由粤东向粤北、粤中、粤西、云贵川、江西甚至海外迁移。因此，如果按照常规的方法来考据和研究客家的历史人文地理，则必定要放眼全球了，那将是一个工程浩大而未必最为可取的做法。客家人“停不下来”，客家史也要有别于其他史书的写法，要灵动起来。广东是客家人分布最多的省份之一，写广东客家史需要动态地考察广东客地历史、地理、文化的相互作用和演进过程，在广东客家人迁移运动中捕捉到根本，把握到客家灵魂。

第一节　地理区位特征及其意义

地理区位关注的是地理位置及周边地理要素的相互联系和差异。地理区位内部的点、线、面诸要素，除具有地理坐标上确定位置的意义之外，其区位因子构成上的独特性也是地理区位特征形成的重要影响因素。所谓一方水土养育一方人，秦楚

---

① 谭元亨编著：《客家文化史》，华南理工大学出版社2009年版，第18页。

勇冠，燕赵悲歌，韩魏冠带，齐鲁礼仪。而客家人所聚之地，据五岭，濒南海，是一个相对独立的地理单元，远离中原政治中心，封建王朝大有鞭长莫及之感，形成它政治上的相对独立性和稳定性。所以在历史上除建立过南越国和南汉国以来，东晋卢循、南梁萧勃、南陈欧阳纥、隋末萧铣、唐末黄巢都想利用岭南割据一方。[①]宋以来岭南地区相对中原地区安定，人口迁移频繁，南岭群山屏障，造成了客家地区极利于孕育和发展富有地域特色的客家文化。

从宏观地理视角观察，客家人大本营整体地理位置偏于我国大陆东南一隅，是四周被群山包围的丘陵地区。它的西面是南北走向的罗霄山脉，东面是东北至西南走向的武夷山与九连山脉，南面依我国南部最大山脉和重要的自然地理界线南岭，在罗霄山脉的中段还有一条雩山山脉与武夷山相连，从而把江西的南部与中部隔开。这就使得客家人分布的核心区与北部的洞庭湖、鄱阳湖平原，西南部的珠江三角洲平原，南部的潮汕平原，东北部的漳州平原及沿海人口密集分布地区之间形成一个天然山界。客家民系的形成，客家人的气质与性格，无疑与他们大迁徙的历史相关，也与他们最后抵达的大本营——闽粤赣三省交界地区的地理环境相关。

在交通相对落后的古代，崇山峻岭不利于陆上交通联系。唯一便利和相对发达的水上交通渠道又由于水系呈中心向四周辐射状分布，向外主要为顺水，向内则多为逆水，易出难入，形成一个对外相对封闭的自然环境，具有相对偏远、封闭、并远离中原及区域政治中心的特点。这种处于边缘地区的封闭性很强的地理区位特点对客家文化形成的意义在于，文化传统的传承稳定性较强，易于保留中原文化特质；但由于明显的边陲社会效应，与当地原有的畲族、瑶族等少数民族及前期汉族移民杂居，也容易受到区域原有文化的影响。因此客家人在相对独立自由的环境中得到了充分的休养生息，并按照民系自身的特点与规律缓慢发展形成新的但又保留强烈传统特色的地方文化。这一区域东南西则为罗霄山脉、南岭山脉与武夷山脉紧锁，如果没有赣南向北开放，就没有中原移民沉积在这个地方并形成族群的可能。但是，如果没有他们越过南岭、武夷山脉，获得独立发展，不再与中原汉民族主体同步演进，那也就没有这样一个个性鲜明的民系。地理环境所起到的重要作用，是万万不可忽略的。

广东客家人分布区域正好处于这一核心区的南端，且为岭南与中原沟通联系的重要节点。秦汉以降，岭南与中原交通日渐频繁，以西江、北江、东江为骨架的水上交通线从北、西两个方向，越过南岭之间低矮的分水岭或者直接由河谷进入岭南各地，形成树枝状交通网络。当时重要的水陆交通道有：

横浦道　即今大庾岭道，下浈江循北江南下番禺。唐张九龄奉令开凿大庾岭山道，使之成为广州北上最重要的交通线，商贾往来不绝于途，兴盛千年。直到1936

---

① 司徒尚纪：《岭南历史人文地理》，中山大学出版社2001年版，第7页。

大庾岭古道

年京汉铁路全线通车，客货在粤北过境而不留，这条古道才逐渐成为历史陈迹。

筠门岭道 从梅州溯石窟河，经筠门岭，顺赣江东源贡水而下赣州，抵南昌。梅州成为这条重要交通线的中转站。

汀江道 韩江上源为汀江，可往南沟通粤东各地。

循梅道 即从东江上游过岐岭，梅江流域的交通线。东江支流顶南水和寻乌水沟通江西，两水交汇后流进陀城，南下惠州、番禺。嘉靖《龙川县志》评曰："郡据上游，当江赣之冲，为汀漳之障，则固三省咽喉，四州门户，可不谓岩邑哉?"①

梅河高速公路

在交通日益发达的今天，南北交通方式已经发生了巨大的改变。从水运发展到完善的铁路、公路交通网络，近年来高速铁路和高速公路网络建设更是如火如荼。京九铁路、广梅汕铁路、鹰梅铁路、浦梅铁路、韶赣铁路，粤赣高速公路、韶赣高速公路等许多现代交通路线居然都是沿着古人千百年的脚印痕迹铺就，成为广东客家地区发展的通途。

以水为媒，也让山居的客家人得到了联通浩瀚南海和太平洋的机会。在中国逐渐走向闭关锁国的时期，客家人冲破了枷锁，率先走向开放，借东北季风和东南季风之便往来南海，打通了一条海路，播衍海外。创造了东南亚开发史上的奇迹，故有"客人开埠"之誉。其后客家人更是散布各大洲，繁衍至今人口近500万之多。客家大本营沟通岭南与中原的独特地理区位，成为南北通衢上重要的节点，是岭南人北望的制高点，也是中华文明面向大海的前沿。纵观岭南地区，相对于中原文明史而言，岭南文明的发展比中原稍迟近千年，自唐宋时期才开始提升，但是正是因为岭南客家人携手善于营商的广府人和有"海滨邹鲁"之称的潮汕人，各展所长，经数百年共同努力，使岭南文明后来居上，明清以来蜚声全国，近现代则成为中国先进文化的策源地、向外辐射的强大中心，

① 司徒尚纪：《岭南历史人文地理》，中山大学出版社2001年版，第198页。

领时代风气之先。山居客地人文蔚起，在当年章太炎的眼中，客家理所当然是属于东南沿海的一种文化，它与海洋文化无疑是一致的——这从大的地域上看当然无可非议；可来到广东，在不少人的眼中，客家理所当然是属于“山”的文化，即中原文化，因为他们是在“耕山”而非“耕海”，是南人中的北人，是农耕文化在南方的代表。公说公有理，婆说婆有理。其实，正是客家文化具有跨中原文化与沿海文化，或者跨农耕文化与海洋文化的特点，一方面，它喜于吸收外来的海洋文化——毕竟从大范围来说它还是处于沿海地区，另一方面，它又能与内地中原文化沟连，并为其所认同，从而把新的理念引过去——当可说“左右逢源”。所以，客家实现了从蛰伏到崛起，在中国近现代历史转折时期中发挥出巨大的潜能。正是在这一块不可复制的地区，广东客家人历经数百年耕山与耕海，创造了传统与现代、持中与开放等文化特质和谐共荣的地域客家文化，创造了独特的广东客家史。

第二节　历史建置沿革

广东客家人大本营所处地域，人类开发历史悠久。古人类活动遗迹有著名的韶关曲江马坝人遗址。“马坝人”属于中国东南地区旧石器时代中期的古人类，距今12.95万年至13.5万年。在先秦时，生活在当地的南越族先民创造了包括新石器和青铜文化在内的古代文明，活动范围已经覆盖岭南各地，成为南越文化的主体。公元前219年，秦始皇任命屠睢为主将、赵佗为副将率领50万大军远征岭南。屠睢死后由任嚣任主将，在公元前214年平定岭南并设立了南海郡、桂林郡、象郡三郡，其中南海郡下设博罗、龙川、番禺、揭阳四县，赵佗任龙川县令。公元前203年，赵佗借秦灭亡、汉统治未稳之机吞并桂林郡和象郡，建立南越国。赵佗成功运用“和辑百越”的政策，促进了多民族的融合，并把中原地区的先进文化带到了南越之地。但是岭南地区因为地处偏远南疆，气候湿热，民族众多，一直被视为“南蛮”之地和外化之区、瘴疠之乡。其后，随着朝代更迭，中原地区战乱、自然灾害等原因，大批中原移民离乡别井到处寻找安居乐土，偏安一隅相对封闭的南方进入了移民群体的视野。随后数百年，大量中原移民逐渐出现在岭南地区，扎下了根，聚族而居，繁衍生息，客家人正是在这样的历史大背景中逐渐形成，走上历史舞台。广东客家人主要分布在现在的梅州、韶关、惠州、河源这一地域相连的区域。形成广东的客家大本营。

现在梅州市境内地区，梅州地方一级的行政区划建置，始于五代十国南汉乾和三年（945年）即后晋开运二年，升程乡为敬州，领程乡县。宋开宝四年（971年）因避宋太祖祖父赵敬之讳，改敬州为梅州。熙宁六年（1073年）废梅州复置程乡县，隶属潮州。元丰五年（1082年）复置梅州，领程乡县，属广南东路。绍兴六年（1136年）废梅州复设程乡县，隶属湖州。绍兴十四年（1144年）又复置梅州，仍领程乡县，属广南东路。元至元十六年（1279年），梅州升为梅州路总管府，至元二十三年，复置梅州，领程乡县，属江西行中书省广东道宣尉使司。元贞元年（1295年），梅州隶属潮州路，延祐五年（1318年），改直隶广东道宣尉司。明洪武二年（1369年），废梅州复置程乡县，属广东布政使司潮州府。清雍正十一年（1733年），程乡升格为直隶嘉应州，统领兴宁、长乐、平远、镇平4县加上本属的程乡县称"嘉应五属"，直属广东省辖。嘉庆十二年（1807年）升嘉应州为嘉应府。[①] 嘉庆十七年复为嘉应州，仍领兴宁、长乐、平远、镇平四县。宣统三年（1911年），嘉应州复名梅州。民国三年（1914年）废州府制，梅州改名梅县。新中国成立后，于1949年设置兴梅专区，1950年，成立兴梅行政督察专员公署，辖梅县、兴宁、五华、大埔、丰顺、蕉岭、平远7县。1952年兴梅7县改隶粤东行政区。1965年设立梅县专区，后改为梅县地区。1979年原梅县所辖梅州镇由区级升县级称梅州市后，梅县地区辖7县1市。1983年，梅州市与梅县合并改为梅县市，梅县地区所辖7县1市改为6县1市。1988年，梅县地区改为梅州市，辖原兴梅7县及新划县级区梅江区，共7县1区。1994年，兴宁县撤县设市（县级），梅州市即辖6县1区，并代管兴宁市。[②]

现韶关市境内地区，春秋属荆州、扬州，战国为楚国南疆，秦属南海郡地。西汉初年，赵佗将前南海郡管辖的粤北地区并入了南越国版图。汉武帝设置了桂阳郡。桂阳郡共辖11个县，其中桂阳、阳山（后汉省阳山入阴山）、阴山、含洭、浈阳、曲江6县，在今韶关市境。东汉时期仍相沿袭，未作变更。今南雄，始兴地带，两汉时则属豫章郡南林（后汉称南野，县治在今江西南康境内）县地。三国末年，吴主孙皓于甘露元年（265年）始析桂阳郡南部地区置始兴郡，治所在曲江（今韶关市区），是为韶关立郡之始，将今市属各县第一次统一在一个行政区（郡）内。二晋因之。置始兴郡之时为古代史上以韶关为政治中心所辖区域最大的时期，辖桂阳、阳山（吴甘露元年置阳山、废阴山，以其地并入阳山）、含洭、曲江、始兴（吴永安六年，分南野县地置）、斜阶（吴甘露元年再析始兴县地置斜价县）等7县。始兴、斜价两县，即今南雄、始兴县地。南朝170年间（420—589年），朝代更替频繁，导致粤北境内的郡县时废时兴，沿革复杂。南雄刘宋时，始兴郡曾一度改称广兴郡，到南齐时又复称始兴郡，辖境与晋略同。梁、陈两代，曾在今市境内设置衡州和东衡州两个一级行政区和阳山、始兴、安远3个二级行政区。除原有县外，又增置了广穗（今连山、析梁阳县位置）、梁化（今乐昌中南部地区，梁置，

---

① （清）光绪《嘉应州志》卷一《沿革》。

② 转引自梅州市人民政府网站：http：//www.meizhou.gov.cn/mzgk/mzfm/2008－04－22/1208847495d20308.html。

隋开皇十八年更名乐昌）、平石（今乐昌北境，梁置，隋开皇十二年省，以其地入梁化）。翁源县于梁承后末年新置，其时属清远郡。隋代粤北分属南海郡（治所在今广州）和熙平郡（治所在今连县）。隋开皇九年（589年）曾改东衡州为韶州，取州北韶石山的"韶"字为名，始以"韶"字为州，但不久即废，并归南海郡。唐代粤北全境基本上属岭南道管辖（今连阳地区曾一度属湖南道）。唐王朝在粤北境内分置韶州（唐贞观年置，治曲江）和连州。韶州辖曲江、仁化、乐昌、始兴、浈昌（今南雄）6县。五代，岭南为南汉五刘氏占据。南汉在北江领域增设英州（治所在今英德县城）和雄州（州治在今南雄城）。这样，加上原有的韶州和连州，粤北共置四州。宋代时粤北属广南东路。境内仍置四州（雄州改为南雄州）。元代改州为路，元初在粤北地区置南、韶、连、英四路，俱属江西行省广东道。韶州路领乐昌、曲江、仁化、乳源四县，这是历史上韶关作为行政中心而辖区最小的时期。明代粤北属广东布政使司，境内分置二府（南雄府、韶州府）一州（连州）。清代粤北属广东省，清初时，境内州府的设置与明同。南雄府于清嘉庆十二年（1807年）改为直隶州，裁去保昌县（公领始兴一县）。明嘉靖二十六年（1547年）曾在曲江县武水边开设税关（名遇仙桥关），清康熙九年（1670年）又将原设于南雄的太平关移到曲江县浈水边，以后又在曲江城北门外增设旱关。韶关之名即由此而来。①辛亥革命后，废府留县。1914年至1920年，在省之下曾一度改"道"，把清朝时的南雄府、韶州府和连州府合并，称为南韶连道，后改称岭南道（道治在韶关）。实际辖区与今韶关市境完全相同。1936年，广东省曾一度设行政督察区，粤北为第一督察区，专署设在韶关。解放后设北江临时行政委员会，辖韶关市、曲江县等17县市。1950年1月更名北江专区。1952年撤销北江专区，设立粤北行政区。1956年撤销粤北行政区，设立韶关专区。1970年专区更名地区。1975年11月韶关市升为地级市，辖曲江县。1983年地市合并称韶关市。②

惠州地区位于广东省东南部珠江三角洲东北端，秦为南海郡傅罗（或作博罗）县。东晋分南海郡博罗、西平、欣乐三县。南北朝时期，在刘宋王朝为南海郡和东官郡的博罗、西平、安怀、欣乐四县；南齐王朝为南海郡和东官郡的博罗、罗阳、西平、怀安、欣乐五县；梁、陈王朝时期，梁朝时设循州。隋朝大业年间改为龙川郡（辖连平州和归善、河源、博罗、兴宁、海丰五县）。唐朝武德五年曾改循州总管府，管循、潮二州，贞观二年废府，天宝元年改为海丰郡，辖归善、博罗、河源、海丰、兴宁、雷乡六县。五代十国的南汉王朝时期改循州为祯州，辖归善、海丰、博罗、河源四县。宋朝天禧五年（1021年）因避太子赵祯讳，改祯州为惠州，辖归善、海丰、河源、博罗四县。元代设惠州路，辖归善、博罗、河源、海丰四县。明

① （清）同治《韶州府志》卷十九《建置略》。
② 转引自韶关市人民政府网站：http：//www.shaoguan.gov.cn。

朝洪武元年立惠州府，由元代之惠州路、循州合成。辖连平州和归善、博罗、长宁（今兴宁）、永安、海丰、龙川、长乐（今新丰）、兴宁、河源、和平10县。清朝惠州府，清初领连平州和归善、博罗、长宁、永安、海丰、龙川、长乐、兴宁、河源、和平10县。雍正九年（1731年）从海丰县分设陆丰县，雍正十一年（1733年）改长乐、兴宁二县归嘉应直隶州。共为一州九县。1912年惠州府与归善县合并改名为惠阳县，1915年属潮循道，潮循道即为原潮州府、惠州府、嘉应直隶州，共25县，道治先设于潮州，后迁到澄海县属的汕头。1936年改为第四行政督察区，辖惠阳、博罗、陆丰、河源、紫金、新丰、龙门、海丰八县。1947年改为第五专署行政督察区，辖惠阳（区治）、博罗、陆丰、河源、紫金、龙门、海丰七县。1949年惠州镇人民政府成立，为惠阳县人民政府所辖。解放后惠州的建制，于1958年6月由镇改为市（县级）；1959年5月由市（县级）改为镇；1968年1月由镇改为市（县级）；1988年2月，广东省人民政府撤销惠阳地区行政公署，原惠州市（县级）升格为地级市。[①] 惠州有1400多年的建制历史，自古以来就是东江流域政治、经济、文化和交通中心。

河源在历史上源与龙川关系密切，自秦时龙川建县（公元前214年）至南齐永明元年（483年）河源建县止，前后达697年都归龙川管辖。雍正《广东通志·沿革》卷五也载：河源地，晋、宋时，属南海郡之龙川县。直至南朝齐永明元年（483年），龙川析土置河源县。据《南齐书·州郡志》卷十四载南海郡领县："番禺、熙安、博罗、增城、龙川、酉平、绥宁、新丰、罗阳、高要、安远、河源。"南朝梁天监二年（503年），河源属梁化郡，南朝陈时，仍沿袭不变。据雍正《广东通志·沿革》卷五载：梁、陈时，河源属梁化郡；新丰县属东官郡。隋文帝开皇十一年（591年），改梁化郡为循州，治所在归善（今惠州东）。据《隋书·地理志下》卷三十一载："龙川郡，平陈，置循州总管府。大业初，府废。"统县有河源、新丰、博罗、兴宁、海丰。"河源，开皇十一年（591年），省龙川县入焉。""新丰，（开皇）十八年（598年）改曰休吉，大业初废焉。"隋炀帝大业元年（605年），废循州置龙川郡。其后历代，今河源地区大体归属于惠州地区。新中国成立后，先后属东江行政委员会、东江行政专员公署、粤东行政公署、韶关地区、惠阳地区等。1988年1月7日，国务院批准撤销河源县，设立河源市，辖源城区、郊区、龙川县、紫金县、连平县、和平县。[②]

我国古代行政区域划分的主要依据是自然地理条件、政治经济状况、民族与人口的分布、历史文化传统和军事上的需要等。两宋至明清时期，大批中原移民因故先后南迁，和南方百越、瑶、畲诸族共居一地。客家人大本营也即在此期间逐渐成形、发

---

① 转引自惠州市人民政府网站：http：//www. huizhou. gov. cn/index. shtml。

② 转引自河源市人民政府网站：http：//www. heyuan. gov. cn/shtml。

展、巩固至今。在广东客家人大本营今梅州、韶关、惠州、河源等地，人口迁移活动比较频繁，因此在行政区划上呈现出升降频繁、分合反复、复杂多变的特点。

第三节　广东水土与客地农耕方式

广东客家人分布地区地貌以山地、丘陵为主，客家俗语有“八山一水一分田”之说。因此，客属地的三山（武夷、南岭、罗霄）与三水（赣水、汀江—梅江、东江），无疑是研究客家人文地理的重要因素。尤其是山，经过近千年历史文化沉淀的民谚“无山不住客，无客不住山”，就反映出“山”包含有相当深厚的人文历史内涵。他们从中原的大平原过来，进入东南沿海的“蛮夷之地”。海边已为广府、福佬人早早占有，余下的，便只有山地了。山让人忠厚、重义、勤奋，而客家人也正是这样的人。可以说，客家人选择了山，而山，也仿佛屹立千年专只为等待远道而来的客家人。被誉为客家中心地的梅州地区处于五岭以南，85%左右的面积为海拔500米以下的丘陵山地。韶关市地处南岭山脉南部，山峦起伏，高峰耸立，中低山广布。其中自北向南三列弧形山系排列成向南突出的弧形地貌格局：北列为蔚岭、大庾岭山地，长140公里；中列为大东山、瑶岭山地，长250公里；南列为起微山、青云山山地，长270公里；北部地势为全省最高，位于乳源、阳山、湖南省交界的石坑崆，海拔1902米，为广东第一高峰。[①] 由于山地多，盆地和平原相对而言所占面积比例则相当小，主要以山间小盆地和狭小的河流冲积平原、带状分布的河流阶地为主。面积相对比较大的盆地和平原区不多。粤东北面积最大的是兴宁盆地，面积300多平方公里；其次是梅江盆地，面积110平方公里；还有焦岭盆地和汤坑盆地，面积均约100平方公里。粤北地区主要有南雄盆地、仁化董塘盆地、坪石盆地、乐昌盆地、韶关盆地、始兴盆地和翁源盆地，还有许多盆地仅仅几十平方公里，如珍珠一样点缀在客家人分布的地域。

山间小平原

客家山区这种特殊的环境，限制了源自中原的大平原农耕方式的发展，使得客

① 转引自韶关市人民政府网站：http：//www. shaoguan. gov. cn。

家人必须对农业生产方式进行“在地化”的变革，以延续农耕文化。客家人把低山丘陵、冲积平原、河流阶地作为农业开发对象，利用每一分可以利用的土地，创造性地开发出“梯田”这一最有特色的土地利用类型，梯田由山麓分布至山巅，有“山坑田”、“笠嘛田”、“望天田”之称。真正是“水无涓滴不为用，山到崔巍犹力耕”！梯田主要依靠山泉水灌溉，故不少地区又称之为“泉源田”，大多数一年两造水稻；分布在冲沟边的称为“山坑田”，地势高，水温低，与“望天田”一样，每年一熟水稻或杂粮；而河谷或盆地水田，生产条件较好，每年可二熟或三熟，作物组合有早稻—番薯—冬种作物（豆类、蔬菜、烟草、绿肥）、花生—晚稻—冬种作物、早稻—晚稻—冬种作物、早稻—秋花生—冬种作物、番薯—晚稻（秋花生）—冬种作物。这些与地形条件关系甚大的熟制及其作物组合，经历了多次变迁，到晚清基本定形。[①] 故客家人的农业方式有“耕山”之说。客家人通过长期精耕细作，充分改良土壤，保持了稳定的产量。不过，整体上由于耕地面积总量小、山区水热条件不足，人口多等制约因素，该区长期以来整体农业生产规模仍然很难满足发展需要。有些地区在不断增加的人口压力下，梯田开发利用方式也出现了。如没有合理考虑地形、坡度，大量砍伐森林开垦梯田，梯田海拔越来越高，水热条件不足，产量不高，却又触发扩大开垦面积的动因，形成恶性循环。在南方湿热气候下，其后果是容易使坡度比较大的梯田区产生严重的水土流失。粤北和粤东北地区水土流失在广东省是最严重的，一方面有山区自然条件的原因，另外一方面也应归结为长期不合理的开发方式。

山区农业景观

久居山地的客家人不仅在岭南农业开发历史及南方稻作文化上颇有建树，还沿袭了“耕读传家”的传统。由于山地可耕地实在有限，粮食供给时常不足，温饱问题一直得不到解决，所以，读书更成为一条至关重要的出路，故“学而优则仕”的中原文化传统亦得以强化。客家人以读书为走出困境、争取前程的阶梯，外出读书求学在梅州客家地区成为宋以来兴盛的社会风气，大批人才相继产生，到了明清时代有进一步发展，至清代乾隆年间，粤东梅州客家地区已成“人文秀区”，人文为岭南之冠。[②] 所以，明、清、民国，客籍人士在广东乃至全国政治、军队、文化、

① 司徒尚纪：《广东文化地理》，广东人民出版社2001年版，第108页。

② 司徒尚纪：《岭南历史人文地理》，中山大学出版社2001年版，第389页。

教育等领域担任官职的人数，从比例上要大得多。据梅县文史委员会编的《梅县将帅录》记载，梅县出了229位将军。粤东大埔县东部的百侯镇是一个历史悠久的文化名镇，明代以来，文风鼎盛、人才辈出，有“诗书世家”、“一腹三翰院、一同怀四魁”的典故名扬四海。腹有诗书，也让客家人勇于走出去，因此，也可以理解客家作为深居大山而非濒临海洋的族群，为何会出现那么多的华侨华人，足以与滨海广府人、福佬人的侨乡相媲美。

本区大部分地区位于北回归线以北的亚热带季风气候区。气候一般特征是春季低温阴雨寡照，夏季高温多雨，冬季昼暖夜凉气爽，冬季寒冷干燥多霜少雨。夏季部分地区多受副热带高压影响，温度偏高，多对流天气，7月平均气温一般为25℃左右。冬季受冬季风影响，但是南岭对冷空气的地理阻隔作用明显，1月气温在0℃以上。部分山区海拔较高，呈现垂直地带性特征。海拔500米以上地区冬季常受霜冻影响。春末夏初雨量集中、夏季台风雨常带来暴雨灾害，秋冬雨量较少，梅州、韶关等地区常见秋旱现象。年降水量一般在1600毫米以上。主要的灾害性天气有暴雨、冰雹、霜冻、冰冻、雪灾、旱灾、强对流天气等。这样的气候特征对客家人的生产生活产生了深刻的影响，形成了独具特色的民居。如客家聚居建筑——梅州围龙屋、韶关的围屋都具有墙体厚实的特点，客家屋墙壁很少使用烧砖，多用泥砖、夯土墙，建筑材料多使用当地盛产的鹅卵石、泥沙、石灰，这种“三合土”材料筑成的墙体往往厚达十几厘米，非常坚固耐用，能起到很好的隔热保温等环保效果，冬暖夏凉。河边沙石易取，山上竹木方便，砖瓦就地制成，劳工全家动手。客家民居因地制宜，就地取材，节约资源，施工简易。① 在建筑选址上，客家建筑大多选取台地和古老冲积扇等地势相对较高、远离丘陵滑坡体的地区，避免暴雨带来的洪水和山体滑坡等自然灾害的影响。在长期的农业生产中，客家人也积累了许多民谚，指导客家人依照气象气候规律规避自然灾害破坏，积极开展农业生产，体现了高度的智慧。如“立秋不莳禾，唔够喂鸡婆”、“雷公先唱歌，落水落唔多”、“乌云拦东，不是水就是风”、“东风一包虫，西风一包药”、“谷雨前，好种棉，谷雨后，好种豆”② 等。

南方高温多雨的气候使地表风化作用加强，孕育了中国南方典型的酸性土壤类型。本区的土壤类型主要有黄壤、红壤、砖红壤等，直观特征就是呈红色。这些土壤相对比较贫瘠，腐殖质缺乏，风化淋溶作用强烈，有机质分解迅速，营养物质容易流失，造成氮、磷、钾供应不足，有效态钙、镁的含量也少，也缺乏一些微量元素，使土壤呈现粘、瘦、酸等特征。还有不少山区属于喀斯特地貌区。该地貌以裸露碳酸盐类岩石为主，容易被流水侵蚀，形成峰林石山，地表土壤浅薄，易被流水

① 廖晋雄：《始兴围楼》，广东人民出版社2007年版，第25页。
② 始兴县地方志编纂委员会：《始兴县志》，广东人民出版社1995年版，第58页。

红壤

冲刷溶蚀。由于碳酸盐类岩石对水的渗透能力强，地表储水能力非常弱，大量水资源下渗到地下深处，形成地下河流，导致地表水资源严重缺乏。地理学界认为南方红壤地区和石灰岩地区容易受到“荒漠化”影响，形成“红漠化”、“石漠化”。历史上，这些客家山区都被视为“穷山恶水”。正是这样的“先天不足”严重影响了古代岭南地区农业生产的发展，使该地区耕作水平提升比较慢，刀耕火种仍然比较普遍。种植水稻仅仅是在水利排灌便利的小冲积平原上采用自然淹灌法，“岭南诸州，居人与蛮僚同俗火耕水溽”①。直至宋元时期，兴修水利工程才打破了岭南农业发展长期停滞的状况。同时客家人也充分利用酸性土壤的特点，在低山丘陵地区种植多种经济作物，如茶树、柑橘、烟草等。东晋裴渊《广州记》载“酉平县”（今惠阳县西）出皋卢，茗之别名，叶大而涩，南人以为饮。这应该是广东产茶的最早记录。② 河源在清初不产茶叶，但到乾隆时期其茶已“独盛于岭南”，该地“上管、康乐诸乡，居人生计多赖此”，每当“夏秋之交，贾人丛集”。③ 在粤北山区等地，以英德为例，是典型的喀斯特地貌，由于水资源通过石灰岩丰富发育的落水洞、裂隙都下渗到地下，地表水极其缺乏，不仅难以发展种植业、林业，许多地区甚至连人畜饮水都非常困难。“未必阳山天下穷，英州穷到骨中空。郡官见怨无供给，支与真阳数石峰。”这是号称诚斋野客的南宋大诗人杨万里乘船经过英州真阳峡而写的诗。英德客家人就是在如此恶劣的生态之下战天斗地，苦苦坚持，获得“英德茶乡”之美名。同时，客家人凭借顽强的“耕山”意志，发挥聪明才智，在丘陵、冲积平原、山前冲积扇等冲积物、洪积物、坡积物等有机质较丰富的地区成功地改良土壤，培育出适合水稻种植的水稻土。在农业社会里，土壤是最重要的生产资料之一，众多贫瘠的山区土地被客家人成功改造成为肥沃高产的水稻土，使客家地区

雁南飞茶田

① 《唐大诏令集》卷一〇九《禁岭南货卖男女》。
② 司徒尚纪：《广东文化地理》，广东人民出版社 2001 年版，第 112 页。
③ （清）乾隆《河源县志》卷十一《农功》。

农业生产水平得到极大提高。客家人在山区保持并发展起来的农业文化成为客家文化得以传承发展的重要物质保障。

第四节　水系与对外交流

广东客家人分布在南岭地区，这是影响来自太平洋暖湿气团的我国南方第一列东西走向的大山脉，迎风坡降水丰沛，河流众多，主要有属于珠江的主要支流北江水系和东江水系，还有韩江上游的梅江和福建汀江。北江水系发源于江西信丰县石碣大茅山。北江的上源分为两支：东名浈水，西称武水。浈水发源于江西省信丰县，武水发源于湖南省临武县，浈武二水汇于韶关市后始称北江。北江沿途纳滃江、连江、滨江和绥江等大支流，在三水河口与西江会合漫流于珠江三角洲网河区，主流经洪奇沥入海，全长573公里，集水面积52068平方公里。在广东境内的北江流域，约占广东省境内珠江流域面积的38.5%，平均年径流量457亿立方米。集水面积在1000平方公里以上的一级支流有墨江、锦江、武江、南水、滃江、连江、湟江、滨江和绥江，河床以红色砂岩、砾岩和页岩为主，统称“丹霞地貌”。东江水系发源于江西省寻乌县椏髻钵，流至东莞石龙镇进入珠江三角洲，并于增城禺东联围汇入狮子洋，集水面积35340平方公里，约占广东境内珠江流域的24.3%。河长562公里，平均年径流量257亿立方米。干流在龙川合河坝以上称寻乌水，汇贝岭水后始称东江。集水面积1000平方公里以上的一级支流有贝岭水、浰江、新丰江、秋香江、公庄水、西枝江和石马河等。各支流与干流交叉成“格子状”水系。流域内山岭多由花岗岩和红色砂页岩构成，流域内有新丰江和枫树坝两座大型水库。总库容158.4亿立方米，占全省27座大型水库总库容量的59%，两水库集水面积11050平方公里，占东江流域面积的40.9%。韩江上游支流一为汀江，一为梅江。汀江发源于福建省宁化县的南山坪，东南流向，沿途有很多溪流注入，经峰市进入广东省境内。汀江水至大埔县汇入漳溪水和梅潭河水，流至三河坝，与自西向东南流的梅江水汇合，全长323公里，流域面积11800平方公里。梅江发源于紫金县白山崇和陆丰县交界处的七星崇，水流沿着莲花山北坡，流向东北，沿途汇入了兴宁河、五华河、石窟河、柚树河等水，到松口折向东南，流至三河坝，与汀江水汇合，全长305公里，流域面积14000平方公里。[①]

这些大河对于广东客家人的意义非常重要。丰富的水资源，为农业生产提供了充足的灌溉水源。许多河流河道宽、水位高、水量足，可全年通航，通航能力很

---

① 转引自广东省人民政府网站：http：//www.gd.gov.cn/gdgk/sqgm/zjfc/。

强，成为许多客家人“靠山吃山”、与外界贸易往来的通途。在许多客家地区，山区的木材、山货通过水运贩卖到珠江三角洲、韩江三角洲等地。这些河流为客家人

南岭

北江支流墨江景观

韩江

大埔三河镇风光

分布地区展开了许多走出山区、沟通全世界的出海通道。于是，在莽莽的山区，又发生了一个几乎是不可思议的奇迹，那里，出现了中国最大的侨乡之一梅州。海外客家人竟有500多万人，与沿海的侨乡不相上下。的确，侨乡本应出在海滨，何以上了山区？固然，东江、汀江，是从大山流出来的，然而，地理的因素在这里未必就很突出了。更有说服力的，则是文化上。客家人千年的大迁徙，在血脉中形成了不安分的因子，“走得出去的是条龙，走不出去的是条虫”，他们向外拓展的“惯性”便在这里显示出来了。于是，客家人山的品格里，又多了几分海洋文化的濡染。如梅州许多客家人顺梅江到韩江经汕头出海，也有人从东江入珠江口出海。当年追随郑成功收复台湾并定居台湾的官兵有1/3是客家人。据广东著名地理学家吴壮达统计，1926年在台湾的375.16万汉人中，粤籍的占15.6%，其中潮州人为13.48万人，客家人为45.15万人。数百年的客家人出洋史也使许多客家地区成为著名的“侨乡”。清至民国，就有人赞颂商业重镇兴宁的繁华为“火树银花真不夜，小香港似大香港”。①

---

① 江金波：《客地风物——粤东北客家文化生态系统研究》，华南理工大学出版社2004年版，第51页。

由山区客家人通过“三江”出海，到惠州、东莞、深圳等地客家人借康乾时期“迁海复界”之机获得沿滨海驻足发展的机会。客家人已经站在南岭之巅眺望海滨，走向海洋。深圳、惠州等地区是“迁海复界”造成的疆域最清楚、人口最集中、发展最成功的新客家地区，因而成为客家第四次大迁徙运动中的一个“典型”，也是客家民系形成之后向外播迁发展的一个“典型”。

惠州客家人多半是明朝中叶、清初从梅州、赣州、龙岩、河源、韶关等迁徙而至。如惠阳区秋长客家先民当年就是从东江及其支流西支江从粤东、粤北等地辗转迁来。以秋新公路为界；南面的蒋田叶氏先祖裕公是南宋末年从南雄珠玑巷迁来，其子志展建蒋田南阳世居；北南的铁门扇叶氏是于清康熙六年（1667 年）从兴宁县合水镇溪唇村迁徙而来。秋长是粤东北地区客家围屋分布最集中，保存较完整的地方，面积只有 145 平方公里的地方竟有各式围屋 200 多幢，其中保存较完整，规模较大，具有较高文化艺术价值的约有 80 多幢，有 35 幢被列为市级文物保护单位。叶挺故居被评为全国第六批重点文物保护单位。秋长的围龙屋既保留了传统客家建筑的精髓，又具有南洋建筑艺术的风采，形成独具一格的古建筑奇葩。惠州海岸线长 133.7 公里，大小海岭总面积 19.08 平方公里，优良海区面积相当于全市耕地面积的 62%。该市沿海一带有澳头、霞涌、淡水、秋长、新圩、镇隆、水湖、良井、沙田、白花、巽寮、铁冲等 20 多个乡镇，人口达 40 多万，客家话在当地成为强势语言。他们不仅擅长唱山歌，而且擅长唱海歌，生产发展水平和居民生活水平远远超过山区的客家地区。

深圳市又如龙岗镇的“坑梓黄”，其迁移历史与其经济活动、民居格局的演变，可以看得出清晰的关系。第三代的“新乔世居”可以说与其在梅县的围龙屋的型制还没有什么变化，但到了第六代的“龙田世居”，便大有不同了。占地达 5000 平方米的龙田世居，三面环水，一面高墙箭楼，易守难攻。从围屋演变成围楼，乃至围堡的形式。深圳坪山镇大万村的大万世居，其规模与体量，都是令人吃惊的。这是一座三堂、二横二枕杠、内外二围楼、八碉堡、一望楼的大型客家碉堡式民居，如果将屋前的围坪、半月池算进去，占地面积达 22680 平方米，其中建筑面积达到 15000 平方米。客家人的“围”没变，可从屋到楼、再到堡，则意味深长。毕竟，这已到了海滨，方位功能务必大大增强。而黄家由传统的农耕生产方式，更转化为商贸业，尤其是对外贸易。黄家的老人称，他们祖上是在广州十三行经营外商的货物，主要是白胡椒，且有一个不乏传奇色彩的发家故事。财富因此积累起来了，“屋”是守不住的，楼方可靠，更须堡来护卫，于是，围龙屋便演变成了围楼乃至围堡。这是一个相当具体生动的范例。

在沿海地区，许多客家人也是分布在沿海的丘陵山地地带。在潮汕地区，客家人依莲花山脉分布。莲花山脉由广东大埔向东南经惠阳到香港附近，最高峰在丰顺县的铜鼓嶂，海拔 1560 米。千米以上的高峰 10 多座，横亘在粤东丘陵与潮汕平原之间，居住其间的客家人与福佬人接触密切，也受潮汕文化影响，被称为“半山客”。在东莞、深圳的客家人则分布在大岭山、樟木头、清溪、凤岗一线山地。跨过珠江口往西，进入粤中地区与粤西地区。客家人以“蛙跳”的方式散落分布在各地，形成散布在其他民系中的移民小区，在语言分布上称为方言岛。中山客家人分布在中山市中南部的五桂山（又名香山）方圆300多平方公里的低山丘陵地带。一直到粤西，诸如信宜的大雾岭。其主峰大田岭，海拔1704米，是粤西第一高峰。曾发生“土客大械斗”的原赤溪县（新宁）及周围的鹤山、恩平、台山、阳春、阳江客家人也基本居住在这一片珠江三角洲上的低山丘陵及潟湖岛屿中。

第五节　资源及其开发利用

岭南地区山高林密，生物多样性特征明显，生态环境优美。植被类型丰富多样，有属于地带性植被的北热带季雨林，南亚热带季风常绿阔叶林，中亚热带典型常绿阔叶林和惠州、深圳沿海的红树林，还有北纬度地带性的常绿—落叶阔叶混交林、常绿针—阔叶混交林、常绿针叶林、竹林、灌丛和草坡，以及水稻、柑橘和茶园等栽培植被。植物资源异常丰富，经济利用价值高。可归类为材用植物、药用植物、油脂植物、芳香植物、纤维植物、淀粉植物、果类植物、蜜源植物、鞣料植物等，并有桫椤、银杉、红豆杉、白豆杉，野茶树、伯乐树、伞花木、观光木等多种国家重点保护植物分布。野生动物种类繁多，如被誉为“物种宝库，岭南明珠”的韶关始兴车八岭国家级自然保护区，脊椎动物与昆虫纲动物共有1552种，其中兽类近50种，鸟类217种，爬行类36种，两栖类16种，鱼类25种，昆虫1220种。[①] 在生产力水平比较低的古代社会，岭南地区湿热的自然环境相对中原地区和江南地区而言是恶劣的“瘴疠病毒”之地。唐代韩愈被贬潮州上表曰：“州南近界，涨海连天，毒雾瘴氛，日夕发作。”《文献通考》谓宋绍圣年间，臣僚

围龙屋航拍照

① 转引自车八岭国家自然保护区网站：http：//www. gdcbl. cn/LYXL/showArticle. asp？Article ID＝136。

说广东一路十四州，以英德府烟瘴最甚，有“人间地狱”之称。[①] 正因此，岭南地区成为许多南下避乱的中原人求生存的“避难所”。从另一个角度讲，“靠山吃山”，动植物资源丰富，为当地人提供了丰富的动植物食材、药材，作为经济来源，有助于弥补山区农耕生产力相对低下的不足，对于山区生活的客家人而言意义重大。随着生产力的发展，人们对动植物资源的认识水平不断提高。开发利用动植物资源对于广东客家人而言，一方面是获得生产生活资料的过程，山区的野生动物是山居客家人重要的动物性蛋白质的来源，山区大量的物产也成为重要的生活资料；另一方面也是因地制宜发展具有地方特色文化的过程，如讲究“肥、咸、熟”的客家菜与粤菜、潮菜风格截然不同，就多有使用山珍野味入肴的习惯，槟榔文化的形成，即因其具有清热、解毒而可防瘴气致病之功。[②] 这些生活习惯也潜入精神文化之中，在民俗文化里得到了充分的体现。丰富的林木资源也成为客家地区的重要财源。如广东最大的客家围楼，始兴县“满堂客家大围”占地面积达到34010.63平方米，是清代当地客家人官乾荣利用山区丰富的木材资源，源源不断地顺着隘子河、清化河、墨江河、浈江、北江、珠江到达广州、珠江三角洲一带贩卖木材致富之后，历28年建成。同时始兴东湖坪曾氏家族也是依靠贩卖山区木材致富，建起大屋。[③]

墨江河边老街

广东客家人分布地区矿产资源丰富。梅州地区共有矿区274个，已发现的矿产有54种，已开发利用的有40种。金属类有铁、锰、铜、铅、锌、钨、锡、铋、钼、银、锑、钒、钛、钴、稀土氧化物等，非金属类有煤、石灰石、瓷土、石膏、大理石、钾长石等。其中煤储量2.7亿吨，占全省第二位；锰、铁储量分别占全省的20%和30%。梅县的铜、蕉岭的石灰石、大埔的瓷土、兴宁的煤、平远的铁，以其储量丰富、品位高而颇负盛名。[④] 河源市素有粤东宝库之称，矿产资源丰富，具有种类多、分布广的特点，已发现矿产56种，矿产地262处，其中已探明储量矿产36种，大型矿床4处，中型矿床17处，小型矿床55处。主要有铁、钨、铅、锌、锡、钛、铀、萤石、石英石、水泥用灰岩、陶瓷土、稀土、建筑用砂、地热水、矿泉水等矿种。其中优势的矿种有：铁矿、钨矿、锡矿、水泥用灰岩、地热水、瓷土矿、

① 司徒尚纪：《广东文化地理》，广东人民出版社2001年版，第3页。
② 江金波：《客地风物——粤东北客家文化生态系统研究》，华南理工大学出版社2004年版，第50页。
③ 参见廖晋雄：《始兴围楼》，广东人民出版社2007年版，第67～69页。
④ 转引自梅州市人民政府网站：http：//www.meizhou.gov.cn/。

稀土矿、萤石、石英石矿等。铁矿主要产地有连平大顶、紫金宝山嶂等地；大顶铁矿是广东省第一大型的铁矿，也是国内罕见的量大质好、易采易选的铁矿区，总储量达1亿多吨。钨矿主要分布于连平县和紫金县，连平锯板坑钨矿为目前全省最大型钨矿。[①] 粤北韶关地区素有“有色金属之乡”的美称，已探明储量的矿种88种，其中煤、铀、铅、锌、铜、钨、铋、镉、锑、汞、萤石等矿产储量位居全省首位。[②] 主要分布在山区的客家人自古便得了山区矿产丰富之利，矿产品开发和利用成为了客家地区一项重要产业，许多地区的地名就充分反映了这一点。如英德产英石，有地名英山；曲江产煤，有东水煤山、西水煤山等。以陶瓷业言之，历史上梅州、惠州是广东重要陶瓷生产基地，故首尾以窑、厂、瑶等为通名的地名不少，如梅县有瑶上村、瓦坑口，大埔有碗窑、陶溪，始兴有碗场下，英德有碗子窑、碗窑坪、碗山背等，这些地名反映了客家地区陶瓷文化的辉煌成就。反观粤方言和闽南方言区，这些地名甚为寥落，实际上也是区域文化的一种差异。[③] 粤北、粤东北是我省铁矿主要产地，历代多有开采。宋代曲江有铁屎岗，乐昌有铁屎岭，连南有铁屎坪，英德有铁屎塘[④]等。不少客家商人投资铁矿冶炼，使清朝嘉应州有炼铁炉5座，乾隆以后发展到6座。商人卜绍基，在松口堡潭头角承开复兴炉一座；商人王长兴伙李世业，在松源堡分煽葵坑承开玉浆炉一座……至各炉所用矿砂，系在本周松源堡、宝坑、石坑堡垒、铁山嶂两处地方矿山场采运，供炉扇铸。[⑤] 明清时期客家地区冶铁业发展比较发达的主要有程乡（梅县）、大埔、镇平（焦岭）、长乐（五华）、风顺、兴宁、平远、永安（紫金）、归善（惠阳）等地。有色金属矿业也比较发达，如银矿：博罗、丰顺、大埔、长乐（五华）；铜矿：嘉应州（梅州）、连山、博罗；锡矿：永安（紫金）、兴宁、长乐（五华）、归善（惠阳）、博罗、丰顺、大埔；煤矿：镇平（焦岭）、兴宁、河源、博罗、归善（惠阳）。[⑥]

对矿产资源的开发和利用促进了客家人手工业和商业的发展。世界经济发展的历史证明，商业贸易的扩张往往先于手工业生产的发展。明清时期，客家商人在国内外的商业贸易活动，大大促进了手工生产的兴起和发展，对当时客家地区、广东和世界社会经济和科学文化的发展起着重要的历史作用。[⑦] 明清至民国，许多身怀手艺的客家人“下南洋”，运用带去的先进生产工具和生产技术、技能，为开发和发展东南亚各国做出了巨大贡献。前英属马来西亚总督瑞天咸（Trank Surettenham）高度评价客家华侨在开发锡矿中的作用：“惟开始做锡矿此工作者，首推华侨。彼等努力之结果，世界用锡之半额，皆由半岛供给。彼等之才能与劳力，造成今日之

---

① 转引自河源市人民政府网站：http：//www. heyuan. gov. cn/shtml/index. shtml。

② 转引自韶关市人民政府网站：http：//www. shaoguan. gov. cn。

③④ 司徒尚纪：《广东文化地理》，广东人民出版社2001年版，第272页。

⑤ 参见彭泽益编：《中国近代手工业史资料》第1卷，三联书店1984年版，第311～312页。

⑥ 参见黄启臣、彭新平：《明清广东商人》，广东经济出版社2000年版，第17～19页。

⑦ 谭元亨编：《客商》，人民出版社2009年版，第59页。

马来半岛。[1]”“中国人的确是首先把贸易、工业和有成果的劳动等观念传给当地土著人的。他们教到土著很多其他方面有用的事物，如从甘蔗榨取糖汁和锻炼熟铁的劳动。他们首先把用直立的石榨取糖汁和用大铁锅熬糖的制糖法介绍到这个殖民地。”[2] 客家侨商在东南亚各国里所从事的产业主要集中在大型出口农作物加工、采矿、贵重金属加工、制药、商业贸易、杂货、建筑、种植园等多个行业，其中梅县籍的客家人主要从事锡矿、金矿、银矿等矿产开采、种植、打金等行业；焦岭籍的客家人则以从事种植、矿产、铁路工程等为主；惠阳籍客家人多从事栽植、商业、矿业等行业；平远籍客家人则以从事采矿等行业居多。[3] 侨居海外的客家人，经过不懈努力，涌现了许多行业翘楚，成为了举世瞩目的海外客商，他们不仅对东南亚、美洲等地区的发展做出巨大贡献，而且在辛亥革命、抗日战争、新中国建设、改革开放等重大的历史时期里，客商都没有缺位，而是敢于作为，涌现了许多时代精英，为中国近现代发展做出了不朽的贡献。

旅游资源也是广东客属地区最重要的资源之一。人文与自然，向来是相辅相成的：没有山野、平原，何来农耕文化？没有大海、大川，自无海洋文明。客家文化，与山地、河流、海洋分不开，历数百年，异彩纷呈。无论自然旅游资源，还是人文旅游资源，都是华南首屈一指的。客地名山众多，如广东四大名山之首韶关丹霞山，面积约280平方公里，山群呈峰林结构，有各种奇峰异石600多座。因山石由红色砂砾构成、“色如渥丹，灿若明霞”而得名，是世界“丹霞地貌”的命名地，被誉为中国的红石公园。2004年被联合国教科文组织认定为首批世界地质公园。2010年巴西时间8月1日，第三十四届世界遗产大会宣布同意“中国丹霞”列入《世界遗产名录》。惠州罗浮山素有“岭南第一山”之美称，史学家司马迁把它比作“粤岳”。罗浮山是我国道教十大名山之一，方圆260多平方公里，有大小山峰432座，飞瀑流泉980多处，洞天奇景18处，石室幽室岩72个。以山地旷大、奇峭、峻拔称雄，以飞瀑、流泉、密林、薄雾称幽。惠州龙门县南昆山被誉为“北回归线上的绿洲”、“南国避暑天堂”、“珠三角后花园”。梅州地区首屈一指的胜景名山是“粤东群山之祖”阴那山。河源的霍山为霍龙避乱读书之地，乃遗圣迹，自古被称

丹霞地貌

① 李长傅：《南洋华侨史》，商务印书馆1934年版，第70页。
② 李长傅：《南洋华侨史》，商务印书馆1934年版，第65页。
③ 谭元亨编：《客商》，人民出版社2009年版，第81页。

为“势压循州第一峰”，尊称“客家圣山”。本来，客家人进入广东的通道就有两条：一条是沿当年赵陀率大军南下的路线，自江西入粤，最早到达的是龙川；另一条，是经石壁，沿汀江，从福建进入梅州。所以，龙川的客家古音被称为水源音，即东江源而来；梅州过来的，则为嘉应音，形成略晚一些。所以，霍山是客家人逾南岭而遇的圣山，冠豸山则为客家人逾武夷山而遇的神山。河源霍山得“客家圣山”之桂冠，与福建的“客家神山”冠豸山相得益彰。而人文景观，可做的文章实在是太多了。古代名臣雅士、高道仙僧，文踪可循；围龙屋、围屋、围楼及客家古村落堪称奇观；葛藤坑传说、三山国王、何仙姑等传说故事及民间信仰、民俗风情，客味酽然，成了当今客家的人文优势。

阴那山风光

龙川客家圣山霍山

自古以来，地理环境与人的关系从来都是密不可分的，广义的地理环境不仅仅是地形地貌、气候、土壤、水文、动植物和矿产资源等，还包括文化、经济、社会制度等人文的环境。自然地理环境提供人类赖以生存的物质基础，即所谓靠山吃山，靠水吃水。自然地理环境是人文地理环境形成和发展的重要条件，能够加速或者减缓人文地理环境发展进程。地理环境的差异，对人类的影响可以在许多方面体现出来，如人的体质、生产生活习惯、民间信仰、社会制度等。人与地理环境之间的关系处于和谐状态，地理环境对人类社会的发展所起到的推动作用必将是巨大的。南方湿热环境与山区资源，客家人迁移历史与客家文化传统以及创新、适应与挑战、融合与坚守等因素共同作用，自然与人文的大美激活了客家文化的边界，广东的客家人据五岭之势，南面浩瀚南海和太平洋，视野壮阔，风尘吸张，在与周边文化的接触、互动与交叉中塑造了独特的客家文化。

我们对“地理环境决定论”的主张，从来不曾完全认同。如果从这一“决定论”出发，滨海出现侨乡，大批滨海人殖民海外，应该说是顺理成章的，但这却无法解释为何远离滨海的山区，何以也会出现一个最大的侨乡？因此，在这里，地理就不一定是决定因素，而客家人的人文因素，那种永远“在路上”的不安现状的、几乎是与生俱来的“漂泊”因子，方决定了他们不仅在内陆的大迁徙，也决定了他们敢于漂洋过海，永远有着“客”的身份认同。当然，他们从山区，沿着汀江—韩江，或者沿着东江，直接进入大海，水系的地理作用亦不容忽略。因此，我们既不是“地理环境决定论”者，但是也绝不是地理虚无论者，尤其是具体到客家人从“耕山”到“耕海”的历史上，需要有更深层的研究与分析。

无疑，相对于滨海的族群，如广府人、潮汕人而言，客家人的农耕文化色彩要浓重得多，即便是从商，他们更是亦儒亦商，是实至名归的儒商。儒家的传统，令他们执中、守成，在商业发展中缺少广府、潮汕商人的冒险精神，不曾“顶硬上”、“爱拼才会赢”，而比较恪守“祖宗言”。但是，对文化的重视，对知识的渴求，却又使他们在政界、军界、科学界、教育界独占鳌头，更与今日的知识经济、生态经济接轨，有着后发优势。这，正是客家人在历史演进过程中，其人文因素每每凸显出来，压倒其他因素，包括阻碍他们发展的不利因素。所以，近代客家人中出现的历史文化名人，何以比其他族群要多，便在于此。因此，研究广东客家历史地理，我们不可拘于山，对于他们来说，一个永远在迁移路上的族群，无疑是善于守护自己的文化边界，但是更能接触到“路上”不断变迁，更新的大千世界。以此，在广东客家人身上，也一般具有海洋文化精神，敢于在海外殖民、拓荒、经商，赢得更大的发展机会。也许，这正是他们的优势所在，对内，他们来自中原，有着农耕文化或儒家文化精神，能适应内地的传统；对外，他们能面向海洋，有着海洋的蓝色文明，善于创新、开拓，从而成为两种文化的桥梁。

山与海，内与外，以及永不停止的脚步，构成这样一个族群历史发展的地理因素与人文因素——这，恐怕是对他们的至理名言“宁卖祖宗田，不卖祖宗言”最好的阐释。

第二章
客家源流：从中原到岭海

赤帝羲皇，尊祖炎黄。
九州初肇，中土发祥。

在客家南迁大鼎上，广东学者留下上述铭文，对客家人的祖源，作了高度的概括。毫无疑问，客家人为汉族的一个分支，同为中华民族一部分，自是炎黄子孙。客家人源自中原，即华夏文明的主要发生之地，他们每每又自称为“河洛人”，这就更与华夏文明的中心，即黄河、洛水相关。当然，“河洛”一说，还有更远古的神话，说的是原始时代，有龙马出在黄河，背负“河图”，有神龟自洛水现，背有“洛书”。而伏羲氏正是依这河图洛书，制成了八卦，于是便有了《周易》。《古书典故辞典》：相传伏羲见龙马负图出河，便根据它的文字画八卦，谓之河图；夏禹治水，洛水出神龟，背负文，有数至九，禹因而第之，以成九畴，谓之洛书。后以“河出图”“洛出书”表示太平时代的祥瑞。《易·系辞上》：“河出图，洛出书，圣人则之。”后人的典籍，更有不少记述。《史记·郑世家》：“和集周民，周民皆说，河洛之间，人便思之。”汉·班昭《东征赋》：“望河洛之交流兮；看成皋之旋门。”南朝·梁江淹《北伐诏》：“骁雄竞奋，火烈风扫，刬定中原，肃清河洛。”罗惇曧《文学源流·三代以上文学》：“杨侃称‘纬书之类，谓之秘经，图谶之类，谓之内学，河洛之书，谓之灵篇。’”据晋王嘉《拾遗记·炎帝神农》：“伏羲为上古，观于天，察理于地……是以图书著其迹，河洛表其文”。这自然是华夏文明发生之际混沌之初，对文字创造的神话阐释。及至炎黄时代、华夏二族最后融合，为中华五千文明奠基，于是，我们也就成为了炎黄子孙，尊炎、黄二帝为华夏文明的始祖，故有“九州初肇，中土发祥”。

广东的客家人，从直接的源头而言，我们当可从本书序言中的方言历史地图上看出，则是经江西或福建辗转而来的，而在江西之前，则是江南一带，再往前追溯，也便是陕、晋、豫、冀、鲁这样一个大中原了。因此，客家话被视为古汉语的“活化石”，而客家话的流变，也就成了迁徙路线的佐证。

当年，世界史著名学者，原武汉大学副校长吴于廑，在本书主编谭元亨的专著《中国文化史观》的《序》中称：

> 世界由古至今，其历史演变过程，正是由原始的、闭塞的、各个分散的人群集体的历史，发展为彼此密切联系形成的一部全局的世界史。中国史作为世界史的一部分也是如此。我很欣赏作者提出的文化相互“激活”等一系列新的观点。春秋战国，中原各国文化相互交融、激活，才有思想史上的伟大一章。魏晋南北朝，则已超出中原文化，而形成南北文化的大交汇。正如作者指出的，盛唐文化实质上是整个亚洲文化的大交融，是对中国文化一次强有力的激活。那么，到了近代，自然是整个世界文化的大交融及新的激活了。这一来，中国史就更不是独立于世界之外的国别史。①

赵佗在秦代任县令的龙川，恰巧就有一个霍龙隐居龙川霍山读书的传说，崇文重武，不仅是客家人的传统，也是中原人的传统，这一传说，与客家形成时期江西石城温革办学互为辉映，凸现出这个民系在孕育、形成过程中的文化基因。当然，自龙川入，后又经东江进入岭南腹地的，不独独是客家先民，应还包括广府先民——他们后来融入了广信移民与珠玑巷移民当中，所以，我们在此不再沿用“先民”一语，而统称“中原人”，这才更为准确一些。

第一节　秦统一战争带来的中原移民南下

从中原到岭海，秦代战争当是引发中原移民第一次大规模南下的重要因素。

秦扫六合，统一中国，50 万大军南下岭表，当时中原移民成规模地进入了五岭之南地区。虽然《史记》上不乏记载，但仍留下不少历史之谜。却有一点是确凿无疑的，那便是南越王赵佗最早经略的地方——龙川，如今是客家居住的地方，有“客家古邑”之誉。而其他线路，如打通湘桂两地的灵渠或潇贺古道，则不曾成为别的族群的通衢或祖地。

一直到汉武帝底定东南，再度统一中国，这才有了桂江、贺江入西江的两江之

① 谭元亨：《中国文化史观》，广东高等教育出版社 1994 年版，第 5 页。

间古城广信的出现，“广信”源汉武帝的“广布恩信”，而“广”字一直发展到了广州，再分为广东、广西，并成为了一个族群的名字：广府人。所以，广府人源自广信建立之际大规模的中原移民则是历史学家、文化学者的共识，因为广信周遭当日设立县治的密度，堪比今日，可见那时来到的中原移民又有多少？

客家与广府两大族群，无疑都是由中原移民构成。只是，一个自山而下，进入岭南；另一个顺水而来，到了珠江三角洲。一个是操“山话”，一个说的“海语”……几千年的沧海桑田，很难评说当今地面上的族群，又已更换了多少批，如同西亚与北非，埃及人、犹太人、阿拉伯人，各有不同的兴盛时期。“先民”一说，似乎太泛，也太含混，无法界定，因此，对岭南而言，统一谓“中原移民”似要合适一些。

所以，把这次中原移民的南下，称之为“前客家史”，这也许只有客家族群才独有。

只是，“中原”这么一个概念，是如何与客家人血肉相连、生死与共，并不是那么简单可以解读出来的。

“尊祖炎黄，中土发祥”，永远是客家人割舍不了的情结。

当今广东的客家重心——粤东北、粤东，乃至粤北，几乎都包括在秦代立的龙川县的范围之内。而秦军南下，则是中原移民的第一次大规模南下，因此，与广府、客家两大族群的中原文化之根有着密切的联系。一部广东客家史，也就不能不由此追溯。广东的客家地区，正是在古龙川范围内，因此，弄清楚古龙川范围，就很有必要。

随着三条铁路、三条高速公路在龙川交叉，龙川在粤东的交通枢纽重要地位更加突出，而这又是历史的必然、经济发展的必然，同时，与龙川的地理上的战略位置更有密切的关系。这就务必追溯到秦统一中国，在华南最早设立郡县，以构建地方一级政府治所的记录。

龙川，正是秦略取华南，设为桂林、象、南海三郡时的大县。所谓“大县”，其依据是，按秦制，其治下编民当在万户之上，其县长官就不称“长”而称“令”，而龙川立县，赵佗则首任县令，可见龙川编户逾万。当时的南海郡，辖番禺、傅罗（博罗）、龙川，各县的管辖范围都相当大，龙川县人口是华南各县中较多的。而今广东地面上，当时还立有四会县，但不属于南海郡，而是桂林郡，直到汉初，才又划入南海郡。[①] 由于这一变化，所谓“南海四郡”引发不少误会，这正是后边须加以辨析与澄清的。

毫无疑问，龙川在华南的战略地位，在客家属地的位置，自古至今，都是非常突出的。因此，不了解龙川，就不了解广东的历史，也同样不了解广东客家的历

① 四会县地方志编纂委员会编：《四会县志·建置沿革》，广东人民出版社1996年版，第75页。

史。这句话不是无的放矢的，因为，直到今天，对古龙川的认识，还有很多的缺失，只要这些缺失不弥补，对龙川的认识就是不完全的。由于认识上的不到位，对今天龙川所在的河源市，为何成为纯客地，即百分之百的客家人聚居地，较之赣州、梅州、龙岩，都更“纯粹”，也就道不出个所以然来。

而最大的历史认识的缺失，则有如下两条：

第一，是迄今仍未认真考证当年秦朝大军南下华南，是否经龙川，并由此挥师南下，再到番禺等地，从而完成对华南的攻略。绝大部分史书，都没有提到这一条，只有少量论文，对此提出疑问，但并没作出肯定的回答。显然，大都是从文字到文字，纸上谈兵，未能从实地考察中找出问题的症结来，这也是当今不少史学工作者的通病。

第二，一如前边提到的，秦辖四县抑或三县，并由此产生了秦设立的龙川辖地有多大的问题，西边、南边当无争议，但北面，尤其是东面，则有不少说法。如不弄清楚，不仅对龙川的战略地位认识有误，对当时的历史认识也同样有误，因此，也就缺乏对龙川全面的、宏观的认识。当然，这一条与前一条是密不可分的，秦军攻略华南的东线也就弄不清楚了。

在认真查证相关史料，并参考各地不同时期的县志，我们以为，这两个问题，在今日应当得到最后回应了。

一、秦军南下路线

秦军南下的线路，一直有争议，其中最多的，当是东线。

张荣芳、黄淼章在《南越国史》中，对“秦所通越道”是这么考证的：

> 秦所修筑的通越新道，其尚可考者有以下四条：
>
> 第一条，从江西南安（今江西南康），经过大庾岭，出横浦关（今广东南雄县小梅关），复沿浈水西行，取北江顺江可抵番禺。这条道经过横浦关。横浦关故址在今广东南雄县西北的庾岭上，以后赵佗划岭而治时，即绝了包括横浦关在内的秦关及通过的新道，这从侧面反映出经过横浦关的新道十分重要。
>
> 第二条，从湖南郴州，跨骑田岭，出阳山关（今广东阳山县西北），沿湟水（今连江）东南行，经湟溪关、洭口，取北江南下可抵番禺。这条道路经过阳山关，湟溪关、洭口关，此三关，皆“秦关，名曰三关”，这条路也是赵佗所绝的秦道之一；或从湖南道州跨桂岭，顺贺江而汇至西江，东去番禺。
>
> 第三条，从湖南湘江南下，再西南行，经过广西全州，再过秦城、严关，走湖桂走廊而至桂林，再由桂林南行到达郡治布山及象郡。此道见于史志，如“湖广永州府零陵县有驰道，阔五丈余，类大河道。《史记》秦始皇命天下修驰

道，以备游幸，此其遗迹也”，此外，《大清一统志》也有载，说零陵县外八十里处有秦驰道。

第四条，从福建进入广东揭阳一路。这一路经过揭阳岭。揭阳岭就是今之莲花山脉，该山脉从福建戴云山脉而来，西南至大鹏湾处入海，呈东北—西南走向。这条新道，有较充分的考古资料可资取证。如1940年时，揭阳岭曾出土了铸有篆文“秦”字的铜刀，1960年时又出土了许多秦代文物，如铜剑等，说明秦军曾经过此路，法国汉学家鄂卢梭也是这样认为，他说，秦取闽中郡后的军队“从福州出发，应该沿着海边的通道往南走，到今日广东潮安一带，由是抵揭阳岭。这就是福建通广东直达的要道”。

以上四条道路，皆秦平岭南后所新筑的通越道路，为了保障新道的畅通无阻，在新道的要隘等地形险要之处，秦又修筑了城池关防。①

显然，东线并无文献记录为支撑，文物来源亦可有不同解释。而这四条线路，则完全排除了龙川通道的可能。

对此，广东著名历史地理学家司徒尚纪提出了质疑。司徒称：

进驻龙川赵佗秦兵哪条路线来，至今仍是个谜。秦，汉及其后人岭南所谓五岭实是指山路而非指山头，这些山路不少又是河流分水岭。其中与龙川最近一条是“南野之界”，即今江西南康县西南部，普遍认为这是越过大庾岭（或称梅岭）进入北江东源浈水谷地即南雄盆地路线。这当然无可置疑。但也不能排除这也是进入龙川路线。理由有三：一是闽越人与岭南越人联系的岭口要冲。其东即为闽越人控制范围，包括韩江腹地在内。夺取这个要冲在军事上可钳制闽南越人，顺利进入南越人居地；二是此为赣江与东江分水岭，海拔不高，以丘陵为主，山地间当有隘口可以通过，与东江上源定南水和寻乌水连接，由此南下龙川也是顺理成章的事情；三是后来文献所记，即对五岭名称、地望、各种文献所记不尽一致。南北朝裴渊《广州记》把揭阳岭也列为五岭之一。故有些古籍把揭阳列为秦、汉进军岭南通道之一。至揭阳岭在何处也众说纷纭。据顾祖禹《读史方兴纪要》认为，揭阳岭为江西南部会昌县筠门岭，又称军门岭，为赣江上游贡水支流湘水与东江上游寻乌水之间分水岭。其上有盘古隘，两山对峙如垒，相传为昔时屯军之处，也是江西入粤通道。宋人周去非在《岭外代答》对五岭做了明确说明：“自秦也有五岭之说，人皆指山名之，考之乃人岭之途五耳，非必山也。自福建之汀（州）人广东之循（龙川），梅（州）一也；自江西之南安（大馀）逾大庾（岭）入南雄二也；自湖南之郴

① 张荣芳、黄淼章：《南越国史》，广东人民出版社1995年版，第36～37页。

（州）入连（连县）三也；自道（县）入广西之贺（县）四也；自全（广西全州）入静江（桂林）五也。”其中提及入循（州），即南汉至元龙川为循州治所路线，可进一步研究。故有人认为：“赵佗是东线一路大军，进军路线很可能从江西进入龙江，即东江上游，顺江而下，直至龙川老隆建立军事营寨，在今之龙川佗城筑土城设治所”，并说龙川籍旅台学者黄勋亦持此说。这个意见值得重视，宜进一步研究。此外，秦军事势力是自北向南进入岭南的，每到一地即设立军事据点把守，军事行为过后即设置郡县治理，南海郡及属下番禺、博罗、龙川、四会就是同一年设立的。这就排除了越佗从番禺溯东江北上龙川的可能性，其中可能是从江西定南水或寻乌水南下龙川，开始他经略龙川的事业。①

当年秦王50万大军，兵分五路，到底是哪一路进入了岭南，而进入岭南的，又是经怎样的路径大规模进入岭南的？西线，有《淮南子·人间训》中载：“三年不解甲弛弩，使监禄无以转饷，又以卒凿渠而通粮道，以与越人战，杀西呕（瓯）君译吁宋，而越人皆入丛薄中，与禽兽处，莫肯为秦虏，相置桀骏以为将，而夜攻秦人，大破之，杀尉屠睢，伏尸流血几十万，乃发适戍以备之。”50万大军，“伏尸流血几十万”，当所剩无几了，这难免有所夸大。后来，才有《史记》中所 说的，“秦兵大败。秦乃使尉陀（即赵佗）将卒以戍越。”

尉屠睢是“发卒五十万为五军，一军塞镡城之岭，一军守九疑之塞，一军处番禺之都，一军守南野之界，一军结余干之水。”镡城为湖南靖州一带，乃“塞”，即以岭为要塞；九疑亦为令湖南宁远县南，乃“守”而已；“处番禺之都”，即打到番禺止步；“南野”为江西南康县，为赣江上游；余干则稍远，即今江西上饶江古名，“结”者，即集结待命……

不少人是见书抄书，很少到实地考察，大都是想当然，因此也没人问，赵佗是如何到达龙川并建立县治的。

其实，就是书上，也不乏我们应该看出的重大信息。

如《水经注·泿水》中就称“（泿水）又经博罗县，西界龙川，左思所谓‘目龙川而带垌’者也。赵佗乘此县而跨南越矣”。后一句，标明作者郦道元认为赵佗是借龙川之势而“跨南越”的，查左思《吴都赋》中则有“拓土画疆、卓荦兼并，包括干越，跨蹑蛮制，婺女寄其曜，翼轸寓其精，指衡岳以镇野，目龙川而带垌”。后两句，“指衡岳”即衡山；“野”为“苍梧之野”，即为衡岳以南零陵等地；而“目龙川而带垌”，则为一旦越过五岭，看到龙川，便可以直下南粤了。

---

① 司徒尚纪：《珠江文化与史地研究》，中国评论文化有限公司2003年版，第332页。

《汉书补注》引谚语有："赣州九十九条河，却有一条通博罗。"这一条，正是指的东江上游的支流，众水皆朝北，独有定南水入东江南下。在安远，北流的濂江与南流的定南水上游之间，仅有30多里地。

其实，只要到实地走一走，就不难发现，如果说，沟通长江、珠江水系的西线在灵渠，那么，这边，也同样有一条东线，这东线便在龙川以北江西南部，赣江注入鄱阳湖连接长江，余干则在湖的一侧，溯赣江而上，进入其支流贡水，往南则是贡水分支桃江，经信丰等与安远著名的古圩——鹤子圩只咫尺之遥，而鹤子圩则在定南水上，定南水又汇入了东江，这便顺流直下达龙川了。从余干、南康（信丰之西经贝岭）到龙川，主要是水路，一旦到了龙川，便可以作为中转站，大批物产便可以进入广东的腹地——其实，这条东线，在唐宋元明清年间，更成了交通的大动脉。

贡水支流湘江（不是湖南的湘江）上游的筠门岭，如司徒尚纪所言，更是古代一大通衢，现代又作过红军与粤军谈判的要地，那里与南流的寻乌水亦近在咫尺。而从安远到鹤子圩，即濂江与定南水，从筠门岭到寻乌，即湘江到寻乌水之间，如今发现了古驿道。这样，秦军南下的东线，也就一目了然。

显然，东线不可能远至沿海边即潮阳一线，这是没有文献可考的。至于客家人经石壁、上杭由福建入粤的传统线路，那已是后来才有的。因此，龙川一线，才是秦军定鼎南越的关键。否则，也不会有作为军事重镇的佗城出现。

这同时还可以解释另一个问题，当年汉兵南下，底定南越，为何不经龙川？正是龙川作为军事重镇，在南越国威名赫赫，汉兵才避实就虚，另选了其他的路线。而这样一来，历史也就忽略了这一线路的存在。汉兵没走这一路线，也就没有历史记录，而秦兵走否，文献上又语焉不详，如果今日不再加以确认，这一线路也就很容易沉埋历史记忆中，这是我们今天反复考证的原因。

二、秦时龙川辖地

弄清了秦军南下的东线，方可彰显龙川立县的重要意义，同时，也就能进一步确认秦代龙川县的地域范围。

龙川包含江西部分地区，这是没有争议的，因为佗城离赣粤边界很近，而当时两地边界犬牙交错，与今天的边界不尽一致，所以，江西部分地区在龙川县内，也不足为奇。新编《龙川县志》中也提到："秦始皇三十三年（公元前214年），始置龙川县……包括现在的龙川、五华、兴宁、河源、和平、连平等县境，以及新丰、陆丰、紫金、寻邬（属江西省）等县的部分地方。"① 这也说得很清楚。

---

① 龙川县地方志编纂委员会编：《龙川县志》，广东人民出版社1994年版，第1页。

而当年的平远，是析江西安远、福建武平、上杭等县部分区域组成的，但这是明嘉靖年间的事，且平远也已不为龙川所辖，仅几年后，江西、福建划出的地方又还回去了，故不足为证。

江西寻乌则是没什么争议的。其实，上一节所引的民谚，“赣州九十九条河，却有一条通博罗”。这“一条”讲的是定南水，从河名中有“南”字便可得知。九十八条朝北，只有一条朝南——这均在赣州境内，也就排除了寻乌水，这证明寻乌水在龙川境内，不属赣州九十九条河之列。这也算是一个佐证吧。

当今较为权威的《广东通史》中称：南海郡“下辖番禺、龙川、博罗、揭阳、四会五个县，治番禺”。[①] 而《岭南文化》中则称，南海郡“下设番禺、四会、龙川、博罗四县”。[②] 把四会、揭阳划入秦南海郡，显然有误。

而经史学家们考证，在《元和郡县图志》第三十四卷《岭南道 一》中认定：“四会县，本秦旧县也，属桂林郡”。查《四会县志》也得到证实，四会是汉代才划入南海郡的。可见，秦代南海郡中并无四会县。所以，秦南海郡，只辖龙川、博罗、番禺。只是人们一般把南海郡等同于广东，广东地面上，当然包括四会，说广东秦代有四县，这自然没错，但等同于南海郡，这便有误了。

尤其是揭阳，是汉代才置县的，秦无。《岭南文化》排除了揭阳，原因何在？即便是《龙川县志》中，秦代古龙川的地图上，也赫然标出了揭阳县。一般人认为这是准确的，所以县志行文中，如前所引，龙川境内不包含揭阳县所辖范围，也不包含与潮汕相接的福建漳浦、云霄、诏安等县。

的确，早在清初，著名地理学家胡渭就在《禹贡锥指》卷十二“导黑水，至于三危，入于南海”，下谓“南海者，涨海也。秦置南海郡治番禺，其下县揭阳，王莽改曰南海亭”。也就认为秦置有揭阳县。

不少学者对此存疑，如司徒尚纪在前引文中就有：“秦在今广东首置郡县。南海郡下辖番禺、四会、龙川、博罗、揭阳五县”，他在“揭阳”后加了个括号：一说建于汉。[③] 显然，这五县中，四会是搞错了，揭阳则没说准。

其实，他文中也写道：因为广东5县时有姓有名地方长官仅赵佗一人。至南越国灭亡时，才知道揭阳县令名定，“闻汉兵至及越，揭阳令定”唐司马贞《史记索隐》曰：“定者，令之名也。”[④]

也就是说，这时人们才知道有揭阳县令，名定。我们不妨再引用有关文献，《汉书·闽粤列传》中有：元鼎五年（公元前112年），南粤反，东粤王余善上书请以卒八千从楼船击南越相吕嘉等，“兵至揭阳，以海风波为解，不行”。《南粤

---

① 方志钦等主编：《广东通史》，广东高等教育出版社1996年版，第181页。

② 李权时主编：《岭南文化》，广东人民出版社2010年版，第150页。

③ 司徒尚纪：《珠江文化与史地研究》，中国评论文化有限公司2003年版，第334页。

④ 司徒尚纪：《珠江文化与史地研究》，中国评论文化有限公司2003年版，第335页。

列传》追记，元鼎六年（公元前111年），东南底定，“粤揭阳令史定降汉，为安道侯。”《汉书·景武昭宣元成功臣表》在“安道侯揭阳令”下曰：“以南越揭阳令闻汉兵至定降。”

为此，我们得知，揭阳令姓名为史定，且为南越国降臣。有书称，秦南海郡有名有姓仅二县令，一为赵佗，一为史定，这显然有误，因为秦立龙川县为前214年，史定降汉，为前111年，前后差距有103年，这史定不至于活上130岁吧？比赵佗还命长？只能说，他是南越国任命的揭阳令。

也就是说，是南越国93年间，才置有揭阳县，即已是秦亡之后了。秦置揭阳，没有确实证据，不足为信。

揭阳县自然是析出了龙川相当一部分区域，即当今广东韩江流域一带，相当于潮州、汕头、揭阳三市及梅州市东郊地区，还有福建省最南端的诏安、云霄、漳浦等县。这说明，龙川县在秦代，其东南部一直延伸到了福建省内。

所以，新编《龙川县志》所提到的龙川的范围，出现了重大的疏漏，它说的古龙川，显然不是秦代的古龙川，混淆了不少历史记录。

可以说，解决了揭阳立县问题，也就比较准确地认定秦置龙川县的原来范围。所以，不少粤东的县志，均有“本汉龙川县地语”，而福建漳州府《古迹》绥安故城下亦曰“汉揭阳县地，晋置”。如今的漳浦县则在绥安境内。

如今，唯有谭其骧的中国历史地图，才正确标出秦代南海郡龙川县的正确范围。

龙川所辖之地这么广袤，亦可见龙川在军事、经济、文化上的地位及其辐射作用。

著名历史地理学者侯仁之院士说过：一个城市一旦适应社会经济发展的要求而开始出现的时候，它就必须具备一个足以满足它的发展要求的固定场所。因此，如果说社会经济的发展乃是城市出现的决定因素，那么适当的城址就是城市发展的必要条件。

龙川佗城的南越王庙

佗城的意义也就在此，这又反过来证明，秦军南下，龙川作为一个重要通道，当发挥怎样大的作用。确定秦军南下东线的线路，以及龙川作为中原文化南下的通道与枢纽，我们方可以进一步论证后来客家形成以及最早进入粤东的路线，纠正曾有过的，仅有汀江——梅江一线的定论，为“东江客家”正名。

正由于古龙川奠定下的基础，这才有客家属地后来的呼应，形成河源、梅州、惠州，在历史上再度崛起，成为未来的先声！

第二节　两晋南北朝：解读中原流人在粤东的聚落

公元3—4世纪的世界民族大迁徙，当分为东西两部分，缺少任何一部分，那都是不完整的。可以说，3—4世纪欧亚大草原上的小冰川期，迫使匈奴人西进与南下，这已是不争的事实了，这一点，东西方的历史学家们都关注到了。这一巨大事件——世界民族大迁徙，在西方人看来，是人类历史上前所未有的历史大劫难，没有任何一个历史事件，会像这一次如此深刻地、骤然地改变了人类的历史命运。西方的史学家，甚至把罗马的陷落，视为“世界在一座城中灭亡”，西方从此陷入了“千年黑暗王国”的中世纪。

罗马的洗劫，洛阳的陷落，都一般血腥。让我们把目光投向东方。东汉末年，北方的游牧民族便已陆续渗入了中原，其中以匈奴为主，还有乌丸、鲜卑、羯氏、羌等。早在3世纪末，便发生了多起北方民族的起义，晋“八王之乱”后，这类起义更接连不断，大批胡人涌入中原。

随后，便是中国历史上有名的“五胡乱华”了。

这便是世界民族大迁徙的东方部分，人们可以看到，数个“蛮族”的互动，古老文明都城的陷落，伴随着天灾人祸，这在东西方几乎一个样，而且前后相距也不过十几或几十年。

衣冠士族的南下，是汉民族文化一次颇具象征意义的举措。

流民，历史上也叫作“流人”，在这巨大的灾荒与战乱中，一批又一批地不绝南奔——他们，无疑都是当年在中原创造了华夏古代文明的先驱者的后裔。

他们不仅仅是逃亡……

“衣冠南渡”，他们负载着一个古老民族沉重的文化遗产，这远远超越了任何个体的生命保存的意义。

凭这么一个“开端”，便不难设想，一批又一批南徙的流民，又能有多少逃脱得了被剿杀、被沉江、被消灭的命运……

但这种南徙却日益增加。

终于，有了个“淝水之战”，“北府兵”仅以区区的8万精锐，抗击了苻坚号称的百万大军，8：100，是何等悬殊，但“文化力”却不可轻估。

正如犹太人当年需要一位摩西率领他们走出埃及一样，客家民系形成的历史前奏中，五胡乱华，晋室南渡，及至谢安、谢玄、谢石赢得“淝水大战”，从而守护住了半壁江山，使得汉文化传统不至于无所寄托，得到重新滋养，这业已充满了神奇的色彩——当然，这却是不争的历史事实。故国学大师陈寅恪认为这一大战，

“抵抗外侮，民族因得以独立，文化因得以续延”，乃为不刊之论。

至此，因世界民族大迁徙引发的中国南北文化变局，终于尘埃落定。

在这里，须明确的是，北人南下，如在秦汉，终得形成岭南一个可以地域命名的族群，广府人；而两晋，则是“八姓入闽”，终得形成的，亦是一个可以地域命名的族群，福佬（闽南）人。而在这两次中原移民南下中，则还不曾有客家族群形成的多少先声……我们仍只能把这归于客家前史。

所以，在这一文化地图中，固始主要仍是福佬人的祖地，而不为客家人所认同。而当年的义招设县，亦为王东称的“罗氏（香林）客家东晋源流说的提出，显然也与他的‘原乡视野’密切相关”，也只能从“思想史”的角度上加以探讨。

这似乎有点“虚”了。

但文化毕竟也是有虚有实的。

而“永嘉之乱”中的衣冠南渡，毕竟强调的是一种文化、一种身份、一种永远的认同……

一代大诗人、大外交家亦是思想家的黄遵宪，在其《己亥杂诗》中写道：

> 筚路桃弧辗转迁，南来远过一千年。
> 方言足证中原韵，礼俗犹留三代前。

二十八个字，高度地概括了客家民系的南迁史。而“中原韵”的方言，“三代前”的礼俗，则是最具凝聚力的文化，其构成了逐渐形成的客家文化的根基，这也同样是破译客家文化的一把钥匙。

而“远过一千年”，则是认定客家先民南迁乃在唐宋之前，其时，尚未有罗香林“五次迁徙说”，他的依据，自然是祖上的遗训，以及族谱等。在他之后二三十年，罗香林则把客家先民的第一次大迁徙，确认在两晋南北朝间，与他的“远过一千年”是相吻合的。因为，两晋南北朝正是在唐宋之前“远过一千年”。

罗香林的学说，奠定了整个客家学的基础，其中，“五次大迁徙”是其中最精髓部分。所以，在其《客家研究导论》出版后约20年，他又抽出其中关于迁徙的部分，改写为《客家源流考》，无疑，这是他的得意之作，也是经过严格考证的。他的这些作品，一直是客家研究的经典之作。为此，我们亦曾说过，今日的研究，是以他的肩膀高度为起点的。

随着视野的扩大，我们对罗说不仅加以了补充、夯实，而且，更有了深化与拓展。一个学说，没有深化与拓展，就会失去其生命力，从而走向沉寂与消亡。罗香林的学说也是这样。应该说，他对客家迁徙的来龙去脉，在总体的考证与描述方面，有着不可磨灭的贡献，于史的角度而言，至今无人可出其右。只是，在文化精神上、在人类学上，仍留下不少空白，有待后人来填补。

就拿这次大迁徙来说，从时间及历史动因而言，当是确定无疑的，不仅是东方，而且是世界性的。但就这次迁徙前锋抵达的地方，却有不少可商榷之处。罗香林根据手边已有的史料及谱牒，认定“避难的汉族，向南播迁，远者已达赣省的中部南部，其近者则仍淹滞于颍淮汝汉诸水间，浸至隋唐，休养生息，劳困渐苏，慢慢的乃得度其比较安适的生活，故自东晋至隋唐，可说是客先民自北南徙的第一时期”。[①]

避开客家不谈，从中国的移民史来看，权威的说法，也与罗香林的观点不相上下。他们均认为，衣冠南渡，这次移民的浪头或前锋，当涌到五岭之北及武夷山之西北，便停止了，没能进入五岭之南与武夷山之东南，即今天的广东与福建地域，也是后来的客家大本营的中心地带。但这一观点，如今受到了全面的挑战，无论是考古学，还是谱牒学以及人文地理、文献学上，均为如此。而程旼一案，也是如此。

一、粤东建置

考古学上，梅县程江长滩村，清理出南朝“蜈蚣吐珠山墓群”中的5座，1座为土坑墓，4座为砖石墓。砖石墓用叶脉纹、方格纹砖砌筑，墓长3.8~5.2米，宽、高各约1米，出土有青釉陶罐、壶、盘、碟、杯等，以及3件直耳盘口铁鼎、残铁刀与铜镜。而往南至潮安、揭阳，所发掘的砖石墓，既有东晋年间“泰元X年”铭文的墓砖，又有南朝“大明X年”的砖铭，而这些墓室的形制和殉葬品，完全是中原的风格，与江南地区同期的墓葬几乎完全一致……这里就不一一列举了，可见汉文化此间已进入粤东。[②]

而在文献学上，如《晋书·地理志》、《宋书·州郡志》、《元和郡县志》、《太平寰宇记》及众多的地方志上，均有这一期间内粤东开始建置的记载。

这里先说明一点，粤东最早设县的是龙川，这是秦朝赵佗镇守于此的缘故，秦龙川不仅含今广东东部，还包括江西、福建一部分。而如今梅州区域内第一个立县的，则是兴宁，那是东晋咸和六年（331年），是析龙川县的东部，紫金川东北部等大片地区，县治在今五华县华城镇紫金山，当时名雷公墩。南朝时，齐永明元年（483年），又分为兴宁、齐昌二县，治所未变。及至梁天监年间（502—519年），废齐昌并入兴宁，县治则改到了佗城，今龙川县老隆。几经分、并，明代及清初，兴宁一直为惠州所辖，直至清雍正十一年（1733年），程乡升格为嘉应直隶州，兴宁才为嘉应所辖。[③]

---

① 罗香林：《客家源流考》，载《崇正总会30周年纪念特刊》，香港崇正总会1950年版，第15~16页。

② 参见《梅州市志》，广东人民出版社1999年版，第1576页。

③ 参见《梅州市志》，广东人民出版社1999年版，第223页。

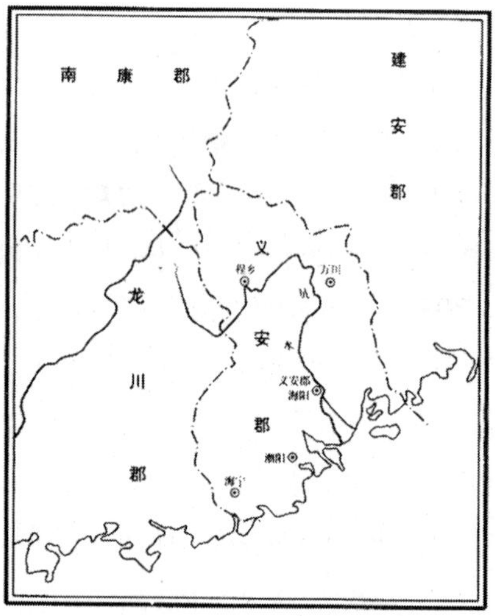

隋代大业三年义安郡地图

在兴宁之后，按《宋书·州郡志》所记载，东晋义熙九年（413 年），才在粤东设立义安郡。义安郡下有 5 个县：海阳、绥安、海宁、潮阳与义招。

义招的范围，大致在今大埔县境，当时是以东官郡五营地所立。县治设在当今湖寮镇古城村，历史上先后归广州南海郡、东官郡及义安郡所辖，后又归东扬州，瀛州所辖，至陈才复归义安郡。隋大业三年（607 年），义招方更名为万川县，唐代一度被废，并入海阳，明成化十四年（1478 年）立饶平县，大埔县境则在该县内。及至明嘉靖五年（1526 年），又分饶平的清远、恋州二都置大埔县，县治在茶阳。如今，海外大埔客家人，都用“茶阳会馆”称号。①

至于程乡，则在兴宁、义招之后，是在南齐（479—502 年）年间，一说从海阳，一说从义招析出部分地方设置程乡县，县境包括当今梅县、蕉岭、平远的全部及丰顺的一部分，当时属义安郡。梁、陈先后隶属广州义安郡，东扬州，再又隶属广州义安郡。隋开皇十年（590 年），撤程乡县归入义安县，第二年，又重立程乡县，隶属潮州。后来隶属变化很多，江南道、福建经略史、敬州、梅州、潮州等。至清朝雍正十一年（1733 年），升格为嘉应州，及至嘉庆十二年（1807 年），又复设程乡县，仍隶属嘉应州。②

打开一部中国历史地图集，我们不难看到，最早出现的是龙川、兴宁、义招，

客家村落

及至程乡，其中，兴宁、义招、程乡均为晋代及南北朝所立。兴宁情况稍复杂，与龙川时分时合，亦原为龙川地域，其立县，当与赵佗治龙川之际，有汉人跟随相关。龙川自是粤东最早有汉人聚居的地方，当赵佗到了番禺，并建立了南越国，追随去的汉人恐为绝大部分。余下的，则后来融入客家先民之中。史家一般没有把他们划入两晋南北朝的移民之中，也就

①② 《梅州市志》，广东人民出版社 1999 年版，第 223 页。

是未作为最早的客家先民系统。①

一个地方，当人口聚集到一定数量、文明开化到一定程度，尤其是在编人口的增加，方可以促成朝廷设立郡县的治所。那么，义招当是最为典型的客家先民聚居地。显然，东晋义熙九年（413 年）义招所在地方的人口，激增到了一定程度，这里，除开早已迁入的移民及原已汉化的土著外，所大量增加的，当是这一期间南迁的中原移民——我们所认定的客家先民。从永嘉（307—313 年）之乱，到义熙年间（405—419 年），长达近 100 年。这 100 年间，中原流民潮此起彼伏，连绵不绝，其前锋，当已不受五岭与武夷山的阻隔，已进入了粤东地方。

“义招”的得名，则是一个明证。《舆地纪胜》因《南越志》称：“义招，昔流民营，义熙九年立为县。”“流民营”是什么，就是中原移民的管理区域。当移民达到了一定数量，就将他们收编一籍，以营为编制，最后，则设县以管理。

但意义不仅于此。

在这里“义”是颇具文化意蕴的，它是汉语言中独具深意的辞藻。正如当时的史书中，每每记录的是，“百越土著，断发文身，好相攻讨”，还有“人杂夷獠，不知教义”等。所以，“义”当是汉文化的集中表现，也是与土著的一个重要区别，当然，更是一种文明程度的表现。因此，“义招”当解为以“义”来招徕汉人，以汉文化来聚集中原移民。本书主编在为大埔编写的“客家文化丛书”的序中，就是这么理解的：

> 一部客家史，可以说，处处少不了大埔。大埔之所以早早成为客家文化的中心地，正是在于其文化底蕴之深厚。早在晋义熙九年（413 年），这里便设立了粤东最早的县份之一——义招。义招者，以民族之大义，招集南下汉人至此集聚开埠创业也。可以说，如果没有晋代南下汉人在粤东等地的沉积，从而产生凝聚力，就不会有日后客家民系的诞生，这，正是解开客家民系形成之谜的一个关键。大埔的古县名“义招”，当包含怎样的千年沧桑。凭此，我们便可以解读出这八百年定位不移的客家文化中心之厚重内涵。

如前所述，此期间的墓葬，无论从形制上，还是从陪葬品而言，为何有那么鲜明的中原文化的风格，与同期江南墓葬如此一致，只有一个解释，这些“流民”们，正是顽强地坚守着自己的文化边界，其墓葬风格，则反映了汉族移民与当地土著之间的严格区分，因此，不存在这一阶段汉文化过早与当地土著文化融合统一的可能性。

① 参见谭其骧主编：《中国历史地图集》，中国地图出版社 1996 年版，第 2、3、4 册。

二、程旼与“义招”

而程旼的存在，正包括“义招”的全部历史遗存之密码。

换句话说，正是处于这样特定的历史时期，务必推出这样一个具有号召力、代表性的“义招”者，用汉民族的大义去召唤、聚集已来到粤东的中原移民，正所谓“时势造英雄”。客家先民，就是这么最早在粤东聚落的。

客家先贤程旼

程乡县的设立，是在南北朝时期，据余蔚文先生考证，是在南齐建元元年（479 年），是东晋义熙九年（413 年）设义招县之后近 70 年。值得注意的是，冯君实主编的《中国历史大事年表》中，有“以义安郡五营地含后程乡县小部分，于义熙九年癸丑（413 年）设义招县”，也就是说，程乡县本身有一部分是属原义招的。这也说明，在设义招县之际，后程乡的地头上，是已经有了中原移民的“流民营”存在。

我们从关于程旼的历史记载中不难认定，他，便是其中一个流民营有名望的首领。其“德孚于乡”、“信义著于乡里”，并尊称其一介布衣为“处士”，正符合当时汉人所在“流民营”的文化状态。《年表》中还记有：建元元年二月，齐检定民籍。而《资治通鉴》则载有：民籍总册，分黄、白二种，白籍为“登记北方南迁人口”。于此时设县治，当顺理成章。

而程旼所在的地方，更被命名为“义化都”，这“义”亦一脉相承。

关于程旼如何到达粤东，是否贬谪而来，当可存而不论，因为，自永嘉之乱，大规模的移民潮，上百年间几乎不曾止遏，他的家族，也必然是这大潮流所裹挟而来，当为避乱、求生也。正因为有中原文化背景，方有后人称道的“秉义怀仁，化行俗美。奋起南齐之世，丕变东海之区。一介布衣，俨操谳决之柄，阖邑雀角，咸服是非之公”①，于是，“后人思之，名其都曰义化，乡曰程乡，源曰程江，最后以程乡名县……”②

这一来，粤东一带，程旼自闻名遐迩，所以，直至清代，程乡县令王吉人，在《重修七贤祠记》中称：

> 盖程乡为程处士义化之乡，而昌黎韩公过化之邑，其祠祀二公也，固也。

① 平远政协文史资料编辑委员会编：《平远文史》第十二辑，2003 年版，第 57 页。
② 平远政协文史资料编辑委员会编：《平远文史》第十二辑，2003 年版，第 68 页。

至若曲江张公以客游至此（止），元城刘公以迁谪留徽，武襄狄公（青）之以平寇驻节，以及信国文公之以勤王恢复，取义而成仁，进士蔡公之以邑绅统兵，捐生而殉国，均非于邑有官守权势，足施政教而行董戒者。①

这七贤，均与粤东有着密切关系，程旼不说了，韩愈也不用说，张九龄亦到过此地，刘元城在这里创立第一个书院，狄青亦在这里平冠驻节，至于文天祥、蔡蒙吉，更在此城高举抗元义旗。

因此，几百年间，七贤祠成为粤东的人文亮点。

其实，宋徐庾诗：

程旼当年一匹夫，不操三尺制群愚。
片言能使人心服，万古江山与姓俱。②

其核心，亦在“义”上，以“义”服人，以义聚人，以义传人。而这，无疑是中原移民带来的汉文化的精华。

因此，对程旼的研究，不仅仅是对五次大迁徙中这一次大迁徙的肯定，更重要的是，是中原移民来到南方带来的汉文化传统的一个重要的证明。也就是说，既是史的确认，更是一种文化精神的弘扬。而对这一文化精神的研究、发扬，则为罗香林客家学研究的一个重要拓展。

从程旼身上，我们可以解读出客家人精神之源头，那便是中原的深厚文化传统，“义”的承传。可以说，离开了这一源头，也就没有了客家人文精神的演进，否则，连“出身”都成了问题，还奢谈什么精神、道德、操行呢？客家民系以“万古江山与姓俱”的程旼为开端，不仅仅是这个姓，而是他的布衣身份与“处士”的品格，他的“以德化人，秉义怀仁”——这是我们今天所需要弘扬的人文精神。

而这一点意义不同寻常，它奠定了梅州日后成为客都的文化与精神基础，没有深厚的文化积淀，没有精神的延伸与发扬，是不足以提升出文化中心、客都来的。地域固然是不可忽视的重要因素，但更重要的，还是精神文化所决定。

于是，我们借助“义招”这一事件中的这么一个历史人物，补充与纠正了罗香林学说中关于这一次大迁徙中缺漏的部分：客家先民在这次迁徙中，并未全受五岭、武夷之阻隔，其前锋业已抵达了粤东。而这一条，我们得到了实与虚的两个方面的证明：“实”即是考古、文献、历史地理方面的详尽可信的考证；而“虚”则在思想史上、人文精神自中原至粤东的传播——离开了“中原说”，也就失去了客

① 平远政协文史资料编辑委员会编：《平远文史》第十二辑，2003年版，第62页。
② 平远政协文史资料编辑委员会编：《平远文史》第十二辑，2003年版，第65页。

家的人文精神的锻造，也无以确认客都形成的历史文化之必然。

不妨再以黄遵宪《己亥杂诗》中又一首来结束本节吧：

野外团蕉岭上田，世传三十子孙千。
元时古墓明朝屋，上覆榕荫六百年。

第三节　两宋：中华文化重心南移与客家民系的形成

当“情感历程”延伸到赣闽粤这里，实际上便是客家文化最后的凝聚、定型的时刻了。这里有太多的文化学、人类学、社会学的问题：

中国文化重心的南移；

传统意义上的“华夷之界”与“祖地”的确认；

一个族群形成的必要条件与相应内在成因；

地理环境与人文气候的互相作用与影响；

“老客”与“新客”的移民族群差异与融合；

神话、传说的解读及对塑造一个族群的文化意义；

岭南三大民系各自的整合与历史分界；

方言与迁徙的互证；

…………

凡此种种，都不是三言两语可以说得清楚的。

无疑，中国文化重心南移，对赣南的影响之大是显而易见的，但不可忽略的是，两宋的积弱，对汉民族的文化自尊更是一种刺激，客家族群在此间形成，这一情感、心理因素，却绝少人探究过，为何过去没那么强调“华夷之界”？而现在，早已形成的广府民系，却又回过头来确认一个处于华夷之界上的珠玑巷为“祖地”，从而与客家人一同“争”个中原的祖根呢？为何赣南的“老客”不及辗转闽西至粤东的“新客”，有那么鲜明的客家自我认同的意识？

那么，中原移民是怎样在赣南、闽西发生裂变，形成一个新的族群，从而在那里来一个漂亮的转身，从蛰伏到崛起，最终对中华文明的转型发挥重大的作用，以至世界都惊呼她的存在？

在“客埠惠州”最早发出的“客家宣言”，仅仅是一种回顾，还是要向未来争取什么吗？

何为“客家式的命题”？上述的思考，却已经在客家学者中讨论了几十个年头。而“情感历程”绝不会历思考而中断，其实，激情更会产生思想，激情更会激发创造与发现——这也无可避免地为客家学的升华开拓了一个新的方向！

一、宋代赣人文之兴

人们一般认为宋代是中国文明由盛至衰的转折点，理由是：宋代的科学技术仍在处于上升时期，超过了盛唐，像指南针、印刷术、火药等重大发明也是在宋代，经济也相当地繁荣。尤其是这一时期大规模的水利工程，使粮食倍增，人口也成倍增长。正是蒙古的大军，把中国的“四大发明”带到了欧洲，才推动其走出中世纪并催生了“文艺复兴”。

而两宋年间，中国的文化重心南移，已是不争的事实。

江西——客家人最早形成的地方，可以说是重心转移的落脚点之一。

《宋史·列传》中，所列入的江西名人有219位，居全国第一。而宋代江西的进士，达5442名，状元达122名（居全国第二），与唐代江西进士65名，状元2名（居全国第十），可谓呈几何级数上升，翻了几十番。

宋代在江西的书院，也是闻名全国，且名列前茅的。曾有过一项调查，称自唐至清，江西便有书院1017所，居全国首位。其中以宋代为最，其书院林立，学规完备，影响深远，是他处所无法相比的。学术界一致公认，书院始建于江西，且发达于江西。

宋代状元桥和清末的东山书院

颇为著名的书院，便有朱熹所建的白鹿洞书院，陆九渊的象山精舍，后为宋理宗赐名为象山书院，二院名重一时，弟子数千，乃至上万。有名气的还有如濂溪书院、鹅湖书院、白莺洲书院、道源书院、怀玉书院、东湖书院等，成为中国古代教育上一个历史奇观。欧阳修甚至惊叹：“区区彼江西，其产多才贤。”这一奇迹一直影响到明代，“翰林多吉水，朝仕半江西”。

正是书院，带来了宗族祠堂辟公田为“学田”、辟公禾为“学谷”的传统——这一传统则由客家人传承下来了，直至今天仍没有变化。

从魏晋玄学到宋明理学，客家人身上，更不难看到这一思想演变的脉络。

宋明理学所强化的“齐家”“治国”“平天下”的儒学观念，在客家人身上得到充分的体现。

濂溪先生——理学开山大师周敦颐，就是长期在赣南做官，开办学校，著书立说，培育学人的……

当然，客家人承传西晋、盛唐的文化传统，也并不曾完全为后期理学所“格式化”，仍具有强烈的浪漫色彩，但儒学文化毕竟是客家文化的主干，这是毋庸置疑的。

从人口变更与建制上，亦可看到赣州，即赣南对客家民系的摇篮意义。

宋神宗元丰三年（1080年），江西在册总户数为136万，其中，被列为“客户”的有50万，占36%强。

及至宋徽宗崇宁元年（1102年），全国户口为2026万，其中江西有201万，占10%，居全国之首。仅20年间，户数增加了一半，证明“客户”更是激增。

在赣南，更不止是增设县，而是从虔州（后更名赣州）析出南安军，原属虔州的大庾、南康、上犹被析出，隶属于南安军。而赣州则新增了兴国、会昌两个县。这样，加上被析出的三县，即大庾、南康、上犹，原虔州地域内共有十三个县，即还有赣、虔化、兴国、信丰、宁都、会昌、瑞金、石城、安远、龙南 。其设置县的密度是相当大的。

县建制的增加，说明人口密集达到了一定的程度，这个地方的开发也达到一定的程度。当然，开发的程度务必有相应的标准，否则不足以建立县一级的政府机构。

谭其骧先生说：一地方至于创建县治，大致即可以表示该地区开发已臻成熟。他还说：“所以，知道了一个地方是什么时间开设县的，就大致可以断定在那个时候该地开发程度已达到了一定的标准。”

客家民居天门阿公“一贯书香”

赣州，是章、贡二水交汇之处，人说，溯章水西上，过梅关古道的宋人，进了珠玑巷，便成了广府人，这大致不差。但珠玑巷人中，也有成为客家的，这从族谱中可以得知，只是为数不多。更多的，是溯贡水而上，或下东江至龙川，或继续溯流而上，经梅江（赣南之梅江）走宁都、石城——这里便是最早形成的客家群落了。可以说，客家文化的事业已形成，如杨筠松自成一派的形势派风水理论，如客家山歌，而最重要则在于崇文重教。石城是赣南客家文化的重心，不说有“闽粤通衢”之誉，姓氏也最多，且与客家祖地石壁仅20里之遥。而石城重人伦、强教化的传统，则有一个几乎与葛藤坑传说同时发生的，与客家族群精神联系得更紧密的，且写入典籍的史实与文化神话相映衬的典故。

二、兴学的“客家第一人”

这便是温革办学所伴随着的一个耐人寻味的文化神话，温氏族谱中所记载的，在建藏书楼掘地基时，意外地挖出了五铢钱五万枚，于是，便有了办学的资本，温革更认为这是“祥瑞之兆”，于是把藏书楼取名为“青钱馆”。

被视为宋代著名思想家、太学说书，被称为盱江先生的李觏，亦为此专门写了一篇《书楼记》，文章中亦很以此事为然，写道：

> 温公少时求禄而莫之得，慨然自谓：“不得诸外，盍求诸内；不在吾身，宜在吾子孙。”乃图山泉美好处，奠居堂，因作讲学堂房数十楹。其工始曰，获五铢钱五万于地，士友珍之，遂以青钱名其馆。①

连《赣州府志》这样郑重其事的史志中也记录有：

> 温革石城人，累试不第。宝元中诣阙上书，愿捐家资，尽市监书以惠后学。既得，请携书归，建楼贮之。辟义馆，以来远近愿学者，仍储廪以给口食。经始之日，获五铢钱五万于地中，人咸异之，遂以青钱名其馆。

这一神话，却没有体现在温革先生墓表中，墓表中关于这一段文字仅有：

> ……屡试不第，归辟义馆，市书建楼，四方学者接踵而至，捐资给以廪粟，由是虔南风气诵诗读书，泽躬尔雅，即菜庸夏畦亦莫不知有先生其人。

如细心辨识，则不难发现，墓表是以“四方学者接踵而至，捐资给以廪粟，由是……”内中独独缺了“经始之日，获五铢钱五万于地中”这一至关重要的一句。是无意的遗漏，还是着意的回避？恐怕是后者而非前者。毕竟，墓表是“盖棺论定”，不可有虚拟、谬托之词，务必实事求是，因此，传说、神话之类，是不可以写入的。李觏作为一位思想家，之所以援引这一传说，自是为其思想观念所服务的：重教兴学，宜在子孙，令文化得以承传，诗书能够流播。其实，李觏出生，亦伴随有一个“棋子”的神话，“子”在古语中，与近文“学者”相近，这才有孔子、孟子之称，所以，李觏也就成了一位宋代的大学者。

以神话传说为然，不独是李觏，中国过去不少学问家也都这样。这也是一种传

---

① （宋）李觏：《书楼记》，转引自温涌泉主编：《客家大儒温革》，黑龙江人民出版社2007年版，第7页。

始兴宋代学宫状元桥

统。毕竟，神话、传说，每每为一个民族或民系精神所系，它或直接、或曲折地反映了这个民族的心理诉求。办学如有天助，这便是中华民族，尤其是汉民族孜孜以求的。“万般皆下品，唯有读书高”、“学而优则仕”……种种，都集中体现了汉族自古以来最稳固顽强的价值观，而这，是必会上升到“神话”的高度，由理性诉求演化为近乎狂迷的状态。

客家人尊师重教，自是秉承了古汉族的历史文化传统，因此，在兴学的“客家第一人”温革身上，演绎出这一神话，无疑是顺理成章的，亦无可非议。

三、客家“创世纪”神话之解读

办学，或者说教育自身，薪火相传，绵绵无绝，传扬的自是人类文明的火炬。而人类文明，自是包括人所创造的一切，不仅仅是道德，还有智慧、学问，有科学技术，或用古代语言，内圣外王之道，内圣自是道德修养，外王则不属这一范畴，还有经世致用，更不可不包含了。于是，教育本身的文明传承，远超于道德神化了。

汉代的“孝”，在隋唐被中断，于宋明被改造并“上升”为忠，道德在神化过程中亦受历史发展的影响，而历史与文明的进程，则是超于或别于道德神化过程的。这样，教育才具备有更积极的、更宏大的承传的使命。客家人“宁卖祖宗田，不卖祖宗言”，讲的正是依靠教育所进行的精神接力、文化接力，而非物质的继承。

教育，也唯有教育，方可以越过权力、地位、道德、金钱及种种名与利的东西，把人类带出愚昧、野蛮，走向文明与科学，而且会塑造出全新的人格，它永远显示出的是理想的亮色——也就是说，它本身与异化是相抗衡的，教育的价值，也就大于道德的价值。古代哲人云“夫善国者莫大于劝教”，这“善国”本身也就不仅仅是道德问题。客家人的尊师重教，更有自强不息的因素在内，这里便有文化的传承与延续，更有创新与再生，保证了一个民系的永不沉沦。

我们不妨把温革的这一传说，视为“教育神话”。而李觏文章的后半部分，则正是为这一神话“正名”：

自古圣人之德业，举在于书。圣人者，非其智造而巧为之也。天之常道，地之常道，万物之常情也。天地万物之常，而圣人顺之，发乎言，见乎行。①

文阁

“举在于书”，自是文化之功。其实，当时苏辙亦说过：“德与才不同，虽古人鲜能兼之”。可见，所教的，当是德才具备才是。

从这一教育神话中，我们可以领悟到的，还有很多很多。

可以说，以此为开端，客家人的价值观——教育至上，就这么确定下来了。石城，作为客家文化教育之发祥地，也就这么确定下来了。后来客属地的以学田、学谷扶持和奖赏学子的传统，也就这发展过来了。其实，在这之前，韩愈早在《师说》中称“师者，所以传道授业解惑也”，教育的意义已超于道德范畴，其后，更称：“无贵无贱，无长无少，道之所存，师之所存也。”更将“师”的意义大大拓展。而“无贵无贱”则延伸到不仅是“师道”所存，更应荫及学子。这却是中华传统文化中发人深省的一个部分，可以说，这也是社会协调的一种机制。不是神话，又胜似神话。

广东始兴宋代学宫

正因为这一神话的感召与影响，后来客家人才被视为可与犹太人相媲美的重文教、重伦理的一个高文化素质的民系。

这一神话，也就这般集中体现了近千年来凝聚在客家人身上的族群精神！

与此同时，“葛藤坑”传说也就成了这个民系最后形成的标志。

在罗香林的专著中，则追溯到了两宋前的唐代末年，他是这么说的：

在昔，黄巢造反，隔山摇剑，动辄杀人；时有贤妇、挈男孩二人，出外逃难，路遇黄巢。怪其负年长者于背，而反携幼者以并行，因叩其故。妇人不知所遇即黄巢也，对曰：闻黄造反，到处杀人，旦夕且至；长者先兄遗孤，父母双亡，惧为贼人所获，至断血食，故负于背；幼者固吾生子，不敢置侄而负

① （宋）李觏：《书楼记》，转引自温涌泉主编：《客家大儒温革》，黑龙江人民出版社2007年版，第9页。

之，故携行也。巢嘉其贤，因慰之曰：毋恐！巢等邪乱，惊葛藤，速归家，取葛藤悬门首，巢兵至，不厮杀矣。妇人归，急于所居山坑径口，盛挂葛藤，巢兵过，皆以巢曾命勿杀悬葛藤者，悉不敢入，一坑男子，因得不死。后人遂称其地曰葛藤坑，今日各地客家，其先，皆葛藤坑居民。[①]

任何阐释，都会对这段文字所透露出的信息造成损耗。所以，原文照录是非常必要的。事实上，此外，在后文很多地方，我们都需要从不同角度上对这个客家人“创世纪”的传说作出新的破译，到最后，尽管未能穷尽它，却已提供了相当巨大的历史与人文的内容，破译了其中众多的遗传密码。

这个“葛藤坑”是有据可考的，在众多的客家人家谱记载中，它位于福建的宁化石壁村。当然，亦有人考证，当年黄巢造反，并未经过那个地方，所以，这个传说是极无稽、极荒诞的——如果对传说作这种冬烘先生式的考证，那么，一部《圣经》也只好束之高阁，从中读不到历史了。

如同《圣经》中的神话一样，虽说每每只有一段话或者一个小故事，却掺糅有很多道不清、说不尽的文化意蕴与历史经验——由此，在神话与史实中，便有众多的文化之谜需要作出破译。毕竟，任何一个传说或故事，都在一个民系的文明发展史上具有阶段性的或里程碑式的象征意义，汇总起来，便是这个民系总体的文化意识。对此加以追溯、梳理与破译，便可以找出其文化意识的迥异之处，而这正是对确立这么个民系关系重大、不可或缺的。所以，“今日各地客家，其先，皆葛藤坑居民”正是这一里程碑意义的表述，并不是所有客家都经过或居住过“葛藤坑”，一如广府人并非都来自珠玑巷一样，这里的文化象征意义每每大过史实，却为整个民系认同。

河源邓氏宗祠旗杆石

以上，我们把秦汉、西晋、两宋三个时期中原与江南移民数次大规模南下，视为“客家前史”，而不简单归纳为多少次大迁徙，当是为了更准确或者说更接近于客家的迁徙史与形成史。我们不难发现，秦代的龙川，两晋的兴宁、义招、程乡（它们均为秦龙川的一部分）均为中原移民前锋抵达之处，而两宋的循州、梅州乃至潮州、惠州一部分更是业已正式形成的客家人进入的广大地区，这个民系后来也正是在这里走向成熟，并在近代史上奋然崛起。

① 罗香林：《客家源流考》，载《崇正总会30周年纪念特刊》，香港崇正总会1950年版，第38页。

在上述三个时期之后，客家人的大迁徙，便已经以广东为起点了，也就进入了广东客家史的范围，因此，我们会以更详尽的叙述，揭示明清间这个民系的“一枝散五叶”，返赣、渡台、下云贵川，还有在“仇客分声”之际，向西迁徙，漂洋过海的历史。

没有大迁徙，便没有这个民系的诞生。

没有大迁徙，更没有这个民系在近代史上的崛起。

第三章
南粤：从“耕山”到“开海”

第一节　客家古邑

一、龙川是中原文化南下的发祥地

关于岭南文化的构成，学术界历来有种种说法，有的说岭南文化是一种感性自然的原生态文化，也有的说是一种包容性的移民文化，也有的说是一种海洋性的商业文化，而从族群界定上，则有广府、客家、潮汕（福佬）三大文化组成……种种，由于界定的不同，说法也不同。但总的说来，不同的历史时代的多样性的具体社会实践能力的对象化，构成不同时代、不同形式的文化形态和文化形式，一切文化，都是人类社会实践的产物。立于这一基点，岭南文化的构成，当为三大部分：首先，是它的底色，毫无疑问，这便是百越文化；其次，是它的主体，作为从属于华夏文明的一部分，当是中原文化，这又与后来形成的广府、客家、潮汕（福佬）三大文化分不开，因为，岭南三大民系无一不是以中原移民为主体组成；再次，是它的亮色，毋庸置疑当是海洋文化——远在春秋战国时期，《吕氏春秋》中就已有：

> 如秦者，立而至，有车也，适粤者，坐而至，有舟也。

正是在这个意义上，赵佗入粤，治龙川，立南越国，正是最早对建构岭南文化作出贡献的第一人，换句话来说，赵佗治龙川，使这片土地最早成为了岭南文化的发祥地。因为他，使龙川率先具备了岭南文化三大形态：百越文化的本原、中原文化的建构、海洋文化的亮色。

（一）以百越文化为底色

首先，龙川具备百越文化的底色。岭南文化的负载者，当是从远古走向今天的土著以及入粤的一波又一波的移民。据历史学家研究，早在西周前后，岭南各个部族便已基本形成。而稻作农业已有了相当的发展，但渔猎经济更加突出，故有“陆事寡而水事众”[①] 的记载。南越人在河网纵横的三角洲及河流上谋生，进而走向大海，熟习水性，善于用舟，并且很早就掌握了造船技术，远远走在中原之前。为此，他们的道德风尚及民性与楚人、中原人大相径庭，“越人之俗，好相攻击”[②]。赵佗来到龙川，为了巩固他的统治，务必“和辑百越”，赢得原住民的拥戴，方可让“汉越杂处”，相安无事。所以，他“尉佗结箕踞见贾”[③]。原来，南越人“椎结踞，乃其旧风”[③]，即把头发结成椎状，为“椎结”，而伸两脚而坐，则为“踞”，不似中原人，不结椎发，坐态为跪坐（史书有载，古人跪坐一久，“未尝箕股榻上，当膝处皆穿”）。有人认为赵佗是出于笼络南方越人的需要，有利于他的统治，这是有一定道理的，但是，也正是他，为中原文化进入岭南，耗费了巨大的心血。

岭南平定之后，秦设置了南海郡（当今广东的大部地区）、桂林郡（当今广东，广西大部分地区）及象郡（今越南北部与广西一部分）三郡。并且把其政治文化或官方文化直接加于岭南，正所谓“并一海内，以为郡县”，把中央集权制加于岭南。在岭南设三郡后，又由南海郡来统治三郡。对岭南鞭长莫及，岭南与中央王朝的联系也困难重重，加上当地人的反抗又此起彼伏。于是，他一方面在南海郡不设郡一级的最高长官郡守，因为这是新置郡，官制一时难以完备；另一方面，他又赋予南海尉有相对独立与专断的权力，集军、政、财权于一身。

南海设郡后，又采取了“屯垦戍边”、“筑道设关”、“谪戍移民、与越杂处”等一系列措施，以同化、归并这一方土地，巩固大一统的成果。于是，在50万大军之后，岭南出现了第一次最大的移民潮，赵佗“使人上书，求女无夫家者三万，以为士卒衣补。秦皇帝可其万五千人”[④]。仅女子便有一万五千人来为留戍的士卒补衣，可见士卒之多。而专门“谪戍移民”，更达十多二十万人，无疑，这些人浩浩荡荡来到岭南，也带来了中原的文化成果。

---

① 刘安：《淮南子·原道训》。

② 班固：《汉书·高帝纪》。

③ 司马迁：《史记》卷九十七《郦生陆贾列传》第三十七。

④ 司马迁：《史记·淮南衡山列传》。

短命的秦朝，迅速陷入了战乱之中。南海郡尉任嚣，采取了“自备，待诸侯变”的政策，从岭南的历史与地理环境出发，任嚣拿出了一个划地自守、割据南越的设想。这一设想，显然与南越历来远离中央政权之外的历史文化密切相关。任嚣病危，即嘱托与他一同南下的龙川令赵佗：“……番禺负山险，阻南海，东西数千里，颇有中国人相辅，此亦一州之主也，可以立国。”①

于是，赵佗在任嚣死后，接任南海尉，即把任嚣的设想付诸实施。他派兵守住了向北的关隘，阻止了战火向南蔓延，并迅速吞并了桂林郡与象郡，趁中原楚汉相争之机，在岭南建立了南越国，定都番禺，自称为南越武王。

在这里，我们不难看到文化的双重走向。正是百越文化的多元性，促使了南越国的割据与独立，为岭南赢得了和平发展近一个世纪（93 年）的间歇——这是作为异质文化因离心力而产生的结果。然而，由于立国，保持了政权的稳定，由中原承袭来的政治文化、官制及治国思想，又在这里得以体现——从历史文献及出土文物可以看到，赵佗在南越国实行郡县制，其官职体制与秦汉中央朝廷是基本一致的。这样一来，中原文化的许多方面，都渗透到了整个管辖区域，换句话说，“官文化”已是中原的了，“野文化”才是本土的，是“北方的天，南方的地”了。

可以说，这正是百越文化或土著文化第一次出现了根本性的转换，这也可以说是岭南文化正式形成的先声，有了“汉化”的色彩。它正是在中原的礼义文教与制度文明的直接加入下，来了一次重铸与再造。

赵佗本人，一方面仿效粤俗，椎髻箕踞，自称为蛮夷大长，提倡土客通婚，以取得土著的认同——包括自立“南越国”，也是如此，同时，他又主动传播中原的制度文化，以及操作推行中央王朝的各种礼仪。如他倡导的“三老五更”礼，便是从中原引进的，对 70 岁以上的长者赐杖，建立敬老尊贤的良好习性。南越王墓中出土的乐器，也大多属中原汉乐系统，另出土的 6 个玉雕小舞人，也是中原舞蹈的装饰与舞状 。

（二）以中原文化为主体

由于赵佗治理有方，经济发展也相当快。及至西汉年间，番禺成为中国 19 个著名的都会之一和海上贸易商品重要的集散地，其基础可以说是赵佗及南越国之际确立的。岭南文化也就由此发祥。

这必须从物质文化、制度文化、观念文化或精神文化这三个方面来加以充分的诠释与论证：

第一，他把中原的物质文化带到了岭南，大大地提高了岭南的生产力。本来，百越主要是以渔猎文化为主，农耕固然有之，但仍处于刀耕火种的阶段，所谓“陆

---

① 司马迁：《史记·南越列传》。

事寡而水事众。”而赵佗向中央政府，不仅要来了大批的牛马耕地，尤其是要来中原铁器，仅南越国墓葬中发现的铁器就达900件之多，除兵器、生活用品外，主要便是生产工具，大大促进了农业发展并带动了手工业与商业发展。

第二，他把中原的制度文化，首先带到了岭南。在他治龙川之前，岭南仅有部族而无政府，他来了之后，建立了秦制并又包含南越特色的复合的制度文化，从上至下，形成了行之有效的行政管理体制，并有所创新，如在职官制度上设立了“常御”等官职，这与秦汉制度是不同的。无疑，秦扫六合，岭南是第一次纳入了大一统的地图中，过去，楚文化延伸过来，也没产生这一效应。

第三，他把中原的观念文化或精神文化，率先引至岭南，这里仅以文字为例，众所周知，古越族历来有自己的方言，但从来没形成文字。南越族有自己的语言，与中原汉语完全不同，在基本语汇及语法结构上相去甚远。故有“重译乃通”一说。赵佗立国之后，促进了两种语言的交流，口头语、野语自是南越语，而书面语、官方语已是中原的了。这种语言重叠的风貌，迄今在粤语中仍可以找到。中原汉字作为一种强势的语言符号，在这里立足，自是借助于官方的力量。粤方言如今除保留相当数量的越土著口语外，亦含有中原的若干古音，这也是那个历史时期留下的语言痕迹。赵佗治粤，积极推广汉字，并规定汉字为官方文字，这从大量的南越国文物中可以看出来，诸如封泥、铭刻、陶器、林牍、木简、漆器及皇帝行玺，上面均为岭南最早用上的汉字。文字语言，本就是文化，尤其是精神文化的载体，所以，汉字的流布，冲破了汉越百姓间的樊篱，扩大、加深了二者的融合，其意义再高估也不为过。

著名学者谭其骧先生认为：“一地方至于创建县治，大致即可以表示该地开发已臻成熟。”他还进一步断定：“所以，知道了一个地方是什么时间开设县的，就大致可以断定在那个时候该地区的开发程度已达到了一定的标准。”

无论是广信（粤西），还是始兴、曲江（粤北）设县，都比龙川要后，有的甚至晚得更多，这说明，龙川的文明开发，早于广信与粤北，这是毋庸置疑的。

换句话说，中原文化南下并推动其文明开发，当是按东线、西线、中线的先后次序进行的。也就是，粤东的开发，当是在最前边，中原文化的南下，最早产生文明发酵效应的，只能是龙川、博罗一线。只是，由于后来广信、粤北的影响，掩盖住了这里曾有过的辉煌，从而让龙川在历史上淡出。就似珠江三角洲后来居上，比广信、粤北更能汇聚岭南文明的光辉一样。

赵佗率先带来的中原文化，自治龙川，到立南越国，为岭南走出蒙昧，起到了决定性的作用。岭南文化也就由此定形。

（三）以海洋文化为亮色

作为岭南文化的亮色，海洋文化，同样与赵佗治龙川密切相关。

我们不难看到，从岭北进入岭南，其东线走的是定南水、寻乌水，一到龙川这个水陆交通的枢纽地，便可以通过东江到珠江口，与南海相接了。大家都知道，南越国的航海业是非常发达的，古史中有“越王造大舟，溺人三千”的记载，而南越王墓中发现的原支大象牙，被鉴定为来自非洲；美轮美奂的银盒，则来自西亚……广州发掘出来的古船台，其规模在当时恐怕也是世界罕见的。虽然《汉书·地理志》中记载第一支官方出海至亚非的船队是汉武帝时期，但他们设法寻找的船员，则都是南越国当年的有经验的水手，由此，不能排除，早在赵佗治粤之际，便已有南越国的船队浩浩荡荡地开出南海，走向亚非了。

东汉班固《汉书·地理志》记：

> 自日南障塞，徐闻合浦船行或五月，有都元国；又船行可四月，有邑卢没国；自船行可二十余日，有湛离国；步行可十余日，有夫甘都卢国，自夫甘都卢国船行可二月余，有黄支国，民俗略与珠崖相类，有译长，属黄门，与应募者俱入海，市明珠璧琉璃、奇石异物，贵黄金，杂缯而往……

原文比较长，这里就不一一引述了。杂缯指的便是中国的丝绸。此处应特地点出的是，所谓“应募者”，则是原南越国赵佗治下的水手、人夫、使役等，他们务必有丰富的航海经验。

海洋文化，从来是岭南文化的最大亮点，这一条不点自明，尤其到了近代，岭南文化走在全国前边，广东成了中国近代三大革命的策源地，主要是由海洋文化所催发的，如果岭南没有这 2000 年海洋文化的长风吹拂，也就不会有这样的历史辉煌。

客家文化无疑是岭南文化的一个重要组成部分，但它又不仅局限于岭南文化，所以，从另一个角度，我们还可以这么说——

2000 年客家古邑看龙川；

1000 年客家摇篮在赣南；

800 年客家祖地有石壁；

100 年客家之都立梅州。

这样的定位，应是毋庸置疑的了。

二、龙川作为客家古邑的历史定位

2200 多年之前，秦始皇派遣的统一中国的大军，挥师南下，越过南岭山脉，一路设置城池、关隘，平定南越，任命年仅 23 岁的赵佗为首任的龙川县令。打开谭其骧主编的《中国历史地图集》，在当时所设的南海郡中，只见龙川、博罗、四会三个县名，郡治在番禺。而龙川，是最北面的县，毫无疑义，它起到了南北交通的枢纽的作用。①

2200多年后，中国贯穿南北的大动脉——京九铁路建成通车，龙川，则是这一大动脉中广东最北的一个枢纽大站。尽管在这之前，龙川在现代交通上，一度相当落后，失去了古代曾有的优势。而现在，除开大京九外，梅河高速、205国道，也都自龙川经过，还有早已建成通车的广梅汕铁路——粤东通往各地的交通线，都不曾绕过龙川。

不少古城，因古代与现代交通方式的变换，失去了历史上作为交通枢纽的作用，并随即丧失了作为文化节点的意义，这可以找出很多的范例，如商朝的故都朝歌，又如作为客家首府的汀州……然而，任凭历史风雨的剥蚀，也任凭古今交通方式的更迭，古邑龙川，直到今日，仍以其深厚的历史文化底蕴，更以今日发达的现代方式，历2000多年不衰，傲然地屹立在新世纪的阳光下！

老人常说，不知道龙川，就不知道广东的过去。

那么，我们也一样可以说，不了解龙川，就不知道广东的今天与未来。

是怎样的一部历史，是怎样的一种机遇，使龙川始终凸显在南方的辉煌之中？

本文试图从自然地理与人文地理上，去破解龙川这么一个古老而又年轻的文化之谜。

（一）中原文化南下最早的落脚地

提起秦王朝统一岭南，人们马上就会联想到灵渠的开凿。秦始皇下令开凿这条沟通长江水系与珠江水系的运河，其历史意义非同小可，它大大加强了中原与岭南的政治经济、文化学术的往来，尤其是促成了岭南从渔猎文明向农耕文明的进步。灵渠一头是湘江的支流潇水，另一头是珠江的支流漓江，而湘江则为长江的重要支流，因此，两大水系，在粤西桂北从此得以贯通。

然而，始终有一个不解之谜，标志粤西文化兴盛的古广信（两广正是因它而得名），是在西汉元鼎六年（公元前111年）之后才设立的，也就是秦统一岭南后100多年。按理，灵渠凿通后，粤西、桂北当率先成为沟通中原的通衢，应当设立相应的行政建制，然而没有。反而在粤东这边，设立了龙川、博罗两个县，而四会则挨近粤中。所以，秦代的行政设置，侧重在粤东，而在粤东治理龙川的赵佗，后来更到南海郡治所番禺，因为任嚣的器重，后来，在秦汉改朝换代之际，他自立为王，建立南越国。

如前所述，赵佗还是沿东线，即从东江源进入南粤，首驻龙川的。

---

① 谭其骧主编：《中国历史地图集》第二册，中国地图出版社1996年版，第11～12页。

而赵佗镇守龙川，正因他既善战，又能和辑百越。向南，稳定已控制的南越地面；向东，则可看住反复无常的闽越，这自是秦始皇的战略。而当时的龙川地境，含广东东部大部分，以及福建的东南角部分，东至九连山，西至福建云霄、诏安等县，北接江西、福建地界，南临南海，是“当江赣之冲，为汀漳之障，则古三省咽喉，四州门户”，为“水陆之要道”。

这样，加上粤北“中线”，也就是我们熟知的梅关古道，当年与中原相通的东、中、西三线也就比较清晰了。当年，西线广信周遭，于西汉年代，成为“中原文化与外来文化交流的重心”（罗香林语），这已为人所公认；而粤北于南北朝至隋唐宋年间，亦成为岭南文化的中心，自始兴、曲江、连县至英德等地，经济更是最先发展起来，这也成为了共识。那么，作为东线，于岭南最早立县的龙川，又扮演了怎样一个角色？

历史毕竟是历史，一时的遮蔽，并不等于永久的忘却。当大京九又把龙川当作南方又一重要的枢纽之际，人们也就免不了“旧事重提”，从而追溯并发掘龙川昔日的辉煌。

前边，我们已经论证过，今日的河源及已有“世界客都”之誉的梅州的地面，当年也都在古龙川的行政区域内。粤东最早立县是秦代，即龙川，而在汉代，才析出兴宁（今梅州市所辖），直到南北朝，方又析出程乡——也就是今日的梅县、平远、丰顺的大部或小部分，据考证，程乡始建制年代，是在萧道成建元元年，即公元479年间，而被推崇的当地客家先民第一人的程旼，是东晋年间从中原下来的，程乡正是因为他的德行而得名。如以古龙川境为界，他自然比进入龙川的中县人，如著名的赵佗，晚了近700年。当然，程旼也只能是客家先民，因为，作为一个民系的客家，当又在500年之后才形成。

所以，在这个意义上，当日抵达龙川的中县人（即中原南下的移民）没有随赵佗后来上番禺而留下的，也同样是客家先民的一部分，虽然在人数上不是那么多。从史志上我们可以看到，至明洪武年间，龙川户口只有850户，人口只有1692人，几经战乱，已所剩无几。

但是，在这之前，客家民系业已形成有几百年了。

只要认真考察，我们就会确认，客家人进入粤东，当有两条线路。

明清年间，尤其是明嘉靖之后，大批汀江（梅江）流域的客家人进入东江流域，他们在人数上占了绝对优势，他们大都是从闽西及梅县等地西迁而来的，是更东的一条线路，即汀州、上杭、梅县、兴宁，这样一条公认的客家迁徙传统线路。但这条线路，当是宋代以降才形成的。

有人把这视为唯一的客家线路，并排斥其他线路，毕竟，被誉为“客家祖地”的石壁，葛藤坑是这一条线路的起点。

但是，这却把另一条更久远的客家迁徙线路掩盖了。

如果纸上谈兵，汀梅线路自是唯一的，但只要实地考察，情况就大不一样了，

这样，我们又回到了秦代大军南下的东线上。

这条东线，我们已在前边详细勾画了出来，自秦以来，尤其是唐宋年间，由于东江航运发达，形成了一条交通的大动脉，而这大动脉的节点，便是在龙川。不难看到，在明洪武年人口锐减之前，作为湘、赣、闽、粤四省的“四州门户”，龙川的航运业、商业是何等发达，人丁是何等地兴旺。这条线路，先于汀梅，且长久得多。

而我们从方言的传播来看，也能证实这两条线路的存在。

其实，从龙川、长宁（含当今紫金、五华等大部分地方）这样的纯客县的方言中，也可以看出客家南迁的又一条线路。

光绪《长宁县志》卷八有云：“开建之始祖，自福建而来则为客家音，自江西而来则为水源音。”经语言学家考证，所谓“水源音”，也是客家话的一种，这一条，是几经争论并被确认了的，这里就不赘述了。

毕竟，江西赣州，一直被视为“客家摇篮”，也就是客家民系孕育并诞生的地方，这也凸显了赣南在客家民系形成中的重要地位。而在赣南，客家人则有“老客”、“新客”之分。老客，是南下后一直生活在赣南的族群，而新客，则是南下继续迁徙到粤东梅县、兴宁的族群，他们在明中叶至清代，一枝分五叶，其中一部分人又返流回到了赣南，“新客”一词就是这么来的，他们讲的自是相对成熟的梅县、兴宁的客家话。

没有走闽西线至粤东的老客，却有不少人走贡水、桃江水一线，到了龙川、河源、惠州一带，他们的语言，也就不曾有经过闽西一线发生的变化，而他们又是沿东江上游支流而下，所以说的话也就顾名思义，被称之为“水源音”，而后到的绕道福建来的，则被视为“客家音”。二者同大于异，只是有些发音不一样。水源音又被叫作“蛇话”，这与其他地方把客家话叫作“蛇话”是一致的。《长宁县志》也称水源音与客家话只“大同小异耳”。这种大同小异，正类似于赣南的“老客”与“新客”。

方言固然是一大证明，这一条，著名语言学家罗常培也是讲过的，“一方面固然可以拿语言的系统去推迹民族迁徙的途径，一方面也可以拿民族迁徙历史去联络语言的关系”。[①] 这就是说，贡水、桃江、定南水至东江的迁徙线路，亦可印证“水源音”为老客语音。

水源音，其方言是从水的源头而来的，那么东江的源头在江西，寻乌水、定南水等，如前所述，这里是中原进入岭南的东线，是粤赣之间的一条很重要的交通要道，因此，历史上的中原人、江西人（含赣南人）就是沿东江及其支流进入龙川，早期是秦汉，中期为三国两晋南北朝，后来则为唐宋，所以它比明代才进入的客家

---

① 罗常培：《语言与文化》，北京出版社2000年版，第199页。

音要早很多。从江西过来的方言，又被称为“蛇音”。光绪《惠州府志》（河源市是新从惠州划出后立市的）称和平县（龙川近邻）“谓父为亚公，风气与赣州近，语稍类赣”。所以，水源音因为比客家话到得早，才被视为“本地话”。

这里有两条值得研究：

一是水源音与赣州的“老客”的客家音的关系。语言学家如今已公认水源音是客家话的一种，当然是从发音上予以研究得出的结论，那么，水源音与老客的基本一致，当是很好的证明。

二是水源音作为惠州的“本地话”，如何解释其与广府方言的关系。所谓“惠河片”是否仅仅作为客家话与广府话的过渡、混合、交叉地带？众所周知，广府方言形成于汉代，这与秦汉之际赵佗治龙川时间大致相近，广府方言自广信沿西江东行进入珠三角地区，而水源音则是沿东江西行进入珠三角边缘，因此，其源头都应是先秦的雅言，所以是必有相当多的共同之处，因此，两种方言，应是相对独立的，不存在水源音作为广府方言与客家方言交叉混合而形成的“过渡性方言”。确认这一点，龙川作为客家古邑的地位也就无可动摇了。由于各自进入、形成的路线不同，也就形成不同的方言，即便是客家方言内部也一样，所以，水源音作为客家方言的一种，当是较早形成的，且形成的路线也不一样。我们在考察中发现，说水源音的客家人，比讲梅县话的客家人占有比较优势的地理环境，即河源到惠州，大都与东江的流向相关，故形成“惠河片”方言区，而惠州的文明开发显然也早很多，并在梅州之前一度成为客家文化的中心。①

（二）连接粤闽赣的节点

1. 商贸之路的节点。

作为公认的“客家大本营”——赣闽粤三省交界地，其经济发展有着天然的联系，互通有无。从地理上看，龙川更是联结赣南、闽西、粤东最重要的交通枢纽，是三地商品，包括木柴、盐业、烟叶、茶叶等主要产品的集散地。

宋代以降，盐政与国民生计关系极大，古代国家财税，盐利更在八成以上，所以，历朝皆将盐业统管起来。宋之前，淮盐盛，赣南则溯赣水、沿长江贩运；宋时，潮盐发达，潮州之海盐质优价廉，这一来，“民多盗贩广南盐以射利，每岁秋冬，田事才毕，恒数十百为群，持甲兵旗鼓往来虔、汀、赣、漳、潮、梅、循、广八州之地”（《宋史·食货志》），龙川可溯东江、寻乌、定南水之古航道，与赣南相接，从而让淮盐落败。

尤其到了明代，朝廷重视发展水陆交通，东江及其支流得以浚通，古驿道亦得以修复，客属地区的商贸更为活跃。闽西的烟叶、茶叶、土纸、雕版印刷的书籍，

---

① 吴永章：《民族研究文集》，民族出版社 2008 年版，第 503 页。

赣南的木材、粮食，均以龙川为中转站。有清一代，粤东文化兴起，梅县的洋货、兴宁的布匹、潮汕的舶来品，亦有经龙川入内地。老隆，即龙川的治所，一直到民国后期，均是粤东最重要的交通干线汇合处。这里，沿东江西南而下，可达珠江三角洲，过兴宁入大埔三河坝，可经韩江下潮州入海。而从贝岭至赣南的鹤子墟，亦可通五吨的木船，上岸后入古道，不远便是可进入赣江的支流贡水的分支，上可沟连长江水路了。

唐宋元明时，东江更成为粤东水运交通大动脉，佗城亦为水陆驿站。闽、赣、潮、梅的山货，广州、惠州的海货，都必须经佗城转运。清代中叶，佗城占漕运、盐运、河务三大政要之利，经济形势达于鼎盛。

正由于龙川如此之深厚的历史底气，今日，大京九以它为粤东的交通枢纽，也就顺理成章了。

2. 文化之路的节点。

在文化上，赵佗开基则无须重复了，虽说几经战乱，龙川一地，也一直作为“客家古邑”显示出深厚的古文化底蕴。嘉庆年间的县志序一中有云“访越王之踪，而井瓮石枯，徒切白露苍霞之戚；吊苏公之泽，而驼迁鹿毁，空怀侠云媚月之思”，乃是哀叹古迹“更不知凡几也”。后来民国县志，更有“自汉迄今，朝代递嬗，名号未变。地灵人杰彪炳于志者，犹斑斑可考。”的确，早在唐代，韩愈南下潮州赴任，过龙川蓝关，后人在此建有韩祠以纪念，韩诗名句“雪拥蓝关马不前”亦有人考证为此蓝关，因有后一句为“好收吾骨瘴江边”以作佐证。及至南汉，龙川（佗城）亦成为循州的治所。宋代，不仅有著名文学家苏辙贬为化州别驾，安置在龙川，其兄苏轼亦来此探望，筑鳌湖堤灌田，此堤后来亦得名为苏堤，还有著名思想家王阳明，析出一县为和平县，亦一度称阳明县，凸显了这位思想家对这里的历史文化建树。

由于东江的优势，民国初年，小电船便始航老隆了，其交通枢纽的作用再度显现出来，后来，在土地革命期间，更成了东江特委确定的五（华）兴（宁）龙（川）革命中心根据地，并建立过县苏维埃政府。著名革命家古柏亦牺牲于此。

值得大书特书的，是香港沦陷后，东江纵队抢救文化人这一轰动世界的历史事件，与龙川密切相关。其中，第一批从香港脱险出来的文化人，在春节前后，乘自己人开的船到了老隆，以老隆为中转站，由连贯负责，各自转送到韶关、桂林、重庆等地。这第一批文化人中，就有茅盾夫妇、张友渔夫妇、宋之明夫妇、胡风夫妇，还有戈宝权、叶以群、胡仲持、廖沫沙、周钢鸣等，他们是由东江的短枪队护送到茶园，再由淡水区委护送，经永湖、三栋到惠州，这才乘上自己的船来到龙川的。后来到达老隆的文化名人还更多，这就不一一考证了。不难想象，对于20世纪的中国而言，失去这么一批文化名人，一部现代文化史都无以为继了。他们当中，除文学、艺术、出版、新闻界外，还有法律界、历史学界、哲学界的，均是黄钟大吕式的人物，在中国的政治、经济、文化生活中，均是无可替代的。龙川，当为这一批历史文化名人受到庇护而增色。

可以说，龙川作为“客家古邑”的历史文化定位，是相当准确的，它甚至可以分享石壁的“客家祖地”的一份荣誉，因为，操“水源音”的客家人，并未经过闽西进入广东，而龙川实际上承载了石壁同样的历史文化功能。同样，从“水源”出发，联系到广东把客家菜系称为“东江菜”，那么，对于广东而言，东江当更纯粹为客家的母亲河了，因为汀江接梅江，而梅江下游则为韩江，已是另一个民系潮汕人的所在地了。

龙川，当之无愧地作为客家大迁徙中的一个重要的文化节点，当之无愧地承担起“客家古邑”美誉！我们有理由期盼，在今日客家文化的再度振兴中，龙川将发挥更为独特、更为重大的历史作用！

第二节　客都梅州

一、客家人从粤东大迁徙与客家腹地的确认

客家人明清大迁徙，则是在梅州已形成聚居地或集散地之后发生的，这对日后梅州作为“文化中心”的认同，乃至作为“客都”的认同，有着重大的历史意义。因此，务必阐述清楚方可服人。

一般认为，元亡明兴，在梅州算是“和平过渡”，没有什么战事，驻守梅州的元朝命官本就是汉人，所以，梅州的人丁便没受什么影响，人口发展迅速。罗香林在《客家源流考》中也这么写道：“……盖客家的大部分于宋末明初徙至广东内部后，经过宋明一代的生息，系裔日繁，资力日充，而所居地域则属山多田少，耕植所获，不足供用，于乃思为向外扩张……”这便成为客家人第四次大迁徙的一个重大历史动因。我们没有完全否定罗香林“五次大迁徙”一说，是因为他对中国移民史的研究是有相当造诣的，五次大迁徙的说法，也大致合乎历史事实，具有科学性、系统性，但这并不等于它就十全十美，无须补充与完善了。例如关于“第二次大迁徙”的历史动因，他归结为黄巢之乱，但是，从史书及族谱上考证，黄巢之乱之前的安史之乱，更有过之而无不及，史书称其更甚于引发“第一次大迁徙”的永嘉之乱。所以，随着史料的进一步发掘，这第四次大迁徙，无论是历史背景，还是诱发动因，都还有值得讨论的地方，需要有更深入的探究。

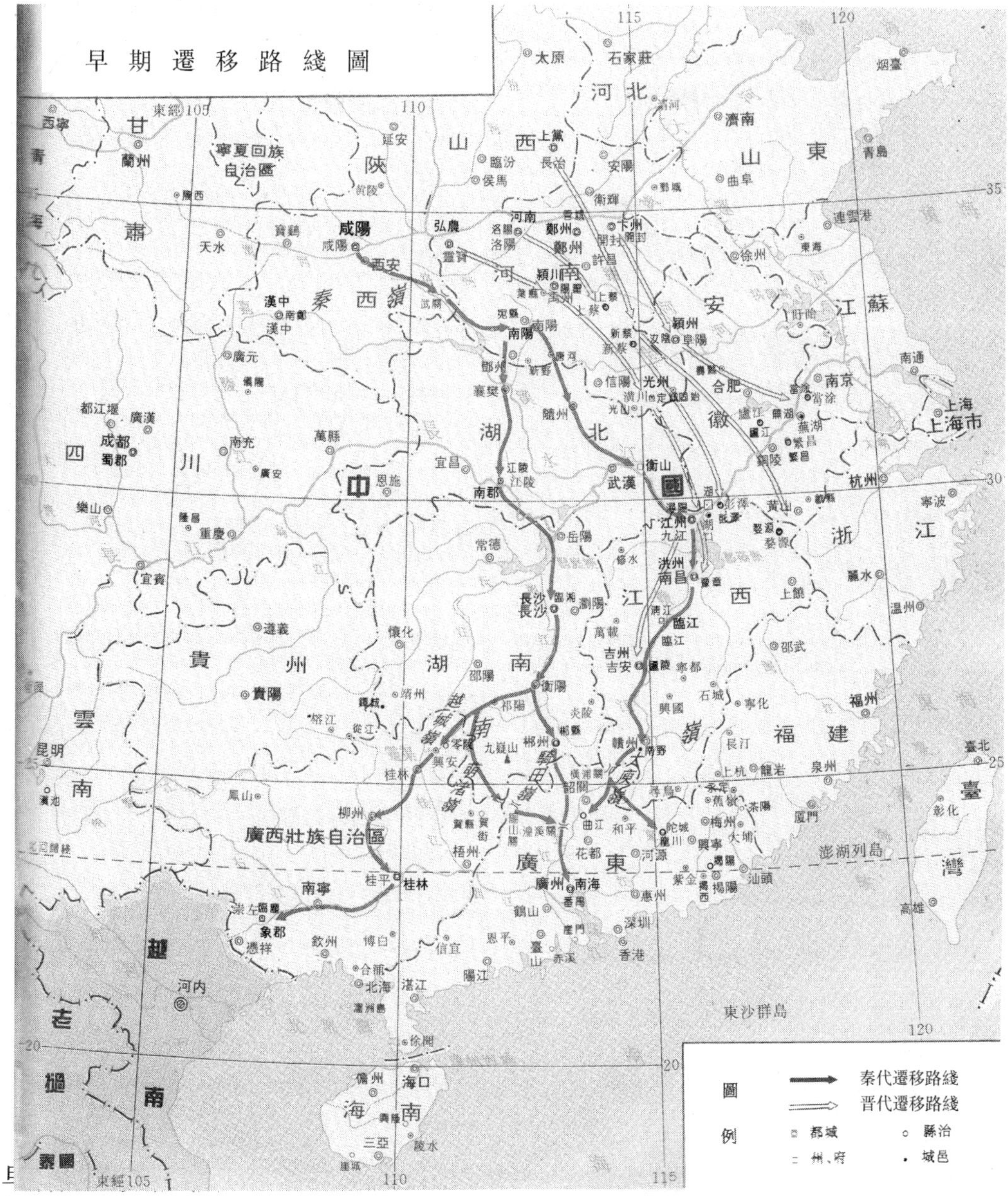

早期迁移路线示意图①

首先，早在南宋，梅州的人口就比北宋要少——注意，这正是客家民系形成之际。其间，主要是当地一直动荡不安，连年战乱，及至《温志·丛读》中称：“南宋后，迭遭兵变，土著逃亡者仅存一二，历元而明，中原衣冠，始稍迁至。”可见，当地的少数民族一经迁出，便没有再回来，梅州方成为以汉民族为主体即客籍属

① 古进主编：《客家人》，中国三峡出版社 1994 年版，第 41 页。

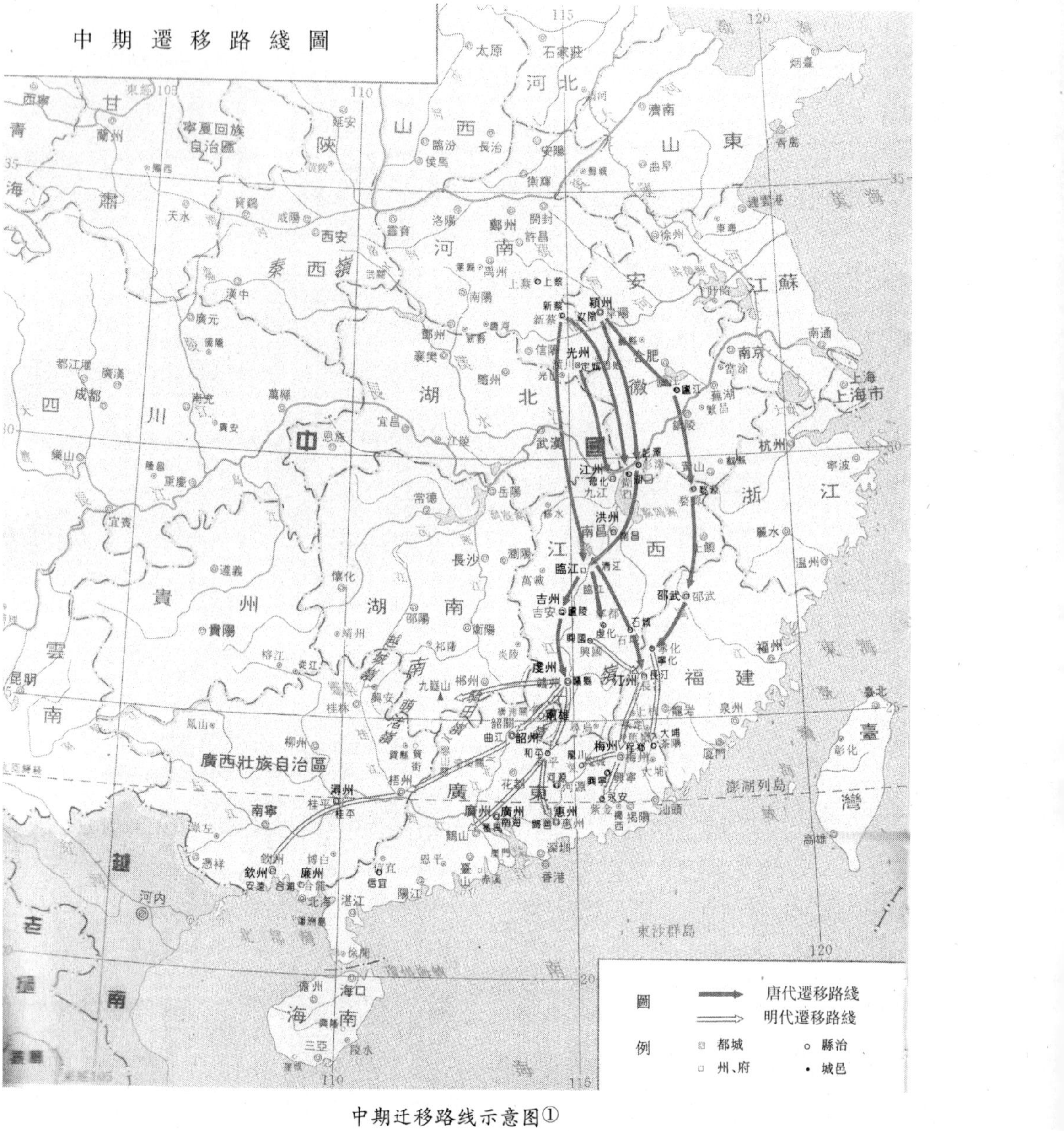

中期迁移路线示意图①

地。我们也知道，当年追随文天祥抗元而辗转南粤者，梅州更去了大部分，而蔡蒙吉在梅州率众抗元，孤城喋血，被杀者更不计其数，全城十室九空……为此，梅州在宋、元交替之际，人口锐减，即便在元中后期，也没有多少返迁，为此，当朱元璋建立汉人的明王朝时，这已是1368年了，仍只能把梅州降格为程乡县。

① 古进主编：《客家人》，中国三峡出版社1994年版，第42页。

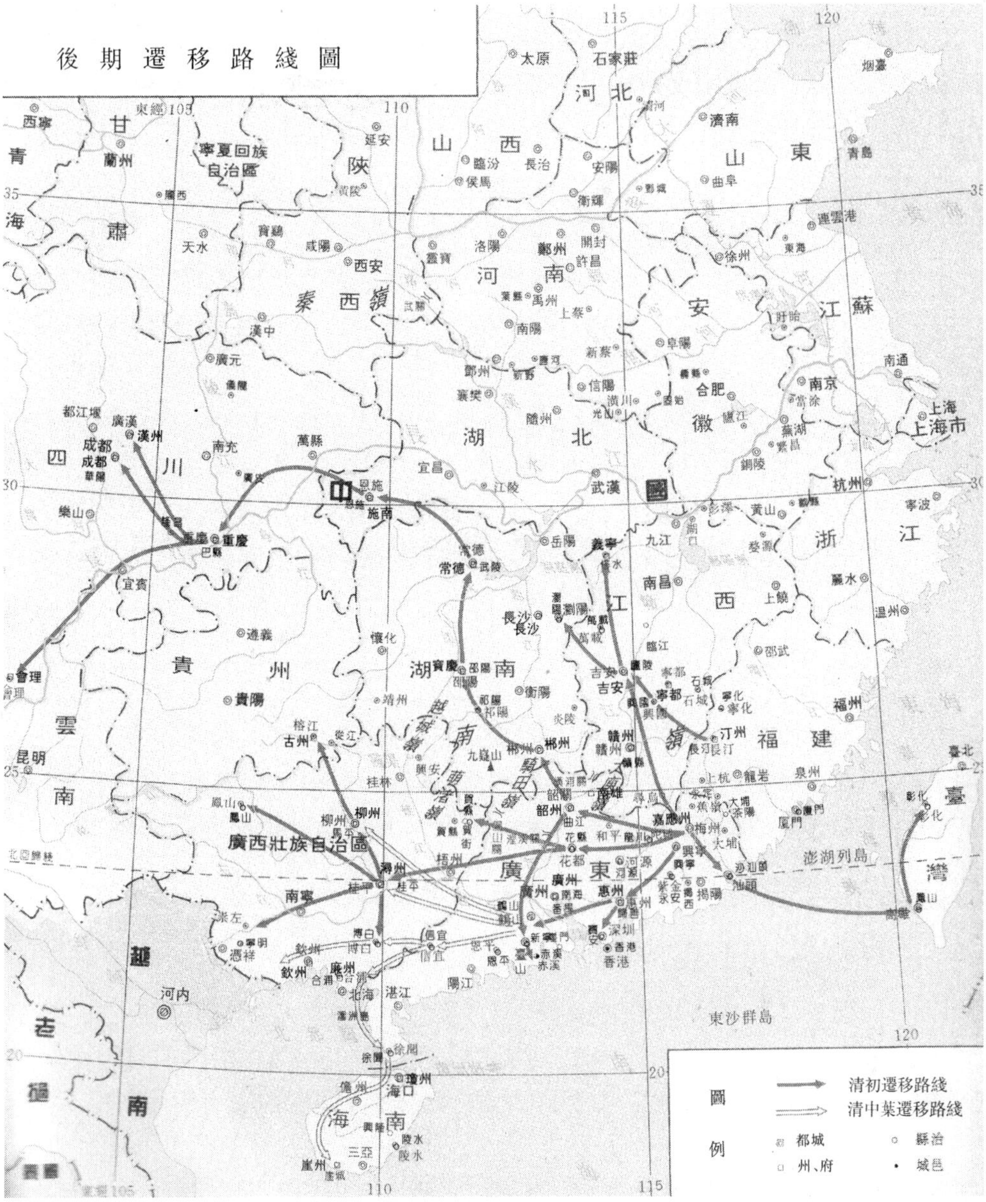

后期迁移路线示意图①

其次，从粤北英州的历史沿革中探究。也就是1369，位处粤北的英州，也被明太祖朱元璋降格为英德县。这英州由来已久，早在西汉元鼎六年（公元前111年），汉武帝平南粤之际，在当今英德境内设浈阳、含洭两个县，后来，先后归属于桂阳郡、始兴郡、广兴郡、衡阳、南海郡及广州。五代时，浈阳置英州治，含洭属广州。

① 古进主编：《客家人》，中国三峡出版社1994年版，第48页。

宋太祖赵匡胤开宝五年（972 年），因犯讳，改为含洸。第二年，改属英州，后属英德府，即二县同属英德府，元代改为英德路，后又降为英德州，属广东道。明太祖朱元璋洪武二年（1369 年），降为英德县，属韶州府。之所以详述英德县建制沿革，是想说明，英德自汉代始，人文历史渊源不可小看，尤其是张九龄凿通大庾岭之后，韶关一带，更成了中原移民南下第一站，其人口一度远超广州。所以，英德历史上含两个县，且作为府、路、州等建制，可见人口不少，为何到了明初，竟降为一个县呢？据史料记载，陈友谅南方称帝，为朱元璋所灭，原来支持陈的地方，大都被朱的军队扫灭。偌大一个英州，历此浩劫，州城竟只余百十号人丁，其余大多被杀。没有人，别说“州”了，连县也难以支撑。罗香林的著作中，曾提到客家人在这之前亦到达粤北，与经珠玑巷入粤的广府人一样，其实有误。粤北包括英德被杀的人丁，当是广府人与土著人，而非客家人。客家人是在这次劫难之后，才填补进粤北的，这有粤北大量的族谱为证。如作为英德的大姓郭家，其开基祖郭文一即郭进生，原籍为福建上杭，明宣德年间已在兴宁县十三都罗经水居住。明正统十四年（1449 年），移居广东韶州府翁源县。成化年间（1473 年左右）再移居英德潭坑——这一脉，记载得相当清晰。韶关其他客家姓氏，也大抵是宣德、正统至成化年间（1426—1487 年）迁入的。迁入韶关之际，客家人进入粤东梅州的也就更多了。有关方志均记载，这一段时间内，有大批的客家人，因人口拥挤以及粮荒，由闽西南的宁化等地迁入梅州、韶关，其中，迁入大埔为多（参见邹鲁序的《大埔县志》）。正因为这样，才有“岭东之客家，十有八九是来自宁化之石壁村者”一说。因此，称宋末明初大批客家人迁入，当为不确，真正大规模迁入，则应是明中叶前后。

再次，根据梅州有关的人口记载，我们也可以看出来。明初洪武二十四年（1391 年），程乡县人口仅 1686 户 6989 人，作为一个县的规模都几乎不足，最早建县（东晋年间）的兴宁，在这一年仅 2626 人，五华也仅 3202 人。而早在宋熙宁八年（1075 年），程乡为 12372 户。300 年间，人口锐减。但到嘉靖十一年（1532 年），程乡人口便达到了 38366 人，增长约 4. 5 倍；兴宁与五华，也分别达到 4181 人及 9000 多人；大埔则有近 4 万人。各县统计不一，资料不全，但可看出梅县（程乡）、大埔人口的剧增，正应了前述郭氏族谱及相关族谱的记载。明成化年间，江西、福建均人满为患，迁入韶州、嘉应州入户者不少。成化年间，当是梅州人文初兴之际，长乐知县黄瑜，建有长乐学宫；兴宁知县秦君，奏准重建县城，改土垣为砖墙，继任兴宁知县侯爵，更主修《兴宁县志》，为该县志有刊本之始。又析海阳八都之地，置饶平县，大埔划归饶平；程乡县令刘彬，亦设东社学、西社学、南社学于城外；兴宁更改兴宁至程乡的驿道。成化至弘治年间，长乐至油田的灌溉工程——周圳完成，可灌溉 3000 余亩良田。程乡又设北社学，名濂溪书院，为大学者陈白沙所称道。

可以说，这半个世纪中，是梅州于明代之际相对稳定、繁荣的历史时期，也是梅州客家人人口剧增的重要阶段，但很快，到明中末叶，动乱又起，于是，便酿成了明末清初的客家人第四次大迁徙。没有明代中叶的聚居，没有业已形成的客家民系对梅州作为聚居地的认同，那么，作为第四次大迁徙的“一枝散五叶”出去的不同区域的客家人，就不可能视梅州为他们出发前的祖居地——这里务必有几个条件：一是祖上在梅州有相对稳定的且有较长时间的居住与停留。一般来说，至少有一代或几代人以上，也就是超过半个世纪方可，明中叶的稳定，提供了这一先决条件。二是祖居地留下的深刻的历史地理记忆。这一条，梅州同样是具备的，在群山环抱下，它拥有面积达320平方公里的兴宁盆地，110平方公里的梅江区盆地，以及均为100平方公里的蕉岭谷地、汤坑盆地，还有若干小的盆地平原，它们为移民适时的休养生息，提供了相对良好的环境。三是方言的整合、规范。众所周知，如今全国乃至全球的客家人，都认同梅县松口的客方言为标准音，而尽管同在梅州范围内，如五华的客方言就有较大的差别。共同的乡音，所牵引起的乡情则是最浓郁也是最稳固的，非别的内容可比。上述三条，相对稳定的时间、深刻的历史地理记忆，以及在此地整合、规范了的乡音，使梅州在逐渐形成的“客家大本营”中，有了日益突出的历史地位，成为客家人最后一个大范围的集散地。

梅县松口元魁塔

二、一枝散五叶

其实，在明中叶后期，梅州人口又呈下降趋势。如明嘉靖十一年（1532年），程乡人口为38366人，至崇祯八年（1635年），百年间，人口只余下一半，为19647人。[①] 弘治十六年（1503年）起，瑶民、农民起义连绵不绝；嘉靖年间，又遇大旱与蝗灾，继而地震，倭寇入侵，农民起义规模日大，震动了闽粤赣三省，一起延续到崇祯年间。直到民族危亡之际，这些民变才逐渐平息，同仇敌忾，投身于抗清斗争之中。

可以说，自明末至清初，这上百年间，引发的客家第四次大迁徙，在客家文化史上，有着不同寻常的历史意义。如果说，前面三次大迁徙，是客家先民聚落、凝结及至客家民系形成，呈现的是一种内聚的形态，那么，这一次，则发生了重大的

① 参见《梅州市志》，广东人民出版社1999年版，第333～334页。

历史转折，由内聚演变为向外的辐射，让中国及世界开始认识客家人，并且感受到了客家人的历史力量。而客家人，则不再仅仅留守在闽粤赣大本营中，乃是扩散到了整个中国南方以及东南亚了。

我们把这次以扩散与拓展为主题的第四次大迁徙，称之为“一枝散五叶”。也就是归结为五条迁徙的线路。

这五条线路分别是：

其一，由明成化年间开始，自闽西、粤东，沿五岭山脉，进入到了粤北，再进入到桂东北、桂东，乃至云、贵、川，这条迁徙路线，一直持续到了清代。

其二，因抗清斗争，追随郑成功于东南沿海转战，最后迁徙到了台湾，成为台湾较早的一批客籍移民。其时间的跨度，也是从明末到清初，且再往后延伸。

其三，由于东南沿海的战乱，从闽西、粤东回流到赣南的“新客”，其数量甚至大大超过了原来的“老客”。其迁徙的时间，也同样在明清之间。

其四，沿海战事平息后，清政府允许沿海部分地区复界。除原沿海居民所剩无几者外，大都是动员闽粤赣的客家农民向濒海地区迁移，以至导致咸丰、同治年间的“土客大械斗”或“仇客分声”。

其五，“湖广填四川”。由于张献忠入川，战争连年不断，人口锐减，土地荒芜。清廷采取了“移湖广填四川”的政策，鼓励湖广无地或少地的农民入川垦殖。其间，客家农民亦汇入了这一批移民之中，在四川形成一个个的“飞地”或“方言岛”。

当然，也有不同的描绘，或四条、或六条，但都差距不大。所以，还是用这约定俗成的“一枝散五叶”的提法，易为大多数人所接受，只是在叙述过程中应给予必要的补充。

这次大迁徙，其分布面之广、迁出人口之众多，在南方造成的经济、文化格局变动之大，都是前所未有的——尤其对于日后客家人的“六次崛起”，更是影响之巨！下面，我们分线路一一阐释。

第一条线路，当是由明中叶成化年前后，客家人由梅州及其边缘地区开始迁出。应该说，此期间，是有入有出，有时入大于出，有时出大于入，或者说，前期以入为主，后期以出为主。如今，粤北的韶关、南雄、始兴、曲江直至英德的客家人，大多称其是于明代自福建上杭、粤东兴宁等地迁徙来的，乃至湘东一带的客家人，也是这么说的，这自然有大量的族谱为证。重提这一事实，是想纠正罗香林的漏误，尤为重要的是，将广府人与客家人的先来后到分清楚，不至于把“珠玑巷事件”也混同为客家人—— 一个15集的客家专题片，竟然把“珠玑巷事件”也列入了客家人的序列之中，实在是大谬也。“珠玑巷事件”的内涵，谭元亨已在《广府寻根》一书中加以发掘了，它与“葛藤坑传说”显然有着迥然不同的历史文化背景，一个重商、一个重伦理准则，这本是两大民系之根本分水岭。

为此，务必在这里重申，正是明初，朱元璋灭了在南方称帝的陈友谅之际，对支持陈的地域，实施了残暴的灭绝政策，这才使淞东、粤东地区，留下了一条“无人地带”，珠玑巷及韶关原兴旺的人丁——广府人及土著被灭绝后，才由后到的客家人所填补，以此不难解释，为何被视为广府人的圣地珠玑巷，后来竟无广府人所居住。其实，这一现象，在移民史上可谓不胜枚举。而沿着五岭山脉，客家人依其本能——“有山必有客，无客不住山”，亦由粤北向桂东北迁移。所以，广西各县，如今客家人分布已相当之广，其大多数则为清初迁入。清代桂林人龙启端撰写的《粤西团练局略序》中就有：“外郡（指广西）地多山场旷土，向招粤东客民垦种，数世后，其德益繁，客主强弱互易，其杰者或倡为西洋天主教的蛊愚民，用是党羽滋多。”这段话，说明客家人迁入已“数世”，时间不短了，而以“西洋天主教”即基督教“蛊民”，当是指太平天国运动了，也就是指响应来自花县的洪秀全号召发动起义的桂平紫荆山金田村一带的客家人。可见这一条线路迁徙的客家人，对日后中国政治格局的影响何等之深。为此，把这一线路放在第一条。而该线路亦延伸至云贵川一带。太平天国被内外反动派合击后失败，左宗棠称其“兴于嘉应，灭于嘉应”，亦突出了梅州在这一革命中的重要意义，他是把祖籍梅县的洪秀全算作是梅县走出来的，而太平军最后一支队伍，则于梅县被歼。

第二条线路，则是客家人追随郑成功抗击清军，割据台湾，成为台湾最早的一批客籍移民。明代遗臣郑成功，建立金厦基地，以抗清复明。其第一功，则是率部渡过台湾海峡，从殖民者荷兰人手中收复了台湾，而后，以台湾及福建沿海岛屿为基地，光复各县，甚至打到南京。

其实，郑成功之父郑芝龙，早在1636年击败最后一个海商刘香而实现了海上统一，无数华商在其麾下出征远东海域，台湾南部的诸岛则是根据地。1636年，葡萄牙人被逐出日本，华商则成为日本海外贸易的承担者……正是这一系列事件，奠定了日后郑成功收复台湾的基础，使一个以海洋贸易为经济根基的“海上帝国”得以形成。正如不少史家所证明的，在“郑氏海上帝国”中，约有三分之一为客家人，其最得力的部将刘国轩、咨议参军陈永华，都是客家人。而梅州镇平（蕉岭）人赖其肖，聚义抗清，“誓以死报明”，人称他“大清之顽民，前明之义士”，战败后不知所终，亦有传闻入郑部。大埔江龙、罗大力等，则都成了郑成功所部的名将。如今台湾新竹、基隆等县的客家人，有不少是江、罗二名将之后，在台，以大埔命名的村庄有好几处。

早期已有客家人到台，德国史学家里斯（Ludwing Riess）博士、魏斯（Albrecht Formosa）博士在荷兰查阅档案得知：“客家人移居台湾渐趋成功，至17世纪止，持续约二百余年。”由于清政府严禁粤人入台，所以，福建客家人到台的要早一些，这便是漳州府龙溪、南靖、平和、诏安，汀州府的长汀、上杭、武平、永定，以及邻近漳州的广东饶平的客家人。但是，亦有大批广东客家人不顾清朝政府的禁令，亦先后偷渡到达。在长达34年（康熙二十三年至五十七年，1684—1718年）的渡台三禁令之后，广东客家人亦大批渡海来台。这有潮州府的丰顺、揭阳、大埔，惠州府的海丰、陆丰、博罗，以及嘉应府的梅县、镇平、兴宁、平远、长乐的客家人。雍正十年（1732年）蓝鼎元在《粤中风闻台湾事论》中，更记有：“广东潮、惠人民，在台种地工，谓之客子，所居庄曰客庄，人众不下数十万，皆无妻孥。”——不许带家室，亦是当时客家人悲惨命运之一。关于渡海住台的客家人，当有专门论述，这里就不赘述了。

第三条线路，则是由闽西、粤东回流到赣南的“新客”。这同样是清初为对付郑成功而发布的“迁海令”与“禁海令”的直接后果。由于朝廷封锁了东南沿海地区，沿海50里内不得有生民，迫使沿海居民向内地迁徙、压挤，于是造成了闽西“人稠地窄，米谷不敷”，粤东亦一般“地窄人稠”，生存环境极度恶化，除开一部分冒险渡海赴台外，大部分客家人唯有拖家带口、携老将雏，又一次远徙，以求生存。他们当中，则有相当一部分又沿着当年南下的路线，回迁到了赣南，与原先留在那里不走的“老客”犬牙交错，杂居在一起，并获得“新客”之名，于是便有了“老客”、“新客”之别，有了赣南后来客家人不同成分的新格局。如以河东片为例，其唐宋以来世居的姓氏为多，他们则为“老客”，其中，以宁都、石城为代表，宁都全县有4500多个村庄，“老客”始建与扩建的就有3700多个，占总数的85%；而石城，“老客”后代遍布全县各地，成为全县的主体。而河西片则不一样，由于明末清初回迁的新客居多，像寻乌、安远、全南、定南、龙南、信丰、南康、大余、上犹等县，竟占去70%～90%，比例是相当之大。回流者，亦不仅仅限于赣南。从目前客家人在淞赣布局上看，他们中不少人，又从赣南出发，沿路北上，到了赣中的吉安、临川，尤其是赣西的安福、宜春、萍乡、万载及与之相邻的湘东酃县（今炎陵县）、茶陵、济阳、醴陵、平江等，再往北，则是赣东北的铜鼓、修水等县，从而拓展了整个客家人的分布区域。回流的客家人，主要是拓垦者居多。如清光绪二十九年刻本《于都县志》中称：“于本山县，田多荆榛。初，居民甚稀，常拓闽广来耕，其党日多。”由于官府多次颁布募垦令，清前期回流入赣的闽粤客户，即“新客”，终于远远超过了“老客”，正是在这个意义上，赣南又成为了客家人的“大后方”，由摇篮演绎为后方。

第四条线路，则是复界迁出，填补了沿海“迁海令”后巨大的空白带。顺治年间，清廷以“坚壁清野”为策略，以沿海30里到50里为界，严令界外居民限日迁入界内，逾期不从者，以军法处死，且尽焚界外所有居所，其笨重者不能迁，亦一律限期烧毁；凡私自出界的，一律处以极刑。其界，始于福建，往北延到浙江、江苏、山东，往南则及广东。广东先于潮、惠二州沿海，后延至广州及南路各县，直至钦州、防城。一时间，悲声四起，尸横遍野。沿海界外地区，顷刻间一片荒芜。

这一来，民变骤起，商贸委顿，清王朝为了缓解民族矛盾，增加赋税，不得不于康熙八年（1669年）允许广东巡抚王来住的复界请求，准许部分地区复界。而康熙元年（1662年）迁界的50里之内的广大地区，则至康熙二十二年（1683年），才正式宣布复界，允许被迁百姓恢复原籍，并出海捕鱼。从顺治年间至康熙二十二年，历时近四分之一世纪的迁界暴政，不知使多少人家破人亡，能返回原籍的，已所剩无几。于是各省封疆大吏，只好奏请招募各地游民、山民，与还迁的农民一道，上沿海地带重新垦殖。这一来，粤东、粤北，乃至闽西、赣南的客家人，也就逐渐向沿海迁移。史载，这批移民，填充了广州府之新宁，肇庆府之鹤山，高明、开平、恩平、阳春、阳江等州县，其规模相当浩大。从此，客属地有了自己的出海口，原宝安县，今深圳与香港新界，则均为客家人所据。然而，由于客家人大量进入沿海一带，终于引发了100多年后于粤西的“西路土客大械斗”，死伤50万之众。

石板滩四川客家人

第五条线路，便是“湖广填四川”。其实，“湖广”并不含广东，而是指两湖，湖南、湖北当时只是一个省，被称为“湖广省”，湖广填四川，自是以湖广为主，但也有广东、福建、江西的移民，后者，则大多为客家人。所以，客家人只是随这个大移民浪潮进入四川的，依罗香林《客家源流考》称，他们是“跟着两湖的农民走上川去”的。他们迁徙的时间，从康熙到乾隆，前后超过半个世纪。广东入川客家人，来自梅县、五华、兴宁、龙川、韶关等地。像国际著名的华人作家韩素音，就说祖上来自梅县，辗转到的四川；而朱德的祖籍，则是韶关；郭沫若的祖先，是宁化人；戊戌六君子之一刘光第，祖上居武平……还可以举出很多例子。直至今天，尽管四川的客家方言岛在缩小，但客方言在四川方言中仍占第二位，人口在100万以上，分布在四川境内20多个县市的山区与丘陵地带。在那里，他们被称为“土广东”。第20届世界客属大会，也因此在四川成都召开。

综上所述，客家人的第四次大迁徙，“一枝散五叶”，其枝，当是以梅州为中心的客属地，主要是梅州及邻近的韶关、汀州等地；而五叶，则是指西线至桂东及云贵，东线至台海，北线回流至赣南，西南线则是粤西沿海地区，还有西北线至四川。

无论是赣南之“新客”、四川的“土广东”，还是粤西、桂东与台湾的客家人，他们大都是以梅州及周遭为起锚之地，因此，这一次迁徙，对于客家人对梅州的认同及对梅州作为客属地中心的认同当是至关重要的。没有这次的聚与散，也就没有梅州成为又一个客家文化中心的基础，更没有在后来成为“世界客都”的可能。因此，研究梅州如何成为客家腹地、客家文化中心，直至“世界客都”，当从这第四次大迁徙入手，追根溯源，方可得出可靠的结论。

其实，第四次大迁徙，对于客家人来说，同样是一部苦难史与奋斗史。他们正是在这次迁徙中，由蛰伏走向了崛起，没有这样一个过渡，他们是难以形成气候并铸造日后之辉煌的。

三、从腹地到文化中心

众所周知，客家民系得以形成是多方面因素的共同结果，最主要包括漂泊基因、文化意识和民族自尊三大历史文化动因。[①] 同样，客家文化的形成与完善也是多方面因素共同作用的结果，如移民运动、地理环境以及当地的土著文化的影响等。那么，作为客家文化的中心，其形成、发展以及转移则更为复杂。

茶阳父子进士牌坊

从客家民系的形成和发展历程来看，客家文化的中心的形成与客家大规模迁移有着密切的联系，随着客家大规模迁移，客家文化中心也相应地发生迁移，但并非完全同步。综观客家文化的孕育与发展，其中心的形成始终与当地的客家名人有着千丝万缕的联系，甚至可以说，客家文化名人与客家文化中心的形成和发展存在必然的联系。历史上，各文化中心常为文人荟萃，名人辈出之宝地，可谓文人名家的摇篮，而文人名家对于该地区的政治、经济以及文化的发展又起着至关重要的促进和推动作用。千百年来，客家人才辈出，政治家、军事家、文学家、科学家等层出不穷，络绎不绝。如唐宋八大家之一欧阳修、曾巩，以及民族英雄文天祥，近代有宋湘、黄遵宪，现代有陈寅恪、郭沫若等。他们在不同时期，不同领域所取得的卓越成就，令世人瞩目。不可否认，这些名家名人对于客家文化中心的形成和转移起着关键性的作用。因此，分析和研究客家文化名人对了解客家文化以及客家文化中心的形成和迁移有十分重要的意义。换言之，通过解读客家文化名人，便可窥见客家文化中心的形成和发展脉络。

学界目前对于客家文化中心的研究，往往是从客家民系的形成的角度来进行讨

① 谭元亨：《客家圣典》，海天出版社2004年版，第212页。

论的。这虽具有很多可取之处，但由于客家文化属于意识形态领域的范畴，其孕育、形成和发展都需要经过一个漫长的历史过程，而非一朝一夕之事，若单从民系形成的历程来谈论其文化中心的形成和转移问题，未免有失偏颇，难以自圆其说。本文则从客家文化名人的角度来讨论客家文化中心的转移问题，相信会具有一定的启发和创新意义。

（一）宋朝客家文化中心——赣南

赣南是客家民系形成的第一个大本营。尤其宋代，这里文人蔚起，产生了一批对客家文化乃至整个汉民族文化的发展具有举足轻重作用的历史文化名人，他们的出现使赣南成为一个以中原传统文化为核心，同时又蕴含了其他因子的新的文化形态——客家文化的第一个中心。

宋代全国的文化重心自北向南开始迁移，主要是移向江西。正如本书主编在其《客家圣典》中指出："这个重心，可以说是在江西（笔者按：主要指赣南）——客家人最早形成的地方。"① 这个"重心"也是当时的客家文化中心。但也有学者对此持不同意见。如武汉中南民族学院民族研究所吴永章教授认为，宋代客家文化中心有两个：一是福建的汀州，另一个是广东的韶州。这个观点值得商榷。即使从客家先民迁入南方的历程看，客家移民进入赣州的时间也要比进入汀州时间早，如罗勇教授指出："从地理上和移民史实上看，赣南是客家大本营地区接纳北来汉族移民的第一站；许多客家姓氏源流资料也显示，他们的祖先在赣南繁衍生息了若干代，后来才进一步往闽西、粤东迁移的。"② 从名人情况看，宋代汀州确有几位出众的人物，如宁化郑文宝、张达观、张良裔父子以及长汀的杨方等人。其中，郑文宝擅长于诗歌，杨方以理学著称。而韶州最早有唐代名相张九龄，韶州曲江人氏，文学造诣很深，著有《曲江集》等，其诗劲炼质朴，洗尽六朝铅华，对其后的王维、孟浩然诗派颇有影响；之后有宋代名臣余靖，亦为曲江人氏，官至兵部尚书，其史学、诗歌和古词成就颇高，为时人所重。但是，汀州和韶州，其客家名人，无论在数量还是影响力上都比不上江西。如《宋史》所载，宋代江西进士共达 5442 人（其中赣南为 234 人），而汀州只有 168 人，梅州更少，只有 10 人；此外，宋代江西

江西安远东升围

① 谭元亨：《客家圣典》，海天出版社 2004 年版，第 213 页。
② 罗勇：《客家赣州》，江西人民出版社 2004 年版，第 48 页。

有状元122名，居全国第二，名人219名，居全国第一。在赣南客家名人当中，不仅有政治家，如宋代石城陈恕、陈执中父子，他们先后于宋太宗和宋真宗时出任参知政事和枢密使，班列执宰，政绩斐然；又如赣南第一位状元、政治家兼文学家郑獬，曾担任开封知府，后入集贤院，主持修撰皇帝起居注，起草昭告，对朝政多有进谏，且善诗文，《宋史》称其“词章豪伟峭整，流辈莫敢望”。而文化名人中最著名的要数欧阳修和文天祥二人了。因此，从名人数量的多寡以及其在文化学术上的成就高低来衡量的话，宋代客家文化中心非江西（赣南）莫属。更准确地说，赣南是客家文化中心的第一站。

“肯读书人志不低”

自古以来，客家具有崇文重教的优良传统。在名人尤其是文化名人的推动下，赣南建有多所书院或学校，反过来，书院或学校又对培养人才起着非常重要的作用。史料亦有记载，宋代赣南“虽荒服郡县，必有学”（苏轼《南安军学记》），如南安府学，创建于宋太宗淳化年间（990—994年）；赣州府学创建于宋代前期。还有9所县学，其中8所为北宋前期太宗至仁宗时期所创，1所为北宋后期哲宗时期所建。[①] 除府、县学外，江西的书院，也是闻名全国的，自唐至清，共有书院1017所，在全国名列前茅。[②]学界一致公认，书院肇始于江西，且发达于江西。其中，颇为有名的书院，有朱熹所建的白鹿洞书院，陆九渊的象山书院，还有鹅湖书院、白鹭洲书院、怀玉书院、东胡书院等。而宋代赣南的书院中，最著名的有三处，如石城的琴江书院，大余的道源书院和赣州的濂溪书院。宋太宗时，理学始祖周敦颐曾在赣南做地方官，先后于南安道源书院和虔州的玉虚观讲学，当时兴国县令程珦把他的两个儿子送去做周敦颐的学生，这就是后来理学的重要代表人物程颢和程颐。[③] 其理学与朱熹的理学，被世人称为“程朱”理学。书院培养了大批名人志士，可以说书院是中国古代教育上的一个历史奇迹，这令当时文坛巨人欧阳修亦颇为惊叹：“区区彼江西，其产多才贤。”

作为客家文化中心，赣南当然也是客家方言中心，民居文化中心，风水文化中心，客家民间文艺、民俗文化中心……由于篇幅所限，在此便不赘述。

赣州（赣南地域的现代政区名称），在宋代被称为中国三十大州之一。时至今日，赣州城依旧保持着宋代城市格局的历史风貌，并保留有大量的宋代文物古迹，

---

①② 谭元亨主编：《梅州世界客都论》，华南理工大学出版社2005年版，第42页。

③ 罗勇：《客家赣州》，江西人民出版社2004年版，第50页。

其中不乏全国宋代文物中的精品与孤品，因而被专家学者称为“宋城博物馆”。1994 年 1 月，国务院公布赣州为全国历史文化名城。宋代赣州的繁荣，离不开客家先民的辛勤劳动与艰苦奋斗，是客家民系孕育成长的摇篮，是客家文化中心的第一站。乃至今日，她仍然光彩灼人，熠熠生辉。

（二）明末清初客家文化中心——汀州和赣南

时过境迁，到了元代，客家学子，多不应试仕官。因此，这一时期文士不显，文风转衰。到明朝初年，客家著名文士仍不多见。明嘉靖以后，人才大量涌现。明末清初，达到高峰，这时，客家文化中心已发生变化，存在两个中心——赣南和福建汀州。它们的形成比当时客家民系大本营的形成要晚好几个世纪。因为据客家学研究先驱罗香林先生分析，约 880—1126 年，客家开始第二次大规模向赣南、闽西，以至粤东北迁移；1127—1644 年，客家进入第三次大规模迁徙，主要迁往粤之东部和北部，包括福建西部一带。这期间跨越了南宋、金、元以及明朝，历时约 520 年。而据当代客家研究学者冯秀珍女士认为，客家民系在汀州形成约处于宋朝。[①] 而当时的客家文化中心是赣南，到明末清初，客家文化中心除赣南外还有汀州。

从众多的珍贵史料和族谱资料中，我们可以看到，几乎每地每姓都把最早迁抵闽西的先祖尊为南方始祖，“葛藤坑”的传说，更使闽西宁化石壁被称为“客家摇篮”、“客家祖地”。汀州因此成为海内外客家人心中的“麦加圣地”。天下水皆东，唯独南汀江是闽西最大河流，也是连接客家人南迁的两个中转站——福建闽西宁化和广东梅州的唯一河流。客家人入闽后，沿着汀江两岸定居，汀江流域成为客家人的大本营。优越的地理环境，方便的水路交通，州府治所所在地的政治、经济、文化条件，使汀州成为客家政治经济文化发展中心，各地纷纷在汀州建会馆，如历史上曾有广东会馆、湖南会馆、杭永会馆、江西会馆、龙岩会馆等，汀州八县的生员到汀州考秀才，汀州文人志士荟萃，商贾工匠云集，成为客家文化中心的又一盛地。

据中国社会科学出版社出版的《客家风情》一书作者统计，从北宋至清末，汀州府至少出现过 76 位较知名的诗人。如北宋宁化的郑文宝，明朝上杭的李鲁和刘坊诸人、宁化的李世熊，清朝的黎士宏。郑文宝，不仅著有《郑兵部集》、《江表志》、《谈苑》、《南唐近事》等，诗文和史学在当时都有极大反响。其诗承晚唐五代诗风，格调轻盈柔软，小巧玲珑，清新酣畅，深得晏珠、司马光、欧阳修等著名诗家称赏，当代著名学者钱钟书在其《宋诗选注》中说他是“宋初一位负有盛名的诗人”。李世熊，主要著作有《寒支初集》、《寒支二集》。史称其：六经诸子百家，无不贯通；为文沉深削该、奥博离奇。撰修《宁化县志》，被誉为天下名志，对客家地区方志学作出了特殊贡献。黎士宏，世熊弟子，人称“以诗文章名天下”。刘坊，著

---

① 冯秀珍：《客家文化大观》（上），经济日报出版社 2003 年版，第 68 页。

有《天朝阁集》。自视甚高，声言“自有文章以来，一刘鳌石而已”。人评其文“足以惊天地而泣鬼神”。

绘画领域则有“扬州八怪”之一黄慎的老师上官周以及扬州画派的佼佼者华岩等。上官周，原名世显，号竹庄山人，清朝康雍乾时代汀州府长汀县官坊人。《中国绘画史》载：“就清之人物画来说……长汀上官周之工夫老到……为清代史诗风俗画之较有名者。”上官周终生立志作画，遵循画家应“读万卷书，行万里路”的古训，游历江、浙、皖、闽、粤、赣诸省，精心绘制了《罗浮山图》长卷，著名诗人查慎行观后觉得“正缘身不在山中，识的罗浮真面目”，并赋有“上官山人今虎头”诗句，把他等同于东晋杰出画家顾恺之（虎头）。他的画、诗、书、印名闻大江南北，有“江南民间神笔”之誉，人们称其“四绝”。时闽、粤、赣习画者纷至沓来参师受业，这其中就包括后来成为“扬州八怪”之一的宁化人黄慎，他“少学画于上官周，人物、花鸟、山水、楼台，尽得其妙”。华岩，原字德嵩，又字秋岳，福建上杭人（上杭古属汀州）。华岩属于扬州画派，他的艺术既具有扬州画派的共性，又有自己的个性。他成就非凡，花鸟、人物、山水皆能，是一位绘画意义上的多面手。他的画，删繁求简，以虚求实。在用笔上崇尚自然，去斧凿痕；在立意上超于象外，不主张过于刻画，追求超脱，形成了自己独特的风格。在中国画史记载的诸多画家中，享有很高的声誉，后人多有评述，“评者谓如春风紫氛、层崖积雪、玉瑟弹秋、太阿出水，足称神品。书画之妙，亦似其诗，海内推为三绝”。

除此之外，近现代的文学家江翰、诗人康泳、法学家兼诗人江庸，书法家伊秉授、项朝钦、黄肇和、李云宵、林钟鸣、罗丹等，新加坡诗人胡浪曼，台湾女词人傅玉良等都是汀州客家人。宋氏三姐妹也是从汀州宁化石壁迁移出去的汀州客家人后裔。

古老秀美的汀江孕育了客家文化，逐步发展壮大了客家民系。明末清初从中原迁来的客家人深受儒家思想熏陶，具有极为强烈的民族意识和名节思想。他们为人则“不食周粟”、退隐山林；为文则愤世嫉俗、慷慨激越。其佼佼者有李世熊、刘访、黎士宏诸人，他们的道德文章，光辉千古，在客家文化发展史上，占有着重要的特殊地位。

（三）清代以降客家文化中心——梅州

明清年间，广东嘉应州及潮州府属大埔等地（即今梅州市辖区），在客家地区日益占据重要地位。客家先民经赣州、汀州迁至梅州后，长期以来凭着开拓进取的创业精神，使梅州逐渐成为车马辐辏、人丁兴旺的一大州府。同时，梅州客家人不可磨灭的中原文化气质和“诗礼传家”、“书香门第”的家风，蔚然形成了清代以降客家文化的最后中心地——梅州。

梅州，亦古嘉应州，本书主编曾论证早在元代及明初之际梅州已经成为客家腹地。这与梅州的地理环境是分不开的。梅州地区“属五岭山脉以南丘陵山地，地势北高南低，中有阴拿山脉斜亘。全区百分之八十五的面积为海拔五百米以下的丘陵山地。土层泽厚肥沃，有五十一条河流奔流其间……全区大小盆地星罗棋布，总面积约二千平方公里。其中最大为兴宁盆地，面积约三百五十平方公里；其次为梅城盆地，面积约一百多平方公里；蕉岭的蕉城、新浦盆地、丰顺的汤坑盆地，面积均在一百平方公里左右……”①。地缘上的优势，对其形成文化中心有着重大作用。作为“客家大本营”的源发地及边缘地区的赣州与汀州虽在宋代以后至明末清初已先后成为客家文化中心，其时，梅州作为客家腹地，文化中心气象已露端倪。据光绪《嘉应州志·从谈》卷三二载：“《谈海》云：闻之族老，明季及国初，潮属有数县文风未盛，多有不能如额者，学使者往往以此邑之有余补彼邑之不足，程乡一邑常取过三四十名，谓之通榜。”可见，早在明清之际，梅县（程乡）文风之盛已居粤东前列。到了清代以降，梅州已经成为引人注目的客家文化的中心。

梅州的文化中心地位，归纳起来有这么几处：一是崇文重教，梅州教育之发达，其时在全国首屈一指；二是英才辈出，梅州客家文化曾孕育和培养了以叶剑英、黄遵宪、宋湘、丁日昌、丘逢甲等为代表的一批历史文化名人；三是文物丰富，共有各级文物保护单位121处；四是民居独特，以围龙屋为代表的客家民居，堪称世界建筑之一绝；五是民俗众多，客家人的民风民俗，内容非常广泛。在众多的文化因子中，其教化的程度以及文化名人的影响力构成了梅州作为客家文化中心核心之所在。

叶剑英母校“丙村中学”

梅州素称“文化之乡”，教育发达，人才辈出。清代状元吴洪督学广东时，盛赞梅州“人文为岭南冠”。自宋时始，梅州参加科举人数常领先于全国，至清代更达到鼎盛。“文风极盛”，是清雍正朝将程乡县升为嘉应州的理由之一。清乾嘉年间，嘉应州每年参加秀才考试的就有1万多人，读书人占总人口的1/3，在全国首屈一指。这里还多次出现“五科连解”（广东乡试接连五科第一名均为嘉应州人）、“一科五进士”、“父子四进士”、“三代三翰院”等盛况。据统计，清朝300多年间，嘉应州程乡县（梅县）共考取举人621名、进士89名，数倍于其他各州。清乾隆《嘉应州志》云：“士喜读书，多舌耕，虽穷困至老，不肯辍业，近年应童子试者万余人

① 谭元亨主编：《梅州世界客都论》，华南理工大学出版社2005年版，第22页。

……”崇文尚学的传统，让梅州较早就形成相当庞大的教育规模。据不完全统计，清宣统三年（1911 年），嘉应州共有小学堂 803 间、中学堂 9 间、女子学堂 2 间。[①]梅州各地都有古老的学宫、学堂，代表有梅州学宫、长乐学宫和齐昌学宫、兴宁学宫、五华学宫和梅县丙村三堡学堂。其中兴宁学宫，建于明成化年间，一直是当地的最高学府。清末废科举后，学宫改建成兴民小学，著名爱国志士丘逢甲任首任校长。五华学宫，始建于明成化年间，曾培育进士 20 多名，举人 200 多名，其中包括清代广东唯一的武状元李威光，榜眼曾琼非等。[②]梅县丙村三堡学堂创办于 1905 年，是叶剑英元帅的母校，一直有着优良的革命传统。

发达的教育、深厚的文化底蕴，让梅州孕育出一批又一批的历史文化名人。如明清时期客家文学代表廖燕。其代表作《曲江竹枝词》和《二十七松堂集》生动地反映了客家地区的风土民情。清代康熙年间，便有“三代皆进士，一门四翰林”的李氏，尤以学问文章“为粤东最”的李象元为代表。在李象元之后，便有开客家小说之先河者黄岩。他的《岭南逸史》，时人评其“标新领异，据实敷陈，堪与国史相表里。”乾隆年间，梅州更出了“广东第一才子”宋湘。宋湘不仅诗韵上有成就，诗论也相当出名，且为官清正廉明，鞠躬尽瘁，最后更劳累成疾卒于任上。客家大诗人中，还有温仲和。温仲和对于客家文化的特殊贡献，在于历时八年终编成了功在千秋的《嘉应州志》，开创了岭东考据学之风。还有清代著名诗人、方志学家和教育家黄香铁。他以才力雄骏、生气满纸、才华横溢，与番禺张维屏、香山黄香石、吴川林辛山、阳春谭敬昭、顺德吴秋航、黄小舟一道被誉为“广东七子”，与宋湘、李甫平齐名誉为“梅诗三家”。我们还可以举出范夷香、叶璧华等几位客家女诗人。

正是因为这么一批声望显赫的历史文化名人，他们身上所散发出的文化震撼力，使梅州作为客家文化最后的集中地，在清代的中、后期得以确认。清乾隆十五年（1750 年），河北通州人王之正任嘉应州官时，特置“人文秀区”牌坊立于衙前大街，以志梅州文风之盛。

沿至近现代，一批在国内外堪称大师的梅州文化名人，如象征派诗人李金发、中国画现代大师林风眠；作家黄药眠、碧野、张资平、蒲风、黑婴、丘东平、楼栖、杜埃、白危等与梅州在 20 世纪中国政治、军事等各方面的不俗表现交相辉映，使梅州的历史文化地位愈发凸显。

辉煌的历史给梅州留下了丰富灿烂的历史文化遗产。郭沫若 1965 年考察梅州时曾留下“文物由来第一流”的赞誉。如今被称为世界“客都”、“客家中心”的广东梅州，正朝着“开放梅州、工业梅州、生态梅州、文化梅州”这四个“第一流”迈进，无疑，文化作为一笔浩大而无形的“历史资产”，是梅州实现其理想腾跃的

①② 参见《梅州市志》，广东人民出版社 1999 年版，第 1429 页。

制胜之宝。

客家传统文化源远流长，大本营地区的赣江、汀江、梅江流域，是客家文化形成的最为重要的地域。客家文化在各个历史期，由于各地发展的不平衡，其文化中心也不断推移。客家学研究专家根据客家文化中心形成、迁移的地域，将其概括为“三江文化”，即赣江文化、汀江文化和梅江文化。其中，赣江文化主要是宋代文化，是以赣南客家人聚居地形成的特色文化，其代表人物有客家人欧阳修、文天祥、王安石等；汀江文化是随着客家人南徙到福建汀州府，经历了元明清的战乱，形成的汀江特色的文化，其代表人物有李世熊、刘坊等；梅江文化则形成于明末清初，大批客家人南徙到嘉应州形成粤东客家大本营之一，成为文化之乡，孕育成梅江文化，它的代表人物有黄遵宪、丘逢甲等。这三个文化中心作为一个互相吸引、互相补充、影响渗透的整体，共同撑起了客家文化这棵枝青叶茂的参天大树，她的魅力与日俱增。

四、从文化中心到世界客都

都会，都市以及客都，这些提法当有着各自相近却又相异的内容，但“都”一词，不仅仅是文化的集聚，更有广阔的范围。如都会，每每指一个地方的行政治所，都市，这每每指的是商业贸易的所在。不过，在使用时，也常有混淆或交互。至于“客都”之都，亦不乏首要的意思。如同一个“国际大都市”，构成其都市的要素，则有很多，不仅仅是发达的经济条件，活跃的商业流通，还须有文化上的知名度，至于金融业等以及第三产业则更不用说了。当然，人们的心理认同，当是最重要的条件。

“客都”一词，有太复杂的内涵，需要我们加以相应阐释的实在是太多了。它不可以简单界定为一个行政的中心，同样，也不可以随意证实它为商贸中心及文化中心，它远远比这要厚重得多、丰富得多。事实上，作为“都”之要素，它还要有所扩充、有所补失，而且不是一下子可以完成。但作为其基本形态，却应当承认，这已经是具备了的。

毕竟，梅州作为客家腹地，走向了文化中心，这已是一百年来为人所共知的了，而被视为“客都”，也绝非近年来的事。如何揭示这一历史的演变过程，当认真加以考察方是。

梅州，一如黄遵宪所言：“客人来州，多在元时……”[1]，而明取元而代之，

① 《己亥杂诗》自注。

"潮、梅两州归顺明朝"①，也就是说，未曾有过战祸，是和平光复的，所以，百姓能安居乐业，本来，恪守汉民族道统的客家人，本就坚持着不愿臣服于元朝的。明初，这里自是大兴土木、救济灾民、屯田兴学、做堤修坝，兴水利之便，更是吸引了大批外来的客家人。

光绪《嘉应州志》称，客人来州，多在元末明初，以此为据，综合上述各种因素，可以论定，梅州作为客家大本营之"腹地"，是早已在元代明初所形成的。

成为腹地，未必便是中心，尤其更难说是文化中心。地缘上的优势，固然对其形成文化中心有重大作用，但并不等于说，腹地之形成，也就自然而然地成为了文化中心。

宋代，赣州与汀州，即赣南与闽西，先后成为文化中心，这已是不争的事实，而这一荫庇，当一直延伸到了元、明二朝乃至清初。据吴永章教授论证，此期间的客家文化中心有三处：一是赣南地区，"三魏"与"易堂九子"的古文最负盛名。理学王、湛二派在赣南皆有传人。一是汀州府，以文史成就为著，有宁化李世熊、黎士弘、上坑刘坊等人。再便是广东的惠州，是明代的理学中心，有杨传芳、叶时、叶素芳、叶天佑、叶萼、杨起元等人。惠州客家的理学，是与整个广东的理学同步的。屈大均在《广东新语·学语》中有"白沙之学"条，中称"明兴，白沙氏起，以濂、雒之学为宗，于是东粤理学大昌……孔孟之学在濂溪，而濂溪之学在白沙"。这一说，脉络就很清晰了，濂溪之学，宋在赣南；而白沙之学，则昌于东粤。人称客家人的主流意识是儒学，当亢之不屈，所以，惠州客家人对"白沙之学"的迅速接受，是有历史因缘的。

广东梅州白宫棣华居

人们不难发现，其时，梅州纵然作为客家腹地，但文化的浸润却在"客家大本营"的源发地及边缘地区，也就是赣南、闽西及惠州（位于粤东南部），还不曾向腹地渗透，所以，已经作为客家腹地的梅州，在元、明二朝，不曾有较多的文化上的出色表现。所以，腹地未必等于文化中心。当然，并不是说梅州当时的文化差了，其实，明代脍炙人口的李二何的故事已经流传开了，李二何，即李士淳，其文章亦为时人所重。而进士亦已有不少。只是从总量及影响而言，仍逊色于赣南、汀州与惠州罢了。这也是合乎历史演进规律的，不可以苛求于梅州。

只是进入了清代，梅州才逐渐成为引人注目的客家文化的中心。而这个时间

① 转引自《梅州市志》，广东人民出版社1999年版。

段，当在康乾已降了。而在此所要探究的是，在历史上，梅州是如何逐渐被视为客都的，这与今天的标准当然不相一致。

清末的梅州，确立了其作为客家文化中心的地位，并赢得了“人文秀区”的美名，但是，除文化之外，它在整个客属地的影响，包括在客家第一大省广东的影响，毕竟还是不够的。这一情形，直到辛亥革命爆发，才发生了重大转变。

由于辛亥革命的领袖孙中山是客家人，追随他参加革命的，也就有不少客家人，这当是人才学上的“群体激发效应”吧。黄花岗 72 烈士中，有 20 多位客家人，仅梅州籍的便有 8 位。该起义的主事之一姚雨平，也就是梅州的，辛亥革命成功后，正是由他担任了北伐军总司令，亲率大军，打响固州、宿州、徐州三大战役，从而声援了武汉，巩固了南京，逼使宣统皇帝退位，宣布千年帝制之终结。而孙中山最得力的军事将领邓仲元，也是梅县丙村人，当年蒋介石仅是他的手下，他被誉为“南州铁汉”，迭立奇勋。

同样，历辛亥革命、抗日战争，最后成为开国十大元帅之一的叶剑英，也是梅县人。当年，陈炯明叛变，护卫孙中山有他；武昌起义前夕，及时密报军情，使起义及早发动有他；长征途中，让毛泽东率领的中央红军及时摆脱张国焘之阴谋的也是他；粉碎“四人帮”更是他立下第一功劳，每每在关键时刻，他总能力挽狂澜。

可以说，在 20 世纪中国重大的历史进程中，都少不了梅州客家人。如抗日战争中，淞沪会战，便有“客家三英烈”——黄梅兴、姚子青、谢晋元；远征印缅，则有罗卓英。梅州英烈辈出，在此就不一一列举了。

而这期间，梅州文化人同样有不俗表现，在国内外堪称大师，如象征派诗人李金发、中国画现代大师林风眠，还有作家黄药眠、碧野、张资平、蒲风、黑婴、丘东平、楼栖、杜埃、白危等。可以说，与军事上的表现相比，当各有千秋。此外，还出了世界球王李惠堂。

对于“客家大本营”而言，这 100 年间，梅州的历史地位相对凸显出来了，不仅仅是在客家人中，对整个中国 20 世纪的演变，都有举足轻重的作用。

当我们放眼于全球，则可以看到，自 19 世纪中末叶，也正是李鸿章惊呼“三千年未有之变局”之际，广东处于开放的“国门”口，梅州位于客家大本营南部，更受到“西风东渐”的影响，有着比闽西、赣南客家人更多地向海外发展的机会。一个小小的松口镇，海外的华侨与本地人不相上下。500 万人口的梅州市，海外的侨胞也有 300 万，占了海外客侨的一半还多。如今，梅州出去的华人华侨，遍及全世界上百个国家和地区。海外客籍侨胞对梅州的“客都”地位的心理认同，与他们大部分是从梅州走出去是分不开的。客家人本就有这种大迁徙的传统，梅州成为他们外出前的聚散地，当牵挂于万里之外。即便非梅州籍的海外客侨，也一般有对客都梅州的心理认同，其原因是他们的祖上大都也是从梅州迁徙到后来的居住地的。

在客家人的第四次大迁徙中，“一枝散五叶”，正是元代明初已聚居于梅州的客家人，再度扩散到了整个广东及南方各省，包括“湖广填四川”之际，远至云贵川一带。所以，这样一批人，他们对祖居地的认识，也大都在梅州而非其他地方。他们回到中国，也免不了有梅州一行，视梅州为海外客侨的“都”。而在“一枝散五叶”中，也有大量的客家人，从梅州倒迁回了赣南，成了与“老客”相比照的“新客”。而新客之客家文化的情结，较之老客要大得多也紧密得多，这一来，连作为客家摇篮的赣南，人口占大多数的新客，也都把梅州视为原乡了。笔者甚至到了井冈山一带，问及那里的客家人，他们大都说自己来自梅县、兴宁等地。因此，长期以来，中央人民广播电台对外广播采用的客语，是以梅县话为标准音的，因为这易为海外的500万客侨听懂并接受，也易为“一枝散五叶”之际遍布南方各大省的客家人所接受。

梅江夜景

海外的认同，在当今政治、经济、文化的格局中更显得重要了。因为，海外的客家经济，由于历史的原因，成了今日“反哺”客属地的重要资源。这是一个显而易见的事实。

可以说，在整个20世纪，作为客家大本营的重心，梅州在政治、军事、文化、经济、海外联系诸方面，是全方位推进并走在了前边。客都，就是这样历史地形成了。郭沫若于1965年考察梅州，即兴挥毫，写下了“文物由来第一流”的赞誉。当以此为契机，作为“客都”确认的时刻——“第一流”当有首要之义。考证“客都”之名，与客都形成之实，也均在20世纪，这应是没有争议的了。

平心而论，梅州今日发展的现状，较之广东几个发达城市，还是有一定的差距。好在大家已经清醒看到了这一点，“四个梅州”——开放梅州、工业梅州、生态梅州、文化梅州，其意义在于完善与增强梅州作为“世界客都”的各个要素，而其中的“三馆一节”——中国客家博物馆、叶剑英纪念公园、黄遵宪纪念公园与客家文化旅游节，则是这些都市要素中最为重要的成分。可以预期，上述目标的实现，对强化客都的历史地位是具有积极作用的。

一句话，提升与巩固“世界客都”的地位，擦亮客都的文化品牌，已时不我待了。

的确，作为千年宋城的赣州，近年发展势头十分喜人，世界客属第19次大会的召开，让世界上的客侨看到这么一座宋城复兴的大希望，它不仅历史悠久，而且文化上也有过相当辉煌的时刻，所以，它对于梅州地位的挑战，是显而易见的。如何打造好“世界客都”这块品牌，当有更开阔的思路，当有更具创新的锐志！

我们期盼“世界客都”在不久的将来，有更长远的发展，有更具规模的都市格局，创造出文化上、经济上更大的奇迹！

第三节　客埠惠州

惠州又称鹅城，已有两千多年历史。秦属南海郡，隋设归善县，隋唐时称循州，五代南汉为祯州，北宋天禧五年（1021 年）改为惠州，元为惠州路，明清为惠州府，民国元年（1912 年）惠州府与归善县合并为惠阳县。1949 年 10 月新中国成立后，于 1958 年设惠州市（县级），同年撤销。1964 年再次设立县级惠州市，为惠阳专区、惠阳地区所在地。1988 年，批准撤销惠阳地区，设立惠州市（地级）。2003 年管辖惠州区、惠阳区及惠东县、博罗县、龙门县。惠州市陆地总面积 11158 平方公里，拥有海域 4500 平方公里，海岸线长 223.6 公里。惠州常住人口据 2003 年统计有 283.36 万人，约有外来务工人员 34 万人。惠州是广东著名的侨乡，有华侨与港澳同胞 90 万人。惠州有丰富的自然资源，是广东的主要产粮区之一。惠州又是广东省的历史名城，集山、河、湖、海、泉于一身，具有高密度的旅游资源，全市各类景观有 900 多处，惠州西湖、罗浮山、南昆山、东江、大亚湾等都是闻名遐迩的旅游胜地。

惠州“合江楼”

一、走出围楼，走向海疆

“挑战”与“应战”是上世纪世界著名的历史学家汤因比关于人类文明模式的一个表述，他认为文明的起源正是面对自然环境的挑战而奋起的应战。这一著名的“公式”用在客家人身上当是再贴切不过了，客家人的海洋精神正是在“禁海”的这一历史挑战下激发出来的。

本来，“逢山必有客，逢客必住山”，操有“自由”的客家人来到东南边陲，只能选择蛮荒的山野居住，可又为什么，他们当中却早早出现了诸如惠东叶亚来这样海外拓殖的名人，南洋更有“客人开埠”之美名？溯其源，当在明清“禁海”之历史挑战。

（一）禁海迁界

清朝政府，从一立国，便立下了禁海的宗旨，一次又一次血腥的屠城，把东南沿海的市集、工商业，几乎摧毁殆尽，自然不需要海上贸易了，海商也就被视为海盗，私商也更是成了逆贼。顺治皇帝于1656年6月正式敕谕：

> ……自今以后，各该督抚镇，若饬沿海一带文武各官，严禁商民船只私自出海，有将一切粮食货物与逆贼者，或地方官察出，或被人告发，即将贸易之人，不论官民，俱行奏闻正法，货物入官。
>
> ……处处严防，不许片帆入口，一贼登岸。①

然而，“禁海令”尽管杀气腾腾，却仍没吓倒边海的百姓，尤其是当时仍活跃在南方的反清复明势力。郑成功还于顺治十六年（1659年）团团围住了江宁（南京），令清廷惊恐万状。第二年，郑成功则成功收复了台湾，逼使当时的海上霸主荷兰殖民者投降。

海边的百姓不服禁海，船只照旧外出，顺治十八年（1661年），已经奄奄一息的顺治皇帝，又签署了“迁界令”，索性不让居民住在海边了，统统内迁50里，与大海隔绝开来，进一步推动了“禁海令”的执行。

顺治一命呜呼，康熙却身体力行，康熙元年（1662年）二月，清王朝下命广东沿海25个州县，钦州、合浦、石城、遂溪、海康、徐闻、吴川、茂名、电白、阳江、恩平、开平、新宁、新会、香山、东莞、新安、归善、海丰、惠州、惠来、潮阳、揭阳、澄海、饶平，自西至东这些县的居民，一律内迁50里。这50里界外，不准居住，民房拆了个一干二净，不准下田种地，更不准出海捕鱼，违者，一律格杀勿论。以上诸县，相当一部分是惠州府的。

禁海、迁界，不仅摧毁了明代建立的近代海上贸易以及商品经济，更让百姓没了活路，一时间，哀鸿遍野、尸横道路，不妨录一段明末清初大学者屈大均《广东新语》的记载：

> 岁壬寅（1662，即康熙元年）二月，忽有迁民之令。满洲科尔坤、介山二大人者，亲行边缴，令滨海民悉徙地五十里，以绝接治台湾之患。于是麾兵析界，期三日尽夷其地，空其人民。弃赀携累，仓卒奔逃，野处露栖，死亡载道者，以数十万计。
>
> …………

① 《清世祖实录》卷一〇二，顺治十三年六月。

其丁壮者去为兵，老弱者辗转沟壑，或合家饮毒，或尽帑投河。有司视如蝼蚁，无安插之思；亲戚视如泥沙，无周全之遗。……民既尽迁，于是毁屋以作长城，掘坟墓而为深堑，五里一墩，十里一台，东起大虎门，西迄防城，地方三千余里，以为大界。民有阑出咫尺者，执而诛戮，而民之以误出墙外死者，又不知几何矣！自有粤东以来，生灵之祸，莫惨于此！

这是何等悲惨的场面，教人不忍卒读！统治者的残酷，无以比拟。不敢再录下去了，人间惨剧，恐这为空前绝后。

现居香港新界（原属惠州）的旺族，客家族群的代表之一，邓氏在其族谱中，亦有当年“迁界”的记录：

插旗定界，拆房屋，驱民迁归界内。设墪台、凿界埂，置兵禁守，杜民出入，越界者解官处死，归界者粮空绝生。祖孙相承之世业，一旦摈之而猿啼；死生世守之墓宅，一朝舍之而鹤唳。家家宿露，在在鸠形，初移一次尚有余粟，再移之后曾几晏然……

惠州人民面临了历史上最大的灾——不是天灾，而是人祸！

（二）**艰难复界**

在神州大地上，中古与近代，蒙受最多的历史灾难，却又每每奋起抗争，并较早吸取西方及世界先进文化与科学技术的，客家人当是其中最为突出的。

人说，“逢山必有客，无客不住山”。东南沿海的山，是庇护客家人休养生息的天然屏障，但他们并不安于“耕山”的命运，每每要走出围楼，走向海疆，从“耕山”到“耕海”。可这一字之差，却意味着腥风血雨。

李笠德在《走向东江客家》一文中称：

惠州尚有梅州、河源、韶关所没有的沿海客家地区。惠州海岸线长 133.7 公里，大小海岛 140 多个，岛屿总面积 19.08 平方公里，优良海区面积相当于全市耕地面积的 62%。该市沿海一带有澳头、霞涌、淡水、秋长、新圩、镇隆、永湖、良井、沙田、白花、巽寮、铁冲等 20 多个乡镇，人口达 40 多万人，客家话在当地成为强势语言。他们不仅擅长唱山歌，而且擅长唱海歌，生产发展水平和居民生活水平远远超过山区客家地区。

凭此，可以想见当年的禁海，在如此漫长的海岸线上，如此之多的大小海岛，其人其地，其生产，当受到何等的摧残。及至最西边，即香港东北自沙头角至西北的新田、米埔以南地区，全部迁界一空，只丁不留。包括邻近的岛屿，也全都空无一人，长满了蒿草，一片荒芜。

来到海边的客家人，又注定要比留在山里的同胞们承受更多的磨难，他们好不容易在惠州范围内扎下了根，建立了自己的家，屋后的风水林也已枝繁叶茂了，可清朝政府却不顾他们的死活，说迁就迁，于是，辛辛苦苦上百年种好的树，建好的屋，辟出的田园，也就毁于一旦。那时节，当是叫天天不应，叫地地不灵。然而，哪怕十口余一，哪怕大树的主干被狂风吹倒，只要根还在那里，却还会要长出新枝。尽管瘢痕累累，尽管血泪斑斑，但生命却是永远剥夺不了的奇迹，更何况客家人呢?!

“越界者解官处死，归界者粮空绝生”，老百姓没了活路，唯有奋起反抗，1664年9月，新安县抚目袁四都率众多士卒、百姓，发起了抗迁起义。难民们追随他到了已迁移一空的官富、沥源等地，建立了义军的主寨，他们不断向四方进击，打得清兵鬼哭狼嚎。最后，广东提督不得不派重兵镇压。袁四都喋血战阵，义军也全军覆没了。

由于反抗不断，加上迁移的百姓“死丧频闻”，统治者中，为政权的稳固，不得不面对现实，提出“展界复乡”。嘉庆《新安县志》（靳文谟）载有：

康熙七年正月，巡抚王（王来任）疏奏乞展界。奉旨特差大人勘展边界，设兵守海。会同平南王（尚可喜），总督周（周有德）行边，士民欢呼载道，皆远迎之。十月，总督周上疏，请先展界，而后设防。是时，迁民归志甚急，闻疏盖喜。康熙八年正月，展界许民归禁，不愿听民踊而归，如获再生。

庄初升博士关于新界客方言的一篇论文中曾这么提到：

（新界）所操的客家话与深圳沙头角、东莞清溪及惠阳淡水一带的客家话基本相同。新界的客家人多是清朝康熙八年（1669年）迁海复界以后陆续从广东东部等客家地区迁移而来的，至今只有300多年的历史。客家人虽然比“本地人”（操粤方言者——作者注）较迟入住新界，但由于规模大，人数多，大有后来居上之势。今天，新界的“原居民”中乃是以客家人为大宗，他们广泛分布在西贡、大埔、沙头角、沙田、荃湾、离岛各地，而即便是“本地人”相对集中的元朗，屯门等地，也有客家人入住其中。根据我们最近的调查，在新600多个村落中，客家村落约占54%。[①]

① 参见庄初升关于新界客方言论文（未刊稿）。

根据前边所引用的客家邓氏等族谱中，迁界之前，已经有客家人在此定居了。复界之际不仅原定居的客家人回来了，而且还带来了粤东大批的客家人。仅新界一带，就占一半以上，而新界之外的惠州区域，比重就更大了。因此，深圳特区建立之际，其原住民的主要成分，也就是客家人。

可以说，愈是艰苦的地方，也只有客家人才去。有一篇《复界记》这么写道

> 村之移也，拆房屋、荒田地、好流亡八载，饿死过半。界之复也，复田也不复海，无片瓦，无寸木盖茅屋。……新安邑抵大洋，无渡海通济，载运货物，麦粟百物皆贵，惟谷特贱，以其无通济也。[①]

如此之困厄、艰苦，白手起家，谁可担当？所以，客家人在老惠州的人口比例愈来愈大。而他们，也把客家人的“硬颈”精神，敢于抗御外侮的勇气，带到了惠州，为惠州日后的辉煌打造了坚实的基础。

毕竟，在千年迁徙的征途中，形成了客家人坚忍不拔、万难不屈的历史品格。在历经23年的迁界暴政中，究竟有多少人不复归……死亡，或者失踪？但客家人不仅回来了，而且陆续带来了更多的同胞兄弟……在不毛之地尚可垦出良田万顷的他们，当会在这曾有过稻菽、舟楫的海边，导演出如何有声有色的活剧呢？

二、客人开埠

明清几度的“禁海”，无疑是对中国近代进程的一个冷酷的挑战，而客家人却直面了这一挑战，反而从深山来到了海边。这也是近代文明对蒙昧野蛮的一个全面的应战，从此，客家人为自己赢得了客属地唯一的“出海口”，为中国的近代、现代化的历史未雨绸缪，包括为今日深圳特区的开放早早“预留”了机遇。

在这个意义上，应战—文明的发生，每每在面临严酷的自然、环境以及各种蛮荒、各种愚昧之际而出现。沿海涌来的这么一支客家族群队伍，当是近代文明的生力军。而千年漂泊的命运，使这支生力军能从容应付各种不测，灾难乃至打击。

正是历史上迁海复界，使得客家人从“耕山”到“开海”，去应对历史的挑战，从而使这么一个以农耕文化即中原文化为底色的族群，终于有了海洋文化的蔚蓝色彩。正是大迁徙的本色，令他们到了滨海之后，并不曾止步，而是把目光投向了辽阔的大海，大迁徙，也就由车马换成了舟只与大帆船。

今日的东莞凤岗，当年是惠州所属地域的西部，改革开放前全镇人口仅2万来

---

① 谭元亨：《应对历史的挑战：客家文明从“耕山”到“开海”——客埠惠州的形成》（未刊稿）。

人，可在海外的凤岗的客家人，就达 3 万多，为原地人口的一倍半有多，他们更遍布了全世界 30 多个国家，故有“客侨文化之乡”的美称。其实，像这样的乡镇，在今日及原来的惠州区域内，可谓比比皆是，惠州，也就成了扬名海外的“客埠”。

而惠东，更走出了客家侨领中最著名的人物——叶亚莱！去过马来西亚首都吉隆坡的中国人，恐怕很少人会不知道，在那里就有一条大街，叫叶亚莱街。这条街之所以用叶亚莱命名，为的是铭记他在马来半岛开埠的丰功伟绩。太平天国革命前夕，年仅 18 岁的他便同一批年轻人，漂洋过海，远渡南洋，在马来半岛上开创自己的事业。南洋流传的谚语“客人开埠”也就是这么来的。客家人先到，把一片荆天棘地，开辟为最初的港口、矿区。叶亚莱先是寄人篱下，却学得了开矿的技艺，不久，吉隆坡丰富的锡矿资源被发现，他感到机会来了，便前往该矿区，团结华工、革新技艺，很快便成为了矿工的领袖，为维护矿工权益，他名声与日俱增，与流亡来此的太平天国士兵，改造自卫的武器，从此让矿区得以自保且蒸蒸日上，得到当地苏丹的敬重，赐之以甲必丹行政长官，还特赐他“巴生吉隆坡光荣、英勇、胜利而忠诚的华人甲必丹”之称号。后来，吉隆坡先毁于战乱，后又毁于大火，再毁于洪水，也正是叶亚莱，率领华工与老百姓，三度重建了吉隆坡。他身先士卒，废寝忘食，殚精竭虑，令吉隆坡日后成为了这个半岛上的首府。而他也成了人人尊重的领袖、企业家、慈善家，直到 1885 年积劳成疾去世，年仅 48 岁。

从客埠惠州，到开埠南洋，客家人就这样在蔚蓝色的大海上，承继了曾在黄土地上艰难创业的奇迹，这也是客家族群的一次历史性的转型，一个与时俱进的飞跃。于是，客家人不仅成为了内地南北文化的桥梁，也成为中国与世界的一座桥梁……西方众多的文化典籍中，正是通过其描述的客家人而认识中国，认识东方。

客家人就是这样在历史灾难的挑战中，赢得了开海的权利，获得了海洋文化的精神，更努力地塑造自身近代的历史形象——这有近代三大革命中崛起的客籍领袖、文化大师与铁血将军们为证。

三、“客家宣言”萌发地

惠州山川壮丽，钟灵毓秀，英杰辈出。中华民国开国元勋廖仲恺、北伐名将邓演达，北伐、抗日名将叶挺，原全国人大常委会副委员长廖承志都是惠州的客家人。古代的葛洪、苏轼、苏辙、文天祥等，近代的孙中山、许崇智、朱德、周恩来等，都在惠州这个客家地区留下过足迹。对于客家文化，惠州最值得引以为自豪的是，被誉为第一个“客家宣言”的《丰湖杂记》，就是出自惠州。如吴永章所说的：

> 与此同时，惠州文化也日益发达。惠州府与广州府相邻，并濒临大海。随

着客家人势力不断由山区向平原向海外伸展，并在当地日居重要地位。宁化伊秉绶在惠州知府任上，曾创建丰湖书院，并聘请嘉应宋湘主讲于丰湖书院。一时，丰湖书院成了培育客家人才的重要摇篮。①

惠州丰湖书院

惠州丰湖书院历史悠久。最早可追溯到南宋淳祐四年（1244 年），时任惠州太守赵汝驭在银冈岭创建“聚贤堂”，又称为“十二先生祠”，以纪念唐、宋以来对惠州经济文化最有贡献的先哲名儒“十二先生”② 作为讲学授道的场所。南宋宝祐二年（1254 年），惠州太守刘可刚进一步把“聚贤堂”改为书院，并以惠州西湖的五湖之一丰湖为书院名，“丰湖书院”由此得名。明代，书院几度兴废。著名教育家、哲学家王守仁③亦曾来惠州。他的学生薛侃④在丰湖书院讲学，传播他的学说。清代以降，惠州知府王瑛聘名士宋湘为山长，丰湖书院再度兴盛。王瑛重视文化教育建设，同时重视风景园林建设。他的《丰湖书院记》，详细阐述他的教育思想：“土地人民，国有之宝。因其高下而修之，因其知能而教之，则为政之所先也”。清康熙三十三年（1694 年）迁书院于西湖。据记载，丰湖书院内有亭、榭、台、沼，为游憩之地，但无具体描述资料可查考。嘉庆六年（1801 年），当时的惠州知府伊秉绶斥资重建，仍取名“丰湖书院”，遗憾的是 1922 年被毁掉了。不久又建，改名惠州中学，后改为惠州师范学校、惠阳地区师范学校。1978 年，重新恢复惠州师范学校，1979 年，又改为惠阳

惠州西湖鱼木树

① 吴永章：《客家文化中心的历史变迁与启示》，载《嘉应学院学报》（哲学社会科学）2006 年第 24 卷第 4 期。

② 即指陈偁、苏轼、陈尧佐、陈鹏飞、古成之、张宋卿、留正、许申、苏过、陈瓘、陈奂等。

③ 王守仁（1472—1528 年），亦称王阳明，著名哲学家，提倡知行合一。

④ 薛侃（1486—1545 年），字尚谦，号中离，庵埠薛陇人。明正德十二年（1517 年）登进士，是王阳明理学在岭南的继承人和推行者。1545 年去世，隆庆元年（1567 年）追赠御史。

师专，1993 年，改为惠州大学，今为惠州学院。长期以来，丰湖书院一直是惠州的最高学府和惠州西湖胜景的一个重要组成部分。清代名士宋湘的名联“人文古邹鲁，山水小蓬瀛”是书院最好的写照。

这个占地 7 万多平方米，有 700 多年历史的丰湖书院给惠州积淀下深厚的文化传统。可以说，没有丰湖书院，就没有今天博大精深的惠州文化。在惠州的历史文化长卷上，很难有一个景点比丰湖书院更为重要。从某种意义说，丰湖书院对惠州民俗风情的培植，以及人们思维习惯、伦常观念的养成等都作出了重大贡献，同时也培养了不少人才。清代初期，清统治者害怕书院传播反清爱国思想，对书院多方限制。后来清政府提倡理学，开始有一些地方官吏自行设置书院。清康熙二十三年（1684 年），惠州知府屡应奎“奉令捐薪”建西湖书院。历史上有不少人对丰湖书院的建设和培养人才作出了贡献。这里仅介绍徐旭曾、伊秉绶和宋湘几位重要人物。

徐旭曾（1751—1819 年）字晓初，广东和平县（清代属惠州）下车镇兴隆人。生于书香门第，曾祖徐廷芳和父亲徐延泰均为乾隆年间进士，自幼受到良好的家庭教育。徐旭曾于清乾隆五十七年（1792 年）中举人，嘉庆四年（1799 年）以第 67 名中进士，与宋湘同榜，官至户部四川司主事、福建司主事，曾四任顺天乡试京都会试外帘官，致仕后加一级奉政大夫。辞官告老返粤后，曾先后掌教广州粤秀和惠州丰湖等书院。徐旭曾先后与惠州结缘长达 20 年之久。徐旭曾能诗，颇得家学之传，风韵萧疏，五言短诗尤见精彩，与赵渭川、宋湘等客家诗人多有酬唱，著有《梅花阁吟草》。《惠州志·艺文卷》载有他的诗作多首。嘉庆十三年（1808 年）任惠州丰湖书院山长时，他针对当时土客争斗事件向诸生论讲客家问题，后整理成《丰湖杂记》。徐旭曾的《兴隆竹枝词》，也让我们一睹 200 年前惠州和平境内的客家风情，别有一番生动情趣。

伊秉绶（1754—1815 年）。说到惠州历史文化不能不提丰湖书院，说到丰湖书院就不能不说到伊秉绶。伊秉绶，号墨卿、默庵。福建汀州人，故人称“伊汀州”。其父伊朝栋，乾隆三十四年（1769 年）进士，历官刑部主事、御史、先禄寺卿。史称伊秉绶“通程朱理学，幼秉庭训，从师阴承方，讲求立心行己之学”。后受大学士朱珪的赏识与纪晓岚的器重，拜纪为师，又拜当时最负盛名的书法家刘墉为师学书法。伊秉绶为乾隆五十四年（1789 年）进士，历任刑部主事，后擢员外郎。嘉庆四年（1799 年）出任广东惠州知府，因与其直属长官、两广总督吉庆发生争执，被谪戍军台，昭雪后又升为扬州知府。在任期间，以“廉吏善政”著称。嘉庆七年（1802 年），因父病死，去官奉馆回乡，扬州数万市民泣泪送别。伊秉绶本人于 1815 年去世，时年 62 岁。扬州人为仰慕纪念其遗德，在当地“三贤祠”（祀欧阳修、苏轼、王士祯三人之祠）中并祀伊秉绶，改称“四贤祠”。

伊秉绶从政清正廉洁，爱护百姓，除暴安良。嘉庆四年（1799 年）任惠州知府，一到任就问民疾苦，革除恶习陋规，特别注意抑制豪强为非作歹，整顿社会秩序，维护地方治安，亲自审案，为民申冤。他还重视教育和文化事业。嘉庆五年（1800年），伊秉绶以“国家尊崇正学”，应“十洲人之请”，“费白金五千两”，大规模修建惠州丰湖书院，次年（1801年）落成，聘名士宋湘为山长，宋湘为书院正门题额及撰书对联。

伊秉绶生前善书，兼喜绘画、篆刻，亦工诗文。《清史列传》谓：“秉绶工八分隶。”《国朝先正事略》谓其“隶书愈大愈见其佳，有高古博大气象”。与邓石如并称“南伊北邓”，又与桂馥齐名。以其“隶书超绝古格，在清季书坛放一异彩”而被后人瞩目，评价甚高。其传世的行书作品有《节临唐宋人书屏》十二行，共128字，上海博物馆收藏。伊秉绶著有《留春草堂集》、《听松庐诗抄》。

宋湘（1757—1826年），东江才子宋湘，广东嘉应州（今梅县）人，字焕襄，号芷湾。父步云，教书为生。母杨氏。祖辈都在乡间，靠耕田为生。23岁时，参加县试获第一名秀才，补州学生。约26岁时，就读于广州粤秀书院，作文常贴堂，同学都惊佩。由于家境清贫，课余需卖文自给。1792年秋，宋湘中解元。冬，北上赴京。1793年春在京会试落第，在京师三河官舍读书。1799年4月，在京会试宋湘中二甲十一名进士，选翰林院庶吉士。1801年春应惠州知府伊秉绶之邀赴惠州丰湖书院任主讲。举家迁往惠州丰湖书院（今惠州学院丰湖校区），宋湘常与伊秉绶召集生员同堂讲论至深夜。宋湘在惠州三年，培养人才无数。并用诗文记下惠州山水之美景。有《丰湖漫草》75首、赋2首。《丰湖续草》古今诗120首。

“宋湘才气豪迈，工书能文，诗文敏捷，每有所作，落笔立就，时称为真才子，历官皆著治绩，而奖掖后进，成就尤多，至今士林传其遗事以为美谈”（清代光绪《云南通志·循史·宋湘传》）。清末诗人丘逢甲赞叹宋湘为人为师为官为文为诗皆堪人中之一杰。丘先生《惠州西湖杂诗》：“伯牙台上记留题，更写丰湖五别词。竹叶蔗渣俱妙笔，米颠书法杜陵诗。”（原注：宋芷湾先生五别诗相传以蔗渣书，其伯牙台诗醉中以竹叶书，见石刻“跋语”。）

可以说，《客家宣言》，正是在伊秉授、宋湘等著名文化人在丰湖书院主讲时催生的，虽然讲述者为徐旭曾——他也同样为大学者。

在客家人第三次与第四次大迁徙之间，如罗香林所说的：“客家的自觉性，第一次在17世纪初的岭南出现，第二次是在19世纪出现。”其中第一次，是讲的清嘉庆十三年（1808年）客家学者在著名的丰湖书院留下的重要文献《丰湖杂记》。第二次，则是指太平天国起义。《丰湖杂记》作者徐旭曾之所以有这么一篇慷慨激昂的演讲，正是与客家人的自觉性的形成密切相关。自觉、自尊，这便是《丰湖杂记》被视为“客家宣言”的原因。以下照录《丰湖杂记》：

博罗东莞某乡，近因小故，激成土客斗案，经两县会营弹压，由绅者调解，始息。院（按指惠州丰湖书院）内诸生，询余以客者对土而言，寄庄该地之谓也。吾祖宗以来，世居数百年，何以仍称为客？余口讲，博罗韩生，以笔记之。(五月念日)

今日之客人，其先乃宋之中原衣冠旧族，忠义之后也。自徽钦北狩，高宗南渡，故家世胄，先后由中州山左，越淮渡江而从之，寄居各地。这元兵大举南下，宋帝辗转播迁，南来岭表，不但故家世宵胄，即百姓亦多举族相随，有由浙而闽，沿海至粤者有由湘赣逾岭至粤者，沿途据险，与元兵战，或徒手与元兵搏，全家覆灭，全族覆灭者，殆如恒河沙数。天不祚宋，崖门蹈海，国运遂终，其随帝国来历万死而一生之遗氏，固犹到处皆是也；难痛国亡家破，然不甘为田横岛五百人之自杀，犹存生聚教训复仇雪耻之心，一因风俗语言之不同，而烟痒潮湿，又多生疾病，雅不欲与土人创处，欲择距内省稍近之地而居之；一因同属患难余生，不应东离西散，应同居一地，声气既无间隔，休戚始可相关，其忠义之心，可谓不因地而殊，不因时而异矣。当时元兵残暴，所过成墟，粤之土人，亦争向海滨各县逃避，其闽、赣、湘、粤边境，毗连千数百里之地，常有数十里无人烟者，于是遂相率迁居该地焉西起大庾，东至闽汀，纵横蜿蜒，山之南，山之北，皆属之。即今之福建汀州各属，江西之南安、赣州、宁都各属，广东之南雄、韶州、连州、惠州、嘉应各属，及潮州之大埔、丰顺，广州之龙门各属，是也。所居既定，各就其他，各治其事，披荆斩棘，筑室垦田，种之植之，耕之获之，兴利除害，休养生息，曾几何时，遂别成一种风气矣。粤之土人，称该地之人为客，该地之人亦自称为客人。终元之世，客人未有出而作官者，非忠义之后，其孰能之？

客人以耕读为本，家虽贫亦必令其子弟读书，鲜有不识字不知稼穑者，日出而作，日入而息，即古人负耒横经之教也。客人多精技击，传自少林真派，每至冬日，相率练习，拳脚刀矛剑挺之术，即古人农隙讲武之意也。客人妇女，其先亦缠足也，自经国变，艰苦备尝，始知缠足之害，厥后生女不论贫富，皆以缠足为戒。自幼至长，教以立身持家之道，其于归夫家，凡耕种樵、牧井臼炊爨纺织缝纫之事，皆能一身兼之。事翁姑，教儿女，经理家政，井井有条，其聪明才力，直胜于男子矣，夫岂他处之归女所可及哉。又客人之妇女，未有为娼妓者，虽曰礼教自持，亦由其勤俭足以自立也。

要之，客人之风俗俭勤朴厚，故其人崇礼让，重廉耻，习劳耐苦，质而有文。余昔在户部供职，奉派视察河工，稽查清运艖务，屡至泬、济、淮、徐各地，见其乡村市集间，冠婚丧祭，年节往来之俗，常有与客人相同者，益信客人之先，本自中原之说，为不诬也。

客人语言，虽与内地各行省小有不同，而其读书之音，则甚正，故初离乡井，行经内地，随处都可相通；惟与土人之风俗语言，至今犹未能强而同之，彼土人以吾之风俗语言，未能与彼同也，故仍称吾为客人，吾客人亦以彼之风俗语言，未能与吾同也，故仍自称为客人。客者对土而言，土与客之风俗语言之能同，则土自土，客自客，土其所土，客吾所客，恐再阅数百年，亦犹诸今日也。嘉应宋芷湾检讨、又曲江、周慎轩学博，尝为余言，嘉应汀州韶州之客人，尚有自东晋后迁来者，但为数无多也。

徐旭曾的《丰湖杂记》撰于清朝嘉庆乙亥二十年（1815 年），是最早关于客家问题的著述，后人称之为“客家宣言”。徐旭曾也因此被后人称之为客家研究鼻祖，客家研究标志性人物。他在惠州这个各种文化激烈冲突的地方，敏锐地从社会矛盾中把握了客家文化寻求生存空间的契机，为客家文化作了提纲挈领的诠释。尽管后来人们对客家问题的论述有了更多更详尽的研究，但其基本框架并未脱离徐氏的思路。在徐氏的论述中，为客家力辩，为客家正名，“中原衣冠旧族”之说为客家正本清源。文中力陈客家与中原汉族的源流关系，对客家的形成，客家人的忠义勤俭、诗书传家、耕读尚武等都作了奠基性描述，要言不繁，却具有纲领性和经典性。《丰湖杂记》提出了一个重要的论断，那就是“今日之客人，其先乃宋之中原衣冠旧族，忠义之后也”。从而为客家这一民系最终为世所公认，功不可没。所以把徐旭曾的《丰湖杂记》及所处的年代，作为客家民系形成并成熟的标志，是恰当的。因为在随后的中国激烈动荡的年代里，客家人几乎是领袖般参与到中国近代史的每一事件中，这也证明客家文化这一种中原移民文化确已转趋完全成熟，足可以应付挑战各种文化激烈的冲撞了。总而言之，徐旭曾的论述使客家文化具有了丰富的内涵和前所未有的高度，解决了客家民系的自我确认和社会定位问题。

讨论惠州文化，也少不了苏家的文化记忆，在原属惠州的东源，有著名的苏家围，当今已成为客家地区的旅游景点，而在龙川，更有他弟弟苏辙被谪留下的苏堤等名胜。所以，自古以来，这里人文蔚起，与不久便来到的客家人一拍即合，到了明代，更成了客家理学中心。可以说，在广东的客家属地，惠州是最早形成的文化中心，而后才转移到梅州的。民族学者吴永章很早便说过：

苏家围“永思堂”

明代客家理学中心。一时人才济济，理学发展至顶峰。代表人物有杨传芳、叶时、叶春芳、叶天佑、叶春及、叶萼、杨起元诸人。杨传芳，师事湛甘泉，深得其中奥妙。叶时，曾从南海庞嵩学，崇奉王阳明良知之学。叶春芳，受学湛甘泉，“甘泉称其学问纯正”。叶春及，理学崇陈献章。叶萼，曾从薛侃学，为惠州一郡师。杨起元，崇心性之学，其学的显著特点，是将佛学引入理学，使佛儒合一。

惠州客家地区理学，与整个广东地区理学同步发展。“明兴，白沙氏起，以濂雒之学为宗，于是东粤理学大昌”。

换言之，明正统以后，陈献章“白沙之学”的兴起，标志着广东地区理学进入繁荣阶段。其后，出现客家、福佬、广府民系的理学大师各据一方，各领风骚和互相渗透互相辉映的生机勃勃的局面。“当是时，甘泉、阳明二家弟子，各执其师之说，互有异同，自弼唐为之会通，面浙、广二宗，皆于弼唐悦面诚服，于时乡士大夫翕然和之。若何古林则讲学诃林，薛中离则于金山，黄泰泉于白云，钟叔辉于宝潭，杨肖斋（传芳）、叶允中（时）于旧善，叶斋（春及）于罗浮，王青梦于粤秀。而其在广州者，遇朔望必偕至天关，就正于弼唐”。[①]

就是说，这一时期惠州地区的理学，杨传芳、叶时、叶春及诸人独树一帜。其实，王阳明设和平县，讲授心学，也应列入，应为广东理学的源起。

客家人与惠州，应有一篇大文章可做，可惜迄今未见。凭此，惠州在客家文化地图上，便足以彪炳千秋了。

① 吴永章：《客家文化中心的历史变迁与启示》，载《嘉庆学院学报》（哲学社会科学）2006 年第 24 卷第 4 期。

第四章
粤北客家：姓氏迁徙及分布

粤北客家的聚落，一直是史学界争论不休的问题，如果不做田野调查和实地考察，尤其是不对众多的族谱的认真研究与分析，去伪存真，去芜取精，以作为证据；如果不在宏观上对客家移民规模化进入加以辨析，在人口演变上获得可靠的证据；如果不对发生在粤北历史上、尤其是宋明以降的重大军事、文化事件有充分的了解与确切的把握，并且进行明晰的、系统的梳理；甚至不对民间传说、故事也有着清醒的、结构性的把握……那么，我们对这样的一个问题，就很难有一个严谨的、明确的解答。这里，我们谨就这么些年脚踏实地的考证，与当地的客家学者一道，来确认客家向粤北的迁徙。

第一，谱牒上的记载。

后边关于“韶关客家”与“清远客家”——他们同属于粤北客家的两大族谱的展示与分析，从姓氏入手，来揭示这样一个族群的规模乃至方阵式的迁移。例如，翁源县这样一个纯客县，其族谱中大多数记载是从闽粤边界上上杭县的瓦子街迁来的——这可是几乎一个县的人口！今天，中国第一个客家族谱博物馆正出现在上杭，这与瓦子街是不无关系的，且不说戊戌变法喋血菜市口的刘光第，被慈禧太后赐死的陈宝箴（他是同光体诗人陈三立的父亲，也是文化大师陈寅恪的祖父）当年是从瓦子街迁出的，连当代不少文化历史名人，如郭沫若等也是从瓦子街迁出的。在客家历史文化的节点上，瓦子街也许不亚于宁化石壁等

客家村头大榕树

"祖地"。可见，当年瓦子街是客家移民一个极其重要的枢纽地，虽然它在当今的交通线路上已不怎么突出了，但在文化意义上，尤其是谱牒学上，却不同寻常。历史也许会湮没很多的物质的遗址，但是，瓦子街作为文化上、精神上的遗址，却是无法湮没掉的，哪怕有过漫长的失落，但总有一天会被重新发掘出来。由于后文提及很多，这一条，也就在此点到为止了。

第二，客家迁徙史上的"一枝散五叶"与粤北客家的聚落关系。

在前一章，关于梅州的一节中，我们对"一枝散五叶"即发生在明清之际的大迁徙已有过较为详尽的交代，"五叶"中，粤北自是其中一叶，至于返赣、入川等，这里也就不再赘述了。迁徙往粤西的客家，后来是历尽艰难，却似乎一路平安，没发生任何矛盾与冲突，当然，荜路蓝缕，以启山林，也是一种艰辛。

这里引出了一个很多人关心的问题。这便是，南宋后期，以罗贵为首的36姓98家，从南雄珠玑巷出走，是因为"地狭人稠"，加上连年灾荒。他们历尽苦难，九死一生，抵达珠江三角洲的冈州曌底（现已由我们查实，为今日江门市蓬江区良溪，原属新会），成为了广府族群的主体之一——五邑人。[①] 那么，当年珠玑巷乃至南雄，并非客家人的聚居地。罗贵出走，只因"地狭人稠"。可见，人并未全部走光，仅仅是"间间苗"罢了。而今天，这个地方，绝大多数为客家人了。这又怎么解释呢?

追寻历史，我们方得知，当年朱元璋建立大明皇朝，在南方，却有另一支起义军，其首领陈友谅亦要称帝。在鄱阳湖上，朱、陈两军大战，素习水军的陈友谅没料大败，最终丢了性命。朱元璋这才一统天下。但是，朱元璋对南方支持过陈友谅的老百姓却怀恨在心，于是，从湖南平江，一路剿杀到了广东英德，采取"三光政策"，致使自罗霄山脉一线，至粤北山区，则是十室九空。据英德县志所载，曾作为英州州治的所在地，所余人口已不足一百。所以，英州也就因人口骤减，降格成为一个县了。可见，正是因为这一惨烈的历史事件，粤北一带乃至罗霄山脉一线，几乎空空无人了。稍后，上杭、梅州在明中叶发生了"一枝散五叶"的客家人迁徙，这才往粤北、罗霄山脉一线大规模移民。这样，粤北便成为了大批的客家移民的聚居地。凭此，我们便可以解释前边所提出的问题。

民间传说也可以作为佐证。在《英德文史》中，亦记录有这么一个故事，说朱元璋平了陈友谅后，乘船自浈江南下，不防从岸上射来了冷箭，一怒之下，将沿岸的百姓杀了个一干二净。传说未必是历史真实，但它背后所揭示的历史动因，却又是无可否认的，是一场历史灾难在民间的演绎。当然，我们还可以对这样一个传说进行各种学术性的分析，而这些分析，自会指向这同一动因。

有了以上的历史、文化的分析，我们再来展开对粤北客家族谱的研究，尤其是

---

① 参见谭元亨：《罗贵传——跨越北回归线之旅》，岭南美术出版社2009年版。

各大姓氏的迁徙、聚落处形成方面，也就有了令人信服的证据与理由。

这一研究，不仅深入到每一个县，而且是每一个镇、每一个乡。这与后边的客方言研究，也都一样艰巨。下边的两节，由生活在粤北的资深学者所撰，其主要来源是民间的谱牒，因此，其中的年代及相关记载或可互证或有差误，我们只能照录以供辨析。

第一节　韶关客家

韶关现有人口约315.69万，客家人占了80%以上，约有263.64万人。其中翁源、新丰、始兴、仁化和曲江为纯客县，乳源、乐昌、南雄、浈江、武江等地的客家人也占了人口的大部分或相当一部分。

一、翁源县

翁源县是纯客县。全县人口34万，汉族占有99%以上①，只有为数很少的少数民族，汉人中几乎都是客家人。族谱中大多称迁自福建瓦子巷（或称瓦子街）。经考察，大都为从福建先到粤东，后到粤北。翁源县位居粤东和粤北的交界处，是客家人大批迁往粤北的中转站和集散地。翁源客家意识浓厚而深沉，人才辈出。世界客家名人、明朝的抗倭名将陈璘就是翁源的客家人。

翁源县有姓氏205个，包括复姓1个。其中1万人以上的姓有张、陈、黄、李、刘、曾等6姓，5000人以上不到1万人的有杨、何、朱、郭、吴、邓、王、钟、廖、赖、叶、林、温等姓；1000人以上5000人以下的有梁、潘、丘、许、谢、沈、罗、龙、胡、蔡、蓝、高、欧、郑、毛、赵等。翁城镇久为县城，姓氏比较集中，仅五一村累计姓氏150多个。南部山区和中部滃江流域，开发时间较早，姓氏亦多且有不少聚族而居的大姓，有六里凃姓、鳌头杨姓、周陂许姓、翁城秀塘黄姓、明星杨姓、江尾湖心坝沈姓、江尾蒽茅岭张姓等，人数大都超过1000人。

翁源县绝大多数姓氏是历史上从外地迁入的，如陈、温、王、郭、何、李、林、官、沈、郑、钟、宋、杜、刘、凃、潘、杨等姓。另外还有经商而定居翁源的如甘、詹等姓。至于原居住老姓氏如邵、巢、厉、詹、成、梅、蒙等姓却日趋式微，或因兵灾贼劫而远走他乡，或绝灭，或冒姓，可谓“新种入，旧种衰”。1949年以后，许多外地的干部、教师、职工及其家属因工作关系而迁居翁源，姓氏日益增多。

① 参见翁源县地方志编纂委员会编：《翁源县志》，广东人民出版社1997年版。

翁源主要姓氏录（按笔画排序）

丁 卜 刁 于 万 弓 子 马 王 云 区 贝 牛 毛 仇 文
方 尹 邓 孔 玉 甘 左 石 右 龙 占 卢 且 叶 田 丘
白 包 邝 宁 冯 吉 朴 成 尧 吕 任 伍 华 朱 邬 庄
齐 刘 衣 关 江 池 汤 祁 许 阮 如 孙 麦 严 苏 杜
巫 李 杨 肖 吴 利 邱 何 佟 佘 余 邹 辛 宋 汪 冷
张 陆 陈 邵 奉 范 林 欧 欧阳 卓 尚 易 罗 图 岳
周 金 庞 官 羌 郑 单 冼 房 孟 叁 练 项 赵 带 柯
冠 重 段 侯 钟 饶 郭 施 洪 洛 祝 涂 贺 姚 骆 秦
素 袁 耿 聂 莫 桂 贾 柴 钱 倪 徐 翁 高 唐 凌 资
黄 曹 雪 梅 戚 龚 崔 符 盘 康 章 渍 梁 巢 董 蒋
韩 揭 程 傅 舒 鲁 童 寒 富 曾 温 游 谢 瑞 鼓 蓝
蒙 赖 甄 雷 简 锦 詹 骞 阙 谬 瑶 蔡 廖 谭 熊 樊
稽 黎 颜 潭 潘 禤 薛 霍 戴 鞠 魏

现对翁源部分客家姓氏迁徙情况举例叙述如下：

■ **张姓（清河堂）**

一支在明洪武年间由福建省上杭县瓦子巷古井头迁来，分居在江尾镇葸茅岭、松塘岭下张等地。始迁祖为文二郎，张九龄后裔，至今已有20多代，3000多人，明朝开始有后裔分迁到乐昌、仁化、曲江、云浮、罗定、阳山、连山、始兴等地，分迁后裔有10万多人。另一支在明初由福建上杭县白杨村迁来，分居在周陂镇洪兰、藤山、昆山、高一、黄河等村。始迁祖为文三郎，至今已有20多代，4000多人，明朝中后期有后裔分迁信宜等地。又一支在明时由福建省迁来，分居在龙仙（县城）的青山、联群等地，有1000多人。

■ **陈姓（颍川堂）**

一支在明前期由福建汀州迁来，分居在翁源周陂双联、龙田、昆山、高二、陈村、黄河、双青和南浦沙坪、江尾圳头等地。始迁祖为万一郎和万三郎，至今已有24代，3000多人，明清时后裔分迁至云浮、郁南、罗定、信宜、广西壮族自治区、四川省和韩国等地。陈姓先辈有著名的抗倭名将陈璘（周陂龙田村人），其在韩国的后裔有几千人，近年来多次回来寻根问祖。一支在明朝由福建省上杭迁来，分居在江尾镇白莲等村，始迁祖是仲瑞公，至今有二十几代，5000多人，后裔分布在本县周陂镇和南雄、始兴等处。另几支在明中叶由福建南部迁来，分居在龙仙（县城）大塘头、李村、高车下和南浦镇等地，有10000多人。

■ **黄姓（江夏堂）**

在元代由福建上杭瓦子巷迁来，分居在长安乡（今尚同中学附近）后迁移至秀塘。

■ 李姓（陇西堂）

在明永乐年间（1403—1424 年）由福建汀州府上杭县涂赖坊迁来，分居在翁城镇桂湖和六里皇古庄。

■ 刘姓（彭城郡）

县内刘氏都是广传公的后裔。一支在宋中叶由福建迁潮州，再迁程乡（今梅县），后入兴宁，之后迁来翁源，分居坝仔、芙蓉上垌、龙仙良垌、新江双石等地，分支迁往南雄、始兴等地。一支先从兴宁迁始兴，再从始兴迁入翁源。刘氏有 20000 多人，是翁源的大姓之一。

■ 曾姓（三省堂、庐陵郡）

在明万历年间（1573—1620 年）由福建宁化县迁广东长乐（今五华县），后迁至连平，之后再迁来翁源，分居翁城定南大路唇，再分迁官渡突水李屋乌楼下、庙墩犁头岗。

■ 吴姓（渤海郡）

一支在宋末由福建漳州迁来，分居在九龙水（今官渡下榕角）、新塘下西（今新江下西村）。另一支明万历年间（1573—1620 年）由福建上杭瓦子巷迁出，先迁紫金，又迁连平，再迁翁源庙墩牛子圳、松塘、九仙。

■ 王姓（太原堂）

一支在明正统三年（1438 年）由福建汀州上杭县瓦子街迁来，分居长安乡（今翁城五一村），始迁祖为为文德一郎，后裔有 3000 多人。另一支在明正统三年由福建省武平县迁来，住翁城秀峰村，始迁祖为成三郎，后裔有 1500 多人。

■ 杨姓（弘农堂）

一支在明景泰年间（1450—1456 年）由福建上杭县瓦子堡迁来，分居翁城明星、六里社背凹头。另一支在明成化十一年（1475 年）由福建省上杭县迁来，分居翁城较场下，始迁祖为杨顺，后裔有 1500 多人。

■ 涂姓（五桂堂）

在明正统年间（1436—1449 年）由福建汀州府上杭县涂赖坊迁来，分居六里（大陂乡）。始迁祖为友恭、友忠、友信和友高，现后裔有 6000 多人，分支迁徙至本县南浦、周陂和英德县、佛冈县等地，涂姓后裔中多有中外著名画家。

■ 温姓（太原堂）

在明嘉靖年间（1522—1566 年）由福建上杭县瓦子巷龙眼树下迁来，分居翁城墨岭村、富陂。

■ 郭姓（太原堂）

在明朝中期（约 1506 年）由福建汀州上杭县迁来，分居新塘铺（今新江）。

■ 甘姓（清湖堂）

在元末明初由广东南海黄鼎乡迁来，开基祖为大义公，现有3000多人，分居周陂、南浦等地。

■ 丘姓（河南堂）

由福建汀州上杭县瓦子街迁来，分居松塘村。

■ 康姓（京兆堂）

在清代由江西省于都县沙秋乡迁来，分居六里横岗街（今县糖厂）。

■ 钟姓（颍川堂）

在明中叶由江西省龙南县西坑村迁来，分居翁城、龙仙（县城）附近。

■ 林姓（西河郡）

由福建上杭县瓦子巷移居江西，再迁到翁源，分居南浦。

■ 谢姓（陈留宝树堂）

在清末从江西信丰迁广西柳州，再迁翁源，分居坝仔、江尾、六里、三华。

■ 宋姓（京兆堂）

在明中叶由广东省肇庆府迁来翁源，分居礤下。

■ 叶姓（南阳郡）

由福建迁来翁源，分居岩庄。

■ 许姓（高阳堂）

在明洪武年间（1368—1398年）由福建迁来翁源，始迁祖为壬保公，在周陂开基，传二十多世，现后裔有6000多人，分居周陂、翁城、南浦、松塘。分支迁往英德的九龙、桥头、白沙，有将近20000人，分支迁往广西壮族自治区藤县，有近20000人，此外，清远、新丰、乳源、和平和湖南、江西、台湾、港澳等地有后裔数万之多。

■ 何姓（庐江堂）

一支于明永乐五年（1407年）由福建上杭迁来，始迁祖为汝政、汝高、汝宗、汝崇、汝荣和汝庄，迁至新江的上坝、小镇，有5000多人，分支迁往仁化、佛冈、英德和本县翁城等处。另一支于明中叶由闽南迁来，分居龙仙蓝青、礤下等地。再另一支先从翁源迁入佛冈，后又从佛冈回迁，分居礤下陈村官坑。

■ 沈姓（仁川堂）

明正统（1436—1449年）年间由福建省上杭县赤石径盛名里大塘背迁来，分居在江尾镇湖心坝、龙仙、坝仔等地，始迁祖为仲三郎，至今有20多代，5000多人，后裔分迁至广西、深圳、广州、花县（花都）、英德、曲江、乐昌等地，也有少量后裔迁回福建省上杭县古田。

■ 潘姓

其四十九世祖（由闽入粤后为八世祖）伯润公从嘉应州长乐县（现五华县）迁

居翁源南浦司杨岸坝开基，现本县人数不多，后裔迁徙新丰，为新丰县第一大姓，有几万人之多，潘氏后裔再从新丰县迁往佛冈、清远源潭、英德、连南、连县、阳山等地，播迁很广。

■ 官姓

于明正统三年（1438）由福建省上杭县胜云里第一图迁出，老大千一郎迁至翁源龙仙，老二千二郎和父母官五郎夫妇迁至始兴隘子，其子孙主要分布在隘子镇，千三郎迁入仁化县南木罗洞，千四郎、千五郎迁向不明，千六郎迁湖南宜章县长宁乡十四都，千七郎迁英德县青塘。翁源龙仙现有官姓族人2000多人，县内其他地方也有少数后裔分居。

■ 胡姓

明洪武四年（1371年）由江西省迁南雄，后迁河源，再迁新江南塘，一支迁坝仔上爱，始迁祖为千一郎，现有3000多人。

■ 梁姓

元末明初福建上杭迁出，先到岩庄，第二代迁到新江，后又外迁多地，始迁祖为文达，现有3000多人。

二、新丰县

新丰县为纯客县，现有人口为24.6万，其中客家人几乎占了99%，有24.4万人[①]，分布在县城和所有乡镇。

根据新丰各姓所存族谱记载：新丰客家人大多数是在南宋至明初经第三次大迁徙而到县境内定居的。据统计，2002年全县有197个姓氏，其中单姓194个，复姓3个。在197个姓氏中，世居新丰的有66个姓氏，因工作或婚娶而迁入新丰的有131个姓。

新丰主要姓氏录（按笔画排序）

丁 卜 刁 于 万 王 韦 云 区 毛 仇 卞 文 方 尹 邓
孔 甘 古 石 布 龙 卢 叶 田 丘 付 白 务 邝 宁 冯
司徒 邢 成 匡 扬 曲 吕 朱 乔 任 向 邬 庄 刘 齐
关 江 池 汤 祁 许 农 阮 牟 纪 孙 麦 严 劳 苏 杜
巫 杨 李 肖 吴 岑 利 邱 何 佘 余 邹 应 闫 姜 汪
沙 沈 宋 张 陆 陈 邵 范 欧 欧阳 招 卓 易 罗 季
金 周 郑 冼 官 房 练 孟 赵 荣 胡 柳 钟 郜 修 侯

① 参见《新丰县志》，广东人民出版社1998年版。

俞 饶 施 闾 娄 洪 姚 贺 骆 袁 莫 贾 夏 顾 晏 钱
徐 殷 奚 翁 高 郭 唐 旁 烟 涂 诸 陶 黄 萧 梅 曹
龚 雪 崔 符 章 阎 梁 屠 维 巢 彭 蒋 董 韩 覃 揭
喻 嵇 程 傅 曾 温 游 谢 蓝 蒲 赖 雷 简 腾 詹 谬
慕容 蔡 裴 管 廖 漆 谭 熊 缪 黎 滕 颜 潘 禤 薛
戴 檀

主要姓氏源流考证如下：

■ 潘姓

祖籍河南荥阳县安仕乡崇仁里，东汉时迁居河南开封府中牟县，晋永嘉年间辗转江西抚州府临川县，后再迁入安远县劳田乡。南齐时徙宜黄大富岗。唐末因避战乱称居福建建昌府宁化县大竹源。宋初移居长汀县潘坊，宋中叶迁江西赣州府安远项山（今寻乌），后复迁福建汀州府宁化县。景炎元年（1276 年）元兵大举南下，兵连祸结，再从宁化入粤居长乐县（今五华县）高竹园。明洪武年间，移居兴宁县。明弘治十一年（1498 年）澜公身膺郡庠，因军役田粮加派与县主相抗结仇，同妻自兴宁县避居翁源县南浦乡扬岸坝，明成化年间移居本县沙田新岭下卜居。澜公子孙繁衍析居本县各地，有几万人，为新丰第一大姓，分支迁徙至佛冈、英德和清远源潭等地。

■ 陈姓

祖籍河南鄢陵，梁朝时迁至广东高要，大宝年间自始兴出大庾岭，沿赣水顺流而下至湓城（今江西九江），后迁居开阳乡（今广东罗定县境），分两支进入江西和福建。一支由陈姓始祖陈福基于宋度宗时任广南东路安抚使，后弃官居南雄府溪塘，传至三十世，迁徙英德县，后移居翁源县周陂。明代中叶迁入本县溪田，析居沙田、回龙、小正。另一支于隋开皇九年（589 年），迁居江西省吉安府泰和里柳溪乡古井巷，再分两支入粤迁徙到新丰：一支于南宋宝庆三年（1227 年）迁入本县贵子口嵩下湖洋尾，淳祐四年（1244 年），卜居邑西文曲舍，八年正月相宅黄陂岭头，子孙繁衍本县丰城、梅坑、马头、石角等乡镇；一支从江西吉安入粤迁徙河源县城，淳祐八年（1248 年）卜居本县马头雅盖。

■ 罗姓

祖籍湖北襄阳，周末辗转湖南长沙，唐朝移居福建上杭县丰田里武溪寨。宋代末，罗姓始祖弘正任江西吉安府主簿，遂由福建移居江西省安远县黄甲乡三角村（今吉水汀溪）。明宣德六年（1431 年）迁至广东省信宜县都茅屋，景泰七年（1456 年）由信宜县迁入阳福高（今新丰沙田），清顺治年间析居遥田、回龙、小正、梅坑、丰城等镇。

■ 李姓

福建省火德公后裔，先祖于南宋绍兴三十年（1160 年）迁居江西省赣州府石城渡。淳熙八年（1181 年）再从石城渡迁居福建宁化县石壁村。宝庆二年（1226 年），因宋元兵乱避居广东省嘉应州程乡（今梅县），元至正年间（1341—1368 年）移居从化县，分两支迁入新丰开基：一支于元至正年间由从化县吕田迁入新丰梅坑李家村开基；另一支于元末迁徙翁源县官渡。明代末从翁源移居本县遥田茶江，后移居沙田（乌石古）开基创业。遥田、沙田、梅坑、丰城、黄礤、马头等镇均有李姓人聚居。

■ 张姓

原籍河南，汉元帝永光年间遂居河北省清河县里仁乡节孝坊，后再往南迁北京房山、山东曲阜，陕西长安，四川彭山。唐开元十二年（724 年）迁韶州府曲江县，开元二十三年（735 年）移居始兴县清化乡，后迁福建上杭。元代初移居江西省卢宁县水桥头朱基巷法相乡。元末，昊宝从江西迁徙广东省英德县鱼湾开基。明正统年间由昊宝子仁一、仁二、仁五、仁八、仁九兄弟五人迁徙到新丰县。今梅坑张田，沙田张屋，回龙岭头、古塘、鸡岭、良峒、合子、遥田长安、大埔、黄礤黄沙坑，马头潭石均有张姓人聚居。

■ 朱姓

祖籍山东邹县东南纪王城，东汉时迁江苏沛县，唐乾符五年（878 年）因避乱迁居安徽歙县黄墩，天祐迁婺源。宋宣和五年（1123 年）南迁福建建州政和县。元顺帝元统二年（1334 年）入粤开基于广东和平探邦。分三支迁入新丰开基：一支于元至正年间（1341—1368 年）从和平探邦移居兴宁县中乡竹丝湖会众岭，后复回福建省汀州武平县。明洪武三十年（1397 年）因患难盗寇，由钟氏祖婆携带念一郎、念二郎、念三郎迁入本县金竹园居住。念一郎在金竹园开基后移居梅坑秀长江桃子园开基。念三郎于永乐年间迁徙龙门县上建朱田尾开基。隆庆三年（1569 年），念三郎曾孙子贵迁回诸家镇（今梅坑大岭）开基创业。第二支于明代初迁入本县沙田约营下开基后，迁入英德县大镇刀石坑，再由英德大镇迁居翁源县丹竹陂，明代中末迁小溪约（今回龙）古塘，明末，迁入角陂峒居住。另一支于明嘉靖年间从和平探邦居河源小江西溪，后移入顺天湖居住，隆庆年间析居迁入新丰黄礤茶峒和马头层坑两地开基创业。

■ 周姓

祖籍陕西岐山县中水乡。唐末，因避战乱迁居江西庐陵九曲水乌东益母井葛藤凹。南宋咸淳四年（1268 年）复迁入广东五华县水寨。元至正元年（1341 年）迁龙县新沿，后移居翁源县白石乌鸠坑开基。明洪武元年（1368 年）迁河源小江，永乐年间移居连平隆街双溪水。嘉庆年间，永茂子友敬迁入本县大席，友厢迁入附城东明乡中兴围，后析居会前、朱洞等地。

■ 黄姓

祖籍河南潢川，赐爵于江西江夏县（今江西弋阳），五代乱唐时入闽卜居福建邵武之和平。南宋景炎元年（1276年）入粤迁入广东嘉应州之程乡（今梅县）。后分两支迁到新丰。一支于明嘉靖年间从嘉应州移居黄岭县（今蕉岭），再由黄岭迁至英德县青塘黄牛头，明万历二十年（1592年）迁入本县黄茶埔上黄峒，清康熙年间析居丰城之双下（今双良）和梅坑长江、小正等地。另一支因黄雄任南雄府儒学正堂而移居南雄府珠玑巷，后因"胡妃之乱"而迁徙增城县谭田（今属龙门县境），明弘治九年（1496年）复迁曲江县沙溪。嘉靖年间因匪患而避居河源县大州之水源，崇祯五年（1632年）析居本县马头的大陂、秀田、秀坑和石角的湾田、罗陂等地。

■ 谭姓

祖籍山东济南历城。唐末因避战乱迁徙江西弋阳县，南汉大宝年间从江西弋阳移居广东仁化县，宋哲宗元祐年间辗转迁居惠州府归善，建炎年间迁增城县之龙门，明代析居迁入新丰小正、梅坑落阳围、马头科罗、丰城鲁古等地。

■ 余姓

祖籍新安（今安徽省歙县）。唐代迁徙到江西省南昌。宋天圣年间迁入广东省韶州府曲江县，绍兴十九年（1149年）迁居福建省宁化县石壁村，淳祐年间辗转迁至广东省潮州府海阳县青溪山。景炎年间因避兵乱再复迁曲江县，明嘉靖年间迁徙大埔黄岗青溪，后举家迁徙增城县长滩，卜居于龙门上建。正统元年（1436年），余氏祖思贤由龙门上建移居长宁县（今新丰县）马头层溪（今层坑）。始居初年，因遭洪水冲围，移居连平县田源，景泰七年（1456年）又遭旱灾，复回层溪世居。明末繁衍到马头福水、石角、梅坑、丰城、回龙等地。

■ 邱姓

原籍山东省昌乐县，后迁陕西省扶风县。隋朝时迁入广信（今广西梧州），唐贞观年间徙入天水，五代乱唐时移入福建，宋景炎二年（1277年）迁徙至广东南雄府保昌县，后举家迁徙到嘉应州（今梅县），元末时因避兵乱而徙入新丰县遥田大山口，明成化年间析居丰城的角陂、涧下、岳城、城西，梅坑之梅东、马头之板岭下，回龙之丘姚等地。

■ 俞姓

原籍湖北省潜江县，武周光宅年间迁入陕西省临潼县，唐末移居福建省汀州府长汀县。明正统年间迁入江西省安远县黄乡保桐树湾，成化三年（1467年）入粤迁于河源县忠信都二图船埠，弘治三年（1490年）移居河源望洲坝，天顺年间迁入惠州府长宁县（今新丰县）马头张田坑，后因避贼乱而移居丰城松园，析居马头潭石、石角文义等地。

■ 曾姓

原籍山东武城（今山东费县）。西汉之末，不仕新莽而举族南迁江西省豫章

（今南昌市）庐陵吉阳县，析居永丰县之龙潭，后迁居吉水兰溪。唐僖宗光启年间因避难而迁居于潭、泉、福兴之间。宋政和二年（1112 年）迁福建宁化县石壁村。宋景炎二年（1277 年），因元兵扰乱，不能安居，由宁化县迁广东长乐县（今五华）。明代中叶迁广州府龙门县，再由龙门迁入惠州府长宁县（今新丰县）遥田，析居遥田金山、竹岭、联丰、旗寮，梅坑之梅南、长江、长坪、小正，丰城之紫城、城东，马头之板岭下，石角之罗陂，黄磜之茶峒、三岔等地。

■ 许姓

原籍颍川（今河南许昌）。西晋时迁徙到江西省豫章（今南昌市），齐武帝永明元年（483 年），移镇江右袁州（今江西宜春），明洪武四年（1371 年）自江西吉安府吉水县入粤居河源槎江，后复相土于大席乡里墩头，靠撑渡挣钱度日，清初，析居马头许层坝垦荒建业。

■ 刘姓

原籍河北省定州唐县。夏朝时迁徙到陕西，周郝王时辗转至江苏省沛县，魏咸熙元年（264 年）东迁洛阳。自“五胡乱华”时迁居于江南。唐僖宗乾符间因黄巢叛乱，海内骚然，居民流离转徙，充官避居福建汀州府之石壁洞。宋景炎年间入梅岭至南雄府始兴县，后迁入嘉应州（今梅县）。明洪武年间迁于阳山。万历年间再从阳山迁入广州府之增城，再由增城析居新丰沙田金青河峒，马头张田坑，石角桐木山等地。

■ 廖姓

祖籍河南汝南（今上蔡县）。晋武帝咸宁二年（276 年）移居洛阳。自“五胡乱华”时由洛阳迁入浙江省松阳县顺义乡诚信里。唐贞观年间迁徙到江西虔化石泥排立梓。唐末因避灾祸而迁至福建建宁县石壁寨。宋景炎二年（1277 年）元兵破汀关，辗转流离由长汀、上杭、永宁而进入广东翁源磜下。明嘉靖年间迁入新丰黄磜梅子坪，析居黄磜之营盘、梅溪，沙田缠良大竹园、天中等地。

■ 伍姓

祖籍湖北省丹阳。自“五胡乱华”而南迁，隐居于武陵桃源县，唐乾符年间从武陵迁江西省豫章吉安安福县，五代时迁入河南开封府归德州杞县。宋徽宗政和年间，因金狄兵乱，弃官省父避难广州府番禺县河南下渡村卜居。宋开禧元年（1205 年）因“胡妃之乱”而迁入龙门县长沙乡棱角塘木屋围。宋景炎二年（1277 年）因元兵扰乱而迁徙到南雄府始兴县牛田坑十四周珠玑村。明正德年间由念二郎迁入新丰松园万寿围，析居丰城东瓜坑；念四郎迁小溪岭头芙蓉阁伍层围（今回龙镇回龙村）。

■ 林姓

原籍河北省安平县。秦时迁山东济南，汉代徙江苏下邳，西晋永嘉五年（311 年），由于外族入侵而由江西旋复沿太湖流域迁入福建汀州，明洪武年间迁到新丰遥田大埔，析居黄礤、茶峒、马头大陂、板岭下、石角罗陂等地。

■ 温姓

原籍山西太原。继移汲郡至河南清河，东晋五胡乱华定居江西省南昌，唐末黄巢之乱，避难于福建省宁化，宋景炎二年（1277年）因元兵扰乱而经长汀入上杭，元末明初由上杭徙入广东兴宁，咸化年间迁河源，嘉靖年间迁入新丰马头船潭镇，析居丰城龙江、遥田长安等地。

■ 龙姓

原籍湖北武陵。汉代迁入蜀中之地，并再由蜀中南迁贵州西阳城东龙家山。晋怀帝永嘉五年（311年），因北方战乱大举南迁湖南洞庭湖流域，再由湖南尚沿鄱阳湖流域及赣江迁赣南，后迁入福建省宁化县。宋景炎二年（1277年）元兵破汀关，辗转流离由长汀、上杭进入广东惠州府长宁县（今新丰县）沙田善坑。明嘉靖年间迁入沙田下埔，析居马头板岭下、羌坑等地。

■ 胡姓

祖籍河南省淮南县。汉高祖时迁至宁夏安定胡家坊，南朝宋初年迁江西省豫章奉新县华林，宋建隆三年（962年）迁庐陵（今吉安），建炎三年（1129年）因北方金兵入侵，避难迁入福建长汀县胡家坊。元英宗至治元年（1321年）再由长汀县湖家坊迁至永定县金丰里。明洪武元年（1368年）迁入上坑溪南里乾河头老虎坑官塘西。明天顺元年（1457年）入粤迁至广东省惠州府龙川县铁龙村居住半年后，迁移江西省赣州龙南县高沙堡曾高堂。嘉靖年间迁入惠州府长宁县（今新丰县）遥田埔头甲大马榕树下。析居回龙鸡岭、井塘、沙田乌石、小正司前、梅坑长坪、丰城龙围、黄陂，马头福水等地。

■ 冯姓

祖籍冯城（今河南荥阳县西）。西汉文帝时迁居安陵（今陕西咸阳兴平县槐县）。东晋十六国时迁北平，南北朝宋文帝元嘉十三年（436年）由北平陇城南迁广东番禺。唐玄宗时迁高州（今广东高州市东北），唐末因避黄巢之乱而迁至福建省宁化县石壁寨。宋末元初迁汀州上杭溪南里。明万历年间从福建汀州迁广东英德横石水，明崇祯年间迁居长宁县小溪约（今新丰县回龙镇）皮村（今塘村、新村）。析居回龙的古塘凹下、丰城的岳城及梅坑的梅东等地。

■ 叶姓

原籍河南省叶县南旧城。东汉献帝建安二年（197年）渡江迁居丹阳（今安徽当涂县东北）。三国魏甘露二年（257年）迁入浙江省杭州府钱塘。西晋建兴年间迁居福建省建宁府建安县，后迁河南新安。北宋治平四年（1067年）迁湖州（今属浙江），后迁江苏省苏州府，南宋绍兴二十七年（1157年）迁河南省开封府，咸淳年间复迁福建，后因元兵扰乱，于南宋德祐二年（1276年）流离至广东省梅州曾井，景炎二年（1277年），为避兵乱而迁南雄府保昌县，后因元兵入梅岭，而辗转流离到惠州府淡水村升华寺金带街。明永乐年间迁入惠州府长宁县（今新丰县）下富乡桐梓园岭头村（今沙田叶屋大围），析居沙田下埔，遥田新岭背，回龙鸡岭、锁峒，黄磜秋洞、雪峒等地。

■ 江姓

祖籍河南正阳。后迁至淮阳、杞县、济南考城。唐初入闽，居漳州。宋咸淳年间迁江西省都昌，后由江西省迁福建省宁化县石壁村。宋景炎二年（1277 年），因元兵破汀关而入粤迁博罗石湾，分二支进入新丰境内：一支由博罗迁入河源城，再由河源迁入马头张田坑，析居乌石岗、秀田等地；另一支从博罗迁入遥田半陂，析居回龙楼下、遥田茶西、梅坑梅南，丰城龙文等地。

■ 赵姓

祖籍山西洪洞县北赵城。战国时迁陇西天水县（今甘肃天水县西南），汉高祖十一年（公元前 196 年）迁邯郸，东汉末年迁江东。唐高宗总章年间入闽开基漳州，五代南汉时举家入粤迁南海番禺（今广州市），五代末迁河南开封。宋元兵攻陷杭州时，赵若和奉幼帝迁于崖山（今广东新会县崖南），再由崖山移居福建漳浦银坑，明洪武初迁江西上饶，洪武十八年（1385 年）迁入新丰马头军屯。

■ 钟姓

祖籍安徽省凤阳县。楚汉之争时搬迁到河南颍川（今许昌市），西晋末渡江居建康（今江苏南京），浙江绍兴，南朝梁永嘉年间因避侯景之难迁居南康赣县（今江西赣州市）。唐初迁福建漳州，宋咸淳年间迁宁化县石壁村，宋景炎年间迁入南雄府始兴县牛田坊十四围珠玑村。明嘉靖年间迁入南雄府始兴县牛田坊十四通八围珠玑村。明嘉靖年间迁到长宁县（今新丰县）遥田大埔，析居梅坑长江黄坭塘、雪峒、梅溪，丰城横坑、回龙、马头等地。

三、始兴县

始兴县也是纯客县之一。始兴县总人口为 25 万，客家人占 95%，有 23.75 万，另外占人口 4% 左右的畲族人（雷姓、蓝姓等）原为客家人，20 世纪 80 年代才改为畲族。[①] 从邑境出土新石器时期文物证实，6000 年以前就有先民在境内生息繁衍。但先民后裔是否仍居境内，无可稽考。据各姓谱牒记载，由汉至明，因中原发生多次战乱，各姓祖先为避战祸，曾数次南迁。现在始兴县的客家人大部分是明初由福建瓦子街迁来的，也有少量客家人是从江西迁来。始兴县历史上也是客家人迁居粤北的集散地，现南雄、仁化的客家人就是先到始兴县定居，而后分迁的。始兴县县内客家民居建筑围楼和围屋星罗密布，有著名的隘子客家大围（国家级历史保护文

① 参见《始兴县志》，广东人民出版社 1997 年版。

物）和东湖坪客家大围。始兴县人才辈出，世界客家名人、北伐抗日名将张发奎就是始兴隘子镇彩岭村人。

据县志记载，至民国15年（1926年），已有陈、李、邓、卢等88姓。1949年后，前来经商、做工和服务及党政军界者，来自五湖四海，姓氏由83姓增至107姓，35638户，212279人（不含县机关厂场），其中以陈姓最多，3299户，18915人；蒙姓最小，1户，4人。①

始兴主要客家姓氏户口和人口情况

陈姓：3299户，18915人	钟姓：1151户，6580人	李姓：3094户，17566人
黄姓：1081户，6379人	邓姓：1681户，9670人	赖姓：947户，5395人
卢姓：1213户，6843人	林姓：821户，4756人	朱姓：757户，4311人
潘姓：27户，169人	王姓：551户，3148人	肖姓：406户，2314人
邱姓：441户，2537人	徐姓：392户，2234人	刘姓：3259户，18480人
罗姓：252户，1441人	张姓：2829户，16098人	郭姓：213户，1282人
曾姓：1364户，7783人	凌姓：206户，1174人	何姓：1178户，6648人
杨姓：189户，997人	官姓：1001户，6594人	梁姓：172户，979人
华姓：1037户，5902人	周姓：165户，950人	谢姓：890户，5028人
彭姓：165户，950人	谭姓：791户，3921人	吴姓：572户，3251人
聂姓：519户，2980人	严姓：111户，630人	沈姓：425户，2423人
胡姓：105户，605人	饶姓：421户，2418人	汤姓：86户，420人
赵姓：74户，424人	伍姓：132户，690人	魏姓：295户，1681人
涂姓：66户，341人	邹姓：242户，1346人	欧姓：72户，412人
廖姓：213户，1226人	应姓：61户，348人	杜姓：194户，1105人
游姓：58户，329人	莫姓：180户，1026人	孔姓：44户，264人
夏姓：164户，928人	余姓：40户，225人	郑姓：151户，879人
麦姓：34户，187人	温姓：147户，817人	高姓：34户，154人
易姓：124户，706人	池姓：26户，103人	龚姓：116户，703人
陆姓：23户，125人	叶姓：108户，615人	万姓：20户，122人
冯姓：102户，570人	吕姓：18户，102人	唐姓：83户，472人
熊姓：17户，97人	许姓：67户，388人	江姓：18户，97人
傅姓：64户，385人	宋姓：8户，56人	邵姓：63户，383人
邝姓：8户，42人	蔡姓：56户，304人	裴姓：7户，33人
苏姓：48户，288人	马姓：7户，39人	曹姓：56户，319人
侯姓：6户，36人	田姓：38户，188人	刁姓：3户，13人

① 参见《始兴县志》，广东人民出版社1997年版。

戴姓：34 户，178 人	段姓：2 户，12 人	骆姓：2 户，7 人
龙姓：7 户，36 人	泮姓：3 户，14 人	孙姓：6 户，34 人
阮姓：1 户，10 人	甄姓：1 户，4 人	方姓：3 户，14 人
颜姓：1 户，5 人	韦姓：2 户，9 人	韩姓，1 户，6 人
关姓：2 户，10 人	蒙姓：1 户，4 人	匡姓：2 户，14 人
范姓：23 户，129 人	炼姓：3 户，15 人	晁姓：19 户，114 人
映姓：3 户，15 人	阙姓：17 户，102 人	毛姓：2 户，9 人
石姓：16 户，82 人	宁姓：1 户，7 人	袁姓：13 户，65 人
黎姓：4 户，13 人		

始兴客家人姓氏主要分布如下：

▩ 陈姓

陈姓是始兴第一大姓，过去有“陈半县，李半衙”之说，言及其人口之多，影响之大。一支顿岗祠（原为顿纲）陈姓，始迁祖为陈远五，于明景泰二年（1451年）从福建省上杭县曾坑寨背迁来始兴落户，至今已有二十几代，后裔分居在顿岗镇的千家营、水晶寨、净花村、围下、顿岗墟、坪岗、东流坝、竹头下、东南岭、贤兴、岭下、龙凤壁、冠佩等村，由于子孙繁衍，又大量外迁，据不完全统计，迁往四川省95 户，迁往江西省的70 户，迁往湖广（湖南、湖北）的有16 户，迁往广西的有13 户，迁往陕西的有5 户，迁往南洋的有4 户，迁往贵州的有2 户，迁往福建的有1 户，迁往本省其他各县的还有32 户，另有176 户后裔迁出地点不明。一支为外营祠陈姓，始迁祖为陈文珊，于明洪武年间从福建省上杭县瓦子街迁入始兴顿岗下坊开基，子孙分居始兴全县，其后裔于明嘉靖年间分迁南雄。一支为笃庆堂陈姓，始迁祖陈明达（仁盛公）于明洪武末年（1398 年）从江西省全南县�竹中寨迁入始兴县城老陈屋，后裔分布在全县，明嘉靖年间分迁南雄。

江口乡：唐家村、江口街、上半陂水、榴洞。

马市镇：官桥、马子墟、井水窝。

太平镇：城内、下凤山、塘背、东门、上围街、嘉街、高桥坑、十字街、寮背坑、多傣堂、望楼下、小神江。

深渡水瑶族乡：横岭、长梅。

都亨乡：横龙、瑶背、河背、田山、大连坝、大岭头。

隘子镇：风度、湖湾、坪丰。

花山乡：兴仁里、下增光、老泥墩。兴仁里陈姓也是望族，据陈氏族谱所记，其远祖欧仰公于明正德年间携妻黄氏夫人举家从福建瓦子街“宦游来粤”。初居沈所营头村，其后裔道范公在兴仁里建村立基。

罗坝镇：南城坑、瑶前、老围、贺坪、兴和、鹿湖、岭一、岭二、象山下、上岗。

城南乡：新村、良坝、胆源、皇宜嵩。

沈所乡：岭头、天马山、外营、独丰、沈南、群星。

司前镇：河口。

澄江镇：方洞。

■ 李姓

始兴李姓均为福建李火德公的后裔，也是始兴的大姓望族，所谓“陈半县，李半衙”，也可以想见李姓当年在始兴影响之大。李姓分布在全县各乡镇。一支于明初从福建省迁来，始迁祖为崇麟、崇兴、崇德三兄弟；一支明初从惠州兴宁迁入始迁祖为贵公，先到风波营，后又携子李昱、李赞移居，后裔分迁连州、广西、江西和四川等地；一支为石下李氏，也是明朝时迁入。

江口乡：江口街、榕树村、炮厂、新屋、竹园顶、云绕村、花元龙。

北山乡：旱仲、卷垇、石围、上武江、门前岭、石街头、武江岭、新屋场。

太平镇：上围街、垇塘水、纱帽岗、塘下、黄竹垇。

刘家山：罗竹坝。

都亨乡：毛围、细岭头、横铺街。

隘子镇：五星、五一、联丰、石井。

花山乡：含秀村、李屋坝、严家湾。

罗坝镇：下塘、水城、角田。

顿岗镇：寨头。

城南乡：大井头、罗所。

沈所乡：沈南、沈北、石下、石子下、铜锣岭、饭箩石。

马市镇：马子墟、官桥、大塘尾、高水坪、庙背坑、都塘、远迳、涝洲水、陂田谷、陆源。

澄江镇：善享、澄江村。

司前镇：河口、月武、司前街、黄沙、江草。

■ 张姓

张姓也是始兴的望族之一，明初由福建省上杭县瓦子巷迁来始兴，近代著名的北伐、抗日名将，世界客家恳亲大会的发起者、北伐抗日名将张发奎便是始兴隘子的张氏族人。其先祖，君政公二十五世孙受宁公明初由福建省上杭县迁至始兴县清化乡彩岭村开基。

江口乡：马眼、水口、长江墟、总铺。

北山乡：里什地。

太平镇：茶头垇、校场下、上围街、山塘头、老黄塘、张天五、城内。

刘家山：乌石坑、柑梓园、上嵩、下嵩。

深渡水乡：陶里湾、坪田、勒竹坝。
都亨乡：都亨墟。
隘子镇：矮岭、石井、湖湾、坪丰、联丰、桂山石头塘。
顿岗镇：周所、宝溪、东流坝、石坪、总村、高车、寨头。
城南乡：周所墟、皇宜嵩、沙洲村、瑶前。
沈所乡：沈南、沈北。
司前镇：月武、河口、桃村坝。
澄江镇：善亨、澄江、暖田村。
马市镇：陆源、岭头、官桥、鹅井、沿溪、赤谷、苇麻石、江喘、晏塘。

■ 刘姓

明天顺二年（1458 年）刘氏巨州公之长子靖一公由福建省上杭县瓦子街迁南雄，成化十二年（1476 年）其子盛公又迁至始兴县西门鸭婆塘，明天顺年间刘氏巨州公之子时俊公（四九郎）从江西南安迁新安县，后又迁至始兴县溯源霖头，二支刘氏后裔分居全县各地。

江口乡：唐家村、上江口、水南、江口街、马眼、上台、花元龙。
太平镇：禾场头、狮石下、茅坪、上围街、斜潭、下乌石、上营。
刘家山：冷水坑、罗竹坝、柑梓园、上营、上下嵩。
深渡水瑶族乡：横岭、长梅、深渡水。
都亨乡：大围、龙口围、塘头下。
隘子镇：石井、满堂。
花山乡：刘屋岭、刘屋坝。
罗坝镇：淋头、上岗、寨下、兴和。
顿岗镇：大夫村、塘肚、塘下、吉龙湾、仙水塘、留田、总村。
城南乡：河口、杨公岭、刘镇营、枧头、良坝。
沈所乡：群星、群胜、沈南、围溪。
司前镇：下窝、司前街、月武、河口。
澄江镇：暖田、澄江村、善亨、谭坑、下窑、铁寨、方洞。
马市镇：塘角、棠梨坑、黄田、陂田、涝洲水、赤谷。

■ 邓姓

江口乡：江口街、云绕村、长江墟、北山观茶。
太平镇：低坝、禾场头、上围街、老黄塘、大坝俚、瑶村。
刘家山：河渡、上营。
顿岗镇：冠佩、岭下。
城南乡：牛头陂、罗所、良坝。
沈所乡：沈南、沈北、石下、外营、独丰、群星、群胜。

澄江镇：暖田、谭坑、铁寨。

马市镇：黄田、棠梨坑、都安水、都塘铺、侯陂、文路。

■ 卢姓

江口乡：半陂水、江口街、大水坝。

太平镇：乌石、县城。

深渡水瑶族乡：长眉。

隘子镇：联丰、坪丰。

花山乡：河坑、澄坑、花山、大岭下、矮岗头、罗陂、新农村。

城南乡：胆源。

马市镇：陂田、都安水、棠梨坑、官桥、赤谷、涝洲水、侯陂、都塘铺、远迳、马子墟。

顿岗镇：丰田。

■ 曾姓

曾姓得姓于山东，始盛于山东，西汉末年，王莽当政，关内侯曾据率族人2000多人从山东省迁至江西庐陵（吉安）吉阳乡，曾据为江西省曾姓开基始祖，也是江西、福建、广东、广西和台湾等地曾氏汉人的始迁祖。30代后，鲁国公曾惇因兵荒马乱，于宋政和二年（1112年）由江西南丰迁福建省宁化石壁村。曾惇生子仲辉，辉生子桢孙、佑孙，因宋元兵扰，不能安居，佑孙（字志诚）携广清、广渊、广新等六子由宁化迁至长乐县（五华县）高竹园（今华城万子）。现居住在五华、梅县、兴宁、平远、丰顺、新丰、龙川、河源、和平、惠州、广州等地的曾姓子孙，大都是佑孙的后裔。

曾姓过去是始兴县的望族，以东湖坪为代表，东湖坪的曾氏过去是“钱王”，所谓“东湖坪个钱王，总铺个谷王，沈所个祠堂，石下个屋场，新村个鱼塘，杨公岭个禾场，天下美名扬”。据族谱记载，曾氏第57代孙仲清公、仲仁公和第58代孙法海公、法雄公叔侄四人在明正统年间由广东省嘉应州镇平县（现梅州市蕉岭县）迁徙至始兴东湖坪定居。至清初，盛极一时，法海公后裔国柱公在上窑背建起一座九栋十八厅的大围屋。现已成为旅游点，向游客开放。

江口乡：马眼。

太平镇：东湖坪、茶头并、斜潭、天子地、水云楼街。

刘家山：上嵩。

隘子镇：联丰、湖湾。

罗坝镇：象山下、禾湾、孔坝、角田。

顿岗镇：高车、下寨、坪岗。

城南乡：新村。

沈所乡：独丰、外营、围溪、石背。

澄江镇：澄江村。

司前镇：月武、河口、黄沙。

马市镇：远迳、赤谷。

■ 钟姓

江口乡：小江坝。

北山乡：川龙夫、泥并。

太平镇：太平墟、石俚坝、长坑、嘉街、宝丰、水云楼、莲子头、东湖。

刘家山：上嵩。

深渡水：横岭。

都亨乡：桃子龙。

花山乡：南坑。

罗坝镇：东富村、白马湾。

顿岗镇：寨头、东流坝、顿岗墟。

城南乡：澄陂、石桥头、牛头陂、中镇、胆源、罗所、良坝。

沈所乡：围溪、上石、石下。

澄江镇：铁寨、马岗、下窑、暖田。

马市镇：黄田、高水、长应头、泥并。

■ 何姓

江口乡：上江口、下江口、水南、水口、长江墟。

北山乡：官坑水。

太平镇：澄坪、老黄塘、上围街、太平墟。

刘家山：上嵩、上营、柑梓园。

深渡水瑶族乡：黄土山、合水。

都亨乡：横铺街、外三。

隘子镇：石井、何屋水。

花山乡：黄所。

罗坝镇：贺坪、老围、象山下。

顿岗镇：大夫村、佛祖。

城南乡：新村、胆源、牛头陂、前山。

沈所乡：五栋屋、石下、土陂、沈北、群星。

澄江镇：大油草、铁寨、方洞、澄江村。

马市镇：棠梨坑、陆源、锡塘。

■ 华姓

华姓的始迁祖是受宗公，明正统年间从福建省汀州府上杭县白沙里迁至翁源县北门，后又迁至始兴县小溪，分布在全县。

顿岗镇：沙洲陂、宝溪、横段。

隘子镇：井下、白石下、麻地坑、联丰、坪头墩、五星。

太平镇：太平墟。

都亨乡：和平。

马市镇：黄田。

■ 赖姓

江口乡：唐家村、江口街、马眼、上台。

太平镇：罗围、纱帽岗、许堂、嘉街。

刘家山：河渡、河口山。

深渡水瑶族乡：横岭、深渡水。

花山乡：樟坪。

罗坝镇：角田。

顿岗镇：顿岗墟。

城南乡：前山。

沈所乡：群星、独丰。

澄江镇：澄江村。

马市镇：柴塘、高水坪、鹅井、都塘、陂田、赤谷、岭头、棠梨坑。

■ 官姓

官姓于明正统三年（1438 年）由福建省上杭县胜云里第一图迁出，老大千一郎迁至翁源龙仙，老二千二郎和父母官五郎夫妇迁至始兴隘子，其子孙主要分布在隘子镇，千三郎迁入仁化县南木罗洞，千四郎、千五郎迁向不明，千六郎迁湖南宜章县长宁乡十四都，千七郎迁英德县青塘。

清道光十三年（1833 年）至咸丰十年（1860 年），千二郎后裔官乾荣父子三人在满堂建起三座大围，合称满堂大围。满堂大围占地面积 13544.96 平方米，高大雄伟，气势非凡，现为国家重点保护文物，叶选平为其题写“满堂客家大围”，现满堂客家大围已开发为旅游景点。

隘子镇：满堂、五一、湖湾、圳下、田心、联丰、坪丰、五星、沙桥、冷洞。

太平镇：禾场头、上围街、太平墟。

司前镇：月武、黄沙、河口。

■ 黄姓

江口乡：唐家村、江口街、高基岭。

太平镇：城内、上围街、东门、禾场头、赤土岭。

隘子镇：联丰。

深渡水瑶族乡：横岭、长梅、深渡水。

都亨乡：墨坑、都亨墟、上坪、新老屋。

花山乡：黄所、含秀村、黄坑。

顿岗镇：石坪、总村。

城南乡：罗所、南塘。

沈所乡：沈南、沈北、群胜。

司前镇：黄沙、江草、

澄江镇：善享、谭坑、澄江村。

马市镇：黄田、都安水、陆源。

■ 林姓

始兴县林氏开基祖为林宗泰，林宗泰为福建省武平九牧堂世系第二十二世孙，也即是林氏第八十四世孙，他于1455年迁入始兴县上台，后裔分居全县，也有移居仁化和南雄等地。

太平镇：上围街、太平墟。

都亭乡：桃源、都亨墟。

花山乡：寨俚下。

罗坝镇：寨下。

顿岗镇：斗塘、高车、佛祖坰。

城南乡：前山、澄陂、胆源。

江口乡：马眼、上台、竹园顶、江口街、半陂水。

隘子镇：冷洞。

司前镇：

马市镇：赤谷、都塘铺、塘角、高水坪。

■ 谢姓

北山乡：观茶。

太平镇：上营、上围街、县城。

刘家山：龙尾、罗竹坝。

深渡水瑶族乡：坪田。

花山乡：南坑、茶便、贵子岭。

罗坝镇：角田。

顿岗镇：大夫村、净花村。

城南乡：大井头。

沈所乡：围溪。

隘子镇：联丰、湖湾。

澄江镇：暖田、谭坑、澄江村。

马市镇：塘角、都塘铺。

■ 朱姓

江口乡：竹园顶、总铺、长江墟、龙占。

北山乡：杨梅仲、武岗、大坑。

太平镇：乌石、上围街、九江坑、斜潭。

刘家山：河渡。

都亨乡：都亨墟。

罗坝镇：角田。

城南乡：罗所、增洞迳。

顿岗镇：周所、宝溪。

澄江镇：暖田。

马市镇：安水、鹅井。

■ 谭姓

江口乡：小江坝、朱公岭。

太平镇：县城。

深渡水：横岭。

都亨乡：油珠坪、官坪、张都亨。

城南乡：大井头、罗所。

沈所乡：独丰、围溪。

澄江乡：梅坑、大油草、谭坑、暖水。

马市镇：侯陂。

■ 王姓

始兴王氏以王涤为始祖，涤生八子，其裔孙先后自明成祖永乐十五年（1417年）至明宪宗成化七年（1471年），分别由福建上杭、武平和江西新淦迁始兴县之下湾、下嵩、高营、清化、罗陂、千家营、湖芳、小溪、黄腾迳、下窖等地，立祠千家营，数代后于明嘉靖至清初陆续分迁南雄和各地。

刘家山：下嵩。

深渡水：横岭、长梅、合水。

花山乡：澄坑、九莲塘、罗陂。

顿岗镇：千家营、围下、石坪、宝溪。

城南乡：胆源、沙洲村、罗所、胡芳、周所墟、中镇。

马市镇：柴塘、坜坪、老虎板。

隘子镇：隘子街、联丰。

■ 吴姓

渤海堂，始迁祖为侃公，字守真，福建省上杭县瓦子街人，宋朝理宗宝庆二年（1226年）任南雄州别驾，任满后定居始兴。

隘子镇：风度、石井。
江口乡：上江口、竹园顶。
太平镇：东门、茶头并、禾场头、上营。
都亨乡：桃源、和平。
花山乡：黄所、樟坪、中间岭、冯屋龙。
城南乡：大井头、杨公岭、新塘下、罗所。
澄江镇：碗厂。
马市镇：马虎板。

■ 聂姓

刘家山：画眉岭、山下、热水塘。
城南乡：新村、溜并、皇宜嵩、沙坪、胆源。
澄江镇：澄江村。

■ 沈姓

太平镇：赤土岭、县城。
顿岗镇：总村。
马市镇：远迳、柴塘、塘角。

■ 邱姓

江口乡：竹园顶、上江口。
深渡水：禾花塘、锅洞、冷水迳、深渡水。
花山乡：罗陂、花山。
城南乡：大坑山。
沈所乡：土陂、石背。
澄江镇：铁寨。
马市镇：侯陂、坜坪。

■ 肖姓

太平镇：十字街、白石坪、斜潭。
深渡水：横岭。
罗坝镇：淋头。
顿岗镇：围下。
城南乡：大井头、罗所、胆源。
马市镇：都塘、沿溪。
沈所乡：独丰。
隘子镇：坪丰。

■ 徐姓

江口乡：马眼。

太平镇：乌石、上围街、板行街、宝丰、马子墟、瑶村。

隘子镇：五一。

顿岗镇：寨头、下果、石坪。

城南乡：南塘、果村、水田坝。

罗坝镇：象山下。

■ 魏姓

江口乡：水南、古坑、苦竹湾、长江墟、塘头下。

太平镇：天子地、长坑。

花山乡：太坪、花山。

沈所乡：沈南、石背。

隘子镇：湖湾。

■ 罗姓

江口乡：马眼、岩背。

太平镇：纱帽岗、禾场头。

花山乡：花山。

罗坝镇：东二。

顿岗镇：宝溪、高车。

马市镇：官桥、都塘。

隘子镇：五星。

■ 饶姓

饶氏四十五世祖元亮公为长江以南饶氏太始祖。六十六世祖万兴公于明正统初年（1436 年）由福建省龙岩迁始兴黄田，九年后定居总铺营下，旻禄公于明景泰元年（1450 年）由福建省上杭县迁始兴水口，均义公于明景泰二年（1451 年）由福建省武平迁始兴溯源东山水。后裔分布在始兴、南雄、曲江、仁化、江西省赣州、赣县、南康、大余、信丰、崇义、全南以及广西、四川、湖南、贵州、云南等地，共有三万多人。

江口乡：上江口、下江口、唐家村、高基岭、水口、江口街、榕树村、小地、流洞。

太平镇：高营、上围街、西门、吉马东。

顿岗镇：犁头嘴。

沈所乡：独丰。

澄江镇：善亨。

罗坝镇：上岗下迳。

■ 杜姓

太平镇：太平墟。

隘子镇：坪丰、五一、沙桥、石井。

■ 邹姓

司前镇：温下、黄沙。

隘子镇：冷洞。

马市镇：柴塘。

江口乡：河北村。

罗坝镇：上岗、罗坝墟。

■ 郭姓

顿岗镇：总村。

沈所乡：沈北。

马市镇：远迳、高水坪、都安水。

■ 梁姓

太平镇：许堂、塘背。

花山乡：黄所。

城南乡：水村、罗所。

沈所乡：沈北、石背。

马市镇：太塘尾。

顿岗镇：寨头。

■ 凌姓

太平镇：狮石下、白石坪。

沈所乡：石背、杨柳水、群胜。

■ 彭姓

太平镇：田寮下、县城。

马市镇：鹅井。

花山乡：上增光。

■ 易姓

太平镇：县城。

马市镇：高水坪、黄田。

■ 郑姓

江口乡：马眼、火烧园、上台。

太平镇：车头坪、长坑。

城南乡：良坝。

花山乡：花山。

■ 伍姓

花山乡：呈坑、侧凤、花山。

■ 廖姓

顿岗镇：下禾场。

刘家山：田心。

澄江镇：善亨。

都亨乡：和平。

■ 叶姓

顿岗镇：总村、东流坝、石坪。

太平镇：马荠塘、上围街。

马市镇：沿溪、马子墟。

■ 龚姓

马市镇：雉鸡坪。

■ 杨姓

太平镇：城内、东门、高营、斜潭、上围街。

刘家山：罗竹坝。

隘子镇：隘子街。

花山乡：曾公坑。

罗坝镇：角田。

马市镇：马子墟。

司前镇：月武、盘坑。

■ 周姓

北山乡：花盘。

太平镇：大塘（当吊排）。

顿岗镇：米珠石。

城南乡：罗所。

马市镇：黄田、马子墟。

■ 莫姓

江口乡：唐家村、苦竹湾。

北山乡：牛尾仲、黄沙、下村。

太平镇：瑶村、宝丰、县城。

隘子镇：联丰。

■ 夏姓

太平镇：兴隆、瑶村。

沈所乡：石背。

■ 严姓

司前镇：河口。

隘子镇：矮岭。

马市镇：黄田。

■ 胡姓

太平镇：十字街。

城南乡：胆源。

沈所乡：沈北。

马市镇：鹅井、晏塘。

■ 汤姓

罗坝镇：象山下。

顿岗镇：石坪。

马市镇：侯陂、马市街。

■ 涂姓（从翁源县迁来）

都亨乡：三丘田。

■ 欧姓

城南乡：新村、胆源。

北山乡：武岗、南木洞。

江口乡：马眼。

马市镇：马市街。

■ 曹姓

太平镇：东湖坪、县城。

城南乡：良坝。

■ 冯姓

江口乡：马眼。

沈所乡：沈北、群星。

马市镇：鹅井、江喘。

■ 赵姓

太平镇：旱溪水。

■ 应姓

罗坝镇：小安。

■ 许姓

司前镇：月武。

■ 傅姓

马市镇：管湖。

刘家山：店背。

马市镇：棠梨坑。

■ 田姓

司前镇：月武、河口。

■ 唐姓

太平镇：老黄塘、狮石下。

■ 孔姓

沈所乡：沈北。

江口乡：下江口、唐家村、江口街。

■ 蔡姓

马市镇：鹅井。

司前镇：河二村。

隘子镇：隘子街。

■ 余姓

沈所乡：沈北、围溪。

隘子镇：石井、瑶族。

■ 麦姓

城南乡：罗所。

沈所乡：沈南、沈北、群星、群胜。

■ 戴姓

太平镇：城内、心田。

深渡水：深渡水。

■ 高姓

太平镇：呈坪。

马市镇：马子墟。

■ 陆姓

沈姓乡：粪箕窝。

■ 池姓

都亨乡：黄竹坑。

■ 温姓

太平镇：低坝。

江口乡：小江坝。

罗坝镇：象山下。

司前镇：温屋。

隘子镇：隘子街。

■ 阙姓

太平镇：斜潭。

■ 万姓

太平镇：天子池。

■ 熊姓

花山乡：杰井。

■ 石姓

马市镇：棠梨坑。

太平镇：县城。

■ 潘姓

花山乡：黄所。

江口所：榕树村、花园龙。

隘子镇：隘子街。

■ 吕姓

沈所乡：群星。

马市镇：侯陂、龙源水、碓耳垇。

■ 范姓

深渡水瑶族乡：合水。

罗坝镇：上岗。

马市镇：马子墟。

隘子镇：隘子街。

■ 裴姓

顿岗镇：周所。

■ 龙姓

马市镇：马子墟。

太平镇：县城。

顿岗镇：顿岗墟。

■ 游姓

马市镇：新桥。

司前镇：河洞、江草。

隘子镇：建国。

顿岗镇：上寨。

■ 马姓

罗坝镇：角口。

■ 侯姓

江口乡：江口街。

■ 刁姓

太平镇：县城。

■ 黎姓

马市镇：马子墟、碓耳坳。

■ 袁姓

城南乡：大井头、罗所。

马市镇：马子墟。

■ 甄姓

马市镇：马子墟。

■ 毛姓

马市镇：马子墟。

隘子镇：隘子街。

■ 炼姓

城南乡：胆源。

■ 宋姓

马市镇：沿溪。

■ 孙姓

太平镇：县城。

■ 阮姓

太平镇：十字街。

■ 映姓

太平镇：县城。

■ 韦姓

太平镇：县城。

■ 颜姓

太平镇：县城。

■ 关姓

太平镇：县城。

■ 宁姓

太平镇：县城。

■ 段姓

太平镇：县城。

■ 骆姓

太平镇：县城。

■ 匡姓

太平镇：县城。

■ 韩姓

太平镇：县城。

■ 蒙姓（从仁化县迁来）

隘子镇：隘子街。

■ 方姓

太平镇：县城。

四、曲江区

曲江区原为曲江县，区政府所在地旧时为韶关，现为马坝镇，全区现有人口31万，客家人占80%，为25万左右，[①] 本地人几乎全部是客家人，分布在城关和所有乡镇，境内有韶关钢铁厂，其职工将近一半是客家人，所以可以说曲江县也是纯客县。曲江区客家人大多称在明朝初年来自福建省上杭县瓦子街（又称瓦子巷）。曲江区现有姓氏380多个。

曲江主要姓氏录（按笔画排序）

丁　刁　于　土　万　山　门　卫　女　马　丰　王　韦　云　木　支

车　戈　区　贝　牛　毛　农　仇　卞　文　方　尹　邓　孔　左　石

龙　卡　卢　叶　申　田　史　付　丛　白　包　宁　冯　司徒　皮

边　邢　吉　成　匡　尧　扬　曲　朱　先　竹　伟　伍　任　伦　华

伊　向　全　危　邬　庄　刘　齐　亦　闭　关　米　江　汤　池　决

安　祁　许　毕　阮　阳　牟　孙　纪　麦　芮　严　劳　苏　杜　巫

芳　杨　李　坛　坞　甫　连　扶　步　肖　呈　吴　时　旷　围　岑

利　邱　何　佐　余　佘　谷　犹　狄　邹　应　闵　冻　冷　汪　沙

沈　宋　补　张　陈　奉　邵　武　幸　苟　茆　苞　范　林　杭　画

郏　轮　欧　欧阳　招　卓　具　明　易　罗　岩　尚　季　竺　岳

周　金　乳　庞　庚　郑　单　冼　宗　官　房　视　屈　孟　练　沓

封　赵　郝　带　荣　胡　南　项　柯　查　柏　茹　柳　树　毡　钟

秋　段　保　侯　俞　盆　施　奕　闻　姜　柒　祖　神　祝　费　胥

院　姚　贺　绕　骆　秦　班　敖　袁　都　耿　聂　莫　栗　贾　夏

顾　柴　晁　晏　钱　铁　倪　徐　殷　翁　高　郭　席　唐　凌　资

---

① 参见《曲江县志》，中华书局1999年版。

海　涂　宾　容　陶　姬　桑　黄　菜　菅　营　萧[1]　曹　梅　戚
龚　盛　雪　常　崔　犁　符　盘　麻　庾　康　鹿　章　阎　鸿　渠
深　梁　寇　谌　屠　隋　巢　琴　彭　蒋　葛　董　敬　韩　辜　葵
植　惠　覃　粟　揭　景　喻　程　傅[2]　焦　储　舒　番　释　鲁　童
曾　湛　湖　温　游　富　禇　谢　谦　蓝　蒯　蒲　蒙　楚　楼　赖
甄　雷　裘　虞　睦　路　简　腾　詹　鲍　阙　慈　满　谬　蔡　裴
管　貌　鲜　廖　韶　谭　熊　翟　缪　蕉　蕲　樊　增　黎　颜　潭
禤　薛　霍　冀　穆　儒　戴　鞠　藏　魏　瞿　藩

1987年，本区各乡镇姓氏调查资料中区中县公安局身份证办公室姓氏资料表明，人口在4000人以上的十大姓排列顺序为：黄（人口约15000人）、陈（约14000人）、张（约13000人）、李（约12000人）、刘（约10000人）、杨（约8000人）、何（约7000人）、朱（约6500人）、林（约6000人）、钟（约4000人）。人口在3000人以上4000人以下的姓氏有：邓、曾、吴、赖、罗、廖、丘、谭、梁、温、侯、谢、潘、叶、欧、邹、许、胡、王等19姓。人口在1000人以上3000人以下的姓氏有：骆、邱、周、余、肖、徐、江、华、卢、冯、龚、曹、彭、郑、沈、宋、植、赵、袁、甘、蓝、黎、饶、高、郭、马、付、伍、成、官、范、唐、吕、姚等34姓。

■ **黄姓**

马坝镇　山子背：莲塘岗；鞍山：楼街仔；小坑：黄屋、新黄屋；石堡：铁路背、马茅塘、黄屋、塔下；阳岗：黄屋、白茔；南华：新黄、老黄、新村。

沙溪镇　沙溪：映子、井头、映边、溪背、下山、龙底；东华：中村；中心：中心坝、社背、和平、林贞贤、新村；新牛形；木坪：水背、大黄屋、岭下、新礤头。

乌石镇　杨梅：石源坑、岩前、黄屋；濛浬：上黄屋；展如：黄屋、下山陂；乌石：坪岗黄屋、五联二队、五联三队。

罗坑乡　罗坑：坳顶、下屋、黄土岭、大石古；新塘：新庄、排子；中心坝：黄屋；瑶族：红湖、棉地、大坑。

凤田乡　盘村：新黄屋、老黄屋、四点金、坎下；方田：黄泥河、乌石湾；凤田：凤田、北岸胡屋。

江湾乡　湖洋：和山；胡屋：佰公陂。

---

① 俗作“肖”。
② 该县傅姓常与付姓混用。

白土镇　孟洲坝：高坝；中由坪：黄屋；中乡：了塘；三都：三都；河边：河边；乌泥角：铜鼓洲。

白沙乡　梅江：仙水塘、下界山；界滩：东安寨、上界黄屋。

犁市镇　黄竹：双头厂；黄塘：黄塘；沙园：井头、下村；犁市：上寮村；厢廊：厢廊；五四：河边厂、下村、上村、菖莆塘、王屋、仕冲、瓦岭。

重阳镇　重阳：麻地埂、重阳、新桥；黄岸：黄土坛；九联：枧头；青暖：暖水黄屋；万侯：芹村。

梅村乡　溪头：上塘；横江：横江。

周田镇　平甫：黄泥塘；上坪：黄屋；上道：黄屋、白石庙；新庄：糖寮；较坑：下寮；月岭：石口、黄屋；麻洋：黄屋。

黄坑乡　高塘：高块；下营：罗家塘；蓝田：蓝田。

灵溪乡　大围：大围佛前；下洞：黄屋。

大桥镇　大桥：黄屋。

大塘镇　西林：黄仕头；左村：亚叉丘、江尾；丈古岭：矮石黄屋。

枫湾镇　步村：黄屋；浪石：荷村岭黄屋。

火山乡　历山：龙溪刘屋；塘口：上锅口。

小坑镇　黄洞：黄屋；和洞：黄屋。

花坪镇　奎塘：姚屋；长地头：老虎冲；西牛潭：合头。

大坑口镇　坑口：下街、坪岭。

龙归镇　奇石：奇石；龙归：丘屋坪、沙子粉；龙安：安村；坳头：石下；续源：下社、寺前；矿塘：矿塘；水冲坪：水冲坪；社主：社主。

樟市镇　西约：白楼、田心；径口：上黄；南约：坝子黄屋；流坑：黄屋、横夫头黄屋、新来黄、旱田黄；北约：黄屋。

■ 陈姓

马坝镇　松山下：下园、陈屋；演出：新陈屋、老陈屋；山子背：新建；小坑：陈屋；水文：陈屋；石堡：老陈屋、新陈屋；南华：惠荣村；马坝：新屋、围子、矮石、上门、下门。

沙溪镇　凡洞：礤下、大围、细围；沙溪：麻坝子；窝子：邱屋；东华：麻坝子；木坪：陈洋。

乌石镇　杨梅：赵屋、濛浬、谭屋；乌石：五联二队。

罗坑乡　罗坑：新二、大石古、四队。

凤田乡　凤田：南岸新厅、南岸上厅、树屋巷、十三队；方田：方田村尾。

江湾乡　梁屋：洪山、武洞；湖洋：黄陂坛、高围；胡屋：周塘。

白土镇　由坪：双石、塘夫、三联；孟洲坝：八角坑；河边：河边；乌泥角：铜鼓洲。

重阳镇　重阳：麻地埂、李子园。

犁市镇　黄竹：个岗；黄沙：陈屋、内腾：内腾；黄塘：黄塘；沙园：河边；犁市：上寮村；厢廊：厢廊；五四：下村、上村、仕冲、瓦岭。

梅村乡　溪头：上塘；横江：横江；梅塘：瓦片岭。

周田镇　上道：糖寮、罗屋；龙坑：新村；较坑：崖婆石；平甫：平甫；雷坑：大庙前。

黄坑乡　蓝田：蓝田；高塘：渡船头、大坝。

灵溪乡　上联：邝屋。

大塘镇　梅花：保安岭；西林：苏村；汤溪：麻岭尾、鸭麻龙。

枫湾镇　石峰：石下、陈屋、岩口、大竹山；白羊石：五归塘；白水：湖湾、茶山下、中心洞、陂头坑；步村：陈屋、老虎冲、寨下、塘角夫；大笋：焦冲；浪石：上蕉坑、下蕉坑；新村：白石角。

火山乡　塘口：上下岭、杉树下、牛角湾；竹园：上李；历山：龙溪刘屋。

小坑镇　黄洞：陈屋、营背、岭排；和洞：礤下；上洞：新屋。

花坪镇　石屋：陈屋；长地头：老虎冲。

大坑口镇　坑口：井头、古屋、坪岭、下街、高垄头。

龙归镇　龙归：陈屋楼、油铺子；坳头：坳头、石下田心；寺前：寺前；带头：带头；续源：潘屋、榕树下、元石、欧彭；马渡：茶坪、老陈屋；社主：社主。

樟市镇　五星：陈屋、西约：湖洋；径口：大坪、塘角；流坑：新建；群星：盐厂角。

■ 张姓

马坝镇　新村：石角铺、陶马墩、石背；山子背：莲塘岗；乐村坪：张屋；算溪：张屋；鞍山：楼街仔、上伙张；阳岗：下伙张。

沙溪镇　窝子：张屋、田坎下、楼下；长坪：田心、湾子、坝子、马坳；木坪：同心、下洞。

乌石镇　杨梅：张屋；濛浬：谭屋、下肖；乌石：坪岗张屋、五联二队。

罗坑乡　新洞：岭头、上张、下张、大竹园；罗坑：张屋坝、街子、新昌、新二、横江背、范屋、大石古；新塘：马屋角、新屋、新庄、沙子角；中心坝：下何。

凤田乡　盘村：密落张屋、盘村张屋、村前；凤田：佰公排、南岸上刘；方田：板湾张屋、方田村尾。

江湾乡　胡屋：周塘；围坪：寺前。

白土镇　孟洲坝：下高坝；由坪：塘夫；中乡：下街；三都：下三都；乌泥角：铜鼓洲。

白沙乡　龙皇坝：张屋；乌石洞：庙前；横村：定洞。

重阳镇　水口：水口；重阳：杉木冲；九联：陀村；大夫前：新村、老村；青暖：瓜地子；万侯：水心村；妙联：洞头源。

犁市镇　石下：中厂；沙尾：沙尾；内腾：内腾；黄塘：黄塘；沙园：下村、河边；犁市：上寮、狮塘、烟厂；五四：罗卜井、瓦岭、仕冲、王屋、新屋、菖蒲塘、河边厂上村。

梅村乡　溪头：上塘；大村：大村；梅塘：塘口、三角、瓦片岭。

周田镇　周田：风度张屋；平甫：插葛扶；台滩：友门；月岭：果子粉；雷坑：竹头下、石门楼；谭屋：荷树下。

黄坑乡　下营：上皇、扶竹营、大地坪、下营；高塘：红灯、新木村、塔下、石碑新高扶；黄坑：园岭排；小溪：大西岭；曰庄：张屋。

灵溪乡　上联：邝屋。

大桥镇　共和：胜利、和利、斌利；大桥：新村；古洋：横江。

大塘镇　左村：坳头张屋；丈古岭：张屋、石背张屋；侧田：佛坳、张屋；新桥：屋场、楼子、圳下、满房、围下、坳夫、光明；汤溪：岭排子、上村、下村；黑石：围下、张屋。

枫湾镇　白羊石：荷树山；白水：庙子背、桃子坑、黄泥坳；小笋：张屋；大笋：茶园子、中心堂、新屋、狮石下、新建；浪石：新村。

火山乡　历山：龙溪张屋、卢角。

小坑镇　黄洞：营背、井头、岭楼；上洞：岭排、围背、月光下、湾子、王公坑、新屋、汤湖；下坪：田心。

花坪镇　西牛潭：推里、黄草；长地头：龙村、老虎冲；奎塘：古墟场、狮古冲；花坪：乌石冲。

大坑口镇　坑口：上街、下街、坝子。

龙归镇　续源：榕树下；坳头：石下；龙安：小村；社主：社主。

樟市镇　西约：古下；流坑：横夫头张屋、松山背、张屋。

■ 李姓

马坝镇　演出：樟树下；乐村坪：李屋、三角塘；算溪：李甫子、坑边。

沙溪镇　长坪：李屋；沙溪：上李、下李；中心：东山。

乌石镇　展如：上山陂；乌石：流坑、五联一队、五联二队。

罗坑乡　新塘：李屋；罗坑：新二、新昌、桥塘、大石古。

凤田乡　方田：板湾李屋。

江湾乡　胡屋：墩头。

白土镇　中乡：上门；下乡：下乡；苏拱：苏拱；乌泥角：铜鼓洲。

白沙乡　大村：楼下、新井、老厅、塘头、散头、下畔、欧菜、八头种；横村：李屋。

犁市镇　黄竹：赤岸、乌泥坑；黄沙：石背、生活；内腾：内腾；黄塘：黄塘；沙园：上村、下村、西门；犁市：烟厂、上寮；厢廊：厢廊；五四：坝子、罗卜井；下园：下园。

重阳镇　重阳：樟树坝；九联：枧头、大沙洲、陀村；大夫前：新村、老村；万侯：冲口坪、万侯。

周田镇　和平：李屋；较坑：黄土寨、新屋、涯婆石；上道：李屋、田心；龙坑区：猪头皮、蛾公龙；平甫：平甫；台滩：新村；八村：李屋、安边；谭屋：矮岭。

黄坑乡　下营：小板；高塘：白沙；黄坑：社村、自然头、东庄、上黄坑、下曹、黄坑；小溪：上村、下村、高坌头；蓝田：如塘、长沙；曰庄：河岸、高块岭；古竹：李屋、大村。

灵溪乡　大围：瘦塅；下洞：李屋、排巷、坭养。

大桥镇　亲联：虾公塘；大桥：刘屋、东风；古洋：柑子粉、下村、东粉。

大塘镇　侧田：青头坪；汤溪：李屋。

枫湾镇　小笋：上李、下李；枫湾：塘口岭；石峰：松树下；浪石：荷村岭；步村：围子。

火山乡　塘口：上下李、鹧鸪冲、上锅；竹园：上李、下李。

花坪镇　奎塘：李屋、西牛潭、合头。

大坑口镇　坑口：分队、下街、古屋、深坑。

龙归镇　龙安：小村；山前：山前；社主：社主。

樟市镇　五星：李屋；樟市：大竹园；南约：李屋；群星：张李屋、新李。

小坑镇　黄洞：岭排。

■ 刘姓

马坝镇　松山下：下园、梁屋；演出：老刘、新刘；乐村坪：刘屋、东村园；鞍山：大丘麻；小坑：刘屋；石堡：合岭；炉头：三角。

沙溪镇　窝子：刘屋。

乌石镇　杨梅：赵屋、欧屋、黄屋；展如：刘屋、圳下；乌石：五联二队。

罗坑乡　新塘：新刘屋、新庄、宋屋；罗坑：下街、横江下、榕树下、街子、新二、四队、江下、张屋坝；中心坝：门前、竹园、上街、中街。

凤田乡　凤田：南岸上刘、南岸下刘、北岸上刘、北岸下刘；方田：旱田子、上坝、下坝、大村、大村新屋。

江湾张　胡屋：黄屋坝；梁屋：叶子厂；湖洋：菜队。

白土镇　孟洲坝：山边；中乡：下门；由坪：黄屋；苏拱：苏拱；河边：河边；上乡：凤美村。

白沙乡　龙皇洞：刘屋、仙水塘。

犁市镇　黄沙：刘屋；下陂：坪石；内腾：内腾；黄塘：黄塘；沙园管理区：下村；犁市：烟厂、上寮。

梅村乡　大村：大村。

周田镇　较坑：大刘屋；和平：碰田湾。

重阳镇　重阳：新桥；万侯：芹村；妙联：妙子角、观音山。

黄坑乡　下营：下坳岭；高塘：刘屋、白沙、塔下、长连；黄坑：南庄、下曹；曰庄：新屋、刘屋；古竹：南份、大村。

灵溪乡　上联：刘屋村。

大桥镇　亲联：虾公塘；大桥：刘屋、东风；古洋：柑子粉、下村、东粉。

大塘镇　其田：盘古皇；丈古岭：刘屋；侧田：刘屋；新桥：新田、老屋；红新：朱屋。

枫湾镇　新村：大刘屋、细刘屋；枫湾：上围；白水：紫结岭、下映；浪石：浪石；步村：谷种湖、刘屋；大笋：竹子坝、暗田角。

火山乡　塘口：土村刘屋、鹧鸪冲、下锅口；历山：营背、刘屋、岭下；竹园：营下。

小坑镇　下坪：田心、山下、水口、梅子坪、竹头排。

大坑口镇　坑口：坪岭；石角：岭头。

龙归镇　续源：元石；坳头：石下；龙安：安村；社主：社主；龙归：水流坪、沙子粉。

樟市镇　径口：上刘、竹高潭；南约：刘屋。

■ 杨姓

马坝镇　演山：下新屋、新杨屋、老杨屋；山子背：大元头杨屋；算溪：老杨屋、杨甫子、上街、龙子、大村、围肚、下丘；龙岗：杨屋；小坑：杨屋；水文：文山；石堡：杨屋、下门、旱禾田；南华：新建、老杨、围肚；阳岗：大杨屋、细杨屋、麻地岗。

沙溪镇　沙溪：龙底。

乌石镇　杨梅：新肖。

罗坑乡　新塘：朱屋、大营、细杨、庙下、下坎；中心坝：上杨、下杨；罗坑：昂天堂。

白土镇 中乡：油寮。

白沙乡 龙皇洞：杨屋；梅江：圳湾。

犁市镇 石下：煤干厂；黄沙：高偏；厢廊：厢廊；五四：坝子、西边岭、仕冲、菖蒲塘。

梅村乡 横江：横江。

周田镇 上坪：杨屋；上道：田心下道角；较坑：矮子杨、泗兴寮；鸡龙：司土坝；和平：高坪；八村：狗头岭。

重阳镇 水口：水口。

大塘镇 汤溪：杨屋；大塘：陈塘陂、竹子冲。

枫湾镇 石峰：杨屋；枫湾：陆陂圳；浪石：坳子塘；白水：周方；白羊石：下村。

小坑镇 和洞：杨屋；上洞：杨屋、拱下、三湖、塘下。

花坪镇 西牛镇：杨屋。

大坑口镇 坑口：毛屋、古屋、高坌头；石角：老石角、黄沙陂、榕树下、墟坝。

龙归镇 奇石：龙湾；龙安：小村；社主：丁洞。

樟市镇 五星：杨屋；西约：老杨、新杨；南约：上杨。

■ 何姓

马坝镇 山子背：大元头；水文区：新厅、老厅；阳岗：上何、下何。

沙溪镇 木坪：狮洞、礤头。

乌石镇 杨梅：何屋；展如：赖屋。

罗坑乡 中心坝：老屋、新何、下何、上何。

江湾乡 锅溪：叶屋。

白土镇 孟洲坝：山边；中乡：下街；苏拱：苏拱。

犁市镇 黄竹区：企岗、赤岸、乌泥坑；黄沙：大岭、大坪、鹧鸪石；黄塘：黄塘；五四：坝子、菖蒲塘、上村、新屋。

重阳镇 重阳：新桥。

梅村乡 大旗岭：大旗岭。

周田镇 和平：何屋；谭屋：冷田。

灵溪乡 上联：陂下。

大桥镇 大桥：榕树下；古洋：鹿子坑。

大塘镇 其田：后门前、围子、龙皇带；大塘：新岭下；梅花：梅花寨、墩子、营顶；左村：谭田水、勒逢下；汤溪：亚婆夹；黑石：

何屋。

火山乡　历山：龙溪何屋。

小坑镇　黄洞：何屋。

花坪镇　石屋：何屋。

大坑口镇　坑口：毛屋、上街；石角：石角。

龙归镇　山前：留边；龙归：无岗墩、双头。

樟市镇　樟市：魏屋；南约：何屋。

■ 朱姓

马坝镇　演出：楼下、朱屋；算溪：朱屋；龙岗：山塘；小坑：官陂塘、中村、大坝；石堡：麻历夫、新村；南华：圳背。

乌石镇　乌石：五联一队。

罗坑乡　新塘：新庄；罗坑：昂天堂；瑶族：上坑、棉地。

江湾乡　锅溪：上洞、河背。

白土镇　孟洲坝：10队；由坪：春联、高夫；下乡：下乡；中乡；下街。

犁市镇　石下：钟屋、煤子厂；黄沙：黄村；下陂：茶山、朱屋；内腾：内腾；黄塘：黄塘。

重阳镇　九联：大沙洲。

周田镇　谭屋：灵岗山、冷田墟；新庄：岭尾、下街；鸡龙：上岭、下岭；平甫：三横；上道：李屋。

黄坑乡　下营：下营；高塘：木村、大岭；黄坑：东庄；镇属林场：岭尾。

灵溪乡　下洞：石光坝。

大桥镇　长坝：金光冲。

大塘镇　新桥：带角山；西林：朱屋。

枫湾镇　大笋：锅洞。

火山乡　竹园：朱屋。

花坪镇　奎塘：姚屋村。

大坑口镇　坑口：古屋、坝子。

樟市镇　群星：牛寮。

小坑镇　和洞：黄屋。

龙归镇　坳头：石下。

■ 林姓

马坝镇　算溪：林屋；鞍山：上伙张；水文：上头、文山；石堡：石老、石新、吕山田、老马口下、池湖龙、新林屋、新马口下、塘肚、田一、田二。

乌石镇　展如：半龙湾；乌石：林屋、五联一队。
罗坑乡　新塘：庙下；中心坝：大林、细林。
白土镇　孟洲坝：山边、八角坑；苏拱：苏拱；乌泥角：铜鼓洲；上乡：凤美村。
犁市镇　犁市：下寮；五四：上村、新屋。
重阳镇　重阳：林屋；九联：枧头、大沙洲。
周田镇　和平：田湾。
黄坑乡　曰庄：高块岭。
大桥镇　共和：新屋寮、胜利；吉洋：湖洋；水江：白芒坝。
枫湾镇　小笋：林屋、围脚下；步村：干田；枫湾：林屋场。
火山乡　塘口：大流坑；历山：龙溪林屋、黄眼角、中间村、下村、上历山、下历山。
小坑镇　黄洞：林屋。
花坪镇　西牛潭：饶屋。
大坑口镇　坑口：下街、上街；石角：新街。
龙归镇　龙归：元岗墩、双头；奇石：奇石；续源：榕树下；寺前：寺前。
樟市镇　群星：盐厂角。

■ 钟姓

罗坑乡　新洞：大屋、下门、岭下；新塘：庙前、新庄。
江湾乡　梁屋：下洞、钟屋。
白土镇　孟洲坝：山边、下高坝；苏拱：苏拱；乌泥角：铜鼓洲；上乡：凤美村、鲤鱼村。
白沙乡　梅江：坪江陂。
犁市镇　厢廊：厢廊；五四：西边岭、上村；下园：下园。
重阳镇　青暖：东河坝。
梅村乡　大村：大村。
周田镇　新庄：新围、老围；龙坑：蛾蚣龙。
黄坑乡　小溪：桥背上村、桥背下村。
大桥镇　水江：钟屋；古洋：湖洋、松山下。
枫湾镇　枫湾：钟屋场、扁村、骑马石；大笋：牛埂背。
火山乡　历山：钟屋、黄眼角。
小坑镇　黄洞：温屋。
花坪镇　奎塘：姚屋；长地头：龙村。
樟市镇　樟市：新中、水楼、仁记、元昌；西约：树子下、上屋、都陂、下屋；南约：钟屋；流坑：下钟。

龙归镇　龙归：丘屋坪。

五、乳源

乳源瑶族自治县总人口是20.69万人，客家人占全县人口的80%以上，有17.29万人。[①] 根据族谱和口传，乳源的客家人大部分来自福建上杭瓦子街（瓦子巷）。清朝初年，“湖广填四川”，乳源的客家人有一批西迁，朱德元帅的先祖就是当时由乳源县迁往四川省仪征县的客家人。乳源客家人主要有80姓。

乳源姓氏录（按笔画排序）

马	王	毛	文	邓	孔	石	龙	卢	叶	丘	付	宁	冯	尧	朱
伍	华	刘	江	许	阮	孙	麦	杜	巫	杨	李	肖	吴	何	余
邹	沈	宋	张	陈	林	欧	罗	周	郑	赵	胡	钟	侯	炮	涂
姚	骆	秦	袁	聂	莫	夏	徐	高	郭	唐	凌	黄	曹	戚	梁
彭	童	曾	温	谢	赖	雷	简	詹	阙	禓	蔡	廖	谭	熊	潘

乳源县客家人分布在全县，其中乳城镇有207村，必背镇有56村，桂头镇有117村，洛阳镇有91村，东坪镇有80村，大桥镇有266村，游溪镇有72村，一六镇有103村，大布镇有108村，合计共有1100村，共172900人。

乳源县客家人主要姓氏，简介如下：

■ 朱姓

乳源朱氏分为两支，一支为岭头朱氏，另一支为桂头朱氏。岭头朱氏于明成化元年（1465年）由福建上杭县紫金山笋竹坝瓦子街迁来乳源，始迁祖文武、文聪，分居在长溪、禾仓栋、大坪、塘面、岭头、岭背等，现在约有4000多人，清初“湖广填四川”时，乳源的客家人闻风而动，大举西迁，朱氏后裔有分支迁往四川省等地，在川北的邻水、大竹、营山、蓬安、仪陇等地都有分布，现在大约有40000人。其中朱仕耀于清康熙四十五年（1706年）从乳源龙溪枫树坪梯下村沿西京古道迁往四川，首迁地为四川广安县龙台寺，后又迁居仪陇县马鞍，其子孙后代又分迁广安、营山、渠县、蓬安和仪陇县其他乡镇，开国元帅朱德就是朱仕耀的后人。桂头朱氏在清朝由湖南省汝城迁来，分居在桂头三村，人数较少，约有530人。

■ 胡姓

唐末由江西省迁入乳源，始迁祖为杖来公，第四代胡宾王，南汉大宝元年（958年）中进士，其后裔繁衍分布于云门、江湾、登云坊、官溪、大唐等地，已传

---

① 参见《乳源县志》，广东人民出版社1997年版。

32 代。旧时，每年清明节，乡民共祭胡宾王之墓。

■ 刘姓

宋乾道元年（1165 年）刘天锡从江西省清江县（现樟树市）到广东省任韶州司理，乾道三年，负责筹建乳源县，兼摄县政三年多，后定居乳源，刘天为乳源刘氏的始迁祖，又被誉为“开乳元勋”。后裔分布在九仙、樨水、田社、龙江、阜居等地，已传 27 代。

■ 丘姓

明成化年间（1465—1487 年）丘法博从福建省汀州府上杭县朱泗街瓦子巷井子角迁入乳源县宋田上村，已传 21 代，成化年间，先后从福建省迁入乳源的还有数支：丘旺清，在桂岭开基，丘崇法，在庙背开基，丘法宗，在大塘开基，丘延志，在新塘开基（后迁乳城下街），另有丘宜九原为韶州府吏，退职后迁到乳源洲下街，后裔分居到珠泗连、沙田、城内、洲横街、小溪、河背水、下街等地。

■ 张姓

明成化年间，张氏从福建省先后分几支迁入乳源，已传 20 多代。良益公在龙溪开基，后又分迁到柯树下、大岭脚张屋、西山和均武；良甫公开基翁源倒风村，第四代碧志公来乳源开基岭排村，其长子寿山迁侯公渡阿了石，第七世资颖又建田心村；万三公开基桅杆下，又分迁小溪、上下塘背、西山等地；万四公开基太和张，又分迁大塘、秀水、田心、梅花等地；张周二郎开基九仙蛇子岭村，鲁德公开基大布上下张屋，又公迁到江湾等地；启望公开基大溪洞；大雍公开基九仙青岗；张千一郎开基九仙禾花塘；法泰公开基县前和河头等地。

■ 邓姓

乳源邓分三支。井头邓氏开基祖为元益公，唐代从江西省清江县（现樟树市）斗门都迁入韶关，后开基云门草窠角，分迁井头、桥头、溪头、城背等地，已传 42 代；柳坑乡烈村邓氏，原为江西省清江县（现樟树市）樟树大码头人，宋仁宗时（1023—1063 年），邓裕任韶州参军司理，其后裔邓元烈到乳源县烈村开基，现传 20 多代；乳源城背邓氏，明朝时邓真右从江西省清江县斗门都携父骨灰迁乳源城背开基，现传 21 代。另一支邓氏在唐代由江西迁乳源，始迁祖元益，分居在井头、桥头、溪头、城背等。

■ 傅姓

明成化八年（1472 年）由福建省上杭县瓦子街迁入广东省。开基祖为文忠公。先迁至曲江三都村，后迁入乳源九仙枯塘，次子万林、三子万珠留居枯塘，四子万瑛移居老傅屋、新塘下、园门塘、墩子、田龙、李村新傅屋、松山头、鲜明下洞傅屋；此外，大桥武丰傅家、大坪新谷沙井、一六大田心、细田心、石龙岗的傅姓据说都是文忠公的后裔。

■ 林姓

在1365—1437年间由福建上杭迁乳源，始迁祖宗伯，分居大桥、龙南、侯公渡、桂头、洛阳、梅花等地。

■ 许姓

由福建上杭迁乳源，分居在新书房、老屋子。

■ 王姓

1340年由福建上杭迁乳源，始迁祖元发，分居在龙南、大桥、乳城镇、石山背等。

■ 陈姓

明成化三年（1467年）由福建省上杭迁乳源，开基祖万四郎，分居在均容上下排、洞头、岐下、坳里、粟山、县城等地。

■ 叶姓

不详。

■ 李姓

乳源李姓为福建省火德公的后裔，开基祖为福四郎，族人称福公，李火德第五世孙，本在福建省上杭县官田村，明朝初年，福四郎携子李君、李臣、李义三子由闽迁粤，先到南雄珠玑巷暂住，再迁入乳源古母水，之后，福公和长子李君定居古母水，次子李臣迁往英德黄花镇，三子李义迁往广州城内九眼井。

■ 马姓

由福建上杭迁乳源，居在龙南、桂头、大桥。

六、仁化

仁化县也可说是纯客县，全县人口约有23万，其中少数民族不到1%，其中畲族（蓝姓）300多人原为客家，1996年才恢复为畲族，而汉族中几乎全部是客家人，客家人约有22.8万[①]。仁化客家人的原迁地和其他各县略有不同，有从福建、江西迁来的，也有从湖南迁来的。

仁化客家人的迁徙和分布情况举例说明如下：

■ 蒙姓

主要居住在城口镇，其先民远溯秦代蒙恬（大将军）。以后经江淮、闽、蜀迁徙于赣之于都安仁里。宋神宗元丰年间（1078—1085年），蒙万承携子念四、念五和念六从赣州到韶关经商（贩盐），后卜居仁化城口恩村，主要居住在恩村、东罗，后裔遍布全县以及粤北，人才辈出。蒙万承可说是粤北蒙氏的始迁祖，至今传至二

① 仁化县志编纂委员会编：《仁化县志》，1992年编印本。

十六世，约916年。

■ 谭姓

主要居住在董塘和扶溪，宋建隆三年（962年），谭宏政（宏帙公）由江西省虔州南迁广东南雄珠玑巷，为入粤始祖，宏帙后随长子洪迁广州，并在越华路建了宗祠，其孙伯仓公于宋庆历八年（1048年）迁入仁化县平山里平山村（仁化县董塘镇境内），伯仓公有八子，长子朝政公仍居平山里，至子顺公，任仁化教谕，子顺公之子兰坡挈第三子念三郎迁居扶溪镇紫岭村，四子念四郎迁湖南桂阳，后又迁回平山里，伯仓公后裔分迁至本县的烟竹、厚里和附城的麻塘以及英德县（英德市）的江边嘴、寿塘、矮山坪、江湾、沙口、连江口、高崀、浛洸、大湾、郎渡、深塘岭等地。而麻塘谭姓始迁祖为谭彦淳，是伯仓公后裔，明成化三年（1467年），谭彦淳率子来麻塘建桥，见麻塘水陆交通方便，经常有商贾往来，于明成化五年（1469年）举家由平山里迁来麻塘。另一支为狮井的谭姓，开基祖谭文友于明朝敕授文林郎奉谕出任仕仁邑后，由始兴迁居仁化狮井。

■ 李姓

一支主要居住在扶溪，其先民远溯宋代，始迁祖襄秣陵人，官至广东左参政。元人陷广州后，迁居仁化的双合水。一支主要居住在附城水南长坝，始迁祖为李文盛、李禄盛（无后）兄弟，在清朝嘉庆年间到仁化务工，先在双合水居住，二世祖移居长坝岭脚下，后又移居长坝。另一支主要居住在附城康溪大村和大岭村，先祖为福建的李火德，火德公后裔分支在明朝时从福建迁到始兴石下，其一分支在清朝时又迁入仁化。另一支石塘李姓，始迁祖可求在明洪武年间从福建上杭胜运里丰郎乡迁仁化，卜居石塘，挖地制砖筑屋，建池塘二百余口，塘尽石底故名。另一支夏富李姓，始迁祖元姓，原籍江西吉水，南宋时任官芬梧，归里舟泊夏富，见该地面临江河，山川形势极为秀丽，因卜居。

■ 罗姓

一支居住在附城胡坑竹山下、上峰山、山背和竹子坝，开基祖为罗清泉，罗清泉为罗氏总第158世罗珠之53世孙，于明朝嘉靖五年（1526年）由翁源迁至仁化胡坑坝里，罗清泉传八子，长迁往罗定，五子明瑶迁往坛前，三子明瓒、四子明珍、六子明球无考，七子明珠、八子明凤留居坝里，而二子明琛迁往胡坑竹山下，明琛后裔又有迁往上峰山、山背和曲江。胡坑罗氏已传21代，约有1000多人，后裔也有迁往扶溪江夏、长江陈欧、城口东罗和湖南汝城热水等地。另一支居住在扶溪，其先民远溯明代万历年间，开基祖厥铭，原籍江西泰和，后卜居扶溪亭坌坊。

■ 刘姓

为汉朝开基皇帝刘邦之后。元末明初，因避兵乱，刘一龙、刘一凤兄弟由湖南茶陵州迁居城口。一凤之子智翁，传至宣七郎文渊于明初迁居长江，刘姓遍及长江全镇，为长江第一大姓，占全镇人口的29%，主要分布在：里周、塘洞、锦江、沙坪、河田、陈欧、学堂坳、木溪、高洞、油洞、凌溪、莲河、冷饭坑。县城北门刘氏由长江迁来，已传14代（从长江始迁祖算起则为23世）。城口刘姓分布不集中，几乎村村都有刘姓。另一支刘氏为官口刘姓，祖籍兴宁市黄槐镇，后迁至连平县，公元874年刘行一郎从连平县迁到仁化腊口，1624年有分枝迁往乐昌市，现官口刘氏约有500多人。

■ 张姓

张九龄后裔，张九龄16世孙化孙（字传万）入福建任汀州知府，定居上杭县瓦子巷水南村，为翁源、仁化和乐昌张氏先祖，张化孙7世孙善仁（字安成，号二郎）随父由福建到翁源县江尾镇葸茅岭定居，后善仁又辞别父母和兄弟，迁至仁化东田定居，善仁为仁化和乐昌张氏的开基祖，后裔分布在城关、董塘、红山、城口和乐昌以及湖南汝城等地。

■ 邓姓

大多居住在长江镇。宋末，十世祖道春携母迁徙扶溪厚塘，明弘治年间，厚峰迁居长江木溪，子孙繁衍日众，散居长江各地。主要分布在木溪、河田、锦江、里周、油洞、学堂坳、莲河、陈欧、芭蕉垅等地。

■ 邹姓

其先民远溯宋代，开基祖九郎，原籍江西樟树。于元初官宰仁化，任满遂定居长江。其后裔主要分布在长江镇的油洞、莲河、锦江、浒松和仁化镇的康溪。

■ 邝姓

主要居住在县城的东门和北门，民国初由英德迁来。

■ 邱姓

主要居住在附城岭田七星岗村，据传邱氏第70世孙邱法会由河南省迁居福建省汀州宁化县石壁村邱家坊，第73世孙邱梦龙又从福建迁至广东连平，再从连平迁至曲江周田，1780年分支又从周田迁至仁化镇岭田七星岗，已传15代，约200人。

■ 林姓

居住在附城胡坑和全县各地，1455年，林氏总第84世孙、九牧堂22世孙林宗泰由福建省武平县迁居广东省始兴县上台，林宗泰为始兴林氏开基祖。后28世孙林玉莺又从始兴上台迁至仁化白石，林玉莺为仁化林氏开基祖，至今已繁衍了14代，约240人。

■ 徐姓

明朝时从福建省上杭县瓦子街迁来，先到韶关市区，后迁至仁化附城狮井和岭田等地。全县约有700多人。

■ 梁姓

主要居住在附城水南等处，明成化十年（1474年），梁德逢、梁德遇兄弟由河源县化群都石坡村迁至仁化县狮井，德遇无后，德逢为仁化狮井、水南梁氏的开基祖，至今传21世，约300多人。

■ 黄姓

开基祖为黄永安，据传是元末从江西赣州迁至仁化城郊康溪窑前村，至今后裔约有1000多人。

■ 朱姓

一支居住在大富，开基祖子期，于元代至正年间卜居大富。一支主要居住在附城群乐、胡坑等地，开基祖为子亲，子亲为朱熹第13代孙，明朝景泰年间随父由福建上杭县瓦子街迁至始兴江口，十余年后子亲又迁至仁化。狮井朱氏也是朱熹后裔，1968年因乳源修南水水库从乳源迁来。

■ 陈姓

开基祖望南，原籍福建上杭县瓦子街，元末来仁化，卜居董塘坪岗。后裔除坪岗外，还分居县城水南、官田和乐昌东乡等地。

■ 周姓

主要居住在扶溪，其先民远溯明代，开基祖文宾，明末从曲江之白沙迁居扶溪官渡水。

■ 叶姓

主要居住在江头，其先民远溯明代万历年间，开基祖梦熊，原籍江西定南，随父至广东阳山为官，后卜居江头。

■ 董塘镇的赖、何、萧、张、周等姓

原籍河源市，于1960年间因家乡兴建新丰江水电站，先后迁来仁化定居。

■ 蓝姓

畲族，讲客家话，1996年前为客家人，始迁祖景全，南宋时由福建上杭迁居仁化，已在仁化繁衍20多代，主要分布在仁化小田、西冲、旱窝，长江高洞、木溪、河田、学堂坳，扶溪斜州。

七、乐昌

乐昌市原为乐昌县，总人口约52万，客家人约占80%，有41万[①]。客家人分布在九峰、五山、两江、大源、梅花、秀水和沙坪等乡镇的全境以及廊田、云岩、河南等乡镇的大部分和长来、罗家渡、庆云等乡镇的部分地区。乐城等处也有客家人。乐昌人杰地灵，英雄辈出，世界客家名人、世界客属恳亲大会的活动家、北伐抗日名将薛岳就是乐昌的客家人。乐昌的客家人大都来自福建，部分来自江西，还有来自湖南的，此外还有一些是到乐昌经商而后定居的兴宁人。举例如下：

① 参见《乐昌县志》，广东人民出版社1994年版。

■ 薛姓

开基祖为邦贤、邦明兄弟，明宣德年间从湖南宜章迁九峰小平石村，后分居下湾、上湾，现主要居住在九峰、北乡、乐城。已繁衍23代，约1700多人。后裔散居在陕西省和台湾等地。薛岳将军正是九峰的客家人。

■ 张姓

一支在南朝梁天监十三年迁入长来，开基祖为宝生，已传45代；一支在宋建炎元年（1127年）由曲江迁至庆云，开基祖为约礼公，约传21代；一支在明正德年间由曲江迁来九峰大廊，开基祖为福成公，至今已传24代；一支在明嘉靖年间由乳源迁至九峰小坪石，开基祖为崇德公，至今已传24代；一支明崇祯年间从英德迁到廊田，开基祖为德英、积善、茂忠三公，至今已传14代；一支在明嘉靖年间从乳源迁入梅花，开基祖为张挥公，传21代。全县张氏约有2.23万人，主要居住在九峰、大源、梅花、廊田、两江、庆云、长来和沙坪等地。后裔分迁至湖南汝城县和四川大竹县等地。

■ 邱（丘）姓

明永乐九年（1411年）由福建上杭县迁秀水，开基祖为绍岳公，至今已传27世，遍布秀水、梅花、五山、两江、沙坪、九峰、河南、大源、乐城等地，约有1.56万人。后裔分迁至仁化、广州、珠海、香港和湖南、四川等地。

■ 陈姓

一支在元末由福建省上杭县迁来云岩，开基祖为贵方和胡满公，一支明初由翁源迁来，开基祖为万一郎、万二郎和万三郎，至今传至30多代，遍布云岩、秀水、五山、庆云、梅花、沙坪、长来、九峰和两江等地，约1.3万人。

■ 朱姓

一支在明正德年间由福建省上杭县迁入秀水，开基祖为朱启公，一支在清康熙四十四年（1705年）由仁化迁入，开基祖为帝座公，一支在清康熙四十四年（1705年）由英德迁入，开基祖为承仕公，一支在清朝时从和平县迁入，开基祖为廷周公，全县朱姓约1万人，分布在河南、九峰、大源、两江、沙坪、梅花、秀水、廊田和乐城以及台湾、四川等地。

■ 沈姓

一支在明朝从福建省上杭县迁翁源，后又从翁源迁梅花，开基祖萦远公、萦进公，已传25代，一支在元初从江西省迁广州市，明朝从广州迁长来水口，清朝又从水口迁廊田沈家坊，开基祖白鹤公和念五郎，已传39代。沈姓全县约有8600人，分布在梅花、河南、长来、廊田、北乡、罗家渡、五山和乐城等地。

■ 李姓

一支由曲江迁入，一支由兴宁迁入，一支由乳源迁入，一支由湖南省宜章迁入，一支由韶关迁入，一支由湖南省汝城迁入，迁徙时间在明清，开基祖分别为景清、毓勋、辉寰、大万、廷誉、阴犬、钦俊、成公、友仁、满勇、义雄等人，现有17900人，分布在九峰、庆云、北乡、廊田、五山、梅花、大源、秀水、长来和乐城等地。

■ 徐姓

明洪武年间（1368—1398年）从新会县迁至九峰凰落村竹山下，开基祖为徐璇，已传至25代，约9000人，分布在九峰、两江、长来、廊田和乐城等地。

■ 曹姓

南宋隆兴年间（1163—1164年）迁来。有3000多人，分布在两江、九峰以及广州、湖南汝城等地。

■ 黄姓

一支明洪武二十年（1387年）从曲江迁来九峰，开基祖为任诗公；一支南宋咸淳四年（1268年）从湖南郴州迁来河南，开基祖为黄璘、黄琚、黄球，传31代；一支明清时从乳源县迁入，开基祖为元均；一支明清从郁南县迁入，开基祖为应隆，全县黄氏约1万人，分布在九峰、河南、北乡等地。

■ 邓姓

一支在隋朝时从湖南汝城迁入，开基祖为亨甫，传46代；一支在明清时从仁化迁入，开基祖为洪淇；一支明清时从福建迁入梅花，开基祖为东福、友宣，传27代；一支明洪武至嘉靖年间从苏州吴县迁入；一支从湖南栗源县迁入。全县邓氏约有3万人，分布在廊田、长来、九峰、两江、北乡、三溪和湖南资兴县等地。

■ 谭姓

一支明永乐十二年（1414年）从英德迁两江凰落乌柏塘村，开基祖为藻时，一支明万历年间从肇庆迁来，开基祖为积鉴，一村从仁化迁入。谭姓约有4000人，分布在廊田、九峰、两江、庆云等地。

■ 刘姓

一支清顺治五年（1648年）从曲江迁入，开基祖为刘定、万富，现传16代，一支由仁化迁入，开基祖为贵嗣、宝玉；一支明永乐年间由福建省汀州迁入乳源，又从乳源迁入九峰，现传20代；另几枝清代分别由湖南、江西迁入，开基祖为子亮、杰公，现传20代；一支清代由兴宁迁入九峰；刘氏有6300人，分别居住在九峰、廊田、五山、两江等地。

■ 扶姓

明宣德年间（1426—1435年）由湖北省郧阳迁乐昌河南水南，后迁九峰上廓湾子村，开基祖用广，传24代，3000多人，后裔分布在九峰、河南、乐城和湖南、江西、台湾等地。

■ 包姓

明洪武年间由福建省迁翁源，再迁乐昌大源，后又迁往九峰凰落村，开基祖清从二郎、岐峰，传19代，1500人，后裔分布在九峰、两江以及湖南汝城等地。

■ 曹姓

南宋隆兴年间（1163—1164年）从湖南省迁乐昌黄圃后又迁两江，开基祖正仁公，传41代，3000人，后裔分布在九峰、两江和广州以及湖南省汝城等地。

■ 谢姓

一支明隆庆年间由乳源县大桥迁九峰，开基祖彦仁公，繁衍20代；一支在清代从仁化迁入五山，共7500人，分布在九峰、大源、五山、廊田和北乡等地。

■ 罗姓

一支明嘉靖年间由翁源迁入九峰，开基祖兰公；一支从乳源迁九峰，开基祖延贵公，现有6500多人，分布在九峰、两江、白石、大源、北乡、五山和江西、湖南等地。

■ 欧姓

南宋庆元元年（1195年）由湖南宜章县长策乡迁入乐昌黄圃东村，开基祖永隆，繁衍29代，清康熙丙壬年堪迪公由黄圃东村迁入九峰茶料，传12代。欧姓约有1700人，分布在九峰、两江、大源和黄圃等地。

■ 蓝姓

1628—1644年由翁源迁入九峰宗水洞，开基祖为迁益公，传18代，3200人，分布在九峰、两江、北乡、梅花、三溪、坪石等乡镇和台湾。

■ 柏姓

明万历年间由湖南省桂阳迁来九峰溪下，开基祖为才洲公，全县约1000人，分布在九峰、大源、坪石和广西壮族自治区等地。

■ 潘姓

明万历年间由翁源县迁九峰上廊，开基祖为福宁公，传19代，约有2700人，分布在九峰、两江、北乡、长来、大源和湖南等地。

■ 唐姓

明永乐年间由湖南省郴州迁入九峰上廊唐家，开基祖为必近公，传22代，约有2000人，分布在九峰、两江、北乡、庆云和韶关等地。

■ 何姓

一支在元末从江西迁入坪石莲塘，后又分迁至三溪、乐城、廊田、河南、九峰、大源和庆云等地，开基祖为贵七公，传32代；一支清乾隆年间由江西省庐陵迁入广东仁化，清代中期，日照、源松和善茂从仁化迁入乐昌廊田，传12代；一支在清顺治十年（1653年）由乐城（白话地区）迁入九峰曹家洞、上廊、下廊等处，开基祖为贞莺公，后又分迁至两江、庆云、大源、河南等乡镇，传15代。全县何姓有6700多人。

■ 钟姓

明万历年间由江西省赣州迁入九峰文洞，开基祖为祖勤，传20代，后裔分布在九峰、北乡、廊田、大源和乐城等地。

■ 廖姓

一支明嘉靖年间从曲江马坝迁入九峰茶料，开基祖为龙舟，传18代；一支从湖南莲山县迁入云岩、梅花等处，开基祖为文隆，传23代。全市约1万人，分布在九峰、北乡、云岩、梅花、河南、廊田等镇和乳源、肇庆等地。

■ 伍姓

明万历年间从曲江后源迁入九峰五里冲，开基祖为万传，后裔约有1000人，分布在九峰、五山、庆云等地。

■ 丁姓

清乾隆年间从乳源迁大源湖洞，开基祖为胜德公，传15代，后裔分布在大源、九峰和北乡等地。

■ 梁姓

明弘治十八年（1505年）从南海县迁入罗家渡，开基祖为施左，传23代，3800人，分布在罗家渡、长来、梅花、廊田、北乡、大源和乐城等地。

■ 杨姓

一支在明天顺二年（1458年）由广东河源迁入梅花大坪，开基祖为德华，传23代；一支明天顺年间由福建省上杭县迁入，开基祖为志敬，传22代；一支在明弘治五年（1492年）从湖南省拦军洞迁入，开基祖为文益、万益，传18代；另一支从乳源县迁入；还有一支从广东省郁林县迁入，均传22代。全县约有1万人，分布在梅花、九峰、廊田、北乡、河南、罗家渡、坪石和三溪等地。

■ 曾姓

清末从梅州迁连南寨岗，后裔分枝由寨岗迁入廊田白屋，开基祖为传锦、广麟等，传10代，约3000人，主要居住在廊田镇。

■ 江姓

一支在明朝由福建上杭瓦子街迁入梅花、五山；一支在清乾隆九年（1744年）从仁化迁入乐昌廊田，开基祖为清溪、清秀兄弟，传16代。全县江氏约6000人，分布在梅花、五山、廊田、沙坪、大源、河南和乐城等地。

■ 郑姓

一支在明代从湖南迁入，开基祖为启仁，传26代；一支在清康熙年间从湖南迁入，开基祖为灵鸣，后裔分布在九峰、五山、廊田、河南等乡镇。

■ 连姓

清代从江西龙南迁仁化，再从仁化迁乐昌五山，开基祖连五郎，后裔约2500

人，分布在五山、廊田等地。

■ 赖姓

一支在元末从乳源迁入梅花，开基祖元祥，传29代；一支在明万历年间从福建迁入九峰，开基祖为定胜。后裔共2500人，分布在九峰、梅花、五山、白石、廊田等处。

■ 郭姓

明正德年间从江西迁入九峰横坑，开基祖为石洲公，传22代，约900人，分布在九峰、梅花、罗家渡、廊田、北乡、大源和河南等乡镇。

■ 王姓

一支在宋末由江西省太和县迁入长来，开基祖为遵公，传29代；一支在明代由福建省上杭县迁入长来。后裔共有7600人，分布在长来、梅花、河南、廊田、黄圃、乐城和老坪石等地。

■ 林姓

明代由广东省郁林县迁入长来，开基祖为世荣、念七郎，传21代，约4000人，分布在长来、梅花、九峰、沙坪、两江、大源、北乡、河南和乐城等地。

■ 许姓

清代由闽南迁粤，后再迁入长来，开基祖为登甲、念四，已传14代，3500人，分布在长来、沙坪、梅花、九峰、廊田、五山等地。

■ 龚姓

北宋嘉祐年间由江西省靖江县樟树镇迁入乐城再迁进长来，开基祖为龚贵，传37代，约1万人，分布在长来、北乡、廊田、九峰、河南、乐城等地，后裔分迁至乳源、曲江和台湾各地。

■ 饶姓

明代由福建省迁入，开基祖永聪（五三郎），共1500人，分布在河南、梅花和白石等地。

■ 严姓

从福建省永定县迁入，开基祖为福耀，有1200人，分布在河南、长来、五山等地。

■ 邹姓

明嘉靖年间分别从东莞、乳源、曲江迁入，开基祖分别为元麟、里梁和祈清公，传16代，2000人，分布在河南、九峰、沙坪、廊田和乐城等地。

■ 邝姓

明永乐十八年（1420年）由湖南省临武县迁入河南，开基祖为奇富，传23代，4000人，分布在河南、秀水、廊田和三溪等地。

■ 余姓

一支明天顺年间从福建省上杭县迁入河南，开基祖志敬，传22代；一支从乳源县迁入；一支从广东省郁林县迁入。有3000人，分布在河南、梅花、罗家渡、廊田和坪石等地。

■ 包姓

明洪武年间、嘉靖年间从福建省迁入翁源，后迁入大源，再迁入九峰凰落村，开基祖为清从二郎和岐峰，传19代，1500人，分布在大源、九峰和两江，后裔有的迁往湖南省汝城县等地。

■ 骆姓

北宋咸平年间从湖南省临武县和宜章县迁来河南，开基祖分别是安民和传仪，传33代，有3000人，分布在河南、北乡、廊田、乐城等地。

■ 萧姓

一支北宋时由韶关迁入河南，开基祖为萧益，传35代；一支明代由江西省庐陵迁入河南，开基祖为仲材，传18代；一支在清代由湖南省宜章县迁入河南，开基祖为登巡，共有2000人，分布在河南、两江、三溪和坪石等地。

■ 白姓

北宋元丰四年（1081年）从广西壮族自治区迁黄圃斗湾，后迁北乡，开基祖为白璧，传36代，约3万人（其中部分是客家人），分布在黄圃、北乡、河南和乐城等地。

■ 雷姓

明末从湖南省宜章县、蕴山县迁来云岩，开基祖为江腾，传14代，分布在云岩、沙坪、梅花、九峰、廊田等地。

■ 范姓

明洪武年间迁入，开基祖为瑞梅，传20代，分布在沙坪、梅花、廊田、河南等地。

■ 赵姓

明洪武年间迁入，开基祖为祖正，传24代，约1900人，分布在北乡、沙坪、廊田等地。

■ 吕姓

明代从福建省上杭县迁入翁源，后再从翁源迁进梅花鹧鸪塘，开基祖为祖万，传23代，1500人，分布在梅花、沙坪、秀水、廊田、五山、九峰、两江、坪石等地。

■ 马姓

明代从乳源县迁沙坪阿婆寮，开基祖为百隆，传22代，1300人，分布在沙坪、廊田等地。

■ 孙姓

明代由湖南省迁入沙杨沟寮村，开基祖为万三郎，传21代，6000多人，分布在沙坪、九峰等地。

八、南雄

南雄市原为南雄县，境内的珠玑巷是海内外的广府人从中原南迁广东的中转站和集散地。南雄现有人口 46 万，客家人占总人口的 90% 以上，有 41.4 万，[1] 大都是明代以降从外地迁入的。下面举例说明。

▩ 刘姓

据《南雄刘氏重修联谱》称，刘氏之先为帝尧第九子，封于刘邑，因以刘为姓，以彭城为郡望。南雄刘氏为刘广传之后。广传之父刘开七，原居福建宁化石壁村，南宋嘉定年间，任职潮州府。理宗端平二年（1235 年），广传举进士，任瑞金县令，生十四子，其后裔先后有 60 多族迁入南雄。最早迁入南雄的是在南宋末。在明代迁入南雄的有 24 族，约在明末、清初迁入南雄的有 30 余族。迁雄的 60 多族中约有一半来自赣南之信丰、龙南、兴国、南安、上犹、安远及福建之武平，约一半则从赣南、闽西迁始兴而后再迁来南雄。迁徙频仍，居址分散，遍布 24 个镇 179 个村，而多聚居于盆地中心地带的湖口、珠玑、黎口、全安、黄坑等镇。湖口镇刘氏约占该镇总人口的 16%，黎口为 12%，珠玑为 11%。现录其 51 族于下：

南亩镇长洞、官田等地刘姓

南宋末，刘祖富、刘祖贵兄弟自江西兴国迁南雄城悖悌街，其子泽洲、泽川兄弟由雄城迁坪田之平冈，其孙浛桄、浛杭、浛杞兄弟又由平岗迁南亩长洞，为长洞之基祖。

明永乐间，刘景贤，性豪爽，有远大志，四处寻山玩水，行见官田山清水秀，遂由福建武平迁官田开基创业。

钗坑刘族：始迁祖为刘钦胜、刘钦福兄弟，于清初自信丰安息迁来开基。

禾稼塘刘族：始迁祖刘彭浩，于明末自始兴高车迁来开基。

湖口镇岗围、坪地、罗佛寨、彭坑、公陂坑、野猪窝、牛牯陂等地刘姓

明永乐间，刘仁由信丰小河堡迁岗围开基；刘延任自始兴迁入野猪窝开基，其后裔分迁牛地和邓公桥。

明成化间，刘朝胜由始兴迁罗佛寨开基。

明嘉靖间，刘学祖、刘学祥兄弟由始兴县总村迁坪地开基；刘元信由始兴迁牛牯陂开基，刘元敬由始兴迁彭坑开基；刘倚湘等自信丰石背迁三角下村开基。

明末，刘彰晃由信丰回戈堡迁公陂坑开基。

珠玑镇新村、古田、塘村、三驳桥、龙陂塘、牛皮桥、聪背、蕉坑等地刘姓

---

① 参见《南雄县志》，广东人民出版社 1991 年版。

明初，刘发仲由信丰迁新村开基；刘世宾由始兴总村迁三驳桥开基；刘友灌由信丰小河堡迁古田开基，其后裔分迁许村李木坑、新村、洋坌。

明成化年间，刘国华由始兴迁龙陂塘开基。

明嘉靖年间，刘倚聪兄弟三人自信丰石背迁塘村开基，其后裔分迁许村、河村、云田水、下罗田、灵潭；刘舜稷由始兴溯源迁蕉坑开基；刘巨河裔自始兴迁聪背开基。

明万历年间，刘勋椿由始兴井罗弯迁牛皮桥开基，其后裔刘仰宗分迁里东街，刘仰茂分迁小坑。

黎口镇周坑、窑坑、江背坑、月光坪、石陂水、勋口等地刘姓

明永乐年间，刘道清由信丰石背迁周坑开基，其后裔分迁茶园、大树园、红桃杏；刘景萍自福建武平迁江背坑开基，其后裔分迁湖口石坑。

明嘉靖年间，刘高柏、刘高觉兄弟由始兴溯源迁月光坪开基；刘虞闻由始兴溯源迁窑坑开基，其后裔分迁五渡、洋湖、聪背、主田。

明万历年间，刘文杰自江西吉水迁勋口上坪开基；刘封贵自始兴迁勋口田塍头开基；刘肇麟自始兴碓头洞迁石陂水开基，其后裔分迁暖水塘。

黄坑镇许村塔岭、猪头岭、上象刘姓

明嘉靖年间，刘明迴由信丰迁许村塔岭开基；刘元胜由始兴迁上象开基。

明末，刘元峰自江西上犹迁猪头岭开基，其后裔分迁灯笼排、主田大旺洞、雄城槐花巷。

乌迳镇矮公坑、莲塘刘姓

明成化年间，刘弼恭由兴宁迁矮公坑开基，其后裔分迁赤溪湖、晏塘、角公塘开基。

明嘉靖年间，刘明祥自信丰迁莲塘开基。

水口镇石角、石塘、流坑刘姓

明初，刘友浓由龙南大龙堡迁南雄赵东坑。万历年间，刘瑞由赵东坑迁石塘开基，后裔分迁长迳桥。

明天顺年间，刘良满父子自江西迁南雄，其后裔居园甫，刘勋胜迁石角开基。

明末，刘巨江裔由始兴塘角迁流坑开基，其后裔分迁竹头坪、樟木山等地。

全安镇琵琶岭、河塘刘姓

明英宗天顺八年（1464 年），刘昌明由汀州迁信丰鸡龙石，居一载，因天旱，复迁始兴张源洞。明成化年间其后裔自始兴张源洞迁琵琶岭开基。

明万历年间，刘公自江西安远迁河塘开基。

雄州镇围俚、仙居地、泮塘水刘姓

明初，刘世宾由始兴总村迁泮塘水开基，其后裔分迁田边水、垅头、塘东、里

仁等地。

明嘉靖年间，刘国刁自始兴总村迁围俚开基；刘国翠自始兴总村迁仙居地开基。

帽子峰镇上田坑、黄土垒、横水新坪刘姓

明初，刘宏圣由信丰迁上田坑开基。

明嘉靖年间，刘舜自信丰小河堡迁黄土垒开基。

明万历年间，刘公由始兴塘角迁横水新坪开基。

江头镇鹤坝、主田上井、古市瑶台、清水塘刘姓

明嘉靖年间，刘公自江西里庄坝迁鹤坝开基。

明天顺年间，刘朝干自始兴迁上井村开基。

明万历年间，刘元开自始兴总村迁清水塘开基；刘文臣自始兴东流坝迁瑶台开基。

大塘镇东坑、锡上刘姓

清初，刘良秀自始兴山口豆迁东坑开基；刘允秀自始兴迁锡上开基。

其余散居各处之刘氏多为清初迁来，不赘录。

■ 叶姓

叶氏联谱称：叶氏受姓始祖诸梁一世，周楚大夫，居南阳郡。传七十世乾昱，居浙江松阳，生五子：道构、道与、怀孜、怀裕、怀凤。道与、怀孜、怀裕后裔先后有八支迁来南雄。

乌迳七星树下叶姓

先祖叶道与传下至八十二世臬公，迪功郎，朝奉大夫，饶州太守，生五子：崇道、崇德、崇仁、崇义、崇礼，原居浙江处州府丽水县。叶崇义名浚，唐乾符初授广东崖州都督，年老任归，至南雄，闻黄巢寇入长安，道路云扰，乃择地卜居于乌迳七星树下，生三子：雨物、雨济、雨时。雨物、雨济外徙，雨时字云兴仍居乌迳，为南汉千夫长，保境安民。后晋兵犯境，云兴接战于白石岗，阵亡，敕封都统。其后裔分迁坪田等地。

龙迳叶姓

先祖叶崇礼，唐咸通初以孝行任常州刺史。其次子瞻鉴，以太常博士出知合州。唐天复三年（903 年）瞻鉴病卒于南雄沙水。其家属因世乱遂卜居沙水，其后裔迁龙迳开基，又分迁朱溪。

白胜、溯水、塘东叶姓

先祖叶希泽，银青光禄大夫、监察御史中丞，生九子。次子仁寿，其后裔文德、文宗、文修、文崖兄弟四人于元末自江西信丰桃江同迁南雄城北关世显街，与早于南宋初卜居于此的希泽五子仁和裔文通、文实、文贽兄弟鳞集而居，名日“叶氏山庄”。明初，文德后裔叶用谦迁居白胜。文宗后裔叶万福迁居溯水，叶万全迁

居塘东。文修后裔迁下惠之高田及大余之凤凰城，文崖后裔迁四川。

坪田、姜塘、东坑叶姓

先祖为叶希泽第五子仁和，宋神宗熙宁二年（1069年）获进士第一，官直学士。其孙叶蓊，任龙门县令，迁曲江侯，南宋初，解组归，闻余寇未靖，遂卜居南雄北关，七代传至文逊、文实、文贽，与仁寿裔文德、文崇、文修、文崖兄弟鳞集而居。元延祐甲寅（1314年），文逊与文实兄弟自北关迁居姜塘，文贽裔迁坪田东坑、迳口下村。

元末，南雄北关“叶氏山庄”七兄弟鳞集而居，曾传为佳话。有诗云：欲把兰芽着意栽，联翩雁序往南来。雄州定宅声名远，浈邑同居事业恢。肇起人文昭百代，遥绳祖武映三台。莺迁此后如分棣，萼派绵绵自昔开。

新溪叶姓

先祖叶崇道，唐时任莆田主簿。其后裔叶守葺，官拜行军都统，南宋绍兴十五年（1145年），解职后携子带谱自汀州迁南雄珠玑里石井头。其后裔叶献诚叶献富迁新溪开基，而后再分迁响石、南亩、大坑等地。清乾隆末，叶廷荣由乌迳迁南雄城经商而成巨富。

坪田龙头叶姓

先祖叶甘霖，原居南雄北关，南宋绍兴年间，“因厌余寇蜂屯”，遂东迁坪田龙头开基。

坪田亨邦叶姓

先祖叶宗文，南宋淳祐癸卯（1243年）举人，成淳乙丑进士，任南雄州助教。于德祐乙亥（1275年）与弟宗武自南京迁坪田亨邦开基。

龙溪、竹溪叶姓

先祖叶仲华，官户部传郎，南宋绍兴十五年，随岭南安抚使黄宣来粤，因喜爱南雄山水，遂自浙江天台挈家迁来雄城居住。生二子：南英、南昌。南英徙居乌迳，其次子叶熙元于宋孝宗隆兴年间迁龙溪开基。南昌之子叶以仁于宋咸淳间迁竹溪（大竹）开基。

■ **陈姓**

《南雄陈氏首修联谱》（1998年）称：现居南雄陈氏为南朝陈宣帝项长子叔宝（后主）第六子叔明之后裔，计有十族，迁雄最早的是北宋治平间横水陈族。其次是南宋末溪塘陈族，其余八族多于明代从赣南、闽西迁来，或从赣南、闽西迁始兴而后迁入南雄。

横水陈姓

北宋治平年间，南雄知州陈优（江州义门陈氏之后裔）卒于任，子孙遂居雄城。传至第九代陈公佑，于南宋末迁横水开基。承江州义门陈氏之遗风，历12代290多年，和睦共爨，创至和堂。明成化二十年（1484年），南雄知府江璞，远道寻访，登门嘉奖。为至和堂题匾。并题诗为赞：“五马迢迢访义门，一堂和气蔼春风。立家创业前朝祖，共食同居九代孙。风俗坐看回太古，褒旌行见沐殊恩。笑他割户分门者，敢与同年共日论。”该族后裔分迁于洞头村的忠兴、河背、桥头、大村、张屋坪、下迳等处及澜河镇的寨湾。

溪塘陈姓

始祖陈福基，原居福建莆田，南宋理宗时任佥书枢密院事，度宗时任广南东路安抚使，因与奸相贾似道不合，辞官隐居南雄珠玑巷。德祐二年（1276年），元师逼境，曾起兵抗元，因势单力薄，无济于事，乃辟居溪塘，子孙昌盛，为一方巨族。其后裔分迁象湖、黄坪、斜头下、横塘、棠木山、仙水塘、杨公坑、老屋场、高车、里坑、土桥、坪岗等处，以及大余县之塔前、锡坑、黄竹岭、上村等地。

笃庆祠迁雄陈姓

笃庆祠始祖陈宗起，原居福建莆田，后迁江西虔州。陈宗起曾孙陈明达于明洪武年间举家迁始兴开基。其后裔于明永乐年间分迁南雄：陈九讳迁小坑；陈九汤迁芳迳，又分迁贵村；陈九伐迁芳迳打铁排；陈九思迁云田水；陈九论迁哈乐。

外营祠迁雄陈姓

外营祠始祖陈文珊，于明洪武年间自福建上杭瓦子街迁始兴顿岗下坊开基。其后裔于明嘉靖年间分迁南雄：陈法永迁小陂头开基；陈东源迁邓坊圩开基；陈一亮迁和睦塘开基；陈一件迁乌迳响石开基；还有分迁于河塘蛇头迳古市丹铺等地。

顿岗祠迁雄陈姓

顿岗祠始祖陈远五，于明景泰年间由福建上杭迁始兴顿岗开基，其后裔20余族播迁南雄。

修仁仓边陈姓：始迁祖陈献瑛兄弟三人于明成化间迁来开基，后裔分迁城门。

龙眼头陈姓：始迁祖陈大顺、陈大初兄弟，于明成化间迁来开基，后裔分迁南亩、上坪园。

长坑陈姓：始迁祖陈右于明弘治年间迁来开基。

龙陂塘陈姓：始迁祖陈左于明弘治年间迁来开基。

园甫西淋水陈姓：始迁祖陈大本于明成化间迁来开基，后裔分迁上罗田、梅岭脚下。

荆岗大岭口陈姓：始迁祖陈大猷于明万历年间迁来开基，后裔分迁里坑、高基头。

坪坑陈姓：始迁祖陈昌郁、昌达兄弟于明末迁来开基。

修仁陈姓：始迁祖陈榻于明正德年间迁来开基。

迳口陈姓：始迁祖陈吾元于明嘉靖年间迁来开基，后裔分迁上坪麦园、昆仑洲、南蛇洞、勋口。

主田午坪陈姓：始迁祖陈德于明成化年间带二子一侄迁来开基。

湖口石坑陈姓：始迁祖陈大理于明嘉靖年间迁来开基。

新迳古坑陈姓：始迁祖陈林于明嘉靖年间迁来开基。

邓坊洋西坑陈姓：始迁祖陈祖于明嘉靖年间迁来开基。

珠玑新村陈姓：始迁祖陈道化于明万历年间迁来开基，后裔分迁小里元。

水口沙坳头陈姓：始迁祖陈敬致于明万历年间迁来开基，后裔分迁邓坊老圩、梅关北下坳。

帽子峰坪山陈姓：始迁祖陈国泰于明崇祯二年（1629年）迁来开基。

王步水陈姓：始迁祖陈卷于明嘉靖年间迁来开基，后裔分迁塘山、水头。

赤溪湖陈姓：始迁祖陈策于明嘉靖年间迁来开基。

湖口石古圳陈姓：始迁祖陈道能于明嘉靖年间迁来开基，后裔分迁里东冈。

苍石大坪陈姓：始迁祖陈经于明嘉靖年间迁来开基，后裔分迁澜河上。

还有迁于里东横江、邓坊山田、梅岭南岭、湖口罗、佛寨、百顺沙坑、马尾丘、雄州镇仙居地、乌迳塔背、牛田、倚逢、邓坊竹头坪、苍石半迳水、上坪金竹园。

净花祠迁雄陈姓

先祖陈祖虞原居福建上杭瓦子街，明洪武年间卒，妣戴氏携九子迁广州五仙街，时因海疆未宁，长子发强、次子发兴迁始兴净花村开基。其后裔由始兴净花分迁于南雄大塘逆龙坑，珠玑聪背、龙回桥、陈公庙、珠玑巷，黎口三洲、水口桥，全安富村坪、营子下、羊角岭等地。

山角岭陈姓

明洪武年间，陈祖虞之第三子陈发洪自广州五仙街迁南雄山角岭开基。子孙繁衍，分迁于山角岭新屋村、上排村、下排村、北坑围村，主田窑合孔地村，珠玑里东营场村，邓坊马战、万俚村等地。

新龙莲口陈姓

明洪武年间，汀州庠生陈诗礼之曾孙陈泽通（庠生）自汀州迁南雄新龙之莲口村开基。其后裔分迁水口泷头竹陂坑、雄州镇贵村、湖口青山以及山角岭、上锡、乌迳流塘、邓坊里元、土洞、中心洞、茶头背、枫树下、员坑、旱坳、上兰田、洋西荀石等地。

卓公祠迁雄陈姓

陈卓，宋绍兴进士，知江州。长孙千四郎于明洪武年间由福建莆田迁江西信丰杨溪堡，再迁南雄大山下开基。其后裔多迁回江西崇义、信丰、大余等处，少数分迁于油山镇老屋场、上兰田、坪田坳、大兰、大岭下以及大塘镇上朔、孔江镇桐子树下等地。

柳溪祠迁雄陈姓

先祖陈轼，迪功郎，翁源令，由江西泰和柳溪迁保昌（南雄）珠玑巷开基，其后裔迁番禺，又回迁泰和，再分迁于乌迳、梅关、珠玑凤凰桥、里仁等地。

■ 黄姓

《南雄黄氏族谱》（1999年）称：南雄黄氏多为黄峭山之后裔。黄峭山生唐咸通十三年（872年），进士，官左仆射、千户侯、尚书令。世居福建邵武。妣官氏、黄氏、郑氏各生七子。后周广顺二年（952年），黄峭山遣18个儿子（三夫人各留一长子）远走他方，创业兴家。至今流传遣子诗一首："骏马登程出异乡，任凭胜地立纲常。年深外境犹吾境，日久他乡即故乡。朝夕莫忘亲命语，晨昏须荐祖宗香。惟愿苍天垂庇佑，三七男儿总炽昌。"这18个儿子徙居各方，其后裔在南雄开基创业者有：

浆田大井坊黄姓

始迁祖黄辅魁原居福建宁化。南宋中，赐进士及第，任广东安抚使，因朝政腐败，心怀愤懑，辞官隐居于南雄浆田大井坊。淳祐年间建祠一本堂。其后裔于明清时先后分迁新龙石构塘、下湖、落水塘、邓坊洋稠、邓坊村、长龙圩、磊子脑、老虎前、下惠、南亩文坑等地。

浆田爱敬堂黄姓

始迁祖黄元轩，原居浙江绍兴。南宋末，元轩之父黄缜任韶州教授，景炎二年（1277年）任满归里，道卒南雄，元轩扶榇避兵走信丰，路经浆田，爱其风土，并得大井坊宗亲之助，就地葬父卜居。元延祐甲寅（1314年）建祠爱敬堂，堂联为："孝子誉流江夏；儒师衍派浆溪。"其后裔分迁乌溪塘、乌泥坑、全安竹头坑、古市黄龙坪等地。

上浆田黄姓

一为始迁祖黄伯麟，南宋绍定元年（1228年）举人，随兄伯启（进士，广东转运使）宦游来粤。景定二年（1261年），伯启致仕，伯麟择地上浆田前宅村隐居。南宋同佥枢密院事江万里撰《送黄伯麟留寓岭南文》。黄伯麟自撰隐居诗一首："卜筑于兹不记秋，清泉翠柳有林邱。四时风月供吟笑，满架诗书恣讨求。云去饱看山色好，风来静听鸟声幽。故人相遇无余事，剪烛西窗任劝酉。"一为始迁祖黄辅亮于元元贞二年（1296年）由江西黄金高楼迁上浆田开基。

油山黄地黄姓

始迁祖黄树孙，号千一，于元大德年间由庐陵迁南雄上朔，其后裔于明永乐二十一年（1423年）再迁黄地开基，其后裔分迁珠玑横江、新龙长坑等地。

南亩鱼鲜、官田、文坑黄姓

鱼鲜迳坊黄姓：始迁祖黄翰敬，于明宣德年间由龙南迁来开基，后裔分迁船塘湾。

官田黄姓：始迁祖黄苑义，于明永乐四年（1400年）由始兴车八岭迁官田开基，后裔分迁龙斑里、邓坊村、油山沙洲坑等地。

文坑黄姓：始迁祖黄朱晨，于明天顺年间由龙南象塘堡迁文坑新屋下开基。

乌迳黄竹塘、官门楼黄姓

黄竹塘黄姓：始迁祖黄紫良，于明弘治年间由龙南象塘堡迁黄竹塘开基。

官门楼黄姓：始迁祖黄良善，于南宋嘉熙年间由庐陵迁崇化伯罗石，再迁官门楼开基。后裔分迁黄洞岗、乌迳圩等地。

孔江迳口、寨子脑黄姓

迳口黄族：始迁祖黄良文，于南宋德祐二年（1276年）由江西南丰县新城双井头村迁雄城北门，其后裔黄翰隆于元至正十五年（1355年）迁迳口开基，后裔分迁梅岭小岭圩、观音山等地。

寨子脑黄族：始迁祖黄里碧，于明正德年间由龙南象塘堡迁寨子脑开基。

黄坑麻沙塘、火狮坑、水口牛栏前、湖口岗坪黄姓

麻沙塘黄姓：始迁祖黄本盛，于明末由始兴陆源迁邓坊和睦塘，再近麻沙塘开基。

火狮坑黄姓：始迁祖黄堂朋，于明嘉靖末由龙南象塘堡迁火狮坑开基，后裔分迁片坑。

水口牛栏前黄姓：始迁祖黄堂巍，于明万历年间，从龙南迁水口上坑，其曾孙黄年桂再迁牛栏前开基。黄千会等兄弟五人则由上坑迁湖口岗坪。

乌石黄姓

始迁祖黄福良，其先祖黄青于元代从福建宁化迁南雄城玄妙观前定居，传四代至黄福良，于明洪武二年（1369年）迁主田乌石村开基。后裔分迁里溪、大塘寨江、象头咀等地。

百顺黄屋城黄姓

始迁祖黄文山，原居程乡（梅县），明弘治元年（1488年）迁百顺司城开基，创建黄屋城。后裔分迁寨地、新地、孔寨洞等地。

珠玑灵潭黄姓

一为始迁祖黄显福，于明成化十八年（1482年）由龙南象塘堡迁邓坊上杨梅，其子朝亮等兄弟四人于明嘉靖二年（1523年）再迁灵潭石坪开基，后裔分迁南山泷下。一为始迁祖黄耀，于清康熙年间由始兴周所迁灵潭开基。

雄州镇竹园、借村、楠木、莲塘、长岭等地黄姓

竹园黄姓：始迁祖黄千一郎于明万历间从始兴水环江迁南雄石禾场，其后迁竹园开基。

借村黄姓：始迁祖黄广臣于清康熙间由福建迁来开基。

楠木村黄姓：始迁祖黄崇煜于清乾隆年间由坪山迁来开基。

莲塘村黄姓：始迁祖黄崇暖于清雍正年间由大余迁来开基。

长岭黄姓：始迁祖黄元芳于明末由南胜县迁来开基。

五渡、上坪、赤溪湖、丹铺、小岭风源水等地黄姓

五渡黄族：始迁祖黄桂昌于清同治年间迁来开基。

上坪黄族：始迁祖黄波于明洪武年间由广州迁来开基。

明洪武年间，黄春、黄斌仕宦雄郡，由南昌迁居雄城梅魁街，其后裔分迁赤溪湖、上坑开基。

明代，黄春芳因其孙黄兴远任南雄儒学教授，乃携二子黄用、黄周由福建建安迁居南雄，其后裔分迁小岭、丹铺、风源水等地。

■ 李姓

李氏诸族谱称：肇姓始祖利贞，其父理征，仕于商，因直谏，被纣王赐死。利贞随母入山避难，以木子为食而获活命，因以木子两字合成之李为姓。郡望陇西。南雄李氏有三大支派：西晋太常卿李耿派、唐西平王李晟派、宋进士节度使李火德派。

新田李姓

始迁祖李耿，字介卿，秣陵后街人（秣陵即今南京），西晋愍帝朝正议大夫、太常卿，因见朝政危乱，国事日非。乃叩陛出血，极言直谏，愍帝不纳，怒而左迁始兴郡曲江令。晋建兴三年（315 年）秋，李耿挈家之任，由虔入粤，道经新溪，环睹川原幽异，遂弃官隐居于新溪之岸。子孙繁衍，人文蔚起。孙李金马，元和间举贤良方正、直言极谏科，官户部侍郎，封金紫光禄大夫，开南雄人文之先肇。另有一族为西平王李晟之第十一子李听的后裔李开棠于唐时由福建迁来新田开基。后裔分迁大塘棋杆岭。

古城李姓

始迁祖李叔通，唐西平王李晟之后裔，原居虔州，北宋绍圣四年（1097 年）进士，任广州司马，卒于雄州，举家卜居古城，子孙繁衍，人文蔚起，七代五进士，为宋代南雄之名门望族。后裔分迁里仁上门，溪塘水西、南亩官溪。宋徽宗己未（1139 年）进士李琰徙广州府番禺陈村开基，称望一方。

珠玑黄坑、南亩水口等地的李晟后裔

沙水珠玑巷始迁祖李开耆，唐时游庾岭，见梅花夹道，吟诗百篇，流连忘返，乃携家自上杭迁来南雄沙水珠玑巷开基。其后裔分迁洋湖、外浆、坪岗、水西、官溪、大部、里东等地。

李维贤一族于明代由全南迁水口新流坑、大水洞开基。

李维唐一族于明代由全南迁南亩中岭开基。

由始兴迁雄的李火德后裔

始兴兴贤街李氏八修族谱（2001 年）载：该族以迁闽始祖李火德为一世祖。李火德为宋进士，累官河南节度使，封关内侯，世居上杭，其后裔分迁始兴，再分迁南雄：

黎口迎江头李姓：始迁祖李木惠于元末由始兴迁来开基。

主田新店李姓：始迁祖李彦求于明永乐间由始兴都亨迁来开基。

江头枫树坑李姓：始迁祖李木源，浙江湖州通判，遭兵燹，乃于元至正间由上杭迁南雄城秋千街，其孙李彦菁于明初迁江头枫树坑开基。

水口大坪圩窑下李姓：始迁祖李法鉴于明成化年间由始兴迁来开基。

水口龙凤塘李姓：始迁祖李法盛于明嘉靖年间由始兴迁来开基，后裔分迁荆岗鸭子岭、赤岭、秋千街、河村等地。

主田龙头围李姓：始迁祖李志义于明弘治年间由始兴寨头迁来开基。

大塘古胜前李姓：始迁祖李志贤于明正德年间由始兴寨头迁来开基，其后裔分迁油山里坑龙。

丰源水李姓：始迁祖李玉财，明天顺举人，番禺训导，由始兴凉源迁来开基，其后裔分迁黄土仓、灌塘、古录、小水等地。

江头武岭李姓：始迁祖李千于明万历年间由始兴清化迁来开基，其后裔分迁园甫、泷头等地。

主田石子桥李族：始迁祖李琦于明嘉靖年间由始兴凉源迁南雄墓坪，其后裔李承化再迁石子桥开基。

雄州镇丰门坳李姓：始迁祖李配于明嘉靖年间由始兴城南迁来开基，后裔分迁东厢铺、政塘、瑶台等地。

雄州镇楠木李姓：始迁祖李道碧于明万历年间由始兴罗所迁来开基。

苍石兰溪李姓：始迁祖李道政、道鉴于明万历年间由始兴太平镇东门峰山迁来开基，其后裔分迁凉地松树坑。

湖口矿岭李姓：始迁祖李秉祥于明万历年间由始兴柴塘迁来开基。

苍石章禾洞李姓：始迁祖李秉一于明嘉靖年间由始兴罗坝下塘迁来开基，其后裔分迁上龙、修仁岭头。

下河塘李姓：始迁祖李秉颜于明万历年间由始兴含秀村迁来开基。

黄坑官塘坑李姓：始迁祖李秉勇，郡庠生，于明天启年间由始兴涝洲水迁来开基。李秉哲于明万历年间由涝洲水迁上惠旱塘坑开基。

主田梁书洞李姓：始迁祖李秉寿于明嘉靖年间由全南龙源坝迁来开基。

三洲下门李姓：始迁祖李植杨于明万历年间由始兴罗所迁来开基。

三洲上门李姓：始迁祖李植材于明万历年间由始兴城南大井头迁来开基。

帽子峰上龙枣园李姓：始迁祖李植椽于明嘉靖年间由全南龙源坝迁黄沙坑再迁上龙枣园开基。

黄坑蔡屋场李姓：始迁祖李承发于清康熙年间由始兴寨头迁来开基。

古市山角岭李姓：始迁祖李承凤于清康熙年间由始兴鹅公陂迁来开基。

雄州镇尚书里李姓：始迁祖李宗处于清康熙年间由始兴大井头迁来开基。

全安麻土坳李姓：始迁祖李胜于清康熙年间由始兴鹅公陂迁来开基。

■ 张姓

《南雄张氏六修族谱》（1998 年）称：始祖张君政，唐初任韶州别驾，由河南迁家于韶州，子宏愈生子四：九龄、九泉、九章、九宾，后裔散居粤、赣、闽各地。南雄张氏均为九龄之后裔，自始兴、曲江、翁源、江西信丰、福建上杭、邵武等地先后迁入48族，散居于172村及雄城各街道。以张九龄为第一世，历传58世。简录如下：

从始兴迁来36族

于元末迁来开基的有：南雄城内张成材，后裔分迁赵坑；南雄城扎笔巷张本恭。

于明初迁来开基的有：主田王步水张维；大坝张继辅；苍石连石村张琼；雄城西门街张玉鹗；湖口麻塔石张美玉；横水竹山下张朝椿；城郊满湖塘张宗；叟里元黄泥井张仕。

于明代中迁来开基的有：南雄城张贵柏，后裔五大房分迁南雄各地；雄城乐善街张炳然；水口张和坝张元统；湖口青山张成凤，后裔分迁塘背、大坑；黄坑旱楼下张书龙；古市双坑张书行；南浦张庆佑；小坑江尾张庆福；大坊张恩凤、张福聪；古市官田张鸿先；全安里冈岭张文卿；冷水坑张文学；金安石头堆张云行；老富坑张明禹；百顺张明海；邓坊张福明；澜河中洞张明祥。

于明季清初迁来的有：密下水张兆瑞；紫岭张兆亨、张兆炎兄弟；黄坑蔡屋场张世昌；古市倚逢张昌香；城郊水西张大通；主田张屋张发滨；雄城黄泥巷张祥仁；古市小坑张永耀、永荣兄弟。

由江西信丰迁入7族

张良胜携子敬兴于明正德年间由信丰铁石堡迁南雄湖口开基。

张道昌于明正德年间由信丰铁石堡迁黄坑猪头岭开基，后裔分迁片坑。

张怀用于明代中叶由信丰迁南雄溪头开基。

张怀玙于明代中叶由信丰迁南雄龙塘坑开基。

张若贤于明季由信丰迁南雄沉湖开基。

张大化于明季由信丰迁南雄禾连坑开基。

张招福、招贵、招富、招禄兄弟于明隆庆年间由信丰迁南雄许村开基，后裔分迁里源、暗湖、小岭等地。

由福建上杭、邵武各迁入1族

张占魁于明初由上杭迁来南雄，其后裔分迁小水、黄田、松坳、祗元等地开基。

张永怀于清初由邵武迁南雄张天丘开基。

由曲江迁入2族，翁源迁入1族

张议由曲江白兔村迁南雄修仁开基。

张玉海由曲江迁南雄邓洞开基。

张胜玉于明代由翁源迁南雄澜河里地开基。

■ 邓姓

《粤赣边邓氏联谱》（1998 年）称：南雄邓氏为东汉邓禹之后，祖居南阳新野。邓氏先后迁雄十七族，主要十族分述如下：

陂头、乾村邓姓

民国三十八年（1949 年）南雄邓氏四修族谱载《乾村源流序》称：唐开元间，始祖讳少立，任工部尚书（司空），协助张九龄开大庾岭道，其子乃与张家通婚，居于始兴。岭道竣工，于梅关设卡收费，由邓氏子孙居红梅，负守卡收费之任。至五代南汉时，卡废，邓氏子孙散居石前都陂头。北宋乾德年间，邓固自陂头分迁北山横水，并以乾德年号名其村为乾村。邓固长子邓庄，子孙迁崇义。次子邓赟，官连山令，子孙分居大庾县内良团石溪村。嗣子志宏世居乾村。南宋嘉定六年（1213 年）八月，族长、城北关世显坊解元邓普大会邓族于陂头司空公之神斋，参加者有百四十六人，祀祖序族。陂头有邓产岭，为邓氏先人墓葬之所。

雄城秋千街、聪背、坪田等地邓姓

先祖邓文进，隋大业初为韶州刺史，子孙世居曲江。北宋邓戒为户部尚书，第三子邓向于治平四年（1067 年）举进士。嘉祐三年（1058 年）因贼乱扰乡，由曲江迁居南雄城北门，即今秋千街。邓向子邓显道登元符三年（1100 年）进士，曾孙邓希颜登嘉定七年（1214 年）进士。希颜生三子：曜东，曜邦、曜林。曜东世居北门，其后裔分迁聪背、腊树园等地。曜邦长子邓钟鼎于元至元年间迁居灌溪，其后裔邓奉我于明末分迁大坪山。曜林徙居坪田开基。

象湖邓姓

南宋绍兴年间，南雄州佥判邓升之次子邓玉，因婚籍南雄。其子邓鹏飞举特科，任象州推官，传至四世孙坤钟，于南宋末避乱迁象湖开基。其后裔又分迁坪田、黄泥塘等地。

红梅、下坋、长迳桥等地邓姓

元代，邓横浦公自大余水城迁南雄梅岭红梅邓屋村，其后裔于明洪武六年（1373 年）分迁下汾、营场、长迳桥等地。

三洲邓姓

明洪武间，邓祖贤、邓祖端兄弟自福建上杭迁粤。祖贤居始兴澄江，其后裔又分迁南雄主田、全安、古市、黎口、江头、牛筋街等处；祖端在南雄三洲开基，为三洲邓氏始迁祖。

齐石、兴塘、古塘、横江、乌迳邓姓

元代，潮阳主簿邓友贤之子邓思诚，因寻找先祖华山公游学南雄故地，遂择地卜居于齐石。

明洪武三十一年（1398 年），邓元佑由福建上杭迁来兴塘开基。

明正德十四年（1519 年），邓文广因避乱由福建迁来古塘开基。

明代，邓愈由福建汀州迁来横江开基。

明代中，邓仲连、邓仲珍兄弟由信丰迁芳迳开基。

灵潭、苟石、羊角、水大坪、里东南山等地邓姓

灵潭邓族于明万历二十四年（1596 年）自始兴侯陂迁来。

苟石、大源、丰门坳邓族，于明万历年间自始兴侯陂迁来。

羊角邓族于清康熙年间由始兴陆源小黄坑迁来。

水大坪邓族于清康熙年间由始兴迁来。

里东南山邓族于清乾隆年间自始兴牛田陂迁来。

■ 何姓

珠玑巷何氏五修谱载：何氏乃黄帝裔，得姓始于韩瑊。周末，韩王安命瑊为公族大夫，与韩非同秉国政，因谏安勿朝秦，安不听，瑊乃退处韩原。公元前 230 年，秦灭韩，韩瑊遁居庐江。秦始皇立，因出游至搏浪沙为人所击，大索不获，疑是六国公子阴谋，乃下令潜访六国之后尽杀之。韩瑊于庐江为秦吏渡，被诘问是何姓，韩瑊指水而应之，意谓如河水之“寒”。秦吏不觉，以为河姓。韩瑊幸而得免屠戮，为避搜杀之祸，乃改姓韩为何。河字部首以人换水。

现居南雄何氏主要两大支派：

以何昶为始祖的珠玑巷何姓

何昶先祖何容，东汉时由荆州桂阳徙居岭南阳山之通儒坊。五代后晋时，何昶被晋帝拜为给事郎、侍御史。后周时，拜南海参军，持节谕南汉，被南汉主刘晟所拒，乃携家馆于雄州珠玑巷。不久，雄韶浈连盗起，刘晟举昶统兵征讨。于韶阳滩夜遇盗，舟覆，昶落水死，其尸逆水上浮三十余里，雄人嘉其忠义神异，厚葬于巾子岭，立庙祭祀。宋时，赠清海军节度使、殿中侍御史。何昶子孙遂卜居珠玑巷。传至何礼生五子。次子何琛迁番禺开基，三子何琰迁肇庆开基，四子何瓒迁新州开基，五子何琪迁循州开基。长子何琇及何礼之弟何利仍居珠玑巷，其后裔由珠玑巷陆续分迁南雄各地，录如下：

祇芫何姓：始迁祖何仁山于元代迁来开基，后裔分迁里东黄泥塘。

河村河头何姓：始迁祖何诚信于明初迁来开基。

河村下门何姓：始迁祖何文用于明初迁来开基。后裔分迁三角、大坪。

河村下宅何姓：始迁祖何宗本于明正统年间迁来开基，后裔分迁彭下、水口桥、龙眼头。

河村上门何姓：始迁祖何旺于明正统间迁来开基。

水口大坑何姓：始迁祖何宗海于明正统年间迁河村下宅，再迁水口大坑开基。又何东弼于明万历年间迁大坑开基，后裔迁台湾。

百顺何姓：始迁祖何福谅于明正统年间迁来开基。

河坪田心何族：始迁祖何朝岗于明嘉靖年间迁来开基。

岗坪何姓：始迁祖何普岗、何桂岗、何鸣岗兄弟于明嘉靖年间迁来开基。

白木何姓：始迁祖何龙岗于明嘉靖年间迁来开基。

赤岭何姓：始迁祖何邦启于明嘉靖年间迁来开基。

雄城何姓：始迁祖何邦辅于明嘉靖年间迁城定居。

小潜何姓：始迁祖何清海于明嘉靖年间由河村田心迁来开基。

水口田心何姓：始迁祖何敬恂、何敬慈于明嘉靖年间迁来开基。

另：何瑞唐于清初由信丰水西沂塘迁乌迳开基。何天富于明代由赣州迁邓坊开基。

以何亶为始祖的迁雄何姓

何亶，五代后梁进士，闽西宁化尹，梅州守，后裔辗转迁徙，由福建入粤，分迁于程乡（梅县）、海阳（惠阳）、长乐（五华），后迁始兴，再迁南雄。

小潜何姓：始迁祖何一洪，于明末由始兴新村苍佩迁南雄沙水，其子何士康再迁小灉开基。

三夸水下陂山何姓：始迁祖何士雄，于明天启年间由始兴新村迁来开基，后裔分迁南雄城悖悌上街。

角湾何姓：始迁祖何士云于明天启年间由始兴新村迁来开基。

石禾场何姓：始迁祖何萃于明万历年间由始兴迁来开基。

百顺天弓弯何姓：始迁祖何士标于清雍正年间由始兴新村迁来开基。

下玢何姓：始迁祖何一明于清康熙年间由始兴新村迁来开基。

上惠何姓：始迁祖何一照于清康熙年间由始兴新村迁来开基。

邓坊何姓：始迁祖何一充于清康熙年间由始兴新村迁来开基。

灉溪大水边何姓：始迁祖何文广于明末由始兴新村迁来开基。

全安瓦窑岗何姓：始迁祖何一珍于清康熙年间由始兴新村迁来开基。又何铅于明末由始兴新村迁来瓦窑岗开基，其后裔分迁暖水塘、政塘。

里东蕉坑何姓：始迁祖何一庆于清康熙年间由始兴新村迁来开基。

苍石大坪何姓：始迁祖何维卓于明代由始兴迁来开基，后裔分迁大禾坪。

苍石村何姓：始迁祖何朝济于明代由始兴陆源迁来开基，后裔分迁大湖。

雄城水上新村何姓：始迁祖何一爵于明末由始兴土陂迁南雄新田经营水运，解放后迁雄城水上新村。

象湖何姓：始迁祖何亨柏于明代由始兴澄江迁来开基，后裔分迁山田、元甫。

西洞何姓：始迁祖何元锦、何元高兄弟于明代由始兴澄江迁来开基，后裔分迁全安谢地。

上孔何姓：始迁祖何亨相、何亨桂兄弟于明代由始兴迁来开基。

廖地何姓：始迁祖何贞富、何贞贵兄弟于明末由始兴澄江迁来开基，后裔分迁大水坪、下泷、长岭头。

老虎板何姓：始迁祖何利受于明末由始兴澄江迁来开基。

孔地何姓：始迁祖何士荣于明代由始兴澄江迁来开基。

南坑何姓：始迁祖何仲稳于明天启年间由始兴澄江迁来开基。

黄坑乌交塘何姓：始迁祖何彦盛于明初由始兴澄江迁来开基。

另：何亨崇于清初由始兴胆源迁沙水珠玑巷开基。

■ 钟姓

钟氏源流有四。南雄钟氏多为钟接之后。钟接本为汉钟离昧之子，复姓钟离，为避祸，去离为钟。南朝梁元帝时，临海令钟宠为避侯景乱迁居赣州，其后裔分迁赣南、闽西等地，而后有多支分迁南雄。

浆溪钟姓

始迁祖有二：一为钟仁清，祖居河南许昌，南宋末，任雷州主簿，任满北归，途经南雄，见浆溪山水秀美，乃携家卜居于此；一为钟仁绅，宋淳祐三年（1243年）进士，肇庆路总管，咸淳二年（1266年）致仕北归，闻元兵逼境，遂卜居浆溪。两房后裔分迁长龙圩、龙迳、吊斗下、修仁、油山廖地、南枫、澜河上磅、大塘五炉等地。

由龙南迁来的钟姓

水口大沙丘、上湖洞钟姓：始迁祖钟叔敬于明洪武十九年（1386年）因避寇乱由龙南迁南雄溪塘，其次子钟仁由溪塘迁下楼大沙丘开基，后裔分迁山坑。第三子钟永庆由溪塘迁上湖洞开基，后裔分迁江头范岭、珠玑巷、周地排、旱寨下。

武岭钟姓：始迁祖钟文沿于明万历三十年（1602年）由龙南程龙水阁上秀排西坑围迁来开基。

南亩邓坑钟姓：始迁祖钟辟于明嘉靖中由龙南象塘浆湖迁来开基，后裔分迁钵头碗、马占丘、鹅公岭。

水口当面岭钟姓：始迁祖钟万有于明弘治间由龙南象塘迁来开基。

南甫上塘钟姓

始迁祖钟响，曾任江阳太守，祖居福建长汀白虎村，于南宋淳祐年间迁南雄城外五里山，历十二代。明季，再迁武岭，又迁上塘开基立祠，后裔由上塘分迁南甫、新塘坑、西坑、雄州镇铺背。

灵潭钟姓

灵潭谱载不详，始迁祖钟必铨于清初由江西泰和县柘塘迁南雄昆仓洲，后迁南雄城，又迁乌迳，再迁灵潭开基。

由始兴迁来的钟姓

《钟氏敦睦堂七修族谱》（1998年）称：先祖钟理政字秉钧，号石村，唐末，官拜参军校尉，金紫光禄大夫、上柱国，原居福建汀州。元末，部分后裔南迁始兴，历二百余年，而后分迁南雄，时多在明季清初，计有39族：

主田泷下钟姓：始迁祖钟具三郎于元末由始兴城南迁来开基。

古市小坑钟姓：始迁祖钟大四郎于明代中由始兴横岭迁来开基，后裔分迁丰源水。

邓坊钟姓：始迁祖钟本能、钟本才、钟本高、钟本立兄弟由始兴钟镇迁来开基，后裔分迁油山龙头村、梅岭小岭。

洋西寨下钟姓：始迁祖钟维洪由始兴上石迁来开基。

珠玑里仁田心钟姓：始迁祖钟懋由始兴钟镇迁来开基。

珠玑外浆钟姓：始迁祖钟维胜由始兴上石迁来开基。

古市柴岭坪坑钟姓：始迁祖钟友庆由始兴马市长嵊头迁来开基，后裔分迁富村坪，再分迁五渡。

主田大水头钟姓：始迁祖钟广茂由始兴牛头陂迁来开基，后裔分迁江头小泷头湖口岗坪。

全安三枫钟姓：始迁祖钟朝桢由始兴钟镇迁来开基。

江头下濑洞钟姓：始迁祖钟廷清由始兴蛇鼻头迁来开基。

古市湖罗丘钟姓：始迁祖钟万贵由始兴莲子头迁来开基。

雄州镇水南钟姓：始迁祖钟安由始兴澄陂迁三驳桥，再迁水南开基。

主田王坑钟姓：始迁祖钟福由始兴铁寨迁来开基，其后裔分迁上溪口。

主田王步水钟姓：始迁祖钟禄由始兴铁寨迁来开基。

里东周地排钟姓：始迁祖钟荣由始兴铁寨迁来开基，其后裔分迁里塘坪。

黎口昆仓洲钟姓：始迁祖钟晓由始兴马岗迁来开基。

洋汾水天心坝钟姓：始迁祖钟鸣贵由始兴莲子头迁来开基。

全安官田坳钟姓：始迁祖钟象衡由始兴东富村迁来开基，其后裔分迁横水竹山下。

牛田钟姓：始迁祖钟名贵、名盛兄弟由始兴上石迁来开基。

百顺朱安大坪钟姓：始迁祖钟名照由始兴上石迁来开基。

坪岗钟姓：始迁祖钟鸣旺，由始兴牛头陂迁来开基。

里仁钟姓：始迁祖钟鸣理由始兴牛头陂迁来开基，其后裔分迁高基头。

澜河上磜钟姓：始迁祖钟应思由始兴马岗迁黎口上坪，再迁澜河上磜开基。

全安小水岭钟姓：始迁祖钟鸣由始兴马市迁来开基，其后裔分迁里岗岭。

帽子峰水南坝钟姓：始迁祖钟德栋由始兴东富村迁来开基。

王亭石钟姓：始迁祖钟世凤由始兴蛇鼻头迁来开基。

坪岭钟姓：始迁祖钟维禄由始兴上石迁来开基。

白云黄坑钟姓：始迁祖钟德紫由始兴罗坝迁来开基。

城古岭钟姓：始迁祖钟世隆由始兴都塘迁来开基，其后裔分迁苍石大坪。

古市天子印钟姓：始迁祖钟世荣由始兴莲子头迁来开基。

珠坑钟姓：始迁祖钟心泰、钟心兴兄弟由始兴东富村迁城古岭，再迁珠坑开基。

百顺钟姓：始迁祖钟聚秀由始兴顿岗迁来开基。

百顺富岭钟姓：始迁祖钟肇湘由始兴马市迁来开基。

百顺吊钟寨钟姓：始迁祖钟长生由始兴马岗迁来开基。

丰源水大坪钟姓：始迁祖钟声奕由始兴澄陂迁来开基。

全安桐木岭钟姓：始迁祖钟应超由始兴东富村迁来开基。

溪头下南山钟姓：始迁祖钟启源由始兴莲子头迁雄城黄泥塘，再迁百顺溪头下南山开基。

邓坊水底钟姓：始迁祖钟运隆由吉村迁来开基。

密下水塘坑钟姓：始迁祖钟云镜由始兴铁寨迁来开基。

■ 王姓

据王氏族谱称：王氏是周灵王之后（有说周平王），世居太原，因出于王族，以王为姓，以太原为郡望。南雄王姓，早的于宋末由闽西上杭、赣南信丰迁来，迟的于明季由始兴迁来。

鱼鲜王姓

始迁祖为王源观（卫辉府汲县尹）之子王日遵、王日泰、王日进兄弟三人，世居福建上杭。宋末，文天祥兴师勤王，日遵、日泰、日进投戎于文天祥麾下，随师至南雄，元师逼境，兵败瓦解，三弟兄见鱼鲜山水宜人，就此卜居立祠。后裔分迁赤石、高陂。

大坊莲塘王姓

始迁祖王顺兴于宋末由江西迁来开基。

茶头背王姓

始迁祖王居惠于明永乐年间由江西万安白坭里迁南雄茶头背里边开基，后裔分迁上湖探地、小车坑及大余惜母等地。

由始兴迁来的王姓

据《王氏六修族谱》（兴宗系·1999 年）称：该系以王淦为始祖，淦生八子，其裔孙先后自明成祖永乐十五年（1417 年）至明宪宗成化七年（1471 年），分别由福建上杭、武平和江西新淦迁广东始兴县之下湾、下嵩、高营、清化、罗陂、千家营、湖芳、小溪、黄腾迳、下窖等地，立祠千家营，历数代而后于明嘉靖至清初陆续分迁南雄。计有 26 族：

中站王族：始迁祖王朝怀于明万历年间由始兴千家营迁来开基，后裔分迁楠木、水西。

古市横田塍王姓：始迁祖王德隆、王德升兄弟于清康熙年间由始兴千家营迁来开基，后裔分迁小水、坜坪。

雄州镇河南王族：始迁祖王永照于清雍正年间由始兴千家营迁来开基。

全安桐木岭王姓：始迁祖王永发于清雍正年间由始兴千家营迁来开基。

洋坑王姓：始迁祖王祖宣于明代由始兴远迳迁来开基，后裔分迁里元三田。

黄田王姓：始迁祖王祖善于明代由始兴远迳迁来开基，后裔分迁昆仑洲。

勋口王姓：始迁祖王鹏兴于明万历年间由湖芳迁来开基。

澜河、百顺王姓：始迁祖王志明、王志亮于清康熙年间由小溪迁来开基。

里东上街王姓：始迁祖王尚桂于清康熙六十一年（1722年）由小溪迁来开基。

澜河板台山王姓：始迁祖王尚隆于清康熙年间由小溪迁来开基。

澜河牛碜王姓：始迁祖王大彬于明万历年间由胆源迁来开基。后裔分迁细陇、平头硙、沙洲、大余横坑等地。

苍石半迳水王姓：始迁祖王大元于明万历年间由胆源迁来开基。

苍石大禾坪王姓：始迁祖王大盛于明万历年间由胆源迁来开基。

佛岭下王姓：始迁祖王尚炳于清乾隆年间由胆源迁来开基。

叟里园王姓：始迁祖王尚发于清乾隆年间由胆源迁来开基。

梅岭红梅村王姓：始迁祖王本权、王本谋于明万历年间由始兴下嵩迁来开基。

下玢赤珠塘王姓：始迁祖王本珍、王本岑于明嘉靖年间由下嵩迁来开基。

下玢老屋王：始迁祖王万涌、万昌于明末由下嵩迁来开基，后裔分迁赤溪湖、里东茶园、田边水、钟楼巷。

上罗田王姓：始迁祖王意于清顺治年间由下嵩迁来开基。

横江湾背王姓：始迁祖王便于清初由下嵩迁来开基，后裔分迁角湾。

下玢围俚王姓：始迁祖王万珍于清顺治年间由下嵩迁来开基，后裔分迁新屋、长甫桥。

下玢大豆芫王姓：始迁祖王万必于清初由下嵩迁来开基，后裔分迁分水坳、牛碜、前村、苦竹坑。

下玢禾场下王姓：始迁祖王万芳、王万芬于清初由下嵩迁来开基。

锦陂王姓：始迁祖王启尧于清康熙十年（1671年）由始兴远迳迁来开基。

苍石村王姓：始迁祖王有富于清乾隆年间由始兴高营迁来开基。

雄城洙泗巷王姓：始迁祖王学英于清道光年间由高营迁来开基。

■ 赖姓

据赖氏族谱称：赖氏始祖叔颖，西周武王之弟，因伐纣功封赖国，子孙遂以赖为姓，世居河南颍川郡。传至东晋赖遇，授中顺大夫，都御史，江东太守，奏请孝武帝赐“松阳”郡名，子孙世居浙江松阳。后来，子孙分迁福建之武平、长汀、上杭、永定、龙岩、泉州、清流，江西之信丰、龙南等地，而后又分迁广东之南雄、始兴，有的又由始兴再分迁南雄。

孔塘、庙前赖姓

《赖氏永诚祠六修族谱》（1995年）称，这一支赖族以赖遇之二十三世孙赖永诚为一世祖。其先祖居福建武平，明宣德年间，由武平迁江西会昌。嘉靖年间，又由会昌迁江西信丰。传至第三世，永诚之孙赖万苓、赖万芳兄弟于明正德年间由信丰迁来南雄。万苓在孔塘开基，万芳在孔溪（即今庙前）开基。传至第四世，万芳长子富茂迁江背开基。万苓之孙赖爵谨自梅山由孔塘迁大迳开基。此后，永诚一脉子孙繁衍，明清年间，星聚孔塘、庙前，方园五六百户，还播迁于乌迳、老龙、背迳、大竹、田心、沧浪、白胜以及界址汶井、下屋，珠玑叟里元，梅岭大源、梅关，黄坑许村，湖口抚岭等处，亦有还迁江西之信丰、大余、南康、会昌、赣州，远播四川、湖南、广西等地。清乾隆甲戌（1754 年），孔塘赖堂会试中试第二十五名进士，授廉州府教授，乃举家迁居于博白县大旗堡下甲大坪村。

苍石四脑赖姓

《松阳堂赖氏族谱》（1999 年）称，赖遇传下十三世赖虞观，北宋末丙午进士，授湘虞知县。南宋初致仕后，举家自福建上杭迁居苍石四脑村，建祠立业，子孙昌盛。其祠堂联云：虞公开甲第，唐宋以来千余年；赤祖肇家风，文武相继百余人。

江头沙玢赖姓

《松阳堂赖氏族谱》载：赖九郎于明永乐年间，任职南雄，因举家由福建宁化石壁村迁来南雄，其子必信、必诚卜居水西。其后裔重十郎迁江头沙玢开基。

古市山门、梅岭靠椅丘、黎口下坪园、梅关濠头等地赖姓

古市山门赖姓，始迁祖赖岩六于明永乐年间由福建上杭迁来开基。

梅岭靠椅丘赖姓，始迁祖赖法通于明永乐年间由福建上杭迁来开基，后裔分迁禾镰坑。

黎口天坪水赖姓，始迁祖赖时信于明天顺年间自江西龙南大田迁来开基，后裔分迁上坪园、下坪园、天湖洞。

梅关濠头赖姓，始迁祖赖懋兰于清道光六年（1826 年）自江西大余迁来开基。

小邕、双巴树下、荆岗、王步水等地赖姓

江头小邕赖姓，始迁祖赖泳琏于明成化年间由始兴罗围迁来开基。后裔分迁湖口赤沙岭、尖岭下。

祇芫双巴树下赖姓，始迁祖赖法昌（千三郎）于明代中从始兴许塘迁来开基。

荆岗赖姓，始迁祖赖铭于明嘉靖年间由始兴罗围迁来开基，其后裔分迁珠玑巷、武岗。

王步水赖姓，始迁祖赖春星、赖春元、赖春秀兄弟于明嘉靖年间由始兴高水坪迁来开基，其后裔分迁湖口九塘、长嵊头、全安黄塘坑、江西大余等地。

■ 谢姓

《陈留堂谢氏六修谱》（1999 年）称：南雄谢氏为申伯之裔。先祖世居陈留，辗转南迁赣、闽，继而入粤，于元、明、清代自江西龙南、全南、福建及始兴等地迁

来南雄。

上孔溪、下孔溪谢姓

上孔溪谢姓，先祖谢学敬于南宋德祐二年由虔化来粤经商，因避乱，卜居南雄沙水。其孙谢德清于元至正七年（1347 年）徙筠过开基。德清之孙谢子良于元至正二十六年（1366 年）徙官塘开基，生二子：正元、正化。正元于明洪武戊辰（1388 年）迁上孔溪开基，为上孔溪始迁祖。其后裔分迁官塘、大塘圩。

下孔溪谢姓，其先祖谢德翔于南宋末知宾西州来宾县，致仕后，举家侨居南雄城，历四代，裔孙谢茂荣于元延祐年间，迁下孔溪开基，为下孔溪始迁祖。其后裔分迁水口、油山老村、大余池江瑶下等地。

南亩官溪谢姓

始迁祖谢源泰于明初由龙南迁来开基，其后裔分迁滑石水、矮岭、油草坑、小岭、里源、上嵩、江背等地。

水口坳头、泷下、矮岭，珠玑横江、石头把，梅岭中站，主田白石坑等地谢姓

其先祖谢仕斌、谢仕禺、谢仕万、谢仕宣、谢仕远、谢仕景于明永乐至嘉靖年间自龙南大龙堡迁来南雄。仕斌子孙居水口坳头、大沙洲及珠玑横江、梅岭中站等地。仕禺子孙居水口泷下、水西坝、贵村。仕万子孙居水口矮岭、油草坑。仕宣子孙居珠玑石头坝。仕远、仕景子孙居主田白石坑、下洞、莲花洞等地。

午田、洋汾谢姓

始迁祖为谢廷清、谢廷渊、谢廷淋兄弟，于明嘉靖年间自龙南大龙堡迁来南雄。廷清在午田开基，后裔分迁赤沙岭、江背坑、龙眼头、龙川水、大和岭、水大坪和雄城县背街等地。廷渊在洋汾开基。廷淋在泷头开基。

邓坊前坊村、百顺谢坑谢姓

前坊谢姓：始迁祖谢福灿于明万历年间由福建建宁迁来开基。

谢坑谢姓：始迁祖谢友来于明宣德年间由始兴马江迁来开基，其后裔分迁白云圩、双坑水、上睦、坳头、政塘、暖水塘等地。

雄州镇水南、莲塘、溪田寺谢姓

水南谢姓：始迁祖一为谢秀福，一为谢体会，先后由始兴马江迁来开基。

雄城谢姓：始迁祖谢体玑于清初由始兴澄江迁来开基。

莲塘谢姓：始迁祖谢秀亭于清初由始兴围溪迁来开基。后裔分迁窑山坪、洋汾水、贵村等地。

溪田寺谢姓：始迁祖谢秀曲于清初由始兴茶便迁来开基。

珠玑石陂头、主田西坑谢姓

石陂头谢姓：始迁祖谢良铨于清初由始兴马江迁来开基。

西坑谢姓：始迁祖谢体华于清初由始兴澄江迁来开基。

■ 徐姓

《南雄徐氏二联修族谱》（1998年）称，现居南雄徐氏为东汉南州（南昌）高士徐稚之后裔，辗转迁徙，由闽入粤，多于明代及清初由始兴迁来南雄。

上朔、文坑徐姓

始迁祖徐芹，徐拱之长子。原居浙江台州。徐拱曾任南雄知州，迁高州知府。南宋末，应文天祥号召，破家勤王，兵败，卒于赣州。长子徐芹于元至元年间，投奔南雄义友汪居至，随即择地上朔开基创业。其侄徐文经则由信丰迁南亩文坑开基，为文坑始祖。

珠玑叟里元、洋湖、聪背、陈公庙、塘东、新村、虎岗头等地徐姓

元至正年间，徐湖由始兴迁南雄叟里元开基，其后裔分迁塘东屋背、新村。清康熙初年，徐日经由始兴迁南雄洋湖开基。明万历初，徐佑由始兴迁南雄塘东开基，其后裔分迁莲塘。明嘉靖年间，徐贵锋由始兴迁南雄虎岗头开基，其后裔分迁琵琶岭、丰源水。明嘉靖初，徐孔顺由龙南迁南雄叟里元开基。明万历初，徐秀通由始兴迁南雄虎岗头上门开基，其后裔分迁里东迳口。明万历年间，徐治由始兴迁南雄聪背开基。明万历年间，徐秀广由始兴迁南雄陈公庙开基。

梅岭中站、石灰窑徐姓

明万历初，徐永盛由始兴迁南雄中站开基。明万历年间，徐昌淇由始兴迁南雄中站开基，其后裔分迁拱桥。明万历年间，徐承意由始兴迁南雄石灰窑开基。

雄州镇小东门、楠木徐姓

明崇祯年间，徐缙亮由翁源迁雄城小东门开基。清顺治年间，徐日纶由始兴迁南雄楠木村开基。

湖口矿岭、长坑徐姓

明嘉靖年间，徐顺铭由始兴迁南雄矿岭开基。明万历年间，徐秀效由始兴迁南雄长坑开基，其后裔分迁上洋玢。

黎口坪湖、高桥、瑶坑徐姓

明万历年间，徐广由始兴迁南雄坪湖开基。明万历年间，徐庚由始兴迁南雄高桥开基。明万历年间，徐秀教由始兴迁南雄瑶坑开基。

邓坊、赤石、马战徐姓

明万历间，徐承通由始兴迁南雄马战开基。明万历间，徐庆宝由始兴迁南雄赤石开基。清康熙间，徐必凤次子徐时亨因经商由福建建宁迁南雄邓坊开基。

全安羊角岭、澜河白云徐姓

清康熙年间，徐永发由始兴迁南雄澜河白云开基。清康熙年间，徐万金由始兴迁南雄羊角岭开基。

柴岭、大坑徐姓

明万历末年，徐士富由始兴迁大岭，其玄孙徐文忠于清乾隆年间迁古市柴岭开

基。明嘉靖间，徐昌由始兴迁南雄水口大坑开基。

珠玑巷徐姓

北宋初徐彦伯由江西濠州迁南雄珠玑巷，其孙徐信、徐俭、徐伟。徐信字泽江，北宋皇祐四年（1052年）进士，历官中书台谏，刚直有正声，与先儒苏东坡友善雅好。南宋绍兴，徐信与徐俭南迁广州，其后裔散居顺德、清远、增城、博罗等地，广州龙津中路有泽江公祠。徐伟后裔迁福建武平，南宋末分迁始兴，明清时再迁南雄上列各地。

■ **朱姓**

《沛国堂朱氏八修族谱》（1999年始兴、南雄、仁化、大余、信丰联谱）称：该族朱氏为朱熹之后裔，祖居福建建阳，传五世迁宁化，再传九世迁上杭。南雄朱氏有自上杭迁来，有自上杭迁始兴、信丰、大余而后迁来南雄，时间多在明代。

南雄城北门朱姓

始迁祖朱培，于明初由福建上杭迁来开基。其后裔分迁借村、葛坪、陂头、岭排等地。

百顺新地、罗坑、大沙洲、蛇头山、溪头朱姓

新地朱姓：始迁祖朱鼒，于明嘉靖年间由仁化狗牙滩迁来开基。

罗坑朱姓：始迁祖朱文先，于明嘉靖年间由仁化狗牙滩迁来开基。

大沙洲朱姓：始迁祖朱尚祯，于清乾隆年间由始兴总铺迁来开基。

蛇头山朱姓：始迁祖朱明林，于清光绪年间由始兴总铺迁来开基。

溪头朱姓：始迁祖朱以芳后裔由始兴迁来开基。

澜河零塅、山背、白石坳朱姓

清光绪年间，始兴总铺朱明珍、朱明初、朱明镜分别等地。

黎口下坪、上坪园朱姓

下坪朱姓：始迁祖朱舜梅于清初由始兴大树坪迁来开基。

下坪禾场地朱姓：始迁祖朱尚明于清初由信丰迁来开基。

上坪园朱姓：始迁祖朱奇秀于明代中由澄江迁来开基。

下坪新厅下朱姓：始迁祖朱舜针于明嘉靖年间由信丰杨溪堡迁来开基。后裔分迁昆仑洲、下坪新屋。

南亩鱼仙朱姓

始迁祖朱文运，于明万历年间由始兴迁河村八角寨，再迁鱼仙开基。后裔分迁黄竹坪、上塘水、里溪、旱楼下。另朱文进后裔由鱼仙迁小侃，朱文彩后裔由鱼仙迁石庄。朱文扬由鱼仙迁叶塘，朱文德由鱼仙迁叶屋排。

湖口沙道丘、拱桥、坪地朱姓

沙道丘朱姓：始迁祖朱舜寰，于明万历年间由河村八角寨迁来开基，后裔分迁

水西岭、小坪。

拱桥朱姓：始迁祖朱士旺，于清初由始兴迁来开基，后裔分迁五渡、岗顶。

坪地朱姓：始迁祖朱舜正于清初由始兴迁来开基，后裔分迁赤沙排、石庄、帽子峰坎头等地。

主田西洞、午坪朱姓

西洞水口朱姓：始迁祖朱奇英于明末由始兴澄江迁来开基，后裔分迁城门、黄竹水等地。

午坪朱姓：为朱桂、朱权后裔，由信丰迁来开基。

倚逢、全安塘坑、水口上坑、梅岭土桥朱姓

倚逢朱姓：始迁祖朱以康于明嘉靖年间由始兴总铺迁来开基。

全安塘坑朱姓：始迁祖朱士百于清乾隆年间由始兴大树坪迁来开基。

水口上坑朱姓：始迁祖朱舜非于明末由信丰迁来开基。

梅岭土桥朱姓：始迁祖朱天富于清嘉庆年间由上犹县迁来开基。

■ 吴姓

《南雄吴氏联谱》(2001 年）载：吴氏本姬姓，黄帝裔，始祖泰伯建国句吴（今江苏无锡），子孙遂以吴为姓。南雄吴氏来自闽西、赣南，共有 10 支。

里东吴姓

始迁祖吴本通于唐末由龙岩瓦子街迁来开基。后裔多外迁福建、云南、江西及广东新会等地。

水口大岭背吴姓

先祖吴仲稀，生子吴拱禄，于明嘉靖年间由信丰竹桥河迁南雄大岭背开基。拱禄生五子：吴琇、吴珂、吴琏、吴珮、吴瑜。子孙分迁于水口镇的大岭背、卷头、上门、赖坑、围俚、围背、坪岭、水南门、迁江夫、五里山、坳头、罗汉井等村；江头镇的官田、园甫、吐珠岭等村；黎口镇的哈乐、五渡、鸭子岭、上坑、上坪等村；湖口镇的新迳大路下、龙眼头、李木坑等村；雄州镇的水西、贵村、莲塘等村；帽子峰镇的杨地村；古市镇的小寒水；梅岭角湾。

迳口吴姓

始迁祖吴贯招原居全南桃川韩洞，农耕之余，放养群鸭，沿浈江而下至迳口，偶拾数金，以为地灵，乃于明万历二十年（1592 年）自韩洞迁迳口开基。其后裔分迁山下、小滗、下坪新村、水口桥、窑背头、土头围、河南街、佛子前、荆岗、坪岗山、饭岭、羊角岭等地。

滗溪、尖岭吴姓

邕溪吴姓：始迁祖吴师英于明洪武五年（1372 年）由福建上杭迁来开基。

尖岭吴姓：始迁祖吴士贵于明景泰三年（1452 年）由信丰迁南雄乌泥坑，传九代后迁新龙尖岭开基。

油山兰田、湖口三角、珠玑聪背吴姓

兰田吴姓：先祖吴文元于明弘治七年（1494 年）由信丰草岭堡瓦窑背迁南雄邓坊黄坳，传至第六世孙吴海宇于清顺治九年（1652 年）由黄坳迁兰田开基。

三角吴姓：先祖吴文鉴于明弘治七年（1494 年）迁里源岗坳，传至曾孙吴朋辉于明嘉靖三十年（1551 年）由里源岗坳迁三角开基。

聪背吴姓：始迁祖吴增福于明嘉靖四年（1525 年）由信丰黄陂堡迁来开基。

雄城孝悌街吴姓

先祖吴元美，原居福建永福县，宋高宗时任太常主簿、福建安抚使，被秦桧害，贬南雄吴地，淳熙元年（1174 年）迁雄城悖悌街。其后裔分迁乌迳小塘、溪塘水西、平田天柱寨（分迁黄泥塘、坳湾、秦水洞）、南亩爱塘（分迁蛇陂头）、望江塘、云山、逸汤、叟里园、水口河坪、黎口水口桥、湖口长甫桥、邓坊（分迁黄坑小陂头）、全安下黄岭（分迁虾蟆坑、贵村）、全安石角湾、帽子峰矮岭、珠玑马古星、水口石塘等地。

由始兴迁来的吴姓

先祖吴侃，原居福建上杭瓦子街，宋宝庆二年（1226 年）任南雄别驾佐理通判，卒于任，其子迁始兴罗所杨公岭，后裔于明代分迁南雄城上南街、马路口烂碰塘，全安古塘，楠木，古录，山门，柴岭，修仁，帽子峰富俚，油山石人咀以及百顺溜洞、水源、地应、石围、石坑等地。

■ 沈姓

《吴兴堂沈氏五修族谱》(2001 年）载：沈氏始祖为周文王第十子聃季载，成王时为司空，受封沈国，后裔遂以沈为姓。传十七世沈隋，为楚内史司参军，因功封吴兴侯，望出吴兴郡，因以吴兴为堂号。传至 65 世沈启承，宋高宗绍兴二十七年（1157 年）进士，汀州府尹，其子沈廷辅，进士，谏议大夫，卜居福建建阳。其子孙播迁于闽西、赣南、粤东。明成化七年（1471 年），八十四世沈元达、沈元远由福建上杭分别迁居始兴柴塘、远迳、其后裔于明季、清初分迁南雄各地。

水口镇矮岭、泷下、上湖洞、大部围俚沈姓

矮岭始迁祖沈模，于明嘉靖年间由始兴柴塘迁来开基。

泷下始迁祖沈株，于明嘉靖年间由始兴柴塘迁来开基。

上湖洞始迁祖沈万纪，于清初由始兴柴塘迁来开基。

大部围俚始迁祖沈万海，于清初由始兴柴塘迁来开基。

黄坑镇塘源坑、南坑、板桥坑、里和陂、下槎、上象、里坑、罗坑等地沈姓

塘源坑始迁祖沈永明，于明末由始兴柴塘迁来开基。

南坑始迁祖沈永禄，于明末由始兴柴塘迁来开基。

板桥坑始迁祖沈万珍，于明末由始兴柴塘迁来开基。

里和陂始迁祖沈永祥，于明末由始兴柴塘迁来开基，后裔分迁窑背头、石榜下。

下槎始迁祖沈永浩、永深兄弟，于明末由始兴柴塘迁来开基，后裔分迁雷公碰、蔡屋场。

上象始迁祖沈永忠，于明嘉靖年间由柴塘迁来开基，后裔分迁田心、塘窝、公陂坑、里东岗、龙凤井、中门、黎壁山等地。

上象上门始迁祖沈元富，于明末由始兴柴塘迁来开基，后裔分迁湖口小坪。

里坑始迁祖沈万柄，于明末由始兴柴塘迁来开基，后裔分迁上窝、沙窝、川山头。

罗坑始迁祖沈万富，于明末由始兴柴塘迁来开基，后裔分迁黄坑圩、灵潭。

全安镇陂头、连陂、小水岭，黎口镇勋口及苍石等地沈姓

陂头始迁祖沈永息，于明末由始兴柴塘迁来开基，后裔分迁东江岭、水口桥。

连陂始迁祖沈万达，于明末由始兴柴塘迁来开基。

小水岭始迁祖沈万稳，于明末由始兴柴塘迁来开基。

苍石始迁祖沈文饷，于清顺治年间由始兴柴塘迁来开基。

勋口始迁祖沈永淳，于明末由始兴柴塘迁来开基。

乌迳镇乌泥坑、上白龙及邓坊、古市水大坪沈姓

乌泥坑始迁祖沈梯，于明嘉靖年间由始兴柴塘迁来开基。

上白龙始迁祖沈友富，于元至正年间由信丰安息迁南雄长甫桥，再迁上白龙开基。

邓坊始迁祖沈万宾，于明崇祯年间由柴塘迁来开基。

水大坪始迁祖沈万兴，于明末由始兴柴塘迁来开基，后裔分迁菖蒲塘、吊基岭。

大塘镇黄田、江背、坪岭沈姓

黄田始迁祖沈永华，于明末自始兴柴塘迁来开基。

江背始迁祖沈木万，于明末由始兴远迳迁来开基。

坪岭始迁祖沈融，于明万历年间由始兴远迳迁来开基，后裔分迁枫坑、官塘、石子塘、杨梅坑、旱排。

里和店坪、苦楝树下、大坪、横江、横水竹山下等地沈姓

里和店坪始迁祖沈光昌，于明末由始兴远迳迁来开基。

苦楝树下始迁祖沈本亮，于清康熙年间由始兴迁南雄何坑，后迁苦楝树下开基。

大坪始迁祖沈本照，于清康熙年间由始兴迁南雄里东，后迁大坪开基。

横江、横水竹山下始迁祖沈永秋，于明万历年间由始兴柴塘迁里东细沙窝，后裔分迁横江、横水竹山下。

■ 曾姓

南雄曾氏有数支，得其谱而录者二支：

曾晟支派

原居福建上杭，曾晟于南宋末迁始兴罗坝，其后裔分迁南雄。

塘田曾姓：始迁祖曾滔于明嘉靖二十年（1541 年）由始兴罗坝迁南雄塘田开基。

勋口曾姓：始迁祖曾法孔于明嘉靖年间由始兴斜头碰迁来开基。

灵潭曾姓：始迁祖曾宏忠于明嘉靖年间由始兴罗坝迁来开基。

湖口樟木山曾姓：始迁祖曾绿于明嘉靖年间由始兴迁来开基。

城门前背岭曾姓：始迁祖曾毓栋于清雍正年间由始兴石子坝迁南雄丰源水，再迁城门前背岭开基。

珠玑龙陂塘曾姓：始迁祖曾贵一郎于明嘉靖年间由始兴罗坝迁来开基。

茹芬塘曾姓：始迁祖曾德桦于明正德年间自始兴迁来开基。

王亭石曾姓：始迁祖曾玉煌于清初自始兴下窖迁来开基。

矿岭曾姓：始迁祖曾子模于明正统年间由始兴东湖坪迁来开基，后裔分迁三驳桥。

岗围曾姓：始迁祖曾层虎，于明正统年间由始兴罗坝迁来开基，后裔分迁新村。

修仁曾姓：始迁祖曾孔智，于明弘治年间自始兴罗坝迁来开基。

湖口赤溪湖曾姓：始迁祖曾清润于明万历年间自始兴迁来开基，后裔分迁旱田。

贵村曾姓：始迁祖曾贞春于明万历年间由始兴鸡公坑迁来开基。

横江曾姓：始迁祖曾祖隆于明嘉靖年间由始兴罗坝迁来开基，后裔分迁澜河龙坳头。

小岭曾姓：始迁祖曾祖秀于明嘉靖年间由始兴县罗坝迁来开基。

江头亚公门前曾姓：始迁祖曾茂绩于明正统年间由始兴迁来开基。

曾国正支派

原居信丰，后裔分迁龙南、南雄。

竹山下曾姓：始迁祖曾允寿于明嘉靖年间由信丰迁来大水洞，再迁邓坊竹山下开基，后裔分迁中洞。

大塘坳背曾姓：始迁祖曾先坚于明嘉靖年间由信丰迁来开基。

湖口石古圳曾姓：始迁祖曾孟亮于明嘉靖年间由龙南竹梓村迁来开基，后裔分迁长甫桥。

罗管坑曾姓：始迁祖曾孟七于明嘉靖年间由龙南梓竹村迁来开基。后裔分迁灵潭、祗元、南山背。

湖口石坑曾姓：始迁祖曾阡于明万历年间由龙南迁来开基。

湖口曾姓：始迁祖曾宜于明万历年间由龙南迁来开基。

水口石背曾姓：始迁祖曾希宣于明万历年间由信丰垅下堡迁来开基。

中坪曾姓：始迁祖曾孟学于明嘉靖年间由龙南竹梓村迁来开基。

■ 丘姓

《河南堂赣粤湘丘（邱）氏联谱》（1998 年）载：丘氏始祖为炎帝裔，姜尚之后。姜尚封于齐为齐侯，建都营丘（山东淄博），其子穆领镇营丘，以丘为姓，以穆公为一世祖。传七十世丘法言，于宋真宗年间由邵武迁福建宁化。其子三五郎，宋进士，生十子，散居闽、粤、赣、湘等地。南雄丘氏均为其后裔。

洋西坑丘姓：始迁祖丘绪达于明永乐年间由福建上杭迁来开基。

南亩蕉坑、忠心坑丘族：始迁祖丘守隆、丘守标于明季由信丰龙下堡迁来，守隆在蕉坑开基，守标在忠心坑开基，后裔分迁上坳村。

新龙棠梨树下丘姓：始迁祖丘守叔于明季由信丰龙下堡迁来开基。

江头山坑宝井丘姓：始迁祖丘日轮于明洪武年间由信丰迁来开基。

里东茶园丘姓：始迁祖丘文忆、丘万顺于明末清初迁来开基。

邕溪丘姓：始迁祖丘长寿于明嘉靖年间由始兴顿冈迁来开基。

珠玑沙水丘姓：始迁祖丘贵于明成化年间由始兴迁来开基。

水口石背丘姓：始迁祖丘以隆、以海于明天顺年间由福建长汀迁来开基，其后裔分迁正山、柴寮下、田心、上门、井水坑、大沙洲、塘下洞、大坑、旱禾地、蚊坑、官仁村、李木坑、湖口等地。

江头丘姓：始迁祖丘祖麻、祖恩兄弟于清同治间从梅县石圳迁来开基。

南雄城丘姓：先祖丘君与，祖居福建宁化，由乡荐任南雄州学正，随任居家于南雄。孙丘必明，南宋咸淳辛未（1271 年）进士，累官韶州佥判。德祐丙子，元师陷城，丘必明被执，不屈，遇害时正气懔然。韶雄二州官民哀其忠节，立忠节祠以祀之。葬在保昌县莲溪二都园甫村。其后裔乃世居南雄城。

邓坊牛塘丘姓：始迁祖丘伯宗于清康熙年间由福建长汀迁来开基。

廓公岭丘姓：始迁祖丘崇富于明万历年间由始兴锅洞迁保昌厥岗岭，清咸丰年间改为廓公岭。

溪口丘姓：始迁祖丘崇荣于明万历年间由始兴锅洞迁来开基。

石溪水丘姓：先祖丘成二于明初来雄城定居，后裔丘复初，明永乐举人，丘文瀚明成化进士。传至丘传友于清康熙年间迁石溪水开基。

里岗岭丘族：始迁祖丘嶅于明成化年间由始兴柴塘迁来开基。

■ 肖姓

《南雄肖氏七修族谱》载：肖氏是黄帝裔，周厘王元年封叔太心于肖邑，因以肖为姓。汉代，望出兰陵。五代时，迁长沙。肖觉仕楚，因内乱，出走江西泰和。传至 75 世肖宗智，元延祐二年（1315 年），迁吉水之燕山士林，生六子，分迁始兴等地，而后分迁南雄。

新迳莲塘肖姓：先祖肖钦淇从始兴斜潭迁南雄三驳桥，其曾孙肖学茂于明万历三十二年（1604 年）由三驳桥迁新迳莲塘开基。其后裔分迁筲箕窝、樟树下、赤溪湖等地。

长市石龙头肖姓：始迁祖肖应澧于明万历年间由始兴斜潭迁来开基。

黄坑象湖肖姓：先祖肖钦碹于明万历年间由始兴斜潭迁南雄佛子前，其曾孙肖学仙由佛子前迁象湖开基，学英迁黄坑竹春坑开基。

楠木村肖姓：始迁祖肖应明于明万历年间由始兴斜潭迁来开基，后裔分迁岭排。

全安兴塘肖姓：始迁祖肖嘉秀于清康熙年间由始兴罗所迁来开基，后裔分迁下陂。

赤岭龙头山肖姓：始迁祖肖应川于明嘉靖五年（1526年）携二子由始兴罗所迁来开基，其后裔分迁大村。

水西肖姓：始迁祖肖美基于清康熙年间由始兴罗所迁来开基，后裔分迁水口圩土围、下楼、水南新村。

水口圩肖姓：始迁祖肖学诚于清初由翁源马子口迁来开基。

乌迳腊树园肖姓：始迁祖肖文辅，百九郎之后，原居赣县，因经商道经乌迳，见“乡里之仁，土地之美”，乃于明嘉靖年间弃商就农，卜居腊树园。其后裔分迁高发、中站角湾。

丹铺肖姓：始迁祖肖子志于明万历年间由始兴城南迁来开基。

山角岭肖姓：始迁祖肖子咏于明万历年间由始兴城南迁来开基。

白芒洞肖姓：始迁祖肖子谅于明万历年间由始兴城南迁来开基。

红梅肖姓：始迁祖肖美政于清康熙年间由始兴迁来开基。

■ 卢姓

南雄《范阳卢氏六修族谱》（1996年）载：卢氏为炎帝后裔，本姓姜，周敬王十一年（公元前509年），封姜太公十一世孙文公子高之孙奚食采于卢，因以卢为姓，望出范阳。南雄卢氏始祖卢光稠，生唐五年（840年），唐末，乘乱起兵于虔州，自任虔州刺史。后梁太祖授百胜军防御使兼五岭开通使，进封开国侯。传至第十世卢三六郎字维钦，由江西虔化县迁福建宁化县石壁村，遂世居闽地。再传至十七世，明永乐初年，礼受、永昌、永兴、永茂、永文、永盛、永发等由福建迁始兴都安水，而后分迁南雄。

柴岭卢姓：始迁祖卢崇安于明嘉靖年间由始兴马市坳头迁来开基。后裔分迁塘坪山、始兴陆源。

南亩里溪卢姓：始迁祖卢友厚于明嘉靖年间由始兴丰田迁来开基。

官塘坑卢姓：始迁祖卢为巩于明嘉靖年间由始兴马市都安水迁来开基。

古市小水卢姓：始迁祖卢日伦于明嘉靖年间由始兴陂田迁来开基。

里东卢姓：始迁祖卢日桂于明嘉靖年间由始兴陂田迁来开基。

迳口卢姓：始迁祖卢日生于明嘉靖年间由始兴陂田迁来开基。

长园卢姓：始迁祖卢环、卢佩于明嘉靖年间由始兴胆源迁来开基，子孙分居富俚、密下水。

鱼王石卢姓：始迁祖卢寿迪于明嘉靖年间由始兴都安上门迁来开基。

片坑卢姓：始迁祖卢显清于明万历年间由始兴都安水花门楼迁来开基。

小水岭卢姓：始迁祖卢显儒于明万历年间由始兴都安水花门楼迁来开基。

上坑卢姓：始迁祖卢显仕于明万历年间由始兴都安水花门楼迁来开基。

洋湖卢姓：始迁祖卢寿湖于明万历年间由始兴涝洲水迁来开基。

大塘垳卢姓：始迁祖卢襄于明万历二十三年（1595年）由始兴陂田迁来开基。

彭坑卢姓：始迁祖卢朝凤于明末由始兴都安水花门楼迁来开基，后裔分迁长甫桥。

牛皮桥卢姓：始迁祖卢朝广于明末由始兴都安水花门楼迁来开基。

石陂坑卢姓：始迁祖卢汝全于明末由始兴乌石迁来开基，后裔分迁东厢铺。

天光脑卢姓：始迁祖卢元胜于清顺治十七年（1660年）由始兴陂田迁全安网岭下，其三子卢肇策于康熙三十年（1691年）再迁天光脑开基。

四方坑卢姓：始迁祖卢维端于清初由始兴迁来开基。后裔分迁白龙坑、云田水、上象新村。

蓝桥卢姓：始迁祖卢维美于清初由始兴后坑迁来开基。

溪口卢姓：其一始迁祖卢若情于明嘉靖年间由始兴都安水迁阳陂迳，而后迁溪口开基；其二始迁祖卢启俊于清康熙年间由始兴下果迁来开基。

峰文坳卢姓：始迁祖卢中采于清康熙年间由始兴乌石迁来开基。

瑶山坪卢姓：始迁祖卢中昌于清康熙年间由始兴乌石迁来开基。

五渡小水卢姓：始迁祖卢中亮于清康熙年间由始兴迁来开基，后裔分迁灵潭、槐花、中站等地。

小里源卢姓：始迁祖卢中应于清康熙年间由始兴迁来开基。

邓坊和睦塘卢姓：始迁祖卢中立于清康熙年间由始兴都安水迁来开基。

苍石文坑、百顺寮卢姓：始迁祖卢富仁、卢富义分别于清康熙年间由始兴都安水迁来开基。

雄州镇中山街卢姓：始迁祖卢文周于清康熙年间由连平县迁来开基。后裔分迁水口圩、塘下洞。

■ 罗姓

南雄罗氏族谱称：罗氏为黄帝裔，开宗于祝融，传至郘公匡正，从武王伐纣，因功封国于罗水之阳，称为罗国。其后子孙遂以国为姓，分支衍派，迁播各地。有罗珠者，仕汉惠帝为治粟内史，号大农公，出守九江，乃为豫章罗氏始祖。现居南雄的罗氏均为豫章罗氏，从闽西、赣南迁来。

贵村罗姓

始迁祖罗开国，原居福建上杭，南宋末为龙图阁大学士，因直谏贬远州，乃隐居南雄城北门，后裔徙贵村开基，分迁佛子前。

茹村、外浆罗姓

始迁祖罗诗材，原居信丰南门头，元至正年间进士，新兴知县，元末致仕归里，路经南雄邓坊，择地前坊卜居，其孙罗书唐于明初迁茹村开基。书唐孙罗后民于明成化年间由茹村迁外浆开基，其后裔分迁角湾。

雄城世显街罗姓

始迁祖罗和，原居江西庐陵，元至正年间迁南雄珠玑巷，不久迁牛田，历五代而后分迁南雄城北厢世显街开基。梅轩一房仍居牛田。

杨历罗姓

一为始迁祖罗昆琚，于明嘉靖年间携子贤兴由始兴凉源迁杨历莲蓬水，其后裔分迁杨历中村、小水、吊基岭开基，再分迁莲塘坳、上河塘、社岭、水西、洋汾水、城古岭等地。一为始迁祖罗玉程，于明嘉靖年间由始兴凉源迁杨历上村开基。其后裔分迁周地。一为始迁祖罗文仕，于明嘉靖年间由始兴凉源迁杨历下村开基。其后裔分迁营堡前、雄城西门街。

湖口罗佛寨、九塘、矿岭罗姓

矿岭罗姓：始迁祖罗居镜于明天顺年间由始兴凉源迁来开基。

九塘罗姓：始迁祖罗居松于明正德年间由始兴涝洲水迁来开基。

罗佛寨罗姓：始迁祖罗才栋于明嘉靖年间由始兴小溪迁来开基。

珠玑沙水牛田、聪背、下玢罗姓

沙水罗姓：始迁祖罗贤选于明嘉靖年间由始兴小溪迁来开基。

牛田罗姓：始迁祖罗才明于明嘉靖年间由始兴小溪迁来开基。

聪背罗姓：始迁祖罗盛汰于明末由始兴高水坪迁来开基。

下玢罗姓：始迁祖罗玉瑶于明嘉靖年间由始兴凉源迁来开基。

江头官田、塘窝罗姓

官田罗族：始迁祖罗惠桂于清初自信丰迁来开基。

塘窝罗族：始迁祖罗贤响于明嘉靖年间自始兴小溪迁来开基。其后裔分迁南雄城。

黄沙坑、洞底、苍石、菖蒲塘、坪坑罗姓

黄沙坑罗姓：迁祖罗亨选于明嘉靖年间自始兴凉源迁来开基。

洞底罗姓：始迁祖罗盛康于明末由始兴凉源迁杨历莲蓬水，清顺治年间再迁洞底开基。其后裔分迁杉木是。

苍石罗姓：始迁祖罗力麒于明末由始兴高水坪迁来开基。

菖蒲塘罗姓：始迁祖罗贵佑于明季由始兴凉源迁来开基。

坪坑罗姓：始迁祖罗亨高于明代中由始兴凉源迁来开基。

官陂洞、楠木、富村坪、邓坊村、南坑、龙井坑罗姓

官陂洞罗姓：始迁祖罗才功于明万历年间由龙南迁来开基。

楠木罗姓：始迁祖罗居梅于明正德年间由始兴涝洲水迁来开基。

富村坪罗姓：始迁祖罗居全于明正德年间由始兴涝洲水迁来开基。

邓坊村罗姓：始迁祖罗贤瓒于明嘉靖年间自始兴迁新塘坑，后裔再迁邓坊开基。

南坑罗姓：始迁祖罗亨泰于明嘉靖年间由始兴跃溪迁来开基。

龙井坑罗姓：始迁祖罗才栋于明嘉靖年间由始兴高水坪迁来开基。其后裔分迁秧地水。

■ 林姓

《林氏重修联谱》（2000 年）称：林氏为黄帝三十三世孙比干裔。比干仕商纣王，因直谏被纣王焚面剖心，有遗腹子泉生于长林石室。武王灭纣，表比干忠德，赐泉林姓，改名坚，是为林姓之太始祖。望出西河郡。晋太宁三年（325 年），林禄出任晋安郡守，遂定居晋安，为入闽始祖。后裔播迁闽、赣、粤各地。明景泰六年（1455 年），林宗春、林宗和兄弟由福建武平迁始兴县顿岗，分别卜居上台、佛子坳。林宗考由福建武平碰背迁始兴县。林宗寿由江西龙南迁始兴清化竹山下。林士奇于明永乐二十一年（1423 年）由福建莆田迁始兴顿岗斗塘。林士道孙季兰随任迁于江西信丰。以上各支派后裔均有分迁南雄者，将现居百人以上村落录如下：

澜河下门楼林姓：始迁祖林元余于明万历年间由始兴顿岗上台迁来开基。后裔分迁洞底坑、黄竹是、蒿坪头、降子头、黄岸、白云、小官田、黄洞迳等地。

东坑林姓：始迁祖林玉衍，于明代中叶由始兴上台迁来开基。

四方坑林姓：始迁祖林元清，于明万历年间由始兴佛祖坳迁来开基，后裔分迁赤溪湖围俚。

勋口林姓：始迁祖林东忠，于明万历年间由始兴佛祖坳迁来开基。

樟坑林姓：始迁祖林仲仪，其父林宗考于明景泰六年（1455 年）迁始兴，仲仪旋迁南雄樟坑开基。

蓝桥林姓：始迁祖林玉琛于明万历年间由佛祖坳迁来开基。

山下林姓：始迁祖林玉瑞于明万历年间由佛祖坳迁来开基。

莲塘林姓：始迁祖林文义、林文礼兄弟于明隆庆六年（1572 年）由江西信丰寨子颈迁来开基，后裔分迁罗塘。

新龙丰乡林姓：始迁祖林允安于明嘉靖年间由始兴清化迁来开基，其后裔分迁山坑、龙头、龙江坑、孔江坑。

大塘坑林姓：始迁祖林清于明万历年间由始兴斗塘迁来开基。后裔分迁仕坑。

坪坑水林姓：始迁祖林其养于明末由始兴斗塘迁来开基。

大塘圩林姓：始迁祖林联旺于清代由始兴斗塘迁来开基。

修仁林姓：始迁祖林允清于清代由龙江坑迁来开基。

上湖洞林姓：始迁祖林元宝于明万历年间由始兴斗塘迁来开基，后裔分迁暖水塘、水大坪、赤溪湖等地。

洋湖林姓：始迁祖林源于明万历年间由始兴斗塘迁来开基，后裔分迁网岭下、叟里园、围俚、寨脑头、庄官前等地。

社地背林姓：始迁祖林万泰于明季由始兴斗塘迁来开基。

张婆洞林姓：始迁祖林元余于明万历年间由始兴斗塘迁来开基，后裔分迁旱塘坑。

营脚下林姓：始迁祖林池于明万历年间由始兴斗塘迁来开基。

邓铺塘林姓：始迁祖林先爵于明末由社湾迁来开基，后裔分迁长甫桥。

汉塘林姓：始迁祖林枢于明万历年间由始兴斗塘迁来开基，后裔分迁矮岭。

百人以下未录村落：澜河黄坑、石陂、水南、蓼塘、罗佛寨、百顺、营子下、下罗田、东江坝、朱田、半迳水、东山水、上坪园、三驳桥、泷头、下陂、大坑、长迳桥、雄城府学前等。

■ **杨姓**

《南雄珠玑巷杨氏族谱》（1997 年）称：杨氏为黄帝裔，本姬姓。箕子为商之贵族，不臣周，走朝鲜，食采于杨，子孙遂以杨为姓。传八世，至杨杼，周康王六年（前 1015 年），赐杼杨侯，以杨杼为第一世，堂号弘农。南雄杨氏多来自江西泰和、信丰。

上惠杨姓：始迁祖杨同卿于北宋宣和元年（1119 年）游学南雄，卜居上惠。

祇园、江头圩、上湖、欧洞、南坑口等地杨姓：始迁祖杨之宜，进士，刑部主事，明正统五年（1440 年）自江西泰和迁南雄城塔前街居住，其后裔分迁祇园、江头圩、上湖、欧洞、南坑口等地开基。

黄坑霞村岭杨姓：先祖杨魁嵩于明正统五年（1440 年），由袁州迁南雄城塔前街，其子杨日光再迁黄坑霞村岭开基。其后裔分迁上南坑、上山石子坑、鹅脚湾、望岭山等地。另一子杨日辉迁黄岭。

湖口老园杨姓：始迁祖杨元仁，原居信丰赤土堡紫坳村（今正平乡），喜游猎。一日带着心爱的猎狗游猎到湖口老园，猎狗忽然不知去向，四处找寻，发现猎狗已在一草丛中做了个窝，不久，生了五只小狗。杨元仁心悟这是吉祥之兆，放眼四望，龙脉极佳。乃于明正德三年（1508 年）六月初二日由信丰迁来开基，财丁兴旺，连生五个儿子。其后裔分迁江背坑、社官下、田心、珠玑街等地。

乌迳江口杨姓：始迁祖杨元祝于明正德年间由信丰迁来开基。其后裔分迁湖口三角、牛牯陂、黄坑乌交塘。

江头白花潭杨姓：始迁祖杨时清与二子于瑞、于宝于明成化年间由信丰迁来开基。

主田黄龙坪杨姓：始迁祖杨廷兴，于明嘉靖年间由信丰镇南堡迁豹虎坑，而后迁黄龙坪开基，后裔分迁乌石下。

百顺溪头杨姓：始迁祖杨玉琼于明万历年间自始兴杨陂迳迁来开基。后裔分迁江西大余长岭。

石禾场杨姓：始迁祖杨玉清，于明万历间自始兴迁来开基，后裔分迁泷头。

黎口桥杨姓：始迁祖杨元龙于清乾隆年间自福建瓦子街迁来开基。时因帮会之祸，兄弟三人折秤杆为三分，各执其一为记，分头逃难。

水口太阳地杨姓：始迁祖杨迎荣，于清乾隆年间自江西丰城洋畔洲迁来开基。

澜河牛磅杨姓：始迁祖杨观熠，于明初由乌石下迁来开基。

■ 廖姓

南雄《廖氏族谱》（1998 年）载：廖氏本黄帝裔，姬姓，夏时，叔安封于廖国，其后即以廖为姓。又周文王一子名伯廖，其后以名为姓。三国时廖化之四世孙廖子璋，在晋武帝咸宁二年（276 年）授左卫镇国大将军，定居南京，是为廖姓世系之始。唐贞观间，廖崇德（居浙江松阳）授虔化县令，任满遂家于虔化，为赣、闽、粤廖氏之开基祖。现居南雄廖氏皆从江西信丰、全南、龙南迁来，或由江西迁始兴、翁源而后迁来南雄。

江头南浦廖姓：始迁祖廖思达于明嘉靖年间由信丰下迳迁来开基。

黄坑水西廖姓：始迁祖廖友富、廖友升于明成化年间由信丰马鞍山迁来开基。

江头山坑老井廖姓：始迁祖廖永寿于明嘉靖年间由信丰县杨溪堡迁来开基。其后裔分迁乌迳鹅公头、坪塘小口塘。

邓坊里源廖姓：一为始迁祖廖尚宰于明嘉靖年间由龙南县新兴堡东桃营迁来开基，后裔分迁油山上蓝田。一为始迁祖廖福生，于明嘉靖年间由信丰乌泥岭迁来开基。后裔分迁邓坊圩、黄坑春坑水。

全安密下水廖姓：始迁祖廖金聪于明嘉靖年间由翁源迁南雄朱村，再迁密下水开基。后裔分迁横水凹坑、澜河牛多、柴岭叶塘、高松山。又始迁祖廖明彩于明万历年间由始兴迁密下水开基，后迁南雄城达德街。

帽子峰下黄姜廖姓：始迁祖廖兴书于明末由信丰迁来开基。

水口武台岗廖姓：始迁祖廖春广于明末由始兴水横江迁来开基。后裔分迁旱楼下、珠玑龙门、雄城小梅关。

水口横玠廖族：始迁祖廖瑞苓于明末由始兴水横江迁来开基。

主田瓦窑岗廖姓：始迁祖廖瑞念于明末由始兴水横江迁来开基。

梅岭中站廖姓：始迁祖廖祥云于明末由始兴顿岗下禾场迁来开基。

古市王步水廖姓：始迁祖廖胜龙于清顺治年间由始兴顿岗下禾场迁来开基。

水口上坑廖姓：始迁祖廖祥福于明末由始兴顿岗下禾场迁来开基。

黄坑黄龙岗廖姓：始迁祖廖祥禄于明万历年间由始兴顿岗下禾场迁来开基。后裔分迁许村禾场岭。

珠玑洋湖廖姓：始迁祖廖福深于明嘉靖年间由信丰乌泥岭迁来开基。

珠玑下罗田廖姓：始迁祖廖志龚于明嘉靖年间由信丰乌泥岭迁来开基。

雄州镇上龙勾巷廖姓：始迁祖廖简行原籍庐陵吉水水东村，元末，其父任职岭南，卒于官，简行扶榇回乡，因兵燹所阻，遂卜居于南雄城。

全安里岗岭廖姓：始迁祖廖友义，约于清初迁来开基。

雄州镇西门街廖姓：始迁祖廖志广，明征南将军廖永忠之子，生于洪武二年（1369 年），原隐居祗芫村，传十一世廖攀龙（进士）迁西门街定居。

全安上黄岭廖姓：始迁祖廖仁德于清初由江西全南县江坪迁来开基。

■ 郭姓

《汾阳浆溪七修族谱》（1998 年）载，郭氏本周王季之后，为周文王卿士，封于虢。春秋时，虢为晋所灭，其族出奔京师，就城廓而居，且虢、郭之音相近，因以郭为姓。望出汾阳。以郭敬之为第一世，唐汾阳王郭子仪为第二世。郭子仪生八子，长子曜和六子暖的后裔辗转播迁于赣南、闽西，而后分迁南雄。

浆田郭姓：始迁祖郭崇蛟，文林郎，连州刺史，原籍江西吉州，寓居于南雄城。致仕后，游于浈昌，雅爱浆田山水，乃于南宋乾道年间携家迁浆田开基。其后裔分迁牛坑、船塘湾、川头山、上会、油山苦竹坑、乌迳坪地山、水口泷头、梅岭新路口、铁罗坑等地。

乌迳上塘水老屋下郭姓：始迁祖郭贵琳、郭贵与兄弟于明天顺三年（1459 年）由江西信丰小河堡迁来开基。

坪塘郭姓：始迁祖郭孟瑞于明代由信丰黄沙坑迁来开基，后裔分迁南山、勋口。

芙蓉郭姓：始迁祖郭友新于明嘉靖年间为避兵乱由信丰崇仙乡九龙村迁来开基，后裔分迁实竹坑、水星。

大塘逆龙坑郭姓：始迁祖郭谟于清康熙年间由始兴澄江迁来开基。

长甫桥郭姓：始迁祖郭凌卿于清康熙年间由始兴迁来开基。

观斗坪郭姓：始迁祖郭德洙于清乾隆十七年（1752 年）由信丰万隆布尾岭迁来开基。后裔分迁赤水塘、龙眼头。

珠玑塘村郭姓：始迁祖郭经三于清末由信丰万隆布尾岭迁来开基。

下洛郭姓：先祖郭今初于明洪武年间由荐溪迁南雄珠玑巷，传六代至郭廷宪于明嘉靖年间由珠玑巷迁下洛开基。

梅岭河坑郭姓：始迁祖郭庆恩于明嘉靖年间由始兴澄江小油草迁来开基。后裔分迁新迳莲塘。

南雄城居仁街郭姓：始迁祖郭关住于元至正中随指挥同知王来南雄镇守，任百户张得所总旗。生三子，长子迁始兴开基，三子离喜世居南雄城居仁街。

南雄城八一街郭姓：始迁祖郭士品于明万历年年间由龙岩西山陈陂迁来开基。

■ 聂姓

《河东堂聂氏五修族谱》（1998 年）载：鼻祖聂崇义，北宋建隆元年（960 年）

进士，官户部侍郎。八传至尧，元代避乱徙居福建武平，十二传至聂亿培、聂亿埙，生八子，均由武平分别迁始兴良源秤钩湾新村、胆源神堂坑，而后于明嘉靖至清乾隆年间分迁南雄。

上河塘聂姓：始迁祖聂始桂于明嘉靖年间由始兴良源新村迁来开基，后裔分迁长园。

横水黄村聂姓：始迁祖聂祖镄于明嘉靖年间由始兴澄江迁来开基，后裔迁白云官田村。

里东聂姓：始迁祖聂资于明嘉靖年间由始兴新村迁来开基。

司马窝聂姓：始迁祖聂祖贡于明嘉靖年间由始兴沙坪迁来开基，后裔分迁雄州镇水南。

牛皮桥聂姓：始迁祖聂泽逊于明末由始兴新村塘头下迁来开基，后裔分迁佛子前。

勋口聂姓：始迁祖聂长松于明末由始兴良源大油草迁来开基，后裔分迁二塘、横水泷头、武台岗、洞头、石陂头等地。

大坪聂姓：始迁祖聂长定于明末由始兴良源小油草迁来开基，后裔分迁岗围。

姜子塘聂姓：始迁祖聂长完于明末由始兴新村塘坑迁来开基。

塘东聂姓：始迁祖聂长兴于明末由始兴新村迁来开基。

叟里元聂姓：始迁祖聂长耀于明末由始兴新村迁来开基，后裔分迁龙陂塘、横水上龙、石塘。

密下水聂姓：始迁祖聂长华于明末由始兴新村迁来开基。

芳迳聂姓：始迁祖聂长相于明末由始兴新村塘头下迁来开基。后裔分迁城古岭、长园。

罗佛寨聂姓：始迁祖聂长清于明末由始兴新村塘头下迁来开基。后裔分迁雄州镇县背街。

江背聂姓：始迁祖聂长昶、聂长旭兄弟于明末由始兴新村塘头下迁来开基。

九塘聂姓：始迁祖聂应性于清康熙年间由始兴良源大油草迁来开基。

倚逢聂姓：始迁祖聂世邵于清道光年间由始兴新村塘头下迁来开基。

■ 周姓

《南雄周氏二修族谱》（1999 年）载：周氏为黄帝裔，本姬姓。传至古公檀父，迁岐山，建邑于扶风西北周原之地，国号日周，因以周为姓。南雄周氏以庐江郡周矩为始祖。周矩仕后唐为监察御史，因避乱由金陵迁江西吉州，传至十二世，裔孙周彦美于南宋时由吉州迁福建上杭，传至十五世以后，裔孙又于明清时分迁南雄始兴。

水南坝周姓：始迁祖周日庠于明代中叶由上杭迁来开基。

苦竹坑周姓：始迁祖周熙于明代中叶由上杭迁来开基。

鱼地周姓：始迁祖周雍于明万历年间由始兴狮茅坝迁南雄杨历，传至周云兴，于清康熙六十年（1721 年）由杨历迁鱼地开基其后裔分迁上白云、圩背龙。

里东古井周姓：始迁祖周福崇于明代中叶由江西泰和县涞田村迁来开基。

洋湖周姓：始迁祖周昌裘于明季由福建上杭瓦子街迁来开基。

里东岗周姓：始迁祖周北峰于明季由江西泰和县涞田迁里东老城，筑造土城，开基创业。

珠玑沙水周姓：始迁祖周廷标、周廷亨、周廷清兄弟于清初由江西泰和县盐水岭迁来开基，后裔分迁邓坊前坊。

莲塘周姓：始迁祖周廷毓于清初由江西泰和县迁来开基。

梅岭田心周姓：始迁祖周文庠于清初由江西泰和县高行乡西岗迁来开基，后裔分迁禾寮坑。

上南坑周姓：始迁祖周维泉，其先祖于明初由上杭迁始兴狮茅坝，后裔分迁南雄乌交塘，周维泉于清康熙年间由乌交塘迁上南坑开基。

园岭周姓：始迁祖周永绪于清康熙年间由始兴狮茅坝迁来开基，后裔分迁南亩圩，传三代至周元海，撑船谋生，定居南雄城水上新村。

全安小水岭周姓：始迁祖周宜于清康熙年间由始兴良源迁来开基。

■ **谭姓**

《谭氏九修族谱》称：现居南雄谭氏均为谭琪之后。南朝梁时，谭琪由金陵南迁，先居始兴，后迁丰园水。陈时，因平叛有功，封云旗将军，擢始兴郡太守。其后裔散居南雄、始兴各地。居南雄者有：

主田谭族：始迁祖谭茂，谭真之二十代孙。北宋徽宗时，谭茂为庠生，赐七品荣身，由丰园水迁南雄城悖悌街，封官不仕，择地主田隐居。此族在主田世居九百余年，其后裔有的分迁曲江、始兴。

雄城谭姓：谭琪之二十二代孙谭继宗生六子：文郁、文举、文渊、文友、文蔚、文惠。文郁、文举居始兴。谭文渊由贡任荣昌尉使。南宋末，由丰园水迁居雄城北门，后裔繁衍，人文蔚起。传至 30 世，明谭大初官至南京户部尚书。其后裔分迁丰源黄茅坪等地。

南宋末，世居雄城的还有文友、文蔚、文惠等族，其后裔由雄城分迁珠玑虎岗头，黎口三洲、江背坑，水口高排陂下，谷树塘，江头官仁村，澜河白云，百顺丁洞，帽子峰黎树、付竹上坑及里东五里山等地。

其他村落谭姓：谭克敏于明初由始兴澄江梅坑迁古市新地开基；谭国英于明末由始兴都亨迁珠玑罗管坑开基；谭万亮于明崇祯七年（1634 年）由始兴都亨迁全安里溪水，其后裔分迁城古岭、羊角岭及澜河小水、牛碜、百顺下洞水等地开基；谭子连于清初自始兴松山排迁帽子峰洞头，其后裔分迁梨树上龙、富竹等地开基；谭金石于明末由始兴千家营迁黎口石陂水、下坪窑下开基；谭清溪于明末由始兴罗所迁雄城罗汉井、谢村。

■ 马姓

2001年南雄马氏首次联修族谱载：马氏为黄帝裔，扶风邑伯益之后，本姓赵。战国时，赵奢因功被赵王封为马服君，子孙遂以马为姓。唐太宗时，马榜郎戊子登科，官监察御史，从南昌迁福建汀州府，是为马氏入闽始祖。南雄马氏均为其后裔，从福建汀州府迁来。

倚逢老村下、溪口马族：始迁祖马亘隆，原居汀州府长汀县，任潮州知府，以韩愈为师，政绩卓著，潮人歌之。致仕后，于明成化年间挈家迁南雄倚逢老村下开基。明万历年间，裔孙马一初由倚逢迁溪口开基，人丁兴旺，迄今已达300余户，2000余人。亘隆一脉后裔分迁于主田之城门、上坪源、窑台，古市之柴岭、黄茅坪，雄州镇之铺背老虎坑、河南、城内等地。

倚逢朝阳坊大马屋马族：始迁祖马一魁于元至元初年从福建汀州府迁来开基。养鸭发家，人称"鸭麻祖公"。其后裔分迁黄坑之塘源坑，雄州镇之贵村、河南，新龙镇之山茶坑。

下修仁马族：始迁祖为马步云、登云、启云兄弟，于明万历年年间由福建汀州迁来开基。其后裔分迁大水洞、河南街、牛筋街。

新龙山茶坑马族：始迁祖马满子（长华）于明正德年间由福建清流县横溪苍仁里迁南雄鱼鲜，而后再迁山茶坑开基，其后裔分迁梅岭小岭圩、乌迳傍江下。

■ 温姓

《温氏太原堂八修族谱》（1996年）载：温氏本黄帝裔，周武王之后，望出太原。传至温念深由太原迁金陵，再传五世温守正生六子，长子温庆，官宁都，其后迁居信丰；次子温宝，进士，福建武平令，随任居上杭，而后迁江西信丰。其后裔分迁南雄。

湖口罗田温姓：始迁祖温业源于宋末自福建迁来开基。

溪塘温姓：始迁祖温经达于明弘治年间自信丰铁石堡迁来开基，后裔分迁大塘菇村、鱼鲜罗里坑。

新龙长坑温姓：始迁祖温经远于明弘治年间自信丰铁石堡迁来开基，后裔分迁上朔。

乌迳竹园里温姓：始迁祖温庭华于明嘉靖年间由信丰铁石堡迁来开基。

水口下寮温姓：始迁祖温德仁于明初由信丰铁石堡迁来开基。

主田窑合老村温姓：始迁祖温良政于明永乐年间由信丰铁石堡迁来开基，后裔分迁长潭尾、元甫里峰山。

■ 苏姓

《雄、余、始苏氏族谱》（1997年）载，苏氏乃黄帝之裔，吴回之后，传至昆吾，有功于夏，封于苏城（河北临漳县西），因以苏为姓。南雄苏氏始迁祖九三郎，于元末由福建永定县古竹乡迁南雄珠玑巷，以道艺为业。历六代，后裔都已分迁各地：

苏敬祖由珠玑巷分迁始兴澄江，其孙苏元安又由始兴分迁南雄主田窑合洞开基。

苏永奇由珠玑巷分迁黄坑象湖村，其长子苏元升由象湖迁苍石大坪开基。次子苏元明分迁英德大湾乡开基。

苏元荣由珠玑巷迁梅岭北坑坳高坑村开基。

苏元盛由珠玑巷迁始兴顿岗贯背村开基。

苏元泉由珠玑巷迁主田大水头村开基。

■ 蓝姓

《南雄蓝氏族谱》（1997 年）载：蓝氏始祖蓝昌奇，是炎帝十一世孙帝榆罔之次子。传 122 世蓝吉利南迁珠玑巷，其后裔都已南徙中山、江门、新会、顺德等地。现居南雄的蓝氏均为 129 世蓝传泰、蓝传嵩、蓝传恒之后裔，由信丰迁来南雄，分别居于 13 个镇 33 个自然村。

界址天心坝蓝姓：始迁祖蓝程圆，原居信丰，于明正统十三年（1448 年）应募义勇来雄，乃卜居天心坝。

黄坑下坝蓝姓：始迁祖蓝程矩于明正统年间由信丰迁来开基。

大塘毛狗弯蓝姓：始迁祖蓝程谷于明正统年间由信丰迁来开基。

乌迳鹑鸪洞蓝姓：始迁祖蓝程昭于明正统年间由信丰迁来开基。其后裔分迁大口塘、黄泥塘、大园俚。

水口正山蓝姓：始迁祖蓝尊士于明嘉靖年间由信丰迁来开基。其后裔分迁许村、聪背。

水口泷下蓝姓：始迁祖蓝亲元于明嘉靖壬辰（1532 年）由信丰迁鱼仙老虎坑，后迁泷下开基。

油山樟地背蓝姓：始迁祖蓝体急于明嘉靖末年由信丰迁来开基。

邓坊上村蓝姓：始迁祖蓝柔谋于清康熙年年间由信丰迁来开基。

洋西新杨梅蓝姓：始迁祖蓝子全、蓝子金、蓝子每、蓝子可兄弟，于明万历癸丑（1613 年）由信丰迁杨梅靠椅山开基。又蓝柔彪、蓝柔兴、蓝柔旺兄弟于清康熙年间由信丰迁靠椅山开基。兴建杨梅水库后都已迁洋西新杨梅安居。

全安西岸蓝族：始迁祖蓝家嵩、蓝家华兄弟于清康熙年间由始兴兰单头迁来开基。

■ 雷姓

《雷氏肇春公房六修族谱》（1999 年）载：始祖雷公为少昊（即黄帝之子玄嚣）之舅西陵，分封于雷，因以雷为姓，冯翊郡。传 84 世雷肇春于元至元六年（1340 年）由福建上杭才溪村迁龙南县大龙堡滂坑，生八子。明宣德九年（1434 年），朱妣携八子迁居始兴顿岗乌泥塘开基，分迁马市涝洲水，其后裔又分迁南雄。始兴县雷姓全部已经批准由汉族改为畲族。这是中华民族内部民族互动的又一个案。

黎口里坑雷姓：始迁祖雷良一于明末从始兴涝洲水迁来开基。

主田大水头老围雷姓：始迁祖雷玉清于明万历年间由始兴涝洲水迁来开基，后裔分迁主田寨子背、上洞、虎井坑以及全安羊角岭、百顺圩。

全安网岭下雷姓：始迁祖雷春魁于明万历年间从始兴涝洲水迁来开基，后裔分迁上溪口、珠玑街、大石岩村。

主田高峰青峰山雷姓：始迁祖雷春震于明万历年间从始兴远迳迁来开基，后裔分迁观音坪、斋塘围、梨树下、孔地、九公里、城门以及江头坪岗、大塘廖塘、邓坊赤石、前坊等地。

锦陂井湾雷姓：先祖雷应全于明成化年年间由始兴尖背迁南雄黄坑鲤鱼背，其子雷日宥于明弘治年间再迁锦陂井湾开基。其后裔分迁小陂杨梅坑。

主田跃下雷姓：始迁祖雷日华、雷日盛于明弘治年间由始兴乌泥塘迁来开基。

黄坑官塘坑雷姓：始迁祖雷良海于明嘉靖年间由始兴尖背迁来开基。

古市油槽坑雷姓：始迁祖雷都于明嘉靖年间由始兴镬洞迁来开基，后裔分迁姚塘。

主田谭塘坪雷姓：始迁祖雷梅于明嘉靖年间由始兴镬洞迁来开基。

邓坊前坊雷姓：先祖雷传党于明成化年间由始兴高车迁南雄杨律一都杨坑开基，传至十三世雷庆远于清雍正年间由杨坑迁邓坊前坊开基。另有二支派，一由主田青峰山迁来，一由黄坑下槎迁来。

黄坑小陂头、蔡屋场雷族：始迁祖雷朝映于明嘉靖年间由始兴乌泥塘迁南雄下槎开基，至明万历年间，雷尚科再迁小陂头开基，雷尚稳再迁溪塘蔡屋场开基。

黄坑杨梅坑雷姓：始迁祖雷朝铎于明嘉靖间由始兴乌泥塘迁南雄钯舡开基，其孙雷尚寅于明万历年间再迁杨梅坑开基。

全安下黄岭雷姓：先祖雷如祥于明万历年间由始兴乌泥塘迁南雄午田洋玢开基，其孙雷鸣星于明末再迁下黄岭开基。

帽子峰富竹新地坑、狮石村雷姓：始迁祖雷鸣近于明末由始兴乌泥塘迁新地坑开基，雷鸣响于明末由始兴乌泥塘迁狮石村开基。

古市柴岭对门岭雷姓：始迁祖雷鸣动于明末由始兴乌泥塘迁来开基。

百顺杨梅洞雷姓：始迁祖雷崇征于明末由始兴乌泥塘迁来开基。

珠玑里东雷姓：始迁祖雷鸣会于明末由始兴乌泥塘迁来开基。

全安暖水塘雷族：始迁祖雷千二郎于明正统年间由始兴乌泥塘迁来开基，后裔分迁杨历上村黄泥塘、三枫村。

■ 龚姓

据《武陵堂龚氏族谱》称：龚氏本姓姬，周文王第十四子错叔绣之后，裔孙际元封于滕地龚邱，因以龚为姓。望出武陵，因以武陵为堂号。传至龚苍，为避王莽乱，迁福建上杭梅州村，是为迁闽之始祖。传至龚茂良，宋绍兴进士，参知政事，被谗贬英州，卒于贬所。次子龚夔，字龙飞，进士，历官礼部员外郎，因奔丧，途经雄州，无力归家，乃于淳熙七年（1180 年）卜居南雄城居仁街。南雄龚族多为其后。

大坑、叟里园等地龚姓：始迁祖龚福海、龚福江、龚福滨、龚福湛兄弟，于明洪武年间由南雄城居仁街迁大坑开基，而后福滨、福湛迁江西信丰，福海、福江仍居大坑，其后裔分迁南雄各地：明永乐年间，龚政瑛分迁水口下寮，龚政治分迁湖口积塔；明嘉靖年间，龚万裕分迁长甫桥三子下，龚万仪分迁大塘坪地山，龚万琼分迁下坪，龚志和分迁新龙野猪石；明万历年间，龚万青分迁叟里园。

羊角岭、小水、山角岭等地龚姓：其先龚祖述，原居福建上杭瓦子街。宋末，任南雄分府，终于官署，其子龚德益迁始兴坳头立基。明嘉靖年间，其后裔龚盛元由坳头分迁南雄羊角岭开基，龚盛贵分迁山角岭开基。明万历年间，龚其泰由坳头分迁南雄小水开基。

杨梅坑、谢地等地龚姓：其先祖龚伯六郎，世居福建上杭龙龟寨，后裔迁江西安远、全南、信丰等地，而后再分迁南雄。明嘉靖末年，龚承违由信丰门洞迁南雄新龙杨梅坑开基；明弘治、正德年间，龚永敦、龚仕环先后由全南东埠迁南雄长潭水定居，其后裔于明嘉靖年间由长潭水分迁谢地、莲塘、武台岗、大坪、窑前、菖蒲塘、小水面、大坪山等地开基。

■ **延溪冯姓**

《冯氏联修族谱》（1999 年七修）载：冯氏本周文王第十五子姬高之后，周安王时，姬高裔孙魏启封于鄩城（河南荥阳县），其后裔去“阝”为冯，以冯为姓。南雄冯氏为东汉夏阳侯征西大将军冯异之后，有二支于北宋时，先后迁来延溪大井坊、嘉兴坊开基。

大井坊始迁祖冯朝信，原居河南汴梁，宋成平举人，授文林郎，任惠州博罗县令。北宋咸平三年（1000 年）秩满北归，道经保昌延溪，见山水秀丽，田畴开拓，遂举家卜居于大井坊。传六世冯迁，宋端平二年（1235 年）进士，任太子洗马，因辅佐功封大司马，授荣禄大夫。传九世冯学衡于明洪武十五年（1382 年）迁坪田石门顶开基。嘉兴坊始迁祖冯朝仁，原居南海，辟举为邓州参军。宋景祐元年（1034 年），其曾叔祖冯元（户部尚书）卒，与曾祖冯魁、祖父思异、父惟三同扶榇南归，路经南雄，适遇侬智高乱岭南，暂居沙水，不幸曾祖、祖父、父均先后逝世，得大井坊宗亲之助，于景祐四年（1037 年）安葬先祖于延溪马鞍山，并卜居嘉兴坊。服阕，补授赣州牧。其后裔分迁油山芒东坑等地。

■ **水松董姓**

水松董姓，始迁祖董玮，是耒阳知县董俦第六子，北宋元符三年（1100 年）荐举南雄州刑曹参军。原世居江西乐安县，举家随任迁居南雄城东门。南宋初，第五世孙董宗成自东门悖悌街迁乌迳水松立祠开基。子孙繁衍，分迁于乌迳、界址、孔江、新龙等镇。

■ 界址赵姓

《赵氏族谱》（1996 年）称：南雄赵氏为宋太祖赵匡胤之后。南宋建炎二年（1128 年），太祖六世孙、镇江知府赵子崧谪居南雄州，绍兴二年（1132 年）死于贬所，其子孙先卜居于今宾阳门地，后迁牛田坊洋玢村，再迁界址龙头坊。后裔散居于界址、乌迳、孔江、新龙、油山、南亩、梅岭、雄州等镇 30 多个村庄，一千多户。

■ 筠过欧阳姓

1997 年《筠过欧阳氏族谱》称：欧阳氏本越王勾践后裔。公元前 355 年，楚灭越，越王无疆之子蹄被安置在欧余山之阳，授欧阳亭侯，因以欧阳为姓。后裔繁衍于鲁、湘、赣等地，其中一支称望于江西吉安。南宋宝祐元年（1253 年），元兵南侵，江右扰攘，居于吉州泰和蜀口之欧阳叔权，为寻找安居兴业之所，乃举家越大庾岭迁至南雄箬溪开基。迄今七百余年，历传三十代，全村现有人口 1500 多人。分迁本市境内云西、水口、河坪、南亩、芙蓉、坪塘、聪背、苍石、水西、大塘及雄州镇等地。该族以“箬过书房”名闻遐迩，办学育才，人文蔚起。筠过又是第二次国内革命战争时期的革命老区。

■ 上朔彭姓

民国二十六年（1937 年）《朔溪彭氏六修族谱》称：彭氏得姓始于韩瑊。韩瑊是黄帝第九世孙，尧封于大彭国，因以国为姓。世居彭城（即今徐州）。其后裔分迁于江西吉州沙溪。后唐天成年间（926—930 年），楚国辰州刺史、兵部尚书彭彦承之曾孙彭南选游学岭南，择地朔溪城头卜居，为朔溪彭氏之始祖。其后子孙蕃衍，派分十四房。元延祐年间，因赋税繁重，部分族人先后为经商而远徙于苏州、淮汉、德安、广州、肇庆、揭阳、顺德、新会、湖北、四川等地。迁徙于本市境内的有黄田、古城、锦陂、大塘、油山、坪田坳、兰田、连山、乌迳、龙迳、洋西、邓坊、里元、许村、黄坑、小陂、丰源、丹铺、城门、上坪、南亩、水口、古塘、中站、百顺湖地、大沙洲等地。朔溪在第二次国内革命战争时期是南雄县苏维埃政府所在地，彭族为中国人民革命事业作出了重大贡献，为革命牺牲烈士有 60 多人。该族自彭南选开基迄今近 1100 年，历传 90 余世，繁衍 500 余户，2000 余人。

■ 平林孔姓

清乾隆四年（1739 年）《保昌平林孔氏家谱》称：始迁祖孔温宪，是唐元和时岭南节度使孔子三十八代孙孔戣之第三子。温宪因侍父于岭南，执掌为安置岭南已故官员妻子而购置田宅之事。孔戣奉诏赴阙后，温宪仍留岭南。唐长庆四年（824 年）孔戣逝世。温宪北归，抵南雄，闻朱温乱，乃择地平林隐居。长子绎早卒，次子纯昼耕夜读，竭力养亲训子，营创田宅。纯长子闰，年十九中唐昭宗景福元年（892）举人，连捷进士及第。后周时官至朝散大夫，迁袁州刺史。鉴于乱世，不屑就职，隐居吉州泰和县石禾场十年。宋建隆元年（960年）才挈家归隐平林祖居，三年，创办孔林书院。子孙繁衍，人文蔚起。宋有进士孔绍旦、孔绍祖，明有进士孔传正。

孔震雷，南宋嘉泰岁贡，迁居南雄城，为南雄城孔姓之开基祖。孔希宁分迁龙口，孔弘道迁矮寨开基。又孔希擎分迁南安稳下铺开基。

■ 隍溪严姓

《富春堂严氏福修族谱》（1999年）载：严氏为黄帝裔，本姓芈。春秋熊渠为楚王，改芈为熊。楚庄王熊昭时，其庶兄弟以庄王谥为姓，改熊为庄。至汉明帝刘庄时，为避明帝讳，又改庄为严，以严光（子陵）为一世祖。传三十四世，北宋初严美由金陵（南京）迁江西泰和，为泰和始迁祖。再传至四十六世严君瑞，于元初自泰和徙居南雄崇化隍溪，为南雄崇化严族始迁祖，迄今已传27代，后裔分迁于黄坑日形村、寨脚下、古池、孔班、上村、船寨、水南乾、流地、老龙圩、官路头、虎珠坑、坑毛子、白木、虎井坑、米王亭以及江西省大余、南康等地。

九、韶关市区

韶关市区指现浈江区和武江区。其中浈江区约有36万人，武江区约有24万人，城郊的农民约占三分之一，几乎都是客家人，大约是20万，他们大都自称从福建瓦子街迁来；而城区四十来万居民中，约有三分之一是客家人，约有14万人，合共约34万人。城区的客家人中，只有很少数是世代相传住在城区的，客家人大都是从各县迁来的，一部分则是近几十年来因工作或就业到韶关的梅州人和赣州或福建的客家人。其中张氏是最早到达粤北的客家人，晋永康年间（300—301年），张九龄的先祖就从河南省范阳方城南迁，张九龄的曾祖张君政任韶州别驾，终于官舍，遂落籍韶关，张九龄兄弟四人，后裔遍布广东省、江西和福建省。

第二节　清远客家

清远市原属韶关，1987年才分开设市。客家人大批迁徙清远市可分两个阶段：一是明初，大批客家人来到清远南部各县，如英德、佛冈、清远（现清新县和清远市区）；二是清初，大批客家人又来到清远北部各县，即连阳地区，又称三连一阳，即连州、连山、连南和阳山。清远市现有人口395.5万，其中客家约有154.9万。[①]

---

① 参见《清远县志》，广东人民出版社1997年版。

以下对各县客家作一简述。

一、阳山

阳山县的客家大都是因生计困难从梅州动迁而来的，时间多在清朝初年，民国时也有少部分人迁至，在上世纪五六十年代，因梅州地区大饥荒，也有人被迫到阳山投奔亲人以谋生路。到阳山的客家人因特别能吃苦耐劳，素质较高，又重视文化教育，很快就站稳脚跟，并得以发展，形成“客家变地主”，后来者居上的局面。阳山县客家人有少数变成瑶族，也有极个别人从四川回迁。阳山客家主要分布在黎埠、江英、高峰、秤架、犁头、岭背、黄坌、小江、大崀、青莲、杜步等地。阳山县现有人口53万，其中客家近20万人。其中黎埠约有5.1万人，大崀约有0.9万，小江约有0.8万人，秤架约有1.1万人，黄坌约有0.8万人，岭背约有0.6万人，阳城镇约有1.7万人，青莲约有0.7万人，江英约有0.7万人，杜步约有1万人，太平约有1.9万人，七拱约有3.2万人，杨梅约有0.2万人[①]。在这21万客家人中，总计有108姓。

阳山主要姓氏录（按笔画排序）

丁	卜	刁	马	王	尤	贝	毛	文	邓	甘	古	石	龙	卢	叶
申	丘	白	邝	冯	吕	朱	伍	华	全	邬	刘	江	池	许	孙
严	巫	杨	李	吴	利	何	余	邹	汪	沈	张	陈	邵	武	范
林	欧	卓	易	罗	周	庞	官	冼	郑	练	赵	胡	柳	钟	侯
饶	洪	涂	姚	贺	骆	袁	聂	莫	顾	钱	徐	高	郭	唐	陶
黄	萧	梅	曹	崔	盘	梁	彭	韩	植	傅	焦	曾	温	谢	蓝
蒙	赖	雷	简	詹	谭	潘	薛	魏							

各姓氏客家人迁徙到阳山的情况简介如下：

■ 黄姓

一支在乾嘉年间从梅县松口迁来黎埠墟。一支在嘉庆年间从梅县松口迁来黎埠均安村，开基祖是黄锦捷、黄俊捷，已传九代。一支在嘉庆年间从清远县迁来黎埠淇潭村，开基祖是黄悦辉。一支在明洪武十六年（1383年）迁来秤架乡太平五洞，迁徙路线是先从江西迁怀集，再从怀集迁凤岗，最后是从凤岗迁到秤架，开基祖为黄能三、黄能四兄弟，传18代，总人口3500人。

■ 杨姓

一支在乾隆四十四年（1779年）从惠州迁来黎埠大塘村，开基祖是杨贵联。一

---

① 参见《阳山县志》，中华书局2003年版。

支早年从福建入粤，乾隆五十六年（1791 年）迁来黎埠枫化村。一支在乾隆五十七年（1792 年）从梅县畲坑迁来黎埠保平村，开基祖是杨秀联。一支在道光五年（1825 年）从梅县迁到黎埠凤山村，开基祖杨章保。一支在道光年间从梅县迁来黎埠燕岩村，开基祖是杨怀正。一支在嘉庆元年（1796 年）从梅县松口迁来黎埠墟，开基祖是杨书可。一支在道光十九年（1839 年）从四川省迁来黎埠凤山村，开基祖是杨城基。一支在道光三十年（1850 年）从梅县松口迁来黎埠墟、户村、开基祖是杨逸长四兄弟。

■ 邓姓

一支在雍正十年（1732 年）从嘉应州迁来黎埠保平村，开基祖是邓士焕。一支在雍正年间从嘉应州迁来黎埠保平村，开基祖是邓文明。一支在嘉庆七年（1802 年）从嘉应州（梅县）石坑长埔迁来黎埠保平村，开基祖是邓务敏。一支在嘉庆七年（1802 年）从嘉应州（梅县）石坑长埔迁来黎埠南村、燕岸村，开基祖是邓务勤、邓务贤、邓务仁三兄弟。一支在同治十年（1871 年）从嘉应州（梅县）石坑长埔迁来黎埠沙冲村、保平村，开基祖是邓朝杰、邓朝仪两兄弟。一支在清代从乳源深洞迁至黄坌芹菜塘，传 8 代，总人口 200 人。

■ 李姓

阳山李氏客家人都是福建省火德公后裔，而且几乎都是从梅县迁来的，但同宗不同房亲。一支于乾隆年间由梅县雁洋迁来黎埠墟，开基祖是李真纯。一支于嘉庆元年（1796 年）从梅县畲坑迁来黎埠保平村，开基祖是李思桥四兄弟。一支于乾隆五十年（1785 年）从梅县畲坑迁来黎埠淇潭村，开基祖是李广玉。一支于光绪年间从梅县松口迁来黎埠龙颈村，开基祖是李佑兴。一支于光绪十三年（1887 年）从梅县迁来黎埠淇潭村，开基祖是李福旺，传 5 代。一支于明万历间从福建迁至秤架乡下塘等村庄，传 18 代，总人口 2000 人。一支于清代从兴宁�竹围迁至黄坌生菜，传 8 代，总人口 170 人。

■ 叶姓

一支在康熙年间从梅县畲坑迁清远县，后迁黎埠大围、燕岩，开基祖是叶盛青、叶盛保。一支在嘉庆九年（1804 年）从新丰县高田排迁来黎埠莲塘，开基祖是叶文选。一支在咸丰六年（1856 年）从粤东迁台山县后迁黎埠贵龙村，开基祖是叶发昭。一支在咸丰六年（1856 年）从粤东迁台山县后迁黎埠燕岩村，开基祖是叶黄氏。

■ 张姓

一支在乾隆三十三年（1768 年）从始兴县迁来黎埠保平村，开基祖是张腾芳。一支在道光十年（1830 年）从惠州迁来黎埠凤山村，开基祖是张庭秀。一支在同治十年（1871 年）从始兴县迁来黎埠塘楼村，开基祖是张德胜。一支在清代从广宁苏木塘迁至黄坌大坳，传 8 代，总人口 200 人。一支在康熙三十七年（1698 年）从乳源迁至秤架乡大坑，总人口1000人。

■ 王姓

一支在嘉庆年间从龙川县果子园迁来黎埠，开基祖是王球玉三兄弟。一支在嘉庆四年（1799年）从连平州永顺图迁来黎埠墟、保平，开基祖是王国仁，传9代。一支在道光二十六年（1846年）从兴宁县迁连州，再从连州迁来黎埠中岩村，开基祖是王上芳，传7代。一支在民国十六年（1927年）从兴宁县宁中乡迁来黎埠墟，开基祖是王裕。一支在嘉庆年间从英德白石乡迁至青莲糖寮，总人口300人，传8代。

■ 何姓

一支在乾隆三十五年（1770年）从兴宁县黄坡迁来黎埠贵龙村，开基祖是何兴才，传9代。一支在道光十年（1830年）从乳源县迁来黎埠大塘村，开基祖是何明光。

■ 刘姓

一支在道光二年（1822年）从兴宁县黄坑迁来黎埠保平村，开基祖是刘生荣，传7代。一支在道光十九年（1839年）从兴宁县迁来黎埠凤山村，开基祖是刘崇荣。

■ 林姓

道光年间从惠州三多竹迁来黎埠界滩村，开基祖是林崇炳。

■ 陈姓

咸丰初年从梅县河田堡迁来黎埠凤山村，开基祖是陈采堂。

■ 薛姓

光绪二十一年（1895年）从惠州迁英德后迁来黎埠青坪村，开基祖是薛文怀。

■ 罗姓

一支在乾隆四十七年（1782年）从河源县回龙迁来黎埠墟，开基祖是罗自。一支在乾隆五十二年（1787年）从连南寨岗迁来黎埠保平村等地，开基祖是罗达先，其迁徙路线是从福建省迁兴宁，从兴宁迁台山，再迁寨岗，后裔又迁来黎埠。一支在道光年间从南海县丹灶迁来黎埠保平村鸭子田，开基祖是罗顺言，传8代。一支在清代从梅县畲江迁来黎埠保平村、马京，始迁祖是罗天柒。一支在民国初年从英德县九龙迁来黎埠均安村。一支在清同治年间从兴宁迁台山，光绪年间，从台山迁连南寨岗，其后裔又迁至黄坌雷村，传8代，总人口300人。

■ 谢姓

一支在嘉庆五年（1800年）从江西长宁牛兜迁来黎埠墟，开基祖是谢敬堂，传10代。一支在宋代从福建迁至鸦山湖，传30代。一支在清代从江西迁至谢屋石溪。

■ 朱姓

一支在道光十六年（1836年）从英德县迁来黎埠凤山村，开基祖是朱三。一支在清代从连南寨岗火坳迁至黄坌长江寨，传8代，总人口150人。还有一支朱姓在朱屋排，迁徙情况不明。

■ 江姓

民国抗战时从惠州迁来黎埠贵龙村。

■ 庞姓

明洪武十六年（1383 年）迁到秤架乡太平五洞。迁徙路线是从江西到怀集，再到凤岗，再到秤架，传 18 代，总人口 1000 人。

■ 陈姓

一支乾隆年间从长宁（今新丰）迁至秤架乡秤架街，传 11 代，总人口 1000 人。一支在道光十年（1830 年）从福建迁至秤架乡安家水桥坑，传 10 代，总人口 700 人。一支在道光二十五年从乳源迁至秤架乡东岭，总人口 700 人。

■ 钟姓

清代从梅县隆文迁至黄坌街上，传 8 代，总人口 150 人。

■ 邹姓

一支在清代从龙川迁至秤架乡，总人口 500 人。一支在清代从龙川太平镇国龙迁到清水塘等地，传 10 代。

■ 冯姓

清代从龙川龙母迁至黄坌后岗田，传 9 代，总人口 200 人。

■ 萧姓

清代从英德水边迁至黄坌茶叶山，传 7 代，总人口 250 人。

■ 徐姓

道光年间从翁源磜下迁至黄坌长江寨，传 7 代，总人口 130 人。

■ 温姓

清代从长宁县（今新丰）迁至黄坌田洞心，传 8 代，总人口 150 人。

■ 赖姓

清代从梅县迁至黄坌大东山，传 8 代，总人口 150 人。

■ 胡姓

乾隆间，从新丰迁至龙脊。

■ 沈姓

清代从梅县松口迁至江佐，人口 300 人，传 8 代。

■ 邱姓

雍正十年（1732 年）从梅县曲迳迁至大竹园，总人口 450 人。

■ 丘姓

清朝时分多次从新丰迁入。其迁徙路线是从福建上杭迁广东梅州，再从梅州迁至新丰县，又从新丰县迁至阳山县，之后又从阳山迁至广州、南京、西安、成都、台湾、香港和马来西亚、泰国、新加坡和美国等地。一支在清代从长宁

（新丰）迁至石犁塘等地，传12代。一支在清乾隆年间从杜叔镇旱坑迁来，传13代，总人口1300人。一支在清代从长宁（新丰）迁至丘屋，传12代。一支在乾隆年间从新丰迁至大崀单竹坑，总人口100人，一支在乾隆年间从新丰迁至陂头，总人口100人。一支在清乾隆年间从七拱镇佳礼石角龙脊、合上新岗挂花等行政村迁来，传13代。

二、连县

连县，现为连州市，连州市的客家人大都在清朝或民国时从梅州市迁来，动迁原因几乎都是原住地生计困难，连州的客家主要聚居在九陂、县城、附城、龙坪、朝天、高山等乡镇，连县总人口为52万，其中客家约有11.5万人。现以九陂镇客家为例作一简介。

■ 陈姓

先祖由龙川迁到清远县再迁到连县，连县九陂开基祖为振习、振高、新振、新贵、曾旺、朝曾诸公，现分居清远、阳山、连南、连县，传8代，现有人口500多人，全县总人口2569人。

■ 杨姓

先祖从龙川迁到清远县，再从清远迁来连县九陂，开基祖德荣公，现分居九陂黄龙带和全县各地，传7代，现有人口200人，全县总人口1433人。

■ 邓姓

从丰顺迁来，开基祖开颖、开货、开发、开贵、二妹，现居住地九陂、高相、双圹，传8代，现有人口500人，全县总人口1321人。

■ 刘姓

从丰顺迁来，开基祖建谋公、建帮公，现居住地九陂马头山、元江、黑龙江，至今与丰顺宗亲有来往，传7代，现有人口500人，全县总人口1302人。

■ 黎姓

从丰顺迁阳山再迁至连县九陂，开基祖廷芳公，现分居九陂搪子湾、鸡栖冲和其他各地，传12代，现有人口300人，全县总人口842人。

■ 潘姓

先祖从福建省迁梅州，再迁翁源，后从翁源迁新丰，又从新丰迁连南县寨岗，最后从连南寨岗迁至连县九陂，开基祖永三公，现析居九陂石寨、长塘和全县各地，传7代，现有人口239人，全县总人口771人。

■ 吴姓

先祖从丰顺迁新丰，后迁寨岗，再迁连县九陂，开基祖经文公、经善公、经乐公，现居住地剪刀尾、墩头、城隍街，传7代，现有人口239人，全县总人口771人。

■ 徐姓

从丰顺迁来，开基祖徐润公、添润公、标顺公，现分居九陂石寨、白云山、倒流水、连州市区和市郊，后裔分迁乐昌等地，现在与丰顺宗亲仍有来往，传7代，现有人口490人，全县总人口610人。

■ 王姓

开基祖凤元公，现分居九陂四联村、王屋等地，清代五品官州司马，传7代，现有人口300人，全县总人口602人。

■ 邱姓

从梅州市大埔县迁来，开基祖德松公，现分居九陂老鸦山、石塘、连州镇和广州等地，传9代，现有人口570人，全县总人口724人。

■ 谭姓

先祖从丰顺迁惠州，再从惠州迁来连县九陂，开基祖延金公、延玉公，现分居九陂黄龙带和连州镇等地，传9代，现有人口350人，全县总人口不详。

■ 朱姓

从惠州迁来，开基祖芳林公，现分居九陂火烧庙、连州朝天、钢罗营，据说是最早迁来九陂定居者，现有人口350人，全县总人口不详。

■ 李姓

是福建李火德公的后裔，大都在清初从梅县迁来，但同宗不同房亲，全县总人口1367人。

■ 黄姓

大多数是在清朝从梅州迁入，全县总人口1236人。

三、连南

连南县，连南瑶族自治县总人口15万，其中客家人有7.3万。连南瑶族自治县的客家人主要在县城三江镇、寨岗镇和寨南北部聚居，在全县各地都有分布，全县通用客家话，包括瑶族同胞出外也讲客家话。有些客家人因各种原因变成瑶族，如瑶族中的李姓、罗姓和许姓等。连南地区本是地广人稀，清朝初年到道光、咸丰年间，粤东大批客家人迁至，其中最大的是曾、罗、李、潘四大姓，他们有组织地举族迁入，并具有先进的文化素质，先进的耕作技术，较雄厚的资本等优越条件，加上勤劳勇敢，吃苦耐劳，勇于进取，对连南的开发贡献很大。客家人口迅速上升，200百年后，反客为主，在汉人中占绝对多数，全县约有7万多人，客家方言成了全县的流行方言，客家文化成为主导文化。以下以寨岗客家为例叙述。

■ 曾姓

曾姓得姓于山东，始盛于山东，西汉末年，王莽当政，关内侯曾据率族人2000

多人从山东省迁至江西庐陵（吉安）吉阳乡，曾据为江西省曾姓开基始祖，也是江西、福建、广东、广西和台湾等地曾氏汉人的始迁祖。三十代后，鲁国公曾惇因兵荒马乱，于宋政和壬辰年（1112 年）由江西南丰迁福建省宁化石壁村，曾惇生子仲辉，辉生子桢孙、佑孙，因宋元兵扰，不能安居，佑孙（字志诚）携广清、广渊、广新等六子由宁化迁至长乐县（五华县）高竹园（今华城万子）。现居住在五华、梅县、兴宁、平远、丰顺、新丰、龙川、河源、和平、惠州、广州等地的曾姓子孙，大都是佑孙的后裔。寨岗的曾姓主要是河源广公、略公两大支系的裔孙，略公后裔九彝公于乾隆四十八年（1783 年）从河源县三莵竹村迁入寨岗，已传十三代，子孙分居安田、山心、金鸡、社墩、铁坑、石坑崀、新埠和县城等地，共四大房，有 5000 多人；其中略公第七十一世后裔衍述公，其后裔分居金鸡、安田、社墩三角塘三大房，有人口 3730 之多，是寨岗曾姓最大的一个房系，广公后裔第七十一世衍仁公，其子孙分布于新埠、黄泥塘、圩岗、石坑崀等地，人数也不少。另一支曾姓，于嘉庆十五年（1810 年）从兴宁县迁来寨岗湾角村。另一支曾姓，于乾嘉年间从兴宁迁入寨南秤架村。另一支曾姓，于乾隆初年从龙川迁入寨岗高滩坝。

■ 罗姓

其先祖从江西迁徙至福建，其后，十四世传昭远公由福建迁至广东兴宁，达先公从兴宁迁至惠州，其子贻光、贻旺、贻华兄弟三人于雍正年间迁居阳山县，在乾隆五十三年（1788 年）和道光年间，先后两次举族迁入寨岗，现已传十世，分为三大房，长房贻光公后裔主要居住在石坑崀村、金光村，二房贻旺公后裔主要居住在官坑村，三房贻华公后裔最多，约占达先公后裔总数近万人的三分之二，主要分布在高滩坝村、东升村、官坑村、独石坝村、青涸村，在邻县阳山县黎埠大陂村、杨柳陂村、白石门村和阳山县黄坌雷村，都有达先公的后裔，两县共有 9600 多人，连南约 7000 多人，阳山约有 2000 多人，其中有的后裔变成瑶族，现有 500 多人。寨岗淇潭湾村有少部分罗氏族人，约有 200 多人，是应和公后裔，原籍兴宁，与达先公系属五世内宗亲，是随达先公后裔迁入，石坑崀、亚田与寨南鸡洞罗姓为昭远公三弟英远公后裔，先从兴宁迁台山，于咸丰四年（1854 年）从台山迁入，约有 400 多人。

■ 李姓

连南的李氏族人都是福建李火德公的后裔，都是从梅县迁来，但都是同宗不同房亲，其中金光村的李姓是嘉庆年间从梅县云车乡迁入，开基祖为芳长公，已传 12 代，有后裔 300 多人，寨岗李氏族人共有 3000 多人，县城还有不少。

■ 潘姓

潘姓是寨南客家的大姓，其四十九世先祖（迁粤后为第八世）伯润公从嘉应州长乐县（五华县）迁至翁源县南浦司杨崖坝开基，其后裔有的迁至新丰县，成为新丰第一大姓，裔孙中有兄弟三人从长宁县（新丰县）迁至连南寨南开基立业，其中念一公于乾隆十一年（1746 年）迁入，后子孙再分居葫芦墩、新寨、石径、鸡洞、铁屎墩等地；念三公于乾隆二十一年（1756 年）迁入，子孙分居杀牛坪、径口、木崀等地；念五公于乾隆五十九年（1794 年）迁入，其子孙分居吊尾、木崀、新村、秤架、石洋坑等地。

■ 黄姓

从福建迁入粤东，后迁入英德，清顺治元年（1644 年）从英德牛头墟迁来寨岗社墩，现有人口 400 多人。

■ 古姓

康熙三十二年（1693 年）从五华县梅村堵河石乡迁来寨岗官坑村。

■ 吴姓

乾隆中期，从梅县松源堡迁来寨岗湾角村，开基祖是吴增先，传 12 代。另一支吴姓，光绪初年从英德县青塘迁来寨岗老埠村，传 5 代。

■ 钟姓

乾隆三十三年（1768 年）从梅县石岗墟迁来寨岗湾角村。

■ 陈姓

乾隆五十六年（1791 年）从河源县迁来寨岗社墩村。另一支陈姓，道光年间从平远县迁来寨岗秤架村。另一支陈姓，于道光年间从平远迁入寨南秤架村。

■ 杨姓

于顺治十八年（1661 年）从河源县三兜竹村迁入寨岗老虎冲，现有人口约 500 人。

■ 邹姓

乾隆后期从龙川县迁来寨岗高滩坝村。

■ 朱姓

乾隆年间由龙川县迁来寨岗湾角村。

■ 邓姓

嘉庆二十一年（1816 年）从丰顺县叶田村迁来寨岗成头冲，开基祖是邓开贵。另一支邓姓，于乾隆三十七年（1772 年）从兴宁迁入阳山县淇潭村与寨岗交界处，三十年后再移居寨岗湾角村。

■ 姚姓

道光年间从平远县丰盘岗迁来寨岗社墩村。

■ 魏姓

道光年间从龙川县迁来寨岗秤架村、三家村，现有人口 400 多人。

■ 甘姓

道光年间从兴宁县迁来寨岗秤架村、三家村，传 8 代。

■ 林姓

道光年间从梅县迁来寨岗交界村，传8代。

■ 韩姓

乾嘉年间从梅县迁入寨南秤架村。

■ 柳姓

乾嘉年间从兴宁迁寨南秤架村。

■ 陆姓

明朝时从粤东迁入白芒板洞村，于咸丰年间再迁入秤架村。

■ 赖姓

于嘉庆年间新丰县迁入寨南秤架村。

■ 谢姓

于嘉庆年间从新丰县迁入寨南秤架村。

■ 邱姓

于嘉庆年间从新丰县迁入寨南秤架村。

四、连山

连山县，连山壮族瑶族自治县的客家人主要分布在县城吉田镇和福堂、肖溪、小三江、田心、上帅、香寮等乡镇，约7000多人，而全县人口约10万人，客家人只占7%。此外也有少数客家人变成壮族。连山客家人迁来的时间也比较晚，以清朝和民国为主。大多数都是从兴梅地区迁出。以下对各姓迁徙情况作一简单叙述。

■ 杨姓

顺治十三年（1656年）从梅县畲坑十二塘迁出，始迁祖为杨景兴，分居在福堂镇文土、新赛、肖洞、三房、坪山、老唐屋、洞佛、东源冲、龙头、北夫、塘基、六利、新屋、旧屋、六杓、付竹、东水、西水、寨儿、凤凰寨、梅阁、东水、文贵、梅洞圩等村落，大约有2000多人。另一支杨姓是康熙三十四年（1695年）从梅县畲坑成生村迁出，始迁祖为杨成生，后裔分布在小三江镇新寨、田心、旺角、良信、福田、江鸭、班东、江田、马头等村落，大约有1500人。另一支杨姓，康熙二十二年（1683年）从梅县龙文堡小桑村寨颈里迁来，始迁祖是杨恒滔，现有后裔600多人。分布在上帅镇乙鸣、岭坪、河背、香寮、新兴等村落。

■ 黄姓

顺治九年（1652年）从嘉应州兴宁县萧陂村迁来，始迁祖为黄永忠，后裔分布在上帅镇的洞仔、乙鸣、陆屋、班翁、福头、七里、长冲等村落，约有1500人。另一支黄姓，清朝时从湖南江华码市迁来，已传十代，约有200多人，分居在千洞镇倒水中和正岐等村落。

■ 郑姓

清朝时从梅州迁来，已传8代，有85人。

■ 李姓

雍正年间（1723—1735年）从梅县迁来，始迁祖为李广兴，已传13代。

■ 陈姓

传说是清康熙壬寅年（1662年）迁来，始迁祖是陈以玉，已传13代，约有100人，后裔分居在小三江镇班局村。另一说法是明崇祯六年（1633年）迁来。

五、佛冈

佛冈县在清远市南部，毗邻广州市，全县总人口30万，以广府人为主，客家人占30%左右，约有10万人。[①] 迳头、烟岭、高岗三镇为纯客地区，约有6万多人，水头、三八、石角、龙南、民安、龙山、汤塘等乡镇，都有客家人聚族而居，他们都是从迳头、烟岭、高岗迁出的，约有4万多人，但不占当地人口的多数。佛冈客家主要姓氏源流简介如下：

■ 李姓

县内李姓都为福建火德公的后裔，入闽七世祖李福智于明初由闽入粤，为佛冈李氏入粤太始祖，妣曾氏，生二子，长李茂珊，次李茂瑛。二世祖迁入英德县白沙帽岭村开基，李茂珊妣吴氏，生四子：德生、德荣、德崇、德进。李茂珊死后，吴氏携带四子到英德县白石乡（现佛冈烟岭镇）课田村开基，后裔分迁至柯木冈、前所、高桥等地；李茂瑛，妣杜氏，生德华、德存，后裔部分迁至长宁县（新丰县）遥田社坑开基，部分迁至英德县高冈（现佛冈县高岗镇）观音山大围开基，佛冈李氏传近30代，约1万多人，是佛冈客家大姓。

■ 郑姓

佛冈人数最多的郑姓原来不姓郑，而是姓冯。太上祖为冯乐宣，家住福建省河州府，曾在韶关为官，其后裔冯伯三在程乡（梅县）时为生存而改随母姓，即改而姓郑，之后其子郑聪千兄弟三人从梅县迁至英德大陂（现属佛冈），兴旺发达，现已传20多代，后裔分居迳头、烟岭、水头、龙南、石角、汤塘等地，约1万多人，是佛冈客家大姓。另一支郑姓县内称“老郑”，人数不多，也是客家人。

■ 范姓

佛冈范姓的开基祖是万一郎和万二郎（范仲淹第二十一世裔孙），他们原居潮

---

① 参见《佛冈县志》，中华书局2003年版。

州府海阳县恋州都第十一图民政村（现大埔县），后迁至河源，再从河源迁至和平，明正统十二年（1447 年）迁至英德县烟岭白石乡（现佛冈县烟岭镇），至今已传二十多代，后裔近万人。为佛冈客家大姓之一。

■ 钟姓

明宣德二年（1427 年）钟氏第九十八世祖钟德尚从福建省汀州府迁广东省翁源县鲁溪第八甲开基，一百世祖钟福旺由翁源迁英德高台（现佛冈高岗镇）宝结岭开基，一百零八世祖钟子振、钟子拔在清康熙中期由白石乡禾洞坑迁至迳头上青洞禾坪岗开基。

■ 谢姓

佛冈客家谢姓主要在烟岭聚居，元末时，谢姓先祖谢浓叶从福建迁至广东连平，后裔谢思明从连平迁至英德大镇，明初后裔谢福禄又从英德连平迁至白石（现烟岭镇）冷水坑（今高坝村），后裔分居冷水坑、深坑、禾田坳、邓岗头等村落，已传二十多代，约有 2500 人。另一支谢姓为广府人。

■ 温姓

先祖温铜宝于唐僖宗乾符年间（874—879 年）与妣童氏九娘居福建省宁化县石壁村，因避黄巢之乱流徙于江西省石城县，生九子，长子失传，三、四子仍住江西石城县，五子移居广东程乡（梅县）永和圩，六、七子返回福建省永安中心坝，八、九子的后裔迁至广东省佛冈、新丰、从化、增城、清远、翁源、梅县、海丰、陆丰、英德、龙门等地，另有部分后裔返回福建省上杭县。佛冈温氏一世祖温九郎，是温铜宝第九子，因战乱，偕妻管十娘回福建省汀州府上杭县，八世祖温十四郎在明代成化年间（1465—1487 年）由福建迁至广东长宁县（新丰县）富头，二十一世祖温瑀，偕妻陈氏，于明代崇祯十五年（1642 年）又迁至清远县吉河乡（今佛冈县水头镇）仓边定居。

■ 何姓

何氏第四十五世祖何太郎，又称太乙一郎，名旦，另起一世，五代十国的后唐明宗天成年间（926—929 年），何太郎曾任福建省宁化县县官，政绩卓著，离职后百姓挽留而居宁化县石壁村，后迁汀州府武平县盈塘里南岩狮子口壶炉山，不久又迁至十五里外的冷洋坑。六世祖贞五郎，字秀宽，于宋朝咸淳九年（1273 年）由闽入粤，居南雄珠玑巷，后又迁至始兴，宋朝景炎二年（1277 年）迁翁源江子镇（现新江镇）上、下坝。明洪武年间，何永崇、何永杰、何永琳三兄弟从翁源迁至英德高台（现佛冈县高岗镇）墩厚村（现墩下村），不久他们的堂兄弟何永端、何永正也迁至英德高台（现佛冈县高岗镇）茶山上、下湾。后裔分居田心等地。何氏到佛冈后已传二十多代。

■ 朱姓

一支在明初迁至迳头，开基祖为朱景玉，一支在明初迁至高岗礼溪，开基祖是朱景华，另有朱景常也在同时迁至英德白沙刀石坑，他们三兄弟都是朱熹的后裔。另一支朱氏也是朱熹的后裔，始迁祖为念八郎，居住在石角吉田。

县内其他的朱氏是广府人。

六、英德

英德县现称英德市，是广东省面积最大的县，英德县也是客家大县，全县总人口108万，客家人占80%以上，约有85万。客家人多自称迁自福建省，时间以明初为多。实则多由福建省迁粤东，再从粤东迁来英德。现对部分客家人的迁徙情况作一简单叙述。

■ 李姓

英德县的李氏都是福建省李火德公的后裔。李公政一支在明洪武初年从福建省上杭迁英德县竹径都景头村定居。李公政生四子：贵聪、贵明、贵胜、贵会，贵胜任直隶省常州府武进县知县，生七子。第七子文琏任广西省庆州府荔波县知县，文琏六世孙昇泽迁黎洞三坑车塱定居。贵聪生六子，长子文海迁居洋高乡白沙村，其余在幞头附近散居。青塘、鱼湾李姓也不少。另一支也是火德公后裔，即火德公第五世孙福四郎（福公），其于明朝初年，携三子李君、李臣、李义从福建省南迁广东，先到南雄，后迁至韶关乳源县古母水，其后，福公及其长子李君在乳源古母水定居，三子李义迁至广州九眼井，次子李臣携妻粟氏、黄氏于永乐四年（1406年）迁入英德黄花镇溪村开基，后裔分布在黄花、大湾、阳山县和清远县等地，大约有万余人。

■ 谢姓

谢枋得之后裔景圣、景贤、景智三兄弟明初从福建宁化石壁村入粤。老大定居本县夫镇，至今未有分支居他地。老二定居横石塘围子下，后分支散居马口、连江口、黎溪、白沙及清远县源潭等地。老三定居于连平县。

■ 丘姓

明初，丘氏第六十八世孙丘颗棱从福建汀州府上杭县迁来英德西牛桥头村落户，生子6人，散居西牛、九龙、张陂、石灰铺、浛洸等地，以及阳山、清远、新丰、花县几个县份。清雍正三年（1725年）朝廷以尊孔为由，为避孔丘之讳，令丘姓改为邱姓，因此，丘邱实为一姓。

■ 郑姓

明初，郑姓后裔从福建迁徙至岭南。本县县城郑家巷、横石塘、大镇等地的郑姓是明朝从佛冈大陂郑姓分支出来的。

■ 谭姓

谭宏政（改名宏帙）于宋初建隆三年（962年）从江西虔州迁广东南雄珠玑巷，宏帙后随长子洪迁广州，并在今越华路建了宗祠。其孙伯仓迁仁化。伯仓第十四世孙大钦于明洪武二年（1369 年）由仁化迁来英德竹迳都（今属大站镇管辖）其后裔在县城何公桥东南侧建有谭氏宗祠。英德谭姓有大钦、大明、大赦三系。大钦、大明两系散居寿塘、江边嘴、江湾、矮山坪、沙口、连江口、高岚等地；大赦一系散居浛洸、大湾、郎坡、深塘岭（朗菰）等地。

■ 刘姓

刘氏后裔于唐末迁居福建汀州宁化县石壁村，以彭城为堂号，刘开七于南宋嘉定年间率兵至兴宁平乱，战死葬于该地。其子刘广传落户兴宁北厢龙归洞走马岭下，生 14 子。第九子于明初迁来英德西牛塘头，后分支散居西牛金竹、沙坝、水边、大洞、九龙、明迳、云岭及邻近几县，今传至 23 世。第十四子的后裔民国初年来英德经商，后散居县内各地。

■ 赖姓

以“颍川”为堂号，迁来英德的赖姓有两支：大镇赖姓，明永乐年间从江西宁都迁来大镇雅堂村，以烧瓦为业，在村附近挖了 108 口塘，村便称瓦塘；后美称为“雅堂”。今有 341 户，1481 人。大湾赖姓，清嘉庆年间由福建宁化石壁村迁来大湾，后在桐油村居住，今有 106 户，615 人。

■ 曾姓

南宋景炎元年（1276 年），曾氏 54 世孙曾惇之后裔佑荪由福建宁化石壁村葛藤窝迁广东长乐。元初，佑荪之子广新定居于兴宁。明初，曾奇从兴宁迁来英德大镇茶山村，今传 23 世，有 470 户，2034 人。分支散居于清远、罗定等县。

■ 陈姓

陈思盛于元末明初从福建汀州上杭迁来桥头板铺村，生子 8 人，其中第八子叫宗养，建了一座形似八卦罗盘的村庄，叫罗庚围。今传至 23 世，有 230 户，1265 人。

■ 周姓

以“汝南”为堂号，北宋庆历七年（1047 年），周中和任职英州，举家从江西泰和县信实乡万岁里迁来英德城今裕光中路西侧建村定居，建“周氏宗祠”。明末清初，其后裔念一、念二、念三、念四、念五兄弟五人，到大镇蒲岭创业。后念一迁太平回龙岗；念二迁青塘老树园；念三的儿子一支迁往横石水铁炉坡，一支留居蒲岭；念四迁回英德城，分支迁往江湾、石灰铺、西牛、水边、大洞等地；念五后裔迁往横石塘、沙口、望埠等地。

■ 邓姓

北宋元祐三年（1088 年），邓邦仁次子邓友振携 8 子 2 女从江西泰和迁至南雄珠玑巷，再迁至广州，至宋绍圣三年（1096 年），迁往增城庆福都大埔心定居。其 6 世孙邓新仔于元朝从增城迁来英德象山潭头村创业，由潭头分支望埠、大镇、桥头、上下呔、波罗坑、连江口、湖溪等地。

■ 黄姓

大湾黄姓，于明洪武四年（1371 年），由福建迁来大湾平地乌塔村，后在古道上街村落居，今 130 户，800 人。清溪黄姓，先祖黄耿，字日章，元朝进士，元至正三年（1343 年）任英州别驾，后定居沙口清溪村。

■ 沈姓

原居苏州嵩山县，明末清初，迁至福建古田村，再迁南雄，最后迁来英德白沙象贵镇村，从第四世沈智慧起至今传至 22 世，有 223 户，1010 人。

■ 冯姓

明初冯禧从福建迁至曲江，后到增城，其子冯辉于明景泰七年（1456 年）迁来英德麻寨（今英城镇廊步）定居。其后，分支到连江口、黎洞、水边等地创业。

■ 颜姓

英德颜姓，明初从江西迁来英德城东门街（今陵同路），以后迁到明迳，又由明迳分支到马口长岭，今传 21 世，有 2000 多人。

■ 陆姓

陆千七郎于明正统三年（1438 年）从福建入粤居潮州。其子太二郎于天顺七年（1463 年）从潮州徙始兴，成化六年（1470 年）从始兴迁来英德下石太镇高沙岗定居，为高沙岗陆姓一世。万历四十年（1612 年）在高沙岗建陆氏宗祠。高沙岗陆姓从第八世开始排辈，其辈序是：万登禧连，如尔宗祖，观光上国，奕世永昌。今传至“昌”字辈，分支散居连江口、黄岗、黎溪以及相邻的清远县。

■ 卢姓

以青塘卢姓为大支，原居福建上杭，明正（德）嘉（靖）之间由母冯氏携子卢千、卢万迁来英德青塘。卢千、卢万兄弟先在青塘唐屋卢家山创业，其孙分支后散居于附近的吊水寨、马石水、榄村、石桥塘。青塘卢姓从第三世开始排辈，其辈序是：本宗学士，奇上廷朝；邦国荣盛，勲（勋的异体字）绍元扬；象贤崇德，惠吉恒康。今传至“象”字辈，有 5500 多人。另一支传其先祖于唐未南迁入粤定居南雄珠玑巷。至南宋开禧年间，卢明远（生 4 子）、卢敏（生 3 子）为避兵祸，携室逃散于英德、花县、罗定等地。

■ 吴姓

吴氏以“至德堂”为堂号。元末，主要分支吴桂禄从江西迁广东韶州府翁源县木枕坡。桂禄生六子：千一郎、千二郎、千三郎、千四郎、千五郎、千六郎。明代千一郎迁英德浛属（今石灰铺镇）白沙塱；千二郎由翁源迁英德浛属美村枫树影；千三郎由翁源迁英德浛属石牯塘长铳村；千四郎由翁源迁英德浛属青峰背，后又移居王坭坡、中心坪、芒头窝；千五郎由翁源迁英德横石水拐塘、云岭坪田村；千六郎仍住翁源木枕坡，其分支后迁英德对面河立业。吴氏入英德后，至今约传 25 代，5 万多人。光绪五年（1879 年），吴光亮定其辈序为：“上祖开基、华同文章、家传忠厚、水世如常、行仁积德、致福兆祥、培成原本、泽荫腾芳、克承先业、品贵端芳、修为举念、必以善良、友恭慈信、同庆安康、朝廷正学、礼义昭彰、选贤登进、喜见赓飏、时逢荣盛、锡汝恩光、才全功大、名誉显扬、宏图启裕、禄寿延长、万载基昌”。

■ 蓝姓

以“汝南”为堂号，祖茂、祖清、祖松三兄弟从福建省汀州府上杭县胜运里筠竹山官田巢村迁到广东大埔县，再转徙兴宁县，后迁至英德县内之鱼湾、横石水、白沙、大站、沙口、石灰铺、水边、浛洸、坪塘、黎溪等乡镇村，以及曲江樟市、佛冈、翁源、高州等地。

■ 林姓

林氏原居福建，以“西河”为堂号。元代林氏134世祖林文德迁居广东韶州，生九子：念一、二、三、四、五、六、七、八、九郎，明代迁居英德、翁源，在翁城建祠一座，按字辈排，确定兄弟9人为翁字辈。其辈序是：翁老孙增盛，英才萃满堂，灵钟双桂茂，秀毓九龙昌，宗合财丁旺，枝分甲第长，大家文字会，饺达水流芳。尔后，念一郎、念二郎、念三郎迁曲江樟树潭；念四郎、念七郎分别迁曲江江马坝石宝洞和风湾；念五郎迁乳源后，又回迁英德江古山，其后代分别迁黄陂、黎洞鸡坑、翁源上香、打鼓岭、清远等地；念六郎迁居翁源后，回迁英德塔岗，建祠立业，其后代分别迁往仙焦坑、黄竹径、金竹铳和翁源南浦。现英德、翁源、韶关、曲江、乳源、清远等地均有林氏后裔。

■ 胡姓

胡氏原居福建上杭，明天顺年间（1457—1464年）迁江西省赣州府龙南县。胡均实生3子，长子胡千一郎（德润公）迁广东省翁源县新江镇大胡屋；二子胡千二郎（德瑗公）迁广东省新丰县遥田镇马蹄石榕树下；三子胡千三郎（德贤公）迁回原籍福建上杭居住。胡德瑗在新丰遥田马蹄石榕树下村居住两代后，子孙繁衍，又先后迁往英德、佛冈、从化、清远、四会、番禺、东莞等县。在英德境内的，分布于白沙、鱼湾、大站、石灰铺、石牯塘、横石塘、沙口、连江口、黎溪、西牛、浛洸、青坑、英城13个乡镇40多个自然村，总人口约15000人，以鱼湾、白沙、大站为最。

■ 张姓

张氏一支原居福建，其后裔张念一郎于明洪武年间由闽来粤，居英德塔冈乡（今西牛镇）莲塘村，其后，五世二房祖张祥迁居英城南郊之岩前村。子孙繁衍，后裔分居全县部分乡镇。

七、清远县

清远县，清远县现已析为清新县和清远市区。清远县也是客家聚居地之一，不过客家人只占当地人口的10%左右。其中清新县总人口73.5万，客家人口只有9.4万，其中禾云镇2.7万，太平镇1.5万，山塘镇0.2万，飞来峡镇1.6万，笔架镇0.2万，龙颈镇2.6万。清新县客家大姓为陈姓，从新丰迁来。

清远市区总人口为54万，其中客家人口约10万，主要在周边乡镇，城区只有少数。

清新县和清远市区的客家人大都在明代迁入，也有少数是清朝时期迁入的。

第五章
滨海客家：迁海复界中的迁徙

第一节　宝安地区的早期移民

一、宝安的概念

本文的“宝安”，是“大宝安”——包括今深圳和香港在内。历史上，今深圳和香港两地都隶属于宝安县。由于宝安老住民的分布格局是在清代迁海复界以后一体形成的，香港和深圳两个行政辖区都在其后才出现和分属，书写宝安的历史不能割裂两地，因而，本文使用当时的地域概念，包括今香港、深圳两个行政辖区。1840年鸦片战争以后，今香港、九龙、新界地区先后从宝安划出，特别是1949年以后的半个多世纪以来，地方族群在不同的制度环境下生存，两地分别发展，逐渐形成某些差异，分别叙述，会更加合理。

二、宝安建制沿革

宝安县地，夏、商、周三代为百越地。

秦三十三年（前214年），岭南地区设桂林、象、南海三郡，宝安属南海郡番禺县地。

汉高祖元年（前206年），赵佗于岭南建立南越国，改南海郡为南武。

汉武帝元鼎六年（前111年），平南越，置九郡，宝安属南海郡博罗县地。

东晋咸和六年（331 年），析南海郡，置东官郡，领宝安、兴宁、怀安、海安、海丰、欣乐 6 县，是为宝安建县之始。是时，除今横岗、龙岗、坪地、坪山、坑梓地属博罗外，宝安辖有今深圳的大部分和今香港、澳门、珠海地区。郡、县治在城子冈（今宝安南头）。南齐时，郡治徙怀安（今惠州）。

南朝天监六年（507 年），改东官郡为东莞郡；陈祯明二年（588 年），东莞郡复改为东官郡，仍领宝安。

隋开皇十年（590 年），废诸郡，宝安县属广州总管府；大业三年（607 年）复诸郡，宝安县属南海郡。

唐至德二年（757 年），宝安县更名东莞县，县治移至涌（今东莞莞城），属广州都督府。

五代，广州为南汉国都，改称兴王府，东莞县属兴王府。

宋开宝五年（972 年），东莞县并入增城县，六年后复置，属广州中都府。

元仍称东莞，属广州总管府。

明万历元年（1573 年），析东莞县，置新安县，治所设于南头，属广州府。

清康熙五年（1666 年），新安迁界，并入东莞县；8 年后复置新安县，属广州府。

清道光二十二年（1842 年），《南京条约》等不平等条约签订，英人强行割占香港岛，后强占九龙，1898 年 6 月又强租新界。

民国三年（1914 年），因与河南省新安县同名，复称宝安县。

新中国建立后，1949 年 10 月，属东江专署。

1950 年 3 月，属珠江专署。

1952 年 12 月，属粤中行政公署。

1956 年 2 月，属惠阳专区。

1959 年 1 月，属佛山专区。

1963 年 5 月，重归惠阳专区。

1979 年 10 月，改宝安县为深圳市，由广东省和惠阳地区双重领导，11 月直属省领导。

1980 年 8 月，深圳市建立经济特区。

1981 年 10 月，恢复宝安县建制，属深圳市领导。

1992 年 12 月，撤销宝安县建制，建立宝安、龙岗两个深圳市辖新区。①

宝安地处于广州与惠州的交界处，事实上宝安地区在历史上也曾长期分属番禺和博罗两县，这个历史事实对宝安的族群和文化的分布特点产生很大的影响。广州是广府人为主体的地区，而惠州是客家人为主体的地区，两者的交界处在宝安，现在宝安的西部基本上是广府人，而东部基本上是客家人，这种族群分布的形成有历

---

① 参见宝安县地方志编纂委员会编：《宝安县志》，广东人民出版社 1997 年版，第 55 ~ 56 页。

史的原因，决定了宝安文化分布的格局。

三、宝安的地理

宝安位于珠江口的东岸，地势东南高西北低，地貌大致呈东西向带状展布，地貌类型以丘陵、台地和平原为主。

粤东莲花山自东向西穿过南部，南部多低山、高丘。东部的七娘山、大燕山、排牙山、笔架山主峰都在700米以上。南部的梧桐山主峰943米，是宝安最高峰。东南的羊台山主峰587米。这些都是莲花山的余脉。

北部是低谷、台地与河谷平原。东北部是龙岗河谷，中部是观澜河谷，西北部是公明盆地。西部沿海是2~3公里宽的沿海平原，地势低缓，有宽广的潮间带泥滩。东南部的大亚湾和大鹏湾沿岸，属山地海岸，崖高坡陡，平原狭窄。[①]

香港地形主要为丘陵，最高点为海拔958米的大帽山。平地较少，约有两成土地属于低地，主要集中在新界北部，分别为元朗平原和粉岭低地，都是由河流自然形成的冲积平原；其次是位于九龙半岛及香港岛北部，从原来狭窄的平地向外扩张的填海土地。

宝安的地理环境为多种生计的族群提供了生存条件：山地，早期有瑶畲生存；丘陵河谷为农业族群聚居；西部平原海岸，岸线平直，泥滩宽广，每年扩展10~11米，咸淡交界的浅海和滩涂，是水产养殖的沃土；面对大海，扼水道交通咽喉，有漫长的海岸线和众多的良港，为渔业、运输和商贸提供了便利。瑶畲、客家、广府和潮汕人在这里各得其所；农民、盐工、蚝民、渔民、船民、商人在这里各尽所能；各种族群的文化在这里纷呈异彩。加上香港东方大港的重要地位，西方文化与东方文化在这里碰撞交融，宝安的文化向来有丰富性和开放性的特点。改革开放年代，作为对外开放的窗口和改革试验田，中国把最重要的经济特区放在这里，有坚实的文化与民性基础。

四、宝安地区的早期移民

（一）考古发现：宝安早期居民是古越族

考古发现，宝安在6000年前就有人类的活动。在珠江入口附近的深圳、香港地区，考古学家发现新石器时代中期的文化遗迹达五六十处之多。[②] 这一时期的遗迹

① 参见宝安县地方志编纂委员会编：《宝安县志》，广东人民出版社1997年版，第85~86页。

② 参见文本亨等：《深圳市大黄沙沙丘遗址发掘简报》，载深圳博物馆编：《深圳考古发现与研究》，文物出版社1944年版，第17~27页。

多在海边，坐落在紧靠海边的沙丘之上，在考古学上，被称为“沙丘遗迹”。据研究，这些遗迹的居民是以渔猎经济为主的古越族先民。从大量出土的石器、陶器和大黄沙遗址发现的碳化粮食标本看，这些古越族先民已开始有石器磨制业、制陶业和原始农业。[①]

客家制陶人（泥塑）

距今5000年左右的新石器时代晚期遗迹和墓葬，在宝安发现20余处，几乎遍布今深圳市各个街道。[②]这一时期的遗迹，除了沙丘遗迹以外，大量出现在山岗上，主要集中于深圳西部的大沙河和宝安区的西乡河、观澜河流域。此期的出土石器大都经过精心打磨，造型优美。陶器出现了许多新的种类，出现了陶纺轮，说明当时的居民已学会利用织物纤维来制造生产和生活用品。陶器的烧结温度提高，器型增大，制作工艺水平明显提高，一些精美陶器说明制陶业很大程度已进入专门化阶段。在香港深湾等遗迹，出土了猪、牛、狗等家畜的骨骼，说明此期的社会已经出现家畜养殖业。[③]

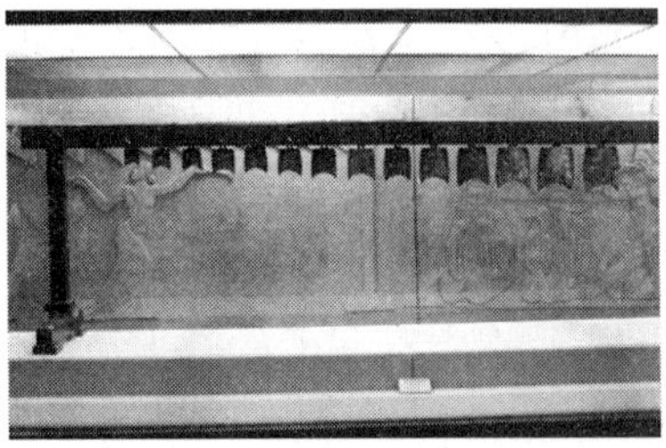

南越王赵眛墓出土编钟

宝安地区的外来文化影响始于青铜时代。早期，宝安的古越文化呈独立发展态势。到春秋晚期及战国初年，这一地区的新石器时代宣告结束。考古学家在今深圳地区发掘出这一时代的20多处古文化遗址和墓葬，发现越来越多的夔纹陶和不少青铜器，表明此期的宝安已进入青铜时代初期，随后进入了夔纹陶、米字纹陶和青铜器共存的青铜时代晚期，外来文化元素开始进入这一地区。宝安出土了这一时代的14件青铜器，几乎全部具有“越式器”的地方特色，香港和海丰等地还陆续发现了铸造青铜器的石范、陶范和大量“越式器”，表明此地出现了青铜铸造业。[④]

考古界对广东地区出土青铜器的研究表明：广东地区的青铜业经历了相当于中原商周时期的肇始期，西周晚期至春秋早、中期的形成期，春秋晚期至秦统一岭南的繁荣期三个发展阶段。越到后期，来自中原的器物就越少，来自楚地及长江下游

①② 参见文本亨等：《深圳市大黄沙沙丘遗址发掘简报》，载《深圳考古发现与研究》，文物出版社1994年版，第17～27页；彭全民等：《深圳市大鹏咸头岭沙丘遗址发掘简报》，载《深圳考古发现与研究》，文物出版社1994年版，第28～41页；杨耀林等：《深圳市先秦遗址调查与试掘》，载《深圳考古发现与研究》，文物出版社1994年版，第51～94页。

③ 参见张一兵主编：《深圳古代简史》，文物出版社1997年版，第18～20页。

④ 参见张一兵主编：《深圳古代简史》，文物出版社1997年版，第26页。

吴越地区的器物就越多，影响就越大。这种发展趋势表明：广东的古越人从中原人那里学会了青铜铸造技术，而倾向体现和承载的却是自己的或亲系的文化，宝安出土的青铜“越式器”属于广东青铜的繁荣期，同样体现这个特色。另外，从大梅沙墓葬的规模和出土青铜器兵器占多数来看，已经出现了部落军事联盟。[①]

到战国时代，《吕氏春秋·恃君篇》载，岭南的南越人有“缚娄、阳禺、欢兜”之国，欢兜在今广西与越南交界处，阳禺在今清远市阳山县境内，缚娄的中心地区在今惠州市博罗县，宝安地区当时很可能是缚娄的属地。

（二）秦代移民

秦代中原与岭南的关系，现在看见的最早文字记载，是《淮南子·人间训》所载的秦始皇二十四年（公元前223年）尉屠睢五十万大军南征，其中“一军处番禺之都”，这支部队，最终以主帅尉屠睢被杀而“大破之”，可证南越人的势力之强大。这次南征恐怕对岭南产生不了多少文化方面的影响。

较大规模的军事移民是秦始皇三十三年（公元前214年）“发诸尝逋亡人、赘婿、贾人略取陆梁地，为桂林、象郡、南海，以适遣戍”[②]。这批人，据说有50万人，第二年又加上“适治狱吏不直者，筑长城及南越地”[③]。后来，赵佗“求女无夫家者三万人，以为士卒衣补，秦皇帝可其万五千人”[④]。秦军在军事上取得胜利，将岭南收入版图，建立了桂林、象郡、南海三郡，大量的北方人口迁入，形成了岭南第一次移民大潮。直到晚近，珠江三角洲的广府人还自称是这次移民的后裔。屈大均说：

> 自秦始皇发诸尝逋亡人、赘壻、贾人略取扬越，以谪徙民与越杂处。又适治狱吏不直者，筑南方越地。又以一军处番禺之都，一军戍台山之塞。而任嚣、尉佗所率楼船士十余万，其后皆家于越，生长子孙。故任嚣谓佗曰：“颇有中国人相辅。”今粤人大抵皆中国种，自秦汉以来，日滋月盛，不失中州清淑之气。其真劗发文身越人，则今之瑶、僮、平鬃、狼、黎、岐、疍诸族是也。夫以中国之人实方外，变其蛮俗，此始皇之大功也。佗之自王，不以礼乐自治以治其民，仍然椎结箕倨，为蛮中大长，与西瓯、骆、越之王为伍。使南越人九十余年不得被大汉教化，则尉佗之大罪也。盖越至始皇而一变，至汉武而再变，中国之人，得蒙富教于兹土，以至今日，其可以不知所自乎哉！[⑤]

---

① 参见杨耀林等：《深圳市先秦遗址调查与试掘》，载《深圳考古发现与研究》，文物出版社1994年版，第51～94页。

②③（汉）司马迁：《史记·秦始皇本纪》。

④（汉）司马迁：《史记·淮南衡山列传》。

⑤（清）屈大均：《广东新语》卷七《人语·真粤人》，中华书局1974年港版，第232页。

其中，“今粤人大抵皆中国种”得到现代基因学的证实，研究表明，广东汉族三大族群的基因中，有南方母系基因和大量北方男子的父系基因。但屈大均对赵佗“椎结箕倨，为蛮中大长，与西瓯、骆、越之王为伍。使南越人九十余年不得被大汉教化”的指责，却有些强求了。赵佗之时，区区十来万北方人在岭南只能是小数。赵佗能够立国的重要原因是因为他与前任主帅任嚣一样，能“和集越众”，能够尊重南方民族的文化习俗，而居统治地位的北方汉人反而让南方民族的风俗同化，这正是当时岭南的北方人口不占优势的证明。

其时，地处南海的宝安地区距南越国的政治中心番禺不远，应当在一定程度上受到影响，但目前我们还缺少这方面的直接考古证据。

（三）汉代移民

在南越国统治90多年之后，西汉武帝元鼎五年（前112年），中央王朝出兵，将岭南收归版图。这一次，十万楼船水师分两路下岭南。一路伏波将军路博德部“出桂阳，下湟水”，从湖南下今连县，经湟川，从阳山下英德连江口进入北江，顺流到番禺；另一路，楼船将军杨仆部“出豫章，下横浦”，从江西大庾，经梅关，下浈水，至韶关入北江，顺流到番禺。次年十月，平定岭南，置南海、苍梧、郁林、合浦、交趾、九真、日南、儋耳、珠崖九郡。汉代南海郡下属六县：番禺、博罗、中宿、龙川、四会、揭阳。[①] 据研究，宝安地区在此时分属番禺和博罗，与秦代基本一致，今深圳特区的大部分属番禺县，东部、北部的一小部分及今龙岗区大部分属博罗县。[②]

这一次军事行动形成了由中原地区向岭南的第二次大移民，西汉的大批军事移民，加上后来因政治斗争失败被迫迁移、王莽时期和两汉之交避乱、东汉戍守岭南、东汉末年避乱，汉朝四百年间，中原人出于各种原因，到岭南的移民从未间断，他们给岭南带来了北方相对先进的生产技术和文化知识，对岭南的经济社会发展产生了巨大的推动作用。宝安地区当时是岭南政治、经济、文化中心番禺的辖区，也开始受到中原文化的影响。特别是汉武帝元封元年（前110年）设番禺盐官，有研究表明，该盐官就设在宝安南头，对宝安地区的影响更为直接。深圳地区的考古发现，对这一时期的移民和文化影响提供了物证。1981年南头红花园发现汉墓群，出土“九九歌诀”和大量文物，其埋葬制度和随葬器物已同中原地区趋于一致。[③] 近年，宝安的新安镇和沙井镇也发现不少汉代墓葬。其中，新安铁仔山的一座东汉砖室墓中，发现3块“熹平四年”的纪年砖。[④] 考古发现表明，两汉时期，

---

① 参见（汉）班固：《汉书·地理志》。

② 参见张一兵主编：《深圳古代简史》，文物出版社1997年版，第52页。

③ 参见杨豪等：《深圳市南头红花园汉墓发掘简报》，载《深圳考古发现与研究》文物出版社1994年版，第95～103页。

④ 参见杨豪等：《深圳市南头红花园汉墓发掘简报》，载《深圳考古发现与研究》文物出版社1994年版，第103页；白天等：《深圳全纪录》（上卷），海天出版社2000年版，第16页。

宝安地在中央王朝政权的管辖之下，逐渐进入经济、文化比较发达地区的行列。

（四）三国两晋南北朝移民

三国两晋南北朝时期宝安行政区划变动频仍，人口逐渐增加。吴甘露元年(265年)，在南头古城一带汉番禺盐官旧地设司盐都尉官署“司盐都尉垒”[①]，此时期宝安地区的人口数量仍然有限。这种情况，到西晋末年开始改变。大批移民的到来，加速了宝安社会的发展。

西晋末年社会动乱，继而少数民族入侵，“五胡乱华”，中原一片焦土，战乱和饥荒逼迫之下，出现了中原向岭南的第三次移民高潮。不少“流人”携家南逃，从黄河流域南迁到长江流域，进入江西的鄱阳湖一带，然后分迁福建、湖南和广东，其中也有不少直接进入岭南地区。晋愍帝年间，许多北方流民逃到广州，政府还专门下诏安置这些人。[②] 广州和韶关出土的许多铭文砖记载了这个事件：“永嘉世，九州荒；如广州，平且康。”[③]

大批移民的到来，加速了宝安社会的发展。晋成帝咸和六年（331年）析南海郡立东官郡，辖六县，首宝安，郡治在宝安。[④] 有关研究表明，东官五营的设立，跟“流人”有很大的关系。东官郡治在宝安，说明宝安在当时的东官郡中，人口较为密集，同时也是“流人”较多的地区。可以说，东官郡和宝安县的设置，是中原地区向岭南大规模移民的直接结果。经过清初的迁海，宝安地区的人口发生了巨大的变化，不少宗族消失或者迁走，但历史仍然留下了它的足迹。现今深圳布吉、白芒、坪山、观澜等镇的张氏，罗田、坪山、大鹏等地的赖氏等家族，他们的族谱都记载，祖先是晋代南朝时，为躲避战乱，从中原南迁的。

大量的中原移民，带来的是中原文化的传播，宝安地区的主流文化价值导向为之一变：

> “邑在晋为郡，东晋永嘉之际，中州人士避地岭南，多留兹土，衣冠礼义之俗，实始于此。”[⑤]

在中原儒家文化的熏陶下，宝安出现了第一个文化历史名人：孝子黄舒。黄舒，字展公，父教始迁宝安。黄舒心地善良，孝顺父母，乐于助人，为父、母亲守孝三年，虎啸狼嚎、风霜雨雪不辍。其孝行感人，县人比为春秋孝子曾参，官府奏

---

① 参见（明）张二果：《东莞县志·地舆志》。
② 参见（明）黄佐：《广东通志》卷四引《交广记》。
③ 参见（清）《广东通志·金石录》，实物现存广东省博物馆。
④ 参见（清）《新安县志》卷三《地理志·沿革》。
⑤ 参见（明）《天顺东莞县志·风俗》。

准在他的家门挂匾“参里”，宅旁有山，亦被称为“参里山”。宋代沈怀远《南粤志》载“宝安县东有参里，县人黄舒者，以孝闻于越，华夷慕之如曾子之所为，故改其居曰参里也。”其事迹，为历代史书所载。其山，在明代也被列为“新安八景”之一。黄舒名世，说明中原声教，此时在宝安得到广泛传播，成为主流文化。此点是中原移民在晋代大量进入宝安的有力证据。

现代考古也为这段历史提供了大量证据。研究表明这一阶段的宝安文化变迁，经历了一个量变到质变的过程。深圳地区发现六朝墓葬50余座，从墓葬的形制和随葬品来看，早期更多保留了汉代遗风，相比同期的广州地区，本地文化的变革和北方文化成分的接受，都略为滞后和缓慢。宝安西乡铁仔山发现和系统发掘的22座南朝时期的墓葬，其成套明器已经和岭南，和长江流域，以至中原地区的墓葬的随葬品相似，证明到了南朝时代，宝安地区的文化逐渐与内地靠近，一定程度上实现了同质化。[①] 此外，考古学者还先后在沙井发现了两处大面积的青瓷窑场遗址，被认为是北方移民带来先进的生产技术和管理方法所致。[②]

与此同时，岭南的其他地区也有大量北方移民进入，其中有许多族姓在岭南繁衍发展，辗转迁移，又在清初迁海复界后，迁徙到宝安，这就是后话了。

（五）隋唐五代移民

从隋代到唐初这一时期，宝安的文化遗存和文字记载都稀少，其历史基本空白。入唐以后，宝安县的建制被裁撤并入东莞，后来在天宝元年和贞元年间虽两度短暂恢复，但整个唐代的大部分时间和五代时期，宝安地区都在东莞的管辖之下。由于传统社会的修史只在县以上的单位进行，而且都是以管治机构所在地为中心进行的，这一时期宝安地区的情况，只有通过《东莞县志》得到零星反映。

据有关记载和考古资料：唐五代的宝安地区处于广州珠江口与外洋的交通要道上，属于海防重地；是传统的产盐区，岭南三大盐场之一，国家主要的赋税来源地；唐代在今南头建立屯门镇，驻兵2000人。[③] 此期，宝安的陶器烧造和砖瓦窑业有较大规模的发展，留下不少遗迹，提示有大量居民存在，建筑业有一定规模。有记载，唐末黄巢“转掠岭南州县”，到达今龙岗区大鹏镇附近，[④] 也提示这一带当时的经济比较发达，才会成为剽掠的目标。五代时东莞、宝安一带因盛产珍珠，刘汉政权在此处设立“媚川都”，专事采珠，有3000人的建制。[⑤]

---

① 参见文本亨等：《深圳市宝安南朝墓发掘简报》，载《深圳考古发现与研究》，文物出版社1994年版，第115～120页。

② 参见张一兵主编：《深圳古代简史》，文物出版社1997年版，第79页。

③ 参见宝安县地方志编纂委员会编：《宝安县志·大事记》，广东人民出版社1997年版，第13页。

④ 参见（明）天顺《东莞县志》卷三《古迹》。

⑤ 参见（清）康熙《新安县志》卷三、卷十二录（元）张惟寅：《上宣尉司陈采珠不便状》；张一兵主编：《深圳古代简史》，文物出版社1997年版，第96页。

终唐朝之世，盐业、驻军，还有五代的采珠业，对宝安人口水平的维持起了一定作用，但对人口入迁的牵动力有限。唐末黄巢事件，扰动了大半个中国，造成了大量北方人民避乱南迁，有不少族姓辗转迁徙，后来入居宝安。如深圳笋岗何氏，其三十八世祖何凯避黄巢之乱由江西庐江郡迁广东番禺清水濠，后迁南雄府，五十二世祖何贵在宋末迁东莞南浦和茶山，元朝末年迁至深圳笋岗，成为望族。庐江何氏的另一支避黄巢乱迁福建宁化石壁乡，明初迁广东兴宁，清初迁宝安坪山界脚村。像这种经历的族姓还有深圳福田的廖氏，深圳墟洪氏，深圳罗田的赖氏，宝安沙井新桥曾氏等。但在当时，黄巢事件对宝安的影响还有待研究发现。

（六）宋代的移民高潮

宋代的宝安地区一直处于广州东莞县的管辖之下。其军事要冲的地位得到加强，在今宝安区西乡镇固戍村地增设了固戍角寨。[①] 此一时期，宝安地区的盐业生产进一步发展，盐场的数量和产量都达到空前水平。北宋初年开设官富盐场、东莞盐场和归德、黄田二座盐栅，北宋中期后又增设了归德场和黄田场，后来又在今龙岗区大鹏镇地区增设叠福场。[②] 军队和盐业的发展必然地造成人口的增加。考古发现，此期宝安的经济除盐业以外，还有银矿的开采和冶炼业、小规模的海船修理业和砖瓦烧制业。[③]

这一时期，由于战乱，形成了中原向岭南地区移民的第四次高潮。

第一次移民潮在两宋之交。由于金兵南侵，占领中原，攻陷汴京，灭亡北宋，高宗仓促南渡。在战乱中，中原士民一部分随高宗走东南，流寓于太湖流域一带；另一部分随隆祐太后走赣南，在隆祐太后自赣南回临安后，不少人南度大庾岭，寄寓南雄，或直接南下，最后大部分进入珠江三角洲。

据研究，东莞有78姓，宝安有6姓的族谱，都记载他们的先祖避乱迁居南雄珠玑巷，后来陆续南下，[④] 如：深圳南山区白石村、福田区梅林村邓氏：北宋末年迁入东莞锦田，即今香港锦田，子孙支派分衍新安、东莞，今福田、罗湖邓氏都自称锦田邓氏；

深圳宝安区沙井燕村陈氏，北宋末避金兵，迁南雄珠玑巷，后迁东莞归德场涌口里，即今宝安沙井；

深圳宝安区松岗镇沙浦村、罗湖区蔡屋围蔡氏，始祖汀州，迁南雄，居柯子里珠玑巷，宋末蔡安徙靖康场。

---

① 参见（清）康熙《新安县志》卷三。

② 参见宝安县地方志编纂委员会编：《宝安县志·大事记》，广东人民出版社1997年版，第13页。

③ 参见张一兵主编：《深圳古代简史》，文物出版社1997年版，第104~105页。

④ 参见曾祥委、曾汉祥主编：《南雄珠玑巷移民的历史与文化》，暨南大学出版社1995年版，第103~109页。

第二次移民潮发生在南宋末年。元兵攻陷临安后，张世杰等人先后拥立赵昰、赵昺为帝，行朝君臣率领十余万江、淮、浙、闽军民，从福建沿海转战至潮州、惠州、广州沿岸，历时两年之久，最后覆灭于新会崖门。失败后余众藏匿于广东沿海各县，一部分进入海岛和珠江三角洲继续抗争。此外熊飞率领的抗元军队在粤北作战，失败后余众南逃沿海地区；文天祥所部在海丰失败，也有一部分在沿海落脚。这就形成了岭南特别是沿海地区的又一次移民高潮。这是中国历史上向岭南移民的第四次移民高潮。现在已知在这次移民过程前后直接由全国各地迁入深圳地区的家族有：

福田区黄氏：南宋初从广东东莞迁入。

罗湖区洪氏：宋末从广东梅州迁入。

谷丰镇侯氏：宋末从广东番禺迁入。

宝安区沙井镇陈氏：北宋时从江西庐陵迁入。

宝安区沙井镇衙边村陈氏：南宋中从福建莆田迁入。

宝安区沙井镇新桥村曾氏：宋末从福建晋江迁入。

宝安区松岗镇、福永镇凤凰村文氏：宋末从江西永新迁入。

宝安区松岗镇燕川村及荷坳村陈氏：宋末从江西庐陵迁入。

宝安区松岗镇沙浦村及罗湖蔡屋围蔡氏：宋末从南雄迁入。

宝安区公明镇水贝村陈氏：宋末从福建莆田迁入。

宝安区公明镇李松镇梁氏：宋末从广东东莞迁入。

宝安区公明镇玉律村莫氏：宋末从广东东莞迁入。

宝安区西乡镇温氏：宋末从河南洛阳迁入。

宝安区西乡及南头刘氏：宋代从广东东莞迁入。

这些家族至今还生活在上述地区，其中有些家族还繁衍到东莞、香港等邻近地区。这只是目前还可以查考的族姓，还不包括迁海中消失或外迁的族姓。

此外，两宋时期零星迁入的家族数量也不少：

深圳福田区上步郑氏：先祖郑茂庵于宋神宗三年（1070年）迁居宝安。

宝安长表刘氏，宋末从南雄迁入。①

另外，不少族姓由于宋代社会动乱南迁，后来才辗转到达宝安地区，这些族姓目前可知的有：

深圳南山区后海村、梅林村、西丽镇珠光庵前村、宝安区龙华镇大船坑村郑氏：宋末先迁福建上杭。

深圳龙岗区布吉镇、坪山镇马西村，宝安区观澜镇君子布村，南山区白芒村张

---

① 参见张一兵主编：《深圳古代简史》，文物出版社1997年版，第116～117页；肖国健：《深圳地区之家族发展》，香港显朝书室1992年版；杨耀林：《深港客家源流考》，载《深圳考古发现与研究》，文物出版社1994年版，第254～265页。

氏：宋末先迁福建宁化县石壁乡。

深圳龙岗区坪山镇三家村彭氏：北宋末避金人乱先迁广东东莞。

深圳龙岗区坪山镇曾氏：宋末先迁广东长乐县。

深圳龙岗区坪山镇、坑梓镇、大鹏镇、宝安区西乡镇、伶仃岛等地黄氏：宋末先迁广东梅州。

深圳龙岗区坪地镇石灰围、洞高跷、横岗镇、宝安区松岗镇江边村等地肖氏：宋末先迁广东梅州。

深圳龙岗区坪山镇赤凹村巫氏：宋末先迁广东兴宁县。①

需要指出的是：宝安和珠江三角洲的广府人宗族，绝大多数的族谱都记载着他们的祖先来自南雄珠玑巷，里面大有内情。宋代宝安地区盐业发达，盐场官营，有大量给养和兵员可以补充，在海上还可以避开蒙古骑兵的锋镝，宋末行朝选择在这一地区逗留。失败以后，珠江三角洲大量勤王义民，从粤北败归的熊飞所部，扈从南来的官员、家属、军民，包括淮军、福建水军，还有来自江西的文天祥所部，他们潜藏在沿海地区，面临元军报复的危险，需要身份伪装，于是不少广府宗族宣称自己是珠玑巷难民。② 另外一些人则宣称来自福建莆田或宁化石壁村，其中前者属福佬系而后者是客家系。这样一来，这一地区的老住民就都成了移民。张一兵先生的《深圳古代简史》提到深圳地区“现存家族凡有谱牒者，几乎全是历代移民”③，讲的就是这回事。

此外，宋代的宝安地区多有瑶人贩卖私盐与官府冲突的记载，庆元三年（1197年）大奚山还发生以万登、徐绍夔为首的瑶人啸聚为盗，攻打广州的事件，引发官军大规模的清剿。④ 由此可见瑶畲历史上在宝安地区曾有相当势力，至今还留下不少与之相关的地名可为佐证。瑶畲与古越族有何关系，他们何时来到宝安？目前仍是一团迷雾。

（七）元、明时期

元代的宝安地区在东莞县的管辖之下，由于是海防要冲，分别在今南头小南山、新安镇固戍村和原官富盐场设立屯门、固戍和官富巡检司。这一时期，宝安地区的社会经济活动主要是官营的采珠业和制盐业，这两项官营事业都成了官员聚敛财富，劳民伤财的祸端。据有关资料记载，是时广东有4万户珠民，可是朝廷所获珍珠寥寥无几。制盐业方面，大量渔民、盐民被强行征募入伍，充当弁卒、水手或船匠，一时民不聊生。元朝的盐法峻刻，盐民不堪其苦，反抗、逃亡事件比比皆

---

① 肖国健：《深圳地区之家族发展》，香港显朝书室1992年版。

② 参见曾祥委：《珠玑巷迁徙集体记忆的研究——以罗贵事件为中心》，载《文化遗产》2008年2期。

③ 张一兵主编：《深圳古代简史》，文物出版社1997年版，第117页。

④ 参见宝安县地方志编纂委员会编：《宝安县志·大事记》，广东人民出版社1997年版，第14页。

是，“灶户盐丁，十逃三四”，元末深圳地区起事的义军，盐民所占数量最大。[①]

元末明初，宝安地区在旧朝失控、新朝待立的权力真空中，涌现了大量地方豪强，各霸一方，互相残杀。在这一时期，东莞圆头山人，后定居宝安笋岗的何真在保境安民方面发挥了重要作用。[②]

进入明朝，影响宝安地区社会的最大因素是海盗侵扰问题。宋末行朝扈从的部队在崖山失败以后，一些人进入海岛地区，还有不堪苛政被逼上梁山的渔民、盐工和农民，成为海盗的一个来源。此外，“倭寇”和“番夷”还有殖民主义者的侵扰，都构成了不安定的因素，并长期影响宝安地区的经济社会发展。

明初以后，由于海盗为患，为了加强海防，洪武年间宝安地区南头古城和大鹏建立了东莞千户所和大鹏千户所，并且推行卫所制度，在地方编征“垛集军”，将绝大部分本地居民编入军籍。[③]

这一时期，宝安的有关历史记载，集中在抗击海盗、倭寇和番夷方面。明朝初期和中期，主要是当地造反的农民和渔民，明中期以后，外患逐渐上升。明隆庆元年（1567 年），与倭寇勾结的海盗曾一度攻入东莞守御千户所辖地，杀原东莞所千户、柘林守备李茂材；隆庆五年（1571 年）倭寇攻打大鹏守御所，围城 40 余日。[④]明正德年间开始，葡萄牙殖民主义者也开始向宝安地区伸出魔爪。正德九年（1514 年）入寇屯门海澳，在屯门岛上修筑石壁堡垒、搭营寨、制火枪、设刑场、劫财物、拒纳课税，还在驻地刻石立碑，以示永久占领。并以此为依托，进迫宝安和广州地区。直到正德十六年（1521 年）九月，广东海道副使汪鋐率领的军民在屯门海战中取得胜利，才将葡萄牙人驱逐出去。

在整个明朝，宝安地区实现卫所制度。东莞守御千户所在今罗湖、布吉等地设月岗、莆隔、翟屋边三屯；大鹏守御所在大鹏、葵涌、盐田等地设王母洞、葵涌、盐田三屯。此外当时的宝安地区还设有许多军屯。其中广州前卫设有十四屯，谭那、白沙、泉洞、滑桥、石凹等屯具体地点不详；水斗、清湖二屯在今龙华地；黄岗、新村、梅林三屯在今福田区；屯门、大焦二屯在今香港新界；广州后卫设立小焦、梅蔚、官富三场，在今香港新界地区。卫所抽出十分之三的士兵从事屯田，每屯授田二十二顷四十亩，每名正规屯军授田二十亩，所获一给官俸，二补军粮。为了更多地获取收益，许多农民被强行划入军籍，名义上是屯垦戍边的士兵，实际上沦为军需奴隶，因而不断逃亡。卫所的兵员都来自本地，生活异常艰苦，平时服劳役，战时以血肉之躯抵挡敌人的进攻，军队减员后很难得到补充，士兵数量不断减

---

① 参见张一兵主编：《深圳古代简史》，文物出版社 1997 年版，第 122 ~ 128 页；（民国）陈伯陶：《东莞县志》卷三十引《东莞伯家传》。

② 参见张一兵主编：《深圳古代简史》，文物出版社 1997 年版，第 134 ~ 138 页。

③ 参见宝安县地方志编纂委员会编：《宝安县志·大事记》，广东人民出版社 1997 年版，第 14 页；（清）康熙《新安县志》卷八。

④ 参见（清）康熙《新安县志》卷十一。

少。有记载，东莞、大鹏守御所的驻军从原来编制的2240人减少到450人左右。加上不少地方武装被收编以后，调到北方服役，以及明初从东莞地区向北方的强迫移民，这一时期，宝安地区的人口数量总体而言是下降的。

据杨耀林的《深港客家源流考》，元朝迁居深港地区的姓氏，有廖、吴、刘诸姓。明朝徙居深港地区的族姓有胡、陈、叶、黎、赵、邓、洪、袁、张等姓。①

据萧国健的研究，元在今香港新界地区定居的族姓可考者，有龙跃头邓氏，屏山邓氏，屯门、樟木头、上水廖氏，屯门陶氏，河上乡侯氏，衙前围吴氏，大埔泰坑温氏，新田仁寿围温氏等。他的《香港古代史》说："明时，香港地区经济日益发达，入迁人数大增。可考者有锦田径口胡氏，大屿山石壁、梅窝及新界攸田村徐氏，新界泰坑、黎洞及大屿山梅窝袁氏，葵涌陈氏，大浪湾、蚝涌及塔门黎氏，沙角尾谢氏，屏山石埗林氏，粉岭北村彭氏，西贡蚝涌及北港温氏，上水围及乌溪沙廖氏，厦村、辋井、官涌及大屿山塘福邓氏，鹿颈朱氏。"②

除此以外，历史有记载的还有卫所的军官。明初设卫所，所有军官都从外地调入，他们的家属、亲兵随调而来，世袭任职，日久就成为本地人，这些人有：

东莞守御所千户李彦忠，山西太原府阳曲县人，洪武二十九年（1396年）调入；

副千户沈兴，南直隶卢州府巢县人，洪武二十九年（1396年）调入；

百户吴祚，江苏常州府江阴县人，洪武二年（1369年）调入；

百户孙能，直隶大名府滑县人，正统九年（1444年）调入；

百户万金，江南卢州府合肥县人，洪武二十三年（1390年）调入。

千户袁兆龙，南直隶扬州府高邮县人；

千户王祚隆，南直隶卢州府合肥县人；

大鹏守御所千户高礼，河南汝宁府确山县人，永乐十五年（1417年）调入；

副千户康宁，江西吉安福泰和县人，正统九年（1444年）调入；

百户刘源，湖广武昌府江夏县人，洪武二十九年（1396年）调入；③

这些人的后代，都继承祖荫世袭为官，多数变成了本地人，有的发展成为地方的豪族。

此外，还必须指出：宋末以后，曾经有一些族姓从客方言群居住的地区迁入宝安，但目前的田野调查结果显示，清初迁海之前定居本区的族姓，基本上都属于粤方言群。

在宝安之外，粤北和粤东兴梅地区，元明两代人口都在陆续增殖之中。明初，南雄侯赵庸和地方官员相继招徕移民垦殖，今南雄、始兴、曲江、英德、翁源等地分布的大量客家人，其中有许多来自福建上杭，许多姓氏的族谱都记载，他们的祖

---

① 杨耀林：《深港客家源流考》，载《深圳考古发现与研究》，文物出版社1994年版，第261页。

② 萧国健：《香港古代史》，中华书局（香港）有限公司2006年版，第42页。

③ 张一兵主编：《深圳古代简史》，文物出版社1997年版，第144页。

先来自福建上杭的瓦子街。粤东梅县地区，宋末文天祥起兵勤王，当地人民广泛响应，兵败之后，“地为之墟”，人口损耗很大。兴宁县明初历经动乱，只剩下 25 户。此时，大量移民从福建、江西迁入，其中来自福建的占了 80% 以上。现在梅州地区的客家宗族，大都记载祖先来自宁化石壁村，就是此期迁入的。这些族姓，经过近三百年的繁衍生息，其中的一部分，在后来的迁海复界时，成为入迁宝安地区的客家移民的主力。

五、小结

宝安地在6000年前就有人类活动，原居民是古越族，早期已有瑶、畲和疍民居住，后来则是北方移民进入。考古证据表明，外来文化影响始于青铜时代，春秋以后北方文化的影响越来越明显。秦代南征，赵佗建立南越国和汉代统一岭南两次移民大潮对宝安的影响还有待研究。汉朝盐官的设立、东晋东官郡的设立、宝安建县、唐代建镇驻军、五代采珠和明代的军屯对宝安的人口都有一定的影响。西晋末年的“五胡乱华”和两宋之交、南宋末年的战乱造成的两大移民潮是清初以前宝安的人口及文化格局的最大影响因素。清初迁海之前定居本区的族姓，都属于粤方言群。

第二节　宝安地区清初的迁海与复界

一、清初宝安地区的迁海

（一）第一次迁海

清朝统一全国后，各地区仍有不少的抗清武装力量在活动，其中活动在东南沿海的郑成功与张煌言所部是力量较强的。顺治五年至六年（1648—1649 年），郑成功的部队陆续攻克了闽南沿海的许多市镇，并以金门、厦门为据点，向广东的潮州、惠州一带扩展。郑成功的部队以水军为主，擅长海上作战，清廷无可奈何。但郑军不习内陆作战，尤其是大规模的战役，与清军相拒屡战屡挫，于顺治十八年（1661 年）撤退到台湾。郑成功在台湾建立根据地，招贤纳士，图谋复明。清统治者虽然在大陆上基本站稳了脚跟，但来自北方的旱鸭子，对游弋于海上四处出击的反清复明势力办法不多，这时候，一些降清的汉人充当了出谋献策的角色，最终导致了惨绝人寰的清初迁海事件。

顺治十三年（1656年）五月，户部给事中王益明提议：消灭郑成功最好的办法是将沿海居民全部迁入内地，渔船全部收缴入官，使沿海既无船只又无居民，郑氏将不战自败。清廷部分采纳了王益明的建议，于当年六月颁布了《禁海令》，其基本内容：一是严禁江南、浙江、福建、广东、山东等地商民的船只出海贸易。二是严禁外国商船来华贸易，不许片帆入口。①

此时，清军恰好消灭了逃到浙江舟山群岛的南明鲁王政权，为防止沿海岛屿再滋生反清势力，清廷除在各地实施《禁海令》外，还在浙江沿海部分地区采取了移民内地的措施。

稍后，郑成功的部将黄梧降清。他在顺治十四年（1657年）三月向清廷建议，提出消灭郑成功的五条对策，其中两条涉及“迁海”：一是郑成功以金门、厦门两处弹丸之地为巢穴，能够多年与清军抗衡而不衰，原因在于沿海居民的支援。如果把沿海居民全部迁移到内地，重设边界，重兵防守，郑军将不攻自灭。二是收缴沿海所有大小船只，全部焚毁，“寸板不许下水”；沿海河口都竖立桩栅，一切船只货物不许越界，违者死罪不赦。如此半年之后，郑成功等“海贼”的船自得不到修整，自然腐朽烂掉，人马得不到粮草，自然土崩瓦解。② 这就是所谓“不用战而坐看其死”的战术，但清廷并未很快接受黄的建议。

此后，郑成功所部原明朝漳州知府房星晔及其弟房星曜，还有施琅等人降清后，都建议迁沿海居民于内地，在一片附和之声中，清廷终于采纳兵部尚书苏纳海的建议，实施“迁海”。③

实施过程中，清廷首先派出大员到滨海各地实地勘查，要求根据勘查结果提出实施细则，如：查明滨海地方海盗船只经常光顾的地方为何处、范围有多大、涉及居民有多少，移民可以安插在何处，以及居民迁移后界外海边如何防守等。

顺治十八年（1661年）五月，清廷派出各部大员分赴东南沿海。兵部员外郎许朝聘奉兵部令到广州，责令平南王尚可喜率广东官员到沿海勘查。尚可喜与广东总督李栖凤从广州出发，先到番禺，再到新会县、东莞县、新安县，最后到惠州、潮州，沿途勘查。勘查过程中，尚可喜等发现“迁海”对国计民生影响极大，利弊大有可议之处。回广州后立刻上奏朝廷，说广东海岸线长达二千余里，居民数百万，如果强制迁移，公私财产损失巨大，居民流离失所，恳求皇上开恩，不要实行“迁海”，但被朝廷驳回。同时，湖广道御史李之芳也上书，力陈不可“迁海”的八条理由，但朝廷根本不予理会。至此，“迁海”之举已势在必行了。④

---

① 参见张一兵主编：《深圳古代简史》，引《清世祖实录》卷一〇三，文物出版社1997年版，第175页。

② 参见张一兵主编：《深圳古代简史》，文物出版社1997年版，第175～176页；萧国健：《清初迁海前后香港之社会变迁》，台湾商务印书馆1986年版。

③ 参见张一兵主编：《深圳古代简史》，文物出版社1997年版，第176页。

④ 参见张一兵主编：《深圳古代简史》，文物出版社1997年版，第177页。

顺治十八年（1661年）八月，清廷正式颁布《迁海令》。其主要内容：一是迁海限于江南、浙江、福建、广东四省，而不及山东、天津诸地；二是沿海滨向内若干里（在福建为三十里，在广东为五十里）为界，居民官兵全部迁移到界内。界线由各地官兵划出，任何人不准出界，违者处死。①

《迁海令》一颁布，清廷即派朝廷重臣前往各地，勘测界线，监督迁移。这些朝臣分为两路，一路为兵部尚书苏纳海同兵部侍郎伊里布，往江南、浙江、福建三省会勘迁海界线；一路为副都统科尔坤与兵部侍郎介山，到广东勘界。康熙元年（1662年）二月，科尔坤和介山到达广州，会同平南王尚可喜到东莞、新安各县实地勘查，最后确定西起钦州、合浦，东至澄海、饶平，包括新安县在内的广东24个州、县的滨海居民，包括沿海所有岛屿上的居民全部内迁。

迁海的办法有如下五项：一是在离海岸线五十里之处选择易守难攻的军事要地为基准点，插上旗帜，在各旗之间用绳子拉出直线为界，所有官兵、居民一律迁入界内，所有界外房屋建筑一律焚毁铲平。二是张贴告示，令居民自动迁移界内。三是限期三日，要求财物、人员在时限之内转移完毕。四是派兵到界外驱赶逾期未迁的居民，驱赶后仍不迁移者，就地正法。五是在界线上隔远修筑墩台，设重兵防守；界线上的道路挖深沟隔断；界线上的湖海河汊，在水中竖立大木桩，以防船只出入；无论官兵居民，片帆不许出海，违者处死。

马楚坚先生有《广东初次迁海界线及弃地简表》载其时广州府新安县被迁弃地：

> 洪田、岭下等6村，粉壁岭等7村镇，黎洞、上水、半天云等18村镇，河上乡等112村镇，佛堂门、大奚山、鹅公澳、榕树澳、白沙澳、鸡栖澳、南头、香港、塘福、梅窝、石壁、螺杯澳、大鳌、沙螺湾诸海岛。②

康熙元年（1662年）三月，清朝派广东惠州协镇总兵官曹志与广东抚标左营游击将军马应秀率兵到东莞、新安县地实施迁海。此前，官府在新安县城等地张贴了有关迁海事宜的布告，但是绝大部分居民不甘为一纸告示轻易抛家舍业流浪他乡，同时有些居民还根本不知有“迁海令”。当清兵开入新安县时，居民仍像往日那样正常地作息。一时间，清军的铁蹄踏碎了新安百姓安居乐业的美梦。人们在刀枪皮鞭威胁下，踏上颠沛流离的迁徙之路。这些被称为“迁民”的百姓，清政府本想把他们安置在本县界内的，但新安县的大部分地区都成了禁区，虽然有些地方官吏也在为安置迁民而努力，无奈地少人多，多数迁民的生活、生产始终没有着落。这些

① 参见张一兵主编：《深圳古代简史》，引《清世祖实录》卷四，文物出版社1997年版，第177页。
② 马楚坚：《明清边政与治乱》，天津人民出版社1994年版，第270页。

迁民的最后落脚地，近一些的是东莞、归善等县的深山老林，远一些的则不知去向。在迁徙过程中，他们饱受饥饿病痛的折磨，死亡者不计其数，卖儿卖女、自卖为奴婢的，是处可见。当时的惨状，官修的史书并未讳言：

康熙元年二月，大人科界行边立界，邑地迁三之二。三月，差总镇曹□、总统马□，督同营兵析界，驱民迁入内地。民初不知边界之事，虽有示先出，而民不知徙。及兵至，而弃其资，携妻挈子以行，野栖露处，有死丧者，有遁入东莞、归善及流远方，不计道里者。①

（二）第二次迁海

迁海实行以后，没有收到预期的效果，沿海的治安、海防形势并没有好转，海上的反清势力反而有越来越强的趋势。郑氏集团乘沿海空虚之机重新占领了厦门、金门等岛屿，海盗也到处猖獗。清统治者研判形势，认为郑成功等“海贼”继续活跃于海上，原因是迁海的力度仍不足，于是在康熙二年（1663 年）再派大员勘边，加强迁海。年中，钦差华某与广东总督卢崇峻、平南王尚可喜等再次巡勘沿海边界，决定实行第二次迁海，向内地再迁移三十里。同年八月，都统伊里布、兵部左侍郎石图、广东总督卢崇峻等官员再一次来到新安县，实施迁海。其时，新安县地三分已迁其二，如果再内迁三十里，不仅县城不保，县内土地全都在界外，新安县的建制实际上就不存在了，这样对政府对百姓都不利。于是勘查海疆的大臣卢崇峻等联名上疏，要求保留县城一带，只迁东、西两路 24 乡。

康熙二年八月，大人伊、石再看粤疆，续立界，邑地将尽边焉。总督卢以邑地初迁已多，会疏免续迁，止迁东、西二路，共二十四乡。②

康熙三年（1664 年）三月，第二次迁海开始实施。根据有关资料的记载，第二次迁海，新安县西起三角山，东到大鹏所沿海的乡村都在迁移之列，最后具体的界线是：

自三角山，历马鞍山等境，源泉山、河水口、香橼围、周家山、田心围、凉水井、羊蹄山、更鼓山、北灶山、围村、上村、新安县、崇镇铺、照穴岩、白石山、汉塘山、龙湾山、梅岭村、新英村、赤尾村、塘尾围、隔塘围、簕口

① （清）康熙《新安县志》卷十一《防省志·初迁条》。
② （清）康熙《新安县志》卷十一《防省志·再迁条》。

山、平畲山、后梧桐山、黎峒村、梧桐山、盐田村、梅沙山、溪涌山、下洞山、涌浪山、梅子林、田头山、迳口山、窑凹岭，至大鹏所。[①]

以上提及的地名据考证对应现在地名如下：三角山在当时新安与东莞县交界处，今深圳市宝安区新安镇铁岗水库区内；马鞍山在当时东莞、新安交界处，距东莞县城东南五十里，又名鸡笼山，在今深圳市松岗镇相邻的东莞市境内；源泉山、河水口在今深圳市公明镇合水口村；香橼围、周家山在今深圳市沙井镇；田心围、凉水井都在今深圳市石岩镇旁；羊蹄山即今深圳市石岩镇与龙华镇交界处之羊台山；新安县，即今深圳市南山区南头古城；崇镇铺，在今深圳市南山区关口街、向南村一带；赤尾村，在今深圳市福田区上步南路；梧桐山，在今深圳市罗湖区沙头角镇旁；盐田村，即今深圳市盐田区；梅沙山，即今深圳市龙岗区与罗湖区东部交界处之梅沙山；溪涌山，在今深圳市龙岗区葵涌镇溪涌村旁；下洞山、涌浪山，都在今溪涌一带；田头山、迳口山，在今深圳市罗湖区沙头角镇旁；窑凹岭、大鹏所，即今深圳市龙岗区大鹏镇。[②]

根据康熙年间刻版的《新安县境之图》，新安县被划到界外的土地占十之八、九。今深圳市的几乎全境，加上香港地区的全境，都在被迁之列。这次行动持续了两个多月，直到五月，东莞县还在继续驱赶居民入界。第二次迁海再次给沿海居民带来巨大的创痛和损失。

（三）迁海造成重创

居民被赶入界内后失去了经济来源，于是出现了卖儿鬻女、妻离子散的悲惨景象。迁民的子女大都以极低的价格被卖掉，当时一斗谷子一个男孩，一百文钱一个女孩，还有许多孩子白白送人。界内各县的富家大户不费分文“收养”了许多迁民的子女作奴仆。归善、博罗、东莞等县的乡间道路上，到处都是从新安县被驱赶出来的迁民，沿路乞讨、宿露餐风。迁民中身体强壮的入营当兵，老弱病残只能等死。更有不堪忍受者，全家服毒而亡。投河、集体自杀的事屡见不鲜。新安及邻县的各级官吏虽然负有安置迁民的责任，但真正被妥善安置的迁民微乎其微。

康熙三年三月，城守蒋弘闫、知县张璞逐东西二路二十四乡入界。以后每年，大人四季巡界。先是初迁，民多望归，尚不忍离妻子。及流离日久，养生无计，爰有夫弃其妻，父别其子，兄别其弟。且为夫者哭而送其妻曰：“汝且跟他人为婢以免死。为父及兄者，泣而命其子若弟曰：“汝且佣工于他族，以

① （清）杜臻：《闽粤巡视纪略》卷二，载《四库全书》史部。
② 白天等：《深圳全记录》（上卷），海天出版社2000年版，第67页。

养汝生。”时，豪民富客，常有不用赀买而拾养迁民子女者，奚啻千百焉！

至于壮年之民，散投各营，以图养口。其余乞食于异乡者，沿途皆是。辗转于道旁者，何处蔑有？又间有重廉耻者，行乞不忍，而又计无复出，遂自取毒草研水，举家同饮而没。上台及县长官俱日谋安插，但迁民多而界内地少，卒莫能救。①

清初诗人屈大均对这场浩劫有更具体的描述：

粤东濒海，其民多居水乡。十里许，辄有万家之村，千家之寨。自唐宋以来，田庐丘墓，子孙世守之勿替，鱼盐蜃蛤之利，借为生命。岁壬寅二月，忽有迁民之令，满洲科尔坤、介山二大人者，亲行边徼，令滨海民悉徙内地五十里，以绝接济台湾之患。于是麾兵折界，期三日尽夷其地，空其人民。弃赀携累，仓卒奔逃，野处露栖，死亡载道者，以数十万计。明年癸卯，华大人来巡边界，再迁其民。其八月，伊、吕二大人复来巡界。明年甲辰三月，特大人又来巡界，遑遑然以边防为事，民未尽空为虑，皆以台湾未平故也。先是，人民被迁者以为不久即归，尚不忍舍离骨肉。至是飘零日久，养生无计，于是父子夫妻相弃，痛哭分携。斗粟一儿，百钱一女，豪民大贾，致有不损锱铢，不烦粒米，而得人全室以归者。其丁壮者去为兵，老弱者展转沟壑，或合家饮毒，或尽帑投河。有司视若蝼蚁，无安插之恩，亲戚视如泥沙，无周全之谊。于是八郡之民，死者又以数十万计。民既尽迁，于是毁屋庐以作长城，掘坟茔而为深堑，五里一墩，十里一台，东起大虎门，西迄防城，地方三千余里，以为大界。民有阑出咫尺者，执而诛戮，而民之以误出墙外死者，又不知几何万矣。自有粤东以来，生灵之祸，莫惨于此……②

迁界后的广东沿海地带成为一片无人区，房屋或被焚毁，或自行倾颓，田地尽皆荒芜，云间王沄《漫游纪略》记录了他亲眼目睹的惨状：

于是从惠州始，从界外行至潮州。东抵分水关闽界而还。所至民皆扶老携幼，张灯焚香，欢声动地。其还也，亦如之。则有负耒而拜者矣。以予所睹，界外所弃，若州、若县、若卫所、城廓故址，断垣遗础，髑髅枯骨，隐现草间。粤俗乡村曰墟，惟存瓦砾，盐场曰漏，化为沮洳。水绝桥梁，深厉浅揭，行者病之。其山皆丛莽黑菁，豹虎伏焉。田多膏腴，沟塍久废，一望汙莱，良可惜

① （清）康熙《新安县志》卷十一《防省志·再迁条》。
② 李育中等注：《广东新语注》，广东人民出版社1991年版，第49~50页。

也。向者谓界者，掘地为沟，广不盈丈，插竹引绳以表之。或过山，则绕山址为沟，曰：此界外山也。亦有去城不里许为界者，民间畏同陷阱，侧足不前。而愚懵无知，往往误入其中。是时所司尚有以出界坐辟，爰书请者，皆贫婺村竖，往拾蚌蛤之属，为吏所掩获者。命出之，所司持之曰："此未开界前犯也。"公曰："今界已开矣。"立命出之，因叹八年之间，冤狱殆不可胜数矣。①

迁海使新安县遭受重创。清顺治年间，新安县在册人口6851人，康熙三年（1664年）二次迁海后，仅存2172人；顺治年间全县有田地海坦湖塘等4039多顷，赋税有官、民、灶、僧、夏、农、渔各业应缴税米11652石8升，康熙三年（1664年）时仅剩田地海坦湖塘等1013顷、赋税米2837石；盐业生产所遭受的损失最重，盐丁由顺治年间的3818人减少到康熙三年（1664年）的127人。至此，新安县已经名存实亡。康熙六年（1667年），知县张璞奉命统计全县剩余田地、人口、赋税，造册上报，宝安县并入东莞县，宝安地区再次成为东莞县的一部分。②

迁海带来巨大灾难，亦有不堪忍受的沿海居民奋起反抗。康熙二年（1663年）二次迁海实施后，番禺县疍民周玉和李荣首先起事。顺治年间，清廷将善于水战的广东疍民收编为水军，任命周玉和李荣为水军游击将军。这支水军平时打渔为业，遇有海警，才奉召助战。康熙年间两次迁海，使疍民们生计无着，十月初周玉、李荣率领众疍民诈称海葬，集结大批船只，突然杀回番禺烧毁清军营汛，十月十五日，又趁夜潜入珠江口，将平南王尚可喜、提督杨遇明的兵船焚烧大半。周玉、李荣得到沿海群众的响应和支持，震动一方。康熙三年（1664年）四月间，周玉、李荣等转移到新安县大鹏所城附近海面活动，被广东水师总兵张国勋所部包围，周玉战死，李荣只身逃脱。康熙三年（1664年）八月，又有新安县小吏袁四都起事，出入今属香港境内的官富、沥源一带深山密林中，时常到界内袭击清军，抢掠物资，不久，为清兵镇压。但民众的抵抗没有形成浩大的声势，绝大部分迁民屈服于清军的武力，走上了迁徙之路。康熙四年（1665年），清廷设置"新安镇"，任张国勋为总兵。康熙六年（1667年），于奋起继任新安镇总兵。随着新安县裁撤和城中居民的迁出，南头城变成了单纯的军事据点。③

二、复界与居民回迁

对于迁海，清廷内部早有争议。迁海的建议一经提出，就有朝臣表示反对，顺

① （清）王沄：《漫游纪略》卷三《粤游》，载《笔记小说大观》，江苏广陵古籍刻印社1983年影印本，第17册第11页。

② 参见张一兵主编：《深圳古代简史》，引（清）康熙《新安县志》卷六，文物出版社1997年版，第184页。

③ 参见张一兵主编：《深圳古代简史》，文物出版社1997年版，第181～182页。

治十八年（1661 年），先后有平南王尚可喜、广东总督李栖凤、湖广道御史李之芳等人提出迁海弊多利少，不宜施行。

迁海实行以后，给国计民生带来重大损失。付出人口耗减、财赋损失的重大代价，收到的却是相反的效果：清空沿海地区，成了盗贼隐蔽栖身之所；片帆不许下海，反而给了台湾郑成功更大的发展空间。面对迁海的种种弊端，一些大臣良心发现，开始进谏。其中原任两广总督李率泰和广东巡抚王来任先后采用了最极端的进谏方式——“尸谏”，终于引起了朝廷的重视。

李率泰，汉军正蓝旗人，顺治十年（1653 年）任两广总督，顺治十三年（1656 年）调浙闽总督，顺治十五年（1658 年）改福建总督。康熙五年（1666 年）卒，遗疏请展界：

> 为沥血冒陈事：臣李率泰，蒙恩简拔，授以两广总督之职，继又出总闽浙。臣前在粤，粤民尚有资生；近因奉旨迁移百姓，弃膏腴而为荒土，损楼阁而就茅檐，赤子苍头，啼饿在道，玉容粉面，丐食沿街，以至渐渐死亡，十不存八九。为今之计，虽不复其家室，万乞边界稍宽，俾各处村民，耕者自耕，渔者自渔，可以缓须臾之死，臣虽死亦瞑目矣。①

疏上，清廷以李率泰属满洲旗籍，而且，遗疏义同尸谏，下谕粤督、抚覆奏其事。

康熙七年（1668 年），正黄旗籍的离任广东巡抚王来任遗疏请展界复乡，痛陈迁海之弊，《康熙新安县志》校注卷之十二《艺文志》载其《展界复乡疏》：

> 抚院王
>
> 微臣受恩深重，捐躯莫抱，谨临危披沥一得之愚，仰祈睿鉴，臣死瞑目事。
>
> 曰：
>
> 一、粤东之边界，急宜展也。粤负山面海，疆土原不甚广，今概于海滨之地，一迁再迁，流离数十万之民，每年抛弃地丁钱粮三十余万两。地迁矣，又在在设重兵以守，以守其界内之地。立界之所，筑墩台，树桩栅，每年、每月，又用人夫、土木修整，动用不资，不费公家，丝粟皆出之民力。未迁之民，日苦科派；流离之民，各无栖址，死丧频闻。欲民生不困苦，其可得乎？臣请将原迁之界，悉驰其禁，招徕迁民，复业耕种，与煎晒盐斤；将港内河，撤去其桩，听民采捕；将腹内之兵尽撤，驻防沿海州县，以防外患，于国用不无小

① 萧国健：《清初迁海前后香港之社会变迁》，引李桓《国朝耆献类征初编》卷一，台湾商务印书馆 1986 年版，第 121 页。

补；而祖宗之地，又不轻弃；于民生大有裨益。如谓所弃之地丁虽少，而御海之患甚大，臣思设兵原以杜卫封疆而资战守。今避海寇侵掠，虑百姓而赍盗粮，不见安攘上策，乃缩地迁民，弃其门户而守堂奥，臣未之前闻也。臣抚粤二年有余，亦未闻海寇大逆侵掠之事，所有者，仍是内地被迁逃海之民相聚为盗。今若展其边界，即此盗亦卖刀买犊矣。舍此不讲，徒聚议以求民瘼，皆泛言也……①

屈大均对此事亦有记述：

……戊申三月，有当事某某者，始上展界之议，有曰："东粤背山面海，疆土褊小。今概于海濒之乡，一迁再迁，流离数十万之民，岁弃三千余之赋。且地迁矣，又在在设重兵以守，筑墩楼，村桩栅，岁必修葺，所费不赀，钱粮工力，悉出闾阎。其迁者已苦仳离，未迁者又愁科派，民之所存，尚能有十之三四乎？请即驰禁，招民复业，一以补国用，一以苏民生，诚为两便。"于是孑遗者稍稍来归，相庆再造，边海封疆，又为一大开辟焉。②

一连两位旗籍大臣死谏，终于促使康熙皇帝认真反省迁海之举，并很快派出官员勘查边界。康熙七年（1668年）八月，平南王尚可喜奉旨与两广总督周有德会同都统、特进户部侍郎雷虎到新安勘界，迁民夹道远迎。见到迁民流离颠沛，周有德于同年十月上疏，请求即时扩展边界让百姓复业，然后再布置海防，很快获得批准。《清圣祖康熙皇帝实录》卷二十七康熙七年戊申兵部议复：

广东广西总督周有德疏言：广东沿海迁民，久失生业，今海口设兵防守，应速姓安插，复其故业，得旨。若都统特晋等，与该藩、总督、巡抚、提督，会同一面设兵防守，一面安插迁民，毋误农时，致民生失所。③

康熙八年（1669年）正月，消息传到新安地区，迁民们欢呼雀跃，踏上返乡之路。同年七月，新安县建制恢复，当局委派番禺县丞路鳌代理知县，处理招垦复业事宜。

当时的新安县，一片萧条，许多村落荒废，以致空存其名，康熙二十七年

① 张一兵：《康熙新安县志校注》卷之十二《艺文志》之《展界复乡疏》，中国大百科全书出版社2006年版，第497页。

② （清）屈大均：《广东新语》卷二《地语·迁海条》。

③ 萧国健：《清初迁海前后香港之社会变迁》，引《清圣祖康熙皇帝实录》卷二十七《康熙七年戊申兵部议复》，台湾商务印书馆1986年版，第124页。

（1688年）的《新安县志》记其事：

邑之为乡者三，为都者七，为图者五十有七，为村将五百所。虽烟户之多寡不同，大都近山者晨星，而滨海者毂击。兵燹寇疫之后，继以迁界；虽幸而展复，毕竟毂击者，亦转而晨星矣。乃七都一带，大半逃编他邑，今亦仍《旧志》，而存其名……①

复界之初，迁民们开辟草莱，筚路蓝缕，从荒芜中重建家园，困难重重。康熙九年（1670年）七月，新安知县李可成上任之初发现，复界虽有两年，回迁的民众仅占原住民的十分之一二，于是采取了许多措施，尽力安置返乡居民，官给牛种，使回迁者尽早复业。知县李可成《条议兴革事宜八条》，在一定程度上反映了当时的情况：

劝开垦以增国赋。照得新邑久迁乍复，田土荒芜，辟耕匪易。自析分界外，民居拆毁，兹归来者，必先谋栖址，方议耕凿。则编茅积土，未雨之绸缪，当如何告诫耶。一畚一锸，费几经营；刈草删芜，殊深劳瘁。惰而不前者督之，耕而乏种者给之。虽不克与尔民并耕并作，而日夕之率，俾如共处主伯亚旅之间。自此，民间耕获所及，不论则壤高下，朔望报单，汇核转缴。当经报垦在案者，九年秋冬，计四百余顷。十年、十一年、十二年，计一千余顷。然得寸则寸，得尺即尺，无匿少为多，及匿多为少者，统俟三年起科。国赋升而恒产复，所谓正德必先厚生，端有赖也。②

又《康熙新安县志》卷三《地理志·沿革》：

康熙元年，大人科、介立界，邑地迁三分之二为边。康熙三年，大人伊、石再看粤疆，总督卢□□以邑地初迁已多，会疏，止迁东西路二十四围。康熙六年，知县张璞详两院具题，将迁存地丁钱粮归并东莞。康熙八年，奉旨展界，复县治，设官。按：邑地颇辽阔，人民向称辐辏矣，乃辐辏者，皆沿海之区；财求向称饶阜矣，而其饶阜者，以鱼盐，亦在沿海之区。邑剖符于万历元年，后以边界故，归并东莞，在康熙之六年。迨八年而界展，县复矣。百年之内，变迁至再；昔日之辐辏，今则晨星矣；昔日之饶阜，今则羸困矣。正犹壮人而病虚弱，不剂以参苓，其毙立见。李侯则投以参苓矣，愿吾民得永服兹

① 张一兵：《康熙新安县志校注》卷三《地理志·都里》，中国大百科全书出版社2006年版，第75页。
② 张一兵：《康熙新安县志校注》卷十二《艺文志》，中国大百科全书出版社2006年版，第408页。

剂，无俾复误以硝戟，庶其有瘳哉。[1]

康熙七至八年的展界是局部展界，只展陆，不展海。康熙八年至康熙二十三年期间，闽、粤两省仍然继续坚持“禁海”。到康熙十九年（1680 年）仍：

题准该管官拿获本省出海贸易奸民二十多名以上者，记录一次；二百名以上者，加一级；数多者，照数加级记录。[2]

这种情况，一直到康熙二十三年以后才彻底改变。

海禁不开，渡船不通，沿海岛屿的居民就无法返回；交通不便，生产、生活所需百物欠缺，价格腾贵；而产品无法运出销售，谷贱伤农，使已回迁的居民备尝艰辛。香港新界粉岭龙跃头温氏族谱所载温焕泰的《复界记》描述了当时回迁居民的窘况：

村之迁移也，拆房屋，荒田地，流亡八载，饿死过半。界之复也，复田而不复海，无片瓦，无寸木，盖茅屋，与昔年瓦屋无异。新安邑抵大洋，无渡船通济载运货物麦粟，百物皆贵，惟谷特贱，以其无通济也。谷价一硕平银或一钱或九分，无人问籴；猪肉三分二厘一斤；海鱼一分六七厘一斤。百物价高难悉，惟谷独贱难措。故移村苦，苦于八年，死生之数已定；复村苦，苦于谷贱，催科之累难逃。今试合计复乡之田地，已垦、未垦、减收、无收，每百不过收租五十石。以五十石之租谷，办一百石之钱粮。将六七成铜锡之银，倾煎秤纳，其不足也审矣。尚望事父母、蓄妻子、跻公堂而歌万寿乎？故曰：新安偏邑，鱼盐为利，海界不复，渡船不通，究竟同归于尽尔！

在这样窘迫的环境下，尽管地方官员努力招徕，新安县的人口回迁仍然非常缓慢《康熙新安县志》的统计数字详细反映了迁海复界前后宝安的人口变化。

户，二千九百六十六；口，六千八百五十一：男五千五百六十七；妇一千二百八十四。

康熙元年、三年，两奉迁折。尚存人丁二千一百七十二。

康熙六年届：丁，二千二百五十五；口一千四百一十二。

康熙十一年届：丁，三千九百七十二；内八、九、十年招复迁移人丁一千

① 张一兵：《康熙新安县志校注》卷三《地理志·沿革》，中国大百科全书出版社 2006 年版，第 32 页。

② （清）卢坤：《广东海防汇览》卷三十四《方略》。

六百四十八；食盐课银口一千五百零一。

康熙十一年，招复迁移人丁：一百九十二。

康熙十二年，招复迁移人丁：二百三十五。

康熙十三年，招复迁移人丁：二十五。

康熙十七年，招复迁移人丁：一十七。

康熙十八年，招复迁移人丁：五十九。

康熙十九年，招复迁移人丁：二十。

康熙二十年，新增人丁：五丁；食盐课银口：八十四。

康熙二十年届：丁，四千五百二十五；内自十二年起，至二十年止，招复迁移及新增人丁共五百二十六；食盐课银口一千五百八十五。又，二十年招复迁移人丁一百六十五。

康熙二十一年，招复迁移人丁：三丁。

康熙二十三年，招复迁移人丁：一百三十四。

康熙二十四年，招复迁移人丁：一百零七。①

从上述数字可见：①迁海使新安县的人口遭受重创，到康熙三年仅剩2172人，比迁海前损减68%，联系此后20年人口回迁的资料，可证大量有关迁海惨状的文字记录所言不虚。②展界之初，居民回迁一度比较踊跃，康熙八、九、十年招复迁移人丁1648人，与其时新安知县李可成采取的一系列措施应有直接关系。③康熙十一年至二十四年，新安县招复人口增长缓慢，只有康熙十二年超过200人；十四、十五、十六年空白；二十一年仅招复3人。

新安县向来是著名的产盐地，其人口还包括东莞和归德两个盐场：

其一，东莞场盐课司。

一项原额：人丁成丁二千二百二十八丁，征课银一千零二十四两八钱八分。

一项原额：灶田地山塘共税一千三百零七顷六十二亩三分四厘六毫六丝三忽三佥二沙零五埃，课银二百二十四两八钱零八厘七毫九丝一忽九微。

一项原额：升科池漏税四十顷零一十亩零五分七厘，饷银一百零二两零四分六厘三毫四丝七忽一微八佥七沙。

一项原额：广西三司官吏户口食盐一万三千一百五十一斤十二两五钱，折价银一十八两一钱零一厘零八忽一微。

① 张一兵：《康熙新安县志校注》，中国大百科全书出版社2006年版，第175～177页。

康熙元年、三年，两奉迁移，迁去及先年寇乱杀绝人丁二千一百六十六丁，缺征课银九百九十六两三钱六分。

迁去灶田地山塘共税一千零二十七顷九十三亩八分六厘二毫六丝三忽三微三佥二沙零五埃，缺征课银一百八十四两二钱一分四厘一毫四丝一忽九微。

迁去升科池漏税四十顷零一十亩零五分七厘，缺征饷银一百零二两零四分六厘三毫四丝七忽一微八佥七沙。

迁去户口食盐折银一十八两一钱零一厘零八忽一微。

存界内人丁六十二丁，存征银二十八两五钱二分。

存界内灶税二百七十九顷六十八亩四分八厘四毫，存征银四十两零五钱九分四厘六毫无丝。

共存征银六十九辆一钱一分四厘六毫五丝。康熙六年，经场官王世瑞申请，将存剩之饷，归并东莞县征解。①

以上是迁海给东莞盐场带来的毁灭性打击，最后只好撤销盐场，归并给东莞县。康熙八年（1669 年）局部展界以后，东莞场的恢复在初期相当缓慢：

康熙八年，奉旨展界。经署新安县事路一鳌任内招复人丁三百一十三丁……

康熙九年春夏二季分，招复人丁四百二十四丁……

康熙九年八月二十七日，该经管官、大使韩钟秀到任，至本年十二月终，止招复人丁一百二十五丁……

康熙十年分，招复人丁四百八十七丁……

康熙十一年分……未复迁徙、逃亡及元年寇乱杀绝人丁八百一十七丁……

康熙十二年，复招灶丁二人……

康熙十三年，招复灶丁三人……

…………

康熙二十一年，编审增丁三丁……

…………

康熙二十五年分届编审增丁一丁……

…………

至康熙二十七年……本场尚未复灶丁八百一十一丁，缺征课银三百七十三

① 张一兵：《康熙新安县志校注》，中国大百科全书出版社 2006 年版，第 212 ~ 213 页。

两零六分。[①]

其二，归德场盐课司。

原额：人丁一千五百九十丁，该征银八百七十一两三钱二分。

康熙元年、三年，奉文折界。

迁去额丁一千五百二十五丁，缺征［税］银八百三十五辆七钱。

迁剩额丁六十五丁，存征丁银三十五两六钱二分。

…………

康熙八年，奉旨展界。八年，大使赵锡翰到任，复招灶丁一千零六十丁……

康熙九年，招复灶丁二百七十一丁……

康熙十年，招复灶丁一十一丁……

…………

康熙二十年届，编审增丁二丁……

…………

康熙二十五年届，编审增丁二丁……

自康熙八年展界，至康熙二十七年……额征存剩、报复人丁一千四百零八丁，并十一年、二十年、二十五年各届审增六丁，共一千四百一十四丁……[②]

由此可见，迁海给东莞场和归德场带来巨创，到展界第二十个年头，两场都没有恢复到迁海之前的规模。

根据《康熙新安县志》有关记载：新安县二次迁海后，在康熙三年（1664 年）剩余 2000 人左右，到康熙十一年（1672 年）即展界后第三年，才达到 4000 人左右，三年内招回迁民 1648 人，但此后招回的原住民数量越来越少，康熙十二至二十四年（1673—1685 年）13 年间回迁的原住民加新生人口共 2542 人，平均每年增加不足 200 人，康熙二十一年（1682 年）只招回 3 人。康熙二十五年（1686 年）以后，复界扩展到所有迁海地区，近海地区的迁民大部分已经迁回原住地，离海较远地区的迁民则很难招回。从康熙二十五年到康熙五十年间（1686—1711 年），新安县登记在册的新增人口 662 人都是本地出生的，而没有从外地迁回原住地的迁民了。直到康熙末年，新的移民逐渐进入，新安县在人口、赋税等方面才逐渐接近清初的

① 张一兵：《康熙新安县志校注》，中国大百科全书出版社 2006 年版，第 212 ~ 215 页。

② 张一兵：《康熙新安县志校注》，中国大百科全书出版社 2006 年版，第 218 ~ 219 页。

水平。

由于迁民大量死亡或远逃他乡，复界后回迁人口远远不足原数。康熙二十三年（1684 年）海禁撤除以后，新安沿海岛屿的居民得以回迁，兼以交通恢复，滨海地区的生存环境大大改善，又有地方政府以优惠政策招徕垦殖，粤东、粤北的客家人陆续迁入新安县内，开始了沿海客家的发展历程。

第三节　客家人的入迁

一、迁海复界后的客家移民潮

康熙九年（1670 年），新安知县李可成上任，采取了许多措施，使新安县的社会经济在一定程度上得到恢复，但海禁未开，给回迁民众的生产、生活带来很多困难，人口回迁一直相当缓慢。此时，还有平南王尚可喜、尚之信父子的横征暴敛和平定三藩的战乱，人民纷纷逃亡，田园荒芜，迁海展界的地区更难以招回迁民。

康熙二十年（1681 年）十月，平定三藩的战事结束，康熙二十三年（1684 年）一月废《迁海令》，各地方政府陆续投入全面恢复社会生产、生活的事务中，都在努力招回流亡、迁徙他乡的原住民。

康熙二十五年（1686 年）以后，沿海地区的迁民大部分已经返回原住地。从康熙二十五年到康熙五十年间（1686—1711 年），新安县登记在册的新增人口 662 人都是本地出生，没有回迁的原住民。

为了增加劳力、鼓励生育、杜绝隐匿不报或少报人口以逃避赋役的弊端，清廷于康熙五十二年（1713 年）宣布："嗣后续生人口，永不加赋。"但直到雍正年间，新安县的人口增加仍然极其缓慢。新安县康熙二十四年（1685 年）在籍人口 7061 人，雍正九年（1731 年）是 7289 人，46 年间仅增加 228 人，平均每年不到 5 人。《嘉庆新安县志》的户口资料：

> 顺治□年编审：二千九百六十六户，男女六千八百五十一口，男五千五百六十七丁，女一千二百八十四口。
>
> 康熙元年、三年，两奉迁析，尚存人丁二千一百七十二口。
>
> 康熙六年届编审：男二千二百五十五丁，女一千四百一十二口。
>
> 康熙十一年届编审：男女三千九百七十二口。八、九、十年，此三年招复迁移人丁一千六百四十八丁，食盐课银口一千五百零一口。

康熙十二年至二十四年编审：男女四千五百二十五丁口，招复迁移及新增人丁九百五十七丁，食盐课银口一千五百八十五口。

康熙二十五年至五十年届编审：新增男三百零三丁，女三百五十九口。

康熙五十二年，钦奉恩诏：嗣后续生人丁，永不加赋。

康熙五十五年，六十年及雍正四年届编审：新增补额优免人丁一十丁。

雍正九年届编审：新增复回人丁五丁。

康熙二十五年至雍正九年，原额连新增抵补优免人丁并各年届新增男女，共七千二百八十九丁口；内男五千三百三十二丁，女一千二百八十四口，新增补额优免一十一丁，各届新增男丁三百零三，女口三百五十九。

乾隆元年至二十六年届编审：新增盛世滋生人丁二千八百五十五丁，食盐课口七百三十口……有乾隆三十一年届缺丁七十五丁外，尚实滋生人丁二千五百七十二丁，食盐课口七百零二十口，钦奉恩诏，永不加赋。

乾隆三十一年届编审：新增盛世滋生人丁四百零七丁……

乾隆三十六年届编审：新增盛世滋生人丁四百零二丁……

…………

乾隆三十七年起，奉行停止编审滋生丁口数目，未奉列入全书，止于递年，另册造报。

乾隆三十七年，原报民灶男女三万零三百七十三；内民灶男丁二万一千一百二十一，民灶女口九千二百五十二。屯户丁口一千八百二十一。男一千三百五十六，女四百六十五。

乾隆三十八年至嘉庆二十三年，除开除外，实滋生民灶丁口连原报，共二十二万五千九百七十九，内男丁一十四万六千九百二十二，女口七万九千零五十七。屯户丁口共一万三千一百三十六，内男丁八千二百九十八，女口四千八百三十八。①

新安县的情况在沿海地区具有普遍性：其一，迁海以后人口锐减，上缴赋税不能满足政府开支；其二，沿海各县原本荒地甚多，一直未能垦辟利用，是一笔有待开发的巨大财富；其三，迁海客观上腾出了生存空间，使政府招徕移民成为可能；尤其是荒芜的营田，更为移民的进入提供了方便。

在这种情况下，大规模的招徕垦殖就成为当时地方政府的中心工作。针对土地仍然大量荒芜、社会经济发展缓慢的现状，雍正五年（1727 年），署理两广总督阿

① 张一兵：《嘉庆新安县志校注》卷八《经政略·经政一·户口》，中国大百科全书出版社 2006 年版，第 391～392 页。

克敦[1]上书朝廷，他指出虽然广东曾多次颁布鼓励内地农民前来开垦的告示，但是申报登记的新农户和开荒田亩仍然数量无几。其《敬陈粤东开垦事宜疏》《皇清奏议》卷二十七中有载：

粤东劝垦之条屡颁，报垦之数无几……劝垦之方有五：一、定疆界以绝争端；一、禁需索以宽民力；一、借籽种以助农工；一、轻升科以示优恤；一、广招徕以尽地利；

如此则民无观望不前之心，而报垦者自必接踵而至。

今宜示劝惩，如州县官能劝垦十顷以上者，记录一次，多者计算加级。见任官能捐籽种牛具，垦荒至三顷以上者，记录一次，多者计算加级。倘劝垦不力，废厥职守，即据实参处，则官加劝惩矣。[2]

阿克敦建议实施五项措施：一是杜绝迁民之间的争端，事先划定各家各户开垦荒地的界线；二是减轻农民负担，禁止无度的征敛；三是帮助迁民种地营生，借给种子；四是实行轻徭薄赋的优惠政策；五是招募迁民的范围可以放得更宽一些。如果落实了这五项措施，迁民们就会踊跃前来申请开荒了。对各州、县官吏，也要有一套奖惩办法：凡是能够招募外地农民来本地开荒10顷以上的，记功一次，记功多者升级；凡不努力招垦的，以渎职罪论处。在政府的优惠政策鼓励下，江西、福建，特别是粤北、粤东、粤东北和宝安周边各县的移民开始大量进入新安地区。客家人正是在这种背景下，开始他们的滨海地区拓殖史的。

零星的移民，在康熙二十七年（1688年）以前，就露出端倪了，康熙二十七年《新安县志》卷三《地理志·都里》：

按：……况新安地方，兵民杂处，又直迁［析］初复，土多民寡；间有召集异县人民垦辟荒田，诚恐奸歹叵测，保甲宜严。[3]

此时，移民虽然只是“间有召集异县人民垦辟荒田”！而且被严密的注视和防范着！但毕竟起了步，从这里开始，汇少成多，渐渐增加，终成大潮。

从上文所引的官方人口统计资料来看，新安县的人口自康熙二十三（1684年）年复界以后，渐渐累加，到雍正九年，已经超过了顺治年间的水平。但真正的大量

① 萧国健：《清初迁海前后香港之社会变迁》，台湾商务印书馆1986年版，第171页误为“何克敏”；张一兵，刘丽川并误。

② （清）阿克敦：《敬陈粤东开垦事宜疏》，载《皇清奏议》卷二十七。

③ 张一兵：《康熙新安县志校注》，中国大百科全书出版社2006年版，第75页。

增长加速，是从雍正后开始的，而地方政府的招徕移民政策，也恰好在此时开始强化。由此可见，新安县的人口增长与移民进入直接相关。换句话说，客家人的进入，使新安县的人口不断增长。

大量研究成果记述了客家人在迁海复界后进入宝安地区的历史。

张一兵主编的《深圳古代简史》说，康熙年间迁入深圳地区的非原住民有：

> 彭氏，现居龙岗区坪山三家村，由江西庐陵迁广东兴宁，再迁潮州，再迁东莞，再迁坪山（清朝属归善县，现为深圳东北部城镇）。
>
> 刘氏，现居龙岗区坪山三家村中心围，由福建宁化迁广东兴宁再迁归善再迁坪山。
>
> 江氏，现居龙岗区坪山赤澳三河村，山福建宁化迁广东丰顺再迁长乐再迁坪山。
>
> 陈氏，现居罗湖区罗芳村，由福建宁化迁广东潮州再迁惠州再迁新安。
>
> 陈氏，现居龙岗区坪山江边村，由福建宁化迁广东南雄再迁潮州再迁新安县小梅沙等地。
>
> 黄氏，现居龙岗区坪山果园背、江边、坑梓等地，由福建宁化迁广东嘉应州再迁惠州坳头再迁坪山。
>
> 曾氏，现居龙岗区坪山山垅背及三洋湖等村，山福建宁化迁广东长乐再迁兴宁再迁惠阳再迁坪山。
>
> 罗氏，现居龙岗区坪山石楼围，由外省（具体地方不详）迁广东兴宁再迁惠州白花镇再迁坪山。
>
> 邱氏，现居龙岗区坪山金龟等处，从何处迁来已不得其详。
>
> 何氏，现居龙岗区坪山大塘围、界脚、草博等处，由福建宁化迁广东兴宁再迁坪山。
>
> 李氏，现居龙岗区坪山墩子等处，由福建宁化迁广东兴宁再迁五华再迁惠州淡水再迁惠阳三多祝再迁坪山。
>
> 这些迁入家族中的绝大部分都是来自梅县地区讲客家话的客家人，大都在康熙年间迁入归善县坪山地区（今深圳市龙岗区坪山镇及其周围地区）。①

此外，张还指出：坪山地区的客家宗族还有许多族谱上记载着入迁时期为“清初”，其中一部分也可能是康熙年间迁入的。

萧国健先生对龙岗、坪山地区客家入迁的历史有深入的研究，所收集的族谱是目前可见资料中最为详备的。其《坪山客家之入迁及其发展》之《入迁坪山之客

---

① 张一兵主编：《深圳古代简史》，文物出版社 1997 年版，第 186 页。

族》谓：

客族之入迁坪山地区，始自清康熙中叶。盖清朝初立，沿海居民仍多反清，尤以台湾郑氏为烈，清廷为禁沿海居民与郑成功相通，遂采坚壁清野之策，厉行迁海，尽令沿海居民迁入五十里内陆，坪山地区遂亦荒废。康熙八年（西元一六六九年），朝廷以沿海居民深受迁海之苦，遂行展界，许民归业。至康熙二十三年（西元一六八四年），台湾郑氏归降，朝廷遂明令复界。惟其时，因部分迁民因迁徙时客死异乡，亦有于多年之居住异地，而不欲回迁故地，故迁回者少。朝廷于不得以，遂实施招垦政策。在招垦政策之感召下，客籍农民遂大量迁入坪山地区。

清初入迁坪山地区开垦定居之客籍人士，其可考者，有下列各姓：

姓氏	原籍	转移途径	栖止地区及年代	依据材料
黄	福建宁化	嘉应（南宋末） 惠州坳头（明末） 紫金	坪山果园背（明末） 江边（康熙初） 坑梓（康熙三十八年） 新桥围（乾隆十八年） 龙湾围（乾隆三十六年） 龙田围（道光十七年） 竹园围（?）	坪山江边村黄氏族谱 坪山新桥围黄氏族谱 坪山龙田世居黄氏族谱
曾	福建宁化	长乐（元代）—兴宁（明永乐年间）—惠阳三多祝	坪山山墈背、三洋湖（康熙年间） 石灰坡（乾隆年间） 大万世居（乾隆五十八年）	坪山曾氏族谱
张	福建宁化	嘉应—曲江—博罗（明永乐年间）惠阳三多祝	坪山马西村（乾隆四十四年） 竹园村（?）	据该村父老张戊申先生所告
彭	江西庐陵	兴宁—潮州—东莞	坪山三家村（康熙年间） 石井（乾隆年间）	坪山石井村彭氏族谱
江	福建宁化	丰顺（元代）—长乐东门南蛇岭（洪武年间）—永安上义	坪山赤澳三河村（康熙年间）	坪山江边村江氏族谱

（续上表）

姓氏	原籍	转移途径	栖止地区及年代	依据材料
罗	——	兴宁—惠州白花旗	坪山石楼围（康熙年间）	据该村长者罗肖芳先生所告
邱	——	——	坪山金龟、坪头围（康熙年间）	据该村长者邱万胜所告
何	福建宁化	兴宁东门黄碁坑（洪武十四年）	坪山大塘围、草埔、界角（康熙年间）	坪山大塘围何氏族谱
刘	福建宁化	兴宁南湘（洪武二年）—归善赤沙长坑子（崇祯十六年）	坪山三家村中心围（康熙年间） 咸水湖村（乾隆六十年）	坪山石井咸水湖刘氏族谱
陈	福建宁化	南雄—潮州—小梅沙—果园背	坪山江边围（清初） 沙里村（?）	惠阳陈氏族谱
戴	福建宁化	——	坪山黄果坜（清初）	据该村父老戴桥先生所告
巫	福建宁化	兴宁罗冈（宋末）—惠州梁化—宝安赤澳	坪山长守村（清初）	坪山赤磡巫氏族谱
廖	福建宁化	惠州淡水（明末）	坪山牛角壠、沙壆 谷仓下（清初）	惠阳廖氏族谱
郑	福建上杭	嘉应州—惠州—潮州	坪山江边村（清初）	坪山郑氏族谱
李	福建宁化	兴宁—五华—淡水 惠州三多祝	坪山墩子（康熙年间） 界脚（乾隆年间）	据该村长者李清先生所告
文	江西	惠阳马鞍—三多祝—白犁塘	坪山石陂头（乾隆年间）	据该村长者文传先生所告
高	广西	兴宁—博罗—惠阳三亚塘	坪山横塘（乾隆年间）	据该村父老高通先生所告
骆	——	河源老院乡	坪山望牛岗塘岭村（乾隆年间）	据该村父老骆石养先生所告
叶	——	惠州淡水	坪山界脚（清中叶）	据该村村民所告
沈	——	惠阳三多祝	竹园村（?）	
林	——	——	楼角村（?）	
朱	——	——	竹园老围（?）	

从上文客族入迁坪山地区之情况来看，可获下列数点特征：

（子）入迁各姓多原居福建宁化。

（丑）其迁移途径多沿江南下，经兴宁入惠州，而下坪山。

（寅）各族多于清初复界后迁入。

（卯）迁入初期，因沿海寇患甚烈，故各族多自建客家围屋以自保。

（辰）较早迁入者辛勤开垦，故得占较多土地，迟迁入者只得向其佃地耕种。

（巳）清中叶，四大姓合力创立坪山圩，开设店铺，除自经营外，亦有租与其他姓族，收取地资。

（午）定时进行酬神、安龙、打醮、造社等活动，以作各姓间之相互联系。

（未）各姓于其村内皆自建神厅，用作祀祖，此等神厅虽称作祠堂，惟其形制较小，无法与广东其他各地之祠堂相比。①

此外，《坪山客家之入迁及其发展》之《清代入迁之客族》部分还有下列资料：

康熙二十三年（西元一六八四年），朝廷下诏鼓励贫苦农民入迁垦殖，故广东省之东、西、韩各江流域，及闽赣二省之客籍农民，相继入迁，于各处定居。今举谱牒中所见、及考察所得录后，以供研究：

姓氏	原籍	迁移途径	栖止地区及年代	依据材料
丘	福建宁化	潮州—惠州	深圳麻雀岭（清初）	肇基堂丘氏族谱 麻雀岭河南堂丘氏族谱
江	福建（?）	潮州	深圳步涌（清初）	据步涌江姓父老所告
李	福建上杭	潮州—惠州	深圳土洋、屯洋（清初）	据土洋村父老所告
利	江都（?）	南雄—惠州	深圳土洋、屯洋（清初）	深圳葵涌屯洋利氏族谱
吴	福建宁化	增城	深圳公明上石（清初）	据公明上石父老所告
陈	福建龙溪 福建宁化	南雄—潮州 潮州—惠州	深圳龙岗松园阁（清中叶） 深圳罗芳村（康熙五十八年）	 宝安松岗燕川陈氏族谱
游	福建莆田	东莞	深圳上游松、下油松（清中叶）	据上、下油松父老所告
郑	福建永安	潮州—惠州	深圳南头、后海（乾隆年间） 龙华大船坑、西丽珠光庵前	淡水郑氏族谱 东鉴郑氏族谱 郑氏历代源流族谱

① 萧国健：《深圳地区之家族发展》，香港显朝书室1992年版，第22～27页。

（续上表）

姓氏	原籍	迁移途径	栖止地区及年代	依据材料
谢	福建永定	——	深圳乌石岩阳台山、燕窝山、龙眼山、龙华大船坑（清中叶）	据乌石岩阳台山谢姓父老所告
罗	湖北襄阳	潮州—惠州	深圳罗瑞合（鹤湖新居）龙华大船坑（清中叶）	据深圳龙华罗姓父老所告
萧	福建宁化	梅州—潮州—惠州	深圳坪地石灰围、坪地洞高桥 松岗江边、横岗	宝安坪地石灰围萧氏族谱①

对当时仍属新安的香港地区，迁海复界后客家人的进入，萧国健、萧国钧《族谱与香港地方史研究》收录了三十五姓的迁徙资料：

姓氏	在港栖止地点	居停年代	所据族谱
胡	马鞍岗 元朗八乡、莆岗村、大榄涌村	康熙年间 乾隆年间	马鞍岗胡氏族谱 胡氏历代启煌公祖史
温	榕树澳、大埔仔、樟树滩、蚝涌 荃湾柴湾角半山村、大涌陶子岘村	康熙年间 清朝中叶	榕树澳温氏族谱 西贡蚝涌温氏族谱 荃湾柴湾角半山村温氏族谱 大涌陶子岘村温氏族谱
罗	八乡横台山罗屋村	清朝初叶	宝安县锦田横台山罗氏族谱
黎	塔门、蚝涌 西贡坑口水边村	清代初叶 清代末叶	塔门大浪西湾蚝涌黎氏族谱 西贡坑口水边村黎氏宗族家谱
叶	莲麻坑 荃湾海坝村	康熙四十九年 清朝中叶	沙头角莲麻坑叶氏族谱 荃湾海坝村叶氏族谱
何	西贡企岭下 大屿山大浪湾、杯澳、涌背、咸田、东涌	清朝初叶	新界庐江郡何氏宗谱 大屿山贝澳新村何氏族谱
张	大屿山杯澳、大涌沙罗洞 荃湾老围	康熙年间	大屿山杯澳咸田村张氏族谱 大屿山杯澳老围村张氏族谱

① 萧国健：《深圳地区之家族发展》，香港显朝书室1992年版，第7～10页。

（续上表）

姓氏	在港栖止地点	居停年代	所据族谱
张			大埔沙罗洞张氏族谱 荃湾老围张氏族谱 新界西溪张氏族谱
郑	荃湾城门大围 元朗八乡大井围	康熙十九年 道光年间	荃湾城门大围郑氏族谱 东莞白沙乡坡兜坊郑氏堂上族部
邓	大屿山塘福、元朗横台山 屯门柴田新村、新生村	康熙二十四年 清朝中叶	大屿山塘福邓氏族谱 新界横台山邓氏族谱 屯门柴田新村新生村邓氏族谱
钟	林村坪朗钟屋、元朗大旗岭钟屋 荃湾海坝村 西贡玉竹山	康熙初年 道光年间 清朝中叶	大埔林村坪朗钟屋颍川堂钟氏族谱 元朗大旗岭颍川堂钟氏族谱 荃湾海坝村钟氏族谱 西贡玉竹山钟氏族谱
成	西贡大水坑、大埔林村 西贡孟公屋、榕树凹	康熙初年 乾隆十年	西贡大水坑成氏族谱 西贡孟公屋成氏族谱
文	大埔梧桐寨	康熙五十八年	新界新田村文氏开基考察论
林	元朗、林村坑下蒲、大屿山婆萌	清朝初叶	大埔坑下蒲林氏族谱 新界屯门林氏宗谱 新界林氏族谱
李	船澳深水角 扫管笏、大屿山、禾坑、古木 乌蛟腾、三担箩、船湾涌尾 十四乡峯下、锦田莲花地 深涌、小滘 沙头角南涌 粉岭莲澳村澳	顺治年间 顺治年间 康熙三十八年 乾隆年间 道光八年 咸丰四年	宝安县乌蛟腾李氏族谱 乌蛟腾明共公所传李氏族谱 船湾涌尾李氏族谱 新界禾坑李氏族谱 清远清平乡禾谷乡李氏族谱 宝安县小滘李氏族谱 深涌村李氏族谱 西贡北约十四乡峯下李氏族谱 扫管笏李氏族谱 古木李氏族谱 沙头角南涌李氏族谱 莲澳村三福堂李氏族谱
黄	长洲、沙头角、锁罗盘	清朝初叶	东粤宝安南头黄氏族谱 沙头角黄氏族谱 沙头角锁罗盘黄氏族谱

（续上表）

姓氏	在港栖止地点	居停年代	所据族谱
杨	元朗十八乡水蕉围 荃湾油柑头、杨屋 荔枝角、沙咀	康熙年间 雍正二年 乾隆初年	荃湾油柑头杨氏族部 荃湾油柑头杨氏族谱 荃湾杨屋村杨绍金祖族谱
邱	林村梧桐寨 荃湾	清朝初叶 乾隆年间	林村梧桐寨邱氏族谱 新界河南堂邱氏族谱
陈	社山下、汀角 鹿颈上下围 荃湾、青衣、三栋屋、葵涌、马湾 大埔林村	清朝初叶 康熙五十八年 乾隆年间 清朝末年	汀角坪洋陈氏族谱 社山村陈氏族谱 荃湾颍川堂陈氏族谱 荃湾四必堂陈氏族谱志 荃湾上葵涌陈氏族谱 青衣洲陈氏族谱 青衣盐田角陈氏族谱 青衣涌尾陈余庆堂家谱 马湾田寮村陈氏族谱 大埔林村陈氏族谱
冯	青龙头东乡村	雍正初年	怀南祖冯氏家谱
蓝	鹿颈、塔门、筲箕湾、柴湾	乾隆年间	蓝氏族谱合编
苏	长沙湾苏屋村	乾隆四年	长沙湾苏氏佐君公家族谱
吴	沙头角沙栏下担水坑 元朗大井乡吴屋村	乾隆初年	沙头角吴氏族谱 元朗吴氏族谱
丘	荃湾	乾隆年间	荃湾丘氏族谱
傅	荃湾深井、青快堂	乾隆年间	青快堂傅氏族谱 深井傅氏族谱
侯	谷吉、盐田、上水松园、丙岗、金钱	乾隆末年	金钱村侯氏族谱 丙岗村侯氏族谱
朱	港岛石塘咀、鹤嘴、九龙大磡村	清朝中叶	九龙大磡村朱氏族谱
刁	荃湾新村	清朝中叶	荃湾新村刁氏族谱
俞	大埔汀角	清朝中叶	汀角俞氏族谱
翟	九龙马头围	清朝中叶	马头围翟氏族谱
曾	西贡上麻岭	清朝中叶	西贡上麻岭曾氏族谱
廖	上水华山	清朝中叶	惠阳下径廖氏族谱

（续上表）

姓氏	在港栖止地点	居停年代	所据族谱
刘	屯门小坑白沙围、龙鼓滩 吉澳、粉岭河径、学薮围 莲麻坑、茅田仔、马尾下简头村 西贡大环头	乾隆嘉庆年间	屯门白沙围刘氏开基族谱 龙鼓滩刘氏族谱 吉澳刘氏族谱 粉岭马尾下简头村刘氏族谱 西贡大环头刘家族谱
翁	白沙澳海下村	嘉庆十六年	白沙澳翁氏族谱
马	大埔运头角、碗窑	道光年间	大埔运头角碗窑马氏族谱
顾	香港仔、鸭脷洲	光绪年间	香港仔顾氏族谱①

其中，可确认在康熙年间迁入今香港地区的客家人家族有：胡氏、温氏、叶氏、张氏、郑氏、邓氏、钟氏、成氏、文氏、李氏、杨氏、陈氏。

康熙年间上述各家族的入迁只是更大规模移民的序曲。雍正五年（1727年）署理两广总督阿克敦奏疏上达后，新安县周围地区如东莞、惠州等许多原来观望不前的农民开始大批涌入新安县垦荒，有的家族甚至从较远的潮州、嘉应州（梅县）、江西、福建等地举家迁来。

清末新安举人何肇椿撰《新安县土客合办官立高等小学堂例案序》云：

> 新安僻处海隅，而籍有土、客……缘国初，土广人稀，招垦军田，客民由江西、福建及惠、潮、嘉等处，负耒横经，相率而至。②

罗香林《客家源流考》描述当时的情况说：

> 客家便很多经由惠州、淡水而到沙鱼涌、盐田、大梅沙、西乡、南头、梅林（均在今深圳市内）或更至沙头涌、大博澳、沙田、西贡、九龙城、官富场、筲箕湾、元朗等地从事垦辟的……③

杨耀林报告，其时进入今宝安地区的宗族，可考者有：

---

① 萧国钧、萧国健：《族谱与香港地方史研究》，香港显朝书室1982年版，第34～40页。

②③ 罗香林：《客家源流考》，载《香港崇正总会三十周年纪念特刊》，香港崇正总工会1950年版，第75页。

李氏，康、雍、乾各朝陆续从惠阳迁入新安县，现届深圳龙岗区葵涌镇土洋村、坪山镇及香港新界等处。

吴氏，清代响应政府招垦政策从嘉应州迁人新安县，现居宝安区公明镇上石村、罗湖区沙头角镇及香港新界等处。

曾氏，雍正、乾降年问从嘉应州迁人新安县. 现居龙岗区坪山镇大万世居、石灰陂等村及香港新界等处。

利氏，清初响应政府招垦政策从嘉应州迁入新安县，现龙岗区葵涌镇土洋村。，

巫氏，清初响应政府招垦政策从嘉应州迁人新安县，现居龙岗区坪山镇赫凹村。

凌氏，清初响应政府招垦政策由嘉应州等地迁入新安县，现居龙岗区布吉镇及香港新界等处。

黄氏，乾隆年间响应政府招垦政策由惠州迁入新安县，现居龙岗区坪山镇江边村、坑梓镇、大鹏湾、宝安区内伶仃岛、四乡镇及香港长洲、沙田等处。郑氏，乾隆年间响应政府招星政策由嘉应州及惠州、潮州等地迁入新安县，现居南山区后海村、梅林村、西丽镇及香港新界等处。

张氏、清初响应政府招垦政策由博罗县迁入新安县，现居宝安区白芒镇、观澜镇君子布村、龙岗区布吉镇、坪山镇马西村及香港新界、大埔、大屿山等处。

文氏，乾隆年间从惠州迁入归善县，即今龙岗区坪山镇石陂头村。

高氏，乾隆年间从惠州迁入归善县，即今龙岗区坪山镇横塘村。

骆氏，乾隆年间从惠州河源县迁入归善县。即今龙岗区坪山镇塘岭村。

此外，在雍、乾时期迁入新安县南部地区（即今香港地区）的客家人数量较多，已知的有胡氏、成氏、李氏、杨氏、邱氏、陈氏、冯氏、蓝氏、苏氏、吴氏、丘氏、傅氏、候氏、刘氏等。①

刘丽川的田野作业发现：

来自赣、闽、嘉、惠、潮的客家人成批而至。他们在康乾年间，最初多数迁入现今深圳的龙岗、宝安诸地。……

黄氏，清初从嘉应州迁龙岗坪山江边村，康熙年间徙居龙岗区坑梓镇西坑村。

池氏，康熙年间由惠州淡水田头仔徙居龙岗区坑梓镇金斗沥。

---

① 参见杨耀林：《深港客家源流考》，载《深圳考古发现与研究》，文物出版社 1994 年版，第 254 ~ 265 页。

叶氏，康熙年间由惠州归善县河树下徙居龙岗区坪山镇田心村。

曾氏，康熙年间由长乐县（今五华县）徙居龙岗区坪山镇三洋湖。

吴氏，康熙年间由东莞角蛇乡徙居龙岗区坪山镇田头村。

赖氏，康熙年间由惠州平山镇黄月荫徙居龙岗区坪山镇马鞍岭

刘氏，康熙年间由惠州平山镇长坑仔徙居龙岗区坪山镇三家村。

江氏，康熙年间由永安县（今紫金县）徙居龙岗区坪山镇三河村。

何氏，康乾年间由嘉应州兴宁县徙居龙岗区坪山镇石井村。

陈氏，康乾年间由长乐县徙居宝安区观澜镇牛湖村、松元厦、放马埔、新石桥等。

陈氏，乾隆初年由博罗县徙居龙岗区坑梓镇盘古石村。

罗氏，乾隆年间由兴宁县徙居龙岗镇。

彭氏，乾隆年间由兴宁县新塘坑徙居龙岗区坪山镇三家村。

高氏，乾隆年间由惠阳秋长徙居龙岗区坑梓镇下陂村。[①]

萧国健对香港新界家族的研究发现，香港地区客家大部分宗族入迁都在此期：

姓氏	原籍	迁移途径	栖止地域及年代
刁	福建宁化	惠州	新界荃湾新村（清中叶）
丘	福建宁化	潮州—惠州	深圳麻雀岭、新界樟树滩、赤泥坪、沙头角（清初）
朱	江西吉水 江西宁化	惠州 惠州	新界竹坑老围、石湖、鹿颈（清初） 港岛石塘嘴、鹤嘴、九龙沙挖铺、大磡（清中叶）
江	福建（?）	潮州	深圳步涌（清初）
成	——	潮州	新界林村、大水坑（清初）； 新界孟公屋（乾隆十年）； 榕树澳（道光初年）
何	江西宁化	潮州—惠州	大屿山杯澳（清初）；东涌、大蚝（乾隆年间） 大埔三门仔
李	福建上杭	潮州—惠州	新界乌蛟腾、锦田莲花地（康熙三十九年）； 深圳土洋、屯洋，新界大朗、船湾涌尾、扫管笏（清初）； 新界莲澳、深涌、塔门、亚妈笏、桔海西澳、大屿山、 荃湾大屋围、沙头角南涌（乾隆年间）； 新界沙田作壆坑（道光三年）；沙田头（道光八年）
利	江都（?）	南雄—惠州	深圳土洋、屯洋（清初）
吴	福建宁化	曾城	深圳公明上石、新界沙头角（清初）

① 参见刘丽川：《深圳客家研究》，南方出版社2002年版，第43～44页。

（续上表）

姓氏	原籍	迁移途径	栖止地域及年代
邱	福建宁化	潮州—惠州	新界林村梧桐寨、大埔樟树滩（清中叶）
俞	——	——	新界大埔汀角（清中叶）
凌	——	惠州	九龙鹤老村、园岭头（乾隆年间）
马	福建宁化	潮州—惠州	新界碗窑（清中叶）
翁	福建莆田	潮州—惠州	新界白沙澳海下（嘉庆十六年）
陈	福建龙溪 江西大和 福建宁化	南雄—潮州 南雄—新会—东莞 潮州—惠州 潮州—惠州	深圳龙岗松源阁（清中叶）； 香港元朗凤池乡（清中叶）；林村（清末）； 新界青衣、涌尾、盐田角（清初）； 深圳罗芳村（康熙五十八年）； 新界荃湾老屋场（乾隆二十二年）； 荃湾三栋屋（乾隆五十一年）； 新界鹿颈、大埔、荃湾（乾隆年间）； 新界九龙坑、社山（清中叶）； 新界林村（清末）
张	福建和平	潮州—惠州	大屿山长沙、水口（康熙六年）；贝澳老围（康熙八年）； 新界荃湾老围（雍正年间）；大埔沙罗洞（道光年间）
郭	福建上杭	潮州	大屿山白芒（清初）
傅	福建汀州	潮州—惠州	新界荃湾青快塘、深井（清中叶）
冯	——	——	九龙马头围、大屿山石壁、坟贝、水口（清初）
温	江西石城 福建宁化	潮州—惠州 潮州—惠州	新界大埔陶子岘、荃湾柴湾角半山村（清中叶） 新界担水坑（清初）；榕树澳（清中叶）
黄	福建宁化 河南开封	潮州—惠州 福建—惠州	深圳坪山新桥围、龙湾围（清初）；坑仔（康熙三十年）； 亚妈湖田瑕心［龙田世居］（道光二十年）； 新界沙田小沥源（清初）； 新界荔枝窝、锁罗盘、白沙湾新村（清中叶）
游	福建莆田	东莞	深圳上游松、下游松（清中叶）
邹	——	——	大屿山大蚝（清中叶）
杨	——	潮州—惠州	九龙荔枝角（乾隆三年）； 荃湾沙咀杨屋村、油柑头、元朗水蕉围（清中叶）
叶	福建宁化	龙川—南雄—潮州—惠州—东莞	新界莲麻坑（康熙四十九年）；荃湾青块塘（乾隆十年）
翟	福建宁化	东莞	九龙马头围（清中叶）

（续上表）

姓氏	原籍	迁移途径	栖止地域及年代
郑	福建永安	潮州—惠州	新界荃湾城门围（康熙十九年）；元朗大井围（清初）；深圳南头后海、龙华大船坑、西丽珠光庵前（乾隆年间）
邓	福建宁化	潮州—惠州	新界青衣蓝田（康熙九年）；横台山（康熙二十七年）；荃湾、禾坑、马尾吓（清初）；葵涌禾塘咀（道光年间）；马湾、下葵涌（清中叶）；荃湾海坝（民初）
钟	——	南雄—东莞	新界屯门广田围（清初）；林村、大屿山石壁、梅窝（清中叶）；
	江西赣州	潮州—惠州	新界林村坪朗、大菴山（康熙四十八年）；田寮下、坪山（雍正间）；元朗大旗岭、西贡鱿鱼湾、玉竹山（乾隆间）；荃湾海坝村（道光间）
谢	福建永定	——	深圳乌石岩阳台山、蕉窝山、龙眼山（嘉庆二十年）；龙华大船坑（清中叶）
蓝	福建福清	潮州—惠州	新界东和圩鹿颈围（清初）
罗	湖北襄阳	潮州—惠州	新界八乡横台山（清初）；深圳罗瑞合［鹤湖新居］（嘉庆年间）；龙华大船坑（清中叶）；
顾	江南无锡	新兴—新会	香港仔鸭脷州（光绪年间）；
萧	福建宁化	梅州—潮州	深圳坪地石灰围、坪地洞高桥、松岗江边（清初）；横岗（清中叶）①

成批而至的客家迁民，在宝安地区形成了成批的客家村庄。罗香林先生说：

> 新安县之沿海居民，虽明以前亦多由闽、粤、赣、各县所迁至者，然皆由陆续所分散而至，故其入居以后，必致改操当地方言；惟自康熙二十三年明令复界后所招致入垦之农民，则多为自广东东北韩江客籍中人之成批而至者。以其迁入为成批而至，故能保持其原有客语，而其居地亦自成村庄。②

至嘉庆二十五年（1820），新安县的人口从2172人增至225979人，还不包括其时仍属惠阳、东莞等县的今横岗、龙岗、坪山、坪地、平湖等地；村庄增至570多个，其中客籍村庄达274个，分属典史、县丞、官富司和福永司管属。

嘉庆《新安县志》卷二《舆地图·都里》载：

---

① 参见萧国健：《香港新界家族发展》，香港显朝书室1991年版，第7～15页。

② 参见萧国健：《清初迁海前后香港之社会变迁》，引罗香林《1842年前之香港及其对外交通》第六章增注，台湾商务印书馆1986年版，第138页注10。

…………

典史管属客籍村庄（6）

白芒村、长岭皮、谢山头、三坑、黄里西头、井坑埔

…………

县丞管属客籍村庄（44）

黄旗塘、王母洞围、高岭、大石村、岐沙、王母洞墟、横坑、石角头、王姓、戴姓、李达春、曾姓、梁姓、张姓、辛姓、陈姓、长山下、大碓、龙岐村、犬眠地、杨梅坑、下沙、迭福、水头、新屋仔、葵涌墟、土洋、白水塘、第三溪、径心、大岚坑、枫树头、屯围子、黄榄坑、白石岗、张屋村、高圳头、洞背、盐寮下、新屋仔、凹头、横头村、新围、深水田。

…………

官富司管属客籍村庄（194）

莆隔、草莆仔、大裥仔、樟树莆、大望、李葫、莲麻坑、柑坑、上木古、达芬、新田子、泥围子、丹竹头、南岭了、木棉湾、松源头、水径窝、梅子园、洞尾山、企堋头、上下坪、茅坪、梅林、泥岗、大坑塘、九龙塘、香园、莲塘、莆心、禾径山、凤凰湖、禾坑、罗坊、平洋、万屋边、凹下、麻雀岭、乌石、盐灶下、南涌围、七木桥、鹿颈、平洋、乌浇田、茅天子、乌蠳涌、马尿、荔枝窝、谷埠、风坑、径下、大林围、朝阳围、榕树凹、锁闸盘、新村、担水坑、沙井头、山嘴、径口、鼓楼塘、凹头、黄茅田、暗径、庵上、金竹村、大拳尾、圆墩头、凹背子、龙眼园、屯田、洪刚、鸭矢墩、蓝山、小莆、沙岗墟、碗窑、纱罗洞、围下、黄寓合、坪山子、丹竹坑、鹤薮、莆心排、黄鱼滩、下坑、洞子、珩溪浦、社山、下窝、莲径、平葫、栢鳌石、梧桐寨、寨乪、大芒拳、大庵、蕉径、莲塘、坑头、牛牯角、上下峯、横台山、马鞍岗、长莆、小莆村、沙井头、大榄、扫管埔、水焦、大窝、上下塘、响石、城门、穿龙、浅湾、长沙湾、葵涌子、情义、田父子、莲塘尾、油甘头、花衫、帐顶角、樟树滩、九肚、花香炉、孟公屋、井栏树、沙角尾、上洋、槟榔湾、芋合湾、烂泥湾、大湾、荔枝庄、麻油塘、沙田、大脑、中心村、黄竹山、大水坑、石湖墟、小梅沙、雪竹径、立功径、坑下莆、莆上村、莆上围、黄沙坑、塘径、清溪墟、大埔围、铁场、莆曹洞、羊头围、画眉凹、缘分、瞿屋边、芋荷塘、松园下、福田村、西湖、岗投资、羊公塘、羊尾、马鞍堂、象角塘、泮田子、樟坑子、滑石子、岗陶下、大冚子、赤岭头、早禾坑、卢盛塘、牛地铺、深水埔、秆薮葫、白石嘴、羊头领、姜头、葫口、石凹、蘼岭、西坑、大蚝、恒葫、白芒、东涌岭皮围、赖屋山、吉澳、杯凹、甲飒洲。

福永司管属客籍村庄（31）

官田、麻莆村、塘头围、径贝村、渭江村、泥岗、白坑、屋场排、罗祖村、白芒村、黄金洞、黄家庄、黄田村、横村围、塘坑围、石隆、水坑围、丫坑围、亚婆髻、龙门村、黄麻莆、莇竹塘、蔗园莆、长坑围、草尾蓢、青山下、应人石、麻冚围、龙岗仔、龙塘围、案山村。

按：旧志邑之为乡三，为都七、为图五十有七，为村将及五百。考之各都，多有舛错，而前后无殊者，不过十之六七。至七都长山头、石潭、莆林村、莲湖一带，数十余村，仍入东莞；拈墩、角子头、鉴巷围、羊凹村等十余处，久废无存。新旧异名，亦难详辨。现查本籍村庄五百七十有奇，客籍村庄二百七十有奇，分隶于县、丞、典史、两巡检属下，特一一开载，而客籍亦附后，庶都鄙井然，无难按籍而稽矣。[①]

这些客籍村庄，也有少数是广府人和潮汕人建立的，但其中的绝大多数是客家村。经过康、雍、乾、嘉一百多年的累积，客家人在人数上逐渐占据优势，到清末已占宝安地区人口的将近60%，并一直保持到现代。

大批客家人集体入迁，改变了宝安地区的族群和文化分布。此前，客家人从闽、粤、赣三省交界的客家聚居地零散迁入，没有形成聚居区，不能形成客家方言岛，也难以保存自己的文化习俗，很快就被原住民同化。清雍正五年（1727年）以后，大批客家人入迁，在新安县东部、中部、南部地区——今深圳市龙岗区的东部及南部、罗湖区的大部、香港地区；归善县南部地区——今深圳市龙岗区北部，聚族而居，自成村落，形成了为数众多的客家方言岛。到乾隆、嘉庆年间，这些客家方言岛已经连接成为幅员广阔的客家方言区，客家人的语言和风俗习惯得以保存下来，形成富有特色的沿海客家文化区。

宝安地区的客方言区，在今宝安西乡、新安、石岩、观澜、龙华一带形成与粤方言区犬牙交错的分界线，西部地区基本上属于粤方言区，间有个别客家村落；东部地区基本上属于客方言区，间有广府村落。东部地区的广府村落，一般都是有较长历史的豪族，如笋岗何姓、石岩浪心袁姓、清湖廖姓、荷坳陈姓等，周围的客家人开初多以佃耕方式落脚，形成村落，平安相处。

而在今香港地区，据刘镇发报告，客家人早期建立了400多个村庄。根据香港政府1911年的人口普查，客家人占总人口的15.1%，有67196人，为第二大族群。客家人早期集中在新界地区居住，在新界北区占了人数优势，而在新界南区不到本地人的一半，在香港岛和九龙只有本地人的1/15。目前，香港的客家居民超过100万，约占香港人口的1/6，主要分布在新界丘陵山区、九龙半岛和其他岛屿。[②]

---

① 参见张一兵：《嘉庆新安县志校注》，中国大百科全书出版社2006年版，第184～231页。

② 参见刘镇发：《香港客家人的源流》，载刘义章主编：《香港客家》，广西师范大学出版社2007年版，第46～60页。

二、客家人的入迁方式

（一）报垦军田

迁海复界后客家移民入迁，最早是报垦军田。

新安沿海自明朝以来就有大量的军屯。明朝时，今罗湖、布吉等地有东莞守御千户所设立的月岗、莆隔、翟屋边三屯；今大鹏、葵涌、盐田等地有大鹏守御所设立的王母洞、葵涌、盐田三屯。广州前卫在宝安地区设有谭那、白沙、泉洞、滑桥、石凹、水斗、清湖、黄岗、新村、梅林、屯门、大焦等14屯；广州后卫在今香港新界地设立小焦、梅蔚、官富三屯，军屯有大量的营田。[①] 入清后，这种田，被称为军田。迁海时，大量军田荒芜，复界后最早招垦的就是这些土地。清末新安举人何肇椿撰《新安县土客合办官立高等小学堂例案序》云：

> 新安僻处海隅，而籍有土、客……缘国初，土广人稀，招垦军田，客民由江西、福建及惠、潮、嘉等处，负来横径，相率而至。

罗香林《客家源流考》：

> 今日香港、九龙、新界等沿海地区居住的客家人士，其最先成批移入的，也是因清初迁海复界而引至的。盖这些地带，原为新安县属，正是顺治十八年到康熙元年曾一次二次为满清政府所迫迁的。……康熙二十三年尽复旧界而招致各地农民前往垦殖的时候……当时宝安沿海一带以复界而招人垦殖的地区，是曾列为军田的。以荒田而列为军田，可知其地前此荒废的程度，与地区的广大，及迁入客人的众多了。

传统社会的土地都是私有的，“荒田没人耕，耕开有人争”，移民垦殖荒地往往有不确定因素。复界初期，在原住民没有充分回迁之前，地方政府不会贸然招徕移民垦殖。因此报垦军田是移民进入的最早、最稳妥的方式，不但产权明晰，还可以享受官方的种种优惠政策，对移民有强大的吸引力。移民潮的形成，大半与此有关。因此后人提到移民，大都归因于军田招垦。

---

① 张一兵：《康熙新安县志校注》，中国大百科全书出版社2006年版，第227页。

（二）吊耕

对后期移民的进入，刘丽川有深入的研究，发现“吊耕”也是客家人入迁的方式之一。

吊耕，即向他人租田耕种，据调查，一亩地的租金为二三百斤稻谷。

复界后，土著返回垦复田土，他们占有平坦肥美的土地，地广人稀，需要佃农。移民中先至者垦复军田，后来且缺乏资本者只好以吊耕方式落脚。

罗香林先生在谈及“咸同年间土客大械斗”的成因时说，乾、嘉以后，进入珠江三角洲台山、开平、四会一带的客家人由迁入到其势力扩展的过程为“始则租赁土人的田地，以耕以殖，继则渐次设法收买，形成与土人相对竞争的局势”。

刘认为：这是一般只有劳力而无钱财的普通佃户客民所采取的主要生存方式，客民以吊耕为业的不在少数。如龙岗坪山镇咸水湖《刘氏族谱》载：刘氏惠州开基祖刘一绅（为刘氏在惠州开基祖）在顺治十三年（1656 年）前后由“兴宁南厢柏树下移居归善樵坑，吊耕于赤沙”，二子永沣“初与父吊耕赤沙，康熙年间由长坑仔移居本邑碧甲司坪山约三家村中心围居住”。①

这种迁入方式，往往造成客、粤共居的格局，如石岩浪心袁氏是广府豪姓，广有田地，周围客家村落多佃耕其田，称到袁家拿佃田为“攞租”，久而久之，浪心村的地名都变成“罗租”了。现在石岩地区除浪心外，都是客家村落。

（三）“借巢孵卵”

刘丽川认为后期移民进入新安的方式还有“借巢孵卵”，其有多种方式：

1. 入赘为婿。

坪山田心村许氏一世祖许庭聪，原为货郎，康熙年间由福建浪迹入坪山。入赘田头村为婿，在田心起屋，成为坪山东路一带许氏的开基祖。其村名“对面喊”的故事颇为有趣：

> “对面喊”村是许庭聪落户之处，与岳父叶培初住所隔田相望。女婿与丈母娘家的关系亲密，每逢过年过节，许家备好酒饭，就站在田边往对面大声喊“嗨！过来吃饭吧。”叶氏这边的人听见了，就互相说：“对面喊了，快去吧。”时间一长，许氏住的地方就被叫作了“对面喊”。②

像田心村许氏这种落脚方式也可以说是“单枪匹马”、“散兵游勇”式，在宝安

---

① 刘丽川：《深圳客家研究》，南方出版社 2002 年版，第 44 ~ 46 页。

② 刘丽川：《深圳客家研究》，南方出版社 2002 年版，第 46 ~ 47 页。

其他地区有不少个案。多数是佃耕依附的长工，为主家看中，招赘入户。

2. 合建围村。

如坪山田头老围村，为八姓族人共建。田头村吴氏开基祖东周、从周兄弟，康熙年间由东莞角蛇乡来到田头时，土地早为黎、冼、张、谢、陈、谭、梁七姓拥有。复界之初，居民生活困难。东周、从周兄弟即与商量：七姓出地，他们兄弟出钱，共同建造围村，就此落居田头。后来黎、冼、谢、梁姓先后迁走，围内留下了吴、张、陈、谭姓后人合居。[①]

刘认为这类以小家庭为单位的移民方式，在深圳客民移民潮中应该是其主流，其中，于康熙三十年（1691年）进入坑梓的黄朝轩父子则是他们之中颇具代表性的典型。

3. 置地落籍。

这类移民在原居地已有相当实力，为了求得更大的发展空间，也加入招垦的行列。如龙岗坪山马鞍岭赖氏。其开基祖为赖文锦、赖尚瓒父子。据《马鞍岭赖氏族谱》载：

> 文锦父子迁入坪山马鞍岭前与大家族分家，然后于康熙五十九年先在马鞍岭买好了可供移入后生活的“田屋产业”，才从容地迁进的。经过28年的创业，尚瓒60岁时再次买田起屋置业。其间，经雍正十年、乾隆六年的分期修造，终于在乾隆十六年将围屋造成。这时，尚瓒公已是70岁的耄耋之人，家业已有“田产数十余石，粮租三百余担”，在坪山算得上“盛富名显”之族了。[②]

（四）其他方式

1. 家族迁徙。

刘丽川在谈到客民进入的形式中说，也有家族迁徙的实例，如宝安区观澜镇牛湖的陈氏家族。

《陈氏族谱》中载有1911年重修开基祖陈振玖夫妇墓的碑文，文中记述族人康熙年间由长乐（今五华县）迁宝安：

> 我振玖祖落居于熬湖（今牛湖）老村，振芹公落居于新村。于此前后，立英公与振宗公落居于放马埔村，振能公落居于松元下村，振威公落居于新石桥村等等。彼此均为叔侄，亲密无间。同舟共济，各自开基立业。[③]

① 刘丽川：《深圳客家研究》，南方出版社2002年版，第47页。

② 刘丽川：《深圳客家研究》，南方出版社2002版，第49页。

③ 刘丽川：《深圳客家研究》，南方出版社2002版，第51～52页。

2. 好友结伴同行。

除了刘丽川所举以上几种形式以外，还有客家移民采用最多的形式：好友结伴同行。据笔者的调查，宝安地区的客家村落，至今还有70%左右是多姓村，除了佃耕依附的以外，大部分都是同乡好友结伴同行，协力建村，在这个基础上，又互相通婚，亲上加亲，和谐共处。上述坪山田头老围村先到的七姓，即属此种类型。

第四节　宝安客家的立足

一、生计

立足首言生计。从全局来看，客家基本上都是居住在山区丘陵地带从事农业的族群，入迁宝安地区以后，有了一些变化，但仍然是以农耕为主。

（一）农业

1. 开垦荒地。

大量的客家人都奔着招垦的军田而来，开垦荒田早期还有许多优惠，《嘉庆新安县志校注》卷八《经政略·田赋·粮米条》：

> 雍正四年招垦额外荒芜，于乾隆元年起征税……[1]

荒田开垦免税期达十年之久，无怪四方客民闻风而来，踊跃成潮！

一些客家人在佃耕之余，还努力开垦边角土地，以致产生业权纠纷，控诉到官，此等个案，在方志和地方文献中，并不鲜见。[2] 除了在陆上开垦荒山芜地之外，一些地方还出现了合作填海造田之举，如沙头角十约三乡，村民们在海滩上筑成堤坝，通过将近20年的努力，造出大片良田。[3]

2. 领耕官田。

《嘉庆新安县志校注》卷八《经政略·田赋·官租条》有此记载：

---

① 张一兵：《嘉庆新安县志校注》，中国大百科全书出版社2006年版，第399页。

② 萧国健：《清初迁海前后香港之社会变迁》，台湾商务印书馆1986年版，第185～187页。

③ 夏思义：《十约：沙头角地区的定居与政治》，载刘义章主编：《香港客家》，广西师范大学出版社2007年版，第81～108页。

陈悦华、周敬和，领耕土名竹角、茅笪、径口，八十五丘，税二十亩零九分七厘，每亩岁供租银八钱，共银一十六两七钱七分六厘。

陈日辉、即荣保，领耕土名大湾山顶，一十一丘，税一亩五分；又土名白角山顶，六丘，税二分九厘，每亩岁供租银八钱，共银一两四钱三分二厘。

…………

陈悦兴，领耕土名大塘，二十四丘，税二亩一分，每亩岁输租银八钱，共银一两六钱八分。

叶贵长、吴亚晚、吴二福、徐集和，领耕土名石牌湾，一百一十丘，税二十五亩七分四厘，每亩岁纳租银八钱，共银二十两零五钱九分二厘。

周丁保，领耕土名薄寮，税一亩五分六厘，每亩岁纳租银八钱，共银一两二钱八分四厘。

…………

李子明，领耕土名平洲，税四顷四十一亩，每亩岁纳租钱三十六文，共租钱一十五千八百七十六文。领耕土名

袁尚廉，领耕土名平洲，税一十三亩八分，每亩岁纳租钱三十六文，共租钱四百九十七文。

…………

陈安奇，领耕土名火塘大圳口，三十四亩五分九厘零，岁共纳租钱一千二百四十五文。

陈任列，领耕土名湾船澳濑布，税五亩一分九厘零，岁共纳租钱四千四百一十八文。

…………

陈永就，领耕土名北盘山铜船澳，共税二十四亩四分零，岁纳租谷四十八石，每石折价八钱，共银二十八两四钱，两造交收……①

以上是小量领耕的，有每亩租谷一石或折银八钱；又有平洲等地，每亩租钱三十六文，显有等差之分。

3. 佃耕。

迁海复界后，地广人稀，选择余地大，回迁的原居民都选择平原、河谷以及土地肥美、灌溉方便之处建村复业，而客家人后到，只好到边远山地开垦荒地，有进入平原、谷地的，多数只好向本地人或书院租耕土地，这种方式，相当普遍。

（二）渔业与航海

萧国健报告称：

① 参见张一兵：《嘉庆新安县志校注》，中国大百科全书2006年版，第404～405页。

> 入迁客族之居滨海者，除于其开垦或租地农耕外，亦多靠渔捞与航海为业。①

今深圳盐田区葵涌一带的客家人，即属此种营生。他们不但在新环境下学会了新的谋生手段，而且发展丰富了自己的文化，使之有了海洋色彩。近年，其渔灯舞被定为省级非物质文化保护项目，作为客家人中罕见的海洋文化习俗，其个案弥足珍贵。

（三）采石

入迁新安县的客家人还有相当一部分从事采石业。鸦片战争爆发前，仅新安县南部的香港岛一地，由专业采石工人及其家属聚居而成的村落就有筲箕湾、公岩、石凹、大石下、土地湾、石塘嘴等六座，其中仅筲箕湾一村就有居民1200人，大都是来自丰顺、五华等县的客家人。他们中的一些人因采石发家，建起了规模宏大的围屋，富甲一方，如“曾大屋”的曾家。②

二、建村

衣食住行，人之四要。村庄的建立，既是移民立足的手段，又是立足已稳的标志。

（一）影响建村的因素

对宝安客家村庄建立影响最大的因素有二：海盗与海风。

1．海盗。

自明朝以来，宝安地区就饱受海盗蹂躏之苦，史志和民间文献中对海盗侵扰带来灾难的记载比比皆是：

萧国健、萧国钧的《族谱与香港地方史研究》收集了不少族谱材料，如粉岭龙跃头温氏族谱：

> 予乡自洪武年初，先祖松岭始插居龙跃头……至弘治、嘉靖年间，寇贼王世乔、林凤相继为害。迨万历初年，始设立为新安县治，寇盗稍戢。年后，至崇祯年间，寇于海者，一曰李开奇、一曰刘乡老，艟艘过百，直犯仙城，本里近海五、六里者刲之，而本乡及远海者无憔类。为至丙戌年，鼎革交会，如惠

① 萧国健、萧国钧：《清初迁海前后香港之社会变迁》，台湾商务印书馆1986年版，第195页。

② 朱石年、张新霖：《客家人对香港经济的贡献》，载刘义章主编：《香港客家》，广西师范大学出版社2007年版，第206页。

贼陈耀，蹂荒归善城，党数万，流劫本方，西至新田、赤尾一带，东至盐田、大径一带，南至九龙、官富一带，北至月岗屯新村一带，村村劄营，处处是贼；环打本围九日，不敢近围，虽有伏地虎柴箐亦无所施之矣，贼于是乎退。迨丁亥年，寇蜂四起，大鹏所李万荣占据梅沙、上洞；罗钦赞蟠窠，日夜流动，村乡皆蹻贼通透；一被掳劫，倾家勒赎，尤恐田贱无银；救命不早，时时贼出，处处藏青；路中多伏要之贼，亲朋无探访之行。故田日荒而牛日少，所以戊子之年，谷贵于玉，人死于途；谷则五两价，而肉则钱六价矣。百凡需物，俱大异常，所最甚者，糖则二、三钱一斗矣；荔枝核则七、八分银一斗矣。①

《新界上水廖氏族谱》载：

嘉庆二十五年庚辰之详考历代迁移："康熙初年，海盗猖獗，上谕移村，新安海旁居民，尽行迁移，而我风水亦与其中，以致流离失所，不胜其悲。荷蒙督抚周王二宪，不惮批鳞，奏表展界。咨准复村，七载后方回故土……"②

《九龙竹园蒲岗村林氏族谱》载：

公于康熙十五丙辰年，台湾海匪攻打梓里旧围，捉去，驶至佛堂妈祖殿前，乱风绕流不能出门。③

嘉庆《新安县志》可以引证：

康熙十一年九月，台湾逆贼李奇流寇本区沿岸地带，并于西贡蚝涌登岸，洗劫乡村。十五年，海贼自惠阳入寇，所过乡村，尽被劫掠。④

《大屿山贝澳老围村张氏族谱》载：

乾隆五十三、四年，有一东莞县太宁乡人，姓谭名阿车，始起做海洋大盗，抢劫财物，焚巢烧□，冤寻不计，擒男为伴，捉女为妻，如此官不能治，……于是通乡会议，即改立围门，及筑石围，固以防海贼。……嘉庆八年岁次

---

① 萧国健、萧国钧：《族谱与香港地方史研究》，香港显朝书室1982年版，第22～23页。
② 萧国健、萧国钧：《族谱与香港地方史研究》，香港显朝书室1982年版，第25页。
③ 萧国健、萧国钧：《族谱与香港地方史研究》，香港显朝书室1982年版，第24页。
④ 张一兵：《嘉庆新安县志校注》，中国大百科全书出版社2006年版，第525页。

癸亥，八月十三日乙亥日兴工，新结石围，十六日戊寅日安门。①

海盗之害，使民众无法安居乐业，只好另觅居处，明朝宝安地区的人口数量一直下降，与之有直接关系。有清一代，海盗问题也一直没有彻底解决，迫使宝安地区许多人漂泊到海外谋生。而对留居宝安的客家人来说，海盗问题造成的直接影响有二：一是尽量远离害源，到治安比较有保障的龙岗一带居留；二是建设有较强军事防御功能的围村，安全因素直接决定了宝安客家围村的建设。

2. 海风。

宝安滨海，近海多风。地方文献中，风灾造成损失的记载也比比皆是：

［康熙］八年正月，潮大溢。

七月一日，［三股龙卷风］自西边海起飞，至城南而去，民房椽瓦卷去甚多。

八月二十六日，飓风大作，民复乡初归，新盖房屋，尽被吹毁。

十年八月二十一日，飓风大作，城垣、学宫、衙宇、民房，吹毁甚多，牛群俱吹落海。

…………

十二年五月二十一日，飓风作，海潮大溢，没屋浸禾…………

十六年……八月二十一日夜，飓风大作，城垣、衙宇、民房，颓毁甚多，男女、牛畜多压死焉。②

频仍的风灾，也对客家村落的建筑产生影响，许多客家村落以高墙环卫，对里面的瓦房有直接的保护作用。

（二）宝安的客家围屋

在上述两个因素的影响下，宝安客家民居出现了城堡式围屋。宝安地区典型的客家村落，有不少建成高墙包裹的四方形规制。围墙特别高、厚，门特别厚，有的有好几重，还有安置铁门的。村子背后靠山，门口有池塘，借自然和人力造成易守难攻的局面。看起来像城，用起来是屋。这样的建筑，同时应对了抗盗和抗风的要求，是客家人适应环境的智慧结晶。比较典型的宝安各家围屋有如下几处：

1. 大万世居。

在宝安坪山镇，为古堡式的围屋，建成于乾隆五十六年（1791 年）。占地面积

① 萧国健：《族谱与香港地方史研究》，香港显朝书室 1982 年版，第 25 ~ 26 页。

② 张一兵：《嘉庆新安县志校注》，中国大百科全书出版社 2006 年版，第 514 页。

15078平方米。围墙高筑，环绕寨堡。围墙顶宽0.5米，称“跑马廊”。前有门坪，门坪前为半月形池塘，池塘外为照墙。门坪两侧为控制出入的巷门。建筑呈长方形，四角有三层高的炮楼，左右、后侧为厢房，中央为四进、三开间、三天井的“端义公祠”。端义公为该村始祖，繁衍至今已历8代。过去该大屋聚居着上百户、400余众。现族中已有十几户旅居海外，外出人口达500余人。据《连记家谱》记载：曾氏祖籍山东，汉王莽建国元年徙居江西吉安府吉水县，唐代徙楚城，宋迁福建汀州府宁化县，后徙广东潮州府海阳县，明洪武年间徙居长乐（五华县），又徙居兴宁。75世简辉公清初时由长乐至坪山开基。

大万世居

2．龙田世居。

在宝安坑梓镇田段心村，建成于道光十七年（1837年）。建筑面积5000余平方米。三合土筑墙，外筑高达4米、厚0.5米的围墙，围墙为圆角长方形。墙内有一条宽16米的壕沟环绕村寨，前有半月形池塘与壕沟相连。村寨右侧“斗门”，为通往外界的唯一门径。建筑呈方形，左右两厢房，中间为四进、三开间、三天井的祖祠。四角及北面中央建有高达四层的炮楼，与跑马廊相通。四周壁立，高不可攀，固若金汤。据《黄氏族谱》载：清咸丰四年（1854年），洪秀全的军队到达这里，其时黄氏在清廷中任职的人不少，加上家资丰裕，成了起义军攻击的对象，龙田遭受多次围攻，但无法攻入，因此得以完整保存。

龙田世居

龙田世居内部花园

3. 香港荃湾三栋屋博物馆。

位于新界荃湾青山公路之北，为清初新安县罗芳村陈氏创建。“三栋屋”的得名，缘于该围屋初时只有三进——亦称三栋。该屋长150余英尺，阔逾百英尺，主要部分为前、中、后三大厅及左右横屋。三大厅各为一进，硬山顶瓦面，上有栋梁，中有支柱，厅与厅之间以天井隔开。前厅出口为全村的大门，上嵌“陈氏家祠”石额，前厅用以安放车轿杂物；中厅为客厅；后厅专以祀祖，故亦称祖祠。三厅两旁排屋为该族四房之居所，中以小巷隔开。主要部分于乾隆二十一年（1756年）建成，其后，该族子孙繁衍，遂于主要部分的两旁及祖祠背后加建房屋，与主要部分由小巷分隔，增建房舍于19世纪末期完成。陈氏自立村建祠，至今已200余年，传22世。1978年，因建设地铁，被政府征收，又因有悠久历史价值，被定为法定古迹。1987年又辟作民俗博物馆，供市民参观。馆内复原旧时陈设，再现了客家民俗，并辅以文字、图片和文物，介绍三栋屋的历史及修复过程。

4. 香港沙田山厦围。

土名曾大屋，位于香港沙田狮子山隧道公路北端，为原籍嘉应州长乐县的客家人曾贯万所创，建于1850年，是香港最具代表性的客家传统围村建筑之一。

山厦围总体布局为长方形，外有围墙，围外原有护卫壕沟、吊桥。建筑面积达65000多平方英尺。中轴为三进、三开间、两天井的祖祠，左右两侧及祠后为七至九间的横屋。下厅出口为全屋之入门，左右横屋安小门。围屋四角建有高三层的炮楼，围屋正面围墙上有一排枪孔。

清代，城堡式的围楼——作为客家建筑的一朵奇葩，纷纷涌现在宝安的大地上，信手拈来，便可以列出十几座。每一座，都会向你诉说其诞生的历史，建筑者的意愿，以及那个时代的审美观念，一任你去触摸、感受与品味。

建筑是一部写在大地上的历史画卷。围堡，更是一种敢于接受挑战的精神的凝聚！

不妨依年代列出几例：

香港锦田的泰康围，是明代中叶所建，年代约在1465—1487年间。

永隆围，则是康熙年间所建，约建于1662—1735年雍正1723—1735。

吉庆围，几乎与永隆围同年始建，但早14年落成。

勤龙围，则是乾隆九年，即1744年建成。

这些，以及后边提及的现位于香港特别行政区范围内的客家围，均很早被列入“古迹”保护。

我们再继续寻找下去——

现深圳的新乔世居，围龙屋，建成于乾隆十八年，即1753年。

鹤湖新居，建成于嘉庆二十二年，即1817年。

香港荃湾三栋屋，建成于乾隆五十一年，即1786年。

现在赫赫有名，正在修葺为客家博物馆的深圳大万世居，建成于乾隆五十六年，即1791年。

正埔岭围龙屋，建成于嘉庆年间，即1800年前后。

丰田世居，建成于嘉庆四年，即1799年。

吉坑世居，建成于道光四年，即1824年。

大田世居，建成于道光五年，即1825年。

龙田世居，建成于道光十七年，即1837年。

香港曾氏山厦围，建成于道光二十七年，即1847年。

深圳盘龙世居，梅冈世居等，也都建成于同治年间……

以上列举的围屋，大都是建成于第一次与第二次鸦片战争之前。

应当指出，以上城堡式的围屋在宝安仍然是少数大家族才拥有的。宝安客家民居建筑风格多种多样。笔者的田野考察发现，大量客家村落的建筑风格是广府式的，此点，与客家人入住广府村，邻住广府人，受广府文化影响分不开；也有不少村落在广府排屋的基础上加以围合，成为围屋，如宝安西乡的黄麻布村、龙华的上横朗村等；还有一些典型的围龙屋；随着火器的普遍使用，后期许多村庄建起了炮楼；还有，外来的西洋建筑风格影响也随处可见。几乎所有的客家民居都体现了安全保障的需求。

第五节　深圳（宝安）对客属地格局的根本改变

客家人在老宝安的人口比例愈来愈大。而客家人，也把他们的“硬颈”精神，敢于抗御外侮的勇气，带到了宝安，为宝安日后的辉煌打下了坚实的基础。

这里不去重复抵御倭寇攻打、围困的历史了。我们不妨看看自“禁海”以降，宝安竟然“冒出”的众多铭刻了历史的建筑。

最早的，仍是大鹏所城。《新安县志》中有：

> 大鹏所城，在县东一百二十里大鹏岭之麓……与东莞所城同年（洪武二十七年）奏设，广州左卫千户张斌开筑，内外砌以砖石。沿海所城，大鹏为最……

另有文字记载，该所城：

“周围三百二十七丈六尺，高一丈八尺，广六尺，下广一丈四尺，门楼敌楼各四，警铺十六，雉堞六百五十四，东西南三面环水濠，周三百九十八丈，阔一丈五尺，深一丈……”

上一节，简单地写到过一些客家围屋的名称与建成的年代。然而，一旦走入这些历史建筑之中，我们则会感受到巨大的震撼力，感佩这么一种文化，感受到当时的历史压力。

鹤湖新居

较早建成的大万世居，其规模与体量，都是令人吃惊的。这是一座三堂、二横二枕杠、内外二围楼、八碉堡、一望楼的大型客家碉堡式民居，如果将屋前的围坪、半月池算进去，占地面积达22680平方米，其中建筑面积达到15000平方米。迁入这里的，即坪山镇大万村的曾家先祖，是在康熙年间，也就是复界之后，仅仅两代人，便有了这么大的一份家业。笔者多次到过大万世居，在沿海的大屋里，它的规模也算得上数一数二的了，与之并列的，还有鹤湖新居，只是年代稍晚了一点。正面的围墙有上百米，颇有气势。内中单元房，有约200来间或更多，相传的199间恐是取的吉祥数。位于中轴上的三堂端义公祠，其封檐板、梁架木构件雕刻与彩绘，为形态各异的动物、花鸟图案，刀工细腻、栩栩如生，是相当有价值的木雕艺术精品。审视大万世居上的雕刻、彩绘，尤其是品赏端义公祠中的十多副堂联，你可以感受到这户自称为孔子传人曾参的后裔人家，是如何珍重自身的历史，又如何渴待后人为祖上增光的。慎终思远，追根溯源，为的是继承光宗耀祖、忠恕为本、仁爱处世、崇文重教的文化传统。乍一看，客家人是那么以古训为然，但是，没有鉴古，又怎可铸今呢？曾氏的一代代传人，在这样的文化氛围中成长起来，其民族意识、爱国思想，就这么形成并滋长。因此，让人吃惊的，不仅仅是这可容纳千人的围屋，更是这一个民系无处不在的文化氛围，聚族而居不仅仅是自卫，更在于凝聚更大的面对历史挑战的力量！

这些“世居”的出现，不仅可以从命名上看到一种传承，更可以看到客家人在滨海展现的经济实力。也就是说，他们已经凭借大海，尤其是凭借海洋贸易，积累起了巨大的财富。上一节我们曾谈到“坑梓黄”的客家围，过去，人们一般认为，闻名中外的广州十三行的行商中，只有广商与闽商，不会有客家人，但研究中发现，其中不仅有骆姓的客家人，而且，“坑梓黄”就有人在十三行中，靠经营外商

广东深圳龙田世居“聚族于斯”

的货物而发的家……而有关十三行的几部古代小说，则全是客家人所写，包括《蜃楼志》、《岭南逸史》等——这实际上也为客家人在十三行之后不久，出现了张弼士等一批巨商打下了基础。

当然，改革开放之际，深圳更从根本上改变了客属地历史地理的格局，使东江畔的客埠惠州，发展出滨海的现代港口——深圳的盐田港，如今已一跃成为不仅是中国，而且是世界的一大港口。这即是说，深圳，为客属地赢得了一个“入海口”。

现在，我们可以说，深圳或原来的宝安，是闽粤赣三省边界上客家大本营向沿海的延伸，是客家人大迁徙的一个触角，也是近代客家人的又一个前沿地带，更是客家民系仅有的一个经济、文化的“入海口”，其重要性不可低估。

从赣闽粤，我们把客家人的海洋文化、商品意识观念，划出几大阶梯。作为“入海口”的深圳客家人，这方面意识自是最强的，而后，自惠州、梅州、赣州，则一处相对一处地淡薄下去，由海而渐山，这是显而易见的。

而深圳作为客家人唯一的“入海口”的提法，一经提出，立即便引起了广泛的反响，无疑，提出这一观点，其意义是重大的。因此，我们不仅论证了客家人传承了汉唐作为海洋大国所具有的海洋文化精神，而且在“物”上，即地理上，论证了后来客家人滋养的殖民、拓展的海洋文化，这已是不争的事实。除了客家大本营经梅江、韩江（梅县松口是一个重要的枢纽）走出一批客家移民外，大量的客家人，当是从深港一地出海，成为当今五大洲四大洋著名的客籍华人华侨，人数有好几百万之巨。

改革开放，深圳一跃成为举世瞩目的经济特区。像深圳的中心区以及南山等，客家文化的色彩尤为鲜明，正因为这种文化的兼容并蓄，开放豁达，所以，这些地方的人才荟萃，资金集聚，令深圳以“一夜之城”而著称，其发展速度之快，迄今仍未见有他处超越。

这里当特别强调，深圳客家的发展，“具有现当代意义上的前卫性、示范性”，当全面、深入加以研究，而客商在深圳的“群体激发效应”，当更是研究的重中之重。这里必须说明的是，深圳客家人，应该大致包括两大来源：

第一大来源，应是客家人第四次大迁徙中，由于清初、中期“迁海复界”，从嘉应迁去的，我们从宝安、包括香港新界不少客家人的族谱中，均可以寻溯。这一批是相当大的，当然，在这之前，也有少量客家人已到达这个地方，如新界的邓氏，但主体仍是迁海复界来的。这一部分，也有两种情况，一种是一步到位，直接从龙川、嘉应而来；还有一种，则是经惠州等地，第二或第三次，才陆续抵达这里，这都是有族谱为证的。这我们已在前几节中论证过。

第二大来源，当是改革开放之初，再从河源、梅州地区迁入深圳的，这一批人的数量，比上一批要大得多，他们至今仍以龙川、梅州人自称，以区别于原先早几百年到达深圳的客家人。这批人数之巨，当在百万以上（包括河源、梅州周边的客家人），是深圳经济特区初创时的主力军！无论从上层领导人，科技人员，乃至大量的打工仔，均是如此。换句话来说，特区的起步，主要靠的是深圳原住客家人，以及改革开放后最早来到的客家人——以粤东客家人为主。例如，特区最早领导人之一、蜚声中外的袁庚，便是原住的客家人；而最早发起“打工文学”的也就是最早的特区打工妹之一安子，她便是从梅州来的，从打工起步，涉及文坛，再自己当老板，这也是许多来自客属地如安子一样的打工仔、打工妹的人生轨迹与创业路线。这与历史上不少客家创业者的经历有异曲同工之处。毫无疑问，梅州等地的客家人，不去别处，而首选深圳特区，是因为这里具有“自家人”（客家人的口头禅）的亲和力，毕竟，通用的语言、一致的生活习俗，乃至于民性、价值观等，同是客属地，自然一拍即合。不少报告文学都注意到了这一条，并且有着较详细的追述，他们与深圳客家人，只有一个先到、后到的区别。

这里有一个非常值得研究的内容：尽管其他三个特区都有自己的成功之处，也各有特色与亮点，但无论如何，最成功、亦最辉煌的，却是深圳特区，这并不仅仅因为它大，也不仅仅因为它紧挨着香港。其实，各大特区都有各自的考量，如厦门位于台湾海峡，珠海与澳门相邻；而最早萌动建立特区设想的，却是在汕头，因为海外的潮人，就有近千万，其中够“吨位”的比例，在华商中居首位。然而，却只有深圳，才办得这么风生水起，由一个小渔村，一跃成为中国前五位的大城市，其经济增长速度，更创世界奇迹，高速增长持续至今仍不见有任何减弱的迹象。而这，在同样的“天时”（大气候、特区政策）与“地利”（地理优势）条件下，恐怕，“人和”是最突出的因素。

深圳高速发展之“人和”集中体现在什么地方呢？追根溯源，即在于原住民与大量涌入的新移民的和谐相处，共谋进取。一般来说，原住民每每对新移民容易产生排外心理，歧视后来者，甚至处处设置障碍，需要较长一段时间的磨合。很显然，深圳没有付出这样的磨合代价与融合的时间，本地人与新移民几乎就已鱼水相亲了。

这自然与原住民及新移民同是客家人相关，原住民同样作为客家人，只是老移民罢了，没有地主或老大自居的心理，所以，能以开放的胸怀、豁达的心态，迎来改革开放后最早来到深圳的河源、梅州等地的“自家人”，两者的目标与利益，也早已是一致了。他们同是“走出去”的强者，他们都需要互相扶持，互相支撑，谁也离不开谁。兼容并蓄，从来是一个大迁徙民系所形成的，也是必备的优秀品格，非此不可以在乱云飞渡的征途中立于不败之地。

所以，深圳作为一个移民城市，无论老移民还是新移民，都对这个“一夜之城”的崛起，贡献出了全部的心血、汗水与智慧。尽管今天的深圳，常住民已有千万，可作为原住民的30万，作为最早到特区淘金的、同是客家人的新移民一两百万，他们对奠定其经济格局、产业格局、发展趋势，却是起了最关键的作用。而今，深圳经济实力最大的一个族群，毋庸置疑，也仍旧是他们。

有人说客家人不善经济、拙于经商。深圳特区，无疑对这一观点予以了有力的反驳。

对比一下另外三个经济特区，在同等条件下，为何深圳特区能够如此迅速发展起来，成了四个经济特区之冠，如果非客属地、非客家人，能有这样大的成功么？

也许这样的反诘有些片面了，但是，确实，也只有深圳，才如此敞开胸怀，八面来风，迎来了更多非本地人、非客家人，共同来建设这样一个试验城市，荣辱与共，乃至生死与共——这同样是一种品质在起作用。人的因素第一，没有比深圳更能作出雄辩的证明的。而在人的因素作用之际，作为群体发展的效应，也就更容易发生，也更容易显示出来。所以，强调客家这样一个族群，在深圳历史发展中的作用，是不无意义的。

深圳的崛起，被视为一个斯芬克斯之谜。为解开这个谜，也就有了不同的解读，可以是政治的、文化的，也可以是经济的、物质的。这里，却只是作一个族群精神、商业精神的解读，也不失为其中之一的答案，是逼近真理的又一步。

自1980年开始，深圳一建立起经济特区，客家人又似迁海复界之际，又一次率先涌入，历史似乎又在重演已有的一幕。当年的迁海复界，是康熙在收复台湾之后，最终宣布开海的重大举措；今日的改革开放是在闭关锁国，尤其是“文化大革命”宣告结束之后。清朝的封建贡舶体制，“开海”所开的，仅仅是国门的一条门缝而已，未能改变得了这个东方大国走向没落的历史命运；而特区试验，刚开始也可以说是同样开的一条门缝，一个窗口，可随之而来的沿海十四个开放城市、建立市场经济体制，则成了无可逆转的洞开国门的大举措，绝非康熙的四口通商可比，中国，也就从此走上了强国富民之路，真正屹立在世界民族之林了！

第六章
潮汕客家：半山客的形成与演进

第一节　追溯半山客形成的历史原因

从潮汕方志和家谱考察，客家人不断南迁是重大社会事变的结果。五胡乱华、黄巢起义、宋高宗南渡、金元动乱、太平天国五大历史事件，使客家人踏上了漫长的迁徙之路。来自中原的汉族居民由于师官落籍、逃避战乱、寻找理想的安居地等原因，不断辗转跋涉，经受着各种磨难。潮汕大地上，现在居住着许多唐皇朝李氏和唐代宰相张九龄的后裔。在宋代，南迁到闽、赣的客家先贤逐渐增多。他们先定居在江西南部和福建西南部，以福建宁化县石壁村和上杭县半朗村为中转站，转迁嘉应州（今梅州），然后播迁到各地。

粤东水稻田

宋朝末年，客家人的先辈来到广东省陆上最东的饶平县北部上饶区这片崇山峻岭，发现这里人烟稀少、土地肥沃、风光旖旎，便搭寮住下，开始垦荒繁殖，至今已有七百多年的历史。现在，陆续迁来的刘、詹、邓、张、王等39个姓氏繁衍的子孙已有20多万人，约占全县人口的23%，分布在总面积约363平方公里土地上的上善、上饶、饶洋、新丰、九村、建饶6个镇。①

到了元末明初，客家人才大量进入潮汕。他们来到潮汕平原及沿海一带，发现环境不错，但平坦肥沃的土地已被“福佬”人所占据，旷地上缺少搭寮的竹木，加之又不懂打鱼，不得不携男带女又往山里走。在深山里，所见到的都是山清水秀。满山遍野的竹木可以搭寮居住；大片的土地可以开垦，任你栽种茶果五谷；丰富的水源可以灌溉饮用；大量的野兽珍禽可以猎取圈养；大山阻隔，可以避开外来势力的侵扰……简直是世外桃源。安居乐业的“客人”在与畲族原住民及福佬人和睦相处的同时，不断邀约自己的同乡和亲朋好友迁来一起生活，直到把山区住满为止，形成了“逢山必有客，无客不住山”的局面。当地政府为了方便管理，把从外面迁来的移民立为“客籍”，把原地居民立为“主籍”，从此，“客家”正式定称。以客家定称的在面向潮汕平原、背靠梅州山区这一百多公里狭长地带的粤东山区居住的客家人，包括饶平、丰顺、揭西、陆河、揭东、惠来、海丰、陆丰、汕尾、普宁、潮阳、潮南、潮安等县市的客家人都被称为“半山客”，成为客家民系中的一个支系。1980年4月6日，上述县市半山客侨民在泰宋卡府举行隆重的“泰国半山客会馆”新厦落成典礼，把“半山客人”从“潮人”混称中分离开来，郑重地向世界宣布客家人又一支民系的存在。

居住在山区的客家人因为土地贫瘠、耕地缺乏、道路坎坷、交通险阻、生存条件恶劣，造就了刻苦耐劳、刚强坚毅、团结奋斗、朴实善良、爱国爱乡的优秀品格和不断寻求向外发展、奋发进取、敢于冒险的习性。他们以潮汕为故乡，逐步播迁到神州10多个省份的180多个县市和世界70多个国家和地区，人口共约数百万。

客家人迁徙所经历的漫长历史过程不再赘述。但进入潮汕成为“半山客”的始祖却可以选其个别，归结出迁徙的几个主要原因。

第一，因避战乱而迁。

南宋末年，官居兵马铃辖使的庄罗，字潜斋，为护驾来到潮汕牛眠埔（今潮阳贵屿玉窖村）。没几天，他突然接到宋王诏书，叫他去江西勤王，钦封护国将军，协助文天祥抗击元兵。在江西汀泽津两军激战，文天祥被俘，庄公以身殉国。元军很快打到了潮汕，随父勤王的长子庄瑢和次子庄隆分别到梅县丙村和东莞避难去了。黄太怕株连九族，也准备避难。她在伯公爷庙里求签，签言说：“速往北行，放养鸭群，鸭生‘双春’（一只鸭一日生两个鸭蛋），以此为家。”于是，黄太携幼子庄诏，挑上伯公爷佛祖尊神，买了一群鸭嫲，一路放养，早起晚宿。从牛眠埔起行，经普宁，入河婆，过五云垌，进惠州吉康都沙坑洞（今揭西县上沙镇），先到六保证（新东村），出东洞过河到田唇（红星村）。当时田唇湖洋沼泽，土地肥沃，

① 参见《饶平县志》，广东人民出版社1994年版。

人烟稀少，鸭嫲食到了丰富的鱼虾，连生“双春”，黄太大喜，征得当地翁氏长老的同意，就在湖洋边搭寮住了下来。后来，庄诏长大了，娶妻潘氏，肇基发脉，育有三子：文达后迁居兴宁；文仲后迁居海丰；文德坚守上沙，被奉为上沙开基始祖一世祖。自1272年始，至今700多年，传裔孙29代，十多万人（居上沙镇5万余人，外迁东南亚、台湾、香港、国内各大城市及世界各地有数万人）。

第二，因被贬官而迁。

宋仁宗景祐年间（1034—1038年），庐陵（今江西吉安市）人彭延年考中进士，初任福州推官，后擢升为大理事卿评事、秘书郎、少卿等职。

宋神宗时，彭延年反对王安石变法，被贬知潮州军，成为边远地区的地方官。当时，潮州正连续地震，他带领人民群众抗震救灾，恢复生产，重建家园。他捐俸修复韩江堤围，并采取减税、赈济饥民、捐资送药等措施救治贫民。他获悉“流寇”作恶，亲率千人经四次大战，奋力抗击，政声颇著。朝廷感其有功，赐玺书褒奖，并召回大理寺。

回到京城后，彭延年突然作出了辞官的决定。他虽留恋潮汕山水，但却不在潮州城建造府第，而选择距州城较远的海阳县浦口村（今榕城区梅云街道厚洋村）隐居，晚年在家看书。

彭延年的裔孙远播潮汕四市和闽南、江西、四川、广西、云南、台湾等地，以及泰国、日本、马来西亚、新加坡、加拿大等国，约有200万人之众。

第三，因生活所迫而迁。

从张氏得姓始祖张挥数到第131世祖张登麟，即是由苏州迁入潮州的开基祖。五代人生活在潮州平安无事，到了第6代张乔却遇到了大灾大难。明正统五年（1440年），海寇和山贼常常到潮州劫掠家财。有一天，程乡草寇罗刘宁趁夜来袭，斯时家破人亡，只有乔公和王太被救出，然后到揭阳北门郭林围大埔巷租房避难，操缝草鞋棕屐为业。

几年后，张乔逝世，其时儿子张善德才四岁。人们把乔公的棺柩寄在北门城巷脚下，好心人陈义高见其母子寄居无所、孤苦伶仃，就劝说挚友、竹桥乡善士王峰山认为外亲。张家母子投靠王家后衣食无缺。至明代景泰二年（1451年）才迎回乔公骨骸，晢寄王厝以供纪念。

善德18岁时，入赘良田赤珠坑黄清公为婿，因清公之弟要他去河源开畲垦荒，他不愿离母太远，于是出走寄居河婆厚埔邹可福家，家境慢慢好起来，遂往竹桥乡迎来老母同住；明成化十五年（1479年），将父亲乔公骨骸迎来葬于浮岗山，从此家门日见兴旺。至今已有531年的历史，在揭西县河婆传下裔孙10余万众，迁往南洋、港、澳、台的也有5万余众。

现居普宁市梅林镇的官氏跟张氏有着同样的命运。原居福建诏安县柳乾堡枫子林石壁东汉下坑的入闽26世祖擢公多灾多难。其妻汪氏死后留下四子。为了抚育小孩，续娶陈二娘为妻，生一子后不久，擢公因病辞世，孤儿寡妇，生活艰难，由陈氏舅家关照。明朝成化年间，陈二娘挑担携子，一头是杂物，一头是小孩，含泪离乡背井，跟随陈氏舅和余、邹等姓众人跋涉多日，来到现今普宁市梅林镇尖石洞的地方，突然箩索断了，孩子大声哭叫，陈氏妈就住下来，把那个地方命名为“箩下叫”。那个地方就成为官姓的发祥地，陈氏带来的五个孩子就成为普宁官姓的始祖，传下许多子孙，播迁国内各地。

天灾人祸、生活所迫是客家人迁徙的主要原因。俗语说：“唔穷唔过番。”客家人远渡重洋，到东南亚去谋生，也是因为生活困苦日子难挨所至。

第四，因居住地不和谐而迁。

530多年前，现在叫做广东蕉岭县徐溪乡高乾村的地方，住着南宋抗元英雄蔡蒙吉的后裔蔡氏三兄弟，父亲只活到57岁，两个媳妇也只活到38岁和39岁，而且与邻居常有口角。他们都识得风水地理。有一天，他们在对准自家祠堂的“龙脉”上挖到大锯和铁耙，以为外姓人想斩断龙脉破坏风水使蔡氏衰亡，就产生迁徙的念头。三兄弟在夜深人静的时候，挑着打铁的工具出了村。他们日行夜宿，一路打铁一路访问寻找理想的安居地。老三蔡贵荣认定丰顺汤坑的地方可以安居，就留下了。贵良、贵龄继续寻找。有一天，两人行到现今揭西县坪上镇尖田尾的地方，箩索断了，打铁工具跌落路上。兄弟们以为是天意，发现这里是猛龙结穴的好地方，便住下来，与当地詹姓人和睦相处，于明成化十三年（1477年）迎来父母的香火，成为河婆开基祖。蔡氏裔孙播迁马来西亚、新加坡、印尼、美国、加拿大、澳洲等国家，在国内散居广东、广西、四川和港澳台等地，在本县的蔡氏后人居住在54个自然村内，总人口10多万人。

上述不想与人结仇的蔡氏和已经与人结仇的许多姓氏都因结怨而萌发迁徙想法。感觉到居住地不很可爱，见异思迁是理所当然的事，如原居惠州府龙川县七约潭的刘渊，其妻谢氏探亲饶平，爱上了饶平山川秀美，遂携四个儿子来饶平劈山造宅，开创基业，他们的子孙单在本县居住的有20多个村庄，共计3万多人。

第五，因师官落籍而迁。

且不说古时候类似彭延年那样的操客话的官员落籍潮汕，也不说南宋时期随二帝搬迁潮汕的客籍官员和军民。其实，现代官员落籍也是一个有趣的现象。

现在居住在汕头市区的客家人有6万多。他们主要是在以下几个时期迁来：一是解放战争时期。中共潮汕地委于1947年6月在大北山成立，机关驻大北山区（后迁揭西灰寨），培养吸收了一批先进分子入党入伍。1945年底成立的中共潮汕特委，先后驻丰顺八乡山区和梅县乌寨沙等客属地区，也在当地吸收了一批客家先进分子入党入伍。1949年6月，为了准备解放和接管汕头市，重新成立的中共汕头市工作委员会，机关设在揭西河婆。同年10月24日，汕头市解放后，有一大批客属党政干部随之迁入汕头市区。二是解放初期。中共粤东区委员会和广东省人民政府粤东行政公署下辖潮汕、兴梅、海陆丰、河源、龙川等21个县市，区党委和行政公署撤销，有相当一部分客属干部被安排在汕头市工作。现在汕头市有几百名客家籍离退休干部，单处级以上的就有60多人。

此外，成为半山客的客家人还有几个来源：1943年潮汕春旱严重，9个月没下过透雨，日伪地方官员勾结奸商，操纵物价，粮价猛涨，平民百姓逃至福建、江西和兴梅地区的达17万人，他们在当地成家立业，后来返汕带回客属；20世纪60年代至“文革”时期，为了备战，将14家工厂和医院搬迁到江西、韶关、陆丰和揭西属“三线”的客家山区，他们也在那里成家立业，后来也返回汕头，成为新一代汕头客家人；再是部队干部转业到汕头工作，大专院校的客家人不断分配到汕头来，以及来汕经商的客家人，他们也壮大了客家群体。

第二节　部分客家人迁来之路线及栖止地简表

表6—1　部分客家人迁入潮汕之路线及栖止地简表

县（市）	镇	姓氏	迁徙过程
揭西县	河婆镇	蔡氏	1477年从梅源迁河婆尖田尾
		张氏	江苏，苏州—1238年迁潮州—约1471年迁河婆后埔
		刘氏	山西平阳—徐州沛县—福建宁化石壁村—长汀—上杭—五华—明弘治（1488年）迁河婆新塘埔大山下
		黄氏	湖北黄冈—福建建宁—宁化—上杭—广东大埔—饶平—1620年迁马头村
		洪氏	安徽盱眙戴邬—江西饶州乐平—河婆区洪屋楼
		韩氏	平远县—河婆下滩宫墩
		吴氏	渤海中州—福建宁化—长汀—上杭—广东大埔—河婆欣堂阁
	龙潭镇	刘氏	山西平阳—徐州沛州县—福建宁化—875至880年迁石壁村—长汀—上杭—兴宁—五华—龙潭南门坑—龙潭

（续上表）

县（市）	镇	姓氏	迁徙过程
揭西县	坪上镇	黄氏	避南下金兵居福建宁化石壁村—汤坑—约500年前迁坪上
		贝氏	河北经河南、江苏、浙江、湖南、福建石壁村、丰顺，1555年迁揭西湖光村
		蔡氏	河南上蔡县—福建宁化赤岗—宁化—梅州——1477年迁坪上尖田尾
	南山镇	邓氏	江苏江宁—建宁化石壁村—丰顺—南山村
		杨氏	西翼城—河南弘农—（祖杨云岫任潮州太守居梅州）—丰顺—上寮村
	灰寨镇	李氏	陇西县—洛阳—隐居浙地—南昌宜兴—福建宁化石壁村—上杭—梅县松口—揭阳南山约青潭岭—灰寨龙路径村
		杨氏	河南弘农（河南灵宝县）—梅州—揭阳霖田都梅子阁（岐阳村）
		温氏	山西太原—浙江—江西南昌古城—福建宁化—上杭—蕉岭—梅县—大埔—揭阳灰寨马路
揭东县	龙尾镇	王氏	从丰顺丰良大椹迁来高明龙尾
		吴氏	福建上杭汤湖—丰顺丰良田背—揭阳朱坑
		张氏	①福建上杭—丰顺潘田—揭阳霖田都坑尾寮 ②丰顺建橇—坑尾寮埔东围 ③丰顺埔寨—坑尾寮曲江里
		何氏	江西庐陵—福建武平—梅县—丰顺竹楼—揭阳大竹埔—新寮
	白塔镇	黄氏	福建古田—几经迁徙—白塔水流埔
		张氏	饶平千家寨—白塔谢屋寮
		邹氏	丰顺邹家围—白塔红老坡
		张氏	丰顺建桥—白塔新村
	玉湖镇	刘氏	①江宁—江苏沛县半乡—浙江金华—福建宁化石壁—上杭—丰顺—大埔—饶平饶洋—丰顺汤坑—揭阳北坑 ②丰顺潘田—揭阳北坑
		黄氏	①明嘉靖二十二年（1543年）福建宁化石壁村—几经迁徙—清乾隆年间迁至观音山 ②明万历六年（1578年）由饶平汤尾迁来新寮村
		洪氏	明后期从大埔九河—揭阳蓝田都—汾水村
		林氏	明崇祯八年（1635年）从福建大麻—丰顺金瓯寨—玉湖坪上村
	新亨镇	廖氏	福建上杭—福建永定—梅县坜林坪—兴宁—揭阳五房

表6—2　迁入潮汕的部分客家人祖地及迁入时间和现人口数简表

县名	镇	村名	祖地及迁来时间	现人口（人）
饶平县	新丰	滦东	谢氏　明永乐十二年从大埔小靖迁来	4418
		滦西	谢氏　明永乐十二年（1414）从大埔小靖迁来	4491
		杨康	刘氏　明洪武十五年（1382）从潮阳溪口迁此	4687
		牌上	詹氏　明嘉靖十四年（1535）在此创村	561
	建饶	卓村	张氏　明洪武年间从福建官陂迁此	1123
		石坛	张氏　明洪武年间从福建官陂迁此	702
		亚塘	吕氏　明万历年间从邻近的诏安县秀篆河关牧建村	568
		下城	曾氏　明嘉靖年间从福建平和县九峰石门楼移此建村	275
		锡坑	曾氏　明崇祯年间从福建平和县九峰迁此创村	350
		秀溪	李氏　清顺治年间从福建秀篆青田心楼迁此创村	1060
		中田	吕氏　清乾隆年间从福建河美迁此创村	928
		杨梅坪	张氏　清顺治年间从福建官陂迁此创村	—
		林屋	林氏　清顺治年间从本县饶洋石头村迁此	350
		麻寮	黄氏　从福建云霄溪口迁此创村	825
		和里洞	江氏　清乾隆年间从福建霞葛井边迁此创村	410
	饶洋	南星	刘氏　元至正年间从大埔迁此创石井村	1539
		大楼	刘氏　明初从石井中央祠迁此创村	2066
		中先	刘氏　明初从石井中央祠迁此创村	1378
		埔下	刘氏　明代中叶从石井中央祠迁此创村	1491
		赤棠	詹氏	4161
		凤岗	詹氏　明朝中叶从本县赤棠詹氏人来此创村	1554
		杨慈埔	詹氏　明朝中叶在此创村	930
		溪背楼	詹氏　明朝中叶在此创村	551
		陈坑	詹氏　明崇祯十七年（1644年）创村	4241
		陈本	詹氏　明末清初从陈坑乡析出	1715
		蓝屋畲族	蓝氏　明嘉靖年间从大埔湖寮迁此	312

（续上表）

县名	镇名	村名	祖地及迁来时间	现人口（人）
饶平县	九村	洞泉	刘氏　明洪武初年从大埔松柏坑迁此创村，该村有一个“洞上”寨	4130
		泮洋	刘氏　明弘治十一年（1498 年）从洞上迁此创村	1007
		三中	刘氏　明正德五年（1510 年）从洞上迁此创村	2140
		中联	刘氏　明嘉靖二十七年（1548 年）从洞上迁此创村	1220
		汕水	刘氏　明弘治年间从洞上迁此创村	—
		汕腰埔	刘氏　明嘉靖二十七年（1548 年）从泮洋半奄寨迁入	400
		白石楼	刘氏　清道光十一年（1831 年）由洞上迁此创村	205
	上饶	康贝	杨氏　明正德年间由闽平和县下寨迁此创村	3119
		康西	刘氏　明嘉靖二年（1523 年）从康贝村浮山寨迁此	209
		新埔	郭氏　元末从大埔迁此	1140
		坑前	张氏　明洪武年间从大埔南山村迁此	1847
		马坑	张氏　明永乐十一年（1413 年）从大埔南山黄竹塘迁此	1436
		埔上	邱氏　明景泰年间从福建上杭迁此	1430
		埔坪	邱氏　明景泰年间从福建上杭迁此	1512
		茂芝	詹氏　明正统年间从本县下善迁此	8318
		上肖屋	肖氏　明朝时从大埔县百侯迁此创村	475
		奄塘	刘氏　清顺治年间从大埔松柏杭迁此	1344
		上文	詹氏　清康熙三十九年（1700 年）从本县饶洋暗前坑迁此	159
		坝上	张氏　从大埔县南山迁此创村	5189
		许坑	许氏　从福建漳州马坪迁此创村	3321
	上善	柏峻	刘氏　清朝中期从本县饶洋石井迁此创村	1629
		永子良	林氏　清中期从本镇红岩村田竹排迁此创村	205
		长经	林氏　清末从本镇田竹排迁此创村	717
		岭头	林氏　清代从本镇田竹排迁此创村	354
		石马坑	詹氏　清代从本镇凤山移此创村	134
		塘坷里	刘氏　清代从本县上饶镇康东来此创村	121
		上坑	许氏　清代从本镇凤山移此创村	563

第三节　半山客分布

进入潮汕的客家人经过数百年的繁衍演变，现在，仍有 160 多万人说的是客家话；在与潮语区接壤的地方有约 12 万人已改讲“福佬”话；漂洋过海到东南亚及欧美谋生的现在也繁殖到约 130 万人；新中国成立后，特别是改革开放以来，外迁到全国各地的也约有 120 万人。

表 6—3　潮汕地区部分乡镇客家人人口分布简表

县（市）	镇（乡）	人口（人）	县（市）	镇（乡）	人口（人）
揭西县	河婆	138044	普宁市	普华分局	10800
	坪上	41435		大南山	350
	龙潭	36184		下架山	290
	南山	35802		马鞍山农场	大部分 9134
	灰寨	41789	揭东县	龙尾	34946
	五经富	54574		白塔	21066
	京溪园	47564		玉湖	50406
	塔头	2026		新亨	6500
普宁市	梅林	67185	惠来县	青山	11400
	船埠	51208		河林	18400
	高埔	63271		葵潭	约 32500
	云落	62618		惠城	少部分
	大坪	29377	华侨管理区		约 13000
	里湖	16830	饶平县	新丰	53000
	后溪	12818		建饶	16000
	大池农场	大部分约 3773		饶洋	68000
	大坪农场	大部分约 6425		上饶	62000
	梅星场	7037		东山	6080

（续上表）

县（市）	镇（乡）	人口（人）	县（市）	镇（乡）	人口（人）
潮安县	登塘	752	丰顺县	汤坑	45125
	田东	5621		附城	36563
	文祠	2448		东联	12590
汕头市区		60300		北斗	14005
潮阳区		52237		汤西	45945
潮南区	雷岭	26000			
	两英	15000		埔寨	13236
	红场	—		汤南	5000

表 6—4　潮汕地区客转潮人数不完全统计简表

县（市）	镇（乡）	人口（人）	县（市）	镇（乡）	人口（人）
揭东	玉湖	6500	饶平	浮山	5545
	新亨	17300		新塘	2297
	埔田	31500		浮滨	5467
	桂岭	1700		渔村	906
	白塔	3200		樟溪	2550
普宁	大南山	3200		坪溪	2199
	下架山	2400	潮安	东凤	3947
	梅塘	3400		凤凰	1200
	南溪	3800		凤南	378
	里湖	6200			

表 6—5　原客家人迁入潮语村镇的时间、地点和现在人口数简表

县名	镇名	村名	祖地及迁来时间	现人口（人）
揭东县	玉湖	吴厝	吴氏于 1725 年由丰顺丰良虎寿村迁来	约 1500
		姑山	钟氏于 1720 年由丰顺黎家棚迁此	约 2000
		洋边	张氏于明万历年间由丰顺拱桥迁此	约 3000

（续上表）

县名	镇名	村名	祖地及迁来时间	现人口（人）
揭东县	新亨	秋江	陈氏于1664年因避兵祸由福建上杭县迁此	5200
		楼下	陈氏于1664年从丰顺潘田迁此	5000
		坪埔	钟氏从福建永安迁此，祖墓在福建汀州坪埔山	7100
	埔田	南湖	1629年由丰顺汤坑客区迁此	3200
		刘厝寨	刘氏于明清期间从丰顺客区迁此	2700
		老岭	明嘉靖年间从丰顺埔头迁此	2400
		新岭	从老岭村迁此	1500
		车田	罗氏于明清间先后从平远、蕉岭、丰顺迁来	4900
		金东岭	罗氏从车田村迁来	3100
		牌边	徐氏于明中期从丰顺汤坑客区迁此	6800
		庵后	高氏于明天启年间从闽赣客居迁来	6900
	桂岭	栢旺	徐氏于1585年从丰顺埔头迁此	1700
	白塔	古塘	何氏于1684年从龙尾镇新寮村迁此	3200
饶平县	浮山	浮山	钟氏于南宋淳祐四年（1244年）从福建龙岩迁此	4542
		石壁	卢氏于明弘治八年（1495年）从上善镇迁此	1003
	新塘	古敦	黄氏于元朝从福建宁化县石壁村迁此	902
		新村	詹氏于清乾隆年间从饶洋镇炊下村迁此	295
		新寨	张氏于明初从饶平上饶至此创村	1100
	渔村	西坑	刘氏从上饶堡石井迁此创村	394
	浮浜	寨上	杨氏于明代从大埔百侯至此创村	361
		大榕	杨氏于明正统年间从大埔百侯迁此	560
		中段	杨氏于明嘉靖十年（1531年）从本镇大榕村迁此创村	900
		麦园	杨氏于清康熙三年（1664年）从本镇大榕村迁此	315
		荆山	杨氏于明正德年间从本镇大榕村迁此	1250
		石榴	杨氏来自大埔百侯	560
		虎头山	杨氏从本镇大榕村迁来	321
		欧阳山	杨氏于明朝中期从本镇大榕村迁此	1200

（续上表）

县名	镇名	村名	祖地及迁来时间	现人口（人）
饶平县	樟溪	安溪	张氏于清道光五年（1840 年）从本县东山镇双罗村来此创基	173
		上广	詹氏从本县新丰来此创村	992
		乌溪	钟氏于明万历年间（1573—1619 年）从大埔南来在此创村	526
		双罗	罗氏于明嘉靖年间从汤坑至此创村	859
	坪溪	夏校	刘氏于明正统十二年（1447 年）从丰顺汤坑客区来此创村	830
		东里	刘氏于清康熙年间从夏校迁来创村	392

表 6—1 至表 6—5 资料来源：汕头市侨联客属海外联谊会编：《潮汕半山客》。

客家人进入潮汕地区，成为了“半山客”，意味着他们与潮汕族群交往、融和，其磨合过程相对还是比较温和、平静的，虽然偶尔也有过冲突乃至械斗，但是，总的来说，历史上这两大族群的和平共处、和谐相生亦为人所公认。其原因不外乎几点：一是这里离权力中心较远，官府的干预要少；二是两大族群之间亦有不少共通之处，他们自中原而来的时间差并不是很大；三是，分布不同，客家仍在潮汕地区的“半山”之中，而没成规模进入潮汕，引发冲突的因子不多，故原潮州府，就有“大埔无潮，澄海无客”一说，两族群相安无事。另外，部分客家县，也曾从属过潮州府，客家人经商、求学，自会往府治所在地跑，互相之间的交流也就多一些。

虽然习俗迥异，价值观不尽相同，但地缘、法缘乃至人缘的因素当更起作用，客家人与潮汕人两大族群在漫长的历史岁月中，和谐一直是主流，而且延续至今。

但是，与另一族群广府的交汇，却不那么平静。这边有“半山客”或“半潮客”发生，那边，却不曾有过“半广客”。于是，往粤西广府族群区域迁徙的客家人，也就有了不同的遭际与命运。

第七章
粤中和粤西客家：迁徙中不同的历史遭遇

第一节　粤中和粤西客家概述

客家人入迁粤中和粤西，大体上始于清初，较大规模的入迁是到清朝的中后期，也就是在学界所普遍公认的客家五次大迁徙的第四和第五次，主要是从闽赣粤交界处的客家地区迁移而来的。

如前一章所述，迁往粤中与粤西的客家人，有着与进入潮汕地区的客家人不同的遭遇与历史命运。他们的西进，要艰难得多，甚至血雨腥风。毕竟，那里是清廷在南方的权力中心，来自官方的干预多得多，而且反复无常。先是盲目地鼓励大规模的移民，却没有一个深谋远虑的移民政策，在发生矛盾与冲突之际，每每又朝令夕改，激化双方的矛盾。甚至借族群冲突以转移官民冲突，所以才一时支持这方，一时支持那方，乐于坐山观虎斗。最后，导致客家人的惨烈祸灾，被迫在数以十万计的伤亡后，再度远走他乡，在历史上留下难以弥复的巨大创伤。

当然，这仅仅是历史长河中的一个恶浪，纵观客家人在粤西迁徙的历史，总的来说，还是和平与和谐，与广府人和睦相处。不久前，我们往粤中的增城做田野调查，在这个客家人口占全县人口将近一半的地方，我们不仅发现他们融洽亲近，通婚不用说了，彼此守护相助的动人故事还不少。王李英、刘丽川等教授已为此写了不少文章，这里也就不重复了。可见，族群矛盾与冲突，其根本原因，还是在于当时的移民政策，尤其在于执政者。

这一章，我们追述客家向西南迁徙的艰难历程，是专门由一位非客家亦非广府的学者来完成的，相信有一个公正、客观的态度。

一、客家人初入迁粤中粤西

明朝末年，政治腐败，加之灾荒连年，百姓无以为生，唯有铤而走险，农民起义，风起云涌，波及全国。清兵入关，来势凶猛，国运衰微的明朝，终至无法抵御，满洲入主中原。清兵入关遭到抵抗，反清复明战争此起彼伏。清兵进至闽粤赣，客家节义先民也不例外，与清兵展开斗争，客家大本营成重要战场。1999 年的《梅州市志》载，从 1645 年至 1661 年几乎每年都有较大规模的抗清斗争。如 1645 年郑成功镇将江龙、罗宏一率众抗清并占领了大埔县城。1647 年南明永历帝授兵部主事赖其肖带兵击溃清兵，占据镇平（蕉岭），并不断发展抗清力量，坚持斗争十余年。后来，参加抗清斗争的人士为了躲避抓捕而远走他乡，有的人则为了逃避战祸而背井离乡，这就拉开了客家人向闽粤赣大本营外扩迁的序幕。

顺治十五年（1658 年），郑成功率军进攻南京，后因中清军缓兵之计，损兵折将，败退厦门。之后，决计跨海东征收复台湾，经过力战，终于将沦为荷属殖民地达 38 年之久的台湾收复，建立了稳固安全的抗清基地。为了切断郑成功的供应来源，断绝沿海人民对台湾郑成功反清复明势力的支持，清政府颁布“禁海令”，严禁任何船只出海，但未能奏效。清政府又接着发布“迁界令”：强行将山东、江苏、浙江、福建、广东五省沿海居民沿海岸线内迁 30～50 里，滨海房屋全部拆毁，田地不准耕种，渔船不准出海……凡抗拒迁界者立斩，私自越界者判处徒刑，并且专门在沿海划边界，筑墩台，立树桩，派重兵防守。广东沿海居民的生活、经济遭到非常严重的打击。被迫迁徙的百姓痛失家园，背井离乡，风餐露宿，生计无着。这一暴政激起了沿海人民的强烈反抗。

1683 年康熙平定台湾，鉴于百姓的抗迁起义以及朝廷赋税的大量减少，次年便下令复界，即移民从哪里来回哪里去。可是，迁界已使百姓流离失所、家破人亡，能够回迁的寥寥无几。为了使社会安定和税收增加，朝廷实行招民垦荒政策，一面招引山区农民和各地流民到复界垦殖，一面允许原来并非内迁的农民迁移到界内的其他地区进行开垦。这一政策实际上让移民有了更大的选择空间。而这时的惠州、潮州、嘉州等府州的一些客家人，由于人口越来越稠密，有的地方水土流水严重，生存环境逐步恶化，于是在清廷的鼓励下，便接二连三地向粤西和粤中以及江西南部迁移。同时，由于山东到广东的沿海居民，有不少是南迁的客家人，也有不少人当初支持和追随郑成功的反清复明大业，抗清失败后有家不敢归而想找个新的落脚点，清廷的这一规定，为他们从粤沿海走向内陆的粤中和粤西创造了机会，引发他们开始大规模向粤中和粤西迁移。到雍正、乾隆时代，又有大批惠、潮、嘉及江西赣州等属的客家人迁移至广东的广、肇诸属：“广州属之……香山、三水等县，又西江之肇、阳、罗，沿海之高、雷、琼、廉等州县，……在在皆有吾系。”①

经过两百多年的发展，闽粤赣山区的客家人，人口激增，但居处山多地少，耕殖所获，难以自足。因此，他们为了改善生产和生活条件，便自觉不自觉地走出大本营。自古以来，客家人逢山而居，善于山耕而不长于海种，因此他们在迁徙过程

田耕的客家老人

山塘捞鱼的客家人

中首先大都是分迁至广东内陆的中部和西南部，包括新宁（台山）、鹤山、高明、开平、阳春、阳江等地，有的到了广西钦州，与当地原有居民混合居住，估计大约有数十万人之多。对此，《赤溪县志·开县纪事》有所记载：

边界虽复，而各县被迁内徙之民能回乡居者已十不得一二。沿海地多宽旷，粤吏遂奏请移民垦辟以实之。于是惠、潮、嘉及闽、赣人民挈家赴垦于广州府属之新宁、肇庆府属之鹤山、高明、开平、恩平、阳春、阳江等州县。多与土著杂居。以其来自异乡，声音一致，俱与土音不同，故概以客民视之，遂谓为客家云。②

乾隆版的《鹤山县志》也载有罗绍伦的《十七村记略》，里面对鹤山的地理及进入鹤山的各批移民的情况同样也做了比较集中和概括的叙述：

鹤城未建之先，空山蒙翳，界新、开两邑之间，为瑶蛮土寇藏集之所。盖自前明成化以来二百余年，民人未有托居者。康熙十八年始设大官田营汛，驻官防守，民初集耕凿。康熙三十五年，有新会营随征千总赖易胜，潮州大埔县人，见此处人民寥落，田地荒芜，招得惠、潮人民黄、罗、邱、蔡等姓，挈眷前来，始建坪山村，垦荒耕种。虽有粒食，而逼处寇盗，迄无宁日。后赖、谢、钟等姓于三十七年开五凸型村，罗、韩、刘等姓于三十九年开龙眠村，丘、

① 参见《崇正同人系谱》卷一《源流》。
② 徐晓星主编：《鹤山客家史》，2005年版，第14～15页。

马、蔡、赖等姓于四十年开横坑村，廖、萧、黄、罗等姓于四十二年开南洞村，陈、刘、郑等姓于四十三年开龙团村，又龚、钟、黎等姓于四十五年开小官田村，胡、邹、李等姓于四十六年开北芬村，应、邹等姓于四十七年开般洞等村；此十七村之由来，均在县未析建之先也。[①]

客家人的这次迁徙，首先迁往粤中和粤西，其次是广东南部如东莞、宝安（包括香港、九龙、新界）等地，估计人数也有数十万，再次是台湾，人数也约有数十万。

二、客家人大规模进入粤中粤西

客家人大规模进入粤中粤西是发生在19世纪中后期，被学界称为是第五次大迁移，其主要原因有：

其一，太平天国运动。

清朝咸丰、同治年间，洪秀全领导太平天国运动，起义的主要领导人多数是客家人，如洪秀全、杨秀清的祖籍就在梅州，起义部队将士中也有许多客家人。起义军在客家大本营转战多年，失败后义军受到“剿杀”，四散逃匿，有的免不了躲藏到粤中甚至是内陆山地的粤西，有的甚至远避南洋和日本。

其二，广东西路“土客”大械斗。

由于客家的几次大迁徙，尤其是第四次迁徙，使广东中西部地区大约从19世纪中后期开始，客家人口大增，加之这里的地理条件远比山区好，朝廷又出台鼓励政策，因此，客家人不但在这里置地建房，自辟村庄，聚族而居，繁殖人口，而且从家乡引导族人前来，导致广东中西部地区人口迅速膨胀起来。这自然引起了当地居民的不安和不满。土客矛盾出现并日益激化，终于在咸丰四年至同治六年，即公元1854—1867年酿成了大规模的骇人听闻的土客大械斗。械斗先在客家人口众多的鹤山、新宁等地爆发，随即很快地蔓延到周围的六七个县，持续时间长达十几年，不管是土著人还是客家人都遭受了重大的创伤和损失，尤其是客家一方，被毁村庄、死伤人数不计其数。因为客家人毕竟属于后来者，俗话说“强龙不敌地头蛇”，客家人不论是政治地位还是经济实力、舆论支持等，其根基远不及土著人。

为解决土客之争，清政府一方面特划出位于粤中的台山赤溪一片用以安置客家人，因而直至今天，粤中的赤溪镇和田头镇，既是中国仅有的两个沿海客家市镇，也是粤中地区的两个纯客镇。另一方面，由于赤溪地域狭小，无法容纳下太多的人，加之土强客弱，清政府害怕械斗再次出现，便拨出一些银两，或补贴鼓励或强

① 徐晓星主编：《鹤山客家史》，2005年版，第14～15页。

行下令，让部分客家人迁徙至更为僻远的粤西山区、雷州半岛和海南岛、广西等地，有的甚至因此而漂洋过海谋生去了。因而，客家人的第五次大迁徙，也是一次世界范围的移民运动。

先后经过几次迁徙，尤其是第四和第五次，部分客家人开始在粤中和粤西地区定居下来并繁衍至今。

三、客家人在粤中粤西的分布状况

客家人所分布的粤中、粤西地区，从今天的行政区域来看，从自古以来就是广东乃至岭南地区政治、经济和文化中心的广州周围直至其西面，大体上有广州、佛山、中山、新会、三水、高要、云浮、高明、鹤山、开平、台山、恩平、新兴、郁南、罗定、阳春、阳西、阳江、廉江、雷州、遂溪、徐闻、茂名、化州、信宜、高州、电白、高要、四会、德庆、封开、怀集、广宁等地。

从总体上来看，粤西地区的客家人比粤中地区的要多，分布得要广泛些。因为就迁徙时间来看，客家人较广府人、潮汕人南迁的时间要迟，而且多来自闽粤赣山区的客家大本营。平原本来既有耕作之便，又有通衢之利，人们在占有土地过程中，最希望、最要求得到的首先就是平原。最早的北方来客与南越民族相融合的后裔，成为后来操“广府话”的“本地人”，即广府人。广府人捷足先登，首先便占据了广东的第一大平原珠江三角洲。南迁福建再由福建沿海迁入粤东的福佬人得天独厚，就近同韩江、榕江、练江等多个三角洲的土著杂处，占据了广东的第二大平原潮汕平原。后到的客家人唯有择山而居，在内陆山地的粤西，与大山深处的瑶、畲等少数民族杂居一处，正所谓“逢山必有客”，加之在土客械斗之后，由于客家人的相对弱势，也逐渐向僻远的粤西迁移。根据《关于广东客家人分布情况的调查》（侯国隆 1987 年）和《粤西客家方言调查报告》（李如龙 1999 年），综合其他一些相应资料的记载，粤西客家人口的分布粗略来看大致如下：

表 7—1　粤西客家人口分布简表

地区	客家主要分布区	客家人数比例	备注
湛江	湛江辖区	约占 8.96%	遂溪县、徐闻县、吴川市等地也有少量客家人
	廉江市	约占 44.36%	
	雷州市	约占 0.45%	

（续上表）

地区	客家主要分布区	客家人数比例	备注
茂名	茂名辖区	约占21.3%	
	化州市	约占38.83%	
	信宜市	约占25.27%	
	高州市	约占14%	
	电白县	约占21.12%	
阳江	阳江辖区	约占19.54%	含阳东县
	阳西县	约占9.15%	
	阳春市	约占29.92%	
云浮	云浮辖区	约占19.75%	含云安县
	新兴市	约占6.85%	
	罗定市	约占12.1%	
	郁南县	约占3.12%	
肇庆	肇庆辖区	约占8.93%	
	高要市	约占5.21%	
	四会市	约占33.95%	
	德庆县	约占0.72%	
	封开县	约占1.19%	
	怀集县	约占0.3%	
	广宁县	约占18.22%	
江门	江门辖区	约占1.28%	含由市改区的新会
	鹤山市	约占17.54%	
	台山市	约占2.93%	
	开平市	约占0.54%	
	恩平市	约占1.02%	

四、粤中粤西客家文化特质

粤中粤西的客家人，由于是后到之“客”及其他历史的原因，除了台山的赤溪镇和田头镇是纯客县外，基本上是与当地的土著人（主要是广府人，还有瑶族人和壮族人等）杂居一处，呈现小聚居、大分散的格局。土著文化对外来文化的排斥性给客家人带来了压力，他们也就在某些文化特质与土著的一些文化因子自觉不自觉碰撞和融合中发展着。

（一）土客和谐交融成为主流

在粤中和粤西，客家人和土著人交错杂居，在历史上他们有过较大的甚至是恶性的冲突，其原因集中在土地上。今天，不同族群之间存在的文化差异和各自的利益关系，使得土客之间有时也难免会发生摩擦或纠纷，但从总体上来看，新中国成立后，耕者有其田的政策使冲突的根源得以消除。现代社会经济、文化等发展的日益一体化，使土客之间的交往也日渐频繁和紧密，血缘的交融（联婚），文化的交融，土著“客化”，客民“土化”，平等、互助、合作……他们风雨同舟，在南中国这块“风水宝地”上开垦着，耕耘着，奋斗着，战斗着……从近代以来的太平天国运动，到戊戌变法、辛亥革命……都充分地证明了这一点。土客之间在良性的碰撞中实现和谐交融已成为主流。

（二）既封闭又开放的文化形态

客家人由于多分散在粤中粤西的山区聚族而居，为适应岭南封闭山区的新环境，一方面，在内部上，他们较好地继承和保持从中原带来的汉族传统文化。另一方面，在外部上，他们为与毗邻的广府民系及少数民族保持和谐的合作关系，又得不断地感应和接受着新的环境和土著文化的影响，吸收广府文化，瑶族、壮族等土著文化的因素，并与之相互交流、渗透，这主要表现在以下几个方面：

1. 生产方式。

客家人是后到的南迁者，历史留给他们的栖息地只是崎岖不平的丘陵直至山区，因此自古是“逢山必有客”。面对这种居住环境，为了满足基本的生存需要，农耕是客家人基本的生产方式，少有商业气息，即使有，也主要是围绕着其突出的资源特产展开，这对于粤中粤西客家来说，也不例外。

可是，前面我们已经讲到，人与环境的和谐，既是与自然的和谐，更是与社会的和谐。在广府文化处于主导地位的粤中粤西，客家不能不受到广府文化的冲击。

兴宁宁江渔人

广府人自古以来就有一种务实捱世、奋发图强、敢于拼搏又乐于享受的精神，而他们所处的平原地区的通衢之利，使得他们早早地就“洗脚上田”、“要仕从商”了。

而在粤中粤西客家，山区耕作困难，交通不便，人口不断增长，土地的压力相当长时间都没能得到缓解。广府人的做法，对他们来说，不能不有所启发。党和政府有关的新政策的实行，尤其是改革开放以后多种经济的协作发展，计划经济向市场经济的转化，这一切，开拓了他们发展的新思路。自给自足的自然经济终于逐渐瓦解，社会分工发生了明显的变化，传统的重农轻商思想观念发生转变，人们的工商意识逐渐增强，山区的自然资源得到进一步开发。在今天的粤中粤西客家地区，我们欣喜地看到，在以农耕为主的基本模式下，多种生产方式得到了共同的发展。在山区，出现了一些为农业主体服务的小手工业；在丘陵地区，农业与一定规模的工商业互相渗透互相促进；在沿海地区，则是渔农并举，例如赤溪的客家人在进行农耕的同时，也从事出海捕捞作业，还从广府人那学习了蚝、虾、蟹等海产品的养殖技术。更有相当的一些客家人走出了山区，还有一些人在走出山区后又带着他们的项目、技术等走回山区，带动山区更快发展。

2. 风俗习惯。

客家文化深受儒家文化的影响，“天人合一”的理念渗透在其生活的方方面面，适应客家聚族而居，群体式居住特点的围龙屋的布局与结构就是一个典型的例子。它靠山面水，讲究人与自然的和谐统一。还有“风水术”，它虽不单单流行于客家地区，但其在客家地区的应用和影响却是很广很大的，建筑风水观、园林风水观、风水林的种植保护等，都是客家人追求人与自然环境和谐统一和向往美好生活的体现。可是在今天的粤中粤西，围龙屋却越来越少，这首先当然是受到空间面积的影响，因为粤中珠江三角洲平原地带相对于山区来说，本就地少人多，而客家人迁入粤中粤西，居住之地，不是人烟稀少的僻壤，就是土著占余的山谷，难有大片的空间面积供建筑围龙屋的需要。

其次，在粤西地区，由于濒临海岸，风暴袭击较多，围龙屋是属于泥砖屋式，很难适应这种气候条件。以赤溪来说，早期客家人到此时，还建有围屋，后来也放弃了。雍正十年（1732年），鹤山县首任知县黄大鹏在其《莲塘山楼问心文》中就写道：

> 余自平远调任鹤山新邑，……趋鹤山，四围青嶂，两泻哀湍，荒埔野田之间，土屋三间，……日则迎门当风，晚则凿墙窥月。……午夜飓风作发，自昆仑直逼土屋，墙败压足，遂病十月。[①]

再次，从文化生态学的角度看，人类创造文化行为的基础是对环境的感应，人与环境结合，文化得以产生。因为环境既为人类的生存生活提供物质基础，又不可避免地制约着人类的生存和生活，人类必须也只有根据自己生理和精神的需要并调适这种需要，使之与某一环境中的自然、社会景观相适应，才能创造出不同层次和

① （清）道光《鹤山县志》卷十一《杂记》。

风格的物质文化与精神文化。对于粤中和粤西的客家人来说，从崇尚围龙屋到放弃围龙屋，从某种意义上来说，正是环境调节和适应的和谐关系的结果。

围龙屋是一个例子，其他如信仰、饮食、生诞、丧葬、嫁娶、礼仪、娱乐、山歌、民谣、岁时习俗等莫不是如此，客家人既保留了山地民系自身的特点，又兼收并蓄，接受了土著文化的影响，彼此互相渗透，交相融会。

3．宗族组织。

清嘉庆二十年（1815年），客居并执教于惠州丰湖书院的徐旭曾写下《丰湖杂记·客家》，这篇文章后来被称为首次公开发表的“客家人宣言”。他在文章中写道：客家人多为“中原衣冠旧族”，“不但故家世胄，即百姓亦多举族相随”，因而“雅不欲与土人混处”。这是为了保持他们所谓的“完善”与“纯正”，因为他们这种“文化的优越感”，使他们往往视迁移地的土著为“低文化族群”，因此他们往往是聚族而居，聚居在一起的客家人以宗族关系来编织他们的社区网络。

对于粤中粤西的客家人来说，情况也不例外，而且除此外，还有更为直接的原因。面对广府人和福佬人留给他们的贫瘠坎坷的山地，为了增产，他们必须加大劳力投入，同时山区交通的不便，环境的险恶，也使得他们必须投入大量的劳动力保家卫村，这些推动着客家人口的不断增长，并以此来作为稳定和扩大宗族势力的重要途径。粤中地区更是如此。粤中本是广府人的聚居区，广府民系的经济基础较之于客家人要厚实得多，能够给他们的政治活动提供更多的财力。因此，粤中的客家人处于广府宗族势力强盛的环境，不能不以强化宗族组织的方式与之抗衡。

祭祖现场

前面提到，客家文化兼收并蓄，处于一种既封闭又开放的状态中，在对待宗族的态度上也不例外。面对艰难的生存环境，他们不得不以强化宗族的方式来维护自身的利益。但是，处于广府文化强盛的状态下，他们又不得不兼顾与广府人的团结协作。如果我们从横向来看，不同客家人对宗族的不同态度更突出地体现这一特性。一般来说，先期入粤的客家，大多在粤东北和粤东，由于定居历史较为悠久，宗族势力较为强盛，结构也更加稳固，这体现在那里的祠堂规模、族谱保存、祭祖的隆重程度上。而在粤中粤西，客家定居历史较短，宗族的土壤不及粤东北和粤东深厚，不论是其内部结构还是外在联系，都较松懈，容易受到外力的冲击，因而在这些地方，祠堂狭小，神龛空缺，很多人，尤其是年青人连族谱都没有见过，当然，冲突和摩擦也就自然显得不那么突出了。

4. 语言（方言）。

语言是历史的产物，是特定社会生活的记录，是特定地域文化心理的寄托，也是人们沟通情感、延续传统、协调行动的凭借，是维系民系的重要依据之一。许多民系特有的文化特质，大都是通过方言词语提炼出来，凝固下来，并且口耳相传、世代相因地继承下来的。客家方言是客家民系的特征之一，它既保留了中原古韵的一些特点，又随着客家民系的南迁过程吸收了土著语言的一些成分。

粤中粤西的客家方言，基本上处于粤方言的强势影响和包围中，在较大程度上受到粤语的辐射和渗透，不但有着词语、词汇等互相借用的现象，甚至逐渐形成了双方言地区，即在一些地区，客家方言和粤方言并行通用，这在青年人中尤为突出。如膝头（膝盖）、打理（管理）、热痱（痱子）、乌蝇（苍蝇）等等都是客家方言和粤语共有的词汇；而像蚀底（亏本、吃亏）、死火（糟糕、完蛋）、勤力（勤劳）等则是客家方言从粤方言中借鉴而来的。而客家方言对粤语语音等也有影响，这也已为语言学界所承认。

第二节　客家迁徙过程中的土客械斗

在客家人第四次迁徙中，尤其是迁海复界时期，大批客家人进入了粤中粤西。康、雍、乾年间又不断有关于劝令“垦民”领地开耕的新措施出台，这进一步调动了客民前来的积极性。据民国广东《赤溪县志》载：“计由雍、乾始迁，以迄咸丰初，仅百十年，鹤、高、开、恩等县不具论，即新宁一邑，客民人口已不下三十万。而所居地虽多辟瘠，以宁邑方舆计之，殆占三分之一焉。”仅新宁（台山）一县，客家人就不下30万，并占去了全县土地的三分之一。先来为“主”，而沿西线迁徙，进入粤北山区，几乎没受到阻力，这固然与客家人“耕山”的传统相关，但也与粤北山地明初“清空”有关。再沿山路往前，客家人甚至越过广东地界，进入广西西部山区，如今，沿两广交界的桂东一线，已形成了相当规模的聚集地，仅玉林市博白县，客家人口就有上百万，是全国仅有的几个百万人口的客家县之一。而广西的客家人，甚至达到了五六百万，与闽西客家祖地的人口相当。尽管赤溪、新宁的客家人口也在这一时期激增，但是，他们与粤北、桂东同是西迁的客家人的遭际却完全不一样，未能与土著人和平发展，遂形成了客家这次迁徙上无以回避的“土客大械斗”的历史大惨剧。

咸丰四年至同治六年（1854—1867年），土客械斗便以不同寻常的方式以及空前的规模爆发了。

俗话说：“冰冻三尺，非一日之寒”。土客大械斗灾难的发生，并非偶然，而是有着其内在和外在的因素。本来，双方在早期尚能和睦相处，客家人的勤劳奋发，广府人的自立自主精神，本身也并不曾构成冲突。但是，由于清廷盲目、多变的移民政策，加上试图挑动族群矛盾以掩盖官民冲突等种种原因，所以，两大族群便在局部地区，在经济、文化方面渐渐发生矛盾，最后激化成了大规模的、连绵上十年的冲突。这当是令人痛心的。

一、族群矛盾

在客家人南迁过程中，早在粤中粤西尤其是粤中地区定居下来的土著，是当年南下的北方来客与南越民族相融合的后裔，即后来的广府人，因此可以说，他们与客家人一样都是属于南下之汉族，只是迁徙的时间有先后之别罢了。吴敬轩在给罗香林的《客家研究导论》所作的序中就说：

中国汉族……散布于禹域中原，文明教化，彪炳史册。逮五胡之乱，金元之祸，其一部子姓，遵海陆而南，止于八闽两粤。语言风俗，犹守中州典型，如客家、福佬、逮广府诸邑居民，则此迁族中之尤著者也。①

因此，土客之间在一些方面存有一定的相似性，也有一定的矛盾性。首先是在性格方面。广府人自古就有一种“敢为天下先”的顽强冒险精神。在历史上，岭南远离中原，偏于一隅，曾为旧时蛮荒、瘴疠的化外之地，是朝廷贬谪获罪官员的地方。当年，韩愈因上《论佛骨表》，被贬为潮州刺史，作诗《左迁至蓝关示侄孙湘》中有诗句：

云横秦岭家何在，雪拥蓝关马不前。
知汝远来应有意，好收吾骨瘴江边。

后来又在其长诗《泷吏》中写道：

下此三千里，有州始名潮。
恶溪瘴毒聚，雷电常汹汹。
鳄鱼大于船，牙眼怖杀侬。
州南数十里，有海无天地。
飓风有时作，掀簸真差事。

---

① 罗香林：《客家研究导论》，上海文艺出版社影印本1992年版，第1页。

白居易《送客春游岭南二十韵》也有诗句：

翳郁三光晦，温暾四气匀。
阴晴变寒暑，昏晓错星辰。
瘴地难为老，蛮陬不易驯。
……
不冻贪泉暖，无霜毒草春。
云烟蟒蛇气，刀剑鳄鱼鳞。
路足羁栖客，官多谪逐臣。

从中我们可看到，在古代北人看来，岭南是个气候恶劣、野兽出没、犯人流放的瘴疠之地，非但不能久留，甚至可能是有来无回。这已经是到了唐代，而早在此之前的秦汉时代，即广府民系形成之时，我们不难想象当时岭南环境之恶劣。广府先民如果没有一种“敢为天下先”的冒险、顽强不屈的精神，恐怕早就被吞没在茫茫的南下之途中，不可能最早进入南粤大地。再从后来的戊戌变法到辛亥革命、两次北伐、省港大罢工……我们都不难看出广府人所特有的对自然、对社会的反抗性和斗争性。

从广府人世代相传的民歌中我们也可以看出这一点：

顶硬上，鬼叫你穷！
铁打心肝铜打肺，
立实心肠去捱世。
捱得好！发得早，
老来叹番好！

广府人谚语中还有“马死落地行”的喟叹，这正是一种坚韧不拔、强悍执著精神的表现。

同时，广府人在跟环境的对抗和斗争中，也充满乐观和自信。他们说，太阳在粤人社会上永远不落。是的，强悍执著的他们为捍卫这不落的太阳，可以不惜代价！

事物往往具有两面性。广府先民的乐观和自信每每相附有族群的优越感。当然，懂历史有知识的广府人，受西方启蒙思想影响，亦能平等对待客家人，两个族群的通婚亦有发生。但在底层欠开化的人群中，迄今仍用“客家佬”轻蔑地称呼客家人。种族歧视，在西方发达国家至今仍未能完全避免。这一来，底层的排斥也就不奇怪了。

“邑上路各铺多客民，土人称之为客家，其来不知所自，虽习土因，而客家话久远不改。初来时耕山移徙，亦类瑶‘狠’……或曰客乃‘犵’。”① 在他们看来，客家人是一个不开化的野蛮、凶狠、落后的民族，因此他们颇带轻蔑和侮辱地称客家人为“客贼”，为非人的“狢”、“獠”等。

比起广府人，客家人较迟才南迁入粤。当时的岭南大地，相对富饶的珠江三角洲和潮汕平原早已有广府人和潮汕人生活，客家人不得不和少数民族杂居于内陆山地，因此，俗语讲“逢山必有客，无客不住山”，可以说，客家人南下，不但遇到和当年的广府先民一样的兵匪之祸，虎狼之害，瘴疠之疾，而且还要面对贫瘠的山区，荒凉的野岭，土著的排斥……如当时恩平的客民：“雍正年间流寓广肇二府各州县，开垦住聚，自为村落，佣力营生，土民奴隶视之。”② 这一切，使得他们的生存环境十分艰难，他们总在为争取生活空间而拼搏，因而客家人在长期的迁徙过程中也养成了好斗勇猛、坚毅刚强、犷悍冒险的族群性格。同治《南海县志·列传》卷19中有当时南海土绅冯翔之说：距离其住所三里左右的山谷中，“向有客民蟠居，恃其犷悍，凌辱乡人。……遂与乡人协力驱之……”

俗话说，“针尖对麦芒——针锋相对”，后到的犷悍的客家人遭遇先来的强硬的广府人，在同一生存空间之下，面对广府族群下层狭隘而盲目的族群优越感以及强烈的歧视和排斥，两强苦斗，势在必然！

其次是社会结构。客家迁徙历经崇山峻岭，路途之难，自不待言。所到之处，安身之艰，更难以言说。因此，为了对付迁移途中的强盗、土匪和排斥他们的土著，客家先民外迁时多以宗族为单位，成群结队。到达客居地后，也多聚族而居，加之山区交通不便，长期处于自给自足的自然经济状态，因而在当时的广州府和肇庆府，多有“客村”或“客乡”。客家人的家族、宗族观念特别强固，有时甚至为了保护自己家族、宗族的利益，在家族和宗族之间也会发生残忍的乡族械斗。

由于广州地处珠江三角洲北端，位于东、西、北三江的汇合处，濒临南海，因此很早时商业就很繁荣，是岭南乃至全国的商业和对外贸易中心，西汉时已是海上丝绸之路的基地和起点，因此广府人早就跳出了传统“重农抑商”的束缚，崇商之风一脉相传。它弥漫于社会民众的日常生活中，使人们的商品意识较为突出，广州商人早在清朝中期就已闻名全国。同时，它也影响着人们的价值取向和行为目标，对经济利益的过分注重，使民系的内部凝聚力相对较弱。因此，广府人虽然也注重家族、宗族的利益，但在宗族、家族间，大族欺小族，强房欺弱房的状况也时有发生。

广府族群与客家族群这种相似的社会结构，使得他们一旦产生矛盾，就不仅仅

① （清）光绪《四会县志》。

② 陈坤：《粤东剿匪纪略》，载《红巾军起义资料辑》（二），广东图书馆油印本1959年版，第400页。

局限于个体之间，而且是一种有一定范围的更容易扩散和激化的群体矛盾。

二、经济矛盾

土客之间的经济矛盾，首先体现在对生存资源的争夺上，而生存资源的争夺主要表现在土地的争夺上。

不管是广府人还是客家人，离乡背井先后南下都是为了寻找和获得生存和发展的空间和资源，其中最重要的是作为立锥之地的土地。在土地资源的分配上，先入为主，占有平原和膏腴之地，后入者往往处于被动和弱势的地位，只能屈居于山地和贫瘠之处，这是一种普遍的现象。广府人住在西江下游，土地资源的多少相对固定，而人口却日益激增，这种人口压力固然来自于广府人自身，更来自于南下的客家人，因为客家人是成群结队而来。下面一组数字足以说明当时广东土地资源日益紧张的状况。

表 7—2　清代广东的人口、耕地面积及人均耕地面积简表①

年代	人口及其指数		耕地面积（亩）及其指数		人均耕地面积（亩）
1685	1，109，400	100	30，239，255	100	27.26
1724	1，307，866	118	31，247，464	103.3	23.89
1753	3，969，248	358	32，883，293	108.7	8.28
1766	6，938，855	625	33，696，253	111.4	4.86
1786—1791 平均	16，175，667	1458	33，548，210	110.9	2.07
1812	19，174，031	1728	32，034，835	105.9	1.67
1820	21，558，239	1943	34，300，709	113.4	1.59
1851	28，388，716	2559	34，390，309	113.7	1.21

从上表我们可看到，当时，广东耕地面积的增长微不足道，人均耕地面积大幅度减少，进入 19 世纪后，更是减少到不足 2 亩。而当时清代规定的基本土地生产力基准是人均 4 亩耕地，② 即使是在土地生产率比较高的华南地区也需要 3 亩，③ 也就是说，在 1785 年以后，广东的耕地面积已经养活不了广东的人口，生存资源进入非常紧张的状态。

在这种状况之下，为了维持既有的土地面积和获得更多的土地资源，当地人对

① 朴基水：《清中期广西的客民及土客械斗》，载《中国社会经济史研究》2005 年第 4 期。
② 戴逸主编：《明清史》（第二册），人民出版社 1984 年版，第 347 ~ 348 页。
③ 陆仰渊：《太平天国起义前广西的人口与土地问题》，江苏古籍出版社 1985 年版，第 172 页。

于后到的客家人，自然是不但极力排斥，而且“役使严急”，而客民为了争得和扩大生存空间，自然是不甘示弱，因此“仇怨日积”。双方逐步走向敌视。[①] 正如罗香林后来所概括的一样：

乾嘉以后，客家在台山、开平、四会一带者，因人口激增，势力扩展，始则租赁土人的田地，以耕以殖，继则渐次设法收买，形成与土人相对竞争的局势。[②]

因而土客冲突，从某种意义上来说，是生存资源的争夺，是土地问题严重化的结果。

土客之间的经济矛盾，在争夺作为生存资源和立身之地的土地上首先表现出来之后，便不断地沉淀和发展，并延伸到了户籍制度。

在古代，户籍不仅登记人口，而且登记田产。自西汉以来，历代法律都有专门的户籍法，但对私人土地的所有权没有产权的界定，即上个朝代认可的地契，到下个朝代未必能够发生作用，因此，户籍的记载就成为土地使用权合法化的关键，政府也就通过户籍控制土地和人口。因而从某种意义上来说，户籍不但是一个人的法定身份的象征，如明清就通过户籍把人们的社会身份，即是“编户齐民”或是“无籍之徒”、“化外之民”区别开来；同时也是土地使用权，或者说在特定时候的所有权合法化的标志。清代地方政府登记土地和征收赋税时，便是采用了“图甲制”户籍系统，规定社会成员或社会群体只有在一个户籍系统中开立了户名，并将自己所占有的土地登记在某一户名下，其所有权才会合法化。

客家人多居山垦殖，加之相对于土著来说，普遍为弱势地位，因此，入户不但可化解他们作为“无籍之徒”、“化外之民”的尴尬处境，还在一定程度上可以为他们辛勤开垦出来的土地寻求一定程度上的保护。

为了保护赖以生存的土地，必须争取到户籍，而除此外，客民入户还有更为重要的或者是更为微妙的原因，那就是入户取得合法身份是当时谋求向上流动、改善生存状况的必要条件。因此，土客的经济矛盾又由户籍制度蔓延到了科举应试晋官的领域。

在清代，科举是人们社会地位纵向流动的最重要阶梯。对于饱受迁移之苦的客家人而言，这更是他们摆脱贫穷落后、改善社会身份、提高社会地位的重要途径，况且客民多来自于中原望族，本就有着“学而优则仕”的传统，在一些客家农宅厅堂内，常见有这样的对联：

---

① 《郭嵩焘奏稿》，岳麓书社 1983 年版，第 24 页。

② 罗香林：《客家研究导论》，上海文艺出版社影印本 1992 年版，第 24 页。

耕可养身读可养心身心无恙定多安泰

饥能壮志寒能壮气志气不凡必有大成

其文风之盛略见一斑。但是，清代有关条例规定，各地学额（清代的府、州、县学每年录取生员的数量都有定额，即“学额”）均有比例定数，应试者应在原籍参加考试。迁居者必须加入当地户籍满二十年，取得客居地的法定身份后，才能在客居地应试。这种相对僵化的宏观制度结构对作为后到的南下汉族的客家人来说，机会极为有限。据民国《增城县志》记载，当时全县共有376个村落，其中客民村落为71个，占19%；而全县科举中试者共有358人，其中客民仅有7人，比例仅为2%。哪怕这样，客民一旦入籍并在入籍地参加考试，势必会占取有限的名额，这在土著看来是直接侵害了他们的利益。因此，一方面是客民想方设法要努力改变其劣势地位，争取更多的机会，这对土民来说，是一种潜在的威胁。另一方面是土民要努力维护其既有的利益和相对优势，对客民童生百般刁难，结果是造成了双方的对峙局面，比如有的客民“冒籍”应试，一旦被土民发现，会遭其检举揭发，即使是符合条件的客民应试，土民也都会予以无理的人为的阻挠，因而在各种各样的乡试府试中，客民合格者寥寥无几。这固然和客民因迁徙而造成的贫困和教育的落后有关，在日本学者小岛晋治看来：

> 但同时应重视原住汉族乡绅集团加给客家人考生各种各样人为的障碍。例如，咸丰年间，广东省恩平县发生的大规模‘土客’械斗，其中的原因就有和土地问题搅在一起的土人乡试集团对客家人童生的压迫。在这个地区，客家人童生要进行府试，须交土人乡绅的身份保证书。后者就利用这一点，给前者以种种不便。[①]

另外，土客的经济矛盾还存在于土地的垦殖和利用上。后到的客民对土地的垦殖和耕作与土民多有不同。由于客民的后到，多族居山地，他们开垦的农田地势一般要比土著的水田高，客民田地排水自然流入土著低洼的水田，因此在用于灌溉、排水的沟渠开筑之间，土客难免时有龃龉，常有纠纷。

土客纷争不断，生存和发展的竞争愈演愈烈。显然，清廷的移民政策，包括户籍制度、“学额”限定等，成了大规模冲突爆发的催化剂。

① 《试论拜上帝教、拜上帝会与客家人的关系》，载《太平天国史译丛》（第二辑），中华书局1983年版，第299~300页。

三、文化习俗冲突

1871年英国文化学家泰勒在《原始文化》一书中提出，文化“乃是包括知识、信仰、艺术、道德、法律、习俗和任何人作为一名社会成员而获得的能力和习惯在内的复杂整体”。《现代汉语词典》关于“文化”的释义是“人类在社会历史发展过程中所创造的物质财富和精神财富的总和，特指精神财富”。客家先民在长期的迁徙及宗族化的生活中，有着其独有的文化积淀，这种文化积淀除了表现在其族群性格上外，也鲜明地存在于一系列客家的民俗事象上而被长期自觉地传承下来。客家的文化习俗在长期的历史发展过程中，虽也融合同化了土著的一些民俗文化，但其总体倾向还是相对封闭的。因此，虽然客家民系和广府民系同宗同源，但由于广府土著先于客家到达南粤，且长期被阻隔于岭南一隅，其文化民俗也自成一体。也就是说，广府土著和客家民系虽有着共同的文化因子，如汉族共同的传统信仰和生活习俗等，但彼此的相对“封闭”，使两者之间存在着一些差异，难以一下子相交融合，长期淤积下来便变成了土客之间难以化解的矛盾冲突。

土客之间文化民俗的矛盾首先表现在方言上。

俗话说：相嘘成风，相沿成俗。方言也不例外。岭南本是百越族聚居之地，语言作为一种交流沟通的工具，各地自有世代相传的习惯，方言众多，这本是正常的。加之珠江三角洲由于其独特的地理位置，很早就成为全国的商业和对外贸易中心，自然吸引各方来客，这在客观上也促使了本地方言和外地语言的混合。而由于广府土著在岭南文化体系中所占有的强势地位，因而对其他方言具有一定的排斥性，而由于各种各样的利害关系，如族群矛盾、经济利益冲突等的影响，他们对客家方言的排斥更甚，他们不但将与其操不同方言的客民视为异类、等同于夷狄而加以歧视，而且视客人语言为“南蛮鴃舌”，“入耳嘈嘈”。客民隶增者，虽世阅数代，乡音无改，入耳嘈嘈，不问而知其为异籍也。①

对于客家人来说，客家方言与客家民系是相共生，共形成，同发展的，是他们生存的根本，在客家民系中，就有“宁卖祖宗田，莫卖祖宗言；宁卖祖宗坑，莫卖祖宗声”的谚语。在客家人看来，正如徐旭曾在《丰湖杂记》中所说，因“同患难而生，不应东离西散，应同居一地，声气既不间隔，休戚始可相关……”因而所操语言的不同虽不是土客械斗的根本原因，但蕴藏在其中的歧视和反歧视的冲突，却成为土客对立的因素之一，正如下面所言：

夫无论土民客民，皆黄农裔也，只因方音不同，积年寻仇剧斗，两败俱

① 参见民国《增城县志》。

伤，为祸之烈，一至于此，虽由民俗勇于私斗使然，亦在彼此语言捍格，易失感情，有以致之。①

其次，土客之间文化民俗的矛盾还表现在一些风俗习惯上。

丧葬习俗。客家人对于慎终追远之事，特别庄严肃穆，可谓葬务从厚，礼务从奢，且多有种种乖常之举，如筵宴祭拜、鼓乐奠别等，特别是他们的“背骨骸”、“二次葬”、“多次葬”和“衣冠冢”习俗。

客家人南迁，颠沛流离，随处为家，由于他们的风水观念，为了振兴家族，他们的尊祖观念也特别浓厚。迁徙之时，必将先人遗骸挖出，用陶罐装好，随身携带，到了迁居地，再择吉地将其安葬。这是客家的“背骨骸”习俗。

还有“衣冠冢”习俗，据罗香林介绍：

或即有其他关系，祖先骸骨无法与家人同徙，亦必于所迁地域筑坟，招魂遥葬。或以祖先所遗衣物葬于圹内；若并衣物无之，则制一银牌，书祖先名讳及生卒年月，埋于圹内。此类坟墓，即客家的“衣冠冢”。②

寿材

“背骨骸”迁徙固然要有“二次葬”、“多次葬”，迷信风水的客家人，就是在稳定的状态下，也常有“二次葬”、“多次葬”的习俗。

潮州客家人相信“……富贵出自坟墓，沉迷风水……相尚屡迁，葬后数年，必发冢洗骸，睇瞻吉凶，至数百年远祖犹然洗视不休。”③

这种“二次葬”、“多次葬”的习俗，按民国《赤溪县志》所载，“其初原为保护遗骸之义”，后来则演变为一种迷信，“家有疾病，或不如意，归咎于地之不吉，又复起骸骨”择吉地而葬之。

广府土著也迷信风水，有着较强的风水观念，因为不管是广府土著还是客家先民，在他们看来，风水事关一家、一族甚至是一个群体的兴衰荣辱，结果因为风水争夺坟山墓地而引起的争执和械斗便时有发生。

① 参见民国《增城县志》。

② 罗香林：《客家研究导论》，上海文艺出版社影印本1992年版，第65页。

③ 参见蓝鼎元：《鹿州初集·潮州风俗考》卷十四。

堡垒式围楼

粤北泥筑围堡

建筑习俗。客家南迁本就带有宗族性的特点，到达客居地，面对恶劣的山地居住条件及土著的排斥，为了能够安身立命，也为了能保存宗族和血脉的传递，他们往往是同一宗族居住于一间大规模甚至是超大规模的屋中，共同生活，共同御敌，因此，客家民居大多是既可容纳众多人口的院落式建筑，如土楼、围龙屋等，而特殊的生存环境使他们特别重视房屋的防御功能，甚至还有平时不住人，只用于避难用的方楼（或称碉楼），还有在与潮汕人或广府人的临界点或杂处地建立起来的围村等。广府土著也有防匪患、防洪灾的碉楼（如开平碉楼），也有类似于防御军事堡垒的围村。本来，土客之间在建筑上有着某种相似性，不会形成矛盾，但也恰恰是这种相似性，无形中促使他们之间一旦产生矛盾，便很快扩大化，很快升级。因为一般情况下，矛盾往往产生于个体，而由于他们各自内在的主观上的宗族观念以及外在客观上的族居形式，个体矛盾很快会上升到家、户，并扩而广之到族、村，个体口角变成群体斗殴，单一矛盾变成宗族冲突，而一旦冲突武力化，对于都具有相当强的进攻力和防御力的双方来说，武力的升级力量也就显得很大很强。

如果说，族群、经济、文化等方面长期积淤沉淀下来的矛盾是造成土客械斗的内因的话，那么一定的社会环境则是加剧土客矛盾、促进械斗发生的外在原因。

四、社会环境的影响

土客之间在族群、经济、文化等方面长期积淤沉淀下来的矛盾相互交织并外化为土客之间的冲突，加之清政府在冲突双方中的倾斜政策，这在无形中也在隐隐地催化着土客矛盾的加深和加剧，兼以社会形势的动荡不安，社会环境充满着一种对立乃至敌对的气氛，土客矛盾终于演化成干戈相对的恶性冲突。

（一）清廷施政失误

清代械斗之风的盛行乃至最终酿成土客大械斗等大患，可以说跟当时由清廷的“弱”势而造成的种种失误不无关系。

1. 朝廷失控。

民间械斗在一定程度上来看，可以说是国家法律权威削弱和失控的表现。土客矛盾乃至殴打、械斗由来已久，可对此清廷却未有完善的法律措施，尤其是太平天国运动和鸦片战争，更使清廷内外交困，社会日趋衰败，面对土客冲突，无暇也无力加以正视，没有及时修订完善有关的法律规定，消弭土客隔阂，促使土客和睦和谐相处。

械斗发生以后，如果朝廷能及早予以重视，妥善处理，也不至于迁延恶化，酿成大祸。曾任两广总督的毛鸿宾就说过：

> 咸丰四年洪匪构乱，土客乘势互相寻杀。其时一良有司治之而有余，乃上玩下泄，漠视不理，坐令酿祸至今，扰乱十余年，蔓延十余县，迨发逆戴梓贵投入其中，遂其潜蓄异志，大肆披猖，几于不可复制。①

2. 吏治不良。

清代政治的腐败、体制的僵化等使得吏治败坏，广东地方官吏积弊糜烂、上下因循、因私枉法、尔虞我诈，加之有关的法律规定的模糊和欠妥以及土著本来的优势，一旦土客争执乃至械斗初起时，地方官吏出现自觉或不自觉的执法不当、处理不妥，或者官不执法，潦草敷衍，最终导致民不服法或民不畏法，土客矛盾也因此积聚沉淀下来，即使是初起的械斗也因此而被逐步地人为恶化了。

而对于清廷来说，这种不良的吏治，也是积重难返。

早在乾隆年间，福建按察使德舒在《乾隆十六年十一月二十一日福建按察使德舒奏折》中就奏称：

> 闽省械斗之风，固由民俗凶悍使然，而究其肇衅之由，大都户婚地土细事。地方官遇有词讼，果能秉公剖决，依限究结，原可立为排解，相安无事。听断不公，更或迁延时日，每致两造更逞私忿，酿成大案。是词讼一项，乃械斗开端之渐。②

---

① 毛承霖编：《毛尚书（鸿宾）奏稿》卷十三《擒获客匪首逆戴梓贵余众求抚折》，同治三年十一月十四日。

② 《宫中档乾隆朝奏折》（第二辑），藏于台湾“国立故宫博物院”，第18页。

嘉庆年间两广总督那彦成也说：

粤东械斗命案，州县虑及处分綦重，遂致多方掩饰，分案详报，案情失实，奸民愈为得计，百姓习于战斗，酿祸日深。①

时人邓承修描述：

粤省械斗之案，……皆因上下隔阂词讼，曲直不分，冤抑无诉，遂激而成械斗。②

当时广东巡抚郭嵩焘对粤东地区土客冲突的描述对粤中粤西土客来说同样也有一定的相似性：

粤东民情犷悍，由地方吏治偷敝，酝酿太深之故。③

直至光绪初年，粤督张树声也有类似说法：

械斗之因，“穷究本原，其迁流之始，未尝不由当时地方官积习因循，不能遇事公平申理，讼结不解，私相报复，酿成积重之势，驯至今日，即有勤能之吏，亦苦刑政之俱穷；即有条教之颁，亦常捍格而不达。”④

更有甚者，有的官吏更将处理土客矛盾、械斗事件作为牟利的手段。邓承修就说过：

地方官讳匿不报，及至糜烂之后，乃从容委员勘视，传集左右亲邻，为之劝息，名曰“议和”。杀伤无论多寡主谋之人买凶作抵，名曰“顶凶”。委员夫役，悉出于斗家。择肥而噬，名曰“勇费”。⑤

御史杜彦士在道光二十年（1840年）也奏称：

① 容安辑：《那文毅公（彦成）奏议》卷十。
② 邓承修：《语冰阁奏议》，近代中国史料丛刊之第十二辑，（台北）文海出版社1966年版，第227～228页。
③ 《郭嵩焘奏稿》，岳麓书社1983年版，第281页。
④ 何嗣焜编：《张靖达公（树声）奏议》卷五《整顿惠州府属地方片》。
⑤ 邓承修：《语冰阁奏议》，近代中国史料丛刊之第十二辑，（台北）文海出版社1966年版，第227～228页。

械斗“虽民风之刁悍，实地方官有以启之。如户婚田土细故，控之官，官累月不坐大堂，终年不结一案，于是自行掳禁，仇怨向寻。其因斗致命，偶有报官者，又先索相验之体，路菜刍粮，非银二三百元不可，银一日不缴，官一日不出，有迟数十日不相验者，于是有腌尸之事。至已经相验，官令胥役，劝其调和，复择其所告之富者，勒派多银，尸属所得，不过数十金，其余尽充官之囊橐。如尸亲不听调处，即多方恐吓，民勉强应命，怨终不释，而斗又兴，……民习知其弊，故报案者百无一二”。①

美国史学大师魏斐德（Frederic Wakeman，Jr.）在他的《大门口的陌生人——1839—1861 年间华南的社会动荡》中也指出：

各族宁愿兵戎相见，而不愿到地方官的大堂上去申诉，因为在那里，他们会遭到勒索，或是接受不可捉摸的审理。②

哪怕是被派来平息械斗的官兵，也是以此作为“闹饷”的手段。同治四年（1865 年）六月，郭嵩焘在给李瀚章的信中就说道：

粤俗强悍，将弁兵勇足任征战，直苦积弊太深，群相与视为罔利营生之具，纪纲法度荡无一存。③

吏治的不良，对于土客矛盾和械斗处理的不当不力，终于导致百姓对官府的不信任乃至痛恨，转而寻求自我解决的办法，矛盾或械斗也因而被激化。

吏治不良的另一严重后果是整个社会盗匪横行。郭嵩焘在给李瀚章的信中就叙述了这样的一件事：

有翁源人巫桐者，拦舆具控，祥问及，具述民间冤苦之状。三二百人以下之户，生杀皆听命强族，家有千钱无敢固藏者。问以所居乡独然耶？曰通邑皆如此，而县官不问。④

盗匪的横行则为日后大规模的械斗提供了充足的后备力量。在后来的大规模械

① 黄爵滋：《会议查禁械斗章程疏》，道光二十年四月初六日《黄爵滋奏疏》卷十四《使阁任内会奏疏》。

② ［美］魏斐德著，王小荷译：《大门口的陌生人——1839—1861 年间华南的社会动荡》，中国社会科学出版社 1988 年版，第 127 页。

③ 太平天国历史博物馆编：《清咸同年间名人函札》，档案出版社 1992 年版，第 144 页。

④ 太平天国历史博物馆编：《清咸同年间名人函札》，档案出版社 1992 年版，第 149 页。

斗中，不论是土人还是客民，他们除了自身的力量外，很多时候都是从社会招来一些人充当“斗勇”。

3. 当局举措失当。

土客矛盾由来已久，而最终酿成大规模的流血械斗事件，在一定程度上来说，还与当时政府举措的失当有关。

团练、募勇是清政府应对统治危机的一大法宝。太平军兴起的时候，朝廷曾下令各省“举行团练”，“人自为战，家自为守”，用“以民助兵，以堵为剿”为“制贼之法”。①

面对声势浩大的洪兵起义，业已衰败的清廷既无暇也无力顾及。因此，为了镇压起义，清廷上下如法炮制，利用土客矛盾，训练客家团勇以协助清军镇压洪兵。如在洪兵刚兴起时，广东巡抚叶名琛便大量募勇对付洪兵。但政府财政逐渐枯竭，叶名琛便以功名官衔为诱饵，鼓动士绅们用他们的威望和私囊招募族人充当募勇。于是客民武装乘机而起，并进而改变了原有的土客竞争冲突格局，引发了更大规模的土客矛盾，使土民与客民的矛盾尖锐化、扩大化，使土民和客民都蒙受更深的大灾难。

（二）土客杂处的环境

可以说，土客杂处的地理环境，也是发生土客械斗的一个外在的重要因素。在土客杂处地方，居住大都呈大杂居、小聚居、插花式散居的格局，即先到的土民居住的地方大都房屋毗连，连村而居，而后来的客民为了生存，则是“见缝插针”，错落而居。但是，在客民一方：

> 族党之谊甚笃，遇有仇敌，及好勇斗狠，一呼百诺，荷戈负锸而至，罾不畏死。故土人来人（即客人，引者注）常有口角相争，酿成械斗之案。②

可以说这种现象，普遍存在于土客杂居处。同住一处，难免会因土地、风水、水利等问题发生冲突，一旦冲突发生，又很快地被扩大化。而相反，在一些纯客和纯土或准纯客准纯土地方，土客纷争械斗的现象就比较少见。

（三）械斗之风盛行

随着客民南移所带来的土客冲突可以说是当时广东乃至整个华南地区移民区域社会生活的一个基本内容。

---

① 参见《清文宗实录》卷一九九。

② 同治《浔州府志》卷四《风俗》。

由于南方地带的相对荒蛮，强悍好斗，民间武器装备也十分精良，因此往往为纤介小事便大动干戈。广东巡抚郭嵩焘就曾奏称：

粤省“其民皆剽悍轻生，习以劫盗……散而为贼，收而为勇”。①

广东民俗人心之敝，穷与思议。百姓日以兵刃相接，地方官与百姓亦日以兵刃相接。所在筑立竖墙，广开炮眼。竹盔、铜甲，小村数百具，大村或数千具。专务以强凌弱，以众暴寡，公行劫掠，负险抗官，竟有数十百年不知完纳钱粮为何事者。②

土著依仗着它较客民厚实的政治、经济等方面的根基，对后到的客民加以排斥；而客民尚气争胜的性格，使得他们无论处于强势或弱势状态，都不可能完全融合于土著，更不可能向土著屈就低头，因此土客之间的冲突往往被升格表现为武力比拼，这使得民间械斗之风颇盛。嘉庆年间两广总督那彦成在描述粤东民情时就说过：

百姓习于战斗，酿祸日深。③

实际上这种状况不仅仅存在于粤东地区，在广东及至整个移民区域莫不如此。当年的郭嵩焘也这样描述过：

粤东民情犷悍，……百姓习为械斗……近年惠、潮风气，浸淫至于广属，东莞、新安诸县，尤与惠、潮风气相近。富乡大族，均各筑立土城，广置炮火，以劫掠为事。④

时人邓承修也有类似的奏议：

粤省械斗之案，始于潮属，蔓延广惠……焚烧掳掠，鸡犬一空，杀毙逃亡，伤心惨目。⑤

《赤溪县志》也有这样的记载：“五岭以南，民风强悍，械斗之事，时有闻焉。”

---

① 《郭嵩焘奏稿》，岳麓书社 1983 年版，第 72 页。

② 《郭嵩焘奏稿》，岳麓书社 1983 年版，第 307～308 页。

③ 容安辑：《那文毅公（彦成）奏议》卷十。

④ 《郭嵩焘奏稿》，岳麓书社 1983 年版，第 281 页。

⑤ 邓承修：《语冰阁奏议》，近代中国史料丛刊之第十二辑，（台北）文海出版社 1966 年版，第 227～228 页。

这种弥漫于华南地区的械斗之风，无疑为土客械斗的最终发生起了推波助澜的作用。

第三节　由械斗引发的又一次大迁徙

土客之间的矛盾冲突日积月累，彼此如箭在弦上，日益衰败的清廷又无力以逮，终于自咸丰四年至同治六年，即公元1854—1867年，鹤山、高明、恩平、开平、高要、新兴等肇庆府六县，首先爆发了土客大械斗，随后又蔓延到新宁（今台山）、阳春、阳江等十多个县，乃至广东全省，前后持续长达十几年，土客双方均遭受重大损失，死伤不计其数。

关于这场战祸之惨烈，土民、客民各有其特定的叙述角度。客民这样描述：

> 鹬蚌相持，遂使黄口无辜，同遭屠戮，白头抱憾，亦被诛夷。脂涂原野，魂飞烽火之天；血洒荒芜，胆落刀砧之地。①

而麦秉均的《鹤山麦村麦氏族谱》则借土民之口说：客民“奢侈纵横，焚掘杀掳，无恶不作，七八年间，罪恶贯盈，天怒人怨，……”

由于叙述双方都站在自己的立场，难失公正，我们暂且撇开其中的主观色彩，也不难了解到当年这场械斗的残酷！

时人邓承修在其奏议中对械斗也做过描述：

> 焚烧掳掠，鸡犬一空，杀毙逃亡，伤心惨目。②

民国《赤溪县志》中一段叙述也同样触目惊心：

> 土客双方“互斗连年，如客民于鹤山之双都各堡、高明之五坑各堡，及开、恩二县……等处共二千余村，悉被土众焚毁掳掠，无老幼皆诛夷，死亡无算。而鹤、高、开、恩等县之土属村落，亦被客民焚毁掳掠千数百区，无老幼皆诛夷，死亡亦无算。据故老所传，当日土客交绥寻杀，至千百次计，两下死亡数至百万，甚至彼此坟墓亦各相掘毁，以图泄愤，其狠惨殆无人道云。”③

---

① 民国《赤溪县志》卷七《纪述·金石·巡抚蒋公益澧长生碑记》。

② 邓承修：《语冰阁奏议》，近代中国史料丛刊之第十二辑，（台北）文海出版社1966年版，第227～228页。

③ 民国《赤溪县志》卷八《赤溪开县事纪》。

的确，土客冲突早已有之，然而正如有些学者所言：

但未有仇杀十四年，屠戮百余万，焚毁数千村、蔓延六七邑，如清咸同间粤省台山（原名新宁县）、开平、恩平、鹤山、高明等县土民与客民械斗受祸之惨也。……当日各县土客……互相屠杀，卒至两败俱伤，死亡相等。①

这就是骇人听闻的“广东西路事件”。这场极为残酷的大械斗，可以说“是以往械斗的延续和升级，它囊括了以往械斗的一切内容和形式，并将械斗推向了新的阶段——从联族联乡，发展到跨县联籍；从以同姓宗族为组织，发展到数姓设局建团相统属；从鸟枪竹铳，各族自建高楼铳楼，发展到蒴粉快枪，数姓同修堡寨枪台，从迫使族人与斗、顶凶加之一定数量的雇佣枪手、花钱买凶，发展到大规模地重资雇勇，甚者不惜割让田地雇募勇壮。”② 的确，这是广东土客冲突的大集结，也是客家史上一场空前的浩劫，

一、土客械斗的导火线——洪兵起义

鸦片战争后，中国社会形势发生了根本性的深刻变化。帝国主义列强凭借其从不平等条约中所取得的特权，在政治、经济、文化等方面大肆侵华。清政府横征暴敛，大量增加赋税。地主阶级加重压榨，广大农民饥寒交迫。农民领袖洪秀全领导广大农民揭竿而起，爆发了反帝爱国的太平天国运动。太平军在咸丰三年（1853年）占领金陵（南京），并将其设为太平天国的京城。随后又派兵北伐，清朝的统治基础由是动摇，各省人民纷纷起义响应，广东也不例外。咸丰四年（1854 年），洪兵起义爆发。可以说，洪兵起义是在太平天国起义的直接影响下而发生的，同时跟当时三合会的蔓延及广东形势不无关系。

三合会是清代的秘密结社天地会在广东的分会。其宗旨是“反清复明”，虽为清廷所不容，但其变名和支派当时遍布全国各地，影响很大。嘉庆、道光时期广东的三合会发展迅速，势力日益扩张，屡有举旗起事之举。

咸丰初年，广东中西部连年遭遇水灾，农民几乎颗粒无收，挣扎在死亡线上，可官府仍然是赋税不断。农民纷纷加入三合会以寻求庇护。

咸丰四年（1854 年）六月，以何六为首的东莞三合分会的活动遭到当地绅士首领的压制，何六因此在石龙圩首举义旗，公开造反。紧跟着，广州地区各三合分会首领也都纷纷打出了造反的旗帜。起义军以“反清复明”为口号，发布讨清檄文，

① 郎擎霄：《清代粤东械斗史实》，载《岭南学报》1935 年第 4 卷第 2 期。

② 张研：《简论咸同年间土客大械斗》，载《清史研究通讯》1987 年第 2 期。

历数清政府的腐败统治，提出建立一个“公平正直”的世界，并很快攻克了顺德、清远、肇庆、增城等州县城池，“广州、韶州、肇庆先后陷贼者二十九州县”。①

起义军自称“洪兵”，以头裹红巾为记号，旗号也是红色的，故也称红巾军，或“红兵”，洪兵起义也称红巾军暴动。《新会乡土志》记载：

> 咸丰四年夏五月，“广东红巾贼起……会匪所在蜂起，从逆者裹红巾，服梨园衣冠，造洪顺堂、洪义堂印，署置将军、元帅、先锋、军师伪名号，其党曰洪兵。官军麾帜用白，贼遂称为白兵。”②

在广东，不管是东路、北路，还是中路、西路，群雄并起，最后他们结成同盟，组织20万兵力，对广州实施围攻，全省形势岌岌可危。可由于适逢太平天国等国内叛乱如麻，清政府没有兵饷及钱粮镇压洪兵起义，于是当时广东巡抚叶名琛一面向英、美、法等国乞求外援，借助外来力量镇压洪兵起义。另一方面鼓励各地方政府组织团练、发展民团自卫，阻截红兵。因为当时起义军人数虽多，但缺乏训练，纪律松弛，武器落后，补给困难。起初，为了筹备军需，他们只在攻占的地区收人头税。可后来，有的人竟至于打家劫舍，这使他们在客观上失去了民心。加之洪兵起义军及其首领多为土民，客民不多，因此官府所招募的多为客民，“客勇”应运而生。由于官府的支持，客勇在“围剿”洪兵中很快发展壮大起来，并且迅速偏离帮助政府镇压洪兵的轨道，将矛头对准了他们日常生活中的“仇人”——土民，甚至有的错误地以此作为他们洗刷长期以来被歧视、被奴役的耻辱，实施报复的手段。如客籍武举人在其一份致客民书中所说：

> 千载一时之会，焉可舍而不图，……歼除土著，归为统一，……斯不失祖宗复仇之意志。③

洪兵方兴时，马从龙便陈请叶名琛允许他组织客家练勇“助剿”，在得到叶名琛批准后，马从龙串联了鹤山、高明、新兴、开平、恩平、阳春等县的客家乡绅会盟，制定客家人“同心剿匪”章程，堂而皇之公开积极地组织客家武装，并开始四出攻打土民村庄，正如宣统《恩平县志》所载：

> 客人素与土人不协，常欲借端启衅，图为不轨。及得令，益自恣睢，结寨

---

① 民国《清远县志》卷三。

② 光绪《新会乡土志》卷三《兵事》，光绪末粤东编译公司铅印本。

③ 参见《恩平文史》第21期，第3页。

云乡、大田，佯托官军，诬土著为匪党，肆行杀戮，各邑又潜为勾引，蔓延六县。①

面对客民的突然“崛起”及“公报私仇”的行径，土民不甘示弱，连忙组织反抗。民国《赤溪县志》卷的《赤溪开县事纪》描述：

时为贼目及附贼者多土属人，闻剿惧之，乃散布谰言，谓客民挟官铲土，土众惑之，因是仇客分声（各分方言也），乘势助匪杀掠客民，客民起而报复，遂相寻衅，焚戮屠杀。②

就这样，土客之间的矛盾迅速由个体与个体、宗族与宗族、村寨与村寨之间上升为族群之间的矛盾，并开始白热化而终于被引爆出来，绵延十几载，屠杀过百万的举世罕见的广东土客大械斗从此拉开了序幕。

二、错综复杂的历史缠结

土客械斗十多年的时间，整个过程大致上经历了从客民借机、借名（借清廷利用他们“助官剿匪”之名），实施报复到土客双方势均力敌、拉锯对峙，最后是土民和官兵“围剿”客民，客民接受政府遣散、安插等几个阶段，清政府也由“助客”转为“剿客”。

1. 械斗初始阶段。

本来，不管是洪兵起义也好，募勇民团也罢，其中都有土著客人，但从总体来看，洪兵起义军中以土民为主，客民不多；而官府所招募的则多为客勇。械斗之初，双方都非常残酷地实行“铲村”行动，即聚集武装，摧毁对方的村庄，残杀对方丁壮，抢掠妇女财物，放火烧屋，甚至挖掘坟墓，横尸暴骨，结果是死伤累累，村落成废墟，田园变荒芜，人民流离失所。相对来说，械斗中，大多数土民是死于屠杀，而大多数客民却死于饥饿。因为毕竟土民更早到达粤中粤西，有着更为广阔的大后方，因此土寨一旦被破，逃得出来的人便投亲靠友，编茅结舍栖息苟活。而客民本来后方基础就薄弱，加之为了生存，多有劫掠之事，所谓“失道寡助”，因而客民寨子一旦被破，刀口余生走投无路，只好逃入深山老林，最后多数因为没有后方的支持，外面又被土勇所困而被饿死。

大体上来看，械斗的开始阶段，客勇以“助官剿匪”为名，实行报复之事，肆

① 《恩平县志》卷十四《纪事二》。
② 民国《赤溪县志》卷八《赤溪开县事纪》。

无忌惮进攻土村，攻寨掠地，土民虽予以残酷报复，但略显被动。

在当年械斗主战场之一的鹤山，开始洪兵冯滚等借势向各乡派捐派粮，甚至掳掠打单（即向人勒令按时交纳一定数量的金银或粮食，逾期者就实行武力制裁，这是洪兵筹集军饷的主要手段）。一次派人前去鹤山迳口、云乡，不但向客民打单未遂，还遭客民围歼，派去打单的人也遭杀害。冯滚派人暗中杀害了客绅高三的小儿子。高三发誓报仇。他不惜倾家荡产，与秀才张宝铭推举武举人马从龙为领袖，组织客家武装，与红巾军为敌，并攻打洗劫土民村寨。鹤山大规模的土客械斗由此开始。有的史料还认为，整个灾难性的土客械斗也是由鹤山开始的。尽管客勇把矛头指向了土民，但由于他们是官府镇压洪兵的得力帮手，因此官府还是对其青睐有加。后来他们又协助清兵收复了县城，擒杀了鹤山红巾军领袖大鲤鱼、何困仔等，并在江门、长沙等战斗中屡屡得胜，因而得到清政府嘉奖，并令鹤山知县统率客勇清除红巾军余党，客勇由是更加趾高气扬，鹤山、恩平、开平等地的客民更是打出"六县同心，天下无敌"① 的口号，乘机对土民焚杀劫掠，大肆报复："……残破乡闾，烧杀老幼。所过赤地……"②

麦秉均的《鹤山麦村麦氏族谱》载：高明壮勇2万余人与客民交锋，结果"追逐被杀者3000余人"。客勇攻打双桥上下三村，"烧房舍百余，杀人六七十，财物一空"。灭罗村时，"墙垣倒塌，宛如平地"，死者百余人。直至后来，鹤山当局对日益强大的客民势力几乎已无法控制，失去约束的客民更加肆无忌惮，"胆益大，心益毒，霸产踞业，视妇女为鱼肉，或抢夺，或淫污，侵掘祖坟，掳人勒赎，拦途截摸，擅杀无辜，无恶不作，无利不搜……"土民纷纷出逃，以避锋芒。直至咸丰八年和九年（1858年和1859年），客民可谓是"强横肆虐，较前弥甚，横直百里，无村不踩矣"，即使是麦村，虽曾经与客民友善过，且在土客冲突中，"素以正道自矢，久为客人推重"，也未能幸免，也是"忍辱不堪"。

鹤山的土客械斗发生以后，恩平、开平、阳春、高明、新宁（今台山）、高要等地的土客武装冲突也接二连三地发生。有的时候，一些地方的械斗还连结了起来，其势更为惨烈。如恩平的械斗也是由"客勇讨贼"开始的。

> 咸丰四年间，匪徒四起，（官府）募雇充勇，客民自恃有功，借剿匪名，泄其积忿，肆掠土乡，占据田土，互相报复。③

客人"视土著如无物"④，从咸丰四年（1854年）七月至五年（1855年）五

①② （清）赵源英：《新会围城记·客兵恣害》。

③ 陈坤：《粤东剿匪纪略》，载《红巾军起义资料辑》（二），第400页。

④ 宣统《恩平县志》卷十四《纪事二》。

月，攻城拔寨，对土著村庄全面进攻，据《恩平聂氏家谱》记载：

> 两广总督叶名琛谕令客人剿灭洪匪，不知客人早有仇视土人之意，由鹤山、开平而来，焚劫土人村庄，大小男妇尽为杀戮，夺人妻女为婚，其毒甚于洪匪……恩邑虽免洪匪之祸，仍不免客匪之惨业。①

咸丰六年（1856年）中期发生于恩平松柏山的械斗，是开平、新宁、恩平三县的土客大会斗，客民围困松柏山各土乡七昼夜，"水泄不通"，"援绝村陷"，土民死者超过2000人，"遗尸满溪"。②

又如在高明，全县三分之二土地尽为客民所占，客民在土村"焚掠殆尽，妇女儿童，不能走动者，被贼捉获无数，虽树木瓦砾，亦无一株一片存者，被害之惨酷，未有若高明之甚者也。"③

新宁的械斗，虽发生在鹤山、恩平、高明、开平等地之后，但很快便跟这些地方的土客械斗连结起来，其惨烈的程度和规模在整个土客械斗中都是有一定代表性的。据光绪《新宁县志》和民国《赤溪县志》等载，咸丰六年（1856年）六月，在客村深井、大窿洞等地的械斗中，客勇各杀毙土勇1600多人。十月，土民围攻大湖山，客民男妇被杀及溺水死者2000多人。过几天，客民反攻，也是毙土无算。年底，土客在白石山再度大会战，土勇早有埋伏，客勇男妇被掳杀1000多人。

其间土人虽组织过反抗，但因为或组织松散，或军无斗志，或力量弱小等原因而以失败告终。

由于上自朝廷、下至地方当局向来都把土客械斗当做是民间私事、小事加以漠视，加之清军正穷于应付长江流域的太平军及两广的洪兵，而土民多有参加洪兵的，官方需要借助客勇的力量，因此，地方当局对客民多有偏袒，如两广总督叶名琛的基本态度就是允许地方"募勇剿匪"，因此当客民以"剿匪"为名残杀土民时，他予以默许；而当土民控告客民的暴行，请求政府予以干涉查办时，他却充耳不闻，所以土客械斗发生以后没有受到有效的干预。到咸丰五六年间（1855—1856年），械斗已经十分惨烈，局面已经难以收拾，偶有官兵介入，但对已经杀红了眼的土客双方来说，已经无济于事。

2. 械斗的发展阶段。

面对客民的暴起，咸丰八年（1858年）以后，各地土民纷纷设立公局，加紧训练乡勇，开始有组织地对客民实施反攻，毁灭了很多客村。失去家园和村庄的客民，团结一致，退守险要，双方战斗呈拉锯对峙状态。其间，虽然当局官吏也曾出

---

① 聂崇一辑：《恩平县志补遗》卷二《事略》，民国十八年铅印本。

② 宣统《恩平县志》卷十四《纪事二》。

③ 麦秉均：《鹤山麦村麦氏族谱》。

面调停劝和，但由于土客双方仇怨已深，调和于事无补。

本来，不管是人力还是财力，土民相对于客民来说，都占有绝对的优势。而在械斗的初始阶段，土民之所以处于被动的局面，主要原因有二：

其一，由于洪兵中多有土民，而客勇是“助官讨贼”，受到官府的支持，因此客勇可谓有恃无恐，堂而皇之地借“讨贼”、“剿匪”之机和之名“泄私人之怨”，“报个人之仇”，实际上官府也的确予以偏袒，故而使得客民的气焰一时甚嚣尘上。

其二，由于珠江三角洲特殊的地理位置，这里的土民很早就有着较为浓烈的商品和贸易意识，它制约着人们的价值取向和行为目标，对经济利益的追逐，使民系的内部凝聚力相对较弱。加之他们比起客民来，占据着更为广阔的土地，因此，较之于客民来说，他们的组织比较松懈，力量也比较分散。

土民在经过了屡受重创的几年械斗之后，开始意识到问题的所在，纷纷在各地设立公局、团防局等组织，招兵买马，组织加强武装力量。其中最著名的是开平籍香港富商谭三才。

谭三才是开平土人后代，早年经商香港，咸丰同治年间，面对客勇的猖獗，他筹集巨款，购买洋枪，招募乡勇，训练壮丁，组织洋枪队，并在苍城等地设立全胜局等，以专门对付客民。民国《开平县志》这样描写谭三才：

> 有干才，愤客匪毁其乡里，志切复仇，集资购洋枪数十枝，所谓“剪纸尾枪”也。①

当时护理江苏巡抚谭钧培也说：

> 谭三才“……少年有豪侠气……迨客匪煽乱，流毒数邑，公乃捐重饷，募壮丁，设全胜局于苍城，设元胜局于赤水，开邑内以次削平”。②

同治元年（1862年），广东巡抚郭嵩焘向朝廷奏称：

> 上年开平民谭三才寓居香港，私购洋人火器，约集其族人，尽歼开平所属客民。③

谭三才不仅为土民捐资购械募勇，还亲自上阵督兵，带领土勇与客民打仗，并纠集各路乡团，集中武装，统率乡勇对客村展开反攻。谭三才不但资助开平土民，

---

① 民国《开平县志》卷二十一《前事》。

② 民国《开平县志》卷四十二《金石》。

③ 《郭嵩焘奏稿》，岳麓书社1983年版，第25页。

还资助他县土民。因为洋枪的“所向披靡”，恩平土民向谭三才转购十几支。土客交战，面对洋枪，客民不支，四散逃遁。[①] 民国《开平县志》卷42《金石》也载：

> 恩平、新宁亦赖公之洋枪，卒弭客祸。[②]

力量的加强和洋枪的威力，使土民倾力向客民发起强大的反击，客勇仍不示弱，拼死抵抗。然而械斗之初客强土弱的形势已开始发生了改变，土客双方开始进入势均力敌的拉锯胶着状态。

当然，在土民展开对客民反攻的过程中，自身也是死伤无数。如高明土勇集结兵力攻打明城时，围攻五月不克，用八千斤大炮轰城及用火药炸崩城基仍攻不进。最后因城中客民“粮米俱绝，食及草根，木叶、牛皮俱尽”，才被攻破。这次战斗，客民除数十人逃出，数百人投降外，3000余人被杀。[③]

由于死伤过多，费用窘竭的土客双方都开始进入喘息状态。这时逐步升级的械斗，也开始引起朝廷的关注。地方当局也曾派官吏出面调停劝和，可土客双方仇怨太深，和议终没能奏效。而由于土民在政治、经济等方面的力量远比客民要厚实得多，土民依据其政治实力不断上讼，又凭借其经济实力给政府造成一定的经济压力及施行贿赂手段，因此使清廷在对待械斗的土客双方的态度上也开始倾斜，官兵由开始时对“剿匪”有功的客勇的稍微放任转为偏向土民。在土民对客民的“讨伐”中，官兵已经开始介入，这也是最终导致客民“战败”的一个原因。

3. 械斗的基本平息。

咸丰十年（1860年）以后，土民连战连捷，客民村庄田地多被土民占领，“团勇所在，皆获战功，匪村悉平”。[④] 客民被迫到处流窜，死伤则不计。如在恩平，在那扶一带被包围的客民，饥寒交迫，死者无数。驻扎在大湖山、大龙环的客民则感染瘟疫，“死者日数百人”[⑤]，在开平，土民攻打客营凤凰时，杀毙客民2200多人。

本来，自械斗开始以来，不管是土民还是客民，大都把战斗控制在彼此之间，尽量避免与官府的正面冲突，当局也未曾将某一方当“匪”来看，偶有派兵也只是“弹压”而已，并未“进剿”。可是，到了同治二年（1863年），清政府终于转向，派出大军“清剿”“客匪”，这除了前面所说土民用经济手段打通上下关节，对当局施加各种压力等原因外，从客民这个角度来说，主要还有两个原因：

第一，咸丰十一年（1861年），广西大成国被镇压，其将领客民戴梓贵率领部

① 宣统《恩平县志》卷十四《纪事二》。
② 民国《开平县志》卷四十二《金石》。
③ 徐晓星：《昆山鹤影》，珠海出版社2001年版，第90页。
④ 麦秉钧：《鹤山麦村麦氏族谱》。
⑤ 宣统《恩平县志》卷十四《纪事二》。

分士兵突围，经信宜、电白、阳江等县辗转到了高明，客勇对他推崇有加，推举他为领袖。他率领客勇东冲西突，在恩平、高明、鹤山、开平、阳江等县间流动作战。后来，为了加强力量，扩大武装，戴梓贵收编洪兵残余。这样一来，在当局看来，客勇由“助剿”洪兵变成与洪兵合流了，终于下令加以“剿灭”。

第二，同治元年（1862年），集结在新宁大隆洞山区的被难客民，因粮食缺乏无法生存，由汤恩长率领队伍护送前往曹冲投亲靠友。路上遭土民截杀，客勇大肆反击，杀毙土民1000多人。[①] 次年正月初四，队伍经过广海城寨，突然“以飞梯倚城蚁附而登，全城遂陷”，“匪纵兵肆杀，血流成渠”，“城内伏尸山积，死者四千余人”。[②] 而当时的广海是清政府的海防军营地，也称为广海卫。客勇竟然连政府的海防要塞都敢攻打，气焰何等的嚣张。这在清政府看来，可以说简直是大逆不道，“实属罪不容诛”。[③] 政府当局分水陆两路围困广海城。经过5个月的围攻，终于攻克了广海城，客民被杀者数千人。

与此同时，土勇乘客民被困广海城寨之机，攻入大隆洞，将这一带的客村焚毁殆尽，客民四散逃难。土勇又向大湖山客寨发起进攻，客民因内部失和，人心涣散，“以故土人所至，村舍皆墟”，[④] 男女被戮无数，最后尚有3万多人逃回大隆洞一带。可是，由于这一带村居都为土人所毁，客民栖息无所，只能在野外支搭帐篷，风吹雨打，蒸湿潮闷，瘟疫肆虐，“洞中饷源久竭，又值炎天酷暑，疫疠交作，洞内僵尸横路，白骨蔽原，腥秽之气熏天触地。诸勇长驱直进，如疾风扫落叶，斩获无数”。[⑤]毙命客民数以万计。

另外一支以戴梓贵为首的客家武装，在土勇的攻打和官军的围追下，最后逃进了高明西部的五坑山区，尚有3万余人，加上先后从各地来的客人，五坑共集结了十多万人。五坑本是客民所居地，东南与鹤山、开平、恩平三县交界，西与新兴毗连，北与高要相接，层峦叠嶂，地形险阻，易守难攻。当局派大将卓兴带兵“剿匪”。在土勇和官兵的四面包围下，五坑十多万人生活无着。“客人无路可走，人众粮少，人自相食。”戴梓贵知势将覆灭，“不得已与黄奕泰自缚负刃，带领悍逆百余，到卓营求赦。卓镇严阵受囚，连械解省。戴梓贵恳乞督抚宪开恩安插边地。督抚见诛不胜诛，准其所请。令行，卓镇择地分插，以散其众。”[⑥]（另有一说，戴梓贵是被客团中与其不洽者诱送至官营解省正法的）五坑之战，戴梓贵失败，这是当时土客械斗中的一个重大转折点。

戴梓贵失败，官兵也停止对五坑的“清剿”，接受客民投降。根据客民要求，

---

① 民国《赤溪县志》卷八《赤溪开县事纪》。

② 徐晓星主编：《鹤山客家史》，2005年版，第33页。

③ 《清穆宗实录》卷六十三。

④ 民国《赤溪县志》卷八《赤溪开县事纪》。

⑤ 徐晓星主编：《鹤山客家史》，2005年版，第33页。

⑥ 宣统《恩平县志》卷十四《纪事二》。

当局强行把他们遣散安插在恩、开、新三县边境的那扶、金鸡、赤水、东山、大门、深井等处，但遭到土人的拒绝，因此土客仍时有攻杀之事，由于有卓兴全军的监护，终没扩大化。同治五年（1866 年），卓兴将客民安插停当，就撤兵回省了。

迫于朝廷压力，土客因安插造成的新矛盾表面上看虽未完全表露出来，可官兵一走，冲突凸现，土客杀掠又起。正如当时粤督毛鸿宾上奏时所说：

> 土客之祸，由来已久，彼此恨入骨髓，至有不共戴天之势……讵料甫定安插之议，而恩平土人即大肆抗违，在愚夫愚妇固罔知物极必反之理，即衣冠中人亦皆阳奉阴违，必欲使客民噍类无遗而后快……且各属土民占据客产，虑被清查，故百计阻挠……。在客民之创巨痛深，似不致再生枝节。第虑土人贪心未化，如果不能相容，客民亦无束手待毙之理。①

的确，土民本就对安插不满抗拒，而客民因复业艰难，生活无着，故而又开始四出抢掠，土客械斗再次复燃，加之土民上京控告卓兴强插酿祸，官兵不得不再次介入。毕竟客民已是强弩之末，最后遁入僻远的恩平西南那吉一带。但为了衣食，仍然是“四出劫掠粮米，夜则越境五六十里，剽劫土人，被害甚惨。”②

据宣统《恩平县志》和民国《赤溪县志》等书记载，同治五年（1866 年）五六月间，新任广东巡抚蒋益澧派兵镇压。客民开始负隅抵抗。但在压境官兵的围困之下，客民械尽粮绝，又无援兵，兼之“潜匿深林山谷中，夏雨连绵，内无所掠。粮食将尽，采摘野菜，暑湿交侵，疫疠流行，死者甚众”，因而心存惶惧，有心求抚。官兵决定招抚。最后，蒋益澧吸取了之前就近安插的教训，土强客弱，日久恐难相安，于是筹议将客民遣散。于是劝谕客众他迁，并对招抚的客民“发给资费”，将他们遣散安插到更远的“高雷廉琼及湖南、广西、福建等处”。

在新宁赤溪一带，蒋益澧也同样以剿抚兼施之法平息械斗。随着械斗形势的逆转，许多客村被毁，许多客民成了流民，无家可归，流落到了曹冲并定居下来，由于人群的密集，曹冲的荒地也逐渐被开垦出来。后来，宝安千余客勇也到了曹冲。次年，也有大批客民壮丁携家带口移驻到了赤溪、田头等地，他们勤力地筑寨护耕。从此，整个赤溪半岛成了客家人的根据地。在那吉等地的械斗基本平息以后，蒋益澧调大军亲自督战，围攻曹冲、赤溪等地。可数万大军围攻数月，却未能使这些地方受到毁灭性的打击。经过多方观察，了解到这里的客民劫后余生，只是希望能够早日息兵求生的实情后，蒋益澧决定改剿为抚。于是，蒋益澧派人到赤溪局，劝谕客民能毁寨缴械，与土人联和。在蒋益澧的敦促下，新宁西路、东路土客先后

---

① 毛承霖编：《毛尚书（鸿宾）奏稿》卷十三《安插就抚客民并土人先抗后遵情形折》。
② 宣统《恩平县志》卷十四《纪事二》。

息斗议和。当局还在客家人聚居的赤溪地区成立赤溪厅，实行土客分治。至民国元年（1912 年）赤溪厅改为赤溪县。

至此，开平、恩平及新宁一带，“无复有客民足迹。而客属村居田产概为土人占有矣”。

三、再度的离乡背井与漂洋过海

鸦片战争打开了中国的大门，太平军起义、洪兵起义、第二次鸦片战争，一系列的战事使广东处于内忧外患的交相逼迫之中，命运乖蹇，几乎陷入窘迫的境地。咸丰同治年间的土客大械斗，历时之长、波及范围之大、死伤者之多、破坏性之烈……对于广东来说，无疑是雪上加霜，再次给广东带来了难以估量的灾害性影响。

在十多年的土客械斗中，双方死伤人数各以数十万计，生产受到严重破坏。民国《赤溪县志》写道：

> 五岭以南，民风强悍，械斗之事，时有闻焉。然有此族与彼族械斗，或此乡与彼乡械斗，杀掠相寻，为害虽烈，然一经邻绅调停或由官吏制止，其事遂寝。但未有仇杀十四年、屠戮百万众、焚毁数千村、蔓延六七邑如清咸同间新宁、开平、恩平、鹤山、高明等县土民与客民械斗受害之惨也。①

1. 社会生产受到严重破坏。

土客械斗，既有偶发性的，也有预谋性的；既有原本起源于如争夺水利坟地之类的细小冲突，也有由此而扩大化的族群矛盾；既有小型的斗殴，也有较大规模的恶性流血械斗。

总之，开战的时间、地点不确定，这不但有时贻误了农时，很多时候田地还成了战场，彼此都对对方实行劫匪性的破坏，杀人放火、毁村焚舍、挖坟晒骨都是常事，更不用说破坏对方农业设施、砍伐果木、盗抢牲畜之类的行为了，战败一方村舍被破坏的程度更是惨不忍睹。曾任两广总督的清末重臣张之洞说：

> 斗胜之村，动辄残毁田禾蔗数百亩，砍伐树林果园千株。故此数村经一次械斗，即丧失一二年或数十年资产，其隐害民生者，尤非细微。②

可以说，每一次或大或小的械斗，都给社会生产带来了严重的影响。以鹤山为

---

① 徐晓星主编：《鹤山客家史》，2005 年版，第 38 页。
② 张之洞奏折，光绪《东华录》十三年二月。

例，土客械斗对鹤山的茶叶生产造成严重的破坏。茶叶原是鹤山的主要特产，出口之大宗。嘉道年间，是鹤山茶叶生产的鼎盛时期，“各处山地垦为茶园者，触目皆是”，“自海口（沙坪河口）至附城（今鹤城云乡一带）无论土著客家多以茶为业”，茶园面积达8万多亩，年产毛茶8.5万担（60公斤为一担），年出口茶叶近3万担。大乱过后，茶农流离失所，茶园大片荒废，“全县茶园面积已少其半”，茶叶产量锐减，降至2万余担，并且从此一蹶不振，再也不能恢复元气。①

同治年间，鹤山玉桥乡文人易其彬的《次高明县》一诗，可以说客观地描述了械斗给社会生产所带来的重创和农村的萧条景象：

杀气销边壤，干戈忆往年。
万山曾鬼哭，十里少人烟。
远旅添耕户，残黎学种田。
一家何主客？搔首总茫然。②

2. 人民生活受到重创。

同治五、六年间，虽然迁延十余年的土客大械斗在广东当局的军事压力之下总算得到解决。被打败的客家人被安插到高、廉、雷、琼等地，在这种状态之下，哪怕是对于勉强获胜的土民来说，在重创之后生活要得到恢复，谈何容易?！而对于再次成“客”的客民来说，就更是举步维艰！民国《阳江县志》云：

客匪乱后，民物虚耗，富室多中落。③

宣统《恩平县志》称：

从前地方宁谧，人多分种其地，各谋生活，衣斯食斯，尚足自给。自客人乱后，转徙他方，田庐荒废，变为虎豹窟穴。④

百姓所受到的这种重创，不仅仅局限于恢复生产、重建家园的艰难，还有那种在械斗中跟亲人或生离或死别的巨大的精神折磨，而这不管对于土民还是客民来说，都是一种更大的精神创伤，这种精神创伤就不是几年的时间可以恢复的。比如土客械斗实行土客分治之后的几十年中，新宁县的土人与赤溪县的客人开始形同陌

① 徐晓星主编：《鹤山客家史》，2005年版，第38页。
② 徐晓星主编：《鹤山客家史》，2005年版，第39页。
③ 民国《阳江县志》卷七。
④ 宣统《恩平县志》卷四。

路，后来虽间有往来，但不通婚。随着时光的消逝，土客之间隔阂才逐渐消除。

3. 无辜生灵受涂炭。

每次械斗受害的最严重的莫过于无辜的百姓，其中还有不少是老叟妇童。

同治二年（1863 年），粤抚郭嵩焘曾奏称：

> 肇庆土、客之乱，致毙男妇丁口数十百万之多，贪横残忍，积为风俗。①

同治四年（1865 年）又奏称：

> 土、客交相掳杀，各至数十万人……总论其大势，则土、客两家不可以理喻，不可以情感，不可以势压。客民残杀土民，掘毁坟墓，洗荡村庄而以为固然；土民残杀客民，屠灭种类，霸占田产而亦以为固然。②

械斗带给无辜百姓不仅是这种永远都无法弥补的死别痛苦，还有生离的煎熬。

在械斗中侥幸存活者或流离失所、饥寒交迫，或不堪械斗之苦，只好逃亡香港、澳门和海外以谋生。有的人则在流落他乡途中遭截获而后被“卖猪仔”到澳门或海外做苦力，甚至有的是被直接掳掠而卖的。如开平籍华工钟南斗说：

> 我因客家乱，走到鹤山，被人骗我到澳门，进猪仔馆打合同一张，收银八圆。③

《李冠蓬诗集》也记载了这样一件事：“东坑李某之女，经许配于邻乡，尚未迎娶。因客匪破村被掳，鬻于澳门为娼。”民国《赤溪县志》也载：

> （客民）有为土人所掳获者，于杀戮外，则择其年轻男子，悉载出澳门，卖往南美洲秘鲁、古巴等埠作苦工，名曰‘卖猪仔’。是时，客民因流离无依，自到澳门卖身往外埠作工，得资以周给亲族者，亦不乏人。计被土掳卖及自卖往南美洲客民，为数约二三万。④

现存清代外务部档案中也有一篇同文馆译自《威斯敏斯德评文集》的译文，其

---

① 《郭嵩焘奏稿》，岳麓书社 1983 年版，第 16 页。

② 郭嵩焘：《前后办理土客一案缘由疏（会总督衔）》，载《郭嵩焘奏稿》，岳麓书社 1983 年版，第 197～201 页。

③ 陈翰笙主编：《华工出国史料汇编》（第一辑第二册），中华书局 1981 年版，第 812 页。

④ 民国《赤溪县志》卷八《赤溪开县事纪》。

中也有这样的一段文字：

> 而澳门之贩卖人口者，每乘其鹬蚌相持之际，则为渔人于其侧……乃派船前往该处收买彼此所掠之人，盖客家或本地所擒，彼此不加杀戮，惟活卖出洋，使其永受困苦耳。①

另据葡萄牙官方公布的数字，从咸丰六年（1856 年）至同治十二年（1873 年）的十数年间，经澳门运往古巴、秘鲁的苦力达 182504 人。②

土客械斗后所侥幸存活者客观上成为海外苦力供应的重要人口来源，客家移民的格局也因此而被改变。

本来，早年客家人出洋经商及开埠，出现了一批如张理、叶亚莱、罗芳伯等著名侨领。而当年在东南亚，华人经济一直占主导地位。只是随着西方殖民者一次又一次的排华（如红溪事件），华人的地位才受到严重的挑战，但他们顽强的生命力以及创业的惊人能量，使他们仍能牢牢站稳脚跟。但随着国力的衰弱、清廷的丧权辱国，这才出现了“卖猪仔”式的移民潮，中国人的地位一落千丈，为异邦所蔑视。因此，这次漂洋过海的大迁徙，所留下的屈辱是难以形诸笔墨的。

土客械斗这场浩劫过去 100 多年了，虽然它给人们留下了巨大的创伤，但不管是土民还是客民，都从中吸取了血的教训，随着时间的推移，社会的发展，在新的社会历史时期，双方互相尊重，和睦相处，新一代的土客在各种各样的社会活动中历史的鸿沟已经逐步消除，双方的沟通和交流得到了极大甚至是本质性的加强和改善，土客关系已经非常密切，在某些地方或者某些时候，已经再难分彼此。

---

① 陈翰笙主编：《华工出国史料汇编》（第一辑第一册），中华书局 1981 年版，第 261 页。

② 陈翰笙主编：《华工出国史料汇编》（第四辑），中华书局 1981 年版，第 555 页。

第八章
广东客家在近代的崛起

第一节　狂飙突起的太平天国

既往对太平天国的理想化描绘，是基于狭隘的政治功利主义及教条主义，后来又对太平天国几乎是全盘否定以及刻意诋毁，也同样出于狭隘的功利主义以及新的教条主义。尤其是有的著名学者，生硬将一种理念强加在太平天国这一历史事件上，得出不仅有违历史，亦有违科学与良知的荒谬结论。因此，今日务必以科学的、历史的态度重新审视这一段历史，不以某一种理念或方法为尊，方可以真正地逼近真实、逼近真理，还原这么一场大革命的历史真相。

众所周知，无论是国外还是国内，太平天国革命都被视为“客家人的革命”，这显然已是一个历史共识，一如《客家圣典》所概括的：“太平天国，在一部客家史、客家文化史与思想史里，都是一个巨大的惊叹号，是客家人自立、自强的里程碑！不仅仅由于它的悲壮陨落，更由于它精神上的高高激扬，在历史上打下的火漆印记！”

这一共识，无疑包含如下几个内容：

其一，这次革命的主体，尤其是它的领导人，几乎全都是客家人。

其二，它所爆发的区域，无论是酝酿之处，还是揭竿之地，均为客属地。

其三，正是太平天国革命，让世界第一次晓知有这么一个桀骜不驯，具有“硬颈”精神的民系的存在，并晓知这么一个民系的历史能量，对中国予以重新的认识。

其四，正是这么一场革命，较集中体现出客家民系的民性、价值观、世界观，并从自在走向了自为。

其五，正是这么一场革命，确立了这么个处于南北交汇、中西融合的民系的地位，使之成为中国由传统走向现代的一座不可或缺的历史桥梁。

其六，太平天国的始终，也展示了中国近代思想的历史演进进程，甚至是浓缩了这一进程，从洪秀全《天朝田亩制度》的“耕者有其田”的初步民主主义思想，到洪仁玕《资政新篇》的“工商皆本”、“以资为政”的中国近代化构想，集中地体现了历史的演进、转折与挫折。

为此，我们也试图从“客家视角”这样一个角度，去重新解读这场革命。在这场革命中，“客家”的各种成分有多少，哪些是从切线上释放出去的历史力量，哪些又是传统的惯性，以求破译这么个民系是怎么在近代一啸冲天的。

日本学者山下清海的结论，亦不妨加以引用，虽然难免有些偏颇：

> 客家人是中国最优秀的汉民族，有自信自傲的气质，爱国心很强，在中国近代史上，没有一次政治变动是与客家人无关的，其最显著的例子，当推洪秀全领导的太平天国革命，参加的将领大部分是客家人；其次是孙中山先生领导的推翻满清革命，除孙中山先生本人是客家后裔外，其他主要助手，亦有不少客家人。①

其中之“汉民族”当改为“汉民族之一支民系”。而这段话当补充的是，这么一个民系的出现，正代表了汉民族这个古老的民族发生了更新。

关于客家人与太平天国，日后当有一本相应的专著来阐释，因为这里包含的历史内容太多也太厚重，务必有深入的全方位的研究，本书只是开一个头。

既往关于太平天国的研究，已经有了不少成果。无论是资料汇编，还是专著论文，都有很多了，也出了不少名家。不过，他们是从中国近代史这么一个重大历史事件上作研究的，未曾从客家这个角度切入，这不能说不是一个遗憾。至于从客家视角切入的，专著是没有的，论文也并不多见，其中有真知灼见的，似乎还没见到，所以，这一课题，即“客家与太平天国”，当很有做头，很有作为。做好了，对客家民系研究，更是一大推动。

毕竟，这是客家民系第一次作为一个历史群体出现，比过去文天祥、袁崇焕等单个的客家杰出人物的出现，更具历史意义！

太平天国的著名领袖洪、杨二人为客家人，这是确凿无疑的，瑞典人韩山文根据洪秀全族弟洪仁玕的口述写出，并在1854年出版的《太平天国起义记》一书中，

---

① ［新加坡］《客总会讯》1986年第11期。

就明明白白写上：

> 秀全之祖先由嘉应州迁此（指花县，今为花都），故族人均用嘉应州方言，本地人称此等客籍为客家人。①

洪姓的世系按南宋名臣洪适——他在广东英德通天岩还留有题壁……在《瀚潭遂记》中称："洪氏原居徽州婺源之黄荆墩，唐末，避乱从饶州乐平之东，日岩前、日洪源，七百余家，世业读书耕桑。"深圳圩《洪氏族谱》则有：唐末，洪氏由岩前迁枫木桥，南宋时入闽汀州宁化石壁。明初，洪氏又迁往嘉应州（今梅州），其时，已是洪适的十五世孙洪念九郎了。及至洪念九郎的十一世孙，即在嘉应开基200多年后，洪沿三则迁移到刚刚设县的花县，在该县中西部的官禄布落户。其时该地并无村落，全靠客家人拓荒开发，聚落成村。自洪沿三传五世后，便是洪秀全了。以上关于洪氏迁徙的路径，也正是客家人所走过的路线。

洪仁玕的高祖洪英纬，与洪秀全的高祖洪英纶，是洪沿三的三子与四子。②

而杨秀清乃客家人，则同样确凿无疑。当年由张德坚编纂的《贼情汇纂》卷一中，就记载有"原籍广东嘉应州"。约在雍正年间，其曾祖父由于生计艰难，被迫外迁，至紫荆山东旺冲开荒种地。太平天国官书《天情道理书》上称他"生长深山之中，五岁失怙，九岁失恃，零丁孤苦，困厄难堪。"

这里仅列举几人，其他，如太平天国宗教的发起者冯云山、李敬芳则全是客家人，而后来形成的几位领袖人物，除开前所提及的洪秀全、杨秀清、南王冯云山外、西王萧朝贵、翼王石达开等，也都是客家人。《天兄圣旨》中有假托天主说的话："知萧朝贵非常精通客家语言"——他与杨秀清一样，也是上广西桂平紫荆山垦复的客家人。石达开则自述："祖辈由广东和平县移来贵县居住。"冯云山则祖居广东龙川县石灰窑村，是客家人无疑。李敬芳为花县莲花村人，一直到形成领导核心，始终都是客家人所为。这也不奇怪，同一民系，同一方言，同一颠沛流离的遭遇，让他们走到一起。

洪秀全

至于太平天国最早的起义队伍，由于揭竿于桂东客属地，大多将士，也是客家人无疑。

---

① 花都洪秀全纪念馆抄本《万代宗枝》等洪氏宗谱。

② 参见韩山文：《洪秀全之异梦及广西乱事之始原》，中译本改题为《太平天国起义记》。

一、客家本地总相同

太平天国起义形成、酝酿之地与发难处所，均是客家人聚居的地方。

如前所述，赣闽粤三省交界连成一大片，拥有数百上千万的客家人，在历次迁徙到另处的客家人，也同样是成片成片地聚居在一起的，再分散，也会形成一块块的“飞地”，一个个的方言岛，大的，有好几个县市连在一起，小的，也有一个个的乡镇与村落。

位于广州市北郊的花县，也是客家人生活的地带，自花县至广州太和一线，有着众多的客家乡镇，甚至临近广州，都有客家村。洪秀全的出生地，花县官禄布村，周遭均为客家人。少年时热衷读书与功名，自是客家人传统，洪秀全四次赴广州参加府试，虽初试时名高列榜首，及复考时却又落第。他18岁即被聘为官禄布村私塾教师，并不似有人说他那么“文理不通”。

而当时的广东，自明末以来，西风日渐，尤其是鸦片战争后，日益高涨的反抗情绪，对洪秀全影响至深，由此，他成为了毛泽东称的“在中国共产党出现之前向西方寻找真理的一派人物”中的代表。

太平天国起义虽说爆发于广西桂平紫荆山区的金田村，但其革命的理论却是形成于广东的。洪秀全在最后一次赴试落第后，认真阅读了早一年得到的由第一位华人牧师梁发所著的《劝世良言》，并研究《圣经》，借此宣传革命主张。1843年，洪秀全、洪仁玕与邻近乡村的冯云山、李敬芳，在花县创立了“拜上帝会”，看上去是一个传播西方宗教的布道团，可它却糅合了东方的秘密结社的色彩。洪秀全先后于1844年、1847年、1848年三次进入广西贵县、桂平。

其中第二次时，冯云山已在紫荆山创立了根据地，且已有信徒两千，洪秀全是去与他会合的。其时，浔州府所属的贵县、桂平等数县均有众多客家人居住的村落，这正是冯云山初到桂平的“扎根串连”的对象。冯云山由于得到了住在桂平南门外的来自嘉应州客家人张老水、张永绣叔侄的帮助而到了紫荆山口的古林社，为同是客家人的曾槐英做工，并借此向农民宣教布道，并由曾举荐，进入了紫荆山，从此打开了局面，在周遭平南、武宣、桂平、贵县、象州等州县吸引众多客家人加入了“拜上帝会”，其中就包括杨秀清、萧朝贵、石达开等人。

洪秀全的“拜上帝会”之所以在桂东客属地广以传播，其原因，与客家人作为外来人在当地遭排斥、压迫相关，尤其是在经济上、宗教信仰上更是如此，当然，这与洪秀全的拜上帝教本身业已中国化了是分不开的。

洪秀全自然看到了客家人在这支起义军中的比重及优势，正因为这样，他才提出“真主为一事事公，客家本地总相同”，避免在自身的队伍中产生离心力——换句话说，如无这类问题，也就不会提出这样的口号，以示公平与公正了。

由此可见，无论是起义思想的形成地，还是起义本身的发生地，均为客家人的聚居地，而最早的义军队伍及日后的骨干队伍，也同样是客家人。

但是，我们未必赞成“太平天国革命就是客家人的革命”。毕竟，这场革命不仅属于客家人，属于汉民族（太平天国革命是排斥异教与满族的），同样也属于整个中华民族，因为它代表的是整个中华民族的革命需求，历史进步的需求。而早期以起义地贵县、平南、桂平、博白命名的军旗，后来也相继发生了变化，吸收了南方乃至华北、中原的人参加。当起义军沿长江打到南京并派出北伐队伍之际，太平天国革命更成为了全国性的运动，即中华民族的革命！

二、起于嘉应，灭于嘉应

在太平天国运动的 14 年间（1851—1865 年），太平军曾两次进军粤东梅州。第一次是在 1859 年初，太平天国翼王石达开的部将石镇吉、石镇常所率领的部队。

1853 年，太平天国建都天京后，派遣翼王石达开赴安徽开拓根据地，守卫天京；派兵北伐京师、西征长江上游，在北伐、西征和天京周围三个战场上分别与清军鏖战，而对闽、粤地区的战略却不重视。太平军之所以两次进军闽、粤，主要是由于太平天国内部矛盾斗争的推动和遭受中外反动势力的逼迫。

1856 年天京发生变乱，在西征前线督师的石达开只得于 11 月回朝辅政。这一行动受到天国满朝文武和军民的拥护。

1858 年农历五月，石达开率军由浙入闽，石达开部占据福建汀州。1859 年 1 月，兵分两路入粤。其一路由石达开的部将石镇吉（又名正纪）、石镇常率领。1859 年 3 月 1 日，石镇吉、石镇常率部经永定攻占大埔。3 月 6 日由大埔抵梅县松口、嵩山、白渡。1859 年 3 月 8 日，石镇吉、石镇常率领太平军进攻嘉应州城（今梅城）。当太平军攻城时，“官绅竭力固守，昼夜罔解，贼以竹梯登城，城上以沸汤浇之。仍然斗志昂扬。”但是，太平军仍然不屈不挠与清军作殊死的战斗。太平军连续几日的进攻，都没有攻下州城。石镇吉、石镇常视此情况决定改变战略战术，改用掘地道，以空棺装炸药送至城根下爆破城墙之法取城。同时为掩护挖掘地道士兵作业，在城外排兵佯作攻城之状，“惟连日闻钲鼓声大作，盖潜凿地道者，借是以乱军听也。”3 月 20 日黎明，地雷爆炸，西城坍塌，守城将士四处逃窜，太平军顺势冲入城中，嘉应州城失陷。听到嘉应州城已落入太平军之手，清廷大为震惊，慌乱调兵遣将，急令驻扎在惠州的两广总督黄宗汉救援，并组成东西两路援兵驰救嘉应州。1859 年 3 月 20 日黎明，石镇吉、石镇常率领太平军所部，以地雷计攻陷嘉应州后，25 日，石镇吉、石镇常分兵进攻兴宁县城，兴宁古城是明代建筑，它是用坚石砌成的高 6 米、长 2000 多米的回形石砌城墙，东、西、南、北各设有坚固的石拱门，城外四周有一条宽 7 米、深 2.5 米的环城沟，易守难攻。兴宁城处在太平天国军队的重重包围中，清廷大为光火，急令救援部队加速往嘉应方向进军。太平军虽遭到失败，但士气未减，乃昼夜兼程，抄小路北撤至离兴宁城120里的罗浮司城，扎营休整，待机再与清军较量。

罗浮位于兴宁北部，是兴宁北部山区的政治、经济、文化、交通中心，是粤东通往江西赣州和广东和平等地的交通要道。城北有海拔1050米的阳天嶂，四面环山，丛林茂密，中有一罗浮河绕城而过；城南王里的白沙宫两山峡谷，中有兴宁城进司城的唯一通道，形似口袋，构成天然屏障，是兵家必争之地。

1860年11月，另一路由谭星、陈荣、周春、林彩新等率石达开旧部在江西安远遭到江西军布政使林福祥、总兵阿降阿、广东军都司方耀等清兵夹击，败退平远，驻扎平远县城（今仁居）。1861年农历二月二十七日抵达大埔，占据大埔县城（今茶阳镇）。接着，石达开部始经坪砂向嘉应州转移至松口、白渡间。

受太平天国的平等纲领影响，太平军到达福建沿海地区时，各地民众纷起响应，参与太平军的人很多，声势浩大，地动山摇。面对太平军的重新整合，清廷十分惊慌，忙下谕飞调左宗棠、李鸿章以及曾国藩的属下鲍超部（鲍超所部称为霆军，其士兵不愿和太平军作战，结果在湖北金口起义，一路辗转至镇平投奔汪海洋）等三方面的兵力，在外国海军的协助下，进攻福建的太平军。

1865年2月20日，龙岩落入清军之手。来王陆顺德、赞王赖阿养率部，赴漳州投奔侍王李世贤。在龙岩的太平军约有四五万人，由于清军左宗棠调集了几十万兵力在福建分数路进行“围剿”，汪海洋部被迫由闽入粤。而镇平又是由闽入粤的咽喉，故康王来广东嘉应，首先进入镇平。又因镇平临近江西，康王欲以镇平为据点，待机出江西再与清军周旋。

汪海洋在后期的太平天国中，是一位很有威望的将领，深受士兵的爱戴和拥护。早年他随石达开到广西。1861年，汪海洋与彭大顺、吉庆元、朱衣点等起义返回天京。1862年7月，归到江西河口，入浙江，克杭州，守余杭，以功封康王。1864年2月18日（夏历二月二十四日），太平军撤出杭州、余杭，汪海洋率军到湖州经安徽，入江西，隶属侍王李世贤。农历五月，太平天国天王洪秀全病逝。七月，清军曾国荃部攻陷天京（南京）。汪海洋所率领的队伍，尽管遇到了陈炳文叛变等诸多困难，处境艰苦，却精神饱满，斗志昂扬，在天京陷落后，仍有“复三江（指江苏、江西、安徽）”、“复天京”的强烈愿望。

1865年12月12日，康王在梅城东黄竹洋附近塔子坳，被左宗棠部队包围。汪海洋在拨湖顶骑着白马指挥作战，力抗清军。据《奏稿》卷十六《进逼嘉应东路痛剿大胜，首逆汪海洋伏诛记》载：“太平军是日分布之密，搏斗之苦，实为从征数年来所仅见。……血渍满溪径，涧水尽赤。”这次战斗中，康王被叛徒丁大洋出卖。汪海洋被流弹击中，从头左侧穿出两肩之间，被抬回城中，当晚死亡。众推偕王谭体元为首领。

1866年农历正月三日，太平军6万余人进入丰顺县，督办闽粤军务左宗棠，为了剿灭太平军，将行辕搬到三河，驻守三河，令丰顺知县钱涌清宣布全县戒严，突围的太平军来到了丰顺县的北溪村（今属大龙镇管辖）后，便遭到了清军的伏击，兵力损失惨重，计阵亡将官734人，兵士五六万人。轰轰烈烈的太平天国革命运动中最后保留下来的一支嫡系部队，便在这弹尽粮绝孤立无援的绝境中覆灭了。

事后，左宗棠向其清朝主子表功时，在奏章上这样写道："'发匪'起于嘉应，灭于嘉应"（《左靖伯奏稿》）。丰顺北溪村的最后一战，正如范文澜所著《中国近代史》中所阐述的那样，即："太平军经过这次大歼灭，嫡系军队，丧亡而已尽，南中国全部被满清征服。"

三、世界的瞩目

太平天国革命，使世界开始真正地认识客家人。早在咸丰二年（1852年），美国牧师罗孝金便向外国报道了他所知道的这次起义，他甚至认为："与外国战争（即指鸦片战争）之出人意外的结果乃是中国之开放，如今，倘此次革命将推翻偶象（像）之崇拜而开放门户，使福音得普遍传播于全国，则其结果岂非同样奇妙耶?"① 另一位米赫斯牧师对此大加赞赏，进一步说："如果革命军成功后，吾人所可预料之利益，乃是大开海禁以便传教和经商，及输入种种科学的改善，此在授受两方，均受其益。"②

而瑞典人韩山文，则按洪仁玕所述，著有《太平天国起义记》，并在1854年出版，也就在这本书中，他多处提出，太平天国的领袖人物及核心骨干均为客家人，从而令客家人为全世界所瞩目。

其间，不少外国公使或公开或隐蔽地与太平天国进行接触，国内不少有识之士，包括王韬、容闳等人也一度寄望于太平天国——尤其是后期洪仁玕的施政。

为此，日后各国的著名学者在研究中国革命时，都不可避免地要提到客家。

如日本人山口县造在《客家与中国革命》中就称："翻阅数百年之中国历史，没有一次政治变动，是与客家人无关的，其中最显著的例子，当推洪秀全所领导的太平天国革命，可以说，没有客家，便没有中国革命，换而言之，客家精神，是中国的革命精神……"③

英国传教士坚更倍尔也有过演讲称：客家人比城里人勇敢，富有特立独行的气

① 罗孝全：《洪秀全革命之真相》，转引自中国科学院历史研究所第三所近代史资料编辑组编：《太平天国资料》（第六册），第825页。

② 《英国政府蓝皮书》，转引自中国科学院历史研究所第三所近代史资料编辑组编：《太平天国资料》（第六册），1959年版，第825页。

③ 罗孝全：《洪秀全革命之真相》，转引自中国科学院历史研究所第三所近代史资料编辑组编：《太平天国资料》（第六册），第917页。

概，渴爱自由……满洲人入主中原，客家人降服最迟，其后且曾屡自起兵反抗，第一次乃距今稍久之太平天国革命，第二次是这世纪中新近的事，即辛亥革命是也。

在不少外国作家写及中国的作品中，都有对客家人的专门描写，这就不多引了。可见，在世界文学作品中，客家人也是不可缺席的。

无论外国的评价怎么偏颇，但归根到底，都说明一个问题，自太平天国开始，研究中国革命，研究中国，均不可以置客家于不顾，并且确认这么个民系的历史能量及相应的历史地位，甚至要通过这样一个民系，重新认识中国及中华民族。为此，即便在太平天国之后，英国人呤唎仍在《太平天国亲历记》中引用《圣经》的话“打倒了，却不致死亡”，也就是说，当“终获得胜利。”

历史也是这么写下的，以“洪秀全第二”自称的孙中山发动辛亥革命，最终是推翻了清朝政府，结束了千年帝制，把由太平天国而起的革命推进得更远。这里先说上一句，看不到这几次革命的传承、延续，并把它们割裂开来，甚至把农民起义与民主革命相对立起来，其见识，连当年的西方学者都不如。孙中山当年就力荐呤唎这本《太平天国亲历记》并以赠人，可见其之高度重视。

至于留洋归来的学者们的认识，甚至更为激进，这留待后边再说。

四、民性之表现

客家民性在这样一场大革命中充分地体现了出来，无论是正面的还是负面的，是积极的还是消极的。

首先，当是危难中被激发出来的冲天精神。太平天国革命前夕，南方，乃至整个中国，那种历史危机感，可以说已经无人不察。但面临危机，不同人有不同的反应，或观望、或退避、或悲观，而客家人，断然拍案而起，振臂一呼，迎难而上，诉诸最激烈的反抗手段，不委顿退缩、不委曲求全、不忍气吞声，当说就说，当反即反！这自然与他们业已承受的历史苦难是相联系的。

从洪秀全早期撰写的檄文，也同样可以看出客家人的天放精神，虽然不乏人挑剔其中的文采乃至文学规范，但这也是一种放达的表现。例如人们常引用的名句：“天下多男人，尽是兄弟之辈；天下多女子，尽是姐妹之群”、“天下一家，共享太平”，还有“有田共耕，有饭共食，有衣同穿，有钱同使，无处不均匀，无人不饱暖”等。

太平军的战斗，敢于打硬仗，连曾国藩的湘军都被它打个落花流水，其“守义勇往”（胡文虎语）的精神被充分地表现了出来。早期的太平军，一口气从武昌打到南京，势如破竹，亦可见其之勇猛、刚毅。

太平军本身的内部凝聚力，也与这个民系精神分不开，没有早期的精诚团结，万众一心，是很难打破清军的封锁，在三年之内迅速掀动了整个中国的。

“天国”本身，与客家人与生俱来的理想主义色彩是一脉相承的，关于这一条，《客家圣典》有过较多的论述，这里仅点到为止，而“天国”由天上拉到人间并予以实现，这本身就是一种宗教改革，如洪秀全说的“天国迩来，盖来自凡间”。

关于客家人的天放精神，见义勇为，称情直往……太平天国可证明的也很多，同样后来的内讧，熟人打熟鬼这类负面的民性，也在太平天国中表现了出来。这里就不一一写上了，事实上，在其他论述中，关于太平军所体现的客家民性，如既开放又保守，既兼容并蓄又唯我独尊，这一切，也都一层一层被揭示出来，其价值观、世界观，也同时得到体现，这就通过下边的阐述来展示吧。

五、传统与现代之桥梁

中国由传统走向现代，由小农经济走向商品经济，由农耕文明走向海洋文明，无疑需要两座“桥梁”。

一座是南北的桥梁，自古以来，中原是农耕文明的重心，即便是北方游牧民族入主中原，也大都为农耕文明所改造或化解，几千年皆是如此，所以，到了近代，李鸿章才有“三千年未有之变局”的惊呼，因为，这不再是北方牧人的南侵，而是南方文化的北伐，且从根本上动摇千年帝制了。而南方，两千多年来，一直是海上丝绸之路的起点与商贸要冲，作为“天子南库”的广东，在全面禁海之际，也不得不留此“一口通商”。一如外国学者在中国调查所说的，北方不知道南方，总斥南方为蛮夷；而南方也不知北方，认为北方不开化——不接受海上丝路所带来的各方面的影响。长期的地域乃至历史的脱节，使南方被北方视为“鸡肋”，体现不了南方通向世界的重要性。

正是从北方来到南方的客家民系，勾连了北方与南方，成为南北交互的一座历史性的桥梁——它不仅仅是地缘上的，更是观念上的、文化上的，由于它拥有的移民优势，兼北、南两方之长，既可以理解北方的传统、理念，又可以接受南方的开放、新潮，正所谓“北人南相”或“南人北相”者贵，在两处均游刃有余，如鱼得水，双方均能认可，从而融合南北，获得新的优势。所以，太平天国从岭南打到了长江中下游，其锋芒甚至直达华北，就使客家人在南北交汇中相对凸显了出来。

还有一座是中西融合的桥梁。没有中西的融合，闭关自守的中国，是谈不上什么现代化的。对于沿海各大民系而言，客家人所具有的中原色彩无疑是最浓的，但是，客家人漂洋过海去“拓殖”，却又不逊于沿海的民系，所以，他们在接受海洋文化、接受西方文化上，丝毫不比人家逊色。其实，太平天国宗教理论的确立，本身就是对西方文化的一种改造或变通，换句话说，是以中国甚至客家的方式去接受这种西方宗教的影响。无疑，无论太平天国与西方的交往遭到怎样的挫折，归根结底，还是起到了一个推动作用，这个作用再怎么高估也不为过。

北方与南方，中方与西方，这两座桥梁或两个环节，均是缺一不可的。缺了任何一环，中国由传统到现代，便很难衔接起来。而能够担当这两个环节的，显然也就只有客家这么一个民系了。

从农耕文明发达的中原，到南方的蛮荒之地开垦拓殖；由僻远的山区到出海闯世界，直至借用人家的“上帝”掀起一场革命，拥有如此宏博的历史大背景的，显然也就只有客家这么一个民系。

为什么客家人在太平天国革命中，开始凸显在中国的历史上，至少我们可以在这上面多少得到一些解释。

当然这还远不够。

六、从《天朝田亩制度》到《资政新篇》

从1851年广西桂平紫荆山金田村起义，至1864年天京沦陷，太平天国存在的历史也就14年，其余波——含捻军及残部在粤东的最后抵抗——又延续了4年，其间历大小战役数以千计，早期的创始人为客家人，后期的领导人洪仁玕、陈玉成、李秀成等，也同样是客家人，其中，洪仁玕既是创始人，也是最后的领导者，只是中期一段曾在海外，他与洪秀全，都应是这场革命事实上的领袖与思想上的领袖。14年，几乎掀翻了整个中国，其影响之大遍及全球。但在历史长河中，这又是短暂的，虽然从金田村起义始，突出重围，移师湖南，直扑武昌，再顺流直下，连下九江、安庆、鞠湖，攻克南京并建都，而后又派兵北伐西征，打垮清军的绿营，江南大营……一直到悲壮的天京陷落，内中有可歌可泣、用之不竭的素材，只是，对于文化史而言，我们所追寻的足迹，更多的是思想、文化上的。

所以，前边我们便已经说了，这短短的14年中，浓缩了中国近代思想的历史进程，其所概括的思想演进的历史长度，远远超过这14年许多倍。

现在，有人把《天朝田亩制度》[①]，即洪秀全在起义初期颁布的主要政纲，与洪仁玕在太平天国后期颁布的《资政新篇》对立起来，说成是两种水火不相容的政治、经济的主张，显然太简单化了。这里，我们倒是认为，二者不仅是互补的，而且是延续的、推进的，并浓缩了从初始的民主主义思想起步，跃进到近代化的历史构想这一进程——这个进程，在整个中国，花费了半个多乃至一个世纪，直到康梁变法才基本完成，而太平天国只用了约10年多时间。这也证明了客家人善于纳新并在实践中丰富自身见识的可贵品性。

这里，不能不着重写一下洪仁玕。

洪仁玕是太平天国起义的早期四位创始人之一，只是他参与的局部起义失败，

① 参见中国科学院历史研究所第三所近代史资料编辑组编：《太平天国资料》（第一册），第318～326页。

未能赶上太平军，几经辗转，到了香港投奔瑞典人韩文山牧师，并受礼皈依基督教。虽然他没能随大军直捣南京，却在香港开始为太平天国立传，由他口述，韩文山整理，出版了《太平天国起义记》，留下了珍贵的历史与思想的记录。洪仁玕在香港待了4年，这无疑与他日后为太平天国出谋献策，并引向近代化的构想有着重大关系。不过，如果没有早期的革命活动，是否能如此全方位地研究并接受近代思想，这就不好说了。

1859年，洪仁玕历尽艰辛，终于来到了太平天国的首都天京，并立即被委以重任，在军事上，他指挥太平军奔袭杭州，分散了敌方江南大营兵力，又立即回军击败江南大营，从而使天京的形势大为改善。他又力主东进苏、杭、上海……而后，则应争取长江上游，分兵据鄂、赣。虽然他在太平天国的后期力挽狂澜，军事上也有出色表现，可诸王掣肘，每每难以实现其之战略。

好在他留下了一部《资政新篇》，[①] 这成为了中国近代思想史上的皇皇大作。这是他受命主持太平天国大政，令天国成为“新天新地新世界”而颁布的施政纲领。

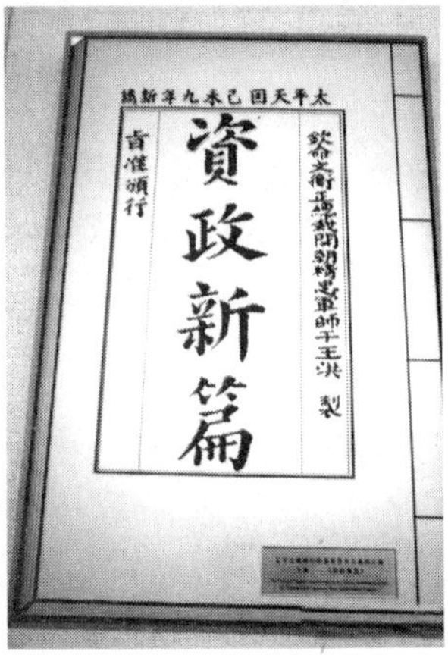

资政新篇

纵然有人认为这一施政纲领与《天朝田亩制度》不一样，可是，它的颁布，一样是经天王洪秀全批准的，并作为太平天国的官书刊行，书上还有许多洪秀全的眉批，对于洪仁玕在该纲领中提出的几乎每一项主张，洪秀全的眉批都是予以了肯定的。可见，颁布《天朝田亩制度》的洪秀全，对《资政新篇》的思想也同样是予以认同与推崇。

在某种意义上，洪秀全在《天朝田亩制度》上未完成的思想上的长途跋涉，得以在洪仁玕的《资政新篇》中完成——这么说，才真正合乎太平天国发展历史逻辑，尤其是思想逻辑。

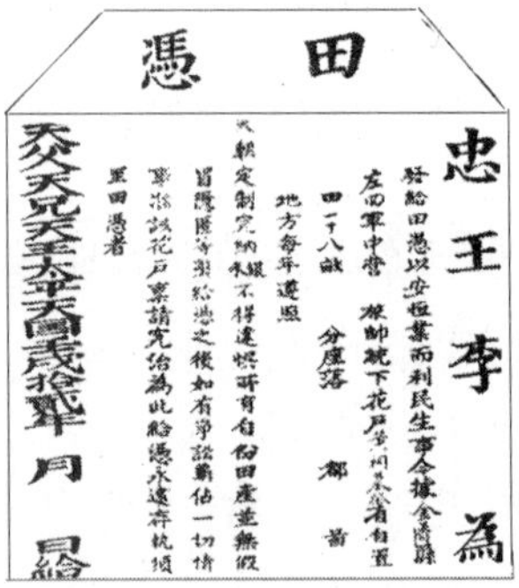

太平天国发给农民的田凭

可以说，《天朝田亩制度》所反映的近代农民对封建土地所有制的革命要求，其中的“均田”诉求，当然已是“耕者有其田”的民主主义思想了，而《原道救世歌》、《原道醒世训》等，更体现了朴素的、天赋平等的思想。特别是对妇女的态度，开“女科”、建“女兵”，与客家人相对重视妇女的观念是有承传关系的。

1853年太平军定都南京颁布的《天朝田亩制度》，并不是单纯讲“田亩”，而是有关整个它所要建立的理想社会的建构，阐释的是天下一家、人人饱暖的社会主义理想，建立一个天下为公、人

① 参见中国科学院历史研究所第三所近代史资料编辑组编：《太平天国资料》（第二册），第523～541页。

人平等的人间天国……人们不难看到，只要抓住了土地这么一个核心问题，在太平天国之后历次革命中的这一方，总是能占到上风并获得了胜利，相反，则要失败。这是中国最大国情，不是套什么教条、规律所能解释的。

所以，我们只能说，《资政新篇》是对这个纲领的一个补充、一个推进，一个思想性的历史飞跃。二者之间的历史逻辑应在于：《天朝田亩制度》本于“耕者有其田”的民主主义思想，从而摧毁封建的土地关系，为《资政新篇》所推行的带有资本主义色彩的纲领，提倡发展工商业廓清了道路，因此，《资政新篇》才得以应运而生。而天王洪秀全也不可能认为它与前边颁布的纲领有什么抵牾。认为有抵牾的，恐怕是犯书生气而已。

对于《资政新篇》在中国思想史上地位的认识，平心而论，现在还是很不够的，简单地把它当作农民起义军的一个宣言，显然进入了又一个历史的误区。

在这篇巨著中，洪仁玕开宗明义，称“治国必先立政，而为政必有取资”。这比当时的魏源等启蒙思想家主张的“变器不变道”更走出了一大步，要“以资为政”，把这作为“立国之本”。他提出了一系列切实可行的经济、政治、文化等建设措施；兴车马，舟楫之利，兴银行，兴器皿技艺，兴宝藏，开发各类矿产，兴邮产，兴各省新闻官，兴省郡县钱国谷库，兴市镇名公司，施行工商水陆关税之法，兴士民公会……，这无疑是要走西方资本主义之路了。他提出了“工商皆本”的命题，允许“富民”从事工商业经营和矿业开发，并从事近代的金融业，以达到“与番人并雄”、“奋为中地倡”。他反对外国侵略，也反对中国传统的夷复观。“凡外国人技艺精巧，国法宏深，宜先许其通商。”他清醒地看到，所谓“中学为体，西学为用”，而不去学习西方的立法制度等“体”上的东西，是不可能改造一个积弱落后的中国的。

其时，能认识到“用人不当，适足以坏法；设法不当，适足以害人”，是相当“超前”的了，从而导致了对几千年中国“人治”的怀疑。他猛烈地抨击了封建专制，非偶像，反迷信，反对神权统治；对礼法名数、旧仪习俗，也都一一加以了揭露，从而引进了不少新的政治观念 。这都是他以客家人的敏锐，对中国历史及传统文化进行深刻反思的结果，一如他说：此皆为邦大略。小弟于此类，凡涉“时势”二字，极深思索。

本来，他是尝试以这些，对太平天国作一番全面的、民主启蒙式的改造。洪仁玕拿出这一巨著，应该是对太平天国革命十年的一个深思熟虑的结果，绝不单纯是在香港四年学习、研究的心得。无论是几乎同时的魏源及其后的洋务派，力主的都是“变器不变道”，这与洪仁玕的主张，都有相当的距离，达不到洪仁玕“治国必先立政，立政必有取资”的高度。因为洪仁玕力主的是革命，要革命，就务必“变道”，所以，其远远超过夷务思潮，启开了“变制”的新路。

《资政新篇》要深入研究，还有很多内容，忽略这一伟大的历史文献，当是学者的一大罪过——这不仅对于客家文化史，对于中国近代思想史而言，都是无法绕过或抹煞的一座重要的里程碑。

无论是以《资政新篇》去否定《天朝田亩制度》，还是突出《天朝田亩制度》而无视《资政新篇》，都同样是对太平天国革命的一种阉割，一种片面的取舍，只有把二者结合起来，方可能看清太平天国在中国走向近代化之际所起到的重大的转折作用。没有太平天国，也就没有戊戌变法，更没有辛亥革命。正是太平天国以浓缩了的近代思想史的进程，影响了后来的变法，催生了新的、更彻底的革命。

其实，就是当日顽固的封建卫道士们，也看到了太平天国真正意义。同样是汉人的曾国藩就惊呼："此岂独我大清之变，乃开辟以来名教之奇变。"显然，曾国藩并没把太平天国等同于历史上的农民起义。他维护的名教与道统，当然是凌驾于朝代与民族之上。

我们不妨再引用《客家圣典》就太平天国而写下的一段总结性的文字：

> 这便是一个民系的生命意义所在！在千年流徙、万里长旅中与苦难相伴，可要达到的是一个让人类永远摆脱苦难的天国——从而不惜以自己的血肉之躯铺平这条通往天国之路。①

就这样，客家民系从自在走向自为，从而开始了她的自由史、解放史！

从自在到自为，又从自为走向自由，太平天国堪称这么一个伟大的开端！

客家人的世界不再混沌了。

第二节　黄遵宪与戊戌变法

一、戊戌变法的三大层面

黄遵宪在戊戌变法中发挥的作用，可以归纳为三个层面：

第一个层面是舆论上的准备，除开康梁鼓吹变法外，黄遵宪作为中国近代史上杰出的外交家，不说其外交活动，仅就其所撰写的40卷50余万字的巨著《日本国志》而言，在主张学习日本、变法自强上亦为这舆论准备做出了重大贡献。1894年之际驻法公使薛福成对该书大加推崇，并在代作的序中称其为百年来少有的"奇书"。该书正好出版在戊戌变法的前夕1895年，成为维新派强有力的思想武器。

① 谭元亨：《客家圣典》，海天出版社1997年版，第173页。

第二个层面，当时在北京发生的“百日维新”，主角自然是康有为、梁启超，先锋乃至为此殉难者，则是谭嗣同等在菜市口喋血的“六君子”。而“六君子”之一刘光第，则是四川的客家人，在清代由福建武平迁到四川富顺县的，武平是闽粤赣“客家大本营”中的一个客家县。所以说，在戊戌变法的最高层面上，客家人亦不曾缺席。本来，黄遵宪也要加入这一行列的，因为翰林院侍读学士徐致靖在给光绪皇帝保举“通达时务人才”时，把黄遵宪与康有为、梁启超、谭嗣同、张元济等五人一并写进奏折里，并称黄遵宪“于各国政治之本原，无不穷究，器识远大，办事精细”，黄遵宪被光绪皇帝任命为三品京堂出使日本大臣，上京奉旨时，病倒在上海，未能再北上，否则，百日维新终结，菜市口上的“六君子”则会成为“七君子”了。由于各国使馆的干预，他才未被杀，但慈禧太后已密令其爪牙蔡钧搜查了他的家，而且也把他关了两天，只是慑于各方压力，才把他“放归”回乡。

黄遵宪故居“人境庐”

第三个层面，则是戊戌变法在基层的呼应，当时，全国仅有湖南一省搞得风生水起，努力推行新政，擘画改革，走在了变法的前列成为戊戌变法的“热身”。湖南新政，在光绪皇帝心中是颇有分量并寄予厚望的，当湖南巡抚、江西修水的客家人陈宝箴“被人胁制”，不得不应付顽固派的攻击时，光绪皇帝还谕饬他“坚持定见，实力举行，慎勿为浮言所动，稍涉游移”①。

可以说，正是几位客家人，把湖南新政办得有声有色，其中身体力行者，当推时任湖南按察使的黄遵宪。在他奉旨北上时，南学会一主讲皮锡瑞被迫离开，写信给他，称：“公去后无人护法，中丞不能常至，讲学一事，未知能否复行。”② 从这信中可以看出，黄遵宪在其中举足轻重。

因此，在涉及三大层面所发挥的历史作用中，黄遵宪在湖南新政中所建立起来的功绩，当是最大也是最重要的。少了这一部分，不足以体现这位历史伟人在思想上、政治上的风姿。过去，关于黄遵宪的评价，一般只停留在外交与文学上，而最足以表现他历史人格、敢作敢为、锐意革新的湖南新政，每每被忽略或者轻描淡写一笔带过，这显然是不公正的，有失偏颇。

有了湖南新政，黄遵宪不仅是一位出色的外交家、著名诗人，而且是出类拔萃

① 《德崇景皇帝实录》卷四二五。
② 皮锡瑞：《致黄遵宪书》，转引自汤志钧：《戊戌变法史》，上海社会科学院出版社2003年版，第397页。

的思想家、政治家——这，方是对这样一位历史人物全面、中肯的评价。

二、湖南新政中的建树

黄遵宪在湖南新政中的建树颇多，充分地表现出了他非凡的远见卓识，以及出色的组织才能，因此，对他在湖南新政中的全部活动，务必作出全面的梳理。仅这么一篇，当远远不够。

从我们所占有的历史资料来看，黄遵宪的历史功绩最为突出的一项，是在中国首创警察制度。他为了整顿湖南治安，清理刑狱，特设置了保卫局，以“去民害，卫民生、检非违，索罪犯”，并亲拟《保卫局章程》四十余款。[①] 虽然这个保卫局只存在三个月，可在中国警察史上，已是不朽的开篇了。后来，直到20世纪，天津才有类似的制度建立，比湖南晚了很多年。

创立与主持时务学堂，也是黄遵宪在湖南新政中突出的一项。虽然创立者并非他一人，但力荐梁启超、李维格分任中、西学总教习，则是他所为，从而确定了这一时务学堂锐意变法的政治方向，功不可没。

而组织“南学会”，使之不仅作为一个救亡御侮的政治组织，甚至带有地方议会性质，当是万马齐喑的封建王朝里惊世骇俗之举。

还有出版《湘学新报》、《湘报》，令湖南“民智骤开，士气大昌”，黄遵宪是下了大力气的。与此同时，筹办新式水陆交通，建设湘粤铁路，设立武备学堂、训练民团、开矿等，引入西方的先进制度，扶持民族资本的发展，这也是与黄遵宪分不开的。

可圈可点的，还有很多，下面，我们择主要的加以论述。

第一，黄遵宪设立的保卫局这一条摆在第一，是因为这个保卫局，称得上是中国警察制度之雏形。

保卫局与课吏馆，均是湖南新政中政治方面的重大举措。黄遵宪担任外交使节多年，对西方的先进制度有较深入的了解。其时，中国沿袭千年的保甲制度已经不适应时代的需要，维持不了社会的安定局面，黄遵宪创立保卫局，自是仿效西方的近代警察制度，为了避免反弹，他们来了个“托古改制”，称“今西国有警察部，无不与《周官》暗合”[②]，以暗度陈仓。黄遵宪拟订的《保卫局章程》发在《湘报》七号亦称“亦在官民合办，使诸绅议事，而官为行事”[③]。《章程》中确认：“设议事绅商十人，一切章程由议员议定，禀请抚宪核准，交局中执行。其抚宪批驳不行

---

① 汤志钧：《戊戌变法史》，上海社会科学院出版社2003年版，第410页。

② 唐才常：《论保卫局之益》，载《湘报》第二号，光绪二十四年二月十六日。

③ 《臬辕批示》，载《湘报》第三号，光绪二十四年二月十七日。

者，应由议员再议，或抚宪拟办之事，亦交议员议定禀行。”[①]

该保卫局在长沙府城中设总局，城中，东南、西北及城外设分局。另附设迁善所，收容失业者与犯人。其职责是，逮捕杀人放火、斗殴盗窃、奸淫拐骗及其他破坏活动的罪犯；监视无固定职业、形迹可疑的人；维持社会治安，消除聚众喧杂之事，注意卫生、交通等。陈宝箴、黄遵宪称保卫局“为凡百新政之根柢”可见重视之程度。

保卫局设立后，“各局员绅倍极谨慎，日夜严饬巡丁，校巡街市，城中无赖痞宄，渐皆消迹”[②]。当日的评估，应是中肯的。

与西方警察制度不同的是，保卫局是官方所倡导，“商为之助”，这与中国的国情有关，旨在保护刚刚兴起的民商工商业，所以“凡开办数月，商民咸便之。”梁启超更在《戊戌政变记》中认为，“各国民政之起，大率由民与官争权，民出死力以争之，官出死力以压之。若湖南之事势，则全与此相反”。谭嗣同在《记官绅集议保卫局事》中则说“参以绅权”是“一切政事之起点，而治地方之大权。”

湖南保卫局于1898年7月27日（农历六月初九）正式开办，至百日维新后停办，仅维持了约三个月，却揭开了中国近代警察制度的第一页，留下了不可磨灭的历史印记。

直到1902年5月，袁世凯才又在保定设立了类似的警务总局。1905年，八国联军在交还天津的条件下，提出天津周围20公里不得驻扎中国军队，袁世凯玩了个花招，军队不行，警察总可以吧，社会治安无论如何还得维持，于是，化军队为警察，最后终于以“巡警”之名，派了3000警务人员进驻天津。这当是中国警察制度创立过程中的一段奇事。是年10月8日，不得已又祭起“新政”的慈禧太后，终于下令设立“巡警部”。这样，中国的警察制度就这么沿袭了下来，其第一功，当在湖南新政，在黄遵宪。

第二，湖南新政另一政治举措，是设立了课吏馆。陈宝箴当时指示黄遵宪“课吏馆之设，欲使候补各员讲求居官事理，研习吏治刑名诸书，而考其所得之浅深，用力之勤惰，第其等差，酌给奖资寓津贴于策励之中，其才识高下亦因之可见。”[③]陈宝箴旨在“整顿吏治”，当时罢黜了好几个贪官昏吏。他责成黄遵宪总理“课吏馆”之事，黄遵宪也以

> 时事当需才之秋，朝廷已深知不学无术之弊，若统全省官吏而科之，推科举之变格，宏课吏之规模，教于未用之先，询以方用之事，察吏之外，兼以所

---

① 《臬辕批示》，载《湘报》第三号，光绪二十四年二月十七日。

② 《保卫近闻》，载《湘报》第一二四号，光绪二十四年六月十七日。

③ 汤志钧：《戊戌变法史》，上海社会科学院出版社2003年版，第409页。

学之浅深，课其政之殿最。[1]

以上文字，引自《黄公度廉访会筹课吏馆详文》，亦可看出课吏馆的宗旨与作用。具体的是，其各课，为学校、农工、工程、刑名、缉捕、交涉六类，前三项与启蒙有关，以开导官僚们；刑名、缉捕则与保卫局同旨；至于交涉，则为“通商、游历、传教一切保护之法”。这大致是培训、监督等功能，当是一种改良。新政中，政治举措当是重中之重，黄遵宪的远见卓识与历史作用，也就表现在这里了。

第三，开办时务学堂是湖南新政的重要举措，其对学堂制度的改革，启蒙思想的传播，发挥了重要的作用，内中，黄遵宪堪为中流砥柱。当年在上海，他就慷慨解囊，捐助了一千元，作为《时务报》的活动经费，到湖南办时务学堂，他岂能不全力以赴。

是他，力荐戊戌变法的主帅之一梁启超担任该学堂的中学总教习，自然，他是深知梁启超的思想与才华的，这里，有他的《致汪康年书》的一段话为证：

宪经到湘，即闻湘中官绅有时务学堂之举，而中，西两院长咸属意于峄琴（即另一位西学总教习李维格）、任公二君子，此皆报馆中极为重要之人。以峄琴学行，第所见通西学者凡数十辈，而求其操履笃定、志越纯粹、颇见儒者气象者，实无其伦比……任公之来，为前议之所未及，然每月作文数篇，付之公布，任公必能兼顾及此。此于报馆，亦无损碍，并气公熟虑而允许之。[2]

汪康年当时是《时务报》经理，黄遵宪不能不找他，其时他与梁启超有不少矛盾。几经交涉，梁启超于1897年11月终于来到了湖南，拟定了《学约》十章，大力鼓吹变法，为百日维新做舆论准备。

是黄遵宪亲自赋诗给尚还年轻的梁启超，称：

三千六百钓鳌客，
先看任公出手来。

在时务学堂之后，于1898年2月开会的南学会，被誉为地方议会的雏形，是在陈宝箴、黄遵宪等支持下组织成立的，南学会招生额为40人，报考者竟达4000，可见其在湖南的影响。

---

① 《黄公度廉访会筹课吏馆详文》，载《湘报》第十一号，光绪二十四年二月二十六日。
② 《汪镶卿先生师友手札》。

作为学会的四位主讲之一，黄遵宪讲的是政教。根据史录，他讲演的题目是：《论政体公私人必自任其事》（分两周讲），从题目即可看出其分量了。讲演中，他认为周代以前，“传国极私，而政体乃极公”，及至晚明，“政体则甚私”，当予以变革。他抨击帝王“生于深宫之中，长于妇人之手”，“骄淫昏聩，至于不辨菽麦，亦靦然肆于民上，而举国受治焉”，讲演中，他大力抨击了明清以来的地方官员的委派制度。

梁启超对这么一个政治组织是极力称赞的，他在湖南写信给汪康年，称：“此间新办南学会，右帅、公度（黄遵宪）、研父（徐仁铸）皆入会，诚盛典也。”在《戊戌政变记》中更称，组织这一学会，“连群通力，发愤自强”。而黄遵宪在上述演讲中亦强调该学会“以联合之力，收群谋之益”的必要性，推动维新变法。

与此同时，黄遵宪还利用《湘报》作配合宣传。在《湘报》第五十三号，他通谕各府厅州县一体张贴劝禁妇女缠足，以“开一乡一邑之风气”。客家女子是不缠足的，作为客家人的他，当更深恶痛绝这一千年陋习。

关于时务学堂与南学会，梁启超日后有文字予以总结：

> 自时务学堂、南学会既开后，湖南民智骤开、士气大昌，各县州府私立学校纷纷并起，学会大盛。人人皆能言政治之公理，以爱国相砥砺，以救亡为己任，其英俊沉毅之才，遍地皆是……然而野火烧不尽，春风吹又生，湖南之士之志，不可也。①

第四，湖南新政，尤包括经济上的重大举措。

黄遵宪是1897年7月被任命湖南长宝盐铁道，后又任湖南按察使，至1898年6月13日，由徐致靖保荐上京，因病滞留上海。在湖南有将近整整一年时间。其间，他与陈宝箴、陈三立及学政江标等人，在各方面极力推进变革。

经济上，黄遵宪是力主开发地方资源，鼓励创办实业。他身体力行，申办了湖南矿物总局，并得到了清朝政府的批准。湖南山多田少，物产不丰，但多出“五金之矿”，而过去土法开采，不仅工巨利微，且破坏甚大。

矿务局被批准后，他把企业分为官办、官商合办、官督商办三种，这是洋务运动的老路子。结果，前两种因体制问题，官员徇私，经营不善，只有后一种，才获利不少。所以，逐渐交给商人开采，从而令私人企业陆续有了立足之地。

除矿务外，他还建设新式水陆交通，创立了小轮公司，铺设了湖粤铁路，设立了武备学堂，训练民团。另外，自长沙至湖北蒲圻、咸宁、江夏等县站，还设置了

① 梁启超：《戊戌政变记》。

有线电报……

可以说，湖南新政使该省政治、经济、文化、教育等各个方面，都出现了崭新的现象，成为戊戌变法在地方的唯一亮点，与黄遵宪参与主事是分不开的。梁启超早有定论："凡湖南一切新政，皆赖其力。"①

黄遵宪在短短一年时间，做了他力所能及的一切，而这，也就酿成了大祸，以至戊戌变法失败后，他被参奏为"奸恶"，差点也成了刀下鬼。陈宝箴被"赐死"，黄遵宪则被"放归"，没多少年，也因病早早辞世了。

三、民智骤开的深远影响

不过，湖南新政这短短一年，在湖南的历史上却是当用如椽之笔写下来的。对于湖南在日后的辛亥革命、土地革命的影响，可谓深远。我们完全可以说，没有这一年的"民智骤开，士气大昌"，又怎有日后黄兴、蔡锷、宋教仁等的脱颖而出，还有毛泽东、何叔衡、蔡和森等的冲天一啸呢？黄遵宪通过《日本国志》，表达了他要在中国寻找萨摩、长洲——明治维新中出了杰出人才的两个地区——的愿望，他果然找到了，那便是湖南。

湖南新政，对于湖南成为中国20世纪人才辈出并引领风骚的革命圣地，可以说是一次前哨战，为20世纪推出一批洪钟大吕式的伟人作了充分的准备。我们甚至可以说，湖南新政，称得上20世纪革命的一所大学校。

袁世凯称帝，给其致命一击的，正是护国将军蔡锷于云南举义。可又有几人知道，当黄遵宪请来梁启超在时务学堂讲课时，当年仅15岁的蔡锷，竟步行350里地，从邵阳来到长沙，成为梁启超40名学生中年龄最小，也是日后最有作为的一位。教袁世凯下台的，正是师生两人在文、武两条战线珠联璧合的精心之作。辛亥革命元戎黄兴，当年受湖南新政的影响亦可想而知，其时他正在气象颇新的两湖书院。而新政年间，著名的政治家、亲手制定民国《临时约法》的宋教仁，在新政夭折后的第三年，居然在常德参加府试时，在试卷中写有"不惜杀一人以谢四万万同胞，不惜杀一人以安万世之天下"，矛头直指卖国之"老佛爷"与误国之李鸿章。还有愤而蹈海，曾写有《警世钟》、《猛回头》的陈天华；仅22岁出任一纸风行的《苏报》主编的章士钊……众多的湖南英才俊杰，无不成长或成熟于那样一个新政的氛围中。

众所周知，1910年，当一代伟人毛泽东离开家乡韶山冲去湘乡东山高等小学读书时，给自己取了个笔名，叫"子任"，任者，即任公也，是梁启超之字，子任，自是继承任公的业绩，以天下为己任矣。虽说湖南新政发生时，毛泽东才五六岁，

---

① （清）宋玉卿：《戊球》。

但梁启超在新政年间于湖南的影响，却一直延续下来，湖南的年轻人都爱读他的文章。与毛泽东同一辈的革命家，作为第三次湖南的“人才群落”①，自是少不了湖南新政的泽被。

一位著名史学家说过，近现代史上，正是湖南人与广东人平分秋色，此语不假，广东人中，自包括了黄遵宪在内。他在湖南新政中的功劳，再怎么高估也不为过。原国务院总理朱镕基极力称赞当年的湖南新政。可以说，当年的新政，对于湖南而言，对于湖南人才的造就，当是一个伟大的节点。

湖南之所以成为近现代中国革命的“火车头”，当是在其新政年间蓬勃而起的动力；湖南在20世纪出了那么多政治、军事、文教的卓然而立的命世之才，也同样托庇于新政年间思想的活跃。

就那么几位客家人，陈宝箴与黄遵宪，硬是把一个保守著称的内陆省份推向最前沿，一时风生水起，这在文化地理学上，也当是一个“异数”吧。不管怎么说，在黄遵宪的一生中，湖南这短短的一年，应该说是一个巅峰了，凸出了他思想、政治上的卓越表现。而这，绝不亚于他在外交、文学上的表现。

一代伟人，绝不是平面的，而是从各个侧面显示出其多向度的才干！仅称黄遵宪是诗人，外交家是远远不够的，应该有更多的研究，揭示他在湖南新政中的表现。

第三节　推翻千年帝制的辛亥革命

太平天国、戊戌变法，无疑为不久即爆发的辛亥革命打下了坚实的群众基础，以及进行充实的思想准备。改良主义在病入膏肓的封建帝国，注定是没有出路的。改良一旦陷入了绝境，革命势必会发生。尽管后来慈禧太后也一本正经地实施“新政”，其措施甚至比当年变法更要激进，但是为时已晚，大清皇朝的气数已尽，反倒“放出更多的黑暗来”，谁也不抱什么幻想了。再以改良的新政来防止革命，已达不到亡羊补牢的效果，只会滑天下之大稽了。

历史就是这么无情地揭示出一切。一位客家人的后裔，就这么在历史的召唤下奋起。是他，迅速从“请愿上书”中觉醒，意识到“和平之法无可复施”，揭起了武力“倾覆”清朝的大旗。从而成为了结束千年帝制的历史伟人。无论后人对他的辛亥革命怎么挑剔，评头品足，但是，光推翻中国两千年的封建帝制这一条，就足

① 谭元亨：《先进文化与“群体激活”效应》，载《华南理工大学学报》2001年第4期。

够了，何况，开创共和，民主建国……都始于他的手中。

他，就是伟大的民主革命先驱孙中山。

孙中山1866年出生于广东香山县（今中山市）翠亨村的一个客籍农民家庭。谱牒所载，其先人来自于客家大本营。关于这一条当无疑议，只是由于历史沿革，今日的地名已有所变化，但古地名长乐是无误的。他家境贫寒，父亲靠佃耕为生，故他十岁才读私塾。十二岁时，他随母到了檀香山，异国风物，令他“慕西学之心，穷天地之想”。少小立志，谈吐不凡。后来他又到了香港求学，1892年毕业于著名思想家何启创办的“西医学院”。如他自述“予自己酉中法战败之年（1895年），始决倾覆清廷，创建民国之志，由是以学堂为鼓吹之地，借医术为入世之媒，十年如一日……”① 他于1848年创立“兴中会”。第二年即开始了武装夺取政权的艰苦卓绝的斗争，经“十起十落”，最终赢得1911年的胜利，推翻了帝制，创立了民国，开创了历史的新纪元。

孙中山

孙中山故居客厅

笔者以为研究客家与辛亥革命这一命题必不可少的有以下三条：

第一，客家与辛亥革命，当从孙中山这位客籍革命家入手。他的平民思想、大汉族意识，乃至崇文尚武的客家人文传统，尤其是客家人漂洋过海形成的先进观念，都是他发动这场革命必不可少的要素，既往对这方面的研究，尤其是作为客家视角上的切入，做得很不够，现在应当下大功夫。

第二，对于这次革命，客家人在其中起到的主导及骨干作用，也当有深入的发掘，尤其是“十起十落”中，究竟有多少处为客属地，也没有人作过关注，而这些因素，都是不应该忽略的。

第三，这次革命，在如何广泛地团结、发动全国人民的参与，又如何以广东为根据地，是怎样体现作为领导人的“客家胸怀”并有别于太平天国的，这也是一个民系成长 、成熟进程的题中之意。

① 《孙中山全集》（第六卷），中华书局1985年版，第229页。

一、从“种姓革命”到民族平等

如果说，孙中山从“和平上书”迅速转换为暴力革命，与客家人的崇文尚武的传统是一脉相承的话——这已有太平天国为证，那么，同盟会的早期纲领“平均地权”，一直发展到后来的“耕者有其田”，并强调“如果农民不参加革命，就是我们的革命没有基础”，也是源自于客家人的平民思想，所以，他的三民主义，被列宁评价为：“……每行都渗透了战斗的、真诚的民主主义。……这是带有建立共和制度要求的完整的民主主义。它直接提出群众生活状况及群众斗争问题，热烈地同情被剥削劳动者，相信他们是正义和有力量的”。

我们就从这位先驱由大汉族意识向全民族观念演进，从平民思想向平民革命发展切入。

自从太平天国轰轰烈烈走上中国政治舞台以来，客家人便显示了它更新整个中华民族的历史主动精神与翻天覆地的气概。太平天国的失败是暂时的，历尽沧桑的客家人并没有就此屈服、趴倒，他们注定要在不久之后更高地屹立起来，他们不仅仅证明了自己的存在，而且要成为历史的主人！

孙中山自小便很景仰太平天国革命。他的民族主义、民生主义，可以说主要是来自于太平天国的思想，是太平天国农民革命的反清要求的承传与升华。他自小便以洪秀全的继承人而自居。

孙中山自己也曾撰文写道：

> 民生主义在前数十年，已有人行之者，其人为何？即洪秀全是。洪秀全建设太平天国，所行制度，即完全经济革命主义，亦即俄国之今日均产主义。

显然，他的民生主义，带有客家人的“大汉族意识”。明亡之后，客家人所在地，一直坚持不剃半边光头、不留长辫，自认为明代遗民，而拒绝成为清朝的子民，有的地方，甚至坚持到了民国，始终没有臣服。太平天国的“反满”大旗也就是这么树起来的，形成其民族革命的思想。

早期，在《兴中会宣言》与《同盟会宣言》中，孙中山“反满”旗帜是很鲜明的：

> 倡率义师，殄除外虏，此为上继先人遗志，大义所在，凡我汉人，当无不晓。
>
> 驱除鞑虏，恢复中华……我汉人为亡国之民者二百六十年于斯。满洲政府穷凶极恶，今已贯盈，义师所指，复彼政府，还我主权。

1894年12月24日，孙中山在美国檀香山成立中国第一个民主革命团体兴中会时，其革命纲领，亦即其誓词便是：驱除鞑虏，恢复中华，创立合众政府，倘有二心，神明鉴察。

孙中山早期的革命活动，与太平天国关系密切的天地会等及后来形成的洪门有着紧密的关联，洪门反清的传统对他是有着很深的影响的。而当日反清，又是与反帝相关联的。“今有满清政府为之鹰犬，则彼外国取其土地，有予取予携之便矣。”“故欲避免瓜分，非先倒满清政府，则无挽救之法也。”

孙中山是一位有远见卓识的伟大的革命家，那植根于客家民系的“大汉族意识”发展为民族主义革命，更进一步充实与有了外延，不仅仅是“反清排满”了，尤其是在推翻了清朝之后，便更是疾呼：

现在清室不能压制我们，但各国还要压制的……勿谓满清已倒，种族革命已告成功，民族主义即可束诸高阁矣。

日人驻兵于南满，俄人驻兵于蒙古，英人驻兵于西藏，法人驻兵于滇黔，日思瓜分……我汉族实无国家存在于亚东大陆上，而外忧日迫，瓜分立刻之危机，在昔不过危言恫吓，近日见之实行。

这一民族主义，已不立足于反清，而是反帝了，后来，《中国国民党第一次全国代表大会宣言》上，更推进了一大步：

民族主义有两方面意义：一则中国民族自求解放；二则中国境内各民族一律平等。

目的在使中国民族得到自由独立于世界。

其目标不外反帝国主义。

这样，便从大汉族意识的“种姓革命”走了出来，上升到更高的思想水平。

客家人的“大汉族意识”驱使与推动了孙中山发起这场革命；也同样是客家人创新求变的精神，使得他把这场革命引入更高的境界，而不拘于自己所在的一个民族，显示了作为革命家的博大胸怀。

宋庆龄在《论辛亥革命》中说：

清廷逊位，是辛亥革命最显著的成就，它的意义，实极重大，因为至少在形式上，中国已成为亚洲的第一个共和国，使含有世界人类五分之一的国家专制政体消灭，这真是世界史上进步的一个碑石。但是，因为真正和绝对的民主政治，还没实现，所以我们的革命，还不能认为成功。

可以说，正是孙中山，正是众多的客家儿女，在辛亥革命中继承与发扬了太平天国革命的传统，把中华民族的反帝反封建革命往前大大地推进了一个历史阶段。孙中山继承了洪秀全，又远远地超过了洪秀全，领导中国人民，以豪迈的、战斗的姿态，走进了20世纪，炸响了亚洲民族独立的第一声春雷！

二、“十起十落”与数度北伐

我们再来谈孙中山的平民思想在这一伟大历史事件中所起到的重大作用。

孙中山对中国革命的贡献，是不可能在这部书中所概括得了的。我们只能在客家学的范畴内作一些探讨。当然，光凭推翻帝制这一条，在中国，便已是巨大功勋了。在他之后，谁敢在中国称帝，势必为天下人所唾骂而身败名裂。这也说明，帝制在中国，是早已经不得人心，康有为的保皇党们逆历史潮流而动，实在是滑稽可笑之极——从300年前，李贽、黄宗羲所代表的启蒙思潮，指出“上自天下，下至庶人，通为一身”，“为天下之大害者，君而已矣”，“自秦以来，凡为帝王者皆贼也”，抨击君主专制，提出民主法治的朦胧理想，到孙中山一举推翻帝制，创建共和，又经历了多么漫长的岁月，付出了多少代人的牺牲！

无疑，客家人的“排满反清”的“大汉族意识”，是同明末那股启蒙思潮有着有机的联系的，是要把中国历史往前推进的，不料来自北山黑水的游牧民族入主中原，这一历史进程便给中断或截断了，差不多300年后，才又重新续起。当然，300年间，他们也作过努力，从兰芳共和国，到洪仁玕的《资政新篇》……

而这300年间，客家人又经历了多少流浪、离乱之苦，包括孙中山所在的家族，也是从粤东长乐（今紫金）迁徙而来，几经辗转，定居香山县翠亨村的。这是明末以来，客家人几乎未曾断绝的大大小小迁徙中的一个分支罢了。无论其祖上有怎样的显赫，这几百年间，也大都变得一贫如洗，这对客家人后来形成的平民意识，有着很大的催化作用。孙中山从不讳言自己是贫苦农民的儿子，总把革命活动与希望，寄托于下层会党。有人要把革命活动重点移到新军方面，他开始还不大赞同，如李大钊当时指出的，孙中山“整理了许多明末清初流传下来以反清复明为基础的、后来因为受了帝国主义压迫而渐次扩大着有仇洋色彩的下层结社，使他们渐渐脱离农业宗法社会的会党的性质，而入于国民革命正轨。”宋庆龄在《为新中国奋斗》中更说：

> 孙中山是从民间来的……他生于农民的家庭……就在这早年还是贫农家里的贫儿的时候，他变成为一个革命人。……他下定决心，认为中国农民的生活不该长此这样困苦下去。

客家人的平民革命思想，也便是这样形成的，在他身上得到了光辉的印证！

关于客家人与客属地在“十起十落”中发挥的历史作用，我们也应当深入加以探究，不可一笔带过。

如果说，兰芳共和国在海外存在上百年未能对国内产生影响，而太平天国又仅存在十多年未免太短暂了的话，那么，作为客家人，在辛亥革命的历史大变动中，影响中国整整一个20世纪，却是无可否定的了。这不仅仅是孙中山一个人，而是他所在的一个客家革命家的巨大“历史群落”。20世纪，可以说是客家人的世纪，是整个中华民族从奴役走向解放、从专制走向自由的世纪——虽然这一历史进程尚须延续到下一个世纪。

孙中山在辛亥革命中，追随其左右的，有众多的客家志士，正如当代思维科学所称的，有一种“群体激发效应”，一位革命家脱颖而出，马上便是一茬茬地冒出来。也只有这样，才形成气候，才产生威势——这是很值得文化学、人类学、发生学方面探究的。这是一个历史的流向，一个群落的归宿，放在大时代的宏观视野中，去探索纷纭杂沓的表象后面，存在着怎样的根本内驱力。以至从表面荒诞的、几欲不可思议的东西中，抽出理性与正义的脉络来。

在1905年，孙中山于东京联合各方进步力量成立一个统一的革命政党——中国同盟会时，不少客家人便从八方来响应，将其视为自己的事业，成为其中的骨干。如谢逸桥、谢良牧、何天瀚、李勤、谢辉文、谢适群、谢逢元、饶一梅、刘维濂、刘维焘、李定区、李荫区、何卓麟等。其加盟人数，为广东之冠。在同盟会成立大会上，除孙中山任总理外，其整个领导核心成员中，客家人就占了46%，差不多占去了一半。其中，外务部长为廖仲恺（惠州客家人），会计部长为谢良牧（梅州客家人），司法部长为何天瀚（梅州客家人），评议部议员胡汉民（江西吉安客家人）、梁慕光（惠州客家人）等。海外客家人多，这是一个主要原因，但这也证明，正是客家人漂洋过海，接受新思潮的影响，要比别的民系大。他们成为辛亥革命的主力，就不足为怪了。

后来，同盟会派人回国内活动，其重点亦是客家人聚居或者有较多客家人的地方。如1895年的广州起义，1906年的湘赣边界起义，当是客家人的地盘，历时两个月之久；而1907年至1908年由孙中山策动与直接领导下的六次武装起义，也大都是客家人聚居的地方，如惠州七女湖等，这些，均是辛亥革命的前奏，极大地震撼了清朝统治者，振奋了全国的革命志士，为日后武昌起义奠定了基础。

在海外，被誉为“革命之母”的华侨中，客家人也是其中的主要成分。可以列出众多捐赠巨资的客家人名单，这里就不一一写出了。而在客都梅县松口，更办起了一所以传习体育为名、培训军事骨干的学校。后来，在历次战役中，尤其是广州黄花岗之役中，不少学员英勇捐躯，如周增、林修明、饶辅廷、张学龄等。

武昌起义成功，胡汉民为广东军政府都督，尚在国外的平远客家人姚雨平兼程赶回，与他商议并组织北伐军，从潮州北上，到上海与孙中山会合，又再挥师北上，于固镇、宿州、徐州等地大破清军，在迫使清帝退位中起到了重大的作用。

在辛亥革命之后十数年间，革命几经曲折，但孙中山身边，始终有着一批意志坚定、迭创奇勋的客籍革命家与将领。例如，著名的国民党领袖人物孙中山的左右臂廖仲恺、胡汉民、邹鲁、大将军姚雨萍、誉为“平民将军”的邓铿——后来，北伐的主要将领，包括邓演达、李济深、蔡廷锴、张发奎、李章达、叶挺等，皆出于他的门下，且都是客家人。

后来，为孙中山所称道的“干革命，有两达，革命有希望”，便是指张民达与邓演达。他们也都是客家人，张民达是梅县人，邓演达则是惠阳人。两人均是东征中名将，一路势如破竹，所向披靡，张民达不幸于1925年溺水身亡，邓演达则一直到参加北伐，任总政治部主任，成为当时武汉革命政府的中坚，后不幸被蒋介石所谋杀。

辛亥革命，是以一次又一次的北伐而彪炳于史册上的。在中国历史上，每每只有武力南下——也就是人们常说的“南征”，却从未有过北伐，李鸿章正是预感到了这一条，才惊呼“三千年未有之变局”。包括太平天国，也只是打到南京止了步，没再前进了，派出的两支北进的队伍，均都失败了。但辛亥革命，一次又一次的北伐，均连战告捷，其态势则大不同前了。

而要北伐，则不可偏安于广东，于东南，于客家人分布的南方十余个省，务必要能团结全国人民，包括各族人民，乃至于曾作为统治者的满族。所以，这一革命，其气度、其胸怀，当远远超过包括太平天国的任何一次起义。

其一开始，孙中山在革命中难免有作为客家民系的那种理想主义的色彩，试图超越乃至优越于西方资产阶级民主主义，但这种理想主义色彩每每难免沦为空想以及乌托邦，与现实，不仅仅是中国的现实相脱离。但孙中山毕竟是一位伟大的革命家，在革命的进程中，他这种“优越”于西方，预防资本主义的思想渐渐淡化掉了，在他晚年的新的民生主义中，提出了相当明确的“节制资本”的政治纲领。在这一纲领中，它是允许私人企业的发展与扩大的，只是须加以监督与限制。显然，他是看到了，正是民商，即民族资产阶级——这包括大量的侨资、侨商，成为他的民主革命的最有力的支持。这样一来，这场革命就更能团结一切可以团结的力量，不独独局限于几位革命者及普通民众。

同样，从“平均地权”这一空洞的口号，发展到切合实际的“耕者有其田”，方能真正把农民这股力量凝聚起来。孙中山认为，“耕者有其田，才算是我们对于农民问题的最终结果。……这是一个很重大的问题。我们应该马上用法律来解决，如果不能解决这个问题，民生问题无从解决。”“如果耕者没有田地，每年还是要纳田租，那还是不彻底的革命。”①

① 孙中山：《耕者要有其田》，转引自曹锡仁：《幻想与现实：中国道路》，陕西人民出版社1986年版，第56页。

毫无疑义，孙中山在革命实践中，对农民问题的认识，也从空想走向了科学，这一来，也就极大地团结了中国的劳苦大众。这一思想的演变，显然与客家人的观念是相一致的，体现出这场革命所真正要改写的历史内容，具有鲜明的民主主义。

三、百折不挠

孙中山的一生，历尽挫折，辛亥革命前，可谓“十起十落”；辛亥革命后，又有袁世凯称帝、张勋复辟、军阀混战、陈炯明叛变。和平统一未果，竟病逝于北京。他这种百折不挠的斗志，正可谓客家人的“硬颈”精神。

除大量呼唤革命的檄文外，他还写有七律《挽刘道一》，可见其锐志：

挽刘道一

半壁东南三楚雄，
刘郎死去霸图空。
尚余遗业艰难甚，
谁与斯人慷慨同？
塞上秋风悲战马，
神州落日泣孤鸿。
几时痛饮黄龙酒，
横揽江流一奠公！

气势了得！信心了得！沉雄悲壮，格调高远，不愧为一代伟人。

而他的左臂右膀，如廖仲恺、胡汉民等，更是借手中之笔，包括运用诗歌这一古老的形式，抒壮志、斥邪恶，团结民众，共图伟业。如廖仲恺在被陈炯明所囚时写下的《留诀内子》：

留诀内子

后事凭君独任劳，
莫教辜负女中豪。
我身虽去灵明在，
胜似屠门握杀刀。

其妻何香凝，是名诗人，名画家，其诗有：

国仇未报心难死，

忍作寻常泣别声。
劝君莫惜头颅贵，
留得中华史上名。

这也是一位客家女的大气！

另一位胡汉民，也是能文善诗的，早期作品更意气风发，力透纸背。在志士朱执信被害时，他写有《哭执信》一诗，读之令人涕零。

哭执信

岂徒风谊兼师友，
屡共艰虞识性情。
关塞归魂秋黯淡，
河梁携手语分明。
盗犹憎主谁之过？
人尽思君死太轻。
哀语追慕终不是，
铸金宁得似平生。

民族英雄邹容是辛亥革命成功前牺牲的一位著名历史人物，此是人所共知，但是，包括客家人在内，大都未必知道他也是客家人。他是在清代“实川迁移”时迁去四川巴县的客家人，原籍为客家大本营中的梅州。他幼年时受戊戌变法影响，攻读英文、日文，1901 年到成都应试，本已录取留学日本，因官方知他平日有越轨的言论，除了他名，而他则自费去了日本。在日本，他把一位监督留学生的官员的辫子剪下，挂在留学生会馆“示众”，于 1903 年被迫回国。到了上海住入爱国社，他与章太炎等结识，写下震动全国的名篇《革命军》。他在这 2 万字的长文中疾呼：

我中国今日欲脱满洲人之羁缚，不可不革命。我中国欲独立，不可不革命。我中国欲与世界列强并雄，不可不革命。我中国欲长存于二十世纪新世界上，不可不革命。我中国欲为地球上名国，地球上主人翁，不可不革命。……吾今大声疾呼，以宣布革命之旨于天下。

这时，恰逢拒俄运动发生。他两次在张园拒俄集会上演讲，签名加入拒俄义勇队。5 月，发起组织中国学生同盟会。在此期间，《革命军》由上海大同书局印行，署名革命军中马前卒邹容，请章太炎作序。《苏报》案发生后，邹容闻讯，于 7 月 1 日至巡捕房投案，被囚于租界监狱。邹容被租界当局判监禁两年，折磨致病。1905

年4月3日死于狱中。在《革命军》中他大声疾呼：

> 吾先以一言叫起我同胞曰：国民，吾愿我同胞，万众一心，肢体努力，以砥以砺，拔去奴隶之根性，以进为中国之国民。法人革命前之奴隶，卒收革命之成功。美洲独立前之奴隶，卒脱英人之制缚。此无他，能自认为国民耳。吾故曰：革命必先去奴隶之根性。非然者，天演如是，物竞如是，有国民之国，群起染指于我中士，我同胞其将由今日之奴隶，以进为数重奴隶，由数重奴隶，而猿猴，而野豕，而蚌介，而荒荒大陆，绝无人烟之沙漠也。

在19世纪至20世纪，客家人绝不是泡沫而是深流，不是涟漪而是巨浪，是大海中的涌，是历史的主潮，从而证明了他不仅属于历史而且属于未来——一个更新的民系身上，必然具有更多在未来闪光的东西！

邹容主张推翻清皇朝，建立一个“中华共和国”，称“中华共和国为自由独立之国”，并以高呼“中华共和国万岁”，“中华共和国四万万同胞的自由万岁”来结束这篇《革命军》。

《革命军》由章太炎作序，称“公理之未明，即以革命明之，旧俗之俱在，即以革命去之，革命非天雄大五之猛剂，而实补泻兼备之良药矣”。这篇文章在《苏报》上发表，《苏报》还赞扬《革命军》：“若能此书以普及四万万人之脑海，中国当兴也勃焉。”《苏报》为此被查封，邹容等几位相关者亦为英租界当局所捕。

1905年，这么一位年轻的革命家，竟惨死在狱中，年仅20岁。在他身上，我们不难看到客家人那种敢为人先、矢志不移的坚韧与敏锐！他，无疑应列入辛亥革命的先驱之列。

关于客家与辛亥革命，恐怕非一章节，非一两部书所能写尽，我们在这里只是择其要点而写上一节，而且偏重于思想上与群体上，真要写全，非百万言不足矣！

第四节　三大运动与客家思想的凸现

一、族群认同

清朝政府统治中国的几百年，中断了可能发展的资本主义，对内施行文化暴政和政治专制的同时，对外坚决地奉行闭关锁国政策，不仅闭目塞听，毫无忧患和危机意识，还一味夜郎自大，导致文明全面落后于西方，最终成为西方炮灰下的牺牲品。

而在这死气沉沉的几百年里，从太平天国到戊戌变法，再到辛亥革命，这些浪花，都在客家地区绽放，而且都与客家民系密切相关，这绝对不是一个巧合，应该是其民系思想的写照。探究这三大运动，就是探究客家人的思想过程，更是对这个民系在近现代一飞冲天的解码与探秘。

可以说，没有强烈的爱国情怀，没有勇于担当国家命运之重担的魄力与恒心，就不会有客家民系的产生。

诚然，爱国是中华民族的传统文化之一，何止是我们，世界上又有哪个种族、哪个民族不热爱自己的国家呢？可以说，爱国是普遍现象，可是，像客家民系这样，其民系产生与国家的传统与文化的传承息息相关，其每一次大的变动都和国家的命运相关，特别是到了近代，更是将国家民族的前途扛在自己的肩上，前仆后继，不说独一无二，也是极为少见。

从客家先民的第一次集体大迁徙开始，就是和国家的前途命运息息相关，这也就造就了他们对国家民族的前途命运的关注与敏感，没有他们灵魂深处所蕴涵的那种不妥协、不甘被奴役的反抗精神，就不会有这个民系的产生。

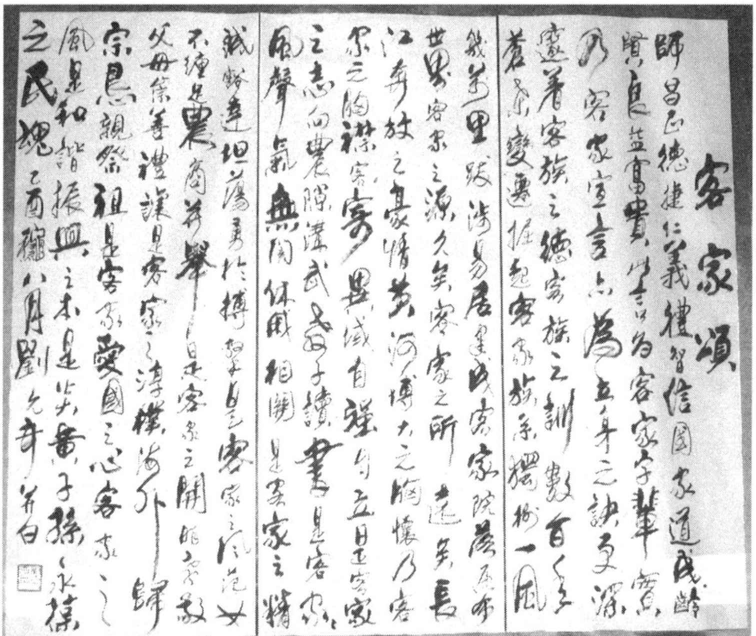

书法《客家颂》

在国家民族危难之秋，这种精神表现得尤为突出。正如客家谚语所说：“家贫出孝子，国乱识忠臣”。第一次，中华民族陷入五胡乱华的困境，客家民系的出走担负了延续民族文化的使命。第二次，南宋末年，中原大地将要沦陷在蒙古铁蹄之下，蔡蒙吉和文天祥毁家纾难，起兵勤王，而客家大本营梅州地区更是人人奋勇当先，“男执干戈女甲裳，八千子弟走勤王”①。勤王失败，民族英雄蔡蒙吉、文天祥英勇不屈，以身殉国，梅州也“地为之虚”；后来，满洲人入主中原的时候，客家地区也是反抗得最激烈、降服得最迟的，并且曾经一再起兵反正。爱国传统浸润到了客家民系的血脉当中，更何况，发展到明清时期，客家民系已经日渐趋于成熟，民系意识也已经相当巩固，对于一个素有爱国传统和民族责任的成熟优秀的民系，面临国家与民族多灾多难的现实，其必然要以一次次的行动作为其外在的表露，所以，才有了近代以来客家人的崛起。无论是太平天国运动，还是戊戌变法或者辛亥革命，其运动的缘由无不是为了国家和民族的前途与命运。

洪秀全进行的是反清的革命运动，其“灭尽清妖”的口号，说到底，就是民系意识深处的爱国情怀与汉民族意识，且不说清政权是如何的腐败和昏庸，也不用说在这个政权当道的几百年里，华夏文明如何陷入历史的最低谷，我们至少知道，历史这样发展下去，国破家亡难以避免。变革是一定要到来的，而外部契机与内因结合，变革的重任就落在了客家这个独特的民系身上，落在洪秀全这样一些客家人的身上。

多年之后，以康梁为首，有客家人刘光第、陈宝箴、黄遵宪全程积极施为的戊戌变法，不可否认也是出于对国家命运的考虑，出于其浓烈的爱国情怀。

作为民系意识的自觉体现，孙中山的一生都以国家命运为自己的出发点，其“驱除鞑虏，恢复中华”里所体现的爱国情怀与汉民族意识，与太平天国均是一脉相承。

清末大诗人龚自珍曾感叹“九州生气持风雷，万马齐喑究可哀”的社会现状，三大运动发生在统治严酷、腥风血雨的清朝后期，发生在万马齐喑的压抑的社会里，就像闪电劈开层层乌云，就像严冬里送来春天的气息，其振聋发聩，自不待言。如果我们不仅仅以成败论英雄，跳出狭隘的历史观，真正从民族的进程以及思想与文化的发展来看，客家人的这三大运动意义自会更加明了。

族群认同意识是客家人的一大特征，其远源自不用说，我们已经分析过魏晋时期的坞堡、庄园以及聚族而居的生活状态。实际上，客家人就像坚守他们的文化传统一样，坚守着他们的家族制度和聚族而居的生活方式，其间当然有各种现实的考虑，但民系的族群认同意识是最不能回避的因素。

从本质来讲，客家人浓厚的宗族观念是强化族群联系的纽带。面向过去，表现为客家人在祠堂设施的完善和族谱的修撰保管上可谓不遗余力；面对现实，反映在客家人以族群的形式谋求经济的自给自足，以及保护家族的安全；面向未来，则体现在客家人对于族中子弟的培养上面，不仅将教育看作族中的大事，而且以集体的形式提供子弟受教育的机会。

---

① 黄遵宪：《己亥杂诗》。

当然，真正的族群认同意识应该是文化意义上面的，共同的生活习俗、共同的文化心理、共同的价值准则、共同的语言，以及对未来的指向，拥有了这些，才有了民系的认同，也就是族群的认同，客家才得以形成一个民系，这些，前面已有相关论述，不再赘言。

同样，有了这些，才会有这个民系惊人的团结，从民系诞生之日开始，客家人赖以与困难抗争的，就是族群和集体的力量，就是他们的团结协作，互相扶持。至于他们在近代的数次惊人“集体亮相”，形成民系的崛起之势，更是与其族群意识以及由此衍生的团结精神分不开。

众所周知，太平天国运动是客家人第一次在中国历史上以群体的方式掀起的一场翻天覆地的大革命，而客家人的这一次集体行动，就与他们的族群意识紧密相关。

当客家人在与土著争夺生存空间特别是土地资源的时候，作为外来的劣势群体，更兼以官府的有意厚此薄彼，他们往往处于窘迫的境地。这时，稳定而强大的宗族社会，以及自身的团结与互助就成为他们唯一的倚靠；而边缘族群身份，以及长期以来对文化边界的固守，形成的相对封闭与排外心理，又进一步促进了他们内部的团结。于是，太平天国得以在客家地区发起，先后更是有几万客家儿女加入到这场斗争中来，其中大多都是集体行为，包括了一无所有的农民，也包括了相当一部分像韦昌辉这样家境殷实、有一定文化乃至功名的人。这些人自愿捐助财产，举家投入团营，不断壮大起义队伍的力量。

另外，太平天国的建制也可看出客家人的族群意识，他们按地域以村落联合的方式进行团营，在起义之前，拜上帝会先是形成了金田、紫荆、贵县等五个地区中心，在这些地区，以族群为基础形成自己的组合，如紫荆山区的烧炭工人团结在杨秀清、萧朝贵周围，贵县地区的银矿工人团结在石达开、秦日纲周围。可见太平天国也是在有意识地利用客家人的宗族社会纽带。在太平天国的发展中，由于客家人的领导地位，他们把这种合群意识与团结互助精神带入太平天国，形成了“有福同享，患难与共”的思想与行动，从而形成了同仇敌忾的心理，以至一路势如破竹，成就了“天国”的神话，也成就了客家人的神话。

二、尚武精神

客家人的武装斗争意识由来已久，其源流同样在于魏晋。

魏晋时期的武装斗争意识应该是历朝当中比较突出的，这首先肇始于两汉到魏晋长时间的动乱，使得自保成为必需的手段；其次，庄园经济的产生，加强了士人的独立性，经济和思想独立了，不可能自己和家族的安全反而要倚靠政府，所以，对于一个庄园来说，一定的武装组织是必要的。更何况，魏晋时期具有坚固、周密的防御设施和功能的城堡式建筑，如坞堡、坞壁等，本身就是武装斗争的工具。

客家人从魏晋时期开始迁徙，出于自身安全的考虑，聚族而居与武装斗争的形式一直有所保留。特别是宋元以来，民族矛盾进一步激化，客家人一直过着颠沛流离的移民生活，历经艰难险阻。他们既要克服恶劣的自然条件，又要排除来自社会的种种压力，因此，这种武装斗争意识在现实的磨砺中愈加强烈，与其在迁徙的苦难中形成的冒险进取、开拓意识以及顽强不屈的性格也非常相宜。

中华文明从唐宋极盛以来，明清时期开始逐渐下滑，并日趋被西方文明拉开。与此相应，为了巩固自己的统治，统治者的愚民政策层出不穷，对思想的钳制也越来越严格。然而，伴随着思想与文化的寂灭，伴随着理学日益显示的“吃人”本性，伴随着整个南方城市的柔弱化，是客家人的成长与成熟。这个魏晋时期以郡望自矜的客家，唐宋时期接受海洋文明熏风的客家，在明清时期，成为了真正的边缘人：边缘地理位置，边缘文化。他们一如既往地大胆、开放，一如以往地奋进、开拓，其反抗意识随着民系的生存困境与民族的危难命运而增强，其武装斗争的传统也保留如昔。所以，不难理解，为什么近代以来，历次武装斗争或者变革都由客家人来唱主角，而客家族群的宗族械斗事件也是此起彼伏，甚至规模宏大，激烈异常。

众所周知，太平军建立之初，就是以客家的族群武装为依托。拜上帝会之所以选择紫荆山区作为根据地，并在金田村起义，除了当时的社会阶级矛盾和天时、地利等因素以外，紫荆山区、金田村聚居着大量的客家人，则是一个十分有利的内部条件。更有利的条件是，由于长期以来的土客矛盾，以及长时间的土客械斗，那里的客家人不仅形成了自发的准军事化的组织，其尚武精神和反抗意识更是得到了强化。

辛亥革命，作为同样以武装斗争形式发动的运动，客家人的军事传统也有体现。太平天国运动失败后，许多仁人志士逃亡海外，其中不乏希望东山再起之人。孙中山在海外集结力量，发动各种起义与革命的时候，得到了众多客籍华侨的支持，他所发动的七次武装起义都有许多客家人参加，其中一些人更是居于领导核心。而我们之前也已经介绍，孙中山早期策划的起义，绝大多数也是在客家聚居之地进行的，众多客家革命志士为此而抛头颅、洒热血，在所不惜，从这里，我们看到的正是客家地区的反抗意识，与他们一贯具有的武装斗争的传统文化因子。

就像许多人体味过或者诠释过的那样，客家一词，本身就蕴涵了复杂的文化意义。处处为客，时时为客。不但被称为“客”，而且也自称为“客”。表现出客家人的大度和豁达，也透露出他们时时刻刻的忧患感与危机意识。在这个民系漫长的迁徙过程中，危机感无处不在，而客家人的忧患意识，更是沉淀为了其血液的一分子。

首先是生存危机。

客家人以跨越穷山恶水，漫漫长途，其间的艰难险阻难以想象。在迁徙的道路上，危机时刻存在，这一点自不用多说，毕竟，客家人的迁徙路线都是沿着人烟稀少、山高林密之地延伸。即使迁居到了某地，他们仍然难以安心，人地矛盾总是那么突出，生存的问题总是难以解决。更何况，由于迟来是客，客家人从来都是弱势的一方，他们不仅要面对土著的欺压，还要面对当地官府的威压，身为边缘族群，在夹缝中挣扎着生存。

有了危机感，就有了对前途与命运的担忧，消极者被动接受淘汰的结局，而积极者总是努力寻找克服困难的办法。当初，客家先民以中原士族的身份南渡，何尝没有经历苦难，没有深深的担忧，但是，他们做好了充分的思想准备，他们能够忍受一切意外，他们为了适应以后的命运而对自己的文化习性或保留或改造，这都是忧患与压力之下激发的行为。后来，这个民系仍然总是在民族危难的大环境下开展迁徙的，苦难已经成为永恒的生存背景，但是，他们历经千年的迁徙之路没有终止，反而每到一个地方，即使是穷山恶水，即使是不毛之地，他们也能够生存下去，繁衍开来。

尽管经历了无数的失败与挫折，尽管总是在漂移、流亡、离乱、迁徙，客家人从来没有放弃，他们从来都知道，后退已经没有回旋之地，出路永远都是走出来的，因此，他们不会去考虑前途的风浪和坎坷，即使前方看不到任何希望，也要走出一条路来。宋元时期，大量的客家人出洋开拓，也是这种精神的极好体现。

其次是身份认同与文化危机。

客家民系从泱泱大国的中央，走向东南沿海的边缘，而且还要一直退居至荒无人烟的穷山恶水间，这种边缘状态，本身就是一种危机，一种文化的危机，身份认同的危机。但是，也正是这样的忧患意识，才有了他们对自我的认真审视，有了他们对文化边缘的坚守，对身份的坚守。

当他们作为边缘的族群，在生存的动力下挣扎的时候，也就是他们集体守护自身文化的时候。为了在边缘生存，他们不得不摒弃原来中原文化中滞后、陈腐的部分，从而不断更新自己，强化自己。但是，更新毕竟不等于否认自己的文化，更加不等于背叛。出于守护文化边界的决心，他们总是小心翼翼但绝对固执，他们在和异质文化的融合和碰撞中，从来不曾迷失，不曾失却自己的身份和独特性，反而，其民系文化的特点日益在这种融合与坚守中凸现出来。

没有危机感，势必难以应对可能遇上的灾难与意外，而客家人，作为始终与自身苦难和民族灾难相伴随的民系，危机与忧患意识更是不可或缺。表面上看，客家人的忧患意识充满悲观气息，其实它反衬出一个民系求生存、争强大的精神来源和文化动力。这样，也才有了我们现在对“客家”一词的多重解读。“客”的自称与他称，展示了现实处境的残酷与无奈，更展示了客家民性的大度与豁达；“客而家焉”，“身入他乡即故乡”，更是体现了他们源远流长的民族正统文化的自傲心理，其每每能够“反客为主”也当是这样一种心理的映射。也正是这样，近代中国，在清朝统治者一再粉饰太平，坐井观天，自欺欺人的时候，客家人中，总是不乏头脑清醒，能够看到危机，寻求解决危机办法的人，更重要的是，他们富于冒险精神，开拓进取，敢于创下一番新天地。

太平天国时期，洪秀全身处一个偏远山区的农家之地，对时局的把握，对命运的掌控，无不超出那些见过世面的所谓大人物。他巧妙地把基督教教义中的上帝与中国古代典籍中的上帝混淆成一个神祇，使客家民众通过拜上帝教团结成一股农民革命的洪流。这里，就体现了他的历史主动性和首创精神，以及独立的文化性格，当是客家人开拓意识的体现。而洪仁玕的《资政新编》，更是善于吸收国外的先进经验，为后来中国资产阶级改良思想家发展资本主义的经济思想开了先河，堪称中国第一个近代化纲领。

戊戌变法时期，刘光第、陈宝箴又何尝不是具有深刻的忧患意识，其变法的初衷，正是在于认识到了国家的危机，渴望有所作为；他们在政治困境中，希望通过奋力一搏而找到出路，其进取的姿态与冒险精神，与他们的客家人秉性应该是分不开的。至于黄遵宪，放眼看世界，回国图自强，与客家思想更加相宜，这大概与他居住在广东的客家聚居地有关吧。

到了辛亥革命，孙中山以及他周围的客家人，眼光更长远，目光更犀利，眼界自然也更开阔。他们面临的困难比起太平天国运动和戊戌变法来说实则要更大，毕竟，他们要推翻的是几千年的封建帝制，而他们所经受的挫折也更多，但屡次九死一生，百折不回。纵观孙中山的一生，实在地说，他倡导或者策划的起义、运动，大大小小难以尽数，但却没有几次能够成功，他自身更是数次涉身险地，但生命不止，奋斗不息，甚至即使自己来日无多，也要勉励后来者“革命尚未成功，同志仍需努力”，这是何等的坚决与执著。如果没有这样的伟人，中国近代的历史进程如何延缓就是一个未知了。

遥想客家民系从鸿蒙一片到发展成熟，其间又经历了多少生死之门，虽然历经苦难，但总是能够在苦难中把握住自己的命运，扼住命运的咽喉，拥有强烈的、与生俱来的忧患意识，能激起民系不懈的斗志和奋进的动力，这就是客家民系的伟大之处，他们凭着这样的精神，在中华文明的圣殿上，赢得了偌大的历史生存空间。孟子的名言“生于忧患”，应该是这个民系最贴切的写照。

三、土地梦想

作为一个几千年来以农业立国、以农业为主的国度，土地对于中国人的重要性可想而知了，而中国农民的土地情结更是从盘古开天地一直衍传至今，成为一种亘古不变的渴望，土地就是中国农民的命根子。

“只要土地在，不怕没财银”，客家人就是这样将所有希望都倾注在土地上面，虽然男人们照例是要出去闯荡，那也是由于客家人向来土地太少的缘故，而且，这些客家男人在外面挣回了钱，首要的一件事就是买田地，拥有再多的钱财，都不如拥有土地来得踏实，来得让人放心。

客家民系对土地的执著，与客家人的家园来之不易有关。他们的生命历程就是不断迁徙，但维持生计的唯一办法还是土地。刚到一处，他们只能租赁土地进行耕种，然而他们实在是太勤劳了，每到一处，“具有垦殖特性的客家民系总是试图将坡地、林地辟为耕地”。[①] 以至于当初客家人到达梅州之后，竟然在很短时间内，将梅州“土旷民惰，而农业者鲜”的状况，改变成“悉籍汀、赣侨寓者耕焉”的新景象。[②]

就这样，满载着拥有土地的梦想，客家人每到一处土地都能靠着自身的勤奋、节俭、团结，把不毛之地变成良田沃土。加之本身又有中原文化里先进的耕作经验，于是渐渐发展起来，由租地发展到买地。

然而，在地少人多的山区，土地是最让人敏感的，当本地人发现客家人在不知不觉中已经买下了他们诸多土地的时候，不平、忧虑、怀疑、嫉妒，各种心态都出现了，更何况，他们对客家人的轻视没有改变，于是土客械斗时有发生，这已经成为了客家聚居地的普遍现象。等到事情闹得不可收拾，官府出面了，土客重新划分土地，客家人已经到手的良田却成为了别人口中的肥肉，他们只分到了瘦小贫瘠的土地。金钱不仅没有买到生存的权利，连买来的土地也丧失了。

所以，我们不难理解，以粤西长达十年以土地为背景的土客械斗如何影响着太平天国运动，也不难理解太平天国的革命纲领《天朝田亩制度》中，平分土地和规定农村公社的准则，承载着客家人怎样的社会理想和对土地的渴望。

“凡天下田，天下人同耕，此处不足，则迁此处。彼处不足，则迁此处。凡天下田，丰荒相通，此处荒，则移彼丰处，以赈此荒处，彼处荒，则移此丰处，以赈彼荒处。”[③] 这就是客家人的生存背景，同时也是其千百年来迁徙生活的写照。从秦朝陈胜、吴广领导的农民战争起，到太平天国革命运动止，二千多年里面的大小几百次的农民战争，无非就是为了获得生存的权利，而生存的根本，对于农民来说，就是一个土地问题。客家人渴望获得土地的要求，在这里得到了最鲜明最强烈的反映，因而起着积极的动员作用。

太平天国运动虽然失败，历史还在发展，客家人的土地梦想也还在延续。所以，在许多年后，同样是客家人的孙中山，再一次明确提出改变封建土地制度，平均地权，这已经不是中国二千多年来农民战争的境界，而是将对土地的追求推上了最高峰。

直到今天，土地仍然承载着客家的梦想和希望，一切的本质到最后都将回归土

① 江金波：《客地风物》，华南理工大学出版社 2004 年版，第 58 页。
② （宋）王象之：《舆地纪胜》卷一〇二《梅州》。
③ 参见曹锡仁：《幻想与现实：中国道路》，陕西人民出版社 1986 年版，第 8 页。

地，土地的故事也将永远由他们演绎下去。

从魏晋时期第一次的大迁徙开始，客家人一直处在蛰伏的阶段，而其思想也在历史风云中由隐而显，并最终促成了一个民系的诞生。明清时期是客家民系思想成熟阶段，不仅客家文化中心梅州成为人文秀区，客家更是出现了一大批影响中国历史进程的大人物，被人称为“名人爆炸”。

从太平天国、戊戌变法到辛亥革命，从刘光第、洪秀全、洪仁玕到孙中山，无不是与国家命运紧密相连的人物，其对国家现状的思考，对国家未来的探索，一脉相承，无不折射出客家思想的内蕴，客家人的爱国传统与汉民族意识、族群认同意识、武装斗争与反抗意识、“反客为主”的忧患意识与进取心态及其根深蒂固的土地意识，都在这里体现出来。

辛亥革命之后，客家民系进一步发挥巨大作用，历次北伐都有客家人的贡献。中国工农红军的早期根据地在客家聚居之所，共产党的高级将领中，更是有大批客家人的身影，及至新中国成立后，客家人更是在各个领域大展身手。

“不了解客家人就无法了解中国。”客家人身上，有着我们华夏文明的因子，它不仅是我们民族文化的活化石，也是我们民族未来的希望。

第五节　粤东客地与土地革命

一、拱卫中央根据地的南部屏障

土地革命战争时期，赫赫有名的井冈山革命根据地在湘赣边界，而后来的中央根据地主要是在赣南与闽西，但其南锋，却进入到了粤东地区，这便是东江革命根据地。同赣南与闽西一样，东江根据地所覆盖的，正是广东客家人最集中的地区，也正是赣闽粤“客家大本营”的范围，实际上是拱卫中央根据地的南部屏障。东江根据地的建立，当早于井冈山及中央根据地，而最终的失守，也在红军长征之后。它的全盛期，甚至不亚于赣南、闽西即中央根据地。其中，粤北的南

东江纵队根据地东莞大王岭

雄，粤东的大埔、饶平，已确定为中央苏区县。可以说，广东客家人，在土地革命期间，为建立革命根据地做出了重大的历史贡献，并付出了同样重大的牺牲。

东江根据地的创始人，是著名的农民运动“大王”彭湃，在他调至上海中央工作及牺牲前后，继任的则是古大存。

当时东江根据地，在全国也是非常突出的。后人的综合评价是：

东江革命根据地（亦称广东东江苏维埃）是第一次国内革命战争失败后由中国共产党早期著名农民运动领袖彭湃等为主要领导的中共东江特委，在中共中央和中共广东省委的直接部署下创建的。1930年5月1日，东江苏维埃政府与红军第十一军成立，是该根据地正式建立的标志。它是中国土地革命战争时期全国十多块革命根据地中，群众基础较好、创建较早、坚持斗争时间较长、范围较大、影响较深远的一块。根据地另一位领导人古大存曾在1925年受中共广东区委的派遣，参加东征。后奉命回家乡五华县，开展农民运动，组织农民武装，配合东征军作战，成长为广东省最早一批农民运动的领导人之一。广东“四一五”反革命政变后，他遵照党的指示，组织农民暴动，开展武装斗争，反抗国民党反动派的血腥屠杀。1928年创建八乡山革命根据地，并参与创建东江革命根据地和东江红军，先后担任中共东江特委委员、常委、军委书记，东江苏维埃政府副委员长，东江红军总指挥，红十一军军长，率领红军打了许多胜仗。还与毛泽东、朱德等联名签署东江革命委员会关于执行土地革命政纲的布告，把农民武装斗争与土地革命结合起来，巩固和加强了东江革命根据地的建设，使之成为中央苏区南面外围的有力屏障，具有重大的战略地位。

这里我们全文照录其时土地革命政纲的布告，从中亦不难看出东江根据地的政权建设、土地政策、经济方针乃至武装斗争方方面面的内容。

一、推翻豪绅地主官僚的政权，解除反革命武装去武装农民，建立农村中的农民代表会议政权。

二、无代价的立即没收豪绅地主阶级的财产土地，没收的土地归农民代表会议（苏维埃）处理、分配给无地及少地农民使用。

三、祠堂庙宇的地产及其公产，官荒或无主的荒地、沙田都归农民代表会议（苏维埃）处理、分配给农民使用。

四、各省、区中的国家土地的一部分，作为苏维埃政府垦殖之用，分配工农军的兵士，供经济上的使用。

五、宣布一切高利贷的借约概作无效。

六、销毁豪绅政府一切田契及其一切剥削农民的契约（书面的口头的完全在内）。

七、取消一切由军阀及地方衙门所颁布的捐税，取消包办利税制，取消厘金，设立单一的农业经济累进税。

八、国家帮助农业经济：

1. 办理土地工程；

2. 改良扩充水利；

3. 防御天灾；

4. 国家由农业银行及信用社经手办理低利借贷；

5. 国家办理移民事业；

6. 一切森林河道归苏维埃政府经手管理。

主席团：毛泽东　朱德　古大存　刘光夏（梅州市兴宁人）朱子干　陈魁亚　陈海云①

对于广东而言，革命根据地建立在粤东或东江地区，自然有地理上的原因，但更重要的是，客家人的革命性则是最强的，最能接受这一土地革命的政纲。这也是我们解读土地革命与广东客家的一条思想理论线索。

东江地区所辖范围，主要包括广东省东部绝大部分地区，面积近6万平方公里，人口约600万。东江革命根据地的全盛时期，还发展到福建南部的平和、诏安和江西南部的寻乌。它由大小不等的九块县一级的根据地组成，海陆丰革命根据地，主要包括海丰、陆丰两县及惠阳、紫金两县边界（后发展为海陆惠紫革命根据地）；揭丰华革命根据地，包括揭阳、丰顺、五华三县的边界；五兴龙革命根据地，包括五华、兴宁、龙川三县边界；梅埔丰革命根据地，包括梅县、大埔、丰顺三县边界；蕉平寻革命根据地，包括蕉岭、平远、寻乌三县边界；潮澄饶澳革命根据地，包括潮安、澄海、饶平三县边界及南澳岛；饶和埔诏革命根据地，包括饶平、大埔和福建省的平和、诏安县边界；陆惠革命根据地，包括陆丰、惠来两县边界。其中的海陆丰、揭丰华的八乡山和潮普惠的大南山，是东江革命根据地三个不同阶段的中心地区。九块根据地建立的时间虽有先有后，又时分时合，未能全部连成一片，但它在中共东江地区组织的领导下，互相配合斗争，构成了东江革命根据地的整体，并成为中央根据地的南部屏障。此外还有惠（阳）紫（金）河（源）博（罗）等游击区。

早在1922年，彭湃就在这里领导建立了第一个农民协会。1925年两次东征后，大批共产党员深入东江农村普遍建立党的组织、农民协会和农民自卫军。各县农军

① 《东江革命委员会关于公布执行土地政纲的布告》（第177号）（1929年10月），载《东江革命根据地梅埔丰苏区史料汇编》1987年版，第109页。

大多有脱产的武装常备队，有些县农民武装在东征时就配合了战斗。如1925年10月22日当东征军未到海丰时，海丰农卫军便夺取了县城，选出县长迎接东征军。东征后，建立了以周恩来为主任的东江行政委员会，有些县政权和国民党县党部亦为共产党员所掌握。如海丰县长彭汉桓、陆丰县长刘琴西、国民党五华县党部书记古大存等都是共产党员。所以，大革命时期的东江，工农运动发展迅猛，革命力量比较强大。

二、“中国农民运动大王”——彭湃

我们先从彭湃发动的农民运动说起。

彭湃（1896—1929年），乳名天泉，原名彭汉育，曾用过王子安、孟安等化名，广东省海丰县城郊桥东社人。出身于一个工商地主家庭。1921年加入中国社会主义青年团，1924年初由团转入中国共产党。是中国无产阶级革命家，中国共产党早期农民运动的主要领导人之一，海陆丰农民运动和革命根据地的创始人。被毛泽东称之为“中国农民运动大王”。

早年在海丰第一高等小学、海丰中学、广州广府中学等校读书。1917年夏去日本求学，其间积极参加留日学生的反帝反封建的斗争。1921年回到广州，组织社会主义研究社，同时任海丰县教育局局长。积极从事农民运动，同年10月在海丰县赤山建立中国第一个农会。1923年元旦，领导成立海丰县总农会并任会长。

1921年，彭湃从日本回到家乡广东海丰不久，即加入了中国社会主义青年团。彭湃曾试图从教育入手去实现社会革命，却遭到失败。这使他开始把注意力转到工农方面来，决心唤醒工农，发动工农，创办了《赤心周刊》。彭湃不久便发现，虽然他们以“工农群众的喉舌”自居，可是“背后绝无半个工农”，影响极为有限，广大工农群众并没有从中得到什么启示，“绝不知我们做什么把戏”。为此，他感到要唤醒工农，发动工农，必须到工人、农民中去，尤其是要到占人口80%的农民中去进行实际工作。

当时，中国共产党人正把主要精力用在领导工人运动上，对农民运动还没有足够的重视。彭湃的想法即便在他的亲密朋友中也未达成共识。一些人认为，“农民散漫极了，不但毫无结合之可能，而且无知识，不易宣传，徒费精神罢了”。彭湃没有动摇，他自信农民一定可以团结起来，决心到农村去实践自己的想法。

彭湃以满腔热情深入农村宣传革命道理。他为了和广大农民打成一片，彻底背叛了自己的地主家庭，把父亲留给他的那份土地分给佃农，当众烧毁田契，自己和农民一样过着俭朴的生活。他用深入浅出的道理和通俗易懂的语言演说，帮助农民提高政治觉悟，团结起来，为谋求解放而斗争。彭湃满腔热情地宣传农民、组织农民。1923年1月，海丰县总农会成立了。当时农会已经拥有10万会员，形成一股暴风骤雨般的力量，向土豪劣绅展开了尖锐的斗争。

1924年7月3日，第一届广州农民运动讲习所正式开学。广州农讲所由林伯渠创办。6月30日，国民党中央执委会第39次会议通过农民运动的实施方案，根据林伯渠建议，决定组织农民运动讲习所，并委派彭湃担任广州农讲所主任。农讲所每届时间定1个月，学员毕业后选派为农民运动特派员。

在兴办过程中，讲习内容不断丰富，讲习时间也逐渐延长。第一届共有学员38人，其中共产党员和社会主义青年团员20名，彭湃为主任。讲习所注重理论与实际相结合，既开设基础理论课、专业课，如《帝国主义》、《社会问题与社会主义》、《中国史概要》、《中国农民问题》等，也开设军事训练课程。军训时间占1/3。此外还组织学员深入农村调查研究中国农村的现状及问题。学员毕业后须回原地，从事当地的农民运动。

当时彭湃领导的东江农民运动正在轰轰烈烈开展。毛泽东曾派萧楚女带领300多名来自各地的学员，到海丰参观和实习。“学生于接受各种理论之后，亲入革命的农民群众中，考察其组织，而目击其生活，影响学生做农民运动之决心极大”。

后来，一位学者在研究彭湃的历史功绩时，曾这么写过：

> 我想写《海陆丰农民运动研究》，我想尽可能地还原到当时的细节上，注重它的可读性。人们对海陆丰运动关注很少，但它其实有着典型意义。彭湃的农民运动是开展得最早的，而且方式激进，对20世纪中国的影响很大。身处社会最底层的农民能够通过农民运动走到社会前台上去，是值得总结的。

彭湃亲自领导农民运动，并著有《海丰农民运动》等专著，从理论与实践上为这一伟大的历史运动呐喊，而且还写有不少歌谣，用以发动农民，为文化史留下罕有的文化典籍。

其中流行最广的，则有《田仔骂田公》及歌一首等。

田仔骂田公

冬冬冬！田仔骂田公。
田仔做到死，田公吃白米。
冬冬冬！田仔打田公。
田公唔（不）知死，田仔团结起。
团结起来干革命，革命起来分田地。
你分田，我分地；
有田有地真欢喜，免食番薯食白米。

冬冬冬！田仔打田公。
田公四散走，拿包斗，
包斗大大个，割谷免用还。[①]

引歌一首

无道理，无道理，
死了一个人，
吃饱通乡里。
太不该，太不该，
地主来讨债，
孝子哭哀哀！
真可恼，真可恼，
生做个穷人，
死不当只狗。
莫烦恼，莫烦恼，
大家合起来，
打倒地主佬！
打倒地主分田地，
千家兴，
万家好。

又引歌一首

山歌一唱闹嚷嚷，
农民兄弟真凄凉！
早晨食碗番薯粥，
夜晚食碗番薯汤。
半饥半饱饿断肠，
住间厝仔（小屋子）无有梁。
搭起两间草寮屋，
七穿八漏透月光。[②]

---

① 彭湃：《彭湃文集》之《田仔骂田公》，人民出版社1981年版，第332页。
② 彭湃：《彭湃文集》之《农民兄弟真凄凉》，人民出版社1981年版，第333页。

这些民谣，通俗易懂，琅琅上口，一下子便唱遍了整个粤东。

1927年8月1日彭湃在土地革命战争时期，参加了南昌起义，任中共前敌委员会委员。在“八七”会议上缺席当选为临时中央政治局候补委员。11月，领导海陆丰武装起义，任海陆丰工农民主政府委员长和中共东江特委书记。1928年7月，在中共第六次全国代表大会上当选为中央政治局委员。同年冬任中央农委书记兼江苏省委军委书记，被誉为“中国农民运动大王”、“中国农民运动的领袖”。

1929年8月24日，因叛徒白鑫出卖而被捕。30日，在上海龙华与杨殷、颜昌颐、邢士贞四人同时英勇就义，时年仅33岁。其著作编为《彭湃文集》。

彭湃的农民运动在其家乡的实践，最终则是东江革命根据地（亦称广东东江苏维埃）的建立。

三、古大存与东江革命根据地

1897年4月24日，古大存诞生在广东省五华县梅林区优行径村一个中等地主家庭。大存乳名子尚，字永鑫，别号解咸。父亲古情芳，有九个儿女，大存为续弦所生，排行第七。他年幼丧父，其母出身贫苦，备受哥嫂们歧视。大存目睹世上许多不平事，从小便养成刚直不阿、疾恶如仇的品格。

广东客家元戎古大存

古大存的青少年时代大部分是在故乡度过的。1921年春，他考进广东公立法政专门学校。在校学习期间，认识了共产党员沈春儒，受到其革命思想的熏陶。1924年夏，古大存由黄国梁、宋青介绍，正式加入了中国共产党。次年2月，广东革命政府举行第一次东征，讨伐盘踞在东江一带的陈炯明部。古大存担任东征军战地宣传队负责人，做宣传鼓动工作，一路上还积极组织农会、工会和商民协会，为东征部队运输弹药、粮食，做向导，侦察敌情。经过近两个月战斗，东征军终于击溃了陈炯明部主力。古大存受到了黄埔军校政治部主任周恩来和军校代表廖仲恺的赞扬。

1925年6月，广东革命政府决定举行第二次东征。中共广东区党委又派古大存回五华，组织群众配合东征军作战。当时陈炯明在五华集结了3万多兵力，妄图一举消灭东征军。古大存带领农民经过周密侦察，摸清了敌人的兵力部署，然后他以广东省农民协会特派员身份，跟东征军第三师师长谭曙卿接头，并为他出谋划策，在鲤塘伏击敌人，一共歼灭了陈炯明部2万多人。两次东征，显示了古大存卓越的组织才能；加上他对五华的情况了如指掌，于是中共广东区党委把领导五华农运的重任交给了他。

古大存回到五华，担任中共五华特支组织委员、县农会副会长兼军事部长，并负责整顿国民党五华县党部。1925 年 4 月，古大存与彭湃领导的农民武装取得联系，开始组织五华农民武装。到 6 月份便组织起一支 700 多人的赤卫队。

1926 年 4 月，春荒严重。五华县地主和奸商串通一气，大幅度提高粮价，还将大米运往外县销售牟利。古大存当即召开全县各区乡农工商代表大会，由县农会贴出布告，规定不准抬高粮价，禁止米谷出口。可是，地主和奸商们因有国民党的县长胡谆撑腰，竟置若罔闻。于是，古大存带领 300 多名县农民自卫军赶到河口，将数百艘满载粮食的木船截获。经与奉命率部前来镇压的国民党团长涂思宗交涉、谈判，结果将 40 万斤粮没收，一部分用作军饷，一部分供县府做经费，大部分平价卖给农民兄弟度荒。农民们对此深为感激。

1927 年 4 月 15 日，五华第一次农民代表大会由县农会会长古大存主持在横陂召开。驻五华国民党军第 18 师宋世科团闻讯后，会同当地张九华反动武装前来偷袭。负责警卫的农军模范队一个班英勇抵抗，坚持了 1 个多小时，打死打伤敌军 80 多人，大部分战士壮烈牺牲。敌军冲入街内后，古大存率农会干部退至益和当铺坚守。其后不久，驻里江的县农军模范队闻悉，教官李斌率驻地模范队员 20 余人驰援。里江、锡坑等农民闻悉古大存被围，便呼兄唤弟前来救援，并派人分头到各乡传讯，一时间，全县轰动，各乡民众漫山遍野纷拥横陂而来，不知有几万几千！县模范队吹响冲锋号后，敌军见此阵势，不敢迎敌，仓皇往白衣宫、径尾、马凹方向撤离。固守益和当铺的古大存和农会干部当即冲出与农军会师。随即由古大存指挥，追击溃散之敌。歼敌数十人，缴获敌子弹、军用物资一批。接着古大存率农军夜袭安流。

抗战时广东省委所在地“红围”

1927 年 4 月 15 日至 1928 年 12 月，是东江革命根据地的开创阶段。在这个阶段中，东江人民从奋起反抗国民党反动派的血腥屠杀，到贯彻中共“八七”会议精神，迎接南昌起义军南下和广州起义军进入东江直到年关暴动，举行了几十次的各种规模的暴动，参加暴动人数达 20 多万人，推翻了海陆丰旧政权，成立了全国第一个县级苏维埃政府，率先实行了土地革命，创建了著名的海陆丰革命根据地；并根据中共中央和广东省委的战略部署，以此作为割据全东江的第一步，积极向外开拓发展。1929 年初，先后在八乡山、大南山初步奠下了建立根据地的基础。在这段时间里，特别显示了中共东江地区组织、干部、人民英勇的斗争精神和革命首创精神，为探索中国的革命道路进行了多方面的实践。

1927年8月，中共广东省委把工农讨逆军改编为工农革命军，彭湃为广东工农革命军东路（东江）总指挥。

1927年12月23日，东江特委发出紧急通告，号召各级党部及工作人员，利用农历年关地主、豪绅、债主、富商、财主们，伙同警察、民团、保安队等纷纷下乡催租逼债的机会，以及广大农民对此早已恨之入骨，自发地、多方面进行反抗、暴动的有利时机，有计划、有领导地动员群众，“坚决的、绝不妥协的”开展“年关大暴动”，宣布“绝不还租”、“杀地主、债主，没收富商豪绅及其走狗的财产”。指示“党应公开领导民众，由农民协会接收政权”。古大存等自海陆丰回到五华后，立即开会研究贯彻“东委”的指示，成立了“年关大暴动行动指挥部”。

1928年1月19日（农历十二月二十七日），古大存、古公鲁、古宣权、曾伯钦、李斌、古定欧等，率领工农革命军和各区乡赤卫队共2000余人，分三路对所谓“讨赤团”的老巢塘湖举行总进攻，占领了塘湖，没收了钟问陶等人的家产，打响了年关大暴动的第一炮。接着，一场参与者达十万之众的年关大暴动，在全县大部分区乡开展起来。

1928年春节前夕，黄旭初率领一师兵力开进五华，成立了“剿共委员会”和“灭古委员会”。古大存把400名农军撤往庵子塘山区，并亲自下乡招兵。中共五华县委书记宋青，见大敌当前，竟贪生怕死，擅自把农军解散，埋藏枪支，挟带公款逃跑。古大存听说后很气愤，就把留下的五华赤卫队60多人分批带上八乡山打游击。人民在水深火热之中，盼望着革命的复兴。当时东江流行着这样的对唱山歌：

几多流泪无人知，人民痛苦真惨凄。
尽喊天来天不应，尽喊地来地不理。
你莫苦来你莫愁，还有张炳农民头，
革命终有恢复日，老屋烧了住房楼。①

在这艰险的岁月里，共产党人则在探索着革命复兴的道路。各县都有一些坚定的同志转入山区坚持斗争。海陆丰的彭桂等转入莲花山，梅县的郑天保等转入九龙嶂，大埔的张家记等转入铜鼓嶂，五华县所剩20多名同志在古大存率领之下，奔赴八乡山，创建了八乡山革命根据地。

1928年春雨连绵的季节，古大存带领五华赤卫队离开安流，转移到八乡山。古大存化名张炳、陈德炎，以烧炭、做竹篾等职业为掩护，一方面深入发动群众，一方面与五华、丰顺、兴宁、梅县、大埔五县的中共地下组织取得联系，燃起了“炭

① 转引自《五华革命斗争史》，张炳是古大存的化名。

寮星火”。5月，古大存在八乡山成立农民自救会和农民赤卫队。6月，五华、丰顺、梅县、兴宁、大埔五县的共产党负责人在九龙嶂开会，成立以古大存为书记的“五县暴动委员会”。8月，中共丰、梅、兴、华、埔、揭、潮七县联合委员会在九龙嶂成立，古大存任联委书记。在古大存等人的领导下，八乡山各乡村普遍成立了农会，会员7000多人，赤卫队员4000多人，长短枪900多支。丰、揭、潮边区建立了30多个乡村政权，成为东江地区较为巩固的革命根据地。

毛主席说：彭湃领导的海陆丰苏维埃失败后，“它的一部分军队，在古大存指挥之下，离开了那区域，与朱德和我取得了联络，后来成了红军第十一军的基本队伍”①。这里讲的就是八乡山革命根据地创建和发展的一段情况。

1929年至1931年上半年，是东江革命斗争的复兴、发展和东江根据地的全盛阶段。在此阶段中，由于贯彻了中共六大和中共广东省委第二次扩大会议的决议，明确了中国革命的性质、形势和任务，以1929年4月丰顺暴动为标志，东江革命斗争很快就复兴起来。随后，中共东江特委利用红四军进入东江的声势，在中共广东省委常委、军委主任聂荣臻指导下，加强各方面工作，恢复和发展共产党组织，有43个区委，350个支部，党员4000人；海陆惠紫方面有区委12个，特支2个，支部341个，党员3300人。1930年初，发展了以八乡山为中心的西北四片根据地，建立了潮普惠大南山根据地，发展了海陆惠紫、饶和埔诏等根据地。苏区范围，遍及东江绝大部分县区，大部分连成一片。在根据地内，广泛地进行了土地革命和各项建设。1930年5月，东江第一次工农兵代表大会在八乡山举行。大会讨论和通过了政治纲领和各种法令，民主选举了东江工农兵代表大会执行委员会，正式成立东江的最高政权机构——东江苏维埃政府；并宣布成立以古大存为军长的中国工农红军第十一军，统率东江红军5个团，红军主力3000人枪，群众革命武装近2万人。

1929年春夏间，丰顺县汤坑民团和国民政府军多次“围剿”八乡山。古大存带领八乡山军民英勇迎战，击退国民政府军和地方武装的“围剿”，缴获大批枪支。

1929年6月，中共东江第一次党员代表大会在丰顺黄祭召开，古大存当选为东江特委常委、军委书记。不久，中共东江特委在梅县梅南区顺里村成立“东江工农武装总指挥部”，古大存任总指挥。

1929年6月，红四军政治部主任陈毅来到八乡山革命根据地，与古大存等取得了联系。② 同年10月，朱德率红四军8000多人进入东江，与红军第46团会师于丰顺马图，31日反攻梅县失利，撤至寻乌。红四军“在丰顺曾留下一个大队及百余伤病兵，交东委负责整理，即与46、47团混编，建立东江红军的基础，前委在四军拨出百七十枝枪给东江红军，这是四军来东江的一点遗留”。③

---

① ［美］埃德加·斯诺：《西行漫记》。

② 参见《东委报告第九号》1929年6月25日。

③ 参见《东江前委报告》1929年11月1日。

1929年10月，当红四军进入东江时，建立了东江革命委员会。其主席团成员七人：毛泽东、朱德、古大存、刘光夏、朱子干、陈魁亚、陈海云。它发布了《土地政纲》[①]，对东江的土地革命运动起了巨大的推动作用。东江特委号召“坚决实行《土地政纲》，建立苏维埃政权，完成赤色区域乡村的割据”，此后，东江的县区乡红色政权“普遍由西北（八乡山周围）以至西南”[②]，迅速发展，蓬勃开展打土豪分田地的伟大斗争。

当时，中共东江特委对革命根据地中心应设在八乡山还是大南山，意见不一。中共广东省委最后同意古大存的意见，把八乡山作为东江革命根据地中心。为使根据地向西北发展，以便同江西苏区连成一片，古大存亲自率领700多名战士，从八乡山出发。不料，行至五华坪上，遭县民团狙击，团长何石阵亡，古大存腿受伤，只好返回八乡山。

1930年5月18日，中国工农红军第十一军宣告成立，古大存被任命为军长。

1930年7月，执行“左”倾冒险主义的中共东江行动委员会负责人，命令古大存三次攻打潮安，致使红军伤亡不小。古大存提出停止攻城建议，反被说成“严重右倾”。此时，“东江行委会”负责人擅自将特委机关迁往大南山，并带走一个团。由于兵力分散，古大存孤军奋战数月，忍痛撤出八乡山。他的妻子徐妙娇在转移途中，由于叛徒出卖，不幸被害。

古大存率领100多名红军战士突围出来，辗转来到紫金县，与先期到达这里的教导团会合，而中共新任特委书记袁仲贤怀疑古大存是“暗藏敌人”，又把他骗上大南山并扣留囚禁起来，并且准备将他杀害。此事为人所知后，特委内部引起纷争，在干部们的强烈反对下，袁仲贤被迫取消了杀害古大存的命令，但仍然作出解除古大存红十一军军长职务和留党察看的处理。3个月后，古大存被派往陆惠县工作。到任后，很快组建了陆惠县独立营，并恢复区乡政权，遂任县委书记。

1930年夏秋期间，东江革命根据地处于全盛时期，正可以运用这一有利基础和条件向外发展，但由于“左”倾冒险主义错误贯彻到东江，东江红军被命令不断攻坚，2个红军主力团相继受到重大损失，影响了红军的发展。将党、团合并为行动委员会并将东江特委领导机关南迁大南山，造成战略发展方向的失误。这就导致1931年春八乡山根据地的丧失，西北各根据地受到严重挫折，使敌人在战略上达到了截断东江革命根据地中心地区与中央苏区（赣南、闽西）的联系目的。

1930年10月底至11月初，中共中央军部南方办事处负责人、中共广东省委常委李富春和邓发，遵照中共中央指示，到大南山召开中共闽粤赣苏区代表大会，贯彻中共六届三中全会精神，纠正“左”倾冒险主义错误，作出了将闽粤赣三省苏区

---

① 参见《东江革命委员会关于公布执行土地政纲的布告》1929年10月。

② 参见《广东省委特派员张□□及东委致闽西特委及前委书》1929年9月28日。

打成一片的决策，决定取消中共东江特委，建立西北、西南分委，归中共闽粤赣特委领导。但由于敌我力量的变化，又恢复中共东江特委。此时，东江根据地已开始出现新的严重局面。

1931年11月，在江西瑞金召开的第一次中华苏维埃共和国工农兵代表大会上，古大存被选为中华苏维埃临时中央政府委员会委员。

1932年3月起，广东军阀以5个师的兵力，向东江革命根据地进行长期的、反复的“围剿”。东江军民虽然进行英勇斗争，不断打击敌人，但由于内部元气大伤，已难于从根本上粉碎敌人的“围剿”。

1932年8月，东江特委调古大存回大南山，任东江红军第一路总指挥，带领12名红军挺进大北山，在丰、梅、揭开展游击战争。10月，大北山红军增至400多人，成立了东江红军游击总队，古大存任政委。在战斗中，击毙了丰顺县县长林彬。

1934年，古大存调任东江特委常委兼政治保卫局局长回到大南山。在负责清理反“AB团”积案时，把200多名蒙冤的战友解救了出来。

1935年年初，国民党调集闽粤赣的兵力，在普、惠、潮边境连营70里，围困、“搜剿”大南山。东江特委在流石洞召开东江第五次党代会。会议决定由特委书记李崇三率干部突围到平原分散活动；古大存率游击队，选择防守空隙突出重围，分成16个小分队分散活动。不久，李崇三叛变，干部和小分队大部分被擒，只剩下古大存带领的10多个人到桐梓洋与丰梅游击队会合坚持斗争。11月，东江革命根据地的最后一块苏区——潮澄饶的浮丰根据地丢失。12月，古大存率领丰梅游击队15人及政治部保卫队5人，从桐梓洋出发，经留隍、黄金、潭江等地到达大埔县，转入隐蔽活动。

然而，由于国民党反动派的屠杀和重兵“围剿”，以及我们党内“左”倾机会主义路线的危害，革命事业遭到极大的挫折，斗争转入低潮。广东各地的革命根据地和武装队伍丧失殆尽，只有冯白驹、古大存率少数武装分别在琼崖、东江坚持斗争。当时，古大存同志率仅存的17位战士突破敌军重围，退出大南山，转移到大埔南部的高山峻岭中隐蔽。在与上级党组织失去联系、处境极其险恶的情况下，他对革命信念坚定不移，充满革命乐观主义精神。他鼓励战士们克服困难，度过难关。敌人曾悬赏重金捉拿他，要他投降。一天，古大存一行数人来到一座大山路口，忽见石壁上写着一首劝降诗：

> 共产十年闹翻天，上山游击苦难言。
> 山穷水尽已无路，赶快投降莫迟延！

古大存看后，嗤之以鼻，沉思片刻，顺手从地上拾起一块木炭，在旁边唰唰地写下了一首充满凛然正气，至今仍广为流传的《答劝降诗》：

答劝降诗

幼习兵戎未习诗，
诸君何必强留题？
江南美味你先食，
塞北风寒我自知。
解带结缰牵战马，
扯袍割袖补战旗。
雄师百万临城下，
且看先生拱手时！

在大存同志的带领下，他们烧炭、做陶瓷，发动群众，生产自救，同群众同甘共苦，度过了两年多的艰苦岁月，保存了革命武装，还先后建立13个党支部，发展了革命力量，使东江红旗始终不倒。毛泽东同志曾赞誉古大存同志是东江红军的一面旗帜，为东江红军留下最后一支武装，功不可没。

在与上级组织失去联系的极其困难情况下，古大存百折不挠，保持东江红旗不倒。直至1938年夏，古大存偶然从香港出版的《大众日报》上看到国共两党第二次合作和廖承志已在香港的消息，随后，他化装去到香港，找到八路军办事处主任廖承志，再由廖介绍到武汉，见到了周恩来、博古、叶剑英。

接着，古大存经中共中央长江局同意，仍回大埔组织抗日武装。

中国工农红军第十一军在东江留下的革命火种，又在抗日民族解放战争中重新燃烧起来。

第六节　客家先贤在抗日民族解放战争的壮举

一、反抗外来侵略的历史回顾

客家人强烈的民族意识是与生俱来的。客家先民所面对的公元第三、四世纪的南北分裂，客家初民更是直面北宋、南宋的民族危亡。文天祥一首《正气歌》，八百年唱彻大江南北，正可谓“风檐展书读，古道照颜色”，一部民族史诗，也就让客家人演绎了下去。客家人以解民族于倒悬，救百姓于水火为己任，前仆后继，义无反顾，用鲜血与生命，写下了抗御外侮的英雄壮歌！

早在19世纪的鸦片战争中，为抗击英帝国主义的侵略，三元里的老百姓便已揭竿而起，差点让侵略者在广州有去无回。而三元里抗英义士中，就有相当大一部分的客家人——当年，客家人正是住在广州北郊至花县一带为多。

继土地革命之后，抗日战争是客家人再度大显身手的历史时刻。土地革命，是已经沦为平民的客家人为生存而战的一场革命；抗日战争，则是具有强烈民族意识的客家人为民族存亡而献身的壮烈之举！

国共两党的第二次合作，令全国各族人民、社会各个阶层爱国人士与海外侨胞，广泛、积极地参与了这场伟大的反法西斯战争，而其中的客家人，无论是在正面战场，还是在侧面、后方，都一般崭露头角，英勇奋战，浴血牺牲，谱写了一曲又一曲可歌可泣、响彻云天的新的正气歌。

客家人的抗日爱国传统，根据著名客家学者罗香林的研究，最早可以追溯到明朝末年的日朝战争时期。万历二十年（1592 年），日本将领丰臣秀吉扬言“朝鲜征服则明室可定”，悍然发动针对中国的侵朝战争。明朝廷为了自保，派兵加以援救，其中一支便是由御倭总兵官、提督水军陈璘（翁源客家人）所率领 5000 士兵，士兵中也有不少客家人。万历二十五年（1597 年）陈璘奉命率水师入朝，“慷慨击楫，所领楼船咸以‘忠心报国’旗其上”。[①] 入朝后在朝鲜军队配合下，指挥水师大败日军，重创日军岛津义弘部，“斩溺三万余名”，取得了“论功璘为首”的突出战绩。这次由陈璘率领的客家士兵尽管远在本土之外作战，但毕竟是“客家和日本竞争生存的序幕”，加以“日本军人素来抱侵寇中国的野心，非遇素以‘忠心报国’的客家给他一种相当阻遏、相当创痛，其毒焰也许比今日还要高些”[②]，因此陈璘在朝鲜国土上抗击日本军队的胜利就具有不容忽视的历史作用。

明朝政府专门在陈璘的故乡——广东翁源，建龙田城、太保祠，并赐有祠联：

辟土开疆，功益古今第一人；
出将入相，才兼文武世无双。

这一评价当可讨论，免不了有溢美之词，但其对国家、对民族的耿耿忠心，当可耀日月，照古今。

中国和日本本是一衣带水的近邻，都同在汉字文化的生活圈子里，历史上友好的史话也不曾中断过。1871 年签订了《中日修好条规》，根据条规，明治政府于 1874 年派柳原前光为驻北京公使，中国方面于 1876 年派翰林院侍讲何如璋（大埔客家人）为第一任驻日公使，黄遵宪（梅县客家人）为驻日参赞。但何、黄二位到日本后即碰到近代中日关系启衅之端——琉球群岛问题。琉球群岛本是台湾岛的附

① （清）康熙《韶州府志》卷十四《陈大将军传》。

② 王大良：《抗日救亡运动与客家爱国传统》，载《客家与近代中国学术会议论文集》，中国华侨出版社 1999 年版。

属岛屿。1872年日本鹿儿岛县官奈良原繁往琉球，命琉球君臣“政治改革”，呈现吞并琉球的野心。琉球君臣向清廷求救，何、黄上书总署：“日人……阻贡不已，必灭琉球；琉球既灭，行及朝鲜……又况琉球迫近台湾。”① 建议对日采取强硬的态度。而李鸿章在《复何如璋书》中说：“琉球朝贡，本无大利，若再以威力相角，争小国区区之贡，务虚名而勤远略，非惟不暇，亦且无谓。”由是，日本于1879年正式吞并琉球入鹿儿岛，改为冲绳县。日本得到了琉球群岛后，下一个目标就指向台湾岛了。

1890年后，日本以国家财政收入的60%来发展海、陆军，1893年起，明治天皇又决定每年从自己的宫廷经费中拨出30万元，再从文武百官的薪金中抽出十分之一，补充造船费用。举国上下士气高昂，以赶超中国为奋斗目标，准备进行一场以“国运相赌”的战争。在1890年时，清朝北洋海军2000吨位以上的战舰有七艘，共2.7万多吨；而日本海军2000吨位以上的战舰仅有五艘，共1.7万多吨。1892年，日本提前完成了自1885年起的十年扩军计划，到了甲午战争前夕，日本已经建立了一支拥有6.3万名常备兵和23万预备兵的陆军，以及排水量7.2万吨的海军，超过了北洋海军。②

对于日本的侵略野心，广东客家先贤丁日昌（丰顺客家人）早就有觉察。他在驻福建巡抚兼摄台湾学政期间，审察时势，认识到台湾的重要性，向清廷建议，加紧建设台湾。他说：“台湾洋面居闽、粤、浙三界之中，为泰西兵船所必经之地，与日本、小吕宋鼎足而立，彼族之所以眈眈虎视者，亦必为据此要害，北可以扼津沽之咽喉，南可以附闽粤之瘠膂。”③ 又说：“倭人既侵占琉球，势必窥伺台湾，则台湾防务尤不可视为缓图。……欲筹海防，必须先顾台湾。”④并赋诗明志：“天瀛已是天将尽，况到东瀛最后头。海水自来还自去，罡风时发变时收。卧薪尝胆知谁共，衔石移山且自谋。饱听怒涛三百里，何人赤手掣蛟龙。”⑤ 可惜昏愦腐败的清廷，未有重视丁日昌的建议，以致日后台湾竟落入了日本人的手中。

甲午中日战争是从在朝鲜的中日丰岛之战开始的。1894年7月25日清廷雇用英国商船“高升号”送士兵奔赴朝鲜，在丰岛附近的海域被日军击沉，全船官兵殉难，从而中日开始宣战。

平壤之战发生于1894年9月15日，是中日双方陆军首次大规模作战。当时驻守平壤的清军共35营，1.7万人；进攻平壤的日军有1.6万多人，双方兵力旗鼓相

① 郑海麟、张新平：《何如璋传》，载《客家研究》（第一集），同济大学出版社1989年版，第318页。

② 中共广东省委党校文史教研室编：《中国近代史》，1985年版，第181～182页。

③④ 丰顺县政协文史委员会：《清末爱国革新政治家丁日昌》，载《丁日昌研究》，广东人民出版社1988年版，第24页。

⑤ 刘南彪、李新祥：《丁日昌生平简述》，载《客家研究》（第一集），同济大学出版社1989年版，第314页。

当。[1] 战斗在三个战场同时展开：其一为大同江南岸战场，其二为玄武门外战场，其三为城西南战场。六天里，清军狂奔500里，于21日渡鸭绿江回国。左宝贵牺牲，叶志超弃城逃跑，日军占领朝鲜全境。黄遵宪有诗《悲平壤》描述："天跳地踔哭声悲，南城早已悬降旗。三十六计莫如走，人马奔腾相践蹂。""一夕狂驰三百里，敌军便渡鸭绿水。一将囚拘一将诛，万五千人作降奴。"

1894年9月17日，是中日双方黄海海战。海军提督丁汝昌传令列阵作人字形，镇远、定远两铁舰为人字首，靖远、来远、怀远、经远、致远、济远、超勇、扬威、广甲、广丙号及水雷船，张人字形两翼，迎战日舰。定远击沉日本西京丸号，而我超勇被毁，广东番禺人邓世昌所乘致远号与日舰吉野、浪速号激战，弹药将罄，欲猛撞吉野同归尽，中其鱼雷，邓世昌与全船250人殉难牺牲。黄遵宪有诗《东沟行》刻画："漫漫昏黑飞劫灰，两军各挟攻船雷，模糊不辨莫敢来。此船桅折彼釜破，万亿金钱纷雨堕，入水化水火化火。火光激水水能飞，红日西斜无还时，两军各唱铙歌归。从此华船匿不出，人言船坚不如疾，有器无人终委敌。"

1894年9月26日，中日军队进行了辽东半岛之战。日军由花园港登陆，10月11日占领大连湾，21日向旅顺进兵，25日占领旅顺。黄遵宪有诗《哀旅顺》哀愤地抒发了失败的惨痛："长城万里此为堑，鲸鹏相摩图一啖，昂头侧睨视眈眈，伸手欲攫终不敢，谓海可填山易撼，万鬼聚谋无此胆。一朝瓦解成劫灰，闻道敌军蹈背来。"

1895年1月乙亥日日军侵占威海。丁丑日我海军与日军战于南岸，败绩。辛未日威海守将戴宗骞战死。庚寅日刘公岛沦陷，北洋舰队全军覆没，丁汝昌、刘步蟾殉难。本来黄海大战后，北洋舰队尚有大小舰艇40余号，实力可观。当时日本舰只修复尚未完成。丁汝昌主动请求歼敌，却遭到李鸿章严厉斥责："汝善在威海守汝数只船勿失，余非汝事也"。[2] 遂下令不准出战，言"如违令出战，虽胜亦罪"。致使北洋舰队失去战机。最后，广大爱国官兵虽誓死抵抗，但终难挽回败局。日军占领威海卫，北洋舰队全军覆没。当时中国是大国，有4亿人口，有军队95万；日本是小国，只有29万军队，后方遥远，供应不便，可最终清政府还是失败了。黄遵宪亦有《哭威海》一诗挽之。

1895年4月，腐败的清廷在甲午战争中失败，签订了丧权辱国的《马关条约》。条约规定：清廷承认朝鲜"独立自主"，废绝中朝宗藩关系；割辽东半岛、台湾、澎湖列岛给日本；赔偿日本军费白银2亿两；开放沙市、重庆、苏州、杭州为通商口岸；允许开辟内河新航线；允许日本在通商口岸开设工厂。

---

① 中国科学院近代史研究所：《帝国主义侵华史》（第一卷），1961年版，第341～344页。

② 杨晓伟：《是丁汝昌"避战保船"还是李鸿章"保船制敌"》，载《陇东学院学报》2009年第4期。

清廷要把台湾割让给日本。而丘逢甲在抗日护台的斗争中，从四个方面不但表现了客家人的爱国抗日精神，也表现出台湾人和大陆人的爱国抗日精神：一是“创办义军”；二是“刺血上书”；三是“倡导自主”；四是亲自参加抗日作战。

一是“创办义军”。甲午战争一爆发，丘逢甲便预感到台湾局势的严重，曾忧心忡忡地对人说：“天下自此多事矣！日人野心勃勃，久垂涎此地，彼讵能恝然置之乎！”① 基于对甲午战争的预见，丘逢甲觉得，与其束手待毙，不如趁早准备。于是向台湾巡抚唐景崧请示，要求准许他招募义兵，组建义军。他的要求，得到了批准。义军资金不足，毅然拿出家里积蓄，“倾家财以为兵饷”②，带头捐资，办好地方团练，组织起全台义军，被推举为义勇大将军。兵力不足，丘逢甲就四处奔波，广泛动员，台湾的青壮年纷纷参加义军，特别是台中百姓更为踊跃。吴汤兴、徐骧、姜绍祖、简精华、丘国霖、胡阿锦等人，都分别率领各自招募的人马，投奔到丘逢甲的帅旗之下。其大哥丘先甲、三弟丘树甲也投身于抗日护台的行列中，成为义军的将领，“丘门三杰”在义军中一时传为佳话。

二是“刺血上书”。当得知《马关条约》签订消息后，丘逢甲悲愤交加，当众咬破手指，书写了“拒倭守土”四个血字，事后并向唐景崧上了一份血书“誓不服倭”。后又联合全台爱国志士，先后三次刺血书，上书清廷，清廷置之不理。正如其诗中所云：“刺血三上书，呼天不得直。”丘逢甲等人请求抗战的血书电文，深深地刺激着清廷军机大臣翁同和的心，翁在是年 3 月 25 日的日记中载：“得台湾门人俞应震、丘逢甲电，字字血泪，使我无面目立于世人矣！”

三是“倡导自主”。清廷执意割让台湾，丘逢甲愤然指出：“台湾者，吾台人之所有，何得任人私相授受？清廷虽弃我，我岂可复自弃耶？”③ 丘逢甲首倡自主自救之论，“议建台湾为民主国”，改元永清，推唐景崧任大总统，守台北，丘逢甲被推为副总统兼义军统领，负责防守新竹、台中一带，黑旗军将领守台南，合力抗敌，卫国护台。并通电清廷，“今虽自主为国，感念列圣旧恩，仍应恭正朔，遥作屏藩，气脉相通，无异中土”。年号为“永清”，意思是“永戴圣清”，坚决表明台湾仍然是大清帝国的组成部分。

四是亲自参加抗日作战。割让台湾在台人心中造成很大的伤痛，当时《小说月报》即报道台湾民众“若午夜暴闻轰雷，惊骇无人色，奔走相告，聚哭于市中，夜以继日，哭声达于千里”。日军登台后，台北沦陷，丘逢甲与台湾军民在新竹一带与日寇浴血奋战了二十余昼夜，寡不敌众，直至“饷绝弹尽，死伤过重”才被逼后撤。此后又在台中一带转战月余，复“又大败，全军尽丧，逢甲仅以身遁”。最后，部将谢道隆劝其内渡，徐图收复。丘逢甲深知大势已去，不得已乃于 1895 年 7 月底

---

① 徐博东、黄志平：《丘逢甲传》，海峡学术出版社 2003 年版，第 58 页。
② 徐博东、黄志平：《丘逢甲传》，海峡学术出版社 2003 年版，第 59 页。
③ 徐博东、黄志平：《丘逢甲传》，海峡学术出版社 2003 年版，第 82 页。

告别亲友离台内渡，船抵泉州，东望痛哭，呕血几死。行前满腔悲愤，写下六首著名的《离台诗》，其中两首是："宰相有权能割地，孤臣无力可回天。扁舟去作鸱夷子，回首河山意黯然。""卷土重来未可知，江山亦要伟人持。成名竖子知多少，海上谁来建义旗？"丘逢甲回到广东蕉岭的客家山村后，深感要抗击列强的入侵，必须改变国弱民愚的状况，"欲强中国，必以兴起人才为先，欲兴起人才，必以广开学堂为本。"[①] 由是在广东和福建创办新学，培育人才。

在甲午战争之后，丘逢甲等人与另一位客籍名士刘永福，在抗击日本侵略者的斗争中，亦战功赫赫。其中，刘永福率部坚守在安平、台中、嘉义等地，打得非常顽强。由于刘永福亲自率兵防守海口，日寇未能在安平口登陆，只能在陆地上自北向南推进。他们一个一个城市死守，让侵略者付出了巨大的代价。义军吴汤兴、姜绍祖与刘永福的部将杨紫云、吴彭年、杨泗洪等均先后战死……就这样，他们成功阻止日军前进好几个月。丘逢甲也组织不少义军，协助刘永福作战，从光绪二十一年（1895 年）6 月至 10 月，刘、丘所率的台湾军民，共歼灭日本侵略者 5000 多人，日军首领弱白川宫能久等多人也被击毙。当刘永福、丘逢甲被迫撤离台湾后，他们仍不忘收复失地，丘逢甲的名诗《春愁》就是内渡后写的：

春愁

春愁难遣强看山，
往事惊心泪欲潸。
四百万人同一哭，
去年今日割台湾。

临终，他仍要墓地向东，以看到台湾回归祖国之日。

台湾自甲午中日战争失败沦为日本殖民地后，岛内的反日斗争从来就没有停止过，其中最为出名的是罗福星的抗日活动。1886 年生于印度尼西亚的罗福星，周岁时回故乡广东省嘉应州镇平县（今蕉岭县）高思乡大地村。1903 年，罗福星 17 岁时，随祖父来台，就学于苗栗公学校（小学）。三年后又随同其祖父返回嘉应州。后加入"中国同盟会"，献身革命。曾在南洋新加坡、雅加达、嘉应州等地任小学教员。1912 年 12 月 8 日，再度来台，肩负起反日的责任。罗福星组织"华民联络会馆"，筹划台湾起义，提出"驱逐日本人，恢复台湾"口号。罗福星总共在台湾筹划四次起义，以图推翻日本统治。他认为应以武力革命手段来推翻日本帝国主义是唯一可行之法，才能达到台湾解放。于是与黄光枢等人组织了"华民会"、"三点会"、"同盟会"、"革命会"，向各方面秘密联络同志，促使大家誓共生死以达目的。

① 徐博东、黄志平：《丘逢甲传》，海峡学术出版社 2003 年版，第 170 页。

正在积极准备发动武装抗日起义，就被日本严密组织的保甲制度、警察网及台奸等所获悉，所筹备的起义遭到失败。1913 年 12 月 16 日罗福星在淡水被捕，虽遭严刑逼供，仍大义凛然，宁死不屈。在狱中慷慨陈词，“为忧国忧民，毙而埋尸台湾，永为台民纪念……虎死留皮，人死留名，古今英雄同此志气”，并从容赋诗，“杀头宛如风吹帽，敢在世上逞英雄”，显示出视死如归的英雄本色。1914 年 3 月 3 日，罗福星在绞刑台上从容就义，当时年仅 29 岁。

从陈璘到丘逢甲，从三元里客民到黑旗军将士，客家人在民族危亡中挺身而出，死不旋踵，可以说是有口皆碑了。因此，在面临人类历史上空前的大劫，中华民族又一次到最危难的时刻，客家人怎能不再度崛起，引领风骚，让举世瞩目呢?

八年抗日，国共两党中的客家将士，当如恒河沙数，不可胜数，他们在各自的战场上，奋勇杀敌，以马革裹尸为荣，惊天地，泣鬼神，再一次证明了他们是中华民族的优秀儿女!

几百年来，日寇亡我之心不死，而他们又每每遇到诸如陈璘、丘逢甲、刘永福这样的客家名将的有力打击，为此，他们很早就把目光，注视到中国南方这么一个特立卓行的民系，以求“知己知彼”，从而抢占战争的先机。

还在中日战争全面爆发之际，他们关于客家的情报便已累积了很多。无疑，客家人在中国近代史上一次又一次的崛起，势必引起了最关切中国，且一直怀有狼子野心的日本当局的忧虑。昭和七年，也就是十九路军于上海狠狠打下了他们的入侵气焰之后，其外务省情报部专门作了一个关于客家人的研究报告，称：

> 在混乱的中国来说，虽然有各种理由，作为支那民族，没有坚定的精神统一，是最大的原因。作为个人能成为完善者是很少的，但作为团体、作为民国、作为民族传统，是没有比支那人更甚的了。果然撑得起来把握支那国民精神目标的时机，正是列国，日本所最关注的。据此，通观支那全土，最感兴趣的是客家人。
>
> 其中，客家人在其环境、言语等和别的汉族（民系）自有异别，最有特色原是精神的联结上并有相当势力。国民革命以来有左右支那政局之风，特别是上海抗日驰名的十九路军，陈铭枢及其将士大军是客家，尚有陈济棠、张发奎等武将……将来可见客家能出一大英杰，必然利用精神联结掌握全国政权的可能性。①

这是在绪言中所写的。文中，更提到“客家势力不单在广东，直接至京沪政界以及达南洋的经济界”。“客家的义烈遗风民国后辈出……廖仲恺、邓仲元等革命

① 谭元亨：《客家圣典》，海天出版社 2004 年版，第 184 ~ 185 页。

家，进一步也有不少加入共产党，如邓演达、彭湃、叶挺等都是客家……”①

他们惊呼“客家是优秀民族，是可断言”，“特别是在民国后的跃进和抬头，值得惊赞”。“客家非日本明治初年间的‘萨派’‘长阀’，拥有强固的地盘，而是其先天、后天的坚忍不拔的独立精神，多年被压迫和被郁积的情感，自觉地、诱致成为强固的民族……”② 这里的“民族”当视为民系。

为此，他们一提起“洪杨革命”——太平天国，便心惊肉跳。后来，日军侵华，凡闻说是客家人的地区，或者说是面对客家人的军队，总要退避三舍，不敢贸然进犯。

无论上述的“情报”有怎样的讹误与偏见，或者出于怎样一种敌对的、变态的心理，可都多少证明，他们对客家人是下了工夫进行了解、分析与研究的，而对客家人最终成为他们吞并中国这一野心的最大阻碍，也是预计到了的。同时，对当时中国“一盘散沙”的混乱局面，会怎么被凝聚起来，同仇敌忾，也是不无忧心的。

纵然这样，他们还是悍然发动了他们的大东亚“圣战”，对曾被他们视为自己的“古希腊罗马”的老师，发动了最无廉耻、最为卑鄙的侵略战争。

这样，他们也就不得不面对被视为最可怕的对手——客家人！

二、共产党的抗日战场

1. 平型关大战。

在共产党这边，两支抗日主力军八路军与新四军，其领导人均是客家人。八路军总司令是朱德，新四军军长是叶挺。而抗击日本侵略军的第一个大捷，便是八路军所打的“平型关大战”。

在“八一三”淞沪抗战鏖战期间，9 月 24 日，日军坂垣师团，向平型关周围地区发起了全面进攻，以经过长征来到北方的客家子弟为主体的八路军 115 师，正守候在平型关。该师用附近有利地形，埋伏在从东河南镇到平型关 20 华里长的公路南侧高地上。686 团李天佑团长、杨能副团长均是客家人，686 团拦腰截断敌军展开的战斗，来自梅州五华县的客家人曾国华，担任了该团突击营的营长。25 日上午 7 时，日军第 5 师团第 21 旅团约 3000 多人，连同军车 100 余辆，在骑兵的掩护下，开进了八路军 115 师的伏击圈中。

冲锋号一响，曾国华即率全营人奋起突击，经 1 个小时激战，该营毙敌 100 余人，逼使日军一部分向西退缩，一部分被困在以老爷庙为中心的周遭。紧接着，他又率部向西面东泡池方向进攻，令四连抢占了庄西南、平型关对面的日军盘踞

①② 谭元亨：《客家圣典》，海天出版社 2004 年版，第 185 页。

处——1800高地，旋即向东泡池日军大举进攻，用成捆的手榴弹把日寇炸了个落花流水。

此役，歼敌3000余人，击毁军车80余辆。极大振奋了中国人民的抗日斗志，也给淞沪抗战中的将士们以巨大的激励。

2. 杨成武威震四方。

在抗日战争中，日方被击毙的最高指挥官，是日军独立混成第二旅团团长阿部规秀中将，他在日军中有“名将之花”之称。所以，当时的报道中，说的是：“‘名将之花’凋谢在太行山。”而击毙他的部队，则是由八路军著名战将杨成武所直接指挥的部队。杨成武，正是当年从红区走出来的客家人，是闽西长汀县宣成乡人。其时，他正担任八路军独立第一师师长，后改为晋察冀军区所属一军分区一支队，他任司令员。

杨成武在长征中便是一名骁将，他率红四团多次作为开路先锋，连续突破四道封锁线，血战湘水，强渡乌江，抢占娄山关，拱卫遵义会议。他率红四团多次担任先头团，四渡赤水，智取三县，抢渡金沙江，飞夺泸定桥，强取天险腊子口，战功卓著……抗日战争开始后，他参加了平型关大战，其后不到20天，所率的独立团复涞源、广灵等7座县城，建立了以涞源、蔚县为中心的敌后根据地。后来，又参加了忻口、太原作战，尤其是“百团大战”。在众多的战斗中，以黄土岭战斗一举击毙阿部规秀为最出名，震动了全国抗日战场和日本朝野。

3. 叶挺与南方敌后战场。

而叶挺（惠阳客家人）所率的新四军，则领导南方8省14地区的抗日战争，杀敌及俘虏5000余人，牵制了日寇众多的兵力。1937年“七七”事变后，著名的北伐将军叶挺从国外返回，积极参加抗战。1937年12月25日新四军军部在武汉正式成立，叶挺被任命为军长。叶挺肩负民族解放的重任，率领人民抗日队伍，驰骋华中敌后，英勇抗击日本侵略军，先后创建了苏南、苏北、皖南、皖中、皖东、皖东北、豫皖苏边、苏淮海等抗日根据地，粉碎了日军5个师团的“扫荡”，击毙俘敌10万余人，新四军由1万多人，发展到10万余人，使江南敌后成为抗击日军的主战场之一。1938年被授予陆军中将。根据1939年1月18日《申报》载《叶挺等部在东江抗击日军》的报道：

> 据惠阳转到战地消息，东江各县水陆交通，元旦起，恢复通车通船，兴宁客货，可由老隆、惠阳直达宝安、香港，毫无阻梗。黄任寰出巡各县，训导民团修筑公路电杆，分区防守，守望相助。广九路樟木头至深圳一段，在华军扼守中。张瑞贵、谭邃、叶挺三部正分三路围攻石龙。……另一路为叶挺所部由博罗罗浮山抄攻石龙，上月28日深夜，便衣队攻进石龙，将日军后方节节遮断。增城、从化之间，31日起发生激战。日军野村、福田、高桥等部队，在太

平场、榕树涌损失奇重。元旦清晨，日军向大岗岭水漕两地反攻，与梁世骥、孔可权两师激战于神岗沙贝村，双方炮战竟日。赤草、邓村、三百洞、狗耳一带山地，日军预先筑有工事。战至2日晚，日军向增城撤退，进入增城的步兵一联队、炮兵一大队、化人龙坚守之际，粤军从长江方面之王德全、彭霖生、陈公侠、梁世骥、华振中、孔可权等师，已经沿粤汉线南下，到达东北前线，于神岗、龟嘴一带进击。又31日长宁、福田、联和一线被华军克复。现黄涛师、练惕生、陈风招、温淑海三旅，包围增城。

1941年毛泽东称赞叶挺："领导抗战，卓著勋劳"。

4. 曾生与秘密大营救。

东江纵队司令曾生夫妇合照

抗战中的广东客家将领曾生（宝安客家人），还在中山大学读经济系时，就任中山大学抗日救国会主席，广州抗日联合会主席。历任第四战区珠江三角洲游击区惠宝抗日游击总队长，第七战区东江人民抗日游击总队总队长。1943年任东江纵队司令员。1945年被国民政府授予少将军衔，1955年被中国人民解放军授予少将军衔，他是唯一的被两朝授予少将军衔的广东客家将领。抗日战争全面爆发后，1938年10月，根据中共中央的指示，由香港回到惠阳，任中共惠（阳）宝（安）工委书记，领导组建惠宝人民抗日游击队。在敌强我弱的极端困难条件下，他坚定不移地执行党的指示，放手发动人民群众，组织抗日自卫队，发展人民抗日武装力量，建立抗日根据地，实行人民战争。与此同时，坚决贯彻执行党的抗日民族统一战线的政策，争取海外华侨、港澳同胞和各阶层爱国人士的同情和支持。在他的努力下，有1000多名华侨子弟和港澳爱国青年回国参加游击队，这对部队的建立和早期部队的巩固和发展，起了很大的作用。1940年8月，任广东人民抗日游击队第3大队大队长，率部开进东莞县的大岭山区建立抗日根据地。11月，指挥所部取得百花洞战斗的胜利，击毙日军长濑大队长以下50余人。广州日军首脑哀叹："这是进攻华南以来最丢脸的一仗。"1943年12月广东人民抗日游击队东江纵队成立，他任司令员。与政治委员林平等率部在日伪军和国民党顽固派军队的夹击下，转战东江两岸，后挺进粤北山区，建立东江抗日根据地，坚持艰苦复杂的军事和政治斗争。部队之后发展到1万多人，给日伪军以沉重打击。在其成立之初至日本投降以前，这支义军在广东和港澳沦陷区积极抗击日伪军，大小战斗2000余次，歼敌近万人，是华南抗日斗争中一支重要队伍。除此之外，如东宝惠边人民抗日游击大队、第4战区游击纵队直辖第2大队等华南抗日武装，以及由闽粤赣等省抗日武装合并改编的国民革命军陆军新编第4

军等，也都有较多的客家人参与其中。

1941 年太平洋战争爆发后，曾生组织护送撤离香港的著名民主人士、文化界人士和国际友人至后方安全地区。1941 年 12 月 8 日，日军偷袭珍珠港，太平洋战争爆发。日军占领港九地区后，封锁水陆交通，大肆抓捕抗日人士。此前，由于国民党反共倒退的政策，对进步民主人士和文化界人士进行残酷迫害，致使他们当中的数百人滞留香港，来不及撤出，处境极为危险。周恩来急电廖承志："设法营救困留香港的文化界和爱国民主人士撤到东江游击区。"廖承志当即向地方党和林平下达进行秘密大营救的指示。林平即返回白石龙向曾、王两部传达周恩来和廖承志的指示，组织力量从九龙交通站秘密护送各界进步人士到游击区再转往大后方。

曾生抽调精干人员近百人组成 2 个小分队（后组建为港九大队）深入到西贡半岛、新界元朗地区开展对日斗争，并收集到英军撤退时丢弃的轻重机枪 30 多挺、步枪几百支及大批弹药和军用物资。同时，大营救工作也在紧张地进行：

梁广、林平按照中央提供的名单，负责在香港寻找、安排民主人士和文化人士分批秘密成行事宜，曾生在游击区负责接待，安全保障和转送内地；王作尧负责九龙至白石龙（宝安游击区）西线段。羊台山抗日根据地乃成为营救文化名人的隐蔽地。牛栏前村人民积极参加护送、后勤工作，为成功营救，安置、护卫文化名人贡献了力量。当时，钟清被选入曾鸿文、林冲的短枪队，和曾鸿文一起深入新界元朗大帽山活动。为开辟抢救文化名人的通道，他曾代表曾鸿文与占据大帽山的匪首交涉，逼退匪首黄慕容，使抗日游击队武装控制了大帽山，扫清了营救通道上的障碍。

曾、王两部先开辟两条秘密的军事交通线：经九龙的东线即水上交通线，由九龙经西贡村、沙头角、沙鱼涌、淡水，进入惠阳游击区；沿海西线（广九线）即陆上交通线，从青山道经荃湾、元朗、赤尾，进入宝安游击区；两条陆路秘密交通线。为确保途中安全，在两条军事交通线上，分别设立了多处秘密交通站，派精干的交通员做向导，由便衣交通队分批分段护送。后开辟第三条深涌湾→塔门→坪洲→沙鱼涌的新海上交通线并成立武装护航队，并抽调精干武装组成专职护送队。

1942 年元旦之夜，紧张的营救工作开始。会议决定那些在国内外有影响的民主人士、国民党元老等，由水上交通线转移；其他绝大多数的文化界人士，则走陆上交通线；而后，分别转送至大后方或敌后抗日根据地。

拂晓前，乘日军哨兵换岗之机，小船冲出湾口，划出敌人的封锁线，天蒙蒙亮，在九龙悄然上岸。几天之内，在香港的几百名民主人士和文化界人士就这样安全转移到九龙交通站。

由武工队护送走东线，通过启德机场附近的牛池湾出了几重日军封锁线，在短枪队的护送下，经九龙坳、打蚝墩、沙角尾、大环村，到企岭下海湾，登上曾生部的武装船只偷渡大鹏湾，凌晨 3 点在沙鱼涌上岸，经田心接待站转往石桥坑。元月 3 日到达坪山石桥坑，曾生在那里迎接他们。

然后廖承志与曾生一起对以后的营救工作进行安排和分工：连贯到老隆负责惠阳秘密接待站的工作，乔冠华到韶关，负责韶关转桂林的接待工作，曾生回宝安白石龙村游击队总部，负责全面安排及宝安线的接待工作，曾生又在游击队内部作了具体分工：曾生留白石龙负责接待工作，梁鸿钧负责军事指挥，王作尧负责港九至游击区交通线的警戒和人员护送工作。

1月9日晚，第一批被营救人员廖承志、连贯、乔冠华等人及化装成难民的文化界人士（其中有茅盾、邹韬奋、戈宝权、于伶等）数十人各买了一些香蜡纸品扮成香客混出九龙，到铜锣湾乘小木船。

11日清晨，第一批数十人离开九龙，在武工队护送下走西线，经青山道口、九华径、荃湾、元朗，在赤尾通过日军封锁线，进入大帽山区，再经落马洲，渡过深圳河，在赤尾上岸。

13日顺利翻过梅林坳到达游击队根据地的宝安白石龙村，受到林平、曾生、王作尧和根据地军民的热烈欢迎。

此后的100多天，800多名滞港的抗日文化名人、爱国民主人士以及他们的家属沿着这些线路，神奇地从香港岛“消失”，他们中没有一人被捕。

广东人民抗日游击队和中共广东各地党组织经过6个多月的紧张工作，克服重重困难，胜利地从香港日军魔爪下营救出各界进步人士800多人，全部安全到达阳台山抗日根据地和坪山游击区，再经田心（现属坪山镇）、茶园（现属惠阳秋长镇）、惠州等接待站转移到大后方。

其中有知名的爱国民主人士和文化界精英。国民党左派、老同盟会员何香凝女士和柳亚子先生，以及廖承志夫人经普春等由地方党护送，乘船从鲤鱼门到大鹏湾不幸遇险，在海上漂流8天，断粮缺水，经曾生游击队护航队救援护送至汕尾安全登陆。夏衍等人在地方党的安排下经澳门回到大后方。茅盾、邹韬奋、胡绳、戈宝权、张友渔、黎澍、沉志远、刘清扬、胡仲持、胡风、千家驹、萨空了、廖沫沙、范长江、袁水拍、蔡楚生、司徒慧敏、韩幽桐、叶浅予、胡蝶及邓文田、陈当棠、李伯球等300余人尽数安全到达白石龙。此外，还有少数爱国国民党官员和家属。游击队还护送了港澳的青年学生1000多人赴大后方，上万名港九同胞、侨商、侨眷回到内地。秘密大营救在我党党史和我军军史上是一件了不起的大事。

整个营救工作从1942年元旦开始，至6月底大体结束，先后营救出著名的民主人士和文化人士600多人，少数国民党高级官员，以及英、美、印（度）籍的国际友人近百人。

20日，著名民主人士邹韬奋在离开白石龙前，为曾生题词留念。书写一条幅“保卫祖国为民先锋”，一旁题识曰：“曾生大队长，以文士奋起，领导爱国青年组成游击队，保卫祖国，驻军东江。韬从文化游击队自港移阵地，承蒙卫护，不胜感奋，敬书此奉赠，藉表谢忱。”

邹韬奋

茅盾曾说："这是抗战以来，简直可以说是有史以来，最伟大的抢救工作。"被营救的人士永远不会忘记中国共产党与之血肉相连、生死与共的关系和曾、王两部的功绩。这次与龙岗客家有密切联系的富有传奇色彩的营救行动，在中国现代史上写下了光辉的一页。

廖承志在《〈东江纵队史〉序言》记道：

> 1941年12月下旬，日军占领香港不久，我们接到党中央、周恩来同志的电示：许多重要民主人士、文化界人士被困留香港。他们是我国文化界的精华，要想尽一切办法将他们抢救出来。我和广东省委、香港党组织及部队的负责人进行了研究部署。经过三个月紧张的工作，克服许多艰难险阻，从日军的严密封锁下，抢救出民主人士、文化界人士何香凝、柳亚子、茅盾、邹韬奋、胡绳、夏衍、戈宝权等七八百人，并护送他们到达大后方。同时抢救出来的还有余汉谋夫人、国民党官员陈汝棠等，以及英、美、荷、比、印等国际友人近一百人，胜利完成党中央赋予的任务。在国内外获得好评，得到党中央的表扬。

三、国民党的抗日战场

（一）淞沪战役中的"客家四英烈"

1937年"七七"卢沟桥事变后，中国全面抗战打响，在最惨烈的"八一三"淞沪战役中，曾吹嘘"24小时占领全上海"的日本侵略者，就尝到了客家人顽强抗击的厉害。这里，且不说这一战役中不少上层的指挥官是客家人，如罗卓英等，就是下属的基层指战员，也有不少客家人。其中最著名的，莫过于这次战争中威震天下的"客家四英烈"。

这客家四英烈，便是梅州的谢晋元、黄梅兴、姚子青与李友梅。

就在"八一三"大战爆发的当天，任88师264旅少将旅长的黄梅兴（平远客家人），火速随部赶到淞沪一线，力图拿下日本海军陆战队在虹口的司令部，把敌人赶下海，阻敌登陆以长期抗战。

日军虹口司令部是长期经营的堡垒，有明碉暗堡，高大的围墙电网，均由钢筋水泥筑成，经得起500磅以上炸弹的轰击，攻方可谓艰难之极，接受了任务的264旅，在旅长黄梅兴的率领下，于8月13日当天午后，发动了对日的反击战。黄梅兴身先士卒，率部挺进，打到了钱塘一线，日军地面上抵挡不住，唤来了飞机狂轰滥炸。黄梅兴在连续攻破日军十多个堡垒后，于下午6时，进攻其最后一个堡垒——爱国女子大学时，日军从航母上起飞的近百架飞机临近，当他冲到八字桥，不幸饮弹，壮烈殉国，年仅41岁。他是淞沪抗战中第一个为国捐躯的将军。

姚子青（平远客家人）是18军98师583团三营中校营长。在淞沪抗战中，他于8月下旬，随98师开赴前线，8月26日，部队抵达上海，姚子青奉命守卫宝山县城。

宝山是保卫上海的重要防线，位于吴淞江口，东南北三面临海，地形险要突出。沿城无防御工事，易攻难守。姚子青到后，赶筑工事，9月3日始，姚子青率部迎头痛击敌军的包抄，血战一昼夜，杀敌200多人。9月5日，日军30艘战舰汇集吴淞口，配合天上的飞机，猛轰宝山城，全城顿时成为火海。姚子青及全营官兵，誓与宝山共存亡，与敌展开了肉搏战。敌援兵源源不断，我后方补给线却给切断，在敌众我寡之际，姚子青率部血战又两昼夜，最后，与剩下的20余人，与敌人短兵相接进行巷战，最后全体壮烈牺牲。

9月18日，时任第1师2旅4团团长的李友梅（五华客家人）驻守在上海的要冲罗店，在与日军的战斗中中弹身亡。

打得最为惨烈、坚持最久的，则是举世闻名的率领四行仓库“八百壮士”的团长谢晋元（蕉岭客家人）。

淞沪抗战，打了足足三个月。10月26日，日军大举进攻闸北，中国军队腹背受敌，被迫奉命撤退。在几十个师数十万人撤退时，谢晋元接到命令，集中一营全体官兵，死守四行仓库，以掩护大部队后撤。

四行仓库，本是大陆银行的堆栈，位于苏州河西藏桥西，七层楼高，墙体厚固，易守难攻。仓库里，尚存几千包粮食，还有牛皮等物资。仓库西边与北边，为中国地界，已为日军占领。其余方向，均为租界。可以说，它已成为了孤岛。当谢晋元驻守之际，一位外国记者向小楼的窗口递进了一个小纸团，问里边有多少士兵？谢晋元说，我们有800人。于是，随着战斗打响，“八百壮士”英名便传向全世界。

坚守四行仓库，目的是要唤起国际舆论对中国的抗战的关注与声援，并争取即将召开的九国公约会议谴责日本的侵略。所以，时间愈久影响愈大。10月27日晨，日军开始进攻，连番轮流攻击，四行仓库屹然不动，我方无一伤亡，敌军却扔下80多具尸体。谢晋元更在28日晨，一手掐住偷袭日军的脖子，一枪毙掉另一个。29日，在阻击数倍的日军攻击时，一位壮士身上捆满手榴弹，从仓库楼上突然跃入敌群中，炸死日寇20多名。30日，日寇疯了，又是用平射炮猛轰，又四处纵火，甚至不顾国际法，施放毒气，也没能前进一步。租界不少老百姓上楼顶观看，无不拍手欢呼……包括何香凝在内的知名人士，设法致函他们，表示崇敬。公共租界英军司令史摩莱少将说："我们都是经历过欧战的军人，但我从来没有看到过比中国'敢死队员'最后保卫闸北更英勇、更壮烈的事了。"①

坚持四昼夜后，八百壮士奉命撤入了租界，在这四天内，他们打退了敌军1万多人次的进攻，毙敌200余名，伤敌无数，还击毁敌战车两辆，八百壮士仅伤亡30余人。

退入租界后，由于日寇的封锁，日子十分艰难，可谢晋元仍坚持举行升旗仪式，与外国军队作出坚决斗争。在长达约四年的坚持中，谢晋元坚决顶住了汪精卫伪政权的诱降，最后，终被汪伪收买的叛徒所刺，于1941年4月24日6时壮烈捐躯，年仅37岁。国民政府追赠黄梅兴为陆军中将，追赠姚子青、李友梅、谢晋元为陆军少将。

四个昼夜的鏖战，还有近四年的坚守，直到壮烈牺牲，八百壮士之魂——谢晋元在全中国抗日战争中产生的精神影响，是无法估量的。电影《八百壮士》，再现了当年血与火的搏击，至今仍是那般激动人心。

同"八一三"淞沪抗战一样，早在1932年上海的"一·二八"事变中，也正是以客家人为主体的十九路军，在上海首先给日本的狼子野心以沉重的一击。该支军队的实际控制者便是客家人陈铭枢、赵一肩。该役打得日军四换主帅，死伤上万人……这两场淞沪抗战，让日寇领略了客家人抗击侵略的顽强意志，知道中国人民是不好惹的。不久的台儿庄大战，更有不少客家儿女显了身手。

（二）南京保卫战中的广东客家将领

1937年11月，国民革命军在"八一三"淞沪会战中失利，上海被日本占领。中国方面就此开始准备在上海以西仅300余千米的首都南京保卫战。12月1日，日军下达进攻南京的作战命令，首都南京保卫战开始。南京卫戍司令长官唐生智，副司令长官罗卓英（大埔客家人）、刘兴指挥15万国军抵抗作战。但在战役组织指挥上出现了重大错误，战前未作周密部署，最后决定突围时又未拟定周密的撤退计划，更没有经过参谋作业，致使守军在突围中，自相践踏，争相夺路，损失特别惨重，军队的抵抗就此瓦解。不少将士为保卫南京献出自己的生命，以身殉国的17位中国将军有萧山令、朱赤、高致嵩、易安华、罗策群、姚中英、司徒非、李兰池、刘国用、蓝运东、万全策、雷震、谢承瑞、华品章、韩宪元、黄纪福、蔡如柏等，他们的尸首都没能从战场上运出。其中客家将领有：罗策群（兴宁客家人）第66军159师副师长，少将军衔；姚中英（平远客家人）第156师参谋长，少将军衔；黄纪福（梅县客家人）第66军159师477旅副旅长，国民政府追赠陆军少将；刘国用（梅县客家人）第58师147旅副旅长，少将军衔。而朱赤、谢承瑞则是江西的

---

① 淮驹：《谢晋元团长与八百抗日壮士的结局》，载《中华魂》2007年第7期。

客家人。还有陈节（梅县客家人）第 66 军 159 师参谋处长也壮烈牺牲，国民政府追赠陆军少将。12 月 13 日，南京沦陷，不足 5 万人的日军入城，由此开始了连续 8 个多月对 30 多万战俘平民展开震惊世界的南京大屠杀。

（三）抗战中的广东客家英名录

■ 薛岳

薛岳

抗战中的广东客家将领薛岳（乐昌客家人），因生于中日甲午战争期间，父亲起名薛仰岳以求能效法岳飞成为民族英雄。后改名薛岳，以示不仅仰慕岳飞更将身体力行。抗战开始后，薛岳主动请缨杀敌，率部参加了“八一三”上海抗战。1939 年代理第 9 战区司令长官，负责指挥两湖和江西部分地区对日作战。广州、武汉相继陷落后，粤汉间的湖南成为日本侵略者攻击的主要目标。日军在两次攻占长沙均未得逞的情况下，于 1941 年 12 月 23 日，又以第 40 师团主力发动了第三次对长沙的进攻。薛岳总结前两次会战的经验教训，提出了一套利用湘北复杂地形，与敌后退决战的“天炉战法”。日军先乘大雨和夜色突破了我军前沿阵地，渡过新墙河，扑向汨罗江北，并与沿粤汉线南下的日军第 3 师团会合后，很快攻至汨罗江南岸，进入我军预设之决战区域。薛岳向所部官兵下达手令：“第三次长沙会战，关系国家存亡。岳抱必死决心、必胜信念。”[①] 要求“各集团军总司令，军长、师长，务确实掌握部队，亲往前线指挥，俾能适时捕捉战机，歼灭敌人”。[②] 日军第 3 师团在飞机支援下向长沙东南阿弥岭等中方阵地发起了进攻。薛岳下令第 10 军李玉堂布下巷战阵势，守卫长沙市区。双方在长沙东南郊展开激战，拼死争夺，几乎所有据点都反复易手。敌军的攻势受挫。为了加强长沙防守和反击力量，薛岳又调第 77 师进入长沙预备作战。与此同时，他部署外围的中国各军由远处向长沙逼近。当敌军看到被中国内外线兵团包围的危险准备撤退时，薛岳即命令各部队从不同方向对日军展开围追堵截。日军且战且退，损失惨重。薛岳指挥中国军队利用湘北山丘河流交错纵横的复杂地形，继续以各种方式追击，使敌处处挨打。第三次长沙会战取得大捷。整个战役共歼灭日军 5 万多人，沉重打击了日本侵略者。日本人誉薛岳为“长沙之虎”。抗日战争期间，薛岳除参加“八一三”淞沪会战、长沙会战外，还指挥了武汉会战、徐州会战等著名战役；分别任第一战区第一兵团司令，第九战区第一兵团司令，第九战区副司

---

① 张云新：《“长沙之虎”：抗日名将薛岳》，载《海内与海外》2009 年第 9 期。

② 马仲廉：《第三次长沙会战》，载《炎黄春秋》2005 年第 8 期。

令；曾经指挥了多次战役，消灭了大量日军。1946 年 10 月 10 日，荣膺美国总统杜鲁门所授自由勋章。为陆军一级上将。1974 年世界客属总会号召发起人，为创会会长。

■ 罗卓英

罗卓英是抗战中的广东客家将领（大埔客家人）。抗战全面爆发后，他历任第十八路军军长，第十六军团军团长，第十五、十九集团军总司令，第九战区副司令长官，中国远征军第一路司令官。1938 年 6 月至 8 月，罗卓英率领部队在彭湖战场上与日军激斗，于流桥一带歼灭了大批敌军，并多次挫败日军在湖口一带的登陆企图。9 月 12 日，罗卓英代替陈诚，任武汉卫戍总司令之职。10 月 25 日，武汉沦陷后，罗卓英的第十九集团军归第九战区司令长官陈诚（薛岳代）指挥，参加南昌会战，罗卓英任战区前敌总司令，负责直接指挥。1939 年 3 月，日军冈村宁次率四个师团的兵力进攻南昌，3 月 24 日侵陷吴城镇，并强渡修水，与罗卓英部激战于万家埠、安义一带。27 日，奉新、南昌相继沦陷。罗卓英下令各部避开敌锋，逐渐建立起修水以南、赣江以北的抗日根据地，与日军第 101、106 师团对峙。4 月下旬，罗卓英全面部署并指挥本集团、上官云相集团及高荫槐集团的一部，对南昌之日军发起反攻，试图夺回该市。21 日晚，罗统率三军，以分兵合击之势对南昌进击，由于未能切断南浔铁路，使日军得以增援，加之在反攻南昌的关键时刻，遭日军反击的第 79 师师长段朗如违令畏缩，贻误良机，使第一次反攻只得暂停。5 月 1 日再次反攻时，日军借助其空炮火力支援，顽强扼守南昌外围阵地，并进行反击，罗军伤亡十分严重，无力攻坚。5 月 9 日，全线停止反攻。反攻南昌城后，罗卓英集团放弃了对城市的争夺战，改为消耗敌人有生力量为主的游击战。此后罗卓英指挥第十九集团参加了 1939 年 9 月第一次长沙会战、1939 年冬季扫荡战、1940 年夏季配合第五战区的扫荡战，歼灭了大批敌军有生力量。

1942 年 4 月 2 日，国民党最高军事委员会任罗卓英为远征军第一路司令长官，归史迪威和英军太平洋战区司令指挥。4 月 5 日，罗与蒋介石乘飞机到达腊戍与史迪威部署曼德勒会战，打算将日军引到该线的有利地带歼灭。计划定下后，正准备施行，但英军决定撤往印度，已全部集中西线，原有防地均放弃。罗部接替防务，进行了皮尤河前哨战、同古战斗和斯瓦逐次抵抗战斗，掩护了英军的撤退。4 月 18 日，因东西两路告急，棠吉、瓦城动摇，史、罗只得放弃曼德勒会战，退守瓦城，重新计划瓦城会战，准备在瓦城附近与日军一决雌雄。但他们未重视把守通往腊戍的要道东枝等地，而是以守株待兔的方式等待日军来攻瓦城。然而，日军却不采取正面强攻的战略，而是迂回出击，派一部佯攻瓦城，一部袭击东枝。占领东枝后，得悉罗部集兵瓦城，便以机械化部队急攻腊戍。当史、罗获悉腊戍危急时，已赶援不及。28 日，腊戍失陷。瓦城处于被包围之中，史、罗这才如梦方醒。30 日，急令各部向伊洛瓦底江后撤，急援八莫、密支那，试图先固后方，再图进取。可是一切已为时太晚，日军占腊戍后，继续沿东线急进。5月3日，占领中缅边境重镇畹町，飞兵八莫，全速抢占密支那。5月8日，密支那失守。9日，腾冲亦沦入敌手。至此，十万入缅军的归路被切断。5月1日，史、罗下令放弃瓦城，开始了悲惨的大撤退。全军被迫丢掉车辆辎重，突破日军封锁线，进入人迹罕至的野人山，穿越原始森林，一部分于8月初回到滇西。罗卓英的长官司令部及新38师则经巴曼克、曼坎、荷马林、泰南进入印度。入缅军十万人损失五万余，其中三分之二死于撤退途中。第200师师长戴安澜因重伤得不到治疗，而壮烈牺牲。罗卓英进入印度后，于6月11日率参谋长杨业孔及官兵40余人到新德里，由于在仁安羌与日军交战，救出了被围困的英军将领亚历山大及其部属7000多人，痛创了日本侵略者。为此，英军十分感激，邀请他访问印度首都新德里，受到了英军总司令魏菲尔元帅及印度国王的欢迎。14日参加联合国庆祝大会，23日返重庆述职。10月，与史迪威、魏菲尔等会谈，决定将中国入印的第22、新38师在加尔各答西北设训练基地，取消中国远征军第一路长官司令部，成立中国驻印度总指挥部，由史迪威和罗卓英分任正、副指挥。为了保持中国军队的独立性，另设副总指挥部，由罗节制。由于史迪威要求营以上的军官由美国人担任，因而与罗产生了矛盾。蒋介石不同意史迪威的要求，为了解决纠纷，便以撤销副总指挥部，调回罗卓英为条件与史迪威妥协。是年冬，罗卓英离印返渝。1946年授陆军上将。

罗卓英能文能武，还出版有诗集《呼江吸海楼》二册，内中有《吊宝山殉城姚营官兵》等诗。其诗中有：

战火漫天战马腾，
江波海浪涌层层。
健儿争饮倭儿血，
手挽倭头笑月明。

鼓舞着将士奋勇杀敌，一往无前！

■ **黄琪翔**

抗战中的广东客家将领黄琪翔（梅县客家人），就读于广东陆军小学、武昌第二预备学校，毕业于保定军官学校。在国民革命斗争的东征、南征、北伐诸役中屡建战功。1932年组织义勇团和后援队，积极支持十九路军“一·二八”淞沪抗日战争。1933年夏初，极力支持冯玉祥组织的“察绥民众抗日同盟军”，组织了北平的一批党员到张家口参加抗日战争。后来黄琪翔重赴德国，在柏林参加“中国留德学生抗日联合会”，坚持反蒋抗日的爱国救亡活动，因而遭到柏林警察当局的拘捕。1935年，他热烈拥护中国共产党的《八一宣言》，力主联共抗日，认为“共产党是斗争的主力，要革命就必须与红军取得联系”。1936年10月，黄琪翔在柏林接到国民政府大使馆转来陈诚召他回国的电报。他鉴于国内政治局势已有转机，决心回国参加抗日。他回到香港就说："我是一个军人，在民族危亡时刻，抗日救亡，责无旁贷，应当运用一切可能机会，积极参加民族解放战争。"

1937 年"八·一三"事变，揭开了全面抗战的帷幕。在这个战役中，黄琪翔先后任第八集团军副总司令、总司令，率部与日本侵略军浴血奋战三个月之久。是年 8 月，中共领导人周恩来等为实现国共第二次合作，在南京同国民党代表继续谈判，黄琪翔同他们常相过从，由衷赞服中国共产党的抗日主张，并表示"愿尽到自己的责任"，有一次周恩来、朱德、叶剑英来访，黄琪翔热情地设家宴招待，并邀请国民党要员张群作陪，饭后还在庭院合影留念，为国共两党的谈判添加了和谐的气氛。1938 年初，黄琪翔参与徐州会战作战方案的拟订，副参谋总长白崇禧特托他邀请中共中央军委副主席周恩来和参谋长叶剑英到蛇山下熊廷弼路私邸，就对敌作战问题鞠诚会商，周恩来提出徐州会战应采取阵地战、运动战和游击战紧密结合的作战方针。随后，白崇禧前往徐州协助第五战区司令长官李宗仁指挥作战时，就执行了周恩来提出的作战方针，取得了血战台儿庄的辉煌胜利。1938 年上半年，黄琪翔和周恩来同时出任国民政府军事委员会政治部副部长，他们彼此坦诚相处，亲密合作，扩大了团结抗日的影响。1939 年秋，日寇在湖北境内发动进攻，因军事上的需要，黄琪翔出任第五战区副司令长官兼第十一集团军总司令，参加了著名的枣宜会战，激战七昼夜，敌军一无所获，黄琪翔获得"华胄荣誉奖章"。随后，他率部参加襄东阻击战役，制止日军越汉水的企图，双清激战，消灭渡水敌军过半，大获全胜。黄琪翔奉电记大功一次。1941 年冬，黄琪翔改任第六战区副司令长官，他以司令部为家，延揽共产党人和进步人士在身边工作，为团结抗日做出了贡献。他的司令部驻湖北恩施时，适抗日将军叶挺被拘禁于此，黄琪翔以友情为重，不避嫌疑，常亲往探视，并给予生活上的种种关照。1943 年冬，英、美、中成立对日作战同盟军，中国相应地组成远征军，与盟军同攻侵缅日军，黄琪翔调任远征军副司令长官，指挥滇西远征军作战。他在盟军中显示出了杰出的指挥才能，打通被封锁达三年之久的中印公路，为结束我国被围困的局面，立下了汗马功劳。在八年抗战中，黄琪翔转战东南，几次指挥大兵团作战，打出了中华民族的威风。1946 年获受陆军上将。

■ 吴奇伟

抗战中的广东客家将领吴奇伟（大埔客家人），入广东陆军小学第三期、武昌陆军第二预备学校，毕业于保定陆军军官学校第六期步科，及陆军大学将官班第一期。曾担任过第四军军长，1935 年 4 月被授予国民革命军陆军中将。抗日战争爆发后，任第十八军团长，第九集团军总司令，第四战区副司令长官，第六战区副司令长官兼长江上游江防司令官。在八年抗战中，吴奇伟坚决全力抗日。他被称为"血战淞沪的铁军"，1937 年 10 月 25 日，铁军初到上海，正值日军陷我宝山后进逼江湾、刘行、庙朝行之时，敌势猖獗凶焰飞炽，故决予其严厉打击，挫其锋芒，使其不敢轻易前进，当日寇借海军的掩护挟其飞机、大炮、坦克车，以三个最精锐之师团以上的兵力猛犯我军阵地时，我方摧毁其主力，乃用突击战术，猛冲猛杀，经三昼夜之肉搏血战，率将日敌击溃，并将其一部包围歼灭数千，使日军逡巡不敢前进。当时上海各报赞扬指挥官吴奇伟将军指挥的军队为“铁军”。他指挥的南浔线会战的胜利，被称为“台儿庄后之最伟大的胜利”。《东南日报》记者孙家杰1938年2月10日记瑞武路上之歼灭战，战地采访了第九集团军总司令吴奇伟将军：“在全国战局急剧转变过程中，南浔线独能支持了五月之久，这确实是一般人们心目中一个难解的谜。敌人从未敢轻进。为解此谜，记者特到前线去访问五个月来担负南浔前线最高军事指挥重任的第九集团军总司令吴奇伟将军，吴将军魁伟的体魄，饱满的精神，是一位极富威严的高级指挥将领。记者和吴将军见面致敬后，便谈到五个月来南浔战局，吴将军先述：由九江转进后，南浔形势及沙河战后，德星在西孤岭、瑞武路麒麟峰万家岭，以及德安城等战役胜利的经过情形，他详述胜利的因素：一是地形优越；二是我官兵抱与阵地共存亡的决心；三是我采主动围攻；四是我士气旺盛，斗志坚强；五是民众奋起协助军队除奸。南浔线五个月作战结果，统计敌人死伤总数为：106松浦师团在沙河一带伤亡约1.5万人，万家岭一役伤亡约2万人，山下兵团和近卫师团在瑞武路各点共伤亡1万余人，德星线上101伊东师团伤亡1万余人，德安城里伤亡数千人，合计8万左右，约占长江战争中敌人死伤总数四分之一。”

在武汉会战的万家岭战役，身为战役总指挥的吴奇伟身先士卒，亲临一线指挥。有次他正与第四军军长欧震通电话，敌机俯冲扫射，他毫不理会，敌机机枪扫射竟把电话机打碎，惹得吴将军破口大骂：“小鬼子，你干不死我，我就干死你！”另一次，他和参谋长策划作战事宜，猛遭敌机轰炸，指挥部房子被炸飞半头，另半头塌下来，将他和参谋人员埋在下面。1941年日寇攻陷川鄂咽喉宜昌之后，大有溯江而上，窥湘鄂要道三斗坪之势。从4月下旬起，敌机对我江防阵地轮番轰炸，五月初，日敌发动了多点进攻，均未得逞，正面汉洋河之敌数千人分两路向我六十七师猛扑激战数日，我军伤亡甚重。宜昌正面之敌数千人渡江西犯，遭我十三师击溃，旋后又在空军的掩护下猛扑，我长岭岗守军全部殉国。红花套渡江之敌向我沙套子要塞猛扑，我军奋力抵抗，激战数日，伤亡过大，而转移驻守战至中旬，敌我双方伤亡均大，我几处阵地相继陷落，敌曾一度窜入离总部仅数公里的黄陵庙附近，十三师伤亡惨重，师长曹金轮失去控制能力，向西溃退，当危急关头，吴奇伟将军率领总部人员急赴十三师驻地，稳住阵脚，亲临前沿指挥，当即调三十二军之第五师从江北岸调防到江南岸的落步岗、峡当口和高昌堰地区，作为江防保卫石牌要塞的决战部队，该师与十八军之十一师、十八师协同作战，调补十三师的建制以九十四军发动攻击战牵制敌人，另调第十集团军支援。激战到6月初，日寇遭我八十六军和其他守军誓死抵抗，伤亡惨重，在高昌堰、馒头嘴和偏岩地区之敌，又遭我第五师、十一师和十八师有力的铁拳重击，死伤千余人，打得日寇无力再西犯；为置敌于死地，孙集团直捣宜昌进展神速，日寇深恐宜昌老巢有失，仓皇地率领残兵败将回窜宜昌城，哪知老巢回不了，一场震撼神州大地、鏖战数月的鄂西会战，以我军大捷而告终。鄂西会战克复了宜昌，取得了辉煌胜利，除了归功于六战区长官部英明指挥、合力奋战之外，战区副司令长官兼江防总司令的吴奇伟将军运筹帷幄、驾驭战局、知己知彼、缜密部署、临危不惧和果断决策的指挥艺术，其功致伟。他的军事造诣，在当时的高级将领中，鲜有出其右者，鄂西会战胜利，吴奇伟将军获得了民国最高的青天白日勋章。

■ 黄涛

抗战中的广东客家将领黄涛（蕉岭客家人），云南陆军讲武堂第15期炮科、韶关北伐大本营将校团及中央陆军大学将官班第三期毕业。抗日战争爆发后任第一五师师长兼厦门警备司令驻守潮州。黄涛是打响广东省抗日战争第一炮的人。1938年厦门沦陷后，日军飞机不断窥视潮汕沿海。6月20日，日海军陆战队300余人，在29艘军舰和4架飞机的炮火掩护下，由钱澳一带登上南澳岛。日军占领南澳10余天后，时任一五七师师长、并驻守潮州的黄涛即召集会议宣布渡海收复失地的行动计划，决定以民众抗日自卫大队洪之政部为先锋，以第九四〇团第一营吴耀波部为主攻部队，以饶平县海山岛黄隆为反攻基地；渡船由汕头警察局协助征雇，并于7月17日登陆南澳岛，收复南澳县城。打响广东抗日战争的第一炮。1939年9月18日，黄涛任第十二集团军第六十二军中将军长，指挥一五七师在牛背脊战役中取得胜利。1939年第一次粤北会战打响之时，面对日军强大实力，十二集团军司令余汉谋曾打算放弃佛冈，退守韶关。时任六十二军军长的黄涛驻守在从化，他向余汉谋提出上中下三策。黄涛认为，上策是直接打到广州去，减轻日本对粤北的包围；中策是在从化打一次战役，切断日军北上的供给线；下策才是退守韶关进行防卫。余汉谋选择了第二个方案，于是就有了牛背脊一役的胜利。1944年的衡阳保险战役，黄涛率领的六十二军被派往衡阳打外围，在衡阳边上打了四十多天。那场大战很激烈，六十二军损失了两个师，没有后援，没有粮草，不得不以战马为食，军中伤员遍地，损失惨重。1945年，黄涛先是任第二方面军派赴越南接收军械委员，后担任台南地区指挥官，率领六十二军主力于1945年11月18日14时在台湾左营军港登陆，然后逐次向屏东、台南、嘉义地区推进，对于台湾南部的稳定和建设起了重要作用。

■ 缪培南

抗战中的广东客家将领缪培南（五华客家人），就读广东黄埔陆军小学第三期、武昌陆军第二预备学校，毕业于保定陆军军官学校第六期步兵科。1927年夏任第四军副军长兼任第十二师师长、中将军长。抗日战争爆发后，历任第四路军参谋长兼广州警备司令，1939年秋任第六十五军军长，1940年任粤闽边区副总指挥，第九集团军总司令，1945年任东江行政公署代主任。1945年8月日本投降，缪培南任惠阳、博罗、东莞、宝安、海丰、陆丰等县的受降长官。

1932年缪培南任陈济棠第一集团总司令参谋长，拥护陈济棠的抗日反蒋的战略方针，参与指挥两次粤北大会战。1939年12月，日军第十八师团等部队六七万人，在日本华南派遣军司令安藤利吉中将指挥下进攻粤北。国民党第十二集团军第六十五军（军长缪培南）和第六十二军（军长黄涛）、第六十三军（军长张瑞贵）总共兵力12万人，抗击日军，在清远、英德、花县、翁源等地发生激烈战斗，英勇杀敌，共歼敌1.39万多人，取得了广东抗战史以来粤北第一次会战的胜利。1945年9月8日缪培南乘电船由龙川直驶惠阳县城，于10日晨抵包公码头，受到进驻惠州地区各县的63军军长张瑞贵及各县县长和一些知名乡绅们的欢迎。缪培南入住惠阳县政府，接受日军104师团投降地点设在很破旧的原一间大戏院内。11日一早广场已围满了惠阳县城的居民。9时正，缪培南由张瑞贵、惠龙师官区司令罗献祥少将及各县县长陪同步行至广场，举行升旗礼后，即进入会场内。当时会场内由24名冲锋枪手各自进入警戒位置，受降官坐在舞台前正中央，两旁是张瑞贵中将与罗献祥少将，会场内坐满了63军团以上军官，各县县长、乡绅们以及进驻惠阳各军政人员。会场肃静后，缪培南命令投降日军少将参谋长签字投降。这些日军军官除为首的少将参谋长携一军刀进场外，其余的数个大佐、中佐的军刀均已缴交63军，只有徒手进场，向受降官一字排开。参谋长向前一步，向受降官一鞠躬后，即将其军刀双手奉给缪培南，由缪的副官代接，并递给日军少将参谋长一纸命令，令其在此投降书上签字。

■ 赵公武

抗战中的广东客家将领赵公武（大埔客家人），在黄埔军校潮州分校第三期毕业后，服务于国民革命军陆军第二师，历任排、连、营、团长。1935年积功晋升为第二师第四旅少将旅长，旋即奉命入庐山将官班六期受训。1936年调任税警总团第二支队少将司令。1937年，参加“八一三”淞沪抗战，坚守江湾阵地达80天。后又完成掩护大军撤退任务，于苏州河北岸，率军击退犯日军10余次进攻，毙敌甚众。1938年春，因功奉调第十四师少将副师长兼参谋长，嗣又代理师长。其间，徐州会战爆发，公武奉命保卫砀山、归德两城及铁路沿线阵地。会战结束，升陆军第二师中将师长，随即率部参加保卫武汉战役，在瑞武一线激战49昼夜，击溃日军号称最精锐之九榴米师团3万余人。自后参与三次长沙会战。1942年秋，升任陆军第五十二军中将副军长；同年冬升任中将军长，率军镇守广南、文山、砚山、西畴、攀枝花等地。同时乘隙整军习武，实施部队训练。1945年秋，日本宣布无条件投降，赵公武奉命率军自滇入越南北部受降，军部驻节河内，旋移海防。日军投降后，以军长兼代安东省主席。次年初，升任第三绥靖区司令官，不久，因病告假返南京休养。

■ 黄镇球

抗战中的广东客家将领黄镇球（广东梅县人），早年参加过反对袁世凯帝制的战争，后来追随孙中山。1929 年赴德国学习防空学，1933 年归国后历任防空学校校长、防空委员会副主任、南京防空副司令、防空委员会防空厅长、防空监、防空总监等。1934 年 7 月黄镇球接任中央防空学校校长。接任校长后，他一边在学校开展以军队政府为主的防空建设，一边在全国各地各级政府，以民间的力量进行防空建设，宣传培训地方人员学习防空知识，组织防空救护团等。中国的防空工作在他接任校长半年后就有了很大的改观。1935 年底在南京进行第一次防空演习，后来把演习开始的日子定为全国“防空节”。他除了在城市组织建设防空设施外，还在全国建立了近 5000 个防空哨。每个哨所配三至四名官兵和一部电台。1937 年 8 月 15 日，日机第一次空袭南京时，市民及时躲避，防空部队及时反击，曾经有过一发炮弹击落三架日军敌机的记录（一发炮弹击中一架轰炸机，引爆了机上的炸弹波及另两架敌机）。南京战后，因防空有功，升任航空委员会防空厅厅长。

1942 年，重庆发生防空洞窒息事件，一下死了上千人。事件发生后，蒋介石召集一批大员商量对策，商量来商量去也找不到办法。蒋问，黄镇球在哪里？当得知正在西安布置当地防空事宜时，立即下令，把他接回来。黄镇球乘飞机回重庆后不顾伤痛劳累，连夜查看了事故现场，发现主要还是防空宣传不到位，民众对空袭有恐惧心理，空防人员的现场指挥也有问题。发现问题后，他把防护团开到街上，向民众宣传防空避难知识，提高空防人员的指挥能力，打消了民众对空袭的恐惧。黄镇球还把有限的防空兵器部署在交通要道、主要城市，充分利用我们庞大高效的防空情报网和敌机打游击。由于指挥得当，高炮虽然少，也给予了敌人一定的打击。在美国援华航空队参战后，防空情报网及时给空军提供情报，协助空军指挥作战。在抗战胜利后，陈纳德回到美国特制了一万个飞机徽章委托黄镇球赠予在高山峻岭之上为国家站岗放哨的空防人员。罗斯福总统也因他对美国空军的贡献特授予他自由勋章。黄镇球著有《防空十二年》、《联勤讲话》等书，他是我国防空事业的创始人，也被称为中国的“防空之父”。由于他对抗战的贡献，国民政府授予黄镇球陆军一级上将和青天白日勋章。

■ 范汉杰

抗战中的广东客家将领范汉杰（大埔客家人），幼年就读于梓里公学，后考进广州理工学堂、广东测绘学校。毕业后，在粤军第一军邓仲元部任参谋和连、营、团长等职。1924 年进入黄埔军校，是第一期毕业生。后担任国民革命军第一师营长、团长等职，参加过第一、二次讨伐陈炯明的东征。1926 年，任国民革命军第四军第十师二十九团团长、十师师长。北伐期间，参加过大败军阀吴佩孚的汀泗桥战役和讨伐孙传芳的江西德安马回岭战役。北伐后出国留学，曾到日本、德国考察，研究欧美和日本的政治、军事。回国后，任国民党军事委员会高级参谋。“九一八”事变后，任十九路军参谋长、第三路军总部军长兼副总指挥。1933 年，李济深与十九路军军长蔡廷锴在福建成立福建省人民政府，他任参谋长，随后，担任国民党中央军校教育处长，后转任国民党军委会中将高级参谋。抗日战争时期，任二十七军军长，率部在山西太行抗击日军达四年之久。1941 年冬调升为三十八集团军总司令。后调任第一战区副司令长官兼参谋长，国防部参谋次长、国防部陆军副司令兼郑州指挥部主任、第一兵团司令、冀热察边区总司令兼热河省主席、国民党军装甲兵团司令、东北“剿总”副司令等职。

■ 李铁军

抗战中的广东客家将领李铁军（梅县客家人），于黄埔军校毕业后，参加北伐战争，历任第二师排、连、营，第一师第一旅第三团团长。1930 年任第一师第一旅旅长，第一师副师长。1936 年 2 月任陆军第九十五师师长。1937 年 4 月 24 日任第一师师长。1937 年 9 月参加淞沪抗战，在吴淞、宝山、杨行、顾家宅、张家楼、大场、苏州河等地，以劣势之装备抗击现代化的日本侵略军，浴血奋战三个月，全师官兵于断瓦颓垣一片废墟中，仍沉着应战。敌军一再增援，仍无法击退第一师，此役予敌军重创，而第一师亦伤亡惨重，旅长以下伤亡万余人。1938 年 5 月李铁军升任第一军中将军长，随即率部转战中原战场，并于兰封地区包围日军土肥原部予痛歼，创造兰封大捷之战绩。7 月参加武汉会战的外围作战，在信阳、罗山一线抵御日敌进攻，迭奏战功。嗣后调任七十六军军长，率部在津浦、汴郑、河洛、潼关一带，与日敌相持三年之久，日军虽不断进攻，亦难越雷池一步，使大后方固若金汤。1939 年 7 月任国民革命军中将。1941 年 5 月下旬中条出失陷日军后，七十六军从洛阳渡过黄河，担任正面阻敌任务。七十六军以第一九六师五八七团为先锋跨过黄河，向张茅大道急进，在庙凹以东不幸误入敌人伏击圈，全团 1000 多将士，全部战死疆场，无一生还。1942 年 6 月升任第三十七集团军副总司令兼第七十六军军长，镇守泸州。1944 年 3 月升任第二十九集团军中将总司令兼新二军军长，驻防甘肃河西走廊，率军入疆，安靖边陲。

■ 温鸣剑

抗战中的广东客家将领温鸣剑（梅县客家人），1925 年考入了黄埔军校潮州分校第二期。毕业后，参加过东征、北伐。1927 年“四一二”事变后，革命阵营的国共两党分裂内战，温鸣剑毅然抛弃少校官衔，离开国民革命军，考入广州中山大学深造。1931 年“九一八”事变后，眼见日寇侵占我东北大好河山，还虎视眈眈我晋察冀、内蒙古等地，于是他又一次投笔从戎，考入北平陆军大学第九期及兵学研究院进修，“志在竭尽所能，为国效力”。由于毕业成绩优异，留陆军大学任教。未几又荣获保送去美国陆军西点军校深造。“七七”卢沟桥事变，爆发了全民抗日战争。温鸣剑刚好结束学业，惊闻此变，乃喟然而曰：“大丈夫当横刀立马，为国为民效命沙场。”于是回国投奔抗日战场。初任上校旅长，龙衢一仗，杀得日寇大败而逃，初立战功，升任副师长。后又领军在长沙以北，作为武汉保卫战的外围拱卫。再战杀敌遍野，保卫了武汉和长沙以北一带江汉平原，升少将师长兼任战区参谋长。1942年春，中国十万远征军出征缅印，初战失利后又误入野人山而损失官兵大半。1942年冬，同盟军中国战区参谋长史迪威将军为培训中国远征军及配合作战方案，指名要求温鸣剑出任中国远征军的副参谋长。于是温鸣剑又出现在印缅战场，重招十万青年。温将军以云南昆明为训练中心，在昆明近郊的黑林铺、干海子、北较场为营地，参照印度蓝伽的训练方法，分步、炮、工、通讯、辎重、参谋、后勤、军医等科目，设专科训练班，每期六周，分批训练。经过大量的组织，人员的补充，轮训，换装，充实装备，约半年时间，新的十万远征军建立起来了。到1943年10月，已完成整训的有17个师。1944年4月，远征军开始滇西大反攻，很快收复了腾冲、龙陵，打通了中印公路（后又命名为“史迪威公路”）。收复滇西全境后，1944年秋蒋介石把温将军调回国内任青年军二〇九师的中将师长，以训练新军，准备大反攻。于是温将军又回到福建，以上杭为中心，招募沦陷区的流亡青年和在校青年学生从军，提出“一寸河山一寸血，十万青年十万军”、“没有国，哪有家!”等响亮口号，吹遍东南沿海和中西部各省区。1945年春，二〇九师青年军成立之后，马上投入训练。严格的训练，崇高的爱国思想品德教育，为年青一代新军，创建树立了新军风气，新一代青年军人成了精锐之师。而且在中国抗日大反攻中显示了威力，在闽、浙战场上屡立战功。

■ **钟彬**

抗战中的广东客家将领钟彬（兴宁客家人），入读黄埔军校一期，陆军大学正则班第九期。黄埔军校毕业后历任军校入伍生区队附、排、连长、第二十师营长，后入陆大深造。1931年任第八十七师团长，参加了“八一三”上海抗战。1933年任第三十六师参谋长。1934年起任第一〇八旅旅长、第三十六师副师长兼安卢师管区司令、中央军校第二总队总队长。1937年5月任陆军少将。抗战全面爆发后任第八十八师师长、中央军校汉中分校主任。1938年9月下旬日军藤江第十六师团筱原旅团借拿下商城之勇，向固守沙窝东、西两侧高地的钟彬、钟松两师猛攻。窝金山一战，陈瑞河的三十六师一战成名，死伤殆尽。但七十一军钟彬所率八十八师、钟松所率八十七师两师却仍具实力。结果筱原旅团激战一周，毫无进展。9月26日，宋希濂军长为增援钟彬、钟松二师，将预备队沈发藻师也投入战场。沈师大胆迂回沙窝侧背，切断了筱原旅团后路。十六师团长藤江中将见筱原受围，急率师团主力南下，强攻沈发藻师。随后，于10月6日向八十七师、八十八师大举进攻。三天的血战，双方杀得天低云暗，尸横遍野，沙窝成了日军藤江惠辅伤心悲鸣的墓地。钟彬在武汉会战中发挥了重要作用。1942年1月任第七十一军军长，1944年6月任青年军第二〇三师中将师长。参与远征军收复龙陵战役，因“龙陵大捷”

获受国民政府最高勋章。1945 年任青年军第九军军长。1947 年任国民政府参军处参军，整编第二十六师师长。1948 年任国防部第九陆军训练处长兼第一〇九军长，获受陆军中将。著作有《龙陵会战史》。

■ 张发奎

抗战中的广东客家将领张发奎（始兴客家人），是旅居香港的客家总会发起人。广东陆军小学，保定陆军官校毕业。1927 年任第十一军军长，为第二方面军上将总指挥。“七七”事变后，张发奎表示“如果这次再不能对日作战，我决定入山为僧，今后永不问世事”。[①] 1937 年 8 月 13 日，日军进攻上海，张任第八集团军兼右翼军总司令，指挥所部在浦东击败日军数十次进攻并亲自指挥炮兵轰击日军司令部。撤出上海后，张发奎向部属宣誓：“尽最后一份力，流最后一滴血！”[②]后任第九战区第二兵团总司令，第四战区司令长官，第二方面军司令官，华南战区受降主官。1945 年 10 月获受二级陆军上将。由他所指挥的“保卫武汉战役”、“粤北战役”、“桂柳会战”，大败日军，有中国铁将军的盛誉。据张发奎自己忆述“武汉战役”：“ 1938 年 9 月 1 日，当我的指挥部在湖北阳新重新设立时，长江边上的江西瑞昌城已早在 8 月 24 日失陷了。我们对日军进攻武汉的部署已判断明确：日军以约 6 个师团的兵力沿长江南北两岸西进，配合其舰队溯江而上，作直取武汉的企图；另以一部沿南浔线南进，掩护其主力之左侧背；一部进出大别山北麓攻占信阳以迂回汉口。因为我军在沿江要塞的设备薄弱，再加上空军处于劣势，日军利用长江水道作联络输送南北两岸部队的要道，指挥中枢随舰队前进，指挥起来十分方便。此时第二兵团作战指导是，如何阻止沿江西瑞昌至湖北阳新的瑞阳公路西进与溯江直上的日军，并如何设法隔离日军之水陆两面行动，使其失去互相呼应的效用。如果我们能把握任何一方面的战斗成功，均可挫败日军的攻势。因此，瑞昌以西山地及马头镇、田家镇两地要塞的确保，是这次战斗胜利最大的关键。江西瑞昌以西，是连绵的山地，各山的

张发奎

张发奎故居“贵庐”

①② 官建生：《张发奎将军编年表》，载《韶关大学学报》1996 年第 1 期。

标高均在500米以上。瑞阳公路，蜿蜒于山坡之间，利于防守，沿线公路两侧之高地如能扼要据守，即可予以封锁。我将该方面的责任交由第三十一集团军总司令汤恩伯负责，配属约10个师的兵力担任瑞昌以西一带之守备，以霍揆彰担任马头镇之守备。这一方的战斗继瑞昌失陷后一直没有停止，日军对于山地作战部队均预先特别选定，其装备都适合山地战之要求，山炮大量使用，步兵穿着便于爬山之装备，并携带有披荆斩棘的工具，我们认为难于攀登的峭壁或羊肠小道，日军常利用夜袭轻装突击，可见日军谋国之深。我军大部高地，多被日军夜间袭击夺取。经过3周时间，日军每一个山头逐次攻击，伤亡不少，尤以在纱帽岭、大脑山附近一带，被我第十三军和第四军打击，伤亡更重。不过在日军的水陆两路夹击之下，马头镇和富池口终于9月14日、23日先后失陷，我右翼的汤集团不得不向阳新附近地区转移阵地。阳新湖以西地区的战斗于9月下旬陆续进行，这是我在月初到达阳新后所准备的战场。我选定从右翼排市起沿富河、阳新城及网湖的北岸地区为阵地带，地形的条件和瑞昌以西地区概略相同。9月25日，日军开始进攻阳新阵地。田家镇亦同时遭受东北两面敌人的夹击，于29日失陷。10月4日，半壁山两营守兵与阵地共存亡，写下了武汉会战中壮烈的一页。从10月13日湖北沛源口失陷后，我军节节抵抗，并渐次向湖北向大冶附近转进。10月21日，我军正面和大冶附近的情况极度恶化，必须适时转移阵地。如该地区放弃，武汉近郊无险可守，无异宣告失败。但我保证支持的时间完成后，当即报告最高统帅部于10月22日全线向金牛以东之太平塘亘梁子湖一线转进。这一次战役经过50余天，始终在极度紧张和惨烈情况下进行。日军攻略之目的虽已达成，但损失相当重大，且已超出其预期作战时间。我方除丧失约100平方公里土地外，约消耗17个师之战力。平汉路方面战况更为严重。10月12日信阳失陷，该方野战部队撤至桐柏山区，汉口北部无险可守，政府自动放弃武汉，由信阳南下之敌于10月25日不待长江西犯之敌会合，先期占领空城武汉。武汉沦陷后，我乃在湖北通山、崇阳、蒲圻间重新调整了一个阵线。11月1日，以周碞、卢汉、李延年分任右、中、左各地区队，这一带阵地乃扼守粤汉铁路、湘鄂公路和通山至崇阳之公路几条日军南下的要道。日军以战胜之余威，马不停蹄地沿着公路铁路同时南进，飞机和战舰亦同时活跃于我们阵地上空及湖北嘉鱼之江面。我们且战且退，调动频繁。部队经过了数月的战斗，早已疲惫不堪，士气低落。11月4日，湖北通山和蒲圻失守。5日，我们又放弃楠林桥和赵李桥。7日，崇阳和羊楼司沦陷。9日，通城、临湘、岳阳等县相继失守。至11月11日，日军进占九岭后即停止攻击。11天短暂的战斗，我方又失去了100余平方公里土地。”①

而“粤北战役”、“桂柳会战”，也即是张发奎指挥的“两广抗战”，应在广东

① 张发奎：《文史资料选辑》第一〇三辑，始兴县文史办印。

抗战史上大书一笔。1938 年 11 月，蒋介石任命张发奎为第四战区司令长官，负责两广地区作战。1939 年张发奎在当时华南的抗日中心曲江宣誓就职。他说："我张发奎是由粤军第一师出身的军官，你们十二集团军的部队也是由粤军第一师发展起来的。我们粤军第一师从邓仲元（梅县客家人，孙中山明令追赠陆军上将）师长建立以来日益发展，经过无数次的战役，从没有打过败仗，是国民革命最坚强的部队，不意这次你们十二集团军在惠广战役中，只和敌人作过几次小小的接触，就溃败下来，这不仅是粤军第一师同人的奇耻大辱，也是广东人民的奇耻大辱。我这次来当四战区司令官，先要整顿部队恢复作战能力，整理政治，增加行政效率，支持军事，消灭敌人，我回广东工作并不是来争官做、争地盘，而来协助余总司令振军经武，恢复名誉。待广州收复后，决将广州军政大权交还余总司令负责。"1939 年 12 月 17 日起，日军又兵分三路向粤北中国守军发动进攻，第一次粤北会战开始，余汉谋第十二集团军进行了较为顽强的抵抗。日军进攻粤北，次日桂南方面中国军队开始猛烈反攻，粤北日军遂不敢恋战，在 29、30 日占领翁源、英德后奉命后撤，调主力增援桂南，第十二集团军乘机从 26 日起全线反攻，经 5 日鏖战，相继克复原阵地各要点。桂南会战和粤北会战作战区域都在两广，正属张发奎第四战区负责的区域，张发奎参与了这两次会战的指挥，为粤北会战的胜利和桂南会战前期的胜利做出了贡献。粤北会战，战后张发奎本人对这次会战结果的描述是："1000 余敌人之骸骨埋葬在北江的草莽中，数十辆汽车之战利品，进入我们的仓库，以及敌之倭奴军官数人和士兵 58 人，以颓丧之面色，屈膝在我们的前面……粤北的形势亦趋于安定了。"桂柳会战自 1944 年 9 月至 11 月，历时 3 个月。日军为了对中国抗战力量给以致命打击，扭转在整个亚洲战场的不利局面，于 1944 年 4—12 月，对中国平汉、粤汉、湘桂铁路沿线发动了自侵华战争以来最大的一次攻势，即所谓"打通大陆交通"的"一号作战"，桂柳会战为"一号作线之三"。日军纠集约 10 万人马，由冈村宁茨指挥，从湖南、广东、越南三个地方向广西进攻，来势凶猛。在张发奎的一再请求下，中国方面投入桂柳会战的先后有 9 个军，但其中半数是湘粤赣败退下来的部队，战斗力很差。张发奎令原广西驻军第九十三军守卫黄沙河、全县，第三十一军守桂林，第四十六军一七五师守柳州，第三十五军一三五师守南宁。9 月 8 日，日军沿湘桂路两侧向广西急进。一路上未遇大的抵抗即陷黄沙河，14 日占领全县。这样，广西东北门户洞开，沿途已无险可守，日军可直捣桂林。22 日，由广东西进的日军陷梧州。28 日，由雷州半岛北进之日军占领丹竹空军基地，对桂林、柳州形成夹击之势，广西全境处于危急状态。从 10 月 21 日开始反击，战斗 9 天，但因连日阴雨，攻势受挫，桂林方

邓仲元塑像

面战况又恶化，反击未能奏效。11 月 4 日，日军对桂林发起全线攻击，守军第三十一、四十六、七十九军依托防御工事和石山岩洞节节抵抗。日军对漓江东岸七星岩守军据点施放毒气，守军 300 余人惨死岩洞。日军占七星岩后，迅速渡江向城内扩大战果，11 日桂林失陷，柳州也于同日失守，桂柳会战终告失败。桂柳会战失败，当然主要不是因为张发奎个人指挥上的问题，也不单纯是军事上的问题。1945 年 3 月，所部改为第二方面军，张出任司令长官。随着日军在太平洋战场的溃败，华南战场局势日趋好转，张发奎所部也抓住这一有利间隙加紧整顿，并积极捕捉机会，以期收复失地，一雪败退之耻。5 月 26 日，张部主力收复南宁，6 月下旬，克复柳州，7 月 3 日又分兵攻克龙州、凭祥，随拟进兵雷州半岛，大举反攻广州。8 月 15 日，日本宣布无条件投降，张发奎被指定为广州地区受降主官。9 月 15 日，他由南宁飞往广州主持接收，次日在中山纪念堂举行日军投降签字仪式。日军投降主官驻华南第二十三军司令官田中久一中将等“首先步入礼堂向我鞠躬致敬，挺直的立在我的面前，很沮丧阴沉的聆听我下达命令，继而战栗的签署了降书。”张发奎终于以胜利者的身份结束了广东、广西的抗战经历。

■ 高志航、赖名汤

而在辽阔的祖国天空上，客家人也大显神威。

抗日战争中，中日双方的“八一四”空战，是以我方大获全胜，无一伤亡，对方几乎全军覆没而告终的。这一空战胜利，使当时的国民党政府，把“八一四”定为“空军节”。

那是 1937 年 8 月 14 日，也就是淞沪抗战的第二天，其时，日本的空军王牌津航空队，百余架连番出动、轰炸江苏、浙江二省。这天原驻在河南周啵口的国民党空军第四大队接到了命令，到杭州览桥机场集合，准备对日作战。

这支队伍是由著名空军英烈高志航领队的，不过他本人是从南昌另乘机过来的。第四大队的副大队长便是赖名汤，是江西石城的客家人，毕业于中央陆军军官学校 8 期，览桥中央航校 2 期。高志航到后，还没接到出击命令，便称，将在外，君令有所不受，好不容易才等来今天，和鬼子拼了。于是，与赖名汤各自上了飞机。

当他们飞上天空时，雨越下越大，而这时，木更津航空队的飞机，也正飞临了览桥机场，准备投弹。高志航、赖名汤等一发现，咬住了敌机，吓得其赶紧乱扔下炸弹，转身逃跑。可第四大队的将士们，不顾敌机密集的火网，终于，一架又一架，把日机接二连三地揍了下来，敌机乱了阵脚，逃也逃不了，在空中乱窜，不到 30 分钟，空战结束了，敌机除一架逃窜回去报丧外，其余 6 架全被击落，我方则无一损失，开创了我国对日空战的首捷记录，6∶0！

赖名汤后来在淞沪战役、南京战役中，续参与空战，扫荡日寇的舰艇、后营，并首创击落日军最精锐九六式驱逐机的殊功。在战斗中，他负了伤，仍坚持从事空军教育与训练的工作，还奉派美国任留美空军领队、总领队。

■ 丘念台

抗战中的广东客家将领丘念台（蕉岭客家人，丘逢甲之子）初名伯琮、国琮，丘逢甲在倡导组建民主国抗争失败后，回到广东，将光复台湾的希望寄托在儿子身上，改其名为“念台”，以示不忘台湾之意。丘念台1913年赴日留学，在日本随父加入同盟会。1925年毕业于东京帝国大学研究部。回国后历任沈阳兵工厂技师、辽宁西安煤矿公司采矿主任。“九一八事变”后，随马占山部抗日，后自组义勇军，参加长城抗战。国民政府与日本签订塘沽协定后，回广州任广东大学、中山大学教授、广东省政府顾问兼广东工业专科学校校长。抗战期间，任第四战区及第七战区少将参议。1938年冬组织广东民众抗日自卫团东区服务队，在惠州、潮州、梅州等25县组织民众自己保卫家园。先在蕉岭，继在潮安，最后在博罗罗浮山一带开展活动。1943年，任国民党台湾直属党部执行委员兼粤东工作团团长，进行驱寇复台工作。1945年任监察委员兼国民党台湾省党部委员。1945年10月国民党开始全面收复台湾，丘念台直接参与筹备工作。1945年10月25日，在台北公会堂（今中山堂）正式举行中国战区台湾省受降仪式，新任命的台湾行政长官陈仪代表中国战区最高统帅受降。丘念台也参加受降仪式。当受降完成，陈仪向台湾和全世界广播：“从今天起，台湾澎湖列岛正式重入中国版图，所有一切土地、人民、政事，皆已置于中国政府主权之下。此一极有意义之事实，人人奔走相告，欢欣鼓舞，互相庆祝，村村户户张灯结彩，通宵欢庆。家家点香燃烛，祭祀祖宗，将台湾回归祖国的喜讯告慰先人。”这一切，身在现场的丘念台也在默默地念诵，堪告祭父亲在天之灵，一洗甲午战争以来的国耻。

上边无论是国共双方，还是海内海外，我们所选择的人物、战役，都非常有限，不足以概括客家人在抗日战争中的全貌。抗日战争时期，客家健儿不仅远赴上海等抗日前线作战，而且还在日军扩大对中国侵略时在居住地一带抗击日寇。1937年8月至1939年6月间，日军飞机多次飞抵客家居住地广东梅县上空，进行军事侦察和野蛮轰炸。驻军和民团奋起抵抗，先后有3架敌机被击落，飞行员6人被击毙，人称在“我全不设防的山城……竟有如此惊人的成绩”。1938年10月，日军发动广州战役，入侵华南地区。日军从沿海登陆，首先进入大亚湾，连陷淡水、惠州、惠阳、博罗、增城等客家人居住地区，都遇到不同程度的抵抗，在增城还被消灭400余人，被认为是其侵略华南时的首次重大损失。其后，至1939年11月，日军大举进攻广西，受到广西客家人的抗击。而且，即便是在军事战线上，也有不少内容未能列入，作为一部文化史，我们的偏重面本身也有一定的局限，但不管怎样，对抗日战争中客家人的精神之高扬，能在此有所表现，也算不负读者的期盼了。

土地革命，体现的是客家人在耕读传家传统下，力求改变自身命运的内在的冲天精神，客家人选择了土地革命，自太平天国始，近百年间是不曾放弃过的。抗日战争，则体现的是客家人与生俱来的民族意识、爱国主义情怀。可以说，这种民族意识、爱国情怀，在近现代中国，于客家人身上体现得最为强烈。他们经受了太多的磨难，太多的屈辱！所以才铸成了作为客家人坚忍不拔、百折不挠的英雄精神。

的确，客家人身上的英雄主义、独立精神，正是近现代积弱中国所急需的，他们也可谓是应运而生的。时代呼唤他们，他们推进时代；时代造就了他们，他们也拱托起了时代。

在影响了整个中国20世纪历史格局的抗日救亡运动中，客家人，无论是海外还是海内，同样都是作为中华民族的一员，均以其高昂而又深沉的爱国主义情感，投入到了拯救民族危亡的斗争中，更投入到拯救人类的世界反法西斯的伟大斗争中。他们以其出色的表现，宣布了这样一支重要历史力量的存在，让全世界以及后人，不能不刮目相看。正是从客家人身上，他们重新看到了一个民族中兴的力量所在。血的洗礼，使这样一个民系更为巍然屹立于史册之上！

第七节　共和国创立以及客家元戎

一、客家元帅

在共和国的历史上，极为有趣的现象是，缔造中华人民共和国的十大元帅中，排在首和排在尾的都是客家人：朱德和叶剑英。这两位客家人不但是共同获得元帅军衔，也同样担任过中共中央副主席、中央军委副主席，担任过全国人民代表大会常务委员会委员长。而略有不同的是，朱德在共和国缔造时发挥了奠基的重要作用，叶剑英则在共和国转折时发挥了关键的重要作用；朱德是祖籍广东的客家人，叶剑英则是地地道道的广东客家人。可以毫不客气地说，客家人无论是在中华人民共和国的诞生，还是在其发展的关键时刻都做出了不可磨灭的贡献。

■ 叶剑英

共和国的广东客家元戎，首推共和国的元帅叶剑英。叶剑英（1897—1986年）原名叶宜伟，字沧白。广东省梅县人。1913年参与创办梅县东山中学，1917年入云南讲武堂。1924年参与筹建黄埔军校，任教授部副主任。1926年任国民革命军新编第二师师长，后任四军参谋长。1927年加入中国共产党。参与筹划南昌起义，参加领导广州起义。1928年赴莫斯科学习。1930年回国，任中央革命军事委员会委员兼总参谋部部长、红一

叶剑英

方面军参谋长和红军学校校长、瑞金卫戍司令员、福建军区司令员、军委四局局长、红军前敌总指挥部参谋长、红一方面军和军委参谋长。1935 年参加了长征。抗日战争时期，任八路军参谋长，后在南京、汉口、长沙、桂林、重庆等地做统一战线工作。1941 年任中央军委参谋长。解放战争时期，任北平“军事调处执行部”中共代表，中国人民革命军事委员会副总参谋长，中共中央后方委员会书记，中国人民解放军参谋长，北平市市长。中华人民共和国成立后，任中南军政委员会副主席，华南分局第一书记，广东省人民政府主席兼广州市市长，广东军区司令员，中南行政委员会副主席，中南军区代司令员，人民革命军事委员会副主席，中国人民解放军武装力量监察部部长，训练总监部代部长，军事科学院院长，中共中央军委副主席兼秘书长。1955 年被授予元帅军衔。1975 年任国防部部长。

其实，叶剑英不只是共和国的元帅，而且也是共和国的元首。1978 年 2 月第五届全国人民代表大会第一次会上通过的宪法，赋予人大常委会和委员长的权力，是所有宪法中最大的。叶剑英担任第五届全国人大常委会委员长直至 1983 年任期满为止。诚如《叶剑英传》所载：“在中华人民共和国尚未恢复国家主席职务的情况下，人大常委会委员长实际上兼有国家元首的身份，并行使其部分职权。德高望重的叶剑英担任这一职务，是人心所向，众望所归。”[①] 第五届全国人民代表大会上选出的委员长叶剑英，毫无疑问是国家元首，他在中国的改革开放事业中起到了关键性的作用。

叶剑英是中华人民共和国关键的转折时期的国家元首。在 1976 年粉碎“四人帮”后，鉴于叶剑英的资历、功劳、才干、品格和威望，国内、党内、军内一些领导同志，曾要求叶剑英主持第一把手的工作。但他坚辞不受，一再解释：“我是军事干部。搞军事的，对地方工作的事情不熟悉。如果那样做，岂不让人说是宫廷政变！”[②] 所以，叶剑英仍然支持华国锋任中共中央主席、中央军委主席、国务院总理、公安部部长等职务，而他自己则任中共中央副主席、中央军委副主席、全国人大常委会委员长职务。1980 年华国锋要辞去中共中央主席、中央军委主席职务，极力主张叶剑英担任这两职。叶剑英却说：“大家知道，小平同志在历史上对党做出过杰出的贡献。粉碎‘四人帮’以后，在每一个重要关头，他都敏锐、果断地提出一些正确的决策和主张。在我看来，小平同志具有安邦治国的卓越才能，他当全党的‘军师’和全军的统帅，是当之无愧的。”[③] 全力推荐邓小平任中共中央主席、中央军委主席职务。邓小平却说，由胡耀邦任中共中央主席，我自愿任中央军委主席。而叶剑英仍任全国人大常委会委员长。这样的中国政治格局安排非常明显地标示：党首为胡耀邦，政首为叶剑英，军首为邓小平。要知道，叶剑英还兼任着中共

① 《叶剑英传》编写组：《叶剑英传》，当代中国出版社 1995 年版，第 674 页。

② 叶剑英：《在中央政治局会议上的发言》，当代中国出版社 1995 年版，第 662 页。

③ 范硕：《叶剑英在 1976》，中共中央党校出版社 1990 年版，第 308 页。

中央副主席、中央军委副主席。叶剑英一再谦让着中共中央主席、中央军委主席的职务，显示他这位国家元首为着党和国家的利益具有高风亮节的情怀，为全国人民所敬仰！老同志薄一波都敬佩地连说："非常了不起，非常伟大!"

叶剑英在任中华人民共和国的国家元首期间，为中国社会主义民主政治建设，起用邓小平让他重新出来工作，对改革开放，建立社会主义经济特区，进行祖国统一的伟业，以及社会主义文化事业的繁荣，都起了不可磨灭的贡献。诚如中共中央、全国人大、国务院、中央军委的评价："叶剑英同志是伟大的马克思主义者，杰出的无产阶级革命家、军事家，是中国共产党、中华人民共和国和中国人民解放军的卓越的领导人。"所以，叶剑英不但是广东客家人的光荣和骄傲，而且也是世界客家人的光荣和骄傲；不但是广东人的光荣和骄傲，而且也是全中国人的光荣和骄傲！

毛泽东曾称赞"剑项善七律"。叶剑英的《八十书怀》也是他一生的总结。

八十毋劳论废兴，长征接力有来人。
导师创业垂千古，侪辈跟随愧望尘。
亿万愚公齐破立，五洲权霸共沉沦。
老夫喜作黄昏颂，满目青山夕照明。

朱德

朱德是共和国的广东客家元戎，更是共和国的第一元帅。朱德同样不只是共和国的元帅，而且也是共和国的元首。朱德的祖籍地在广东省韶关市的乳源县。他在《回忆我的母亲》一文中，开宗明义告知世人："我家是佃农。祖籍广东韶关，客籍人。"在韶关市乳源县东坪镇梯下朱家陇村居住了二百多年的朱德祖先朱仕耀，于清朝"湖广填四川"的移民大潮中，在清康熙五十三年（1714 年）离开祖居地东坪镇梯下朱家陇村，携带家眷沿着西京古道北上经湖南、湖北而移居至四川的。四川仪陇县档案馆馆藏的清同治十年（1871 年）所编《朱氏宗谱》，详实地记载了朱氏始祖朱聪、朱万父子从明成化年间自福建迁往广东，在韶关乳源县龙溪枫树坪、梯下朱家陇定居二百多年后，至清康熙五十三年（1714 年）朱仕耀"携带家眷移居四川"，初定居于四川顺庆府广安县龙台寺李家岩，后再迁至仪陇县马鞍场琳琊寨。朱仕耀与林氏夫人有四个儿子，即开先、满先、兰先、文先。今在仪陇县的朱氏族人，是朱仕耀第四子朱文先的后裔，即朱德元帅的祖先。可惜的是，韶关市乳源县东坪镇梯下朱家陇村，在 20 世纪 50 年代，当地修建南水水库，近三百年前的

朱德

朱德祖居地被库水所淹没。

共和国的第一元帅朱德，20 岁时到成都考取高等师范，毕业后回县城当体育教员。徒步跋涉三个月到昆明，考入由留学日本成为“士官三杰”之一的蔡锷所主办的云南讲武堂。在讲武堂中，朱德参加反清革命的同盟会，参加了辛亥革命。毕业后，在滇军中由少尉排长干起，在讨袁和军阀混战中升至少将旅长，声名震川滇。1921 年，朱德暂离月收入大洋数以千计的军界，外出学习。翌年，朱德到上海见到孙中山，提出革命不能与军阀结盟。又见到陈独秀，提出加入中国共产党的愿望。一个旧军队的将军想入党，这使当时的中共中央领导人大感惊讶，尽管鼓励朱德追求进步，却未同意。1922 年秋，朱德乘船赴欧，到德国学习战术，并研究社会主义理论。在那里，他见到周恩来。翌年，经周恩来介绍加入了共产党。1925 年，朱德又到莫斯科共产主义劳动大学，并在军训班学习。1926 年朱德回国后，利用旧关系到川军、滇军中动员北伐，并秘密做共产党的工作。1927 年南昌起义时，朱德率领滇军教育团一部参加，任第九军副军长。起义军南征潮汕，在大埔三河坝战役失败后，在危境中率领“铁军”余部近千人进入粤北、湘南，于 1928 年 4 月走上井冈山与毛泽东部队会合，建立了红四军并任军长，成为全国第一支主力红军的最高军事指挥员。1930 年，朱德成为红一方面军总司令，翌年成为中国工农红军总司令。此后几十年间，“总司令”在党内和社会上就成为朱德的代称。在红军长征时，有时也担负具体作战指挥。抗战初期，他率八路军总部前往太行山前线作战。1940 年回延安后，因年纪较大，主要协助毛泽东指挥全局。1947 年攻克石家庄时也曾亲临前线指挥。1949 年后，朱德先后任国家和党的副主席、人大委员长，1955 年获受十大元帅时为第一名。1959 年庐山会议上，他不同意给彭德怀那样定性，被人说成年老糊涂。“文革”初定林彪为接班人时，他不表赞成。1975 年又率先揭发江青，可见心底如明镜。1976 年 7 月，朱德以 90 岁高龄去世。毛泽东曾称他是“红司令”，并说，“朱毛，朱毛，我是你身上的毛啊！”朱德是伟大的马克思主义者，无产阶级革命家、军事家、政治家；中国共产党、中国人民解放军和中华人民共和国的主要领导人，中国人民解放军和中华人民共和国的主要缔造者之一；中华人民共和国元帅，中华人民共和国全国人民代表大会常务委员会委员长。

二、百战将星

■ 朱云卿

井冈山革命根据地的建立，与共和国的广东客家元戎朱云卿（梅县客家人）是息息相关的。他亲自参加创建、巩固和发展井冈山革命根据地的斗争，并且献出了年轻的生命。朱云卿 1907 年出生于广东省梅县，1921 年随叔父到印度尼西亚打工，

1924年回广州考入黄埔军校第三期，参加军校进步组织“青年军人联合会”。1925年加入中国共产党。1926年秋任中共北江特委委员，主办北江农军学校，任主任兼军事教官。1927年4月成立北江农民自卫军总指挥部，任参谋长，率军北上，公开支持湖南农民运动。6月按照党组织的决定赴武汉，担任武汉农政训练班主任。9月参加了著名的秋收起义，并随起义部队上了井冈山，参加了创建井冈山革命根据地的斗争。1927年12月任工农革命军第一军第一师参谋长。1928年夏担任红四军三十一团团长，在毛泽东、朱德的直接领导下参加了攻打草市坳、龙源口、永新城等著名战役。井冈山的黄洋界保卫战就是朱云卿亲自指挥的。1928年8月下旬毛泽东率领红三十一团三营到湘南迎接经军大队回师。朱云卿和三十一团一营留守井冈山。这时，湘赣两省的敌人见井冈山兵力空虚，以为有机可乘，纠集四个兵团的兵力，分两路进攻黄洋界，妄图一举摧毁井冈山革命根据地。8月20日上午朱云卿指挥井冈山军民，在黄洋界哨口打退了敌人三次进攻。下午朱云卿与党代表何挺颖一起，指挥不足一个营的兵力，凭险抵抗，巧摆疑惑阵。当敌人四个兵团的第四次进攻时，朱云卿命令隐蔽在黄洋界哨口的赤卫队员、暴动队员，手执红旗、梭镖，冲向附近各个山头，到处红旗挥舞，喊声震天，犹如千军万马从天而降。敌人以为红军大队回来了，连夜仓皇遁逃，取得了“黄洋界上炮声隆，报道敌军宵遁”的辉煌胜利。1929年3月调任红四军参谋长。10月随同红四军军长朱德率领一、二、三纵队约一万二千人向粤东出击，19日至22日全军三个纵队集结梅县松源后，23日晚撤离松源，24日晨抵蕉岭县城，25日下午到达梅城，26日下午在梅城孔庙召开大会，朱云卿主持，朱德讲话，31日撤离梅城。同年底参加古田会议，坚定地支持毛泽东的正确意见。1930年8月，任红一方面军参谋长兼红四军参谋长、红一团参谋长。1930年底，在中央革命根据地第一次反“围剿”的龙冈战斗中，朱云卿协助毛泽东、朱德制定计划，部署部队，指挥作战，对全歼张辉瓒师，取得第一次反“围剿”的胜利，起了重要作用，毛泽东称赞他为“得力助手”。1931年任中共中央革命军事委员会参谋长，主席为毛泽东，副主席为朱德；还兼任红军一方面军参谋长，总司令为朱德，政委为毛泽东。1931年5月因病治疗，在吉安东固后方医院被反动派残忍杀害，牺牲时年仅24岁。朱云卿虽然未能看到共和国的诞生，但他不愧是共和国的广东客家元戎。

■ 萧向荣

共和国的广东客家元戎萧向荣（梅县客家人），早年进入东山中学就读，参加学生运动。1925年春加入中国国民党。1926年6月加入中国共产主义青年团，任共青团梅县县委秘书。1927年1月转为中国共产党，任中共梅县部委巡视员。4月调任共青团兴宁县委书记。1929年任中共东江特委秘书长。1930年进入闽西苏区，先后任中共闽西特委秘书长、闽粤赣省委秘书长、永定县委书记、福建省委秘书长。1932年调入红军工作，后任红军总政治部宣传部秘书长，总政治部秘书长兼中央革命军事委员会直属队党总支书长，总政治部秘书长兼中央革命军事委员会直属队党总支书记，中革军委秘书长，中共中央秘书处处长，红军陕甘支队第 3 纵队政治部秘书长。参加了中央苏区历次反“围剿”斗争和中央红军长征。到达陕北后，任红军团政治部秘书长、统战部部长，红军前敌总指挥部政治部统战部部长。参加了直罗镇、东征、西征等战役。抗日战争爆发后，1937 年 8 月 25 日中共中央正式将红军改编为国民革命军第八路军，下辖 115 师、120 师和 129 师，他任八路军第 115 师政治部宣传部部长，9 月 25 日平型关首战告捷，他以亲身经历写下了《平型关战场日记》，热情讴歌八路军英勇杀敌的事迹。1938 年 12 月被任命为中央军委总政治部秘书长、八路军政治部宣传部部长兼《八路军军政杂志》主编，以后又任军政学院副院长。1943 年任陕甘宁晋绥联防军政治部宣传部部长。1945 年出席党的第七次代表大会。1948 年任东北民主联军、东北野战军、第四野战军政治部宣传部部长，解放军第 15 兵团政治部主任，参加辽沈战役、平津战役和解放广东的战斗。1950 年任第 15 兵团政治委员，华南军区副政治委员，中南军区政治部第一副主任。1952 年至 1965 年任中共中央军委办公厅主任兼党委书记、国防部办公厅主任，中央军委副秘书长。1955 年被授予中将军衔。1975 年任国防科委副政治委员兼政治部主任。1976 年 3 月 23 日逝世。

■ 曾国华

曾国华（五华客家人）是共和国的广东客家元戎。1924 年，国民革命军一部来到曾国华的家乡，14 岁的他同几名伙伴一起参了军。1925 年其所在的部队与张发奎率领的国民革命军第四军合编，1926 年开始北伐。部队打到山东后，张发奎反蒋把部队撤回广东，曾所在的旅被蒋介石改编为独立第四旅。1930 年爆发蒋（介石）、冯（玉祥）、阎（锡山）中原大战，曾国华被编入国民党军第五十二师当兵。1931 年 8 月，第五十二师被红军歼灭，曾国华被解放，从此参加了红军，走上革命的征途。1931 年 8 月，曾国华被分到红四军第十一师第三十一团二连当战士。1932 年 2 月曾国华加入了中国共产党。1934 年 4 月，曾国华升任红五团第二营六连连长，10 月 16 日走上了长征路。1936 年 2 月中旬红一军团第二师抵达黄河西岸陕西绥德县沟口，进行紧张临战训练和渡河准备，为保证红五团突破黄河天险，组成渡河突击队，师长刘亚楼提议曾国华担任突击队队长。阎锡山的黄河防线被红五团一举突破。战后，突击队队长曾国华，组长龙书金、曾宪法、周海滨、马辉和队员郑茂发等被军团授予“突破黄河天险防线的战斗英雄”的荣誉称号。1946 年 1 月，东北民主联军第三纵队成立，曾国华被任命为该纵队第七旅旅长、东北民主联军第三纵队三师师长、七师师长、纵队副司令员，东北军政大学教育长。1951 年 11 月，曾国华被任命为中国人民解放军空军第三军军长。1953 年初，曾国华奉命组织空三军入朝参战。1954 年 6 月，曾国华升任东北军区空军副司令员。1955 年被授予中将军衔。1966 年冬任中华人民共和国空军副司令员。1969 年被选为中国共产党第九届中央委员。1978 年 1 月 3 日在医院逝世。

■ 邓逸凡

邓逸凡（兴宁客家人）是共和国的广东客家元戎。1912 年 6 月 14 日出生，1927 年 8 月加入中国共产主义青年团，1930 年 3 月参加中国工农红军，同年 4 月加入中国共产党。土地革命战争时期，邓逸凡同志历任红四军第一纵队一支队文书、书记官、党委秘书，红四军第十师政治部秘书、宣传干事、担架队政治指导员，红一军团第二师参谋处文书，红一军团政治部组织部调查统计科科长和巡视员、组织科科长等职。参加了中央苏区第一至第五次反“围剿”斗争和举世闻名的二万五千里长征，以及攻打漳江、长沙、吉安和直罗镇、东征、西征等战役战斗。抗日战争时期，邓逸凡同志历任八路军第一一五师政治部组织科科长兼巡视团团长、教导大队教育处处长，第三四四旅政治部宣传科科长、副主任，华中总指挥部后方政治部主任，新四军政治部秘书长等职。参加了平型关战役和晋东南、冀鲁豫地区多次反“扫荡”、反蚕食、反封锁斗争，以及南下华中、东进苏北创建抗日根据地。解放战争时期，邓逸凡历任华东野战军第二纵队政治部主任，中国人民解放军第二十一军政治部主任，华东军政大学第三总队政委等职。先后参加了峰县、朝阳集、人和圩、诸城、宿北、鲁南、南麻、临朐、益林、淮海、渡江以及解放杭州、金华、温州等战役战斗。中华人民共和国成立后，邓逸凡同志历任驻越南军事顾问团政治顾问、政治顾问组组长、副团长、副总顾问，越南人民军总政治部顾问。帮助越南人民进行抗法战争，参加指挥了边界、中游、东北、宁平、和平、奠边府等重大战役战斗。从越南凯旋后，邓逸凡同志历任中国人民解放军政治学院副教育长兼学术研究部部长、教育长、副院长，广州军区生产建设兵团副司令员，广州军区副政治委员等职。1964 年整风和“文化大革命”期间，邓逸凡同志受到诬陷迫害，在逆境中，他始终坚持党性原则，实事求是，刚正不阿，对林彪、江青反革命集团的倒行逆施进行了坚决抵制和斗争，受到广大党员和群众的尊敬。邓逸凡 1955 年被授予中将军衔，荣获二级八一勋章、一级独立自由勋章、一级解放勋章。1988 年被授予中国人民解放军一级红星功勋荣誉章。1953 年 9 月荣获越南社会主义共和国二级军功勋章。2004 年 9 月 3 日在广州逝世，享年 93 岁。

■ 谭甫仁

谭甫仁（仁化客家人）是共和国的广东客家元戎。1927 年随所在的北江农军参加了南昌起义，因缺乏战斗经验，农军被敌人打散，谭甫仁和大部队失去了联系。江西军阀朱培德部下金汉鼎假借“贺叶招兵处”招兵买马，误及其队伍。被编到国民党赣军第二十七师七十九团王国祯的一营当兵。1928 年 1 月中旬，国民党第二十七师一个团和一个营，由万安进至泰和，接着又以该师七十九团王国祯一营进占宁冈县城，准备进攻万安，对井冈山发动第一次“进剿”。2 月 4 日拂晓，工农革命军第一、二团在赤卫队的配合下，由南、北、东三面同时向敌人发起突然进攻，经过数小时激战，攻占宁冈县城，全歼守军一个营和宁冈县靖卫团，俘虏近300人，谭甫仁成了红军的俘虏。负责监管俘虏营的红军军官教导队区队长陈士榘得知北江农军学校的校长朱云卿可证明谭甫仁入党，于是回到革命队伍。中国工农红军第四军士兵委员会干事，红十二军连政治委员，六八七团政治委员，红一军团第一师政治部组织科科长，军委总政治部组织部组织科科长，红十五军团第七十八师政治部主任。参加了长征。后历任红十二军连政委，六八七团政委，红一军团一师政治部组织科长，军委总政组织科长，红十五军团七十八师政治部主任，参加长征。抗战期间历任八路军一一五师三四四旅六八七团政治处主任、旅政治部副主任，八路军野战政治部组织部长，一一五师三四三旅政委，八路军二纵新编三旅政委，一一五师教导七旅政委，冀鲁豫军区副司令员。解放战争时期先后任东满军区政治部主任，东野七纵副政委。先后参加过黄洋界保卫战、一至五次反“围剿”、二万五千里长征、东征和西征、平型关战役、抗日战争、解放东北战斗、辽沈战役、平津战役及解放广东、万山群岛等战役。建国后任十五兵团军政委，广西军区副政治委员兼政治部主任、第三政治委员，武汉军区第二政委，工程兵政委。1955年授中将衔，荣获二级“八一”勋章、一级独立自由勋章、一级解放勋章。1968年毛泽东指派谭甫仁：“你要做平西王了，执掌云南边地，封疆大吏哟！”5月19日中共中央批准，任命中国人民解放军工程兵政委谭甫仁担任昆明军区政委。6月17日又批准谭甫仁担任昆明军区党委书记。1970年12月17日，一起建国后我党我军最大的暗杀案在云南昆明发生：九届中共中央委员、中央军委委员、第三届全国人民代表大会代表、云南省革委会主任、昆明军区政委谭甫仁，在军区住宅中被枪击身亡，同时遇害的还有其夫人王里岩。周恩来亲自安排北京专家急飞昆明实施抢救，终因伤势过重，救治无效而亡。凶手正是昆明军区前保卫科副科长、专门负责首长保卫工作的王自正。陈士榘评论说：“一条正确的路线引导谭甫仁成为我军的一名高级将领，而一场错误的‘文化大革命’又导致谭甫仁遭到如此悲惨的下场！”这位起步于革命圣地井冈山的将领被错误路线送进了天国，享年60岁。

三、未被授衔的元勋

■ 古大存

共和国的广东客家元戎古大存（五华客家人），1917年春入梅州中学，1919年参加五四爱国运动，1921年春入广东法政专门学校。1924年春加入中国共产党。年底毕业后即参加广东革命政府组织的东征军，任战地政治宣传员、宣传队负责人。1925年7月受党委派回五华县组织群众武装，领导农民运动，年底成立党的特别支部，任组织委员。1926年初，被选为国民党五华县党部委员，同年2月，任五华县农民协会副会长兼军事部长。1927年广东“四一五”反革命政变后，他组织了东江人民反击国民党反动派。同年11月，任工农革命军第七团团长。1928年率部到五华、丰顺、揭阳三县交界的八乡山，建立革命根据地，任五华、丰顺、梅县、兴宁、大埔五县暴动委员会主席。同年8月领导梅县暴动胜利后，任中共七县（兴宁、五华、丰顺、梅县、大埔、揭阳、潮安）联合委员会书记，领导开展土地革命运动。1929年春，率农民武装粉碎了敌人的三次“围剿”。同年6月，任东江特委常委、军委书记，后成立东江工农武装总指挥部，任总指挥。1930年5月，东江工农民主政府成立，任副主席。同时正式组成中国工农红军第十一军，任军长兼代政治委员。1931年11月，被选为中华苏维埃共和国临时中央政府委员。1932年8月，任东江红军第一路军总指挥。1933年10月，任东江游击总队政治委员。1934年任东江特委常委、组织部长、政治保卫局局长。1935年春，率部突围后与党失掉联系，仍隐蔽在群众中坚持斗争。1938年带病外出寻找党组织，经汕头、香港、广州到武汉找到八路军武汉办事处。同年9月，长江局任命他为中共广东省委统战部长。11月粤、桂、湘、赣、沪、浙、闽等地出席中国共产党第七次全国代表大会的代表四十余人组成代表团，古大存任团长兼临时党支部书记。1940年底率代表团到延安后，便参加了高级干部学习组的整风学习，任小组长。1942年2月，全党开始整风，他调中央党校，先后任支部书记、一部主任。1945年4月出席中共七大，被选为七届中央候补委员。日本投降后，受党中央委派，参加建立东北根据地的工作，从延安去东北，途经张家口时，曾奉命帮助晋察冀中央局办党校，任校长。1946年5月到达东北后，任中共西满分局常委、秘书长、土改工作团团长，精心指导肇县的土地改革试点。1947年调任东北局委员、组织部副部长。1948年任东北行政委员会交通部长。中华人民共和国成立后，调广东工作，先后任中共中央华南分局常委、广东省人民政府副主席、广东省委书记兼副省长等职，主持省人民政府工作。1954年9月任全国人大常委会委员。1956年9月，在中共第八次全国代表大会上继续当选为中央候补委员。1957年在广东反地方主义时受到错误的处分。1958年下放到增城县任县委书记。1966年11月4日病逝于广州。粉碎“四人帮”后，党中央做出决定，为古大存平反，恢复名誉。

■ 刘复之

共和国的广东客家元戎刘复之（梅县客家人），1917年生，在梅县水白中学读书后，1934年在香港做店员。抗战爆发后到延安参加革命工作。1938年参加八路军，先后任朱德总司令、刘伯承师长、邓小平政委的秘书。1937年入延安陕北公学（中国人民大学前身）学习。1938年加入中国共产党。历任八路军一二九师政治部锄奸部科长。解放战争时期，任晋冀鲁豫中央局社会部科长，中央局冀鲁豫土改工作团组长，华北局社会部办公室副主任、主任兼第一处处长。1949年8月任公安部办公厅副主任、主任。1964年2月任公安部副部长。“文化大革命”中下放黑龙江劳动。1973年10月—1975年2月被关押。1977年11月后任文化部副部长，党组副书记，全国人大常委会法制委员会第一秘书长，副主任、党组副书记。中共中央政法委员会委员，秘书长。1982 年 5 月任司法部部长，党组副书记兼中国政法大学校长。1983 年 4 月任公安部党组书记，公安部部长，武装警察部队第一政委，中共中央政法委员会副书记。1988 年 4 月—1993 年 5 月任最高人民检察院检察长。1990 年 4 月任中央政法委员会委员。七届全国人大代表。中国共产党第十二届中央委员，中共中央顾问委员会委员，十五大特邀代表。刘复之曾获公安部人民警察一级金盾荣誉证章，最高人民检察院荣誉证章。刘复之是唯一健在的共和国的广东客家元戎。

以上所列举的，可以说是挂一漏万。

第八节　客家人的历史意识与理想主义

从太平天国武装起义，到中华人民共和国成立，其间的历史进程，刚好是整整一个世纪。太平天国的主力拜天地会在 1849 年已有万余之众，金田起义发生在 1851 年 1 月 11 日。人民共和国是 1949 年 10 月正式成立的。这 100 年间，可以说，是中国历史上最为曲折、最为悲壮、最为迷惘、也最为清醒的时期。而客家人，则在这 100 年中，更是一次又一次地崛起，成为历史前进中重要的推动力。

人们不难看到，太平天国、戊戌变法、辛亥革命，客家人没有一次缺席，而且大都冲锋在前；而土地革命、抗日战争与人民共和国的成立，客家人更立下了丰功伟绩。如果把客家人大迁徙算作五次的话，那么，这百年间，客家人的崛起，当可以算作有六次了。要了解客家人，不仅在于五次大迁徙，更在于这六次崛起。

中华人民共和国的建立，当然已不再是“天国”的幻构了，而是实实在在的中国现实。作为这第六次崛起，我们更应大书特书。客家人在创立新中国中，功不可没。

共和国的开国元戎中，我们可以列出一大批客家人名字来。从国家副主席、人大委员会委员长、副委员长、副总理、政协副主席，一直到元帅、将军，以及各兵种司令员……都拥有相当大比重的客家人。

我们仅从大家较熟悉的开国元戎中，便可以发现：朱德，担任中华人民解放军总司令，中华人民共和国副主席，第二、三、四届全国人大常委会委员长；叶剑英，第五届全国人大常委会委员长，历任第十、十一届中共中央副主席；胡耀邦，在中共十一届五中、六中全会上，当选为中共中央总书记与中央委员会主席；担任过人大常委会副委员长的，还有张鼎丞、廖承志、陈丕显、卢嘉锡、谢非等；担任全国政协副主席的同是王首道、杨成武、肖华、叶选平等；担任副总理的则有郭沫若、邹家华等。

十大元帅中，有朱德、叶剑英。毛泽东称，如果叶挺不遇难，当有两个叶帅了。上将中，则有杨勇、刘亚楼、陈奇涵、赖传珠、杨成武、肖华等。杨勇还担任过中共中央书记处书记；刘亚楼、张廷发则先后担任过空军司令员；肖华为中国人民解放军总政治部主任。在授衔的将军中，客家人便数以百计，仅从中央苏共走出来的就有约200人，光兴国一个县，就有54人，第一位女将军李贞，则是湖南浏阳的客家人。

在抗日战争胜利之后，大规模的人民解放战争，正是这些客家领袖、客家将军，叱咤风云，转战南北，立下奇勋。无论是向东北的大进军、挺进大别山，还是转战黄土高原，逐鹿中原，都少不了客家人骁勇的身影，他们追随毛主席、朱总司令，迅速扭转了全国战场上的战局，由弱变强，从内线打到了外线。

当人民解放军势如破竹地向全国大进军之际，三大战役——辽沈、平津、淮海大战，客家将领更是身手矫健，建立了丰功伟绩。跨过长江天堑，打进南京总统府，解放大上海，一直到进新疆、入西南、解放海南岛……全国解放后，讲客家话的指战员，几乎遍布了全中国，连西藏军区司令员、西藏自治区委第一书记，也是永新的客家人张国华中将。

至于中央人民政府各部委中任正副部长的、在各省任正副省长的，也都有不少客家人，毕竟，他们当中大多数，是当年从中央苏区打出来的，九死一生，久经考验。

在科学战线、文化战线，客家人也显示出了巨大的实力。在第一届学部委员中，光梅州籍客家人便有十人。而第一届文化会上，郭沫若、黄药眠等都是众所瞩目的人物，胡耀邦还是秘书长。至于大学教授中，陈寅恪等，更是声名远播……

关于共和国与客家人，历史近在眼前，我们就不过多地追述了，留待后人再作更深入的评价吧。

然而，从“天国”到共和国，这却是中国近代史上的一个重要课题，同样，也是客家史以及客家文化史上一个非常重要的课题，它对于研究这样一个民系，这样一个民系的文化及其演进，都具有极其重大的意义，研究得好，对于进一步深化中国近代史的研究，对于华夏文明的近代演进，当可产生根本性的影响，不至于再为旧的教条或模式所束缚。

是的，“天国”无疑是一个幻梦，还有空想主义的狂热，包含有宗教式的迷狂，它植根于中国农民这样一个深厚的土地上——尤其是对土地的梦想上。

而共和国，则是历史的必然产物，是现实的政治体制。这一体制，是上千年与几百年间理性的结晶，也是人类智慧的果实。对共和体制的选择，是在推翻了千年帝制之后，无可回避的选择。

诗的浪漫与铁的现实从来是很难合于一体的。客家人拥有的理想主义，与中国近代铁色的遗际，才会让他们有了从“天国”到共和国如此一个曲折的历史进程，从中审视客家的文化、客家精神与民性，当是不无裨益的，而这也正是这一章所要努力探索的。

从“天国”走向共和，客家人可以说是作出了六次选择，从而有了六次崛起。认真思考下来，我们不难看到，这“六次崛起”与“五次大迁徙”倒是很对应的——我不认为，如今所有提出的证据，便足以推翻罗香林的“五次大迁徙”说，顶多是对此说的补充与纠正罢了——所以，其间是有着历史的必然逻辑联系的。

可以说，没有“五次大迁徙”背井离乡、颠沛流离、九死一生，失去了对中原故土的拥有，一番番地“西北望长安，可怜无数山”，也就不会有“六次崛起”，冲天一啸，为土地而战，为民族而战，为祖国与尊严而战，为走向共和而战！正是“五次大迁徙”中滋生、萌发的种种理念，所经历的无数苦难，成为了他们在“六次崛起”中的历史力量——思想或理念一旦发生，它也就会开创历史！

一、土地问题与广东的“和平土改”

我们还是从“天国”开始。“天国”最早提出的问题，便是土地问题。

客家人失去了中原的土地，来到南方，为了生存，首先面对的便是土地问题。无论是湘赣边界时间久远的土客械斗，争地争水源，还是粤西骇人听闻的“仇客分声”，死伤百万，其中心，都是土地问题。进入近代，随着利玛窦等人来中国，西方文明在精神上侵入到东方人的生活当中，鸦片战争中的列强大炮，又轰开了“天朝上国”的国门，古老的中华民族陷入了前所未有的屈辱与苦难之中，清帝国的虚弱无能，使国家内部潜伏的矛盾在列强的枪炮声中统统暴露出来，并趋于激化，业已严重的土地兼并，使广大农民生存面临更惨烈的结局，而这已无法是国家机器所调节得了的。这一来，无所依靠的农民，也就无法生存下去，从而被迫走上起义的道路，只要有星点的火花，便会燃起冲天的大火。

纵观2000多年的中国古代史，历代农民起义的深层原因就是土地问题，后800年来到南方的客家人，其面临的最尖锐的、生死攸关的问题，则更是土地问题，所以，这也就成为了19世纪50年代初，以客家人为主体的太平天国金田起义的最深刻的历史动因。

1853年，当太平天国一路势如破竹，沿长江攻入了南京，并建都南京之后，便立即颁布了以土地所有制为核心的《天朝田亩制度》，较全面地表述了中国农民，尤其是客家人对土地的要求——而这，便是“天国”之政纲！这一政纲，在土地问题上是旗帜鲜明的，且勇敢地否定了封建土地私有制，从而提出了以“天国”所有的公有制，要建立一个“凡天下田，天下人同耕”的、在土地面前“人人平等”的理想社会。“天国”的英雄好汉们，在建立起了农民自己的政权后，立即制定出这样全面的政纲，表明他们要在砸烂旧世界后，创立一个合乎农民土地理想的新世界，表达了长期生活在封建土地私有制下广大农户的强烈愿望。

可以说，惟有客家人，在土地问题上才积累有如此深刻的思想认识，从而使“天国”的革命，赢得了超于历史上的任何一次农民起义的彻底的革命性。我们不妨比较一下历次农民起义，可以说，如此明确、全面的土地政纲，过去是找不到的。而近年来否定“太平天国”革命性质的文章一篇接一篇却忽略这一点，显然是站不住脚的。土地问题，是任何一种革命的试金石，虽说太平天国最终也因种种原因未能解决这一问题，在戎马倥偬、战火纷飞的连年冲突中，虽然由于地主豪绅望风而逃，扔下的土地经新政权的承认而由农民自主耕作，极大冲击了封建土地私有制，但新政权仍未能最终实行其政纲中的核心——均分土地，只是在战争年月中推行“圣库”制度与供给制。

“圣库”制度：所有参与起义的个人或全家——不少人是举家参加的，如有田产，务必将其卖掉后交给“圣库”；而在作战中，更是一切缴获要归公，严禁“私取私藏”。此外，就整个国家而言，农民收成保证一年吃用外，“余则归国库”。归入“圣库”的一切，一方面是军队的后勤保障，另一方面则作为社会福利与社会救济，由此，以解决消费分配问题。

可见，“圣库”制度是“天国”的所有制与供给制，是一种大体平均的分配制度，带有军事共产主义性质，且是《天朝田亩制度》的经验依据。但它太理想化，不切实际，且有违社会历史规律，所以没能坚持多久。理想或空想，无法在实践上制定出一套真正符合实际的土地纲领，这也使太平天国的政权在其彻底的反封建性质上打了折扣，未能实现它所被赋予的历史任务。

反封建的彻底革命精神与“天国”的空想每每是难解难分的，这是历史局限所造成的，土地问题也就是其集中表现。

应该说，太平天国的功劳，是最尖锐地提出了土地问题，坚决否定封建土地私有制及反对封建统治，要建立一个人人平等天下平均的新理想社会，可在实际上，他们无法平分土地，无法从根本上去实现《天朝田亩制度》，这也就最后导致了“天国悲剧”——理想与现实的尖锐对立造成的历史悲剧。

而“天国”失败后约半个世纪，在中央苏区发动的土地革命，在实践其土地纲领上，无论从理论还是实践，都大大地推进了一步，不仅是理论上的彻底，实践上更是彻底，虽说在执行中有过“左”与右的偏差，但大抵是完成了太平天国仅从理论上提出的历史任务。从《井冈山土地法》到中央苏区的《兴国土地法》，一直到闽西的《土地问题决议案》及赣南《二七土地法》，终于汇总为《苏维埃土地法》，较好地解决了土地问题，促进了中国革命的发展。及至全国人民解放战争中，那么多的农民百姓，主动推上小推车，支援前线，打败八百万国民党军队，恐怕决定人心向背的，是在于共产党抓住土地问题不放，而国民党却在土地问题上人心丧尽。

从“天国”对土地均等的呼唤，到苏维埃区的“土地革命”一直到人民共和国的土改运动，我们可以看到贯穿始终的、一脉相承的一根红线，理想与实践的不断接近与结合。

但是，在土地问题上，于广东，也不是那么一下子就明晰的，也出现过曲折与反复，这便是当年由叶剑英元帅主持下的广东土改以及众多工作，给扣上了“和平土改”的帽子，并把他说成是“地方主义的头头”。他也一度去了北京“养病”，这里边的风风雨雨，如今回忆起来，有谁不百感交集呢。

然而，正是叶帅坚持以党中央的方针政策同广东的实际相结合这一条，在土改中顶住并克服了由于“左”的倾向而造成的“混乱状况”。而恰好是叶帅离开后，1952 年 6 月大张旗鼓批判“和平土改”，对党的威望、对当时的经济发展造成了严重的损害。随之而来的反地方主义，更伤害了众多的地方干部，扭曲了党的各项政策，带来了严重后果。正是“第二批土改”，严重地侵害了华侨的利益，违背了保护华侨的政策，同时，也对商业造成严重的损害与破坏。

过去，我们还是比较孤立地看待土改时期这段历史，后来，作出了较为公正的结论，但是，这远远不够，尤其是对叶帅的思想，对他的高瞻远瞩，了解得还不够。也许，身处广东，自己及家人曾经历过当年的“两次土改”，今天，广东又是改革开放的前沿阵地，我们更有深刻的、切身的体会。所以，我们觉得，应该把当年的土改与后来的改革开放有机地联系起来，方可更全面地认识叶帅当年土改的一片苦心，以及当时已经形成的战略思想上的考虑，从而为今日的改革开放打下了基础。

而当时“左”的闭关锁国的观念，并不是一下子可以解决的。直至 1986 年 10 月 29 日，胡耀邦同志在叶剑英同志追悼会上所致的悼词中，有这么一句话：

> 他在领导广东省的土地改革运动中，根据党中央的方针政策，同广东省的实际相结合所制定的一系列具体政策，历史证明是完全正确的。

这一段评价中，用上了“历史证明”这样一个非常特别的字眼，熟悉那段土改的许多老同志，自是感慨万千。尽管这一评价是在 30 多年后作出的，但其意义之重大，绝不可低估。

对于以“耕山”为传统经济生产方式的客家人，土地问题无疑是性命攸关的。但是，无论是已有过的农民起义，或者资产阶级民主革命，乃至于共和国初期的土地改革，对这个问题的解决，从没有一蹴而就。直至改革开放，土地仍是一个至关重要的问题，土地承包责任制，也仅仅是一个开头。而转向规模化的现代农业之际，土地问题亦更为突出。

二、民族意识与民族工商业

如果说，土地革命是这“六次崛起”中作为基础的三次中的主要色调，那么，民族意识，也同样在六次崛起中鲜明凸出。

正如前边所阐述的，无论客家先民，还是客家人形成之际，汉民族都处于面临非常严峻的生死危亡时刻，这才有太平天国的“斩尽清妖”及断然拒绝承认不平等条约的历史，也才有同盟会“驱除鞑虏”的口号。当然，这也很快健康地发展为各民族平等的更高认识，所以，到了抗日战争，客家人与各民族一道，同仇敌忾，将敌寇赶出了国门。可以说，客家人在太平天国、辛亥革命、抗日战争这三大崛起中，非常鲜明地表现出了他们强烈的民族意识，并在表现其民族意识时，与追求历史进步、革命及反法西斯紧密地联系到一起。民族意识每每被人视为一种守旧的、狭隘的负面的社会观念，但客家人并非如此，而且恰恰相反，其中包含的历史的主动精神，使之成为积极的、正面的原动力。关于这一条，人们已讲得很多了。

在这里，我们应着重强调客家人的那种不安于现状、求新求变的革故鼎新精神，而这种精神，又融入进他们形成之际便已具有的海洋文化传统，并与现代的启蒙、变革的思想发生接轨。

关于客家人的海洋文化精神，我们前边已有了必要的论述，在此，也仍从太平天国开始，我们来追述这一精神的传承。

南洋“客人开埠”，当是客家人的敢于开拓、拓殖海外的一个明证。而作为太平天国最早的领导者以及最后的终结者洪仁玕，其身上也体现出这种精神。他在起义后不久，由于一时追不上大军，到了香港，在短短几年内，他不仅通过外国人向世界传播了关于太平天国的大量信息，而且还通过考察香港、学习西方的政制，从中总结出了众多先进的东西，从而试图在太平天国中予以实行。

由洪秀全亲自批准颁布、由洪仁玕在太平天国后期起草的《资政新篇》可以说是中国19世纪最早的一个改革纲领，它比镇压太平天国的洋务派们还要超前得多。在这个改革政制的纲领中，他力主发展资本主义近代工商业，要“以资为政”，并把这作为“立国之本”，称“治国必先立政，而为政必有取资”。他提出：“工商皆本”的命题，允许“富民”从事工商业经营与矿业开发，从事近代的金融业，以达到“与番人并雄”、“奋为中地倡”。他力主引进先进的科学技术，“凡外国人技艺精巧，国法宏深，宜先许其通商”。他还力主办新学校，开启民智……可以说，他比坚持“中学为体，西学为用”的洋务派，目光要远大得多。

可惜，太平天国在中外反动派的“围剿”下以及内部的重重危机中，没多久便失败了，洪仁玕没能有机会去实现他的变革。但他毕竟为“天国”留下了最亮丽的、也最令后人扼腕的一笔。

太平天国之后30年，戊戌变法发生了，刘光弟、陈宝箴、黄遵宪等客家人，成为这场变法的先行者、领袖及中坚力量，虽然变法的纲领未必比洪仁玕的走出多远，而且相对是洋务运动的一个延伸，甚至出于防范革命的目的——改革成功则革命归于流产，改革失败则革命必然爆发。其君主立宪、开明专制的主张，表明了它的方式之温和及形式上的自上而下。然而，腐朽的帝制，连这都不能容许了。于是，辛亥革命终于在武装起义中爆发了，而且成功了，千年帝制从此不再！

我们不难看到，辛亥革命所依靠的不再是官商——洋务运动的怪胎，而是民商——主要是华侨，以及归国创业的侨胞，其中，已在海外拓殖的客家人不计其数。因此，这就决定了这场革命只可能是自下而上的运动，而非自上而下的改良。辛亥革命成功前十多年，孙中山等人的革命活动，基本上是“下”——青年学生、底层会党及海外侨胞，而客家人，则是这“下”当中相当大的一群。“下”者，平民也，被平民化的客家人一马当先；“外”者，海外侨胞也，早早拓殖海外的客家人自是当中的主力。

人们不难看到，辛亥革命之前，无论是太平天国，还是戊戌变法，来自海外的支援，几乎可以说是零，或者很少，但辛亥革命不一样，孙中山的经费，大都来自海外，革命的中坚，也先期在海外形成。很明显，海外的华侨，包括客籍华侨，接受西方的先进文明比内陆民众要早得多。天生有开拓精神的客家人，自然会接受人家的先进文化，并力求用之于祖国，以改变这么多年积弱挨打的局面，救亡图存，与启蒙开化，便是这样有力地结合在一起，推动了这场推翻千年帝制的伟大革命。

从形式上，辛亥革命摒弃了戊戌变法的温和方式，又重新回到了太平天国的暴力革命上。但辛亥革命在推翻帝制，建立民主共和，引入先进的政体上，就比太平天国后期的《资政新篇》走得更远，也比戊戌变法更具革命的彻底性，所以，它大大地超出了太平天国，也高过了戊戌变法，更具有全新的意义。

从太平天国的《资政新篇》，到戊戌变法的百日维新，一直到辛亥革命的武器之批判，这三次崛起，分明又理出了又一条红线来，这便是华夏文明本来亦具有的海洋文化的传统，在这一百年间，迅速与西方的先进文化发生耦合，中国人，包括客家人，在接受西方的启蒙主义思想、现代意识上，有了一个大的飞跃。中国人的空想，由此走向了现实，走向了科学，从而有了真正实现的基础。

“天国”的幻梦，终于演变成为了真正的共和国。

可惜的是，共和国成立后，由于历史的包袱过于沉重，我们在对待民族工商业上仍步履蹒跚，而且发生了不少曲折。尤其是在民族工商业及华侨政策上，出现了不少失误，广东更成重灾区。

早在广东解放前夕，率部入粤的叶剑英便深谋远虑，反复强调广东的特点，他是广东客家人，在广东生、广东长，对广东的实际情况自有过人的见识，我们从他所作的《关于解放广东的若干问题》，以及针对土改的众多讲话中可以看出，他一再强调：第一，广东毗邻港澳，对外关系密切，与港澳的来往频繁，港澳同胞90%以上也都是从广东过去的。第二，华侨众多，据估计解放初期广东有侨眷600万，国外华侨700万，占全国华侨1100万的63.6%。解放前广东的侨汇占全国侨汇的80%，在全国是居首的。大多数华侨是爱国的，在支持祖国革命和建设上作出了重要贡献。海外华侨大多是劳动人民，他们寄钱回家建房屋、买田地，是为了使妻儿和自己回国后生活有保障。

叶帅就生活在侨乡。梅州人口与海外的梅州籍人口之比，约为10:6，比广东不少地区的比例都要大。他本人也漂泊过南洋，与华侨关系密切，对华侨的历史与现状，都有深切的了解。他提出对众多的贫苦归侨、侨眷，应予以合理照顾，对华侨地主和封建地主在政策上应加以区别，尤其是大的华侨地主要经过省的批准才能划定。当时，党中央也根据广东、福建等侨乡的实际情况，明确指示："追余粮不准追到海外。"叶帅主持广东时，也就这么做了，在中南土委违背这一指示时，他又再一次向中央请示，中央又再一次指示严禁追要海外汇款抵交斗争果实。所以在华侨中享有很好的声望。

然而，在他离开后，情况却发生了变化，"左"得不到控制，当时中侨委主任何香凝于1952年7月寄信给方方反映华侨对土改的意见说："有不少国外华侨对我土地改革中某些偏差表示不满，对我们政策表示怀疑；如说农会及村干部过火斗争使用肉刑（据知：台山、开平两县已发生逼死侨眷现象），罚款和退租押太重；农会管制侨汇，根据侨汇多少来评价阶级，划阶级时把小土地出租者划成地主……这些偏差现象引起国内侨眷及国外华侨的不安和动摇……有不少侨眷因怕侨汇多被升阶级成分，怕斗争，纷纷寄信给国外华侨不寄或少寄钱回来。这既影响国家外汇收入，又影响侨眷生活，还会严重影响对广大华侨的争取、团结"。1953年华南分局召开华侨工作会议，廖承志在会议上讲话，对"左"的偏向进行分析，用陶铸讲话提供的数据、材料来说明："这些偏差在有些地区是比较严重的。……在土改中打击的侨眷中，如陶铸同志指出的：25%到30%是打对了，20%至25%的打击错了，50%则是打重了。"[①] 换句话说，打错和打重的侨眷占70%，打对的不到三分之一。又说："偏差的主要表现是追余粮侵犯了侨汇、追至国外，划阶级时打击面超出了应有限度，将资本主义剥削当作封建剥削来搞……在侨房方面，动的占80%～90%。"

为此，造成严重的后患。据广东省侨办统计，至1991年底止，全省按政策应清退的农村侨房共1698万平方米，中央和地方各级财政用于我省落实侨房政策的总拨款已达50880亿元，尚未能彻底解决问题。到2000年4月，广东省20年来共拨款6亿多元，落实侨房政策面积达2915万平方米。可见50年前华侨问题的严重性。更

① 谭元亨：《从"地方主义"到改革开放》，载《永远的怀念——纪念叶剑英元帅诞辰110周年》，中央文献出版社2007年版，第137～145页。

甚者，当时著名爱国侨领司徒美堂到粤中视察土改，一些地方称他的“立场基本上是站在封建力量方面”，要华南分局来电把他催回。华南分局1952年一报告还把华侨与资本家，甚至与地主、恶霸相提并论。

当时处境已相当困难，叶帅只能“养病”，方方从降职到撤职，叶帅仍力所能及保护了一批华侨。凡是他接触过的、因遭到不公正待遇的华侨找来，他都还是想办法为他们减轻打击，甚至亲自写信说明情况，这方面的例子不少。

党的十一届三中全会后，党的华侨政策得到端正与贯彻，1979年4月，中央工作会议形成了《关于大力发展对外贸易增加外汇收入若干问题的决定》，该决定明确指出：“为了调动爱国华侨、港澳同胞参加社会主义建设的积极性，更有效地利用他们的资金、技术和设备，发展我国出口商品生产，在沿海少数有条件的省市，划出一定地区，如广东省深圳、珠海、汕头，福建省厦门，上海市崇明岛等单位单独进行管理，作为华侨和港澳商人的投资场所，深圳、珠海两地可以先行试办。”

正由于叶剑英在新中国成立初期对华侨关爱，不少因“左”的思潮受到打击的华侨，改革开放后亦不计前嫌，冲着他的崇高声誉，踊跃回国投资。笔者当年亦亲耳听到这些华侨说，有叶帅在，我们投资放心，他是真正对华侨好的，如今他又是主政的了，我们能不来么？他们重新感到党和祖国的温暖，热烈拥护和支援祖国建设。仅1979年至1998年，广东实际利用外资962亿美元，除对外借款外，外商直接投资和其他投资793.53亿美元，其中华侨、港澳同胞的资金约占80%，建成“三资”企业57665家，还捐资兴办公益事业26615宗，约人民币155亿元，使改革开放事业取得举世瞩目的成就。而1998年之后，这些数目就更巨大了。

外国学者评价，中国改革开放之所以成功，其中重要的一条，便是有一大批爱国华侨，改革开放早期的“外资”说到底就是“华资”，是爱国华侨的资金。没有华资早早投入，改革开放不会那么容易启动。抚今追昔，如果没有叶帅在建国初期土改中对华侨政策的坚决执行，对华侨、侨眷的关爱，改革开放大量涌入的“华资”则是难以想象的。

工商业与华侨问题本就是联系在一起的，当年，不少工商业正是靠侨资兴办起来的。侨资成了中国民族工商业的一大支柱，这在十八九世纪已是如此。所以，当年叶剑英就曾对李坚真同志再三叮嘱：“广东华侨多，工商业比较发达，要特别注意保护华侨和民族工商业者的利益。”这无疑是从大局、从历史发展的大趋势而提出来的。

当时，叶剑英、方方的态度非常明确：坚决反封建，不动摇地保护民族工商业。”尤其在海内外，华侨经营工商业的不少，从事工商业的工人、职员、店员更多，此外还有小商贩、自由职业者，这无疑是属于保护之列的。叶剑英在1950年3月底一次工作会议上更强调：在土改前把市镇工作做好，到今冬土改时，就可以更了解如何保护工商业，不使工商业受到侵犯，使土改工作不致犯大的错误。对担任广东省土改总团团长的李坚真，更多次表示："市镇正常营业和繁荣，也一定要保持。"李坚真在回忆录中说：他以十分通俗的语言教导我们："工商业一定要保护，你想想，没有了商店，兴宁的布、紫金的锅头，这一切地方土特产，怎么能够流通？你没收了这一家商店，别的商店就不敢开了，老百姓怎么过日子呢？"叶剑英同志一进广州，便提出大城市是中心，小墟镇是农村与大城市间的桥梁和纽带。他在省、地、县的各种会议上，多次强调墟镇工作的重要性，并于1950年5月亲笔起草了《关于墟镇工作给各地委的指示信》。信中明确地指出，城市对农村的领导，其实际工作必须经过墟镇，他要求各地抓紧墟镇工作，"作为目前打通城乡关系，实现城市对乡村领导的关键"，他把墟镇工作的重要性，提到了贯彻党的七届二中全会决议和巩固工农联盟的高度。他还把墟镇形象地作了比喻，"如果把墟镇周围的农村比作人的头发，那么墟镇就是头发集起来的辫子。抓住墟镇，就等于抓住了辫子，也就抓住了墟镇周围的乡村。"他说原始时代，人们就懂得交换这种手段。群众生产的东西要通过墟镇交换，群众需要的日用品，如油盐酱醋、火柴、肥皂等，都要到墟镇购置，况且，农村、山区闭塞，政治消息、商品信息、文化生活，也常常通过墟镇传播。他曾经生动地提出要开展"一筒竹运动"。即每个流域，每条公路交通线，都要打通一切关节，使货畅其流，不准以行政区划互相封锁。剑英同志说："比如梧州到广州这条西江，好比一条竹，要打通其中的一切竹节，成为畅通无阻的一筒竹。这样，就能做到生意兴隆通四海，财源茂盛达三江了"。叶剑英同志的这一观点，当时曾受到刘少奇同志的称赞。

叶剑英还明确指出："对市镇上的小商小贩不能划为资本家，对又种田又做工或做小买卖的……不能划为地主，他们的地不能没收，要保护手工业者和小商小贩"。他认为"保护工商业，土改区尤应注意保护墟镇工商业"。

然而，这一切，都被那些"左"的"第二次土改"的领导人斥之为右倾，甚至在党报上公开提出所谓"买办性商业"、"临近乡村的若干商店，实质上是地主的大账房"，从而把工商业兼地主乃至小商贩兼种田，都简单地当作地主处理，统统予以没收，这一来，从业的数以万计的职员工人都受到打击，更有甚者，大批农民到城市尤其是墟镇追余粮、挖"底财"，使广东的工商业，尤其是墟镇工商业，遭到了严重的破坏。

如果说，当年的广东，即半个多世纪前，便采取了开放的政策，办起了中国最早吸引、利用外资的合资企业，这恐怕是不少人闻所未闻的。然而，这同样是不争的事实。在此，我们专门以这样一家企业作为例证。

这里所说的，企业一身兼三任性华侨企业、民族工商企业，以及最早的合资企业。其主角叫邓文钊，他是五华籍在香港的著名客商。抗日战争时期，1938年6月以宋庆龄为首的"保卫中国大同盟"成立，邓文钊是七位委员之一。他家在浅水湾的房子亦作为该同盟的办事处。

广州解放前夕，叶剑英从赣州急电，要求华南党组织火速解决进兵西南所缺的汽油，正是邓文钊在香港设法弄到汽油，保证了解放大西南的战役。1950 年春，广东缺粮，身为广东的主政者叶剑英向邓文钊求援，邓会同泰国归来的侨领蚁美厚及时从泰国进口了 7 万吨大米，解决广东粮荒并支援部队解放了海南岛。1952 年，邓文钊应中共华南分局所邀，返广东工作，出任省商业厅副厅长。可第“二次土改”竟无视他在赤溪从没收租的事实，派人来广州要他退租退押，他也写了 5000 万支票交付了。

1952 年受叶剑英主政时的工商业政策所感召，加上要打破朝鲜战争爆发后帝国主义的封锁禁运，邓文钊得到华南分局与中央统战部及国务院的批准，决定成立“公司合营华南企业股份有限公司”，后来则一直简称为“华企”。

正如史料所载，邓文钊会同华侨、港澳工商界和其他有名望的爱国人士司徒美堂、黄长水、何贤、王宽诚、马万祺、陈君冷、陈国泉、陈祖沛、陈其尤、费彝民、蚁美厚、吴槐庭、朱竟之、陈鸣、梁明等十多人联名发起筹备，海内外爱国人士热烈响应，第一期募集资金 100 亿元。

1952 年 2 月，“华企”总公司正式开业。在首届股东大会和第一次董监事会议上，通过了公司的章程和一系列重大决策。主要有：①正式决定公司的国家资本主义性质。②经营方针是“以商为主，以工为副，以商养工，逐步转向工业”。③经营范围以对外贸易为主，兼营信托和工业。④资金来源以海外华侨、港澳同胞及广州地区工商界的投资为主，私股可占 60% 左右；同时接受各国营公司的适度投资，可占 30% 左右，以此体现公私合营的实质。⑤对私股投资保本保息，视营业盈余多寡，按年发付股息红利。⑥利润分配采取“四马分肥”办法，包括纳税、公积金、公益金和股东的股息红利及工作人员的职务奖金。⑦接受省商业厅和华南分局统战部的双层领导。⑧实行董事长责任制。⑨董事、监事由股东大会民主选举，但凡国营公司公股代表均安排为董事或监事。⑩选出董事和监事，经复选，邓文钊担任董事长（初期还兼任贸易部经理），陈鸣、蚁美厚、陈君冷为副董事长；谢南石、陈祖沛、蔡演雄为辅常务董事；监事长由华南分局统战部秘书长罗理实担任，经此体现党的监督。

董事长邓文钊在华侨港澳工商界中享有很高威望，有号召力，善于用人，得到“华企”全体工作人员的拥戴。在做好对外贸易的前提下，同时有选择地先后投资近 300 亿元新建或扩建工厂。充分利用海外资金和自备外汇及在港澳广泛的社会关系，使进出口贸易迅速发展。为支援抗美援朝，采购战略物资，“华企”做了大量出色的工作。邓文钊的知交、“华企”常务董事陈祖沛主持的香港大成行给予充分的配合，凡抢购贵重物资、租赁仓库、借用场地、办理运输等等，无不千方百计协助解决。

“华企”业务进一步发展，又在武汉设立办事处，办理购销和转运；在香港开设分支机构“福就行”，代表“华企”与有关方面联系，办理进出口事务，兼在当地从事商业活动，以便赚取更多的外汇和增加盈利。

“华企”开业两年间，取得显著的成绩：

第一，冲破封锁禁运，两年间进口了大量国内急需的战略物资，包括各种交通器材、五金器材、橡胶、药品、科学仪器、军用手表等，有效地支援抗美援朝和国家建设。

第二，努力组织土特产出口，特别是向外推销大量国内市场滞销的土产，既为农民解决了生产资金，又争取到大量外汇。两年间组织土特产出口 232 批，总值 2150 万港元。

第三，降低本企业的利润率，协助国营商业稳定物价。1952 年 4 月，国内橡胶原料缺乏，价格暴涨，“华企”便将进口的几百吨橡胶碎片以低于市场价格卖给广州和上海国营公司，平抑了橡胶市价。同年 4 至 5 月间，私商把肺针市价抬到每支 8 万元，“华企”大量进口，以每支 3.5 万元的价格出售，盘尼西林也平价供应，从而遏止了涨风，打击了投机商人。

第四，逐年增加对工业的投资。三年间先后投资经营的有广州南方针织厂，徐闻、清远糖厂，广宁、信宜、南雄、始兴、连山、坪石等松香厂，东莞木薯加工厂，广州三联纱绸行等十多家工厂。

第五，投资 130 亿元兴建北京新侨饭店，又在广州投资 60 亿元修建南方大厦，为国家分担基建资金。

“华企”的成功起了团结海外华侨和港澳同胞的作用。来函联系投资者不断增加，据“华企”财务人员回忆，“三反”、“五反”过后的 1953 年夏一段时间，投资额每日递增 2000 多万元。若照此持续下去，每半个月就可以扩建一间小工厂，形势喜人。1953 年 8 月截计，“华企”已拥有资金 463 亿元。邓文钊高兴地说：“这是‘飞来凤’”。

“华企”和同时期的“华建”（广东华侨工业建设有限公司），毫无疑问，是新中国最早的引进外资的合资企业。正是在这两大企业的影响下，海外华侨纷纷回国投资，这一切，更得到周恩来总理的赞扬。

与此同时，由于东南亚局势不稳，大量资金沉积到了香港，形成“水浸银行”的局面。刚好毛泽东来广州，在珠江畅泳，当时省里的领导人也提出，不妨利用这些资金，用在新中国的经济建设上……

可是，正如《千年国门》中所写：曾几何时，震动广东，也震动海外的“华企”风波发生了。一夜之间“华企”竟成了黑样板。而一纸通报，摆在所有省委干部以及有关人员的面前。通报认定有关领导带着浓厚的资产阶级观点和感情去领导华南企业公司工作，在和资产阶级斗争中解除了思想武装……[①]其实，“华企”的方

① 谭元亨：《千年国门》，广东旅游出版社 2001 年版，第 219 页。

针只是“商业为主，工业为副，以商养工，逐步转向工业”，并不违背当时工业的总决策。可以说，“华企”风波，标志着新中国合资企业的开端及必然的夭折。

直到1981年，这已是近30年后了，以左洪涛、黎雪为领导的专案组，对该事件进行了复查，于1980年11月写出复查报告，对原检查报告强加“华企”的三大罪名及错误的结论逐条进行分析，彻底予以否定。总之，“华企”的功绩是显著的，该公司在促进城乡互助，内外交流，恢复和发展国民经济，支援抗美援朝等方面，都做出了很多的贡献。同时，在宣传公私合营企业的优越性，争取华侨和港澳同胞回来投资，参加祖国的社会主义建设，扩大革命的爱国统一战线方面也起了积极的作用。报告还提出了对“华企”有关人员所受的错误处理进行改正、平反、恢复名誉的意见。后经省委及中央纪检会批准同意，通报执行，并于1981年6月19日在《南方日报》作了公开报道。

而这时在中央主政的叶剑英，则更致力于经济特区的建设、改革开放的推动。早在1979年6月，他就接见了正在广州参加广东省委三级干部会议的地市县委书记，赞同在广东首先实行经济体制改革。他所领导的全国人大常委会，很快便审议批准了《中华人民共和国广东经济特区条例》。

《条例》的批准、颁布，完成了设置经济特区的立法程序，奠定了特区的法律地位，更确认了开放政策下引进外资的法理性，从而增强了外商，当时主要是港商、侨商对特区投资的信心。紧接着，叶帅又于1980年4月、1981年3月至4月，多次到特区考察，深圳、珠海都走了，还欣然为“招商蛇口工业区”题名。

可以说，他最早提出搞出口商品基地乃至“出口特区”，当是经济特区的初步构想，而这与近30年前的“华企”、“华建”的创立，也是分不开的。

三、开放与历史的主动精神

其实，无论是土地改革问题，还是民族工商业问题，对于广东而言，都可以归到对外开放上，这在前文已经阐述得很明白了。

终于，经历了包括十年“文革”这样的迷误与折腾后，直到20世纪80年代，从“和平土改”、“两企”初创这一根红线，才又“断弦再续”，从而让广东跃居全国经济第一大省，成为改革开放的前沿阵地，并且在短短的20多年间，超过了亚洲“四小龙”中的三小龙，创造了历史的奇迹。

不仅广东的改革开放，乃至全国的改革开放，都与叶剑英的推动、支持甚至把舵分不开。没有叶剑英，不论粉碎“四人帮”，还是解放思想、改革开放，都是无法想象的。

在创办特区之前，困扰广东最大的是“督卒”（即越境逃港）问题，有关数据显示改革开放前以合法或非法方式赴港的内地人数有上百万之巨，为香港经济起飞、跻身亚洲“四小龙”不仅提供了大量的劳动力，而且网罗了大批的技术人才。

这些情况，叶剑英是很了解的。早在1962年“六六”事件中，由于谣传英国女王生日“大赦”，边境开放三天，人人均可用护照进入香港，一下子上十万人涌向广州火车站，爆发了大逃港。时任广东省副省长、广州市副市长的曾生，即时派人在群众中辟谣、劝解，并且实行军事戒严。香港的存在，也一度使广东省领导人，尤其是公安、民兵部门伤透了脑筋。按上面的口径，那里是资本主义罪恶的渊薮，时时刻刻在散发着棺材里透出的腐烂气味，“毒害”着善良的百姓——只是，被“毒害”者仍争相涌向那里。上世纪60年代几大“破关”事件犹自可，那海面上因“偷渡”而被击毙的浮尸，远比在柏林墙边倒下的冤魂不知多多少倍，可怎么也阻遏不住这种“叛国投敌”的“逆流”。

人往高处走，水往低处流，物质文明毕竟是有吸引力的，你再放“精神原子弹”也无济于事。尤其是上世纪60年代以来，香港经济、文化等方面迅速地超过了广州，并膨胀成为了十来个广州（直到1991年，按披露出来的数字，广州生产总值仍为香港的1/8，全广东省生产总值为香港的40%左右，这已奋起直追有8年了）。人类对文明的向往，对幸福生活的追求，难道有什么值得非议的？何况在外逃人员当中，不少均属怀才不遇，能力得不到发挥的——你这里压抑了，干吗不让人家上别处施展呢？

这么说，也只是从低层次的、生存本能上作出解释的——尽管这样，如果当年这么说，势必会大祸临头，当上“反革命”的。有一位画家，当年只开玩笑说上香港玩玩，便列入了“内控”对象，一控便控了20年，直到“解控”他自己才知道。①

这些事件，触发了叶帅的深思。逃港，是因为两地生活差异迅速拉大所致呀。针对这一问题，早在1977年，他就对时任广东省委书记的吴南生说：“我们的家乡很穷，你们有什么办法没有，要多想办法。”由此萌动了吴南生办“出口加工区”的设想。

而叶帅迅速支持广东省优先发展边境地区（主要是靠近港澳的宝安、珠海）经济。1977年11月，叶剑英在广东听取中共广东省委汇报，谈到边境的经济发展时，他肯定地说：“在珠海，宝安搞出口商品基地比较好。姚依林同志和我谈话时，他同意在这些地方进口粮食发展养猪、养鸡业。……我看，这样做好。”——这已是办“特区”的前期思考了。

很快，小平便以“杀出一条血路来”的名言，回答了习仲勋关于办特区的设想。在叶剑英参与下，中央工作会议正式讨论了这一重大问题，并形成《关于大力发展对外贸易增加外汇收入若干问题的决定》。该决定明确指出：“为了调动爱国华侨、港澳同胞参加社会主义建设的积极性，更有效地利用他们的资金、技术和设

---

① 谭元亨：《千年国门》，广东旅游出版社2001年版，第219页。

备，发展我国出口商品生产，在沿海少数有条件的省市，划出一定地区，如广东省深圳、珠海、汕头，福建省厦门，上海市崇明岛等单位单独进行管理，作为华侨和港澳商人的投资场所。深圳、珠海两地可以先行试办。”

1979 年 6 月 1 日下午，叶剑英接见了正在广州参加广东省委三级干部会议的地市县委书记，并作了讲话。他表示赞成广东省首先实行经济体制改革，由中央下放一些权力，他说：“中央决定广东、福建先走一步，把广东作为试点。广东搞好了，可以推动全国，促进全国。搞不好，也会搞乱全国的。所以，这很重要，同志们要努力。你们要带好头。”

叶剑英意识到，要开放，就得立法，须有法律上的保障。他作为全国人民代表大会常务委员会的委员长，对经济特区的立法工作高度关注，积极支持。

首先，叶剑英极力促成广东省制定特区条例。1979 年初，叶剑英在广州时，听取广东省委关于改革开放中实行特殊政策的汇报后，要求广东尽快拟出经济特区条例，呈报国务院和全国人大常委会。从 1979 年 8 月开始，广东省有关部门着手研究制定关于特区的政策法规。在党中央、国务院领导同志自始至终的关心、支持下，大家全力以赴，前后写了 13 稿，历时整整一年，广泛征求了海内外人士的意见，并且妥善地解决了一些疑难问题。这些问题包括：一是赋予经济特区更大的自主权，特区的经济体制要“跳出现行的体制之外”；二是对到特区投资的外商，必须给予优惠的政策；三是由于传统的观念影响，在某些问题的提法上不得不作斟字酌句的推敲。

其次，全国人大常委会很快审议批准了《中华人民共和国广东经济特区条例》，这个条例以前叫《广东省经济特区条例》，原来准备在广东省人大通过后公布，但许多人都认为在省人大通过的还应当经全国人大审议批准才好。吴南生向叶剑英汇报说：“特区设在广东，但它是中国的特区，所以，广东的特区条例是中国的条例。我们是社会主义国家，要搞特区没有先例，如果‘条例’没在全国人大常委会通过，不正式授权，是无法创办的。”对此叶剑英表示赞成。

1980 年 8 月 26 日，全国人大常委会第十五次会议很快审议批准建立深圳、珠海、汕头、厦门 4 个经济特区，并批准颁布实施《中华人民共和国广东经济特区条例》，该条例的批准、颁布，完成了设置经济特区的立法程序，奠定了经济特区的法律地位，使中国对外开放、特区同国际社会打交道有了一个由国家最高立法机构审议批准的法律依据。它不仅使经济特区及其一些原则性的政策、措施获得法律上的肯定，有法可依，同时也表现了中国对外开放、创办经济特区的决心，增强了外商对特区投资的信心。

1981 年 11 月 26 日，第五届全国人民代表大会常务委员会第二十一次会议，在叶帅的主持下，审议了国务院关于建议授权广东、福建两省人民代表大会及其常务委员会制定所属经济特区的各项单行经济法规的议案，决定授权广东省、福建省人民代表大会及其常务委员会，根据有关法律、法令、政策规定的原则，按照各省经济特区的具体情况和实际需要，制定经济特区的各项单行经济法规，并报全国人民代表大会常务委员会和国务院备案。

就是在上述条例从酝酿到通过之际，“督卒”现象迅速减少，特区建立后，更是戛然而止了。不少逃出去的，现在又“倒流”回来，觉得这边生活不比那边差，房子住得更宽敞。当然，他们回来，大都成了“投资归民”——不是投资移民了。笔者听朋友说过一段趣事：某人逃港回来，愿花重金请当地政府不要注销他在当地的户口，不要撤销对他是当地百姓的承认——为什么呢？因为当地的“身价”已远高于他在港的一切，哪怕他现在手头收入在港亦不算少。宝安某村出了个红榜，一边是留在本地的村民的收入，另一边是跑过去的村民的收入对比发现，这边的早超过了那边的了，人们调侃中也半带上了认真：可不，到底还是社会主义胜过资本主义。

这样的故事还有很多，很多……

以上，我们从共和国入手，阐述了从“天国”到共和国这一伟大的历史进程——这样一个命题，当可以做一篇很大的文章，一部很厚重的书，有不少深刻的思想值得发掘，这里，我们仅仅是从客家这一角度上作些阐发只能说是浅尝辄止。

在这一章中，我们仅讲了客家人六次崛起中三大因素的延续：一是客家人的土地革命的要求；一是客家人民族意识的提升；再有便是客家人求新求变、敢于开拓的海洋文化精神与现代先进文化的接轨。

当然，还可以归纳出更多来，诸如客家人的特立卓行，他们身上潜藏已久的英雄主义、他们的历史主动精神，以及敢于献身的正气、骨气与大气……但是，这三条，应该是最典型也是最深层的动因。抓住这三条，方可最终解释得出客家人近代的“六次崛起”！

客家人之所以在近现代100年间有如此出色的表现，当归于其民族文化的深厚传统——传统不仅仅是农耕文化、儒家与道家的历史品格，也应包括与现代文化相衔接的海洋文化，忽略了后者，客家文化便是不完整的，华夏文明也同样是不完整的。

客家人存在之意义，更是这“六次崛起”中所揭示的，这远比五次大迁徙要重要得多。流水不腐，户枢不蠹，正是这种迁徙—流动、崛起—再生，保证了一个民系永远的生机。一个多世纪以来，正是客家人，一次又一次地震撼了中国，也震撼了整个世界。

到此，我们当可以说了：了解客家人，不仅是五次大迁徙，更在于这六次崛起，信然！

让我们铭记：不了解客家，便不了解中国，也无法了解世界！

第九章
客家商帮

第一节　明清以降的客家商帮

一、粤商中的一大方阵

与中华民族文化一样，客家文化同样根植于传统的自给自足的农耕文化。客家经济的发展，发端于农耕，也受惠于农耕。据史料，在客家人的农耕经济中，甘蔗、烟草、棉花、木材、茶叶、番薯对于后来客商经济的发展贡献尤为突出。

烟草原产于南美洲，据史料，早期由西班牙传入欧洲、葡萄牙、亚洲，到中国则由北方（当年的蒙古、朝鲜）传入南方。进入客家民系后，也得到迅速发展。究其原因，除了其适应在山岳旱地生存，又能获高额利润外，亦与客家人生产、生活需求紧密相关。客家先民们长期生活在高寒地带，长年与寒水湿土打交道，苦于水气寒气的困扰。而烟草利于驱寒除湿，倘有耕作劳累疲乏，用烟草也可提神醒脑，受蚊虫叮咬时，又可用烟草味驱蚊虫，更有毒蛇毒虫侵袭，危及生命之虑，烟草是最简单方便的蛇药，有消肿去痛之功效。这些因素促使客家人对烟草进行改良，并大量种植。以永定为例，烟草自从明末传入永定，直到现在，它的收入仍占县财政收入的30%。乾隆时期，抚市乡的社前村有90多座土楼，其中大部分设有自己的烟棚，当时社前有2000余人从事烟草业。烟叶主要“估客贩运江西发售”。清末永定人到全国各地开设烟行、烟庄，规模较大的有上海23家、长沙17家、南京11

家、武汉10家，而在永定本县则有121家。许多比较大、比较著名的土楼，都是由经营烟草业致富者兴建起来的。

在整个客家地区，木材和土纸生产是当地经济的支柱产业，已有不少资料证明，客家人的向外拓展，都与这两个行业有着密切的关系。当时的木材货源主要是由山主自行雇人砍伐，直接出售给木商。也有一部分山主因急需用款，以低价售幼林给木材商，视山场大小、种植面积、生长情况定价，双方签订好协约，一次性向山主缴交青山费，由商人雇人护林，在规定期限内，雇伐木工人分期选择砍伐，到期砍伐后，山林权仍归山主。木材砍伐后，趁春潮水涨之机溜坡或肩扛至溪沿起堆，待秋冬农闲季节，把10～13根木扎为一捆，1～7席为一排，每架排筏的总长度约为20～30米，材积约20～50立方米。流放时，排筏首尾各一人掌舵，中间有一人用竹钩打捞松散漂失的木材。木材就是这样由客乡运送到各个商人手里，再由各个商人运送到全国各地的。有些人“终岁伐木作柴，连轲载至府城（潮州）售卖，其大木可作栋梁者，连数百枝为群牌，运至蔡家园贸易，多获厚资”。如汀江从长汀到峰市沿江木材行就非常多，仅在东门潭一带就有仁记、振安、德昌、勋记、隆记、恒丰、介盛、森林、胜记、公严等十余家。他们全是武北县桃溪、湘店、帽村一带人。木材业的发展，直接推动了纸业的发展。南宋期间，南雄的纸已负盛名。民国十九年（1930年），南雄县内已有纸厂1285间。据光绪《嘉应州志》记载，长乐县（今五华县）有造纸行业，该地生产的“谷纸”与东莞的“密香纸”、广州的“栈香纸”都是商贾争相购买的上品。

甘蔗原为岭南原住民越族的经济要素之一，后经广府传入客家文化之中，并使之发扬光大。到清初时，客家地区甘蔗在品种、数量、质量等方面，与传入初期相比较，已有了很大改观，出现韶州甘蔗“熬糖最甜”的记载。这与南方人喜甜这一饮食文化特色无不相关，因其需甜量大，且种植者“获利颇丰”，又推动了客家地区诸如制糖工艺、制糖机械、（甜）食品加工工业等相关科技经济要素的不断创新。

客家传统服饰，是用家居布做成的古老唐装，以蓝布唐装为代表。这种服饰虽然色调单一，但是穿着方便，在南方客家地区流行了近1000年，20世纪70年代，客家山区仍有其存在迹象。当时，他们在生产力极低条件下，一丝一线全靠自梳自纺，一寸一尺全用手工纺织的土布生产，这样培育了一代又一代的纺织人。道光年间（1821—1850年），长乐县与兴宁县兴起了棉纺织业，所生产的布匹大批运往外地。如长乐县“近来县前出布颇多，谓之县庄，贩往他处”，平远县有商人将本地生产的葛布和生铁运往芜湖和苏杭一带销售，“以取利焉”。在客家人故乡的核心地区，如兴宁县，也有大批土布运到佛山染成“长青布”，输往南洋，形成了庞大的纺织产业，并被纺织学界称之为“纺织之乡”而载入纺织学史册。①

① 参见《梅州市志》，广东人民出版社1999年版，第1148页。

由此可见，客家人在农耕经济时期，就已经注重技术的改进与开发，它与知识经济渊源之深由此窥见一斑了。而这些农耕经济实际上也是后来客家经济的发端，正是秉着这种创新进取的精神，客家人在广州创造了又一次的辉煌。

客家人的南迁虽然开始得较早，但是，由于他们是不断地迁徙，不断地变更居住地，经过了近千年的辗转迁徙，才到达广东。据光绪《嘉应州志》记载："今之土著多来自元末明初。以余耳目所接之人，询其所自来，大抵多由汀州之宁化，其间亦有自赣州来者。"

当他们到达岭南时，自然条件较好的珠江三角洲和韩江三角洲等地已为先来的迁民入住，他们只能在东部和东北部山区定居下来。"逢山必有客，无客不作山"，为了适应迁入地的地理环境，人们必须选择适宜的生产方式，较好地利用当地的环境资源。客家人的先祖披荆斩棘，不但在山间平缓的地方开掘出一块块田地，种植水稻，还在山上开垦出梯田，种植番薯和玉米等杂粮。经过这里的人民辛勤开垦，到清代道光年间，嘉应州的应税耕地面积已达 1.2811 万顷 88 亩，其中较多的是兴宁县，达 3787 顷。客家人的大量迁入，改变了这一地区的荒凉景象，形成了一个新的较大范围的居民聚居地。随着人口的繁衍，到清朝嘉庆年间，嘉应州的人口已达 81.0320 万人（还未包括大埔县的人口数字，此时，大埔县属潮州府）。[①] 人口的增加，又使劳动力大大增加，从而促进了这一地区的开发。这一来他们也就很快融入了整个广东的商业经营当中，成为粤商中的一大方阵。

明朝以前，广东的商人经商活动多是分散的、个体的行为，是"各自为战"，没有出现具有特色的商人群体。就是说，有"商"而无"帮"。但到明清时期，特别是明中叶（15 世纪）以后，由于贸易全球化的推动，加上中国是贸易全球化的大市场和广东是贸易全球化的中心市场，所以广东商人十分活跃，人数大增，成为中国十大商帮之一的显赫广东商帮。而广东商帮又按地域和语言区别为广州商帮、潮州商帮和客家商帮。在这里，我们专门介绍客家商帮这一大方阵崛起的人文地理和社会背景。

（一）优越的人文地理环境

广东是中国的海洋大省，背负五岭，东、西、南三面临海，境内河网密布，无论是通向海外、省外和省内各地，交通都非常便利，两千多年来都是一个海内外商业贸易发达的省份。

海外贸易通过广州（汉称番禺）等港口出海，西行可到印度洋，再通西亚、北非和南欧各国；南行直达东南亚各国，过太平洋可通南北美洲诸国。明中叶至清前期（16—19 世纪），广东已成为贸易全球化的中心市场，海外贸易蓬勃发展，居全

① 参见《梅州市志》，广东人民出版社 1999 年版，第 331～332 页。

国首位。

国内贸易，可分东、西、北、南路通往全国各地。

东路，从广州出发，溯东江（全长517公里）经河源、龙川，翻过大帽山的蓝关到长乐县（今五华县）、兴宁县，与梅溪、韩江、潭河三河流相接，再经大埔县的石上埠，然后与福建上杭县的鄞江、汀水相接通。这主要是客家人居住的地方。石上埠是明嘉靖以后通往福建、浙江、江苏到北方的枢纽，所以，从广州乘船经东江均在石上埠转入鄞江、汀水，一路船只络绎不绝。清朝，经此埠与福建、浙江、江苏贸易往来更加繁忙。

西路，由广州出发，逆西江（全长2200公里）而上，可通广西、贵州、云南；经浔江、桂江过灵渠可通湖南、湖北与长江相连；再逆汉水而上，可通陕西等北方地区。

北路，由广州出发，沿北江（全长460公里）而上至韶州、南雄，过大庾岭古道，到江西、浙江、江苏等地。

南路、梅州地区经广州后，可通过河流与高州、雷州（今湛江市）、廉州、琼州（今海南省）相连接。

以上广东的内外交通便利，就为客家商帮的形成提供了天然的“地利”条件。

（二）手工业生产发展

明清时期，广东的手工业生产在宋元基础上有了新的发展，而梅州客家地区的矿冶业和棉纺织业等的长足发展，更为客家商帮的崛起创造良好的条件。据史料记载，明清时期，客家人集中居住的梅州、大埔、兴宁、五华、平远、蕉岭、惠阳等县发现的铁矿产地已有20个，程乡县（今梅州市）的铁矿产地有松口、神沙铺、义化、平顶山、龙坑等5个；长乐县（今五华县）有梅子潭、客思礤、嵩螺山等3个；兴宁县有西厢甘塘沼、上庄堡等2个；平远县有东石卓笔山1个；大埔县有九龙、代富、大富林、九曲、三河、兰沙甲双溪、南银瓶咀刘公坑等7个；丰顺县有蟾蜍山1个；归善县（今惠阳县）有洋乌潭1个。[①] 于是清代在客家地区开采冶炼生铁的冶炉就有32个，现列表如下，以见一斑。

表9—1　清代客家地区铁冶炉统计列表

年代	县名	冶炉地址	资料来源
雍乾年间（1723—1795年）	程乡（梅县）	松口堡潭头角	光绪《嘉应州志》卷十三《炉饷》
雍乾年间（1723—1795年）	程乡（梅县）	松源堡葵坑宝坑	光绪《嘉应州志》卷十三《炉饷》

① 根据戴璟：《广东通志初稿》卷三十《铁冶》，民国《大埔县志》卷十，光绪《嘉应州志》卷四、五《物产》，道光《长乐县志》卷一，清末《兴宁县志·矿物》，同治《丰顺县志》等书记载。

（续上表）

年代	县名	冶炉地址	资料来源
雍乾年间（1723—1795 年）	程乡（梅县）	磜下堡	光绪《嘉应州志》卷十三《炉饷》
雍乾年间（1723—1795 年）	程乡（梅县）	瑶上堡	光绪《嘉应州志》卷十三《炉饷》
雍乾年间（1723—1795 年）	程乡（梅县）	石坑堡螺子塘	光绪《嘉应州志》卷十三《炉饷》
雍乾年间（1723—1795 年）	程乡（梅县）	四都堡	光绪《嘉应州志》卷十三《炉饷》
乾嘉年间（1736—1820 年）	程乡（梅县）	鹤子寨	《两广盐法志》卷三十五《铁志》
乾嘉年间（1736—1820 年）	程乡（梅县）	障坑	《两广盐法志》卷三十五《铁志》
道光年间（1821—1850 年）	程乡（梅县）	白沙塘	《两广盐法志》卷三十五《铁志》
道光年间（1821—1850 年）	程乡（梅县）	下坑	阮元：道光《广东通志》卷一六七《经政略》
道光年间（1821—1850 年）	程乡（梅县）	金坑约	阮元：道光《广东通志》卷一六七《经政略》
康熙年间（1662—1722 年）	长乐（五华县）	龙玉湖	道光《长乐县志》卷六
乾隆年间（1736—1795 年）	长乐（五华县）	布尾坝头	《户部则例》卷四十二
嘉庆四年（1799 年）	长乐（五华县）	青村	《两广盐法志》卷三十五《铁志》
嘉庆年间（1796—1820 年）	长乐（五华县）	坝头	阮元：道光《广东通志》卷一六七《经政略》
道光年间（1821—1850 年）	长乐（五华县）	玉湖	《两广盐法志》卷三十五《铁志》
乾隆年间（1736—1795 年）	丰顺县	设铁炉五座	民国《丰顺县志》卷四
乾隆年间（1736—1795 年）	兴宁县	太坑尾	《户部则例》卷四十二
乾隆年间（1736—1795 年）	兴宁县	柿花冈	《户部则例》卷四十二
道光年间（1821—1850 年）	兴宁县	冬瓜崋	《两广盐法志》卷三十五《铁志》
乾隆年间（1736—1795 年）	平远县	东石乡	《户部则例》卷四十二
乾隆年间（1736—1795 年）	平远县	大柘乡	《户部则例》卷四十二
乾隆年间（1736—1795 年）	平远县	邹坊乡	《户部则例》卷四十二
道光年间（1821—1850 年）	平远县	桃园坑	《两广盐法志》卷三十五《铁志》
道光年间（1821—1850 年）	平远县	河头	《两广盐法志》卷三十五《铁志》
道光年间（1821—1850 年）	平远县	黄畲	《两广盐法志》卷三十五《铁志》
道光年间（1821—1850 年）	平远县	邹坊	《两广盐法志》卷三十五《铁志》
道光年间（1821—1850 年）	平远县	石正	《两广盐法志》卷三十五《铁志》
道光年间（1821—1850 年）	平远县	东石	《两广盐法志》卷三十五《铁志》
乾隆年间（1736—1795 年）	镇平（蕉岭县）	丰田乡福盘畲	《户部则例》卷四十二
道光年间（1821—1850 年）	镇平（蕉岭县）	福盘畲	《两广盐法志》卷三十五《铁志》
乾隆年间（1736—1795 年）	大埔县	九曲	《户部则例》卷四十二

此外，其他矿冶手工业等也发展了，如丰顺、大埔、长乐（今五华县）、嘉应州的铜矿；大埔、丰顺的锡矿；大埔、镇平（今蕉岭县）、嘉应州的铅矿；镇平（蕉岭县）、兴宁的煤矿；程乡（梅州市）、兴宁、平远县的丝棉麻纺织业；长乐（今五华县）、兴宁、连平的造纸业；嘉应州的制烟业；兴宁的染料业等均有发展。这些手工业生产的产品，自然为客家商人贸易提供充足的货源。

（三）明清政府对广东实行特殊政策

总体而论，明清政府基本上是实行“时禁时开”的对外贸易政策，严格管制海外贸易。

明朝初年，朱元璋曾屡次下令禁止民间入海“通番”，把对外贸易限制在海禁政策范围以内的“朝贡”贸易（亦称贡舶贸易），由市舶司主管。

洪武三年（1370年），明朝政府设宁波、泉州、广州三市舶司，并规定宁波通日本，泉州通琉球，广州通占城（今越南南部）、暹罗（今泰国）、西洋诸国。广州事实上成为中国三个享受经济特殊政策的地区之一。永乐元年（1403年）又在广州西关十八铺置怀远驿，建有房屋120间，招待外国使者和“番商”居住。到正德年间（1506—1521年），官府设立牙行，由牙行负责在外国商人和中国商人之间议定商品价格。到了嘉靖元年（1522年），因为宁波发生“争贡之役”，明政府撤销浙江、福建二市舶司，惟留广东市舶司一口对外贸易。万历年间（1573—1619年），广东十三行受明政府委托，出面代替市舶司主持对外贸易。它已不是早期单纯的买卖中介人，而是一种主持和操纵外国商船来广州贸易的商业团体了。客家商人在明清时期之崛起，实际上与此有一定程度的直接联系，而且更有相当重要的间接联系。其实，时人已看出广东对外贸易的好处。嘉靖年间（1522—1566年），林富生上疏请求恢复广州的贡舶贸易时曾说：“广东旧称富庶，良以此耳。”黄佐也说过：广东鱼米价格本贱，又有番舶贸易之利，容易赚钱，而物价又平稳，所以，人们日常费用可以自足，生活可以得到温饱。其言虽有夸大，但大体上亦反映出当时广东的实际情况。

清初全国局势稳定之后，康熙二十四年（1685年），清政府宣布取消海禁，实行“开海贸易”，并设立粤海关、闽海关、浙海关和江海关，管理对外贸易和征收关税事务。实际上却采取了许多限制对外贸易的政策，并对各国航海商人的船只大小、载运货物、航海人数、商务活动、居住处所、贸易期限、出口货物等，都定有很多禁例，目的就是为了不让中国人和外国商人有接触，防止所谓“隐患”。后来，外商特别是英国商人多违禁例，他们自雍正末年起已有“移市入浙”的趋势，企图打开中国丝茶产区。乾隆二十年（1755年）左右，洋船到宁波贸易的很多，宁波有成为又一个澳门的可能，这种情况引起了清政府的不安。因此，乾隆皇帝谕令，增加浙海关税收，以抑制外商北上，使其无利可图而返广东，虽增税一倍，但仍然没有效果。于是乾隆二十二年（1757年）十一月，清政府宣布封闭闽、浙、江三海关，仅保留粤海关对外通商。从此，粤海关成为中国对海外通商的唯一口岸，全国的进出口商品交易，都由广州一口经营。

一口通商以后，中国和西方列国的全部贸易都汇集在广州。为了便于管理，清政府在广州委托半官半商性质的“十三行”协助粤海关管理对外贸易。按当时清政府的规定，外国商人的直接交易对象，只能是十三行的行商，而不得与任何其他中国商人交易。十三行及其行商成为中国商人与外商之间的中介商，其业务范围明确规定为经营外洋贩来的货物及出海贸易货物，即既承销进口洋货，又购销出口土货。业务内容包括：为外商交纳税收及所有的费用；为外商出售进口货物以及代买出口商品；监督外商在广州期间的一切活动及充当地方与外商之间的联系人员，即外商在广州的全权代理人。此外，他们除了经营对外贸易的商务外，还负有办理外交的责任。因此，十三行具有半官半商的性质。

广州一口通商后，商船日渐增多，买卖日繁，税课日旺。由此引起广州的商行在乾隆二十五年（1760 年）开始分门别类管理，分出三类专业商行；第一类是洋货行（即十三行），专门办理对外进出口贸易；第二类是本港行，专管暹罗贡舶贸易及南洋贸易；第三类是福潮行，专办福建、潮州的国内贸易。除本港行业务范围外，全国对外贸易都要经过十三行行商之手。后来本港行被撤销，其业务便划归外洋货行办理。从此，对外贸易全归十三行垄断。

广州一口通商和十三行贸易垄断一直延续到道光二十二年（1842 年）。在这一时期，广州的海外贸易以其得天独厚的地位，处于高度发展的黄金时代。

广州一口通商制度和十三行垄断贸易制度，不仅促进了广州对外贸易的发展和繁荣，推动了广东社会经济的发展，也促使了广东商业以及广东商人的发展。由于广州是中国对外贸易的唯一口岸，中国内地的商品就大批地源源不断地运至广州出口，而外国商品也通过广州集散，然后销往全国各地，广州因而更成为“洋货”和“土特产”的集散中心；佛山则成为“广货”和“北货”的集散中心。于是，广东商人便成群结帮地把洋货贩运到全国各地，并购买大批土特产回到广州出口；而外省商人也成帮结队地把本地的土特产贩运到广州来出口，而把洋货、广货运回本地销售，当时称为“走广”。这么一来，客家商人就自然成为沟通广东与福建、浙江、江苏以至全国商人的长途贩运者而活跃起来。

与此同时，清朝初年，清政府大力鼓励广东和福建人迁入四川垦殖，也是诱惑抱求富心理的大批客家商人到四川经商贸易的因素。

（四）人多田少之驱动

广东是一个有山地、丘陵、平原、台地而以山地和丘陵为主的地区，仅有一个 6000 平方公里的珠江三角洲平原和一个 915 平方公里的韩江三角洲平原，形成了“三山六水一分田”的格局。据人口学者研究表明，广东历史上的人口分布密度不一，总的态势是人多地少。唐代，广州府每平方公里为 1.2 户，潮州府 12

客家山村

户。北宋时，广州府每平方公里为4.8户，韶州府每平方公里5.5户，连州和潮州府为每平方公里4.5户。元代，广州府每平方公里为36.6人，潮州府每平方公里为27人，韶州府每平方公里21.6人。明清时期，随着经济的发展，人口不断增加，人口密度相应提高，人口对土地的压力越来越大，人多地少的矛盾日益尖锐化。嘉庆二十五年（1820年），广州府每平方公里达到306.84人，包括程乡（梅县）、镇平（蕉岭）、大埔、平远、兴宁在内的潮州府每平方公里151.45人，韶州府每平方公里64.24人，连州每平方公里49.84人。[①] 广州府的总人口达到5878501人，全省人口达到21558239人，而全省耕地仅有34300709亩，人平均耕地不到1.6亩，其中广州府的南海县人均耕地不足1.5亩。清末，全省人口增至2800多万人，人均耕地只有1.3亩。可见，人口增长速度远远超过耕地增长的速度，使人多田少的矛盾成为广东特别是珠江三角洲和韩江三角洲的严重社会问题。明朝中叶以降，广东逐步由历史上粮食输出省变为缺粮省，而且成为中国一个粮食输入大省，因而发出“广东地广人稠，专仰给广西之米”[②] 的感叹。在这种情况下，死守土地，继续发展传统农业自给自足的自然经济，已经不能解决问题。于是，不少客家人想方设法寻觅生计。他们有的人改革和优化生产结构，在有限的土地上种植经济作物，以取得较好的经济效益；有的人则转而从事手工业生产，专门进行商品生产；还有相当一部分人，则弃农逐末，直接经营国内外商业贸易，成为商人：或为小商贩，或为长途贩运批发商，或为牙商、行商，或为海商，足迹遍天下。正如民国《新修大埔县志》所记：

> 土田省，人竞经商于吴、于越、于荆、于闽、于豫章，各称资本多寡以争锱铢利益，至长治甲民名为贩川生者，则足迹几遍天下矣。[③]

可见，明清时期，广东人多田少的矛盾亦是客家商人崛起和形成的一个不可忽视的因素。

---

① 梁方仲：《中国历代户口、田地、田赋统计》，上海人民出版社1981年版，第458~462页。

② 史澄、李光廷：光绪《广州府志》卷二《训典二》。

③ 温廷敬等：民国《新修大埔县志·人物志》。

二、客家商人的地域和社会构成

（一）地域构成

广东客家人先民来自中原地区。两晋时代，中原人为逃避战乱，逐步迁往湖北、湖南、江西、福建等省。唐末五代时迁到广东北部和东部。南宋时继续迁移。明清时期向西迁至西部、广西和四川。这里所说的明清时期的客家商人，应该是包括明属潮州府管辖的程乡（今梅州市）、镇平（今蕉岭县）、大埔、平远和惠州府管辖的长乐（今五华县）、兴宁、归善（今惠阳县）、永安（今紫金县）、龙川、河源、和平、连平等县；清朝属惠潮嘉道管辖的嘉应直隶州管的平远、镇平（今蕉岭县）、长乐（今五华县）、兴宁；潮州府管的大埔、丰顺；惠州府管的连平、归善（今惠阳县）、龙川、永安（今紫金县）、河源、和平等12个县的商人（现在统计，广东省客家人居住者为15个县市）。其中以程乡（今梅州市）、大埔、平远、镇平（今蕉岭县）、长乐（今五华县）、兴宁等6个县商人为多。因为这些县均操客家话语言，故与广州帮、潮州帮对称为客家帮商人。客家帮商人有多少，限于当时没有统计资料，是很难统计准确的。现只能将涉猎到的有关商人的资料列表如下，以见一斑。

表9—2　明清部分客家帮商人姓名列表

年代	姓名	籍贯	经营情况	资料来源
嘉靖三十九年（1560年）	萧雪峰	大埔	经商闽粤	乾隆《潮州府志》卷三十三
嘉靖年间（1522—1566年）	林朝曦	梅县	经商闽粤沿海	《裔乘》卷二
嘉靖年间（1522—1566年）	肖雪峰	大埔	经商闽粤沿海	乾隆《潮州府志》卷三十八
嘉靖年间（1522—1566年）	罗　袍	大埔	经商闽粤沿海	乾隆《潮州府志》卷三十八
康熙二十年（1681年）	周作宾（韩素音祖辈）	梅县	经商四川	《客家风采》第一辑
康熙五十六年（1717年）	林树荆	平远	经商四川资中	《民国资中林氏家乘》
康熙五十七年（1718年）	谢子越	连平	经商四川简州	《民国谢氏族谱》
康熙年间（1662—1722年）	罗拔元	兴宁	经商四川	《兴宁东门罗氏族谱》卷四
雍正五年（1727年）	钟亮生	龙川	经商四川新繁	《民国成都钟氏族谱》
雍正五年（1727年）	李仕廷	平远	经商四川中江卖酒	《民国李氏族谱》

（续上表）

年代	姓名	籍贯	经营情况	资料来源
雍正十二年（1734年）	何寅初	大埔	经商吴越	《大埔县志·人物志》
雍正年间（1723—1735年）	钟慕贤	龙川	经商四川	《民国成都钟氏族谱》
雍正末年（1735年）	巫作江	五华	经商四川永川	民国《简阳县志》卷九
雍正末年（1735年）	巫钖俊	五华	经商四川简州	民国《简阳县志》卷九
乾隆元年（1736年）	陈国乔	兴宁	经商四川荣昌	《民国荣昌陈氏族谱》
乾隆元年（1736年）	陈永守	兴宁	经商四川荣昌	《民国荣昌陈氏族谱》
乾隆元年（1736年）	朱大进	五华	经商四川	《民国朱氏族谱》
乾隆元年（1736年）	林友权		入四川资川合伙经商	《民国林氏族谱》
乾隆廿一年（1756年）	王长兴	梅县	经营铜业	光绪《嘉应州志》卷十三
乾隆廿一年（1756年）	李世业	梅县	经营铜业	光绪《嘉应州志》卷十三
乾隆廿一年（1756年）	李鸿逵	梅县	经营铜业	光绪《嘉应州志》卷十三
乾隆廿一年（1756年）	张际盛	梅县	经营铜业	光绪《嘉应州志》卷十三
乾隆廿一年（1756年）	李鸿纶	梅县	经营铜业	光绪《嘉应州志》卷十三
乾隆廿一年（1756年）	黄鼎丰	梅县	经营铜业	光绪《嘉应州志》卷十三
乾隆三十三年（1768年）	黄彩若	兴宁	四川荣昌卖扇	《巴县档案》全宗号6卷号63
乾隆三十七年（1772年）	罗伯芳	梅县	经商加里曼丹	《广东省志·华侨志》
乾隆五十五年（1790年）	罗展成	兴宁	不详	《两广盐法志》卷三十五
乾隆五十五年（1790年）	李肇芹	河源	经商四川简阳	民国《简阳县志》
乾隆五十七年（1792年）	张贯宗	平远	富天彭为贾	同治《广汉益兰祠续修张氏族谱》
乾隆年间（1736—1795年）	魏吉康	五华	经商四川简东	民国《简阳县续志》卷九
乾隆年间（1736—1795年）	张正超		开杂货店于四川绵西	《民国锦西张氏族谱》
乾隆年间（1736—1795年）	林叔友	平远	经商四川资川	《民国林氏家乘》
乾隆年间（1736—1795年）	巫维舒	连平	入四川简西贸易	民国《简阳县志》卷九《士女篇》
乾隆年间（1736—1795年）	巫俊堂	五华	入四川资中贸易	《民国巫氏族谱》
乾隆年间（1736—1795年）	钟氏	龙川	贩卖蒲草于四川	《民国成都钟氏族谱》
乾隆年间（1736—1795年）	谢复英		入四川简阳小本贸易	民国《简阳县志》卷二十四《补遗·善行传》

（续上表）

年代	姓名	籍贯	经营情况	资料来源
乾隆年间（1736—1795 年）	吴仲庆		在四川崇庆州贩酒	光绪《增修崇庆州志》卷八《人物》
乾隆年间（1736—1795 年）	蔡氏	五华	入四川简阳贩牛	民国《简阳县志》卷十八《士女篇》
乾隆年间（1736—1795 年）	张士海		在四川什邡、彭县商贩	《同治广汉益兰祠续修张氏族谱·序》
嘉庆四年（1799 年）	张宝兴	五华	经商四川	《两广盐法志》卷三十五
嘉庆五年（1800 年）	曾秀清	五华	经商四川	《民国金堂县续志》卷十
嘉庆五年（1800 年）	陈乃升		入重庆贩糖	《宣统内江陈氏族谱》
嘉庆二十年（1815 年）	丘燮亭	梅县	经商巴达维亚	《广东省志·华侨志》
嘉庆二十三年（1818 年）	姚德胜	平远	经商马来西亚	《广东省志·华侨志》
嘉庆年间（1796—1820 年）	吴德馨	蕉岭	经商爪哇	《蕉岭县志》
道光二十六年（1846 年）	陈振勋	大埔	经商爪哇	《蕉岭县志》
道光二十九年（1849 年）	陈复兴	五华	经商香港	《五华县志》
道光年间（1821—1850 年）	罗庆宗	兴宁	经商四川	《兴宁东门罗氏族谱》卷四
道光年间（1821—1850 年）	罗奕桢	兴宁	经商四川	《兴宁东门罗氏族谱》卷四
道光年间（1821—1850 年）	陈永祥	兴宁	经商四川荣昌	《民国荣昌陈氏族谱》
道光年间（1821—1850 年）	罗庆芗	兴宁	经商四川	《兴宁东门罗氏族谱》卷四
道光年间（1821—1850 年）	刘盛芳	嘉应州	入四川南川县设店	民国《南川县志》卷十一《列传》
咸丰六年（1856 年）	张弼士	大埔	经商雅加达	《大埔县志》
咸丰九年（1859 年）	陈文褒	大埔	经商南洋	《大埔县志》
同治七年（1868 年）	张煜南	梅县	经商印尼巴达维亚	《新加坡马来西亚华侨史》
同治十一年（1872 年）	戴春荣	大埔	经商巴达维亚	《广东省志·华侨志》
光绪五年（1879 年）	张鸿南	大埔	经商印尼棉兰	《广东省志·华侨志》
光绪六年（1880 年）	李瑞琴	五华	经商香港	《五华县志》
光绪十年（1884 年）	钟木贤	五华	经商檀香山	《五华县志》
光绪十六年（1890 年）	翁佛进	蕉岭	经商爪哇	《蕉岭县志》
光绪二十二年（1896 年）	吴香初	蕉岭	经商爪哇	《蕉岭县志》
光绪二十八年（1902 年）	徐统雄	大埔	经商新加坡	《大埔县志》
光绪二十八年（1902 年）	潘祥初	梅县	经商印度	《广东华侨华人史》

（续上表）

年代	姓名	籍贯	经营情况	资料来源
光绪二十八年（1902年）	潘立斋	梅县	经商印度	《广东华侨华人史》
光绪三十一年（1905年）	罗寿环	蕉岭	经商印尼	《蕉岭县志》
光绪年间（1875—1908年）	张正安		入绵西经商	《民国绵西张氏族谱》
宣统元年（1909年）	李岳屏	五华	经商印尼	《五华县志》
宣统三年（1911年）	丘元荣	梅县	经商马达维亚	《广东省志·华侨志》
清末	曾稚南	蕉岭	经商马达维亚	《蕉岭县志》
清末	罗金莲	兴宁	卖扇长沙汉口四川	《兴宁东门罗氏族谱》卷七
清末	黄达璋		入四川中江贸易起家	民国《中江县志》卷七《人物二》
清末	钟鸣勋		入四川郫县以贾起家	民国《郫县志》卷十七《人物志》
清末	黄德星		入四川南川县贸易	民国《南川县志》卷十一《士女篇》
清末	陈洲		入四川内江业盐务	《宣统内江陈氏族谱》
清末	林元玉		入四川仁邑善贾货殖	民国《林氏家乘》
清末	廖振雄		入四川资中经营商务	民国《续修资中廖氏族谱》
清末	钟高		赴四川简阳学商	民国《简阳县志》卷九《士女篇》
清末	江晋槐		贸易四川石桥镇	民国《简州志》卷十三《艺文志》

上表所列客家商人78例，仅是挂一漏万，其实未见于或未寻找到文献记载的商人不知凡几。但从上表所列的客家商人可知，他们是分布在今天客家人集中居住的梅州市范围的六县市为主，计五华县12人，梅县14人，兴宁、大埔县各10人，蕉岭、平远县各5人，共56人，占总数的70%强。其他如连平、龙川、河源、惠阳等县也有一些客家商人。

同时，从上表也可看出，地处广东东北部山区的客家商人的形成，比广州帮、潮州帮商人稍为晚一些，除了少数商人在明嘉靖年间（1522—1566年）开始出现外，主要的客家商人在清朝才逐步形成和发展起来。

（二）社会构成

客家商人的构成不仅有地域上的差别，而且有不同的社会构成。除了专业商人外，还有弃农经商、弃儒而商、亦工亦商、亦官亦商者，“均梯航登笈，鳞萃云集，偕来卜居者不计其人”。① 这说明客家商人来源于不同的社会阶层，从事或兼做过各种各样社会职业的，其中较显著者有如下几种：

1. 专业商人。

客家商人中，有相当部分是世代为商的。例如长乐县（今五华县）人巫作江，于雍正年间（1723—1735 年）随其父亲到四川永川县，伙同其叔父巫钖俊在落带镇经商贸易，历 10 多年，发家致富，然后迁到永川县城居住，继续经商②。

梅县商人同作宾，在家经营小商贩为生，康熙二十一年至四十九年（1682—1710 年）移民四川时沿途经商，到四川后继续以经商为业。英籍华裔著名作家韩素音（原名周月宾）在谈到自己的祖辈家景时说：“我的祖先姓周，来自广东梅县，约在一六八二至一七一〇年间迁移到四川省。我们的家谱记载着先祖移来四川时，是个沿途叫卖的小贩，后来到四川亦以经商为业来维持生活。”③

梅县商人张煜南（1851—1911 年），少时入私塾读书，稍长即帮其父亲经营小杂货店维持生计。但因小本生意利微，难于维持十口之家的生活，于是只身跋涉重洋，到巴达维亚（今印度尼西亚首都雅加达）投奔大埔县富商张弼士门下做伙计，有了积蓄后，自立门户，发展商业。光绪四年（1878 年），与张弼士合资开办笠旺公司，经营茶叶、咖啡、橡胶等；然后又开设日里银行和永昌商号，经营各类商品。经过 10 多年的苦心经营，终于发财致富，总资产达到 4 万盾（印度尼西亚货币），成为印度尼西亚棉兰老地区华侨社会的富商。荷兰殖民当局，鉴于张煜南对促进当地经济发展有功，授予他华人“雪珍兰”和“甲必丹”（均为荷兰殖民政府之军职衔）。张氏也因此成为棉兰老地区公认的华侨首领。④

兴宁人陈永祥，道光年间（1821—1850 年）入四川荣昌县经商布业，因缺乏资本，得其堂兄永守不惜资金资助营业，在荣昌、隆昌两县之间代购布匹运往嘉定县（今乐山市）贩卖；并开设糖局，到农村收购蔗糖汇总后大批运到重庆，再顺长江运往武昌直抵中下游的江苏、浙江等地出售，发家致富。⑤

平远县商人张贯宗，乾隆五十七年（1792 年）入四川，后发展支系 30 余支，其族谱明确记载“贸易获金”、“贸易发家”、“贸易立宅起家”者达 15 支之多。⑥

---

① 道光《佛山忠义乡志》卷五。

② 民国《简阳县志》卷九《士女篇》。

③ 《韩素音谈自己的祖籍》，载《客家风采》（第 1 辑），1924 年版。

④ 《梅县县志》，广东人民出版社 1994 年版，第 1110 ~ 1111 页。

⑤ 《民国荣昌陈氏族谱》。

⑥ 《同治文治益兰祠续修张氏族谱》。

大埔县人张弼士（1841—1916 年），咸丰六年（1856 年）到印度尼西亚做买卖杂工手，后开设代销各国酒类的商行，并经航海运输，商务扩张到马来西亚等国家，成为东南亚地区的华侨首富。

2. 弃农经商。

如前述明清时期客家地区也属人多田地少的地方，同时随着商品货币经济的日益发展，在客家地区的自耕农或佃农，眼见经商有利可图和有利快图，往往积累少量资本弃农经商，以图赚取比耕种田地更多的财富。

客家人张国桂，稍长即弃耕从事商业贸易，挑卖黄糖，获利不多，始改做布匹生意，于是赚数百金，在四川绵西县永兴集资开杂货商店，后又开米铺。到其第三子、六子，继续开丝绸商铺，于是发财致富，显赫一方[①]。

五华县人巫俊堂，乾隆时移入四川资阳县，初耕种为业，凡四世，至光绪十年（1884 年），其第四代孙巫佃王迁至资中县城西街从事商业贸易为生。[②]

3. 弃儒而商。

在明清时期广东商品经济发展的时势下，不少客家人读书入仕的传统观念大有改变，经商致富的思想骤长，于是弃儒而商者不乏其人。

兴宁人罗庆芗，移民四川内江，少年十分聪颖，读书过目成诵，但稍长之后，其父即要其“弃学就商”[③]，奔走市场。

钟高，刚十四岁，放弃读书，到简阳县学商经商。[④]

客家人廖振雄，年幼时聪明过人，好交书友，但刚满十岁即奉父命弃儒料理商务，继承父业，奔驰于资中县上下左右经商贸易[⑤]。

客家人陈洲，迁居四川内江县，少年读书颇有学历，但稍长成人，即“弃儒而贾”，经营盐业，凡十余载，发财致富，囊金数万，远近亲戚、朋友称著一时，皆说其不为功名，而为财理。[⑥] 又监生林元玉，本来“幼好儒书”，但其六个儿子中，就有中兴、中煜、中产、中上四人皆弃学善贾，货殖万金，成为仁邑富市巨族。[⑦]

蕉岭县蓝坊产大地村人罗寿环（1887—1944 年），其父罗经銮，是清朝监生。寿环少年遵父命攻读诗文，熟背“四书”“五经”，精通《左传句解》。但稍长，由于家贫无法维持生活，只好弃儒从商，于光绪三十一年（1905 年）漂洋渡海，到南洋从商，在孟加勿石办起一间杂货店。由于经营有方，生意日益兴隆，1927 年，在

---

① 《民国绵西张氏族谱》。

② 《民国巫氏族谱》。

③ 《兴宁东门罗氏族谱》卷四《家传谱》。

④ 民国《简阳县志》卷九《女士篇》。

⑤ 《民国续修资中廖氏族谱》。

⑥ 《宣统内江陈氏族谱》。

⑦ 《民国林氏家乘》。

爪哇将部分商业资本投资工业，扩建厂房，设豆酱、酱油、豉油等加工项目，营业数额大增，产品畅销南洋各国，资本积累大增，使厂房附近两里的大街命名为“罗寿环街”。①

4. 亦工亦商。

客家商人也不少人是从事工业又兼做生意的，可称之为工商业经营者。例如，雍正十一年至乾隆二十一年（1733—1756年），梅县人卜绍基、王长兴、李世业、李鸿逵、张际盛、李鸿纶、黄鼎丰等既分别在松口堡潭头角、松源堡蔡坑、宝坑，隙下堡、瑶上堡、石坑堡、螺子塘、四都堡等地开采铁矿砂为矿主，又将铁矿沙运往兴宁、佛山、罗定等地出售，从中大赚工、商业的利润。②

乾隆五十年（1785年），兴宁县商人罗展成和嘉庆四年（1799年）五华县商人张宝兴两人，既在太平堡和青村分别自开铁冶作坊冶炼生铁，又将所炼生铁运往各县出售，一身而二任：既是作坊主，又是商人。

还有一些客家商人先做工人，后发展成小业主，然后兼营商业贸易。平远县大柘乡高甸村人姚德胜（1859—1915年），19岁告别父母，随同余宗二等人，从坝头坐小民船到潮州及汕头，转船到香港，再转乘“夹板船”，过“七洲洋”，到新加坡，再转到马来西亚芙蓉埠，通过同乡的介绍，进一家锡矿公司当矿工。仅一年多的时间，他不仅了解采锡矿的生产流程，更了解锡矿产品外销赚钱的情况。不久，他离开芙蓉埠到锡矿藏量更丰富的怡保埠，自己开了一个锡矿场，并利用自己积累的资本，开了一间德和商店，兼做销售生意成为老板。由于既开锡矿又兼经商，生意蒸蒸日上，不数年成为当地的富商。③

5. 亦官亦商。

有些客家商人，经商发财后走入仕途为官，但又不放弃经商贸易赚钱，成为亦官亦商。如大埔县富商张弼士，他经商致富后，于光绪十八年（1892年）接受清政府委托为清朝驻槟榔屿首任领事，二年后升任驻新加坡总领事。光绪二十九年（1903年），清廷两次召其进北京，赏给侍郎衔，以三品京堂候补。后以又被清廷任命为商部考察外埠商务大臣兼槟榔屿管学大臣。民国后历任南洋宣慰使、参政院参政、全国商会联合会会长。但他仍坚持经商贸易。

从以上的历史事实表明，明清时期客家商人是多种社会成分构成的。这就说明，当时商业贸易已经成为客家地区社会的热门职业，人人向往，不少人积极参与。所谓“非经商不能昌业”、“无商不富”，即是当时社会上舆论对商业的具有代表性的看法，也是当时客家商帮形成和发展的一种反映。

---

① 《蕉岭县志》，广东人民出版社1992年版，第703页。

② 光绪《嘉庆州志》卷十三《炉饷》。

③ 参见《广东省志·华侨志》，广东人民出版社1996年版，第348页。

三、客家商人经营活动的地域范围

明清时期，客家商人经商活动的地域范围相当宽广。他们不仅在客家地区做生意，而且这跨越省内各县、全国各地和世界许多国家去经商贸易。可以这样说，客家商人是足迹遍天下、遐迩闻名的。

（一）省外经商

客家商人是广东商帮的一支劲旅，但他们鉴于广州商帮、潮州商帮在省内珠江三角洲、韩江三角洲商品经济发达地区经商贸易的优势和自身形成稍晚的情况，所以客家商人经商一开始就利用自己处于福建、江西交界的地理区位优势，十分注重到内地各省经商贸易。大埔、蕉岭县商人竞相到福建、浙江、江西、江苏、湖北等省去经商，而且“各称资本多寡以争锱铢利益、至长治甲民名为贩川生者，则足迹几遍天下矣”。[①] 兴宁、梅县、五华等县的商人则多贸易于四川、广西、湖南、湖北、北京以至东北等省市。[②] 其中尤以经湖南、湖北入“天府之国”的四川省贸易为多。

兴宁县人罗庆宗善于经商，于四川的成都、泸州、资中等处设立鸿兴商店，收购囤积货物，其次子奕桢则往来四川和湖北专任商货运输，不数年，生意蒸蒸日上，积累资本巨万。[③]

另一位商业巨子陈国乔，乾隆元年（1736年）率子女入四川荣昌贸易，嘉道年间（1796—1850年）转到重庆经商，生意极盛，名誉甚隆，经常来往于四川、湖北、湖南进行贸易，发家致富，直到近代，成为中国近代商业史的一个重要商人。[④]

曾秀清，长乐（今五华县）人，随父入四川金堂县，有巨镇姚家渡、越家渡，水陆交通频繁，秀清擅长经营粮食，来往姚、赵两渡之间，与亲戚合伙经营，粜粜粮食。嘉庆五年（1800年），王三槐蹂躏四川中部，鹤唳风声。于是曾秀清乘此动乱之机，收买庄稼而囤积大量粮食，并在形势稳定、粮价上升之际抛售出去，从中获取高利，成为巨富。又在此基础上，扩大经商规模，走出四川，贩粮到湖北、湖南及东南沿海各省，资本日益雄厚，成为巨富，闻名四川金堂县[⑤]。

兴宁县人黄彩若，入四川在荣昌县开铺经商，亦经常去重庆卖扇。[⑥]

张正超，他来往于广东与四川做生意。乾隆年间（1736—1795年），他入四川

---

① 蔺涛：乾隆《大埔县志》卷十。

② 钟振履：嘉庆《兴宁县志》卷十《风俗》。

③ 《兴宁东门罗氏族谱》卷四《家传谱》。

④ 《民国荣昌陈氏族谱》。

⑤ 《民国金堂县续志》卷十《艺文志》。

⑥ 《巴县档案》全宗号6、卷号36，乾隆三十三年十月。

绵西县经商，开始时在本场开杂货店，赚钱发财后，回到兴宁县老家开办织绫机房，请工匠教导其子侄纺织棉布，然后贩运入四川绵西等地销售。[①]

兴宁县罗金莲一族客家商人，专门经营广东嘉应州和潮州的工艺精湛扇子到湖南、湖北、四川等省贸易，大赚其钱，据其族谱记载：

> 制扇，族内如寨福岭扇、罗屋勋公岭坪上花生累墩蝙蝠形，郭袁岭大圳上高坡子等处多以此为业，扇子种类不一，就五族各处所有出品，如十四根茶甲扇、宝员扇、七根如意扇、九根大甲扇、十一根栉甲扇、十四根分节甲扇、十六根排伽扇、十八罗汉扇、二四赤纸扇、三六棕甲乌纸扇、三六金棕乌纸扇等类。其施工程序亦繁，大概吾族工作，如削扇骨子、排骨子、锁扇、露扇骨、削甲子、出胎子、创梗子、削尾子、扎扇枝、糊扇纸，各种为多。从前扇行生意旺时，各屋扇工非常忙碌，全家大小均劳动无暇……族人多在县城开办扇号，收买各商制成之扇，每岁运铺长沙、湘潭、常德、汉口等处，颇为大宗，扇已售完，往川采办各种时令货物回粤批销。长沙、湘潭、常德、汉口各口岸均设有扇庄。

其族人还经常到四川重庆、泸州、资州、内江、涪州等地倾销广东扇子。因此发财致富，最后该族有 150 人“落籍西蜀”，定居于涪州、泸州、内江等地。[②]

乾隆年间（1736—1795 年），平远县出产的葛麻布和生铁质量较优，当县客商即将葛布运往苏州、杭州等华东地区去贩卖；又将生铁运至安徽省的芜湖等地出售。[③] 客家商人还深入到四川的偏僻少数民族地区去经商，乾嘉时期（1736—1820 年）客家商人到雷坡厅（今雷波县）少数民族地区销售盐布，收购皮革山货贩卖。

与此同时，梅县、兴宁的客家商人也到广西的边远山区城镇经商贸易，如到思陵州（今广西宁明县东南思陵）和思乐土州（今宁明县）。咸丰同治年间（1851—1874 年），梅县黄姓商人到宜山怀远镇经商并定居，后来又到柳城、忻城等县做生意。[④]

（二）海外经商

如上所述，明清时期虽然实行多次海禁，但对广东则实行开放海外贸易的政策，允许中外商人从广州及其他口岸进出贸易。因此，客家商人也利用这一得天独

---

① 《民国绵西张氏族谱》。

② 《兴宁东门罗氏族谱》卷七《职业谱》。

③ 乾隆《嘉应州志》卷十一。

④ 《江夏黄姓族谱》，1993 年版。

厚的“天时”机遇和广东出海方便的“地利”条件，纷纷出海到世界各国经商贸易。

明嘉靖三十七年（1558年），程乡县（今梅州市）的商人林朝曦、大埔县的肖雪峰、罗袍等人，与饶平县的张琏拜结联盟，自号“飞龙主人”，先在福建和广东交界地区经商，万历初年，林朝曦和张琏一起到三佛齐（今苏门答腊）贸易，列肆为番舰长。①

清朝，客家商人到海外国家特别是到东南亚各国贸易更日益增多了，甚至形成了热潮。五华县岐岭区王化乡商人钟木贤，于同治二年（1863年）作为契约华人到南洋，后转去美国夏威夷，光绪四年（1878年）与土王血裔玛莉结婚，后于光绪十年（1884年），偕夫人迁居檀香山经商，商务蒸蒸日上，赚钱致富，成为巨商，并被选为檀香山商会会长。②

大埔县商人戴春荣，同治十一年（1872年），到马来西亚槟城做小贩生意，继而转到怡保太平市当中药店账房，积累资本后顶购这间中药店，命名曰“杏春堂”。后来随着商务日益发展，在怡保太平市和槟城开设分店，经营典当业，不数年发财致富，成为巨商。之后他慷慨解囊，资助公益事业，在槟城、新加坡、大埔、潮州、汕头捐资兴建学堂10间；又资助槟城南华医院、玻璃池滑疗养院和在北京汕头、潮州等地设立贫民医院。光绪三十三年（1907年），大埔县受灾，他捐购米粮数十万担，平粜给灾民渡过难关，深受民众称赞。③

蕉岭县三圳镇东岭村商人吴德馨，嘉庆年间（1796—1820年）到印度尼西亚巴达维亚（今雅加达）经营小摊贩谋生，因为经营得法，生意日隆，稍有积蓄，便接其弟吴友祖去雅加达，共同经营“元合公司”，生意更加兴隆，资本积累更加雄厚。光绪二十七年（1901年），吴友祖回家接其子吴清亭及孙吴郁青、吴香初到爪哇经商，扩设“顺合公司”和“玉成公司”两个子公司，经营豆酱、豉油、米粉、咖啡、洋杂货等生意。之后商务日益发展，再兴建一间肥皂厂及经营房地产生意，于是生意越做越大，资本积累越来越多。上世纪30年代，吴郁青回香港九龙深水埗投资经营房地产业，拥有楼宇60~70幢，成为深水埗三大地产商之一。还在新界八乡创建“吴家村”，拥有大量土地；在九龙及新界兴建织布厂生产布匹，又开设中药、百货等商店多间。吴郁青发财后，热心公益事业，1928年任港九最大的慈善机构之一的“广华医院”董事长时，曾捐资免收或减收贫苦病人之医疗费用。又在新界捐资兴建“锦全学校”。生前立下遗嘱，以其资产的5%捐作基金作为国内及九龙慈善事业费用。20世纪30年代初，在蕉岭中学捐建2间宽敞的“郁青、香初教室”和

① 谈迁：《国榷》卷六十三。
② 《五华县志》，广东人民出版社1991年版，第642页。
③ 《广东省志·华侨志》，广东人民出版社1996年版，第345页。

"清亭教室"。①

梅县人伍森源，他与澄海人许必济利用曾在航行于南洋航线的"红头船"上服务多年的机会，移居泰国曼谷，初在酒店服务，后创立广源隆商行经营木材业，生意十分兴旺，不数年发财致富，成为巨商，闻名泰国。他因热心捐资公益慈善事业，获泰国王赐予泰姓"蓝三"（Lamsam），成为著名的泰国蓝三家族始祖。1904年，他与刘继宗、高晖石等合资创办曼谷天华医院，任该医院董事长多届。其子伍佐南（1879—1939年），早年助其父经营广源隆商行，后继承父业，逐渐拓展商务，经营碾米、锯木、轮船、保险和长途汽车运输等，进而经营进出口贸易，其分公司或代办处，遍及吧城、星洲、印度、古巴、南非、伦敦和广州、汕头、香港、上海等地。伍佐南历任泰国中华总商会会长，天华医院董事长，泰国客属总会会长，泰国红十字会董事长等，蜚声遐迩。至其孙子伍柏林，商务更为隆盛，并把商务扩展到金融行业，创办泰华农民银行，成为泰国第二大银行。其次孙伍竹林既经营商业，又参与政治活动，获泰国王赐予勋章，后被委任为泰国上议院议员。于是整个蓝三家族闻名泰国，并成为泰国的华侨华人首领。②

（三）省内经商

据现在看到的历史文献资料，明清时期，由于广东商帮中的广州商帮势力甚强的缘故，所以处于崛起稍晚、势力较弱的客家商帮在省内的经商活动，在明代及清初中期，除了进出口贸易外，是比较少到珠江三角洲地区贸易的。比较多的是将梅州地区的土特产如兴宁的棉布、五华的生铁等运往附近的潮汕地区进行贸易。但到了晚清时期，则逐步向广州等地区扩展了。例如，蕉岭县三圳镇伍湖村人吴德馨（1877—1949年），先到爪哇吻哩洞打工，后经商发财，积累雄厚资本，然后回到家乡继续经商。他先在汕头开办四大公司之一的"振源百货公司"，赚取大利之后，又到广州兴办"德利汽车行"，生意更加兴隆，资本积累更加雄厚，然后又回汕头开拓房地产生意，独资在汕头兴建48座四五层的楼房出售，并将这条街命名为"德馨街"。又分别在家乡蕉岭县城和南京兴建总面积达几万平方米的10多幢楼房，大做房地产生意。③

与此同时，亦有部分客家商人奔往南雄、韶州（今韶关）等地做生意。

综上所述，明清时期的客家商人的经商活动主要是以进行长途贩运为主，表现在：

第一，他们利用地处广东省东北部和东南部惠阳地区与闽、赣交界的区位优势，走梅县—五华—兴宁—云水—会水—平远—长宁（寻乌）—会昌筠门岭—于

---

① 《蕉岭县志》，广东人民出版社1992年版，第710页。

② 《广东省志·华侨志》，广东人民出版社1996年版，第348页。

③ 《蕉岭县志》，广东人民出版社1992版，第705页。

都—贡江—虔州（赣州）—南昌的线路到福建、江西、浙江、江苏、安徽等省以至北方经商贸易。

第二，利用清初政府“湖广填四川”的移民政策大量到湖南、湖北和四川经商，而且不少客家商人在四川经商致富后而定居入籍四川，据刘正刚教授研究统计，清代康、雍、乾时期（1662—1795 年），客家人由于经商及其他原因入四川之后入籍四川者至少达 75 万之多①。

第三，利用清政府特准开放广东海外贸易的特殊政策的“天时”之机，客家商人纷纷至东南亚以及美洲国家经商贸易，而且亦有无数客家人在经商发财之后定居在印度尼西亚、马来西亚、泰国、新加坡等国家而成为华侨、华人，据统计，明清时期客家人由于经商及其他原因而定居于这些国家者约有 300 万人之多。②

四、客家商人的资本构成和经营方式

如上述如此活跃于国内外市场的客家商人，是怎样经营他们的商业贸易呢？就我们看到的文献资料，按资本构成可以分为独资型和合资型等经营方式。

（一）独资型

这是指那些有较多资本而由自己独出资本经营较大的商业贸易；亦指有小本钱独资经营小商贩的客家商人。这类独资型的客家商人包括在国内和出海经商在内。例如嘉应州（今梅州市）人刘盛芳，道光年间（1521—1850 年）到四川南川县独资白手起家，在南街设店号广兴馆经商，生意兴隆，获大利润，到咸丰同治年间（1851—1874 年），成为本县富族之一。③

梅县商人张正安，光绪年间（1875—1908 年）入四川绵西县城，独资经营丝绸生意，由于善于经营，生意兴旺，财源广进，不数年，家积数千金。其子女亦继操商业，从广东贩卖黄糖，获利甚丰；其子张国桂又独立商户，回兴宁收购土棉布贩运到绵西倾销，赚钱百金，又到永兴场合伙开杂货商店，获利甚丰。④

大埔县西河镇东龙村人张弼士，他随父母到印度尼亚谋生，继承其岳父温老板的大量财产后，将一半资本独资开办一间经营各国酒的商行，并承办当地的酒税以及新加坡的典当业，经营赚利后，又扩展承包荷属东印度（印度尼西亚）一些岛屿的烟税，从而成为印尼富商。

从理论层面上来说，商人的资本有多有少，做生意有大有小，所以客家商人独

① 刘正刚：《闽粤客家人在四川》，广西教育出版社 97 版，第 97 页。
② 《广东省志·华侨志》，广东人民出版 1996 年版，第 178 页。
③ 《民国南川县志》卷十一《列传》。
④ 《民国绵西张氏族谱》。

资经营商业者当然不少，除上述之例外，如前录“明清客家商人姓名列表”中所列的78个商人，独资经营商业者还有五华县商人巫作江、魏吉廉、巫俊堂、张复兴；梅县商人伍森源、伍佐南、姚德胜、刘盛芳、张煜南、张鸿南；蕉岭县商人曾稚南、罗寿环、吴郁芳、吴德馨、徐佛进、吴香初；兴宁县商人陈永祥、罗拔元、罗庆宗、陈国乔；平远县商人彭贯宗、林树荆等，均是独资型的商人。

（二）合资型

这是指一些大、中、小客家商人，因资本不够或其他原因而合资经营的一种方式。这种方式大致可以说是相当于今天的股份制经营方式的雏形。诸如梅县商人丘燮亭，十六七岁随亲戚去巴达维亚（今雅加达），初为亲戚当杂工，积累些小资本后，与一位朋友合资开办联兴公司，专门经营粮食生意。

丘元荣亦是梅县商人，14岁去巴达维亚，在他叔父丘燮亭帮助下，自己开办一个小商店，经营布匹生意，后又与朋友合资兴办更大的商店，专门代理日本的纱布生意，最后发财致富。①

这种合资型的客家商人，由资本多寡而决定其经商的规模，从文献资料看，有一些大资本合资型商人，除自己当老板掌握商店外，还雇请职员伙计帮助经商。这种合资型的商人，一般按其出资多寡而分配所赚得之利润（相当于今天的分红利）。从这方面来说，这种合资型的客家商人已经有点儿类似于1553年英格兰的合资形式进行海外贸易的莫斯科公司了。这种经营方式，在明清时期，应该说是相当超前进步的了。它不仅可以解决经商资本不足的困难，也能少担经商风险，减少经济上的损失。

第二节　民族经济的一面旗帜

一、纽带：会馆的形成

明清时期，随着客家商人的不断发展及其经营商业的日益扩大与繁荣，他们在省内外和外国各经商的城镇均建立自己的地缘性社会组织，名曰会馆。现将其建立会馆、组织结构和功能介绍如下。

（一）会馆组织的发展

从理论上说，会馆是明清时期发展起来的一种社会组织，它是根植于传统市场

① 参见《广东省志·华侨志》，广东人民出版社1996年版，第349、375页。

经济的扩展、人口的迁移和流动频繁、商人子弟不断入仕的经济社会大环境中，形成整合流动社会的功能和机制。它既是明清时期社会变迁的产物，亦为传统社会结构的更新起着一定的作用。具体地说，会馆是明清时期流寓或定居在外乡从事商业、手工业等活动的人们自愿建立起来的一种同乡性质的或同乡、同业性质兼而有之的社会组织。其中由商人创建的同乡会馆，称之为商人会馆。所以，商人会馆是供同乡商人一起活动的公共场所，亦有人称为“公所”，所谓“会馆者、集邑人而立公所也”，“会馆设在市缠，为众商公所”。在四川建立的会馆称“南华宫”。嘉应州商人在苏州创立嘉应会馆时，当时苏州人就称其“将此房卖与广东嘉应府众仕商王仰莲等为公所”。[①] 所以，会馆是明清商品货币经济发展的产物，凡商务繁盛之区，商旅辐辏之市，会馆、公所莫不立林。足迹遍天下的客家商人，在北京、上海、苏州、四川、广州、汕头、马来西亚、新加坡、加拿大、美国等地，均建立有自己的商人会馆。现就浏览到的资料，将客家商人在国内外建立的商人会馆列表如下，以见一斑。

表 9—3　明清时期客家商人在国内外的会馆列表

会馆名称	建立年代	会馆地址
镇平（蕉岭）会馆	乾隆年间（1736—1795 年）	北京崇文区冰窖胡同路北 20 号
嘉应会馆	同治十一年（1872 年）	北京宣武区香炉营头条 3 号（旧）
镇平（蕉岭）会馆	不详	北京宣武区大外廊营
蕉岭会馆	不详	北京宣武门外虎坊桥大街 51 号（旧）
蕉岭会馆	不详	北京西城区西单北报子街 53 号（旧）
兴宁会馆	不详	北京宣武区潘家河沿 20 号
平远会馆	不详	北京东城区沙滩 20 号（旧）
嘉应会馆	嘉庆十四年（1809 年）	苏州胥门外枣市街
丰揭普会馆	光绪十二年（1886 年）	上海里马路
大埔会馆	道光十年前	汕头
嘉应会馆	不详	汕头
兴宁八邑会馆	不详	汕头
嘉应州会馆	不详	广州
南华宫	雍正年间（1723—1735 年）	四川永川县
南华宫	乾隆初年	四川简阳州
南华宫	乾隆年间（1736—1795 年）	四川荣昌县

① 《江苏省明清以来碑刻资料选集》，三联书店 1959 年版，第 325 页。

（续上表）

会馆名称	建立年代	会馆地址
南华宫	不祥	四川隆昌县
南华宫	不祥	四川简西县
南华宫	不祥	四川南川县
南华宫	康熙年间（1662—1722 年）	四川资中县
南华宫	不祥	四川崇庆州
南华宫	不祥	四川什邡县
南华宫	光绪年间（1875—1908 年）	四川彭县
南华宫	乾隆年间（1736—1795 年）	四川黄阳县
南华宫	不祥	四川南川县
南华宫	光绪年间（1875—1908 年）	四川绵西县
南华宫	不祥	四川荣县
南华宫	不祥	四川泸州
南华宫	乾隆年间（1736—1795 年）	四川重庆市
南华宫	道光十八年间（1938 年）	四川安县
嘉应会馆	嘉庆六年（1801 年）	马来西亚槟城
惠州会馆	嘉庆十年（1805 年）	马来西亚马六甲
大埔茶阳会馆	嘉庆二十五年（1820 年）	马来西亚马六甲
应和会馆	道光六年（1826 年）	马来西亚马六甲
惠州会馆	道光七年（1827 年）	马来西亚槟城
应和会馆	道光三年（1823 年）	新加坡星洲
人和会馆	道光三十年（1850 年）	美国旧金山
赤民侨民组织	道光三十年（1850 年）	美国旧金山
大埔茶阳会馆	咸丰七年（1857 年）	新加坡
惠州会馆	同治三年（1864 年）	吉隆坡雪兰莪
惠州会馆	同治九年（1870 年）	马来西亚芙蓉
应和会馆	同治十年（1871 年）	马来西亚安顺
丰顺会馆	同治十二年（1873 年）	新加坡
嘉应五属同乡会	同治十三年（1874 年）	马来西亚古晋
惠州会馆	光绪三年（1877 年）	马来西亚太平
惠州会馆	光绪四年（1878 年）	马来西亚安顺
荣阳会馆	光绪四年（1878 年）	吉隆坡雪兰莪

（续上表）

会馆名称	建立年代	会馆地址
客家仁和堂	光绪五年（1879年）	加拿大维多利亚
嘉应会馆	光绪六年（1880年）	马来西亚日叻务
嘉应五属同乡会	光绪七年（1881年）	马来西亚古晋
三和会馆	光绪九年（1883年）	新加坡
客属公会	光绪十八年（1892年）	马来西亚爪拉立卑
梅江五属会馆	光绪二十一年（1895年）	马来西亚芙蓉
人和会馆	光绪十二年（1886年）	马来西亚山根打
五属会馆	光绪二十五年（1899年）	马来西亚槟城
嘉应会馆	光绪二十六年（1900年）	马来西亚怡保
嘉属会馆	光绪二十七年（1901年）	马来西亚
嘉应会馆	光绪年间（1875—1908年）	马来西亚吡叻
嘉应会馆	光绪年间（1875—1908年）	马来西亚森美兰
嘉应会馆	光绪年间（1875—1908年）	马来西亚雪兰莪

资料来源：据黄启臣、庞新平：《明清广东商人》，广东经济出版社2001年版，第178～179页、188页、199～201页、205～208页、210～211页、213～215页；参考刘正刚：《闽粤客家人在四川》广西教育出版社1997年版，第223～331页；林远辉等：《新加坡马来西亚华侨史》，广东高等教育出版社1991年版等三书的资料编制，第252～256页。

上表所列客家商人的会馆，当然不是全部，但可以看出具有强烈的商业性质。同时可以看出，明清时期，梅县、兴宁、平远、蕉岭、大埔、丰顺、惠阳等县客家商人在全国和外国经商的地区和国家的相关城市都建立自己的地缘性会馆，以便联系乡情，团结互助，互相支持，共同发展商业贸易。

（二）会馆的组织结构

商人会馆的组织结构大同小异，一般是设“堂”、“纲”、“福”等下属机构，以设“堂”最为普遍。如博罗县客家商人会馆下设博善堂；美国旧金山的人和会馆属下的应福堂等。

会馆的领导人各地称谓不一，北京和省内的会馆一般称为“首事”。苏州、上海称“董事”或“客长”，嘉庆十年（1805年）建立的嘉应会馆碑记，董事为王泰亭，并记有下属程乡县（今梅州市）的总理李钧、兴宁县总理罗清滉、平远县总理黄振贤、长乐县（今五华县）总理温祥气①。这里的总理似乎是会馆下属县的领导

① 参见《明清苏州工商业碑刻集》，江苏人民出版社1981年版，第350页。

人，理应在董事领导下协助董事管理本县会众的有关事宜。四川的会馆（南华宫）多称“客长”，所谓“县城暨所属场镇多建有客省会馆，会馆均设有客长”，如荣昌县会馆的陈昌平，咸丰年间（1851—1861 年），曾任客家会馆的客长及本族的总理。[①] 客长总揽会馆的庶务，如祭祀、议事、办教育等，为同乡会众排扰解难，调解同乡人与外省人之间的纠纷，维持同乡会众治安等。海外各国会馆的领导人称谓各不相同，美国称“炉主”、“总董”、“总理”、“主席”之类，马来西亚、印度尼西亚等称“所长”。

四川洛带湖广会馆

会馆的领导人一般实行选举产生和任期制，一般来说，大家均是挑选资历深、名声大、资本厚的会众来担任。在新加坡、马来西亚的客家商人会馆在选举主席时，则需要有自己的房屋或商店，以及能带头捐献大笔款项来作为会馆举办各种仪式之用为条件。而且这种选举还带有浓烈的宗教色彩。在选举会馆主席当日，会众来到会馆，把参加候选主席的名字写在纸条上，然后将纸条卷起来放进一个箱子里，每次取出一张纸条，拿一付“筶”在会馆神祖牌前抛掷，如果“筶”飘落成一个平面和一个凸面，即被认为有神灵保佑，如果三次连续同型，则纸条上所写的候选人即被视为获得神灵的认可，即当场在会馆前向会众宣布其姓名，成为会馆的主席。当选的会馆主席要在任内会馆庆典上捐资出力，以便树立良好的榜样。这种选举办法实际上排斥了经济低微的会众当选为会馆领导人主席的权利。所以，选出的会馆主席实际上是富豪商人。

马来西亚嘉属会馆，是嘉应州五属（梅县、蕉岭、兴宁、五华、平远）同乡的会馆，共统领全马来西亚各埠 21 个下属会馆，其领导机构是实行各埠会馆轮流值年制（一年）。凡是值年会馆便是马来西亚嘉属会馆的办事机构。值年会馆的会长、总务、财政、稽核、秘书自然成为该会常务会领导机构。每年召开一次各埠嘉属会馆代表大会，向大会报告工作和研究通过有关事项。该会馆的常年经费，亦由值年会馆负责，如必要时则向各会馆征捐解决。

与中国通商最密切的泰国（暹罗），早在同治年间（1862—1874 年），便有以“反清复明”为宗旨的秘密结社，先是洪门，后是集贤馆，后因内部分歧分为两支，一为群英公司，一为明顺公司，1910 年，重新整合为客家会所，其最明确的职责

---

① 罗缓香：民国《犍为县志·居民志》。

是：办学；管理义山与祠庙；慈善业，办医院等。

（三）会馆的功能

客家商人会馆的功能有以下四方面：

第一，敦乡情，联乡谊。

这就是会馆以岁时聚会、宴娱为主要形式的一种联络乡情的功能。因为客家商人离乡背井，异地经商，只身或一家寓居外地，好不寂寞，十分需要精神上的寄托和心理安慰，因此，敦乡情的会馆活动应运而生，合符人情。如在四川的客家商人会馆“岁时祭祀、演剧、燕会，用联乡谊。金堂各乡镇皆有之”，而且嘉应州会馆“自正月十五发始，至二三月歇，银花火树，舞榭歌台；鱼龙漫游之观……价廉工省，而人乐从，通宵聚观，至晓方散”。①

泰国周氏宗亲总会

侨港惠州同乡总会

第二，维护商人利益。

会馆广为联络乡情，加强会众团结，共同保护，自谋发展商机，增强实力，扩展商务。可以说，明清时期客家商人在国内外各地经商贸易，正是在会馆旗帜下不断发展壮大起来的。正如《民国犍为县志》所记的“道咸时……治城及所属场镇亦多建各省会馆，故省籍虽异而无种界上之分歧，用能各安于无事，以生以息，相助相友，县境遂成乐土彬彬然”。②

第三，祀神祇。

会馆是把祀神祇与联乡情联系在一起的。在明清封建社会末期，到外地经商的客家商人总是希望通过祭祀祖先及神灵求得平安和发财。嘉庆十八年（1813 年）在苏州建立嘉应会馆时，就在其碑记上直言不讳宣称：

---

① 乾隆《潮州府志》卷十二《风俗》。

② 罗缓香：民国《犍为县志·居民志》。

会馆之役，所以展成奠价，联同乡之谊，以连神府也……

故苏为东南一大都会。五方商贾，辐辏云集。百货充盈，交易得所。故各省郡邑贸易于斯者，莫不建立会馆，恭祀神明，使同乡之人，聚集有地，共沐神恩。①

道光二十二年（1842 年），客家商人在非洲毛里求斯建立会馆时，由会众富商捐款购买地皮，向当地政府申请批准，在路易港修建一座关帝庙，供奉关羽，并以此庙作为“商人行善之所”。②

第四，举慈善。

这是会馆一个深得会众欢迎的功能。例如美国旧金山建立客家人和会馆和阳和会馆时，在会馆章程中列举慈善的规定：

不能劳动的伤病者和贫穷无亲者，由公司（会馆）资助其旅费返回中国，但粮秣及其费用，须由捐助来解决。穷困者身亡，由公司负责棺木，其遗物要慎为保持。

会员被人杀害，公司应悬赏缉拿凶手提出起诉。③

咸丰同治年间（1851—1874 年），四川一些县的客家商人会馆联合一起，以重庆八省会馆归纳会馆的功能为：①警卫事项；②慈善救济事项，如育婴、掩埋、救生、赈灾、救济、积谷；③公用事项，如修理码头等；④商务事项，如订立商帮商规等。可见会馆对商人的保护和发展是十分重要的。

二、从“红顶商人”到“实业兴邦”

明清时期，到国内外经商的客家商人，他们经过长期的经商贸易，赚利巨大而发财致富，成为富豪者不乏其人，这一节，我们从个案出发，来研究他们的创业经历，找出客商的共性来，尤其是他们在推动近代历史前进中的重要贡献家他们对所在地及家乡的经济作用。诸如如何从“红顶商人”到真正的民营资本家，如何作为一个革命因素促进了推翻千年帝制的民主革命，如何矢志“实业兴邦”把民族工商业的旗帜高高举起，如何不惜斥巨资反哺客属地的教育事业及各项福利事业，如何

① 苏州历史博物馆等：《明清苏州工商业碑刻集》，江苏人民出版社 1981 年版，第 350 页。

② 方积根编：《非洲华侨史资料选辑》，新华出版社 1986 年版，第 19 页。

③ William Speer, *The oldest and the Newest Empire*: *China and the United states*. Hartford connecticut: S. S. Scranton and comp-any, ant, 1870, P. 557 ~ 564.

在传统与现代之间架设起一座坚实的经济、文化的桥梁……他们，始终是中国民族经济的典范，更是中华民族的脊梁。温故而知新，近日的新客商，亦一般有不俗的表现！

（一）从侨资第一条铁路到百年不衰的张裕葡萄酒

近代史上，粤商异军突起，超过晋商、徽商，独领风骚。而每每作为粤商的第一号代表人物，却是客家商人张弼士。他是最典型的由“经顶商人”走向实业兴邦的翘楚。他创办的民族产业，张裕葡萄酒已历一百多年不衰。尤其是当时，他首倡建立第一条侨资的潮汕铁路，是与客家的张煜南、张鸿南联手建成的。

张弼士

大埔县西河镇车龙坪村商人张弼士（1841—1916年）原名肇燮，别名振勋。少年时跟其当私塾老师的父亲张兰轩读过三年私塾，算是具有小学文化。咸丰九年（1859年），大埔遭受严重灾荒，刚满18岁的张弼士为逃荒离开父母和新婚妻子，飘洋过海到印度尼西亚巴城（今雅加达）谋生，开始时在一位温姓老板的商铺做伙计。因为他努力工作，深得温老板赏识，让他管理账房工作。温老板看到他为人诚实、正直、可靠，便将自己唯一的女儿许配给他。若干年后，温老板病逝，张弼士夫妇得以继承全部财产。于是张弼士与妻子商量，决定用一半财产开办一间经营各国酒的商行，做买卖酒业生意。同时承办当地的酒税和新加坡的典当业。经营成功后，又承包荷属东印度（今印度尼西亚）一些岛屿的烟税，于是逐步走上富商的道路。

同治五年（1866年），张弼士将积累起来的商业资本，在荷属葛罗巴埠，大量投资垦殖业，创办裕和垦殖公司，招募民工，大规模开垦荒地，种植橡胶、胡椒、咖啡、椰子和茶叶等热带作物，并间种杂粮，获得很好的经济效益。光绪六年（1880年），张弼士又在苏门答腊的亚齐创办另一间垦殖公司，继续发展种植业，开垦土地面积比前一间垦殖公司大一倍。到了光绪三年至四年（1877—1878年），他又在荷属怡厘创办裕业垦殖公司和爪哇日里笠旺垦殖公司，雇用约1万多工人经营橡胶园8处。光绪二十四年（1898年），张弼士又把部分商业资本投向采矿业，在英属马来西亚彭州文东埠开办东兴公司开采锡矿，赚利甚丰。不久，他又与前述梅县商人张煜南、张鸿南兄弟合资在巴城、亚齐创办裕昌、广福远洋航运轮船公司，经营从印度尼西亚、马来西亚、香港、上海间的远洋运输业务，生意越做越大。此后，张弼士又在日里开设日里银行，专门办理华侨储兑信贷及侨汇业务，为当地华侨存款及汇款提供方便，深受广大华侨欢迎和赞扬。

与此同时，张弼士还在棉兰老槟榔屿经营房地产业，兴建大批中西合璧的住宅出售。同时，他又在新加坡、巴城、香港、广州等地开设药店，沟通国内外的药材市场，将海外名贵西药运回中国批销，又将中国名贵中药材批销海外各国，在华侨集中居住的外国城市，如泰国曼谷，越南河内、东京，美国旧金山、檀香山，菲律宾等的中药行，均经张氏药店订货，形成了一个国际药材批发网络。

张弼士经过30多年的商业、垦殖业、采矿业、金融业和运输业等亦商亦农亦工的苦心经营，赚得了巨大的惊人的利润。据统计，在全盛时期，其资产达到7000—8000万盾（货币名）并有大量不动产，成为东南亚华侨的首富，被美国人称为“中国的勒克菲勒”。

张弼士发达后，鉴于他在华侨华人中享有崇高威望，荷、英殖民当局企图利用他来统治华侨华人，曾几次给他封赐官爵，但他却一一拒绝了。他说：“吾华人当为祖国效力也。”

张弼士确实是一位爱国的客家商人，他说到做到。当清朝政府驻英国公使龚照瑗于光绪八年（1882年），经印度尼西亚赴欧美考察时，张弼士前往拜访，龚氏询问张弼士发财致富有何秘诀时，张坦然回答说：

> 吾于荷属，则法李克，务尽地利。吾于英属，则法白圭，乐观事变。故人弃我取，人取我与，征贵贩贱，操奇致赢，力行则勤，择人任时，能发能收，亦如吕尚之谋，孙吴用兵，商鞅行法，若志不足以权变，勇不足以决断，仁不能以取予，强不能有所守，终不足以学斯术。吾服膺斯言，本此为务，遂至饶裕，非有异术新法也。[①]

光绪十八年（1892年），清政府委派张弼士为槟榔屿首任领事。光绪二十年（1894年），升任为新加坡总领事。他在任内组织中华总商会，团结侨胞，维护华侨利益，宣传灌输热爱祖国的民族传统思想。

光绪二十三年（1897年）又经李鸿章大力举荐，张弼士得与参加筹办中国通商银行，并出任总董。该银行注册定额资本为500万两，张氏投资10万两。第二年，李电召张返国，担任粤汉铁路帮办。

光绪二十五年至二十八年（1899—1902年），清政府先后任命张弼士为粤汉铁路总办。广东佛山铁路总办和粤汉铁路督办。于是他为修建铁路出谋划策。光绪三十二年（1906年）在他策动下，如前述张煜南、张鸿南兄弟投资建成中国近代史上第一条华侨自办的潮汕铁路。光绪三十年（1904年），张氏奏请修建广（州）厦（门）跌路，计划先集资80万两修筑广州至黄埔路段，继由黄埔修至潮安与潮汕铁路接轨，再由潮州筑至厦门。此议得到清廷批准：“如所议行。”

---

① 参见黄伟经主编：《客家名人录》，花城出版社1992年版，第332～333页。

与张弼士联手的梅县松口镇松南圳商人张煜南（1851—1911 年，又名张榕轩），张鸿南（1861—1921 年，又名张耀轩），是同胞兄弟。张煜南少年时读过几年私塾，相当于初小文化，后弃儒从商，帮助其父亲在本乡经营一个小杂货店维持全家生活，但难以为继。同治七年（1868 年），年仅十七岁的张煜南，只身涉海漂泊，去印度尼西亚巴达维亚（今雅加达）谋生。初时在大埔县商人张弼士的企业当伙计，由于他刻苦耐劳和诚实，工作积极，不久升为高级职员。当他稍有积蓄后，便离开巴达维亚，转到苏门答腊棉兰老，自立门户，经营小商业，积累相当资本后，他于光绪四年（1878 年），与初时的老板张弼士合资数百万在爪哇日里开办笠旺垦殖公司，种植咖啡、茶叶、椰子和橡胶等，计有橡胶园七八所，茶叶加工场一个，规模相当大。由于缺乏人手，他请其弟张鸿南放弃在家经营其父亲去世后的小杂货店生意，于光绪五年（1879 年）从梅县来到棉兰老，协助经营笠旺垦殖公司业务，在两兄弟共同努力经营下，公司业务蒸蒸日上，发展迅速，利润不断增加。于是又与张弼士合资开设万永昌商号和日里银行，经营各种商品贸易，并用银行承包烟、酒、赌等捐税，还投资房地产、航运、军需品的生意。经过 10 多年的锐意经营，与张弼士分红，赚利甚巨，总资产达到数千万盾（印度尼西亚货币单位），终于成为棉兰老地区华侨社会中的首富。

光绪二十三年（1897 年），张煜南与张弼士应清政府邀请，回国筹办中国通商银行，于是将印度尼西亚的全部企业债权委托其弟张鸿南管理。光绪二十四年（1898 年），张煜南又与张弼士合资到新加坡开拓商务，合同开办裕昌和广福两家远洋运输公司，承担新加坡到世界各地的远洋运输生意，赚取更多利润。宣统二年（1910 年）前后，张鸿南又在巴达维亚（今雅加达）创办中华银行，自认股份三分之一（三分之二是张弼士）。

由于张煜南在东南亚地区具有极高威望，光绪三十年（1904 年），当黄遵宪出任中国驻新加坡总领事时，极力推荐张煜南为中国驻马来西亚槟榔屿（penag）的副领事职务，从此步入清朝仕途。张煜南在公务之暇，对槟榔屿的历史沿革、风俗民情、地理环境和经济情况进行调查研究，参考国内著述，编辑成《海国公余辑录》6 册和《海国公余杂著》3 册专书，内容丰富，资料翔实，为后人留下宝贵的研究资料。

张煜南兄弟是真诚的爱国者，他们在印度尼西亚、新加坡经商发达致富后，不遗余力振兴祖国实业。光绪二十九年（1903 年），他积极发动客家客商人集资兴起潮汕铁路，发展潮汕交通事业。首先是成立潮汕铁路公司，经协商和筹算决定全线投资金额纹银 100 万两，由张煜南、张鸿南、谢荣光、梁廷芳四人各出资 25 万两。后经调查，获悉建筑、设备等所需用款均超出原计划，公司乃于光绪三十年（1904 年）2 月，向清政府商部申请核准增资 100 万元，后又再增有股本 100 万元，实收股本 302.587 万元，不久，又再增有股本 100 万元。由于港商林丽生投资股金 100

万元，成为潮汕铁路公司大股东之一。之前，张煜南承铁路督办大臣盛宣怀介绍，经直隶总督兼铁路督办大臣袁世凯同意，借用任职于山海关内外铁路总局的工程师詹天佑，经香港返汕头勘测路线，历时两个月完成，提出甲、乙两线方案，后按甲线方案动工兴建，全长42公里。至光绪三十二年（1906年）7月底竣工，10月10日举行通车典礼，开始营运①。

光绪二十九年（1903年），光绪帝两次召见张弼士，赐侍郎衔。次年10月，他上书提出兴办农业、水利、路矿等12条建议，得到清廷采纳，并赐给他头品顶戴、光禄大夫、补授太仆寺卿，又任命其为商部考察外埠商务大臣兼槟榔屿管学大臣，并兼督办闽、广农工路矿事宜。光绪三十三年（1907年），被任命为督办铁路大臣。

张弼士有志于“实业兴邦”，虽然屡受清廷委以重任，但他却看透了清廷的腐败无能，于是便转向支持孙中山的革命事业。他支持儿子张秩捃参加同盟会，还暗示南洋所属各企业支持在海外活动的革命党人。张弼士回到新加坡后，通过胡汉民暗中帮助孙中山30万元，支持孙中山进行推翻清朝的革命活动。

张弼士虽然做了清朝的官吏，但他却念念不忘经营自己的商业和工业。光绪十七年（1891年），张弼士应盛宣怀之邀到烟台商讨兴办铁路，开发矿山事宜。张在烟台作了实地考察后，了解到当地盛产葡萄，气候、环境也适宜种植葡萄，于是决定在烟台开办酒厂，盛亦表示支持。但因为找不到酿造葡萄酒的工艺参考资料，只得转请外国酒师。第一位英国人，未到职就中途病逝；第二位荷籍人，到职后，发现是骗子，张把他赶走了；第三位是奥地利人哇务。张弼士接受哇务的建议，在烟台购置占地1000亩的两座荒山，从德、法、意国家引进124个品种的120万株葡萄苗，并购进压榨机、蒸馏机、发酵机、白橡木贮酒桶等。当一切准备就要开工生产时，哇务要退休了。后在一次宴会上，张弼士与奥地利驻烟台的领事说起拟办酿造葡萄酒厂之事，该领事说自己就是酿造葡萄酒的专家，愿辞去领事职务，尽力帮助张创办酒厂。就在该领事的具体帮助和指导下，他于光绪二十一年（1895年）创办了张裕葡萄酿酒厂（今烟台张裕酿酒股份有限公司），出产葡萄酒，资本300万元，拥有葡萄园700多亩。1912年8月20日，孙中山到烟台参观张裕葡萄酿酒厂后，为之题词“品重醴泉”，以示鼓励。该厂所酿的可雅白兰地（金奖白兰地）、琼浆液（美味思）和解纳（玫瑰香）三种葡萄酒，在1915年旧金山举办的巴马拿万国博览会上，获得金质最优等奖。这是中国商品在国际上首次获奖。从此，可雅白兰地被命名曰“金奖白兰地”而闻名世界，成为国际市场的畅销名酒。

---

① 参见黄伟经主编：《客家名人录》，花城出版社1992年版，第338～342页。

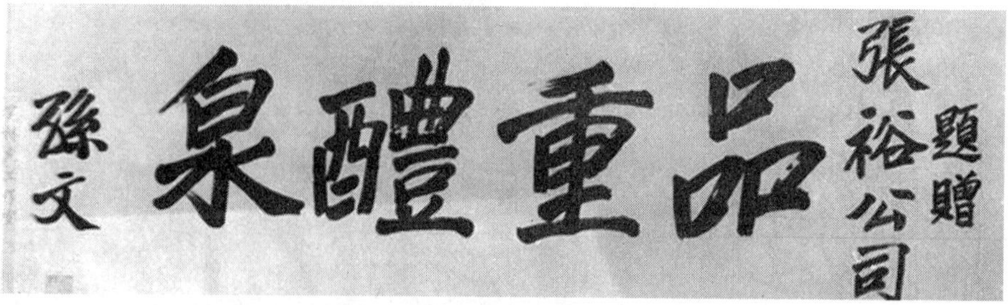

孙中山为张裕公司题字

光绪三十三年（1907年），张弼士增资10万两白银接办谭日章、陈庆昌的广西华兴三岔银矿，改名为宝兴公司，聘请外国采矿工程师勘测矿区，添买采矿机器，修建龙山公路，扩大采矿规模，获大利润。之后，他又创办广东金矿公司，从事开采金矿。

宣统二年（1910年）以后，他在广州西关彩红桥开办亚通公司，生产机械、各种布匹及玻璃；在佛山创办裕益公司，生产机械砂砖；在雷州半岛逐溪县创办普生公司，生产垦牧机械火犁，成为最早引进和生产农业机械的先驱；又创办惠州福裕盐田公司和惠州平海白沙湖机器制造玻璃厂。在广州靖海路第1、3、5、7、9号一连五间楼房开办张裕安堂国药行，在米市路崔府街建造“孝友堂”。为办好这些工厂，张弼士大胆聘请外国技术专家进企业作设计和指导工人生产，为改变当时中国的工业设备和生产技术落后而加快和促进发展中国民族工业做出了贡献。

张弼士发财致富后，好善乐施，慷慨解囊，多次捐款给侨居地、家乡和中国举办公益慈善事。光绪二十六年（1900年），黄河决堤成灾，张氏在南洋募捐100万银两寄回国内赈灾。清廷为此建立“急公好施”牌坊，树立在大埔县其家乡处，以资表彰。光绪三十年（1904年），他在马来西亚槟城捐资创建中华学堂。宣统元年（1909年），他赞助香港大学10万元，建筑“张弼士堂”。之后，又遗嘱其子女捐资在岭南大学（今中山大学内）兴建一座学生宿舍“张弼士堂”（1921年建成）；在广州今海珠区新庄里2号建造“五知堂”。

辛亥革命胜利次年（1912年），奉孙中山大总统命召到京，被任命赴南洋考察商务和筹办国内开埠事宜，受工商部聘为高级顾问。1913年，被任命为约法会议议员、参政院参政、赏赐二等嘉禾勋章，并任美国实业团团长赴美考察商务，与美国政府协商联合美资本家筹办中美银行一事，妥订章程，决定斥资1000万元，除张弼士投资300万元，由两国政府对半分担1500万元，余200万元由各省商会募捐。为急于成立银行，张氏于1916年亲返南洋各埠，劝导华侨入股。此间，张氏在巴城自己住宅内设中秋宴会，庆祝“白兰地”荣获金奖，因敬酒过于兴奋，导致心肌梗死，不幸逝世，享年75岁，其遗体运回祖籍大埔县安葬。当灵柩运经槟城、新加坡和香港时，荷、英殖民政府均下半旗表示致哀。1917年，黎元洪大总统还特派广东省长朱庆澜到大埔县为张弼士致祭。孙中山特派代表敬献花圈，并送挽联曰：“美酒获金奖，飘香万国；怪杰赢得人心，流芒千古。”国学大师章炳麟敬送挽联曰：“南人光祖国，天际以归魂”。

张弼士故居

张氏兄弟也一样对孙中山领导的民族民主革命活动也极力支持。宣统三年（1911 年），辛亥革命刚胜利，中华民国政府面临财政困难，张鸿南在同盟会员谢逸桥的鼓励下，捐巨款支持孙中山，而且在他带动下，南洋华侨也纷纷踊跃捐款资助，使孙中山领导的新政府渡过难关。为此，1912 年，孙中山特别亲手题写“博爱”一词，送给张鸿南，以资表彰他对中华民国新政府的帮助。张氏兄弟还十分热心于国内外的公益事业。在棉兰老，他们独资创建了敦本学校，又捐资给各埠的中华学校增建校舍；捐资 100 万盾兴建棉兰日里河大铁桥、建设棉兰勿老湾海口麻风医院。在国内，他们捐款 4000 元资助家乡的松口公学；捐赠 10 万元资助香港大学、捐资兴建岭南大学“耀轩楼”（在今中山大学内）。

张氏兄弟亦热心于中国传统文化事业。他们出资整理编辑梅县自宋朝至明清先贤的遗诗 400 多首，名曰《梅水诗传》初集、续集 13 卷出版；又资助光绪《嘉应州志》出版。张煜南还将自己漫游欧美国家写成的《海国咏事诗》出版。他在古巴游历所写一首诗，描述自己对古巴的奴隶寄予极大的同情：

同一昂藏七尺躯，投荒万里作人奴；
团蕉为屋居贫甚，岁岁长载谈巴菰。

张煜南年老因病于宣统三年（1911 年）逝世于棉兰老。国人为他写了一副高度评价的挽联，曰：

潮汕辟路，日里殖民，中外失老成，岂徒泪洒葭莩，我痛自关人物计；考察未终，实业待振，朝野方属望，忽尔噩耗桑梓，公魂应向国家还。

张煜南逝世后，其弟张鸿南继任棉兰老华人“甲必丹”，后又升为“玛腰”，其商业仍日益发展，被称为“雄视一方的张玛腰”，资产达 4000 万盾，成为东南亚国家三大巨富之一（其余二大巨富是新加坡的陆佑和中爪哇的黄仲涵）。1921 年 2 月，张鸿南亦病逝于棉兰老。[①]

---

① 参见《梅县县志》，广东人民出版社 1994 年版，第 1110～1111 页；《广东省志·华侨志》，广东人民出版社 1996 年版，第 346 页；罗英祥：《漂洋过海客家人》，河南大学出版社 2006 年版，第 185～187 页。

（二）实业救国与“押金为革命”

平远县大柘乡高甸村商人姚德胜（1859—1915年），光绪三年（1877年），年刚18岁的姚德胜随父亲姚芝庭挑盐到江西寻邬等地贩卖，长途跋涉，十分艰苦，但所得甚菲。次年，19岁的他随同余宗二，从坝头乘民船到潮州、汕头，转船至香港，转乘“夹板船”过七洲洋，到达马来西亚的芙蓉埠。开始在一家钖矿工公司当矿工。不久，他转到怡保，利用当矿工的微薄积蓄资金，做小贩生意，走村串户，不辞劳苦，终于赚了点钱，积累点资本，于是自开了一间杂货店，当了个小老板。由于经营得法，生意日益兴旺，数年之后，成为当地一个富商。同时，他在经商期间，对怡保地方的锡矿进了调查，获知怡保地区锡矿藏量丰富，于是他决心把部分商业资本投资开采锡矿业。他收购许多锡矿山，购置新式采锡矿机器，以50多万银元购买水力设备，利用河流的水力采矿，大大提高效率，扩大采锡矿规模。经近十年的努力经营，至光绪十四年（1888年），姚德胜已经拥有数千英亩的锡矿山，雇用采锡矿工30000多人。与此同时，他又与当地富商郑贵、陆佑合资承包森美三、叱叻各邦的酒税和典当税，使财源更加宽广，资本积累更雄厚，成为全邦的富商，人们称他为“姚百万”。

光绪三十年（1904年），姚德胜投资房地产和市政建设业，在怡保投资巨款新建店铺300多间，重建数十间和戏院一所。光绪三十二年（1906年），又投资一条建设216间店铺、长约一公里的街道，被怡保市议会分别命名为“姚德胜街”和“姚德胜市场”。因此，英殖民当局受英皇之命赐予他“和平爵士”的称号。

姚氏发财致富之后，十分关心当地的客家商人。为了团结客家商人，他出资创建森美兰、雪美莪和叱叻等地的嘉应会馆，并连任叱叻嘉应会馆会长达10年之久。他又倡建叱叻中华总商会和矿务农商总会，以维护客家商人的利益。同时，他又以独资或合资在怡保创办育才学校和明德学校以及新加坡的应新小学，方便客家商人子弟上学读书。

姚德胜是一位爱国的客家商人，他多次捐资帮助国内的救灾、兴办实业和创建学校等公益事业。

光绪二十三年（1897年），他从南洋回家侍奉病重的父亲时，看到家乡大旱，农业失收，米价上涨至5元一石，出现有饿死人的现象。于是他拨出巨款赈灾。他又召集平远县的富商乡绅商议，在县城大柘及15个乡镇设立太平义仓，带动大家为义仓捐谷数千石，救济全县穷人渡过大旱灾害难关，深得全县人民欢迎和赞扬。清廷为此曾赐他“乐善好施”牌匾，以资表彰。

光绪三十二年（1906年），他得知邻县蕉岭县傅、丘两姓因争执山场而引起械斗，双方各有伤亡，县政府无法解决。他捐巨资解决纷争。他捐资3000多文银洋买下山场，给两姓作为公地，各得一半价款；双方伤亡人员，亦由他捐资抚恤。他最后邀两姓当事人，订立和解协约，化干戈为玉帛，受到傅、丘两姓民众的赞扬。

清朝末年，黄河水灾泛滥，姚德胜曾捐白银6万两赈济灾民，清廷为之诰授资政大夫候选道职衔；辛亥革命时期，姚德胜捐献白银7万元资助孙中山作为军饷，民国成立后，获一级嘉禾勋章；民国初年，政府财政困难，地方负担极重，姚德胜有感百姓生活困难，因此，平远驻军饷粮和地方团警伙食，由他出一半，其他才由全县分摊。

与此同时，姚德胜在黄遵宪的鼓励下，积极捐资兴办梅县地区各县的教育事业。首先，他捐出10余万元，在家乡羊子甸兴建了当时全县第一流的芝兰小学；民国初年，他捐出5000元作为平远县立中学开办经费；1913年，他又捐出资金410万元给平远中学建造校舍，购置田地作为校产。此外，姚德胜还捐献不少资金资助梅县东山中学、蕉岭县立中学、平远大柘景德中学和四民小学等。可以说他为兴学育才是不遗余力的。

他还积极在家乡兴办实业。他在故乡羊子甸建造了宽敞华丽的住宅3所，西式店铺数十间，开设万和饷当和印刷厂、织布厂等，并计划依照怡保市建设新的平远县城，他在家乡居住时，指示在南洋的代理人，每月必须汇款10万元，作为实现建设计划的费用。

辛亥革命后，姚德胜曾汇款70000银元支援北伐军饷，孙中山为此颁给他一等嘉禾勋章，表彰他对革命事业的功绩。

姚德胜晚年回乡定居，1915年1月8日病逝于家，享年仅57岁。平远民众莫不为之惋惜。①

谢逸桥、谢良牧昆仲是我国近代史上最早表示拥护孙中山民主革命主张，积极参加推翻清朝封建专制统治的华侨中的杰出代表。谢逸桥，家名锡元，字逸桥（乙桥），1874年生于广东省梅县松口镇。谢逸桥之弟谢良牧，家名钧元，字叔野（良牧），1883年生于松口。

1895年，中日甲午战争以后，谢逸桥极力赞同康有为的维新政见。11月间在马来西亚槟榔屿伯父家见到从国内来此避难的兴中会会员程壁光，谢逸桥因而知道了革命派领袖孙中山。他被孙中山的胸怀所感染，声言要追随孙中山“澄清天下”。

1900年，孙中山在海外频繁进行革命活动。谢逸桥带其弟谢良牧从汕头赴香港求见孙中山，要求加入兴中会。旋即谢氏返回家乡松口创办团防，联络闽、粤、赣边各路会党，训练民军。

谢逸桥为躲避清廷的缉捕，赴南洋，后到日本。1904年谢氏兄弟在日本由孙中山亲自监誓主持下，加入同盟会，成为首批会员。同盟会成立后，急需筹集革命经

---

① 参见《广东省志·华侨志》，广东人民出版社1996年版，第348~349页；《平远县志》，广东人民出版社1993年版，第717~719页。

费，谢逸桥、谢良牧慷慨捐资。谢氏昆仲出身于华侨富商之家，在漫长岁月中，共为革命捐资多少，已难以计数。孙中山在革命胜利后，曾赞谢逸桥“押金为革命”。

1906年回国，在邑创办松口初级师范传习所，秘密培养反清力量。次年参与策划黄冈起义，起义失败后，他们便在松口先后创办师范讲习所和体育传习所并在汕头创办《中华新报》，宣传革命。体育传习所以培训新学师资为名，暗中集中闽、粤、赣边区骨干进行革命思想与军事知识的教育，培养军事指挥人才。这使当地官绅大为惊恐，清政府即下令停办。据同盟会革命史考证，松口体育传习所是中国同盟会成立以后创办的第一所革命干部学校。

1908赴南洋筹款，并协助孙安置流亡南洋的同志。1911年筹款支持黄花岗起义，参与组织民军光复潮州、汕头。次年任同盟会汕头分部长。1913年在汕头参与创办《大风日报》。

中华民国成立后，谢良牧作为华侨方面代表，被推举为第一届国会参议员。

1921年6月，陈炯明兵变，谢良牧临危不惧，登上永丰舰护卫孙中山。

1923年，讨陈战争取得胜利，孙中山返回广州，先后任谢良牧为广东省政务厅厅长、大本营特派专员。

1916年谢氏兄弟辞职归里。1918年5月，护法运动失败，孙中山由广州经汕头去上海，途中应谢良牧之请，由潮州坐小轮船到松口探望在家养病的谢逸桥，在谢家“爱春楼”住了三天。孙中山为爱春楼题联：“博爱从吾好，宜春有此家”。觉得意犹未尽，又撰一联：“爱国爱民，玉树芝兰佳子弟；春风春雨，朱楼画栋好家居”。两联均嵌入“爱春”两字。孙中山阅读了谢逸桥的诗抄，欣然命笔填写一曲《虞美人》。

谢逸桥晚年因长期咯血而居家，以诗、书、画自娱，主持家乡公益事业。1926年5月，病逝于汕头寓所。

谢良牧也善诗词。1931年病逝于广州。

伍佐南，名育郎，梅县松南南下村人。1880年出生于暹罗（泰国），兄弟三人，他排行第二。伍佐南幼时随名儒在曼谷读书，生性聪颖好学，少年时便能抒己见为文章而令宿儒惊异。稍长，有志陶朱业，辅佐其父淼源在曼谷开设的专营木材业的广源隆商务。父死后，承父业，先后在暹京开设火锯业、轮船业、保险业、长途汽车运输业及经营进出口贸易，在星洲、巴城、印度、古巴、南非、伦敦和香港以及上海、广州、汕头、梅县等地均设有分理处或代理行，成为当时足以左右泰国经济市场之巨子。

伍佐南充满爱国政治热情。1903年春，孙中山首次到曼谷，伍佐南曾见孙先生，并与之结交。他联合同志积极参与和支持福建籍侨领萧佛成和陈景华等人在曼谷筹设“中华会所”的反清活动，为团结华侨支持孙中山先生作出了贡献。

为使暹罗客属会所成为合法社团，进一步改善当地华侨地位，1926年，伍佐南与乡侨叶云舫等人发起“复兴运动”，向暹政府当局申请注册，1927年12月27日获得暹政府内务府批准立案。伍佐南带头捐资及募款收回明顺、群英两会产业，平息多年争执，泯除内部纠纷。集会拟定章程，为联络侨胞情谊，办学校，保神庙，改进会务，扩征会员。客属会所该组后，伍佐南从一届至六届，历任总会长。他在任期间，为侨胞谋福利，相继接管华文进德学校、义山、神庙，倡议客总赠医施药，使乡侨获益不浅，亦稳固了客属会所的根基。

伍佐南亦热心于桑梓之公益事业。清末民初，家乡连年遭灾，又遇疫病流行，他与其父在暹购买一批大米运返乡里赈济平粜，为乡民所称道。伍家时代力倡教育，敬师重学。1905年淞口创办高等学堂和1908年该学堂被毁后重建校舍，他与其父都捐出巨资；1913年他斥资万元创办溪南公学；带头捐资创办溪南宏育小学。

伍佐南对侨居地的公益慈善事业亦莫不尽力。暹罗炎热，乡侨多易患病，他与其父于暹京倡设天华医院，以济病贫。他曾任天华医院董事长，并受聘为泰红十字会董事。为谋侨商合作，他对泰国中华总商会的组建不遗余力，被推举为总商会会长。

1939年夏历10月9日，伍佐南在曼谷寓所遭凶徒袭击殒命，时年六十岁。

梁映堂、梁密庵父子，梅县松北乡大力村人，旅印尼著名的爱国华侨。他们大力支持孙中山先生领导的辛亥革命，为国为乡为民做了许多有益的事情。

梁映堂的父琴梁采臣，是松口较早去印尼爪哇岛的开拓者之一。清嘉庆年间(1796—1820年)，他在惠州三多祝经营粮食生意。他胸怀大志，冒不准出国的禁令及漂洋过海的危险，乘“大眼鸡”木帆船，到荷兰管辖的殖民地东印度巴达维亚（今雅加达）经商，创设“南茂商号”，经过勤苦的经营，致富还乡，建立新厦“颜蔼吉堂”。捐资家乡创办“敬斋学堂”（以他父亲梁敬斋为名），为家乡教育事业作出贡献。20世纪20年代敬斋学堂改名“集育学校”，建国后合并于新民小学。

梁映堂秉承父志，除主持南茂公司外，又开设“瑞德商行”，声誉大振。由于他对当地作出的贡献，清光绪年间曾出任巴达维亚（巴城）华商会会长，协办中华学堂，被荷兰东印度殖民政府委任为“甲必丹”。其时中国创办新学，要招收华侨子弟，他得知后便发动华侨回国读书，由巴城（今雅加达）亲送10多名青年至南京入学，为中国维新运动培育人才，受到海内外人士的赞扬。丘逢甲曾在其像侧题诗赞曰：“祖国归航率岛民，养成豪杰共维新，他日编入文明史，此是当时领导人。”辛亥革命前孙中山到南洋各地宣传革命，梁映堂积极拥护捐资赞助，同时积极支持儿子梁密庵参加各种革命活动。梁映堂后来在淞口大力村创建的三堂四横近3000平方米的传统客家围屋“承德楼”成为客家典型建筑。抗战爆发，国光中学从广州迁来松口，其子梁密庵先生认为是一件有利于提高乡民文化水平的大好事，毅然腾出半座承德楼供其作校舍。解放后，国光中学与松江中学合并为松口中学，密庵先生的儿子梁杰佑先生继续将承德楼供松口中学作校舍。当时学生激增至2300多人，承德楼设有教室10间，称松中承德楼分教处。1986年松口教学大楼建成后，学生才搬回学校上课。承德楼借作校舍，历时半个世纪，育才数以万计，为发展松口的教育，贡献殊巨。

梁密庵（1880—1940年）是映堂公的长子。梁密庵随父亲在巴城经商。他青出于蓝，而胜于蓝，事业更加兴旺发达。他为人豪爽，爱国心强，对新鲜事物较易接受。清朝末年，孙中山在东南亚各地宣传号召国人推翻帝制，建立共和。松口仁人志士跟随伟大的革命先行者孙中山先生，从事推翻清王朝的革命活动，他经谢良牧、梁鸣九介绍加入同盟会。他带头创办“寄南社”，不久以后改名为“华侨书报社”，作为同盟会在巴城的联络机关，自任社长，积极宣传，联络各方，对革命的发展起着一定的作用。孙中山先生亲自为寄南社题词“努力前进”予以嘉勉。当时革命领导人黄兴亦书赠“是式南邦”横匾留念。他发动华侨捐资辛亥革命，自己带头捐资，从而引集了大笔资金支持辛亥革命。

1911年“三二九”广州起义前夕，起义指挥部急需巨款，寄南社的同仁四处募捐，但已经来不及，在这紧急关头梁密庵毅然将其父亲存之10万银元巨款，寄回国内支援起义。他恐父亲责怪而出走星州。其实梁映堂深知革命急需巨款，早已作了义捐援助，他对儿子为国为民的义举深表赞同。孙中山领导的辛亥革命成功后，孙中山任临时大总统，为嘉奖梁密庵的功绩，于民国元年三月向梁密庵颁发了“旌义状”，文曰：“梁密庵与中华民国开国之初，踊跃输将，军储赖济，特给予旌义状。亦代后民，用多厥义。此旌”。还有当时国民党要员林森、于右任、蒋中正、何应钦、陈立夫、陈诚、戴传贤等人给梁密庵题词。梁密庵对革命的贡献，不仅得到当时国家领导人的赞誉也给松口人民带来了骄傲和自豪。松口人民为纪念爱国华侨对革命有卓越贡献的梁密庵先生，在风景秀丽、幽静迷人的松口中山公园内，建起一座精巧雅致的密庵亭，亭内的石碑刻有“孙文临时大总统特颁旌义状”，以及国民党7位领导成员的题词，以作后人瞻仰。1918年5月28日，孙中山先生离开广州经汕头时，接受谢逸桥、谢良牧等老同盟会会员的邀请，特地率胡汉民、姚雨平等到松口视察。孙中山先生在松口期间还接见了梁密庵先生的家属。

密庵公的后裔锡佑、铨佑、铣佑、杰佑，均在印尼、台湾、香港等地经商。

梁锡佑先生是承德楼第四代，他为人忠直、豪爽，爱国爱乡，成为侨团领袖，在海内外声誉很高。

第一次世界大战结束后，梁密庵先生即令其在岭南大学读书的长子梁锡佑返回椰城，协助挽救危难中的家业。梁锡佑为人忠直、豪爽，爱国爱乡，成为侨团领袖，在海内外声誉很高。他继承父业。1941年日寇侵占南洋群岛时，他与当地500多名侨领，同被日寇囚禁。抗战胜利后才恢复自由，其商业虽几经起伏，由于他的精明能干，卒再兴起。他曾先后出任华侨总会懂事。他创办《天声日报》、《自由日报》两报。担任六间学校的理事或监事，并连任数届中华商会理事长。曾出席美国、台湾等地的华侨工作会议。他乐于支持、倡办华侨学校和当地的建设，捐资家乡的公益事业。现他在印尼、台湾、香港等地均有其实业。蒋介石生前曾两次接见过梁锡佑先生。改革开放后，锡佑先生虽然年事已高，1994年，他命夫人潘淑容女士率儿、媳回乡省亲。夫人潘淑容继承祖训，主动向松口中学捐资建校。计捐教师宿舍两套、新校门一座和运动场校道铺水泥路面。

次子梁铨佑先生，岭南大学毕业后，在印尼经商。

三子梁铣佑先生服务于军界，原为国民党空军上校，参加过抗日战争，为抵御外侮，得过多枚奖章。

四子梁杰佑先生，上海复旦大学毕业，在香港经营手套工厂，现在家乡松口居住。

梁世桢是梁锡佑之子。他多谋善断，在侨居地大展鸿图，成为东南亚富商后又始终不忘祖基地，源源不断捐资兴办桑梓福利事业。1988年，梁世桢、李丽瑛伉俪回乡省亲。他为桃尧公路大力村段铺筑水泥路面，松口镇捐款锡佑纪念楼（文化活动中心）一座，捐建松口中学校友楼一座及建校舍、校门、校道等累计捐资200余万元。

梁铣佑之子梁世明先生在国内，同样发扬梁氏名门望族爱国爱乡的优良传统，年轻有为，成为广东民营企业家，梅县政协常委，康裕海外有限公司董事长。他为家乡发展教育，捐建松口梅东中学校门及教学设施及修筑道路等共计200多万元。

梁映堂、梁密庵的后裔，在印尼经历了六代，达100多年之久。百十裔孙，散居国内外服务社会各界，成绩卓著，遐迩闻名，真可谓“盛德流芳，满门俊秀”。

三、客家商人资本的流向

明清时期，客家商人资本（即商业资本）属一种商品经营资本，指专门从事商品买卖的资本。它是以贱买贵卖赚取小生产者的剩余价值为特点，从而促进了商品生产的发展和地域之间的经济联系，促进小生产者的分化和货币资本的积累。所以，随着客家商人经营商业贸易的发展，商业资本亦不断积累和日益增大，这些巨大的商业资本除一部分继续在流通领域投资运作外，另外一部分商业资本则流向其他领域而发展成为产业资本、土地资本、金融资本、宗族资产等。

（一）产业资本

明清时期特别是明中叶以后，随着商品货币经济的发展，客家商人的商业资本已有一部分从流通领域投入手工业生产领域，而成为产业资本（包括赚取商业利润和产业利润的商业资本以及独立的产业资本），于是出现不少客家商人投资经营手工业生产的现象，特别是在东南亚等外国的客家商人更是如此。例如上节已述的大埔县富商张弼士，他在印度尼西亚经商致富后，先投资种植业，后又把积累的商业资本到马来西亚彭州文东埠开办东兴公司开采锡矿。光绪十七年（1891 年），又在山东烟台投资创办了张裕葡萄酿酒厂，生产可雅白兰地（金奖白兰地）、琼浆液（美味思）和解纳（玫瑰香）三种葡萄酒，赚取更多利润。可见工商业资本结合在一起了。

梅县商人张煜南和张鸿南兄弟在南洋经商发财之后，回到家乡，将其商业资本25 万两银子与谢荣光、梁廷芳等合资，于光绪三十年（1904 年）8 月兴建 42 公里长的潮汕铁路，为中国的铁路建设作出了贡献。平远商人姚德胜，也将其相当部分商业资本投资购买数千英亩锡矿山，雇用 30000 工人，开采锡矿。

客家商人张正超，到四川经商发财后，将其商业资本携回家乡创办织绫机房，请良工纺织棉布，然运又贩运到四川去出售，成为亦商亦工的工商业家。

（二）土地资本

明清时期，以地主大土地所有制为基础的封建经济结构依然占主要地位，农业与手工业相结合的自给自足的自然经济在整个生产形式中仍然占统治地位。所以，客家商人经商赚利而积累起来的商业资本，有部分用来购买土地而转化为土地资本，也是一种必然的现象。例如客家商人谢复英，入四川简阳做小本生意后，旋即转到建昌县与人合资贩运白蜡等长途贩运生意，获利甚夥，积累商业资数千余两，之后将其所得利润三分之二分给兄弟在文家河置田数十亩。[①]

龙川县商人钟氏，到四川奔走市廛，一日而赶数场圩者，兼做多种生意，获利甚伙，特别是贩运蒲草到温江县大坟坝出售，利润竟至几倍。于是他把商业资本购置田地 1000 亩，成为地主兼商人。[②]

前述大埔是商人张弼士，经商发达后，于同治五年（1866 年）持大量商业资本到荷属葛罗巴埠购买山地，招募工人开垦种植橡胶、胡椒、咖啡等热带作物。自己也变成种植园的园主，一身而二任。

（三）金融资本

客家商人崛起较之广州商帮、潮州商帮为时稍晚，但发展迅速。在当时东南亚国家甚至在国内，货币经济已相当发展，于是有不少客家商人亦将部分商业资本投资到金融业而转化成金融资本。例如前述梅县商人张煜南、张鸿南兄弟到印度尼西亚经商发达之后，光绪四年（1878 年），亦将其部分商业资本投资金融业而开办日

---

① 民国《简阳县志》卷二十四《补遗·善行传》。

② 《民国成都钟氏族谱》。

理银行，还承包新加坡的典当业。光绪二十三年（1897 年）以后又回国筹办中国通商银行。大埔县富商张弼士经商发财之后，同样抽了部分商业资本与张煜南兄弟合资扩展日里银行业务，增开专门办理华侨的储兑信贷及侨汇业务，既为当地华侨提供存款及汇款的方便，同时兼理典当税，从中赚取甚为可观的金融利润，进一步增加自己的资本积累。

（四）宗族资产

明清时期，广东的商品货币经济虽然比较发达，但封建宗法势力亦相当强大，加上客家商人的家族传统观念尚牢固，所以当客家商人经商发达之后，亦有不少商人将部分商业资本与宗法势力相结合而转化为宗族资产，其主要形式是投资购买土地、兴建祠堂和购买祠田。例如五华县商人李梓勋，在泸州经商发财之后，至乾嘉年间（1736—1820 年），将部分商业资本“兴置家业千亩，公上成都，见半边街数十州县为我祖广东敏公修祠，捐银六十两，上为祖宗辉煌，下为子孙乡试荣耀”。[①]

平远商人李氏，在入四川经商后，在成都、罗江、绵阳购地修建了三座李氏祠堂，其族记载说：

> 嘉庆十一年（1806 年），丙寅岁三月中，我族承罗江南街奎星阁上手边沈姓街基菜园一段修建李氏宗祠，合族同心，未久祠宇造成。龛供主牌一座，房竖二牌，列载三十六公，上悬一匾。系张淮泗书奉先思孝四字，两廊房屋颇宽，外有铺面十间，每年收尽是焚献及各至祀祖之用。至道光十二年（1832 年）稍有余积，合族又在绵阳神仙街买街基一段，重建李氏宗祠。同治末年工乃造成。外有铺面数间，至今犹存。[②]

客家商人谢复英入简阳经商后，亦将部分商业资本购置田产归宗祠为祠田，以提供本族在宗祠进行各种谢姓宗族活动的经费作保证。[③]

此外，也有不少客家商人，将商业资本投资捐官入仕或慈善事业等。

综上所述，可以看到，明清时期客家商人的商业资本流向是多方面的，其中以产业、土地、金融为主要方向。如此商业资本的投资流向，对于拉动当时的手工业、农业和货币金融业以至整个社会经济的发展是有重要促进作用的，正如清朝思想家郑观应当时所说：

---

① 《宣统泸州李氏族谱》。

② 《民国罗江李氏族谱》。

③ 民国《简阳县志》卷二十四《补遗·善行传》。

商务者国家之元气也，通商者流畅其血脉也。士无商则格致之学不宏，农无商则种植之类不广，工无商则制造之物不能销。是商贾具生财之大道，而握四民之纲领也。商之义大矣哉。①

四、客家商人的历史作用

马克思曾经对商业和商人资本的历史作用作过科学的论述，指出：

商业对各种已有的、以不同形式主要生产使用价值的生产组织，都或少或少地起着解体的作用。但是它对旧生产方式究竟在多大程度上起着解体作用，这首先取决于这些生产方式的坚固性和内部结构。

商人资本的存在和发展到一定水平，本身就是资本主义生产方式发展的历史前提。1. 因为这种存在和发展是货币财产集中的先决条件；2. 因为资本主义生产方式的前提是为贸易而生产，是大规模的销售，而不是面向个别顾客的销售，因而需要有这样的商人，他不是为满足他个人需要而购买，而是把许多人的购买行为集中到他的购买行为上。另一方面，商人资本的任何一种发展，会促使生产越来越具有以交换价值为目的的性质，促使产品越来越转化为商品。②

以马克思这个观点来分析明清时期客家商人对于当时客家地区、广东和中国以及世界社会经济和科学文化的发展，自然起着重要的历史作用。

（一）促进客家地区手工业生产的发展

世界经济发展的历史证明，商业贸易的扩张往往是先于手工业生产的发展。明清时期，客家商人的国内外商业贸易活动，大大拉动了手工生产的兴起和发展。例如，由于不少客家商人投资铁矿冶炼，使清朝嘉应州冶铁炉数量增加了。据光绪《嘉应州志》记载，雍正十一年（1733 年），嘉应州有炼铁炉 5 座，乾隆以后，发展到 6 座，而且许多均是客家商人投资经营的：

① 夏东元编：《郑观应集》（上），上海人民出版社 1982 年版，第 604 页。

② 马克思：《资本论》（第 3 卷），人民出版社 1975 年版，第 365 页。

本州额溢铁炉六座。商人卜绍基，在松口堡潭头角承开复兴炉一座；商人王长兴伙李世业，在松源堡分煽葵坑宝坑承开玉浆炉一座；商人李鸿逵，在磜下堡承开员潭炉一座；商人张际盛，在瑶上堡承开广兴炉一座；又溢炉商李鸿纶，在石坑堡螺子塘承开永源炉一座；商人黄鼎丰，在四都堡承开金坑炉一座，递年各认纳银五十两。……至各炉所用矿砂，系在本州松源堡、宝坑、石坑堡、铁山嶂两处地方产矿山场采运，供炉煽铸。[①]

镇平县（今蕉岭县）的铁矿也大量运往嘉应州松口的几个工场铸造大铁锅，松口生产的铁锅运到嘉应州城，并通过东江水运至广州，有的沿着韩江的西支流运到潮府出售。

大埔县商人李裕昌也于乾隆二十七年（1762 年）承开采禾坪铅山冶炼铅矿，一年间共获矿砂 7527 斤；[②] 丰顺县李树湾商人、谭陈盛、镇平县（今蕉岭县）新山峢商人张振盛，于乾隆四十三年（1778 年）共煎炼出铅 12668. 11 斤。[③]

兴宁县的土布纺织业更发展了，成为清代直至民国初年广东棉布纺织业的三大中心之一（其余是广州、佛山）。在最兴盛的年代，兴宁县的纺织布女工人达 10 万众之多，年产量约 5 万匹，所产的土布运销江西、福建直至东北三省等地。[④]

总之，在客家商人投资手工业情况下，梅州地区各类手工业生产是获得蓬勃发展了。为了更好说明这一点，我们将明清时期该地区发展的各类手工业生产分布列表如下，则可见一斑。

表 9—4　明清时期客家地区手工业发展分布列表

行业	产地
冶铁业	程乡（梅州市）、大埔、镇平（蕉岭）、长乐（五华） 丰顺、兴宁、平远、永安（紫金）、归善（惠阳）
有色金属矿业	银矿：博罗、丰顺、大埔、长乐（五华） 铜矿：嘉应州、连山、博罗 锡矿：永安（紫金）、兴宁、长乐（五华）、归善（惠阳）、博罗大埔、丰顺 铅矿：连山、博罗、大埔、镇平（蕉岭）、丰顺、嘉应州 煤矿：镇平（蕉岭）、兴宁、河源、博罗、归善（惠阳）

---

① 彭泽益编：《中国近代手工业史资料》（第 1 卷），三联书店 1984 年版，第 311 ~ 312 页。
② 《清代钞档》，乾隆二十六年七月二十七日，武英殿大学士署理户部事务来保等题奏。
③ 《清代钞档》，乾隆四十四年十月十一日，武英殿大学士署理户部事务来保等题奏。
④ 彭泽益编：《中国近代手工业史资料》（第 3 册），三联书店 1984 年版，第 462 ~ 463 页。

（续上表）

行业	产地
纺织业	丝业：程乡（梅县） 棉织业：兴宁、连平 麻织业：平远
造船业	连州、嘉应州
制茶业	长乐（五华）、河源、博罗
造纸业	长乐（五华）、兴宁、连平
制烟业	嘉应州
染料业	兴宁、大埔
编织业	嘉应州

资料来源：据黄启臣、庞新平：《明清广东商人》，广东经济出版 2000 年版，第 17 ~ 19 页。

（二）促进国内外货币金融业的发展

随着客家商人经营国内外贸易的发展，一些客家商人将部分商业资本投资金融行业，从而促进国内外的银行金融业的发展。例如前述大埔县商人张弼士，他经商发达之后，一方面在印度尼西亚的日里开办日里银行，又到新加坡开办典当业；于光绪二十三年（1897 年）回国参与筹办中国通商银行，并出任该行总董事。梅县商人张煜南、张鸿南兄弟，亦于光绪四年（1878 年）在印度尼西亚日里与人合资开办日里银行，承包烟、酒、赌等捐税等银行业务。次年以三分之一的股份参与中华银行的创办。大埔县商人戴春荣到马来西亚槟城、怡保等地经商发财之后，也另外经营典当。直至民国初期，五华县的华侨商人巨子，还投资 500 万元在县内创办五华实业信托银行，并在台山、新昌（今新兴县）、上海、香港设立分行。1923 年丰顺、惠州县的华侨富商合资 21 万元开办了惠丰商业储蓄银行等。① 这些银行的创办，对当时客家地区、广东省、中国以及东南亚国家的金融业和整个货币商品经济的发展都起了重要的促进作用。

（三）促进了客家地区文化教育事业的发展

客家商人有兴商重文的理念，所以很多出国经商的客家商人除了在南洋当地国家捐资创办华侨学校，为华侨子弟提供读书方便之外，回到家乡捐资创办学校者亦

① 《现阶段中国之银行业》，载《中行月刊》1936 年第 13 卷第 2 期。

不乏其人。大埔县商人戴春荣，在马来西亚槟城经商致富，回到家乡，先后捐资在大埔、汕头和潮州捐建学堂10多所，还在汕头、潮州和北京投资建立贫民医院。

平远县商人姚德胜，在马来西亚芙蓉和怡保经商，晚年回家定居，捐资10万银元兴建平远中学和芝兰小学。

梅县商人丘燮亭到印度尼西亚巴达维亚（雅加达）经商，20世纪初年，捐资13000银元创办三堡学堂（今丙村中学前身），叶剑英就是该校首届毕业生。同时创建永捷高等小学。1913年又与叶子彬等合资在梅州城创办私立东山中学。

梅县商人丘元荣，到印度尼西亚巴达维亚（今雅加达）经商，1914年捐资在梅县设立香港南华学院分校，并捐款支持东山中学和丙镇中学建新校舍。

梅县商人伍淼源及其子伍佐南，到泰国经商，他除了在曼谷捐资创办进德华文学校外，并在家乡多次捐资修缮松口高等学堂，倡办沪上中华职业学校、溪南公学和宏育小学。

大埔富商张弼士，到印度尼西亚和马来西亚经商成为巨富后，于宣统元年（1909年）捐资10万元给香港大学办学，在汕头购置房屋十间创办“育英堂”，为当地及嘉应五县学生办福利。晚年还遗言其子女捐资在广州岭南大学（今中山大学内）兴建一座四层楼的“张弼士堂”，帮助岭南大学解决校舍不足的困难（该堂终于1921年建成）。

五华商人李瑞琴，随父亲李玉山到香港经商，成为香港富商后，1913年捐款创建五华第一中学，又为广州中山大学迁建和香港大学办学捐巨款。[①]

（四）促进东南亚国家的经济发展

明清时期，特别是康熙元年（1662年）到嘉庆二十五年（1820年）时期，中国经济发展水平在世界上是处于领先地位的，据统计，嘉庆二十五年（1820年），中国的GDP仍占世界经济总量的32.4%，[②] 居世界首位。所以在近代以前，“没有哪一个国家的文明比中国更发达，更先进”[③]，“中国乃是一个伟大、富饶、豪华、庄严的国家”[④]，从而成为当时贸易全球化的大市场，而广东则是中心市场。中国各省的商品均经广东和广州港输出到世界各国贸易。

而在16—19世纪，东南亚的国家和地区的经济仍然处于比中国落后的阶段，有些地区尚待开发。因此，客家商人贩运中国大量的先进的商品和工具到这些国家贸易，首先为这些国家人民的生活提供了物质的享受和开发经济提供了良好的条件。特别是如前所述的无数客家商人到东南亚国家贸易后，“久居不返，至长子孙”，成

---

① 以上均见前文有关商人的注释，在此不再重复列出。

② Angus Maddison, *Chinese Economic Preformance in the Long Run*, Oecd publishing, 1998.

③ ［美］保罗·肯尼迪著，蒋葆英译：《大国的兴衰》，中国经济出版社1989年版，第7页。

④ 考太苏编译：《皮莱斯的远东概览》（第1卷），第31～32页。

为华侨定居于彼，同当地的土著居民交往，和睦相处，运用带去的先进生产工具和生产技术、技能，共同开发和发展各国的经济发挥了巨大的作用。他们与这些国家的人民一起建设港市，开采矿山，开垦荒地，种植甘蔗、橡胶、烟草和修筑铁路、公路，兴办工厂等，为开发和发展这些国家的经济立下了汗马功劳。16世纪末，西班牙人莫牙博士（Dr·Antonis Morga）就肯定客家华侨、工匠对菲律宾城市经济建设的作用，说："凡一镇的建成，是不能缺中国人的。他们是各种事业的经营者，而且工作十分艰苦，工资很低。"① 前英属马来西亚总督瑞天咸（Trank Surettenham）亦高度评价客家商人华侨在开发锡矿的作用，他撰文说：

惟开始作锡矿之工作者，首推华侨。彼等努力之结果，世界用锡之半额，皆由半岛供给。彼等之才能与劳力，造成今日之马来半岛。……英人初经营半岛时，着手于建筑道路，及其他公共工程，皆成于华侨之手。至于开矿事业，纯由华侨导其先路，投身峦荒，冒万死，清森林，辟道路，每有牺牲其性命者。此外为煤工、伐木工、木匠、泥水匠者尚多，英政府之修铁道筑桥梁，皆由华工包办。当时欧洲人不敢冒险投资，华侨则冒险为之，又经营商业，开半岛之航路，招致华工，开半岛未启之富源。英政府收入的十分之九，皆出华工之手。凡一事既成，应知其之所以成功。读此文者，均知华工有造于马来西亚各国也。②

马来西亚殖民官泼赛尔（Purcell）也承认说：

假如没有中国人，就没有现代的马来西亚，而且如果没有现代的马来西亚橡胶，欧洲和美国的汽车工业也就永远不会如此巨大的发展。③

直到19世纪80年代，婆罗洲英属殖民地沙捞越王查理·乌拉勿格克（Charles Uyner Brooke）对华侨在该地经济开发的作用，也认为："若无中国移民，我们将一事无成。"④ 约翰·弗尔曼（John Foreman）曾对华侨在东南亚国家经济开发和发展的重大作用作过综合性的高度评价，说：

中国人的确是首先是把贸易、工业和有成果的劳动等观念传给当地土著人的。他们教导土著很多其他方面有用的事物，如从甘蔗榨取糖汁和锻炼熟铁的

① 转引自李长傅：《南洋华侨史》，商务印书馆1934年版，第70页。
② 转引自李长傅：《南洋华侨史》，商务印书馆1934年版，第48页。
③ 转引自彭家礼：《十九世纪开放西方殖民的华工》，载《历史研究》1980年第1期。
④ 转引自李长传：《南洋华侨史》，商务印书馆1934年版，第65页。

劳动。他们首先把用直立的石榨取糖汁和用大铁锅熬糖的制糖法介绍到这个殖民地。①

此外，客家商人还捐资在国内外兴建船舶码头、远洋轮船运输公司（如张弼士在雅加达和亚齐兴办的裕昌远洋航行公司和广福远洋轮船公司，又回国修筑潮汕铁路）等交通运输的基础设施，对于发展国内外的交通和贸易全球化，也是起着重要作用的。

综上所述，一言以蔽之，明清时期的客家商人对于当时的梅州地区、广东省、中国和东南亚国家和地区以及全世界的经济发展是起了促进的历史作用，此功不可没也。

第三节　海外客商经济

一、异国他乡之“客”味

翻开历史长卷，客家先民从肥沃的中原大地，辗转南迁，千里迢迢，历尽艰辛，定居在闽粤赣山区，依靠他们的勤劳和智慧在陌生的环境中建设起自己的家园，同时也为南疆山区经济、文化的繁荣立下了汗马功劳。然而随着人口的增长，在“八山一水一田”的穷乡僻壤加上人口稠密，许多人的生活逐渐难以维持，于是又南迁，辗转迁移到了四川、湖广、海南、台湾、澳门等地，再一度在迁居地落脚扎根，又一次为迁居地的各项建设大显了一番身手。到了清朝末年，战乱爆发特别是鸦片战争以后，客家人再次南迁，开始大批从国内逐渐迁徙到了东南亚一带，甚至更远的世界各地，为侨居国的经济繁荣昌盛描绘了浓墨重彩的一笔。几个世纪下来，客家人不断迁移到海外定居，客籍华人、华侨已经遍及了世界五大洲。

在目前来看，亚洲是客籍人侨居最多的一个洲。旅居亚洲的客籍华侨、华人分布在了21个国家和地区，共有380多万人，其中又数东南亚各国最盛：光是在印度尼西亚和马来西亚就分别有150万及125万人；泰国有55万多人；新加坡有20万人；缅甸约10余万人；越南约15万人。广大客籍华人、华侨世代与居住地人民和睦相处，同当地人民团结在一起，共同建设当地经济，对居住国的经济开发和繁荣立下殊功。

---

① 转引陈翰笙主编：《华工出国史料》（第4辑），中华书局1981年版，第50页。

在美洲侨居的客籍华人、华侨人数仅次于亚洲，约有46万人，遍及北美、南美的21个国家和地区。其中美国约有284000人；加拿大约81000余人；中南美洲的秘鲁和牙买加是客籍人较集中分布、人口较多的国家，分别约有15万人和10万人。巴西、圭亚那、古巴、巴拿马等国亦有广泛分布。侨居美洲的客家人大部分都集中在居住国的首都或大城市。

除亚洲、美洲以外，大约还有32万名客家人分布在欧洲、大洋洲和非洲。侨居欧洲的华侨、华人约118万，其中客家人约20万，分布在18个国家和地区，其中大多数客籍华人、华侨主要居住在英国和法国，其中英国约有152000人，法国约有3万人。客籍华人、华侨移居欧洲不到百年，他们一般是在20世纪四、五十年代由东南亚、香港、台湾迁去的。在大洋洲的客籍华人、华侨有6万多人，分布在11个国家和地区，主要集中在澳大利亚、斐济、新西兰、所罗门等国家。非洲则是世界五大洲中华侨、华人移居较少的一个洲，华人、华侨不足8万人，其中客家人54000人，分布在12个国家和地区，占当地华人、华侨总数近七成，主要居住在毛里求斯、南非、留尼旺等国家。

随着客家人的“过番”，他们在侨居地聚族而居，艰苦创业，繁衍后代，所取得的成就以及在世界的影响已使之成为世界人口中重要的一部分。由于客家人行走天下，移民世界，且在海外商界不乏成功者，客籍华人、华侨群体中出现过大批企业家，故素有“东方犹太人”之称。这与客家先民数代屡次长途迁徙有着密切的因果关系：客家的迁徙过程是艰险的，客家先民扶老携幼，跋山涉水，披荆斩棘，排除险阻，“逢山开路，遇水架桥”，到一个陌生的地方去安家过日子，这个群体自然比其他群体更多样更深层次地体验了社会实际和生产实际，也就必然受到了更多的锤炼和滋养，积累了更多的处理与自然界关系及社会人际关系的经验。

“水有源，树有根”，我们试图根据可考史料文献，剖析客家人异国他乡迁徙路径，最终寻找海外客家这支中华民族的重要族群的海外分支，究竟拥有什么样的特质会被英国研究学者盛赞为“牛乳上的乳酪”，寻找解读海外客家商人成功创业、造就杰出地位的密码。

我们大致可以将客家人异国迁徙经历分为四段，究其各段迁徙产生的原因则迥异，因此海外客家商人从生存到创业，再到守业，进而回馈当地社会、回报祖国的发展历程也呈现出阶段性特征：

第一个迁徙阶段可追溯到宋朝末年至太平天国革命以前。

这一时期，政治因素是客家人“过番”的最主要原因。可以这么说，这一时期的客家迁移海外是在特定情况下非去不可的。南宋末年，文天祥为保卫江山起兵勤王，各地人民参战响应者众，尤以闽、赣、粤边区的客家人为盛，但终在与追赶的元兵浴血杀敌、誓死奋战后，因势单力薄，难以抗衡，全军覆没；侥幸生存下来的客家子弟无立足之地，只能冒险走海道漂泊到南洋；到了清朝初年，反清复明客家志士不满清廷统治，建立地下反清组织，到南洋群岛建立海外基地；太平天国运动失败后，许多客家人担心受到牵连会遭受迫害，只身逃亡海外，到南洋避难。无论是出于种种政治迫害还是战争失败，抑或是为了海外谋生等原因，他们都是因为抗争命运而选择出走南洋，大多数到了异地逐渐开始经商。当其他华侨族群大多数怀着淘金发财的愿望远涉重洋时，客籍商人却不仅如此，他们更深受传统客家文化的影响，指导他们经商之道，而这一部分客商当中又以嘉应人（今梅州人）的人文、政治理想最重①，当中很多人都以弘扬中华文化为己任。经过多年努力，不少嘉应人后来成为了当地政商领袖。说到这里我们少不了要提及名扬世界的印尼“大唐客长”罗芳伯。

1738年罗芳伯生于广东梅县石扇镇大岭乡，自幼胸怀大志，文武兼习。1772年，35岁的罗芳伯因屡次乡试不第，对仕途彻底灰心，于是带领近百名客家青年漂洋过海，经虎门到达婆罗洲西部的坤甸（Pontinak）。坤甸盛产黄金，但华人矿工在此生活艰难。凭借自己的文化、才华和胆识，罗芳伯很快发挥自己的能力，成为坤甸矿区的领袖。此后罗芳伯着手组建了“采金公司”开发金矿，使得坤甸的金矿生产迅速发展。1777年，罗芳伯顺应形势的发展，建立了政经合一的兰芳公司，经营矿业、农业和贸易。同时公司拥有自己的武装，享有自己管理自己的全部权力，罗芳伯以其威望和功绩被推为公司的首领，被称为“大唐客长”（意思是客居婆罗洲的中国人的首长），此后公司首领实行遗嘱继承制度，不受土王或苏丹管辖，也无须遵守荷印政府的法令，是一种带有封建家长制色彩的管理机构。但它较好地处理了与当地政府和人民的关系，对于内部事务的管理具有很高的效能。在罗芳伯及其继任者的领导下，兰芳公司对于坤甸的开发作出了巨大的贡献：一是传播了先进的生产工具和耕作技术，把大片荒山野岭开垦成沃土良田；二是扩大矿产开采面积、改善交通、发展商业；三是兴办学校，提高了当地华侨和土著人民的文化水平，传播了中华文明；四是协助苏丹平息边界纠纷，处理好睦邻关系，安定社会，保障了人民生活和生产的顺利进行。兰芳公司在为所在国家和人民作出贡献的同时，自身的业务也得到长足的发展，矿业和商业贸易繁荣兴旺、蒸蒸日上。经过罗芳伯和广大华侨及土著人民的艰苦努力，婆罗洲的坤甸、东万律、沙拉满、山羊口各地都被建设成繁荣的“矿山之山”、“鱼米之乡”；罗芳伯本人及其“兰芳大总制”也因而名扬海外。但是罗芳伯与他的客家同乡们还有更高的理想，虽然身居异邦，罗芳伯和同乡们的儒家思想与客家藩国观念，使他们企图在婆罗洲建立一个“小中国”。据袁冰凌《罗芳伯与西婆罗洲的开拓》一文中记载，对当时的情形略见一二：

---

① 梁启超《饮冰室文集》中的《中国殖民八大伟人传》介绍推崇的八大殖民伟人中嘉应籍客家人有三位：三佛齐国王梁道明（明代，南海人）、三佛齐国王张琏（明代，广东饶平人）、婆罗国王某（明代，福建人）、爪哇顺塔国王某（广东潮州人）、暹罗国王郑昭（清代，广东潮州人）、戴燕国王吴元盛（清代，广东嘉应人）、昆甸国王罗大（清代，广东嘉应人）、英属海峡殖民地开辟者叶来（指叶亚莱，1837—1885年，广东嘉应人）。

罗芳伯始终强调只有嘉应人可以担任兰芳总厅的首领，在他的国度里，极少潮州人介入，客家人的兰芳总厅虽然也使用了“公司”一词，然而它的组织结构与制度却与其它公司不尽相同。兰芳有自己的礼法，它的总厅由籍贯嘉应州的“大哥”统领，并有大埔籍的“副头人”辅佐；各地村落由副头人、尾哥、老大管理。他们的政府基于地方贤人的尾哥、老大管理，这与具有民主性质的“公司”制度不尽相符。此外，虽然身居异邦，罗芳伯“实有归附本朝之深心焉”。他建立兰芳总厅原是为了像安南、暹罗那样称为外藩，年年向清廷朝贡。

经过二十多年的苦心经营，他们终于实现了这一理想。遗憾的是，由于荷印殖民地当局的消灭政策，婆罗洲客商先民们开创的业绩因之掩没。

第二个迁徙阶段，发生从太平天国农民运动失败后至1911年的辛亥革命期间。

这一段是移居海外的客家人在异乡扎根艰苦创业的时期。鸦片战争爆发后，由于清廷腐败无能加上帝国主义的侵略，中国开始沦为半封建半殖民地国家，民不聊生，饿殍遍野；当时正逢荷兰与英国海外殖民地政府经营的东印度公司分别在印尼的勿里洞、邦加、石隆门及马来西亚槟城、怡保等地大肆采矿，因此需要大量劳工，便通过强硬手段掠夺华工，在广州、汕头、厦门等中国沿海通商口岸设立联络点、招工馆，表面上是去“发财”，实则以“卖猪仔”的形式，哄骗拐骗千万中国人到南洋、美洲等地开矿山、修铁路、筑桥梁。当时广东揭西一带的客家人，由于耕地不足、粮食缺乏，人们生活困苦，为了生计，有近四万多人被当成“猪仔”苦力卖到南洋当矿工。① 那些被诱骗到海外的客家人，其卖身有二年、三年、四年不等，最长有五年之久。这些客家人经历了贩运途中的折磨、侥幸活着上岸的必须在恶劣的生存环境中进行苛酷的超负荷劳动，好不容易在熬到卖身期满后，稍有积蓄的，便以客家精神中特有的勤劳、忍辱负重的耐力与胆识，独闯新路、开创大业。这一时期被诱骗下南洋的客家籍华工经过多年艰苦卓绝的努力，后来终成为客家人向海外发展的中坚力量。在这一批客籍华侨后人当中，又诞生了一大批享誉海内外的客商，这里面就有著名马来西亚客商、曾任雪兰莪州最后一位华人甲必丹的叶观盛先生，他的传奇经历可谓是当时客商凭借勤俭、勤劳和胆识在海外艰苦奋斗的

① 据1957年出版的《牙买加中华会馆会刊》记述：最早抵达牙买加的华侨先驱陈八、凌三和何寿（均为宝安横岗或布吉人），是清咸丰四年（1854年）由巴拿马果朗到牙买加的472名华工中幸存下来的。1884年10月12日抵达牙买加京斯敦的680名契约华工，除20名为四邑人外，全是惠阳、东莞、宝安的客家人。又据张荫桓《三洲日记》（卷九）光绪十五年（1889年）七月十三日记载：“古巴供事张萱访、洋员拉乌，自苏里南回，查得该岛华人自咸丰十三年起至同治九年止，共到二千一百一十七名……现存九百余名，多惠州籍，建有广义堂会馆……”据民国政府侨工事务局1920年5月编印的《南洋荷属网甲岛华工情况调查书》记载：19世纪末荷印政府在香港、汕头等地的“客馆”，暗派客头随时诱骗，被招募到邦加（旧译网甲）开采锡矿的契约华工，多是梅县、惠阳、宝安、东莞一带客家人。

缩影。

据史料记载，1846年出身于台山赤溪的一个贫农家庭的叶观盛，在家乡时生活非常穷困，18岁时随水客被卖猪仔到马来西亚的一个锡矿场做矿工，认识了以后成为吉隆坡开埠功臣的叶亚来先生，并得到后者的赏识和提拔。叶观盛省吃俭用，依靠经营矿产业起家致富。1870年，叶观盛到了雪兰莪州（Selangor），协助叶亚来（广东惠阳县人）开发建设吉隆坡，当时该地发生内战，直到1873年才结束，叶亚来等人花了7年光阴重建吉隆坡。此后，叶观盛的经济活动、政治地位与社会建树，三者相得益彰，相互扩大。1889年，叶观盛在吉隆坡开设矿场，雇用工人达7000多人，他也是当时雪兰莪州境内最大的矿主之一。后来他以独特的眼光又兼营商业，在吉隆坡开"新就记"商行，在新加坡开设"新兴泰"商行，成为远近闻名的大富商。19世纪末，吉隆坡大兴土木，将所有亚搭屋改为砖瓦屋，叶观盛又把握时机，果断投资，在十五碑开设了砖瓦窑，大量生产供应建筑器材，获利甚丰。值得钦佩的是，叶观盛还十分热心慈善事业，兴医济世。1881年，他捐巨款在当地创建"培善堂"，施医赠药，为病人解脱痛苦，独资维持慈善事业达13年之久，是吉隆坡最早的慈善机构之一。1894年，他发动热心侨胞集资1万多元将培善堂改建为同善医院，并捐出一间店屋充作该院不动产。1894年，面对许多侨胞没有吃住的窘境，叶观盛与几位华裔领袖创建了大华楼收容华人，大华楼设有基金委员会，他出任委员会主席。1900年3月，印度发生严重灾荒，到处哀鸿遍野，当地华裔纷纷捐款救济，叶观盛也捐资1万元，美名传遍东南亚各国。

从叶观盛先生和众多其他客商们身上可以看到，这一时期的客家人以坚韧刻苦的精神及倔强的开创精神在陌生的环境中取得了一定的成就，更难能可贵的是，他们能够配合迁入国的经济发展步伐，发挥族群力量，对当地社会的经济、政治和文化生活作出了极大贡献，进而丰富了整个社会的文化内涵与社会能量，为客家文化与其他文化并存发挥了重要作用，为一代又一代华人更好地融入当地社会打下了坚实基础。

第三个迁徙阶段为民国时期，这一阶段是客家人移居海外的黄金期，人数之多，范围之广，地域之宽，为前所未有。

一方面，业有定所的侨民纷纷接携亲属往南洋等地定居，侨眷普遍出洋与亲人团聚，要求出国的人越来越多，逐渐形成了客家移民中的第二代、第三代。在这一时期，"水客"特别活跃。另一方面，国人向海外移民持续增加，与国家政治上的社会动荡、相应的经济衰退甚至危机分不开：连年战争，各自为政的军阀部队，对农民横征暴敛，肆意掠夺，妨害了农民耕作，又干扰了经济；加上自然灾害频繁，致使农村破产，农民生活凋敝，与海外有乡亲关系者，就不断往南洋转移。此外，民国十六（1926年）年，第一次国内革命战争失败后，广东客家住地的各级党组织遭受破坏，地下党员在失去联络的情况下，纷纷避居东南亚各国。总的来说，这一阶段海外客家人口不断增加，是客家人移居海外人数历史上最多的时期。到了20世纪二三十年代，许多迁入国已经形成了被称为“华侨社会”的移民群落。

在这种背景下，客家人除了在新的土地上要解决生活的问题之外，还意识到要让子子孙孙在这块土地长期生活，并保持传统文化，尽力为家乡的社会与文化建设做出贡献。

在这一阶段，相关客籍商人的事迹是很多的，在这里要特别提到马来西亚“橡胶大王”李莱生先生。李莱生出生在马来西亚怡保万里望，他的祖籍地在广东梅县白渡。这位出生异城的第二代华裔，其父亲李铭兴是怡保著名的矿业家。他生活在企业家的家庭里，接触面广，视野广阔。自幼聪颖，勤奋学习，胸怀壮志。李莱生16岁那年，李铭兴虽腰缠万贯，但不忘故土，让出生在南洋的儿子，回故乡学习中华文化。生在怡保、长在怡保的李莱生，多次听父亲讲过祖籍地的状况，但仍很陌生。梅县白渡瓜州祖籍地李屋，与怡保家庭环境相比，虽有天壤之别，但他却习惯如常。他曾听老师讲过一句引人深思的名言：“读万卷书，不如行万里路。”李莱生牢记这一名言，一面刻苦学习，一面做社会调查，不断增长自己的实践才干。松口是梅县华侨的发源地，宋朝末年，梅县第一个出国的华侨卓谋，就是松口人。他知道这一情况后，在亲友的陪同下，步行30华里到松口，还目视源源不断出国的华侨，他们从松口坐船至汕头，然后乘坐大轮船经香港至新加坡后，再奔赴东南亚。他的父亲就是按这一路线出国，定居在马来西亚的。在马来西亚，锡矿和橡胶是全国两大经济支柱，李莱生出生在矿业之家，对矿业生产非常了解。在深入各地调查的基础上，李莱生发现采矿业已日薄西山，而橡胶业却如旭日东升。于是他毅然决定进入橡胶生产行业。李莱生在发展橡胶业的实践中，深深体会到事业的成功在“四靠”：靠机遇、靠诚实、靠勤劳、靠科学。他独具慧眼，纵观局势，胆大心细，投入巨资，使橡胶业发展实现了质的飞跃。正当李莱生大展宏图、橡胶业飞跃发展的时刻，却遇上了挑战：工业发达的欧美国家，发明了人造胶投放市场，受到青睐，而天然橡胶受到了这一沉重的打击，市场地位每况愈下。面对变化莫测的国际市场，李莱生经过冷静思考，看准天然橡胶拥有的质量优势。他采取以下措施：稳定橡胶园的生产，并让人们增强对天然橡胶生产的信心；着手加强发展对橡胶园的科学管理方法，对橡胶园进行技术改造，科学、合理利用自然资源，提高产量；大胆革新，改进割胶技术，反复试验，不断取得技术突破。终于，在摸索出一套科学种植、科学管理、科学制胶的制度，在完成一套制胶新技术、新工艺后，天然胶仍保持优质，而成本大大降低，重新获得了优势地位，战胜了人造胶。马来西亚橡胶业不景气的状况很快扭转过来，行业地位得到了巩固，使“橡胶王国”重新出现一派生机勃勃的景象。

李莱生代表了在异国出身的第二代客商，他们的父辈们用中国传统文化教育熏陶，培养了他们实事求是和积极向上的精神；另一方面，他们敢于创新、冲破传统的新思维，成为了与祖父辈们不太一样的新海外客商。

第四个时期，从 1949 年 10 月中华人民共和国建立以来，特别是 1979 年改革开放以来，由于我国经济的发展，人民生活水平的不断改善，红火了几个世纪的出国热潮骤然降温，除了继承遗产、留学定居之外，申请出国者大为减少了。

综合以上几个历史迁徙阶段、客家人迁移海外的原因与相应海外客商特征分析，可以发现更多是由于山多田少、土地贫瘠、人口不断增长而导致的生活贫困以及封建压迫和政治迫害使得客家人选择定居海外，为了生存，在长期为客，永远是少数的情况下，付出了巨大的努力。而这些也使得客家人更珍惜难得的机会，更加团结，磨练出刻苦耐劳、勤劳俭朴的客家精神。同时我们也可以看到，由于地缘关系，绝大部分的海外客家人生活在东南亚国家，大多在当地从商谋生。因此客家人在东南亚国家的发展过程中，有着非常特殊的地位。

二、开拓无穷期

早期辗转迁移到海外的客家人，在家乡没有商业根据地的港口，也没有航海贸易的经验，经济上又与故乡脱节，而成为孤立无援的移民，只能依靠自己的双手，艰苦劳动，或从事手工，或经营矿业，披荆斩棘，以客家人特有的开拓创业精神，在异邦开埠建制，建立新的家园，推动当地社会历史的发展。如我们之前提到过的在印尼婆罗洲建立兰芳大总制的罗芳伯、开发吉隆坡的叶亚来等。到了当代，客家人由世代从事繁重的体力劳动逐步走上了经商和开设工厂的道路，在侨居国的经济领域中取得的巨大成就，引起世界各国瞩目，被誉为“东方的犹太人”。从事实业的客家华侨把客家精神与西方管理思想结合起来，形成富有特色的企业精神，并由此出现了一批创建现代企业的出色人物。如苏门答腊的张榕轩、张耀轩兄弟和槟城的张弼士、缅甸的胡文虎等。他们不仅有追求利润的理念、担当风险的勇气和推行创业计划的决策，而且卓有远见，富于创业精神，作为现代成功的企业家，在侨居国和国内都享有盛誉。

在对东南亚各国经济开发方面，许多客籍华商们智慧超群，异军突起，雄踞一方，贡献良多。我们根据现有文献资料统计，客籍侨商在东南亚各国里所从事的经济领域主要集中在大型出口农作物加工、采矿、贵重金属加工、制药、商业贸易、杂货、建筑、果园种植等多个行业。其中，梅县籍的客家人主要从事锡、金、银等矿产开采、种植、树胶、商业、打金、药材等行业；大埔籍的客家人则以从事商业、杂货、医药、种植等行业为主；而台山籍客家人大多从事商业、杂货、采矿、打金、建筑、种植、养鱼等行业活动；蕉岭籍客家人以从事种植、矿产、铁路工程等经济活动为主；兴宁籍客家人主要从事药材、木料业，以及经营树乳园等；丰顺籍客家人多从事杂货、种植业等；惠阳籍客家人多从事栽植、商业、矿业等行业；平远籍客家人则以从事采矿业等行业居多。

几百年以来，这些华商们仿佛是永不知疲的发动机，为东南亚的繁荣起着关键作用。据研究表明，在东南亚十国中，华人所占的经济比重位居前列的国家有：新加坡（76.8%）、马来西亚（24.1%）、文莱（14.35%）、泰国（10.7%）、印尼（3.3%）。而在这些国家中，客籍华商的经济贡献作用具体表现在：

第一，大力发展侨居国种植园附设的大型出口农作物加工工业。如橡胶、烟草、制糖、榨油等企业，许多都是华侨兴办的。早在19世纪后期，祖籍粤东梅州旅居印尼棉兰的华侨张榕轩、张耀轩和张昆仲，就在印尼大力发展橡胶加工业，投资1000多万元建起橡胶园，兴办出口橡胶加工业，公司拥有工人数千，生产出来的产品销往世界各国，为印尼的橡胶加工业发展立下汗马功劳。到了现代社会，客籍华侨们在创办这些加工工业中，独辟蹊径，引进先进技术，采用科学高效的管理方法，提高产品质量，更进一步提升了侨居国农作物加工工业的国际竞争力。比如我们之前提到过的马来西亚华侨、“橡胶大王”李莱生，他控制4家种植业公司和集团，拥有8.9万公顷橡胶、油棕、可可种植园，总价值达15亿多美元。此外，在各国烟草、制糖、榨油等企业中，客籍华侨企业家同样脱颖而出，为侨居国的加工业繁荣和发展贡献了才智。马来西亚“糖王”郭鹤年便是其中的佼佼者。郭鹤年祖籍福建福州，母亲是梅州客家人。1948年郭鹤年自新加坡莱佛士学院毕业不久后，便在新加坡创办了利克务公司，主营轮船航运，20世纪60年代郭鹤年发现马来西亚当时食用糖大部分是从外国进口，本国的制糖业极为落后，他看准时机，创办了马来西亚第一家制糖厂，一方面从泰国进口粗糖进行加工，另一方面向政府租借到大片土地种植甘蔗生产，迅速建立遍布马来西亚全境的销售网，形成“原料—加工—销售”的“一体化经营”体制。1970年，他在世界糖价上升前，大举在国际市场收购白糖及投资白糖期货，控制马来西亚80%的原糖市场，并在世界白糖市场占有10%左右的份额。从1973年起，在郭鹤年的努力下，一直以来进口的马来西亚基本实现了砂糖自给。

第二，积极兴办采矿业，包括石油、煤、锡、金和银矿等。锡矿和橡胶是马来西亚经济走向现代化、全球化的两大行业，客家文化孕育出来的客家人也都能在这两大行业中立下丰功。侨居马来西亚、祖籍梅州的华侨李铭兴，开办锡矿，拥有数百工人。办锡矿初期，手工操作，工效低，产量少。后来，他投资大笔资金，逐步实现半机械化或机械化，产量突飞猛增，工效提高几十倍，不到10年时间，这个无名小辈一跃成为“锡矿大王”，成为占领国际市场的佼佼者。与此同时，李铭兴相继办起了一系列为锡矿服务的附属设备，以及制造业、修理业等，一跃跻身于马来西亚“七大财团”的行列，为马来西亚锡矿业发展奉献出他超人的才智。可以说马来西亚第二大都市——怡保，也是近代华人在所经营的锡矿基础上发展起来的。这里还有为怡保新市建设作过很大贡献、祖籍广东平远的姚德胜，他在19岁时随本邑水客远涉重洋，来到马来亚的芙蓉镇当锡矿工人，由于勤奋好学，不久便小有积蓄，转至怡保做生意，还开设一间较具规模的杂货店，逐渐成为当地首富。由于他当过采锡工人，熟悉采矿业务。当他了解到怡保附近有丰富的锡矿资源时，便当机立断，把经商所得全部投入开发锡矿。由于经营有方，又能厚待劳工，姚德胜很快成为有名的矿业富户和众人信赖的华侨领袖，时年仅 29 岁。1892 年夏，怡保发生一场特大火灾，1904 年姚德胜出资建新市，还在近打河对岸新建一条长一公里、一式二层楼 216 间店铺的街道，被当地人誉为“锡城之春”。怡保议会为纪念他的功德，将新建的晓罗街市场命名为“姚德胜公市场”，将新街命名为“姚德胜街”。英皇特赐予姚“和平爵士”称号，马来亚王以最高礼仪接见并表彰了他对开发怡保的功劳。除此以外，客籍华侨企业家也在印尼、泰国、新加坡等国的采矿业中相继涌现，为侨居国的采矿业腾飞开创了新局面，如祖籍广东梅县的谢枢泗，1904 年到泰国，大力承包工程、开采锡矿，创立自己的公司，并为合艾市的规划亲自设计和建设。

第三，兴办珠宝、贵重金属首饰加工业。祖籍广东梅县程江镇的马来西亚华侨吴德芳拿督，从大学毕业后投身商业，从事金钻业，刚开始从事成本较低的打金承包，后来开拓金饰批发业务，经过三年精心打拼成为吉隆坡和雪兰莪有名的铸金商。其后又将业务扩充到零售，他大胆尝试，打破传统销售格局，将传统金铺打进购物中心，成为首家在购物中心开设金钻门市的金钻珠宝公司，开金钻业电脑化管理之先河。经过三十多年的努力，吴德芳的金钻珠宝公司业务已经发展到从贵重金属提炼、制造、批发、代工到零售的“一站式”经营，吴德芳也成为马来西亚金钻业的风云人物，一手创办的金钻珠宝机构也成为马来西亚乃至世界家喻户晓的品牌。

第四，兴办医药行业。客籍华侨在东南亚一带兴办医药行业的实业家不乏其人。饮誉亚洲的制药企业家胡文虎，其祖籍福建省永定县，他的父亲早年南渡缅甸，办起以中药为主的制药厂，开始发迹。其父去世后，胡文虎继承父业，进一步发展制药业，将原来的中草药研制成丹、膏、丸等成药百余种，精制 5 种便于旅游携带，顿时占领东南亚市场。接着，他把缅甸的制药厂交由其弟胡文豹经营，他迁移新加坡开办新的制药业，研制新的成药品种——虎头牌万金油系列产品，一举成为亚洲的“万金油大王”。其产品在国际市场上享有崇高的声誉，在同行业中独占鳌头，胡文虎也实至名归，全球上下，家喻户晓。

第五，开发农业经济。自古以来东南亚国家由于气候温暖湿润和拥有较长的海岸线，种植业、林业和渔业资源丰富，但是由于缺乏足够的劳动力来满足产业发展的需要，从中国引进了大批劳工，这其中很大部分是客家人。从最初到侨居国出卖苦力，到最后发展成为从事农林牧副渔等各个产业开发的客籍华商们，不遗余力地开发侨居国的种植业、林业、畜牧业、药材业、树胶业、渔业等产业，繁荣丰富了侨居国的经济，增强了这些国家的经济实力，同时为他们自己赢得了勋名卓誉。在早期的客籍华侨中，祖籍广东惠阳的黄无骄是一位在槟城双溪槟榔区经营种植业、在当地较有成就的客籍商人。对于黄无骄的创业、发展、成功、对当地社会的贡献和及其为人，林博爱的《南洋名人集传》中多有记载：

> 初君（指黄无骄）之来双溪槟榔也，居百工之肆，薄有积蓄，即买棹归家省亲，未几复来霹雳一带，经营锡矿，盈甚多，所谓地不藏宝，利有攸归，君此来，真收纳宝利之适时也。君既多获矿利，恐得而复失，计惟有再回双埠，辟荒种植耳，果也熟路轻车，事半功倍，数年间，种植物又告成功，自是之后，家益富。年四十七，闻人演说革命为救国之良策，爱国乃爱家之先锋，遂变宗旨，移爱家为爱国，会孙中山派人南来卖国债票，即出巨资买之，他项捐题，凡属国事，亦无不努力。双坡新民义校出现，君为原动力之一人，至今，该校舍方建筑，君尤捐财出力不已，又槟城惠州会馆之改造，君且不惟发起，又助其千金焉。近年北五省水潦大旱诸灾，及槟城南洋时报组织，皆无不量力搜囊，为人天量海涵，屡被族恶欺凌，一毫不较，且曰，宁人负我，莫我负人，真长者也。

到了现代，第二、三代客籍华商们继续秉持着客家人所特有的坚忍、坚毅、果敢、创新的精神在侨居国积累实干，为侨居国在七八十年代经济黄金期的飞跃发展作出了贡献。这里我们要举“印尼木材大王”彭云鹏的例子来进行具体说明。彭云鹏出生于印尼西加里曼丹，祖籍广东汕尾市陆河县客家人，是印尼第三代客籍华人。父亲以割胶为生。修完中学后，步入森林开创事业。1969 年，曾在印尼木业巨子黄双安的林源帝集团工作，不久升为集团的高级经理，负责整个集团的行政和财政事务。1977 年，他毅然脱离林源帝集团，在南加里曼丹自创巴里多太平洋公司，买下 4 万公顷的森林开发权，并在合成板市场萧条之际收购了同行业的其他公司。当时印尼政府正大力推行促进实木加工业发展的林业政策，同时亚洲地区的两个主要消费国——日本和韩国对实木产品有非常强烈的需求，彭云鹏看准这一商机，经过艰苦奋斗，事业蒸蒸日上，到 80 年代中期，巴里多集团公司已成为世界最大的胶合板制造生产者及出口商，被誉为“印尼木材大王”。此后该集团业务又逐步拓展到包括木材、种植、制糖、纸浆、金融、运输、石油化工、旅游、房地产等多种领域。2002 年，彭云鹏领导下的巴里多太平洋集团公司已走过了 25 年的光辉历程，根据统计，他已累计为印度尼西亚创汇 270 亿美元，并为 6 万人提供了直接就业机会。

第六，兴办商业贸易、物流运输行业。除工农业以外，客籍华商在侨居国商业上的贡献也是引人注目的。在历史上，客籍华侨很早便在侨居国从事贸易活动。19

世纪中叶，华侨商业在前阶段经营发展的基础上，取得较大的发展，商界巨擘不断涌现。据统计，客籍华侨、华人从商者占总数的60%。这为活跃城乡经济，搞活流通，便利人民物质生活起了积极作用。

第七，投身金融、保险、投资等领域。随着世界经济贸易的不断发展，金融业也在各国国民经济中的地位逐渐变得举足轻重，当侨居国的客籍商人们有的也逐渐步入了金融界大展拳脚。祖籍广东省丰顺的丘细见，8岁时随母亲南渡泰国，居住北柳府。由于家境贫寒，幼年辍学。他以惊人的毅力克服困难，一边打工一边刻苦自学，为日后的成功奠定了学业与毅力的基础。丘细见迁居曼谷后初时任职于奇香酿酒厂有限公司，忠勤精干，颇得上司倚重，职位屡屡升迁。二战结束后，泰国经济开始复苏，丘细见远视宏图，把握时机创立了源香隆酿酒厂。酒业顺利发展后，他将事业由一元转向多元，创立了三廊冰厂以及东方酒业有限公司，并获万佛岁、北柳、罗勇等五府25年期专利权，执当时泰国酒业界之牛耳。20世纪70年代初，丘细见又开始进军金融业，创立了丘细见金融证券有限公司。丘细见在泰国艰苦创业，成为一代工商骄子金融巨擘。在泰国，还有祖籍广东梅州市梅县的伍氏家族，经过多年苦心发展，现在已经在泰国金融界占据了重要的位置，为泰国经济的发展发挥了“资金”发动机的重要作用。伍氏家族在泰国依靠经营林业及大米生意积累了初始资金，在20世纪30年代开始进入金融业，40年代创立泰华农民银行。其掌门人伍捷朴是该家族的第四代华侨，他是泰华农民银行创办人、董事长和泰华农民银行现任主席，还是泰国客属总会创始人。历经数十年苦心经营，到2004年底，泰华农民银行从最初只有8名员工，注册资本只有500万泰铢（约合现人民币48.5万元）的小银行，发展到员工人数已超过9000人，总资产已达8245.51亿泰铢（约合人民币1264.37亿元），净资产6666.5亿元泰铢（约合人民币1313.3亿元），净利润1534亿元泰铢（约合人民币302.2亿元）的泰国第二大私营商业银行。[①] 目前银行行长由伍氏家族的第五代伍万通担任，它是泰国银行界中唯一在中国设有分行的非国营银行，除在深圳设有分行外，还在北京、上海和昆明设立了办事处。除了泰华农民银行之外，伍氏家族还拥有泰国人寿保险公司，同时伍氏家族还参与其他多个行业的投资，多元化地为泰国经济和就业做出了重要贡献。

第八，兴办化工制造行业。现代经济发展依靠工业建设，尤其应充分利用当地出产的原料发展工业，才能使一国经济有稳固基础，才可能做到可持续发展。化工制造业正是伴随着现代经济发展需要而发展起来的新兴行业。在这个行业中，在泰国、东南亚，乃至全世界的工商界，客家人郑明如的名气都极大。郑明如祖籍广东省丰顺县九河乡，1924年出生于泰国，是第三代华侨。他启蒙学习于素攀府泰文学校，后抵曼谷考入中华学校，接受中华文化的熏陶，品学兼优，对泰、汉、英语均

---

① 谭元亨主编：《客商》，人民出版社2008年版，第85~86页。

有造诣，通晓泰、粤、潮、客等方言。修完中等学业之后，即投身商界，从事工商贸易。20世纪40年代他在曼谷开始木材及建材经营，掘得第一桶金，60年代初郑明如看到了现代经济发展的脉络，转而投身工业发展。1962年他与日本厂商合资兴建一家玻璃生产厂；考虑到现代工业对化学原料的需求量很大，1966年他又成立泰旭化工有限公司。现在“泰旭玻璃”在泰国业界声名显赫，而泰旭化工有限公司更是东南亚一带知名度极大、生产力最高、资本力最雄厚、规模最大的化工厂，对泰国经济很有贡献。

第九，兴办公益企业。随着经济的开发和发展，客籍华侨逐渐习惯了侨居他国的生活环境，一方面他们实现了自己的愿望，获得丰厚可观的经济收益，另一方面，深受中华儒家文化影响的他们还将当地的公益事业作为自己应尽的责任，兴办了不少公益企业，比如学校、医院等福利设施或修建公路、煤气、电力、自来水等公共企业。在马来西亚，城市随着经济的发展而逐渐兴建和繁荣起来。在当年马来亚的吉隆坡、新加坡、怡保等城市的兴建和发展，华人用自己的心血和汗水为这些城市的建设写下了光辉的篇章。这些现在被称为国际大都市的城市，起初都是荒林滩地或小村庄，由于开矿、种植、发展商业的需要，华人和马来人、印度人等在一起建道路筑交通、设商店，建公共设施，使之日益繁荣兴旺。这里面客家人是功不可没的。比如，为大家所熟悉的马来西亚首都吉隆坡的开埠功臣就是惠州客家人叶亚来，他因开发锡矿，发展经济和平定土酋之乱，建设治理吉隆坡有功，被雪兰莪苏丹赐予“甲必丹”称号。所以英国人古利克在其所著的《早期吉隆坡史话》的一书中说：“由1857年至1895年这一段时期，吉隆坡的历史大都同其伟大的中国甲必丹叶德来的历史不可分割的。”

此外，过去旅欧的客家人比较多的是从东南亚转去的普通劳动者，大多从事服务业和商业、进出口贸易等，但近年来留学欧洲，学成就地就业者增多，因而从事知识行业特别是高科技产业者的比重在不断提高。经过多年一代又一代华侨们的努力和积淀，在欧洲这片土地上已不乏成功的客籍商人。祖籍深圳的客家人叶焕荣便是英国最成功的华人企业家，他是英国华人超级市场——荣业行董事长，到2002年止，已经在英国拥有四家大型超级市场，营业额达10亿人民币。[①]

客家人赴美洲的历史约有100年，最初有不少是被骗或不得已卖身的契约华工，到美洲后多从事开矿、种地、修路、挖河及餐饮、理发、小商贩等重活累活，经济收入低下，但自20世纪以来特别是四五十年代以来，从大陆、台湾赴美学者增多，不少人学成留在美国科技、教育界服务，其中一些人在著名大学、科研院所、跨国公司任重要职位，已成为美国知识界的翘楚。

① 谭元亨主编：《客商》，人民出版社2008年版，第87页。

老一代澳洲客家人以劳工为多，主要从事采矿、木工、洗衣、餐饮、杂货店等行业；新一代的澳洲客家人则有不少担任工程师、律师、大学教授、医生、政府官员等职位，社会地位有了明显的提高。而在非洲的客家人，经过多年的打拼，跻身科技、文教、卫生、制造等行业，也有不少进入政界，担任要职，成为当地社会经济发展过程中不可忽视的一个族群。

限于此节篇幅，我们详细论述了东南亚各国客籍华商的发展情况及特征，关于欧美客籍商人在侨居国发展情况，主要在社区服务和融合方面的情况及特征我们将在后面详细阐明。

总之，历史上客家人历经了多次大迁移，一次又一次的迁徙让客家人这个中国特殊的族群磨炼出了坚忍勤奋、勇于开拓的性格；在海外客家商人们经历一代又一代人的从开拓到成功的过程中，我们看到了他们秉承了客家人吃苦耐劳的传统精神，发挥超强的社会发展能力、环境适应能力和团队协作能力。在侨居国，无论在东南亚，还是欧美，历尽艰险，客家人都能够处处为家，在当地团结、发展、融入当地社区，他们中的许多人还成为当地贤达，殷商巨富，并出现了许多的大企业家，为当地的经济发展和繁荣做出了非常大的贡献。

三、虽居“客”地始为“家”

从中原腹地迁转过来的客家人，经过多次的辗转迁徙，客家人始得在各地安身立命，世代繁衍，终至今日成为中华民族一支重要的特殊的民系。近代出国的华侨绝大多数是以华工身份到海外谋求生计的，在南洋的矿区、橡胶园，在美洲的种植园、铁路线，无不留下勤劳不屈的中国移民的足迹，世代华侨是用血汗书写一部恢宏的创业史，“筚路蓝缕”是千千万万早期海外华侨先驱的必然经历。连美国史学家都承认，如果没有千百万华侨艰苦开垦，哪有加利福尼亚州的崛起和繁荣，尤其是美国第一条横贯大陆的西段中央太平洋铁路，是华工们用血汗和智慧修建起来的，他们被称为“世界上最好的筑路工人”。1964 年，内华达州建州 100 周年时竖起中英文镌刻的纪念碑，碑文上书：“华人先驱，功彰迹伟，开矿筑路，青史名垂。”千千万万的华侨以坚忍不拔的毅力、吃苦耐劳的实干精神，在海外撑起了自己的一片生存天空，扎根发展起来。这种开拓务实的精神，长期以来浸染广东人。1840 年至 1949 年的 109 年间，这是中国历史上半封建半殖民地社会时期，在华侨史上是侨工民族意识日益觉醒的时代，是客家人经过 6 个世纪艰苦奋斗，事业日益发达兴旺的时代，也是旅居异国的客家同胞在当地社会中“生根开花”的时代。可以说，百余年间，一代代客籍华侨勇于开拓，奋发进取，在商业、农业和林农产品加工工业、机械制造业以及为服务贸易的航海业等方面，积累了丰富的经验，在当地社会的公益事业中积极努力发挥自身的作用，逐渐融入当地社会中，成为当地社会中的中流砥柱。

我们先来谈谈旅美客籍华商在当地团结、发展、融入当地社区的情况。北美的客家人主要分布在美国和加拿大，其中美国的华盛顿和洛杉矶客家人有35000人，夏威夷客家人有1万之多，旧金山亦有2万多客家人；加拿大地广人稀，华人有45万人，但是客家人还是有3万多人。客家人还在北美取得了巨大的成绩，出现了许许多多的名人，有在数学界赫赫有名的数学大师丘成桐教授，也有联合国的风云人物钟嘉谋，更有美国著名侨领、熊氏集团董事长熊德龙等。

龙岩客属恳亲会上，世界乡亲来相聚，熊德龙能用地道的客家话说："我身上是荷兰血统，我在印尼土生土长，以后在英国发展事业，有人问我是什么地方人，我自豪地说，我是客家人！"作为美洲华人、著名美国侨领、美国梅州同乡会会长、美国中华团体工商联合会总主席、美国熊氏集团董事、美国《国际日报》董事长，熊德龙每到一个地方，都成了新闻人物。熊德龙是一位富有传奇色彩的美洲华人。1947年刚出生的熊德龙被遗弃在印尼一家孤儿院前，是一对善良的华侨夫妇收养了他。熊氏夫妇将所有的深情厚望倾注在熊德龙的身上，用中华民族的传统美德启发他、培育他、造就他。而熊德龙也以自己的胆识和毅力创出了一番事业，崛起于印尼工商界，进而建立起遍布全世界的熊氏企业王国。1995年10月1日，熊德龙组织了华人华侨和中国留学生在美国洛杉矶阿罕布拉市举办了该市有史以来第一次的中华人民共和国国庆升旗仪式。在香港回归之日，熊德龙又在美国组织了盛大的欢庆庆典。当他看着五星红旗冉冉升起之时，他竟激动得热泪盈眶。可以想象，在异国他乡，在那种特殊的环境里，熊德龙要表达他对中国的热爱，是何等的艰难，需要付出多大的勇气和魄力。为了更好地宣传闽西和闽西的客家文化，在他美国办的《国际日报》每周开辟一个"闽乡龙岩"专版。这份在美国洛杉矶发行量第二大的华文报纸，归属于他在1996年投资3000多万美元收购的报业集团。熊德龙先生亦在不断地建立并扩大他的商业王国，在烟酒制造、金融、房地产、国际贸易、酒店、旅游、新闻媒体等方面进行全方位地拓展，企业遍布美国，加拿大，中国大陆、香港、澳门，印尼，新加坡，柬埔寨等国家和地区。一直在中华传统文化熏陶下的熊德龙，对中华文化有着深厚的感情，"让世界了解中国，让中国走向世界"是他言行的宗旨。熊德龙说："随着中国的日益强大，海外华人的声音也越来越响亮。现在印尼掀起了'中国热'，华文媒体的发展前景看好。在过去的一年里，我们就是在实践'借力打力'的媒体合作，现在又收购了几家印尼的报纸，希望集合优势资源，扩大报纸的发行，使中华文化得以更好地在海外推广。"同时，在印尼，熊德龙也团结力量积极为当地做贡献，造了1450间房屋，送给流离失所的印尼人，并在周边配套建起了学校和工业村。作为客籍华商的典范，熊德龙正是一位把在侨居国"落地生根"到"生根开花"的人生演绎得最完整的客家人，为当地人做贡献，融入所在国，提升华族在当地的地位。

加拿大，该国人口只有3100多万，华人近百万，客家人约为华人人口十分之一，大约有10万人，少数客家人在18世纪以奴工身份来北美开采金矿，随后参与加拿大卑诗省横贯西部连接太平洋铁路建筑工程。但是在加拿大，直到1947年由于华裔退伍军人第二次世界大战参战有功，华人才获得公民权，从而开始改善华人生活空间，华人由奴工、农工时代进入了所谓菜刀、剪刀、剃刀的“三刀”时代，同时展开了经营饭店、洗衣店和杂货店的家庭式生意，那时厨师称号最吃香，代表了华人最高荣誉。加拿大于1960年正式开放移民，新一代有知识的华人一波又一波注入主流社会，使得华人地位有所提高，尤其自1980年后，技术投资移民大受欢迎，有资本的华人专业人士抢登滩头，乘机发展，成绩惊人，在经济上表现最为突出，一夜之间，当地人都以博士、教授、工程师、会计师、企业家尊称华人了。随着华人社会地位的提高，客籍华商逐渐能很好地和当地社会融合在一起。据历史记载，梅州市名人黄遵宪于1883年为清政府派驻美国旧金山总领事兼管加拿大卑诗省维多利亚华侨事务，他曾发动旧金山嘉应客属人士首创“应福堂”，以团结帮助当地客家人为宗旨，黄遵宪在任期间，曾为加拿大侨胞向当地政府申请豁免或减轻“人头税”，颁发护照，方便侨胞自由出入国境，并继1882年倡导建立旧金山中华总会馆后，协助加拿大维多利亚侨胞筹建成立中华会馆，以团结全侨为目的，黄遵宪为维护侨胞正当权益，不遗余力，极得侨胞敬仰和爱戴。先生离职返国时，加拿大维多利亚侨胞感念其勤政爱民的恩德，特送“万人伞”及“德政匾”以作纪念，先生政迹在卑诗省史中有详细记载。黄遵宪是100多年来中国外交官中为美加侨胞服务成绩卓著，贡献最大的第一个客家伟大人物。在发展工业上，许多客籍华侨企业家同样智慧超群，对当地经济贡献良多。加拿大客籍华商对社会贡献表现优异，黄遵宪嫡孙黄超声团结侨社，促进中加交流，贡献良多，获加拿大前总督汉地新祝贺；由李钜祥培养的企业侨领李后云，为温哥华创造就业机会，获省长哈葛、市长金宝特别奖状；黄月娥（客籍女）于1987年当选加拿大第一位温哥华市议府议员；胡金洪向梅州市叶剑英图书馆捐献20万元，再向故乡梅南罗田镇捐赠整座交谊活动中心建筑及设备；安省多伦多何远光、江绍经、刘侨光、陈炳辉荣获加拿大建国125周年纪念勋章，江新华获加拿大优钵公民奖，李慈生、黄树生、曾文夔、季蔗、刘忠正、郑伟祺、许家新、刘伯容、陈煌有、黄瑞明、钟慎思、刘宣华、蓝戴以及魁北省李权安和李笃才等都是德高望重、服务侨社、献身中加友谊的加东侨领。加拿大客家人的优良表现，不但获得总督、总理、省市各级政府领导人的肯定，同时得到了加拿大主流社会的认同和赞扬，这是加拿大客家人从零开始，实现了现今傲人的成就。

旅欧客籍华商在当地团结、发展、融入当地社区情况，在欧洲，客家人分布在英法居多，其中英国客家人多聚于英国中部，华侨人口3万多，多属梅县地区的客家人，利物浦大约有1000人；法国客家人分布于巴黎、马赛、里昂等大城市；荷兰客家人的主要聚居地位于鹿特丹、阿姆斯特丹，人口大约1000人；俄罗斯首都莫斯科有客家人300人；丹麦主要是广东、浙江、福建客家人居多，首都哥本哈根的客家人数约为100人；挪威首都奥斯陆约有150人左右。旅欧客籍华商中，所取功绩首推在法国的刘国良先生。他热心于文化活动，常常赞助华埠内外文化活动，认为文化是国家的生命，文化交流与沟通可以消除人与人之间的误解，促进国与国之间的和平共处。祖籍广东大埔县的刘国良，幼小随家人迁居福建杏林。父亲是中医师，开设药材店，在当地颇负盛名。1939年，刘国良跟随宗亲到越南谋生。1945年，刘国良往西贡堤岸，并于1947年开设爱民药店。1956年他又独资创办光华百货商行。1976年开创合成出入口公司，1977年他组成万象合作社，被选为总经理。1979年，刘国良全家定居法国，1984年他在巴黎十五区开创珍塔酒家。刘国良的经济与事业步步高升之时，也是他热诚投入教育文化和慈善公益事业的时候。1979年，他眼见客属同乡渐多，约有四五千人，须有一个联谊互助的组织，因此他积极从事法国崇正总会的筹组工作。该会完成注册手续后，5月正式宣告旅法崇正总会的成立。刘国良任第一届副理事长，第二、三届被选为会长，第四届他被聘为该会名誉会长。在其任会长期间，刘国良对内极力团结乡亲，振兴会务，改“旅法崇正总会”为“法国崇正总会”，聘请法国国会议员曾宪建为名誉会长。对外则参加舢板救济难民募捐活动。为1987年中国大兴安岭火灾、法国海外省留尼旺风灾等发起募捐救济活动。这些义举赢得了乡亲及当地社会人士的赞赏。1990年刘国良担任团长率领法国崇正总会会员参加在马来西亚沙巴洲亚庇市举行的第十届世界客属恳亲大会，在会中被聘请为大会名誉主席。在致力于海外客家人与内地交流、寻根问祖的同时，1993年作为法国欧洲时报顾问的刘国良与几位朋友成立欧华文化交流协会，以促进华人文化与欧洲文化的融合。在刘国良的主持下，1993年4月，该协会在欧洲时报光华画廊举办“书法、绘画、盆栽欣赏会”；1994年1月在中国驻法国使馆举办“海峡两岸音乐会”。这次合作演出，在法国尚属首次，受到中外听众的欢迎。法国的生活经验与华人社团的活动，使刘国良深深地体会到只有中国文化与欧洲文化相互交流，取长补短，才能对法国华人社会有更大的与更深远的影响，法国华人才能在社会参政上、在经济贸易社会各方面出人头地。

二战以后，尤其是改革开放以来，海外华侨社会发生了重大变化，不少华侨走出唐人街，融入当地社会，华侨的心态从过去“落叶归根”转变为“落地生根”。这是中华文明作为母体文化演绎成华侨文化在当地根深叶茂的典例。海外的客家人在坚持与宣扬中华民族优秀文化的过程中，也在不断地融入当地社会，为侨居国以至全人类的发展做出了不可磨灭的贡献！

四、客商之魂

不同的种族有不同的商魂，不同的商魂有不同的成功之道，如美国商人的“冒险精神”、日本商人的“团队精神”、德国商人的“严谨精神”、英国商人的“绅士精神”，那么，我们身处海外的客家商人的经营之魂是什么呢？根据我们多年的观察和研究，我们认为可以从四个方面寻找到答案：

第一，海外客商之所以能够在艰难的异国环境中发奋图强，成就一番事业，这和他们经由教育的重视和社团活动的参与所传承下来的儒家文化分不开的。“忠于传统儒家文化”，是海外客商经营之魂的第一个重要方面。

中国当代思想家李泽厚在论及儒学时，指儒学在“塑造、构造汉民族文化心理结构的历史过程中，大概起了无可替代、首屈一指的重要作用”。他进一步指出，正因为儒学有这样的作用，过去两千多年以来，各个阶层的中国人，不管是目不识丁的还是饱读诗书的，都自觉或不自觉地受到代表儒学的《论语》所表达的道理、思想的影响，而在言行、思想表现出来。移民海外的炎黄子孙自然也不例外。我认为身处海外的客家人一直是热爱祖国、热爱他们的家乡的，否则，当他们离开中原之后，怎会一直以“客人”自居，怎会一直认为自己是“身在异乡为异客”呢？在漫长的异国他乡作客岁月中，虽然一代又一代已经繁衍生息下来，但是许多客籍商人总是能够完美地保存古老的中国文化、语言和文字，他们的思想和行为深受儒家思想的影响。他们这种忠于儒家文化的行为表现在：①在侨居国当地经济发展中担任重要角色的客籍华商们，他们中大部分已经是第四代甚至是第五代华人，但是许多华商领袖们依然坚持让自己的后代接受华文教育。比如，爱看《论语》的泰华农民银行行长伍万通虽然是泰国第五代华商，但他对于中华文化的痴迷却未随时间递减，尽管年近50岁才开始学习汉语，但他给自己定下的标准是可以用汉语进行商务谈判。再比如，马来西亚第一位在购物中心开设金钻行的金钻商吴德芳一直坚持让自己的孩子同时学好汉语和英文两种语言，坚持孩子接受华文教育的熏陶，他觉得在马来西亚掌握一种语言是不足以应付竞争日益激烈的世界。②海外客籍华商不知不觉地将儒家理念与西方经营管理理念融合。他们不仅信奉儒家所强调的信用、勤奋、守纪律和尊重权威等思想，同时注重借鉴欧美地区的管理经验来管理公司。③在马来西亚、新加坡、菲律宾等国，海外华文书籍的消费量一直有增无减，其中，马来西亚的中文图书市场每年的容量约3亿元人民币，新加坡约为2亿元人民币，而中国香港约为10亿元人民币。而且新马两地的华文图书市场容量正呈不断扩张趋势。此外，越南、泰国、印尼、柬埔寨等一些东南亚国家的华文图书市场也正在不断扩大。这其中大部分是当地华人华侨消费购买，这些都从侧面反映出中华文化影响的持续性。

第二，海外客商在孔孟先贤的“仁义礼智信”为人之道的直接影响下，逐步形成了“诚信为本”的客籍华商经商伦理，以“诚”赢天下，是海外客商经营之魂的第二个重要方面。

用诚信创品牌。“诚信”是马来西亚著名金钻商人吴德芳创业成功的一个方面。1960年代的金钻珠宝业售卖的黄金首饰都以纯度低过八成八的黄金打造成的，顾客对金饰的品质早有微言。以吴德芳的经验，纯度高的黄金的色泽会越来越橙黄，而不是越来越沉。市场卖的首饰很多都不符合这一点。吴德芳了解这是恶性竞争的结果。他反其道而行，以纯度八成八的黄金打造首饰，并且在他批发的金饰上打上“义”字，这样做在当时遭到了冷嘲热讽。凡是有“义”为标志的金饰在坊间是品质的保证，吴德芳的诚信就这样慢慢建立起来。即使到今天，吴德芳的产品在市场上是信誉极佳的。

以诚信凝聚人。“诚信”不只是对外的承诺，也是内部组织的行为准则。在新加坡起步，马来西亚发迹的南洋客籍华商李光前的南益集团，控制着全世界1/4的橡胶资产，被认为是十大华裔富商之一。其成功源于他归结的“诚实、信用、严明、谨慎”八字治商真言。由于他对职工讲“诚信”，不仅赢得了大家的尊重和信任，同时引出了比金钱更重要的东西——积极性、创造力。

第三，凭“仁”赢效益，是海外客商经营之魂的第三个重要方面。

孔子的伦理思想主要表现为“仁”。“仁者爱人”、“四海之内，皆兄弟也”（《论语·颜渊》）。“仁”字就是要解决如何做人以及如何处理人与人之间的关系问题。将“仁”施于政治，谓之“仁政”，也就是治国必须以仁德为本的礼制取代以刑政为主的制度。就是说施“仁政”就可以团结各方，促进发展。从企业发展的角度便是通过“仁道”之心来与企业的商业行为融为一体，由此在人际关系密切、互相赖以生存的商业社会中，经销商愿意为一个讲仁义的企业开拓渠道，员工愿意为一个讲仁义的老板做出最好的产品，有了好产品和好销路便能迅速成为世界名牌。

在广东梅县长大的曾宪梓，小时候读的是“国学”，后来他从泰国回到香港后，这种“国学”的精髓就发酵成为一种经营思想便是“仁”道。在曾宪梓创业初期，一家很大的百货公司口头上说定了价格后向他定了50打泰国式领带。当曾宪梓去泰国时，由于泰国丝生产少，丝价涨了很高，如果曾宪梓按照之前说定的价格卖给那家百货公司，他会亏损很大。虽然之前是口头合同，曾宪梓还是决定按照原来的价格。虽然这一次生意亏损了，但是给客户留下了深刻的印象，对方遇到商界朋友就评价说，金利来的曾先生是一个很讲仁义的人，做生意靠得住。从此，他在业界得到一个“仁义”的名声，让曾宪梓的生意越做越顺，在短短的两年之内便把全部外国牌子都淘汰出了香港，使香港成为金利来领带的世界。

第四，靠“勇”求生存，靠“勇”闯天下，是海外客商经营之魂的第四个重要方面。

著名客籍侨商郭鹤年曾经说过："我很崇拜儒家'刚健有为'的思想，我把这种思想归结为一个'勇'字。在创业之初，竞争很激烈，靠'勇'字求生存，这是我学到的第一课。当时我并没有太多的资本，而且从银行得到帮助也不容易，因为他们往往只对拥有巨额资本的商人感兴趣。我惟一的'资本'，就是一个'勇'字，以'勇'渡过难关，以'勇'保持在竞争中的领先地位。"中国阴阳家有句名言："穷则变，变则通。"兵家孙武说："兵无常势，水无常形，能因敌变化而取胜者，谓之神。"（《孙子兵法·虚实篇》）无论何事，要想取得成功，必须根据环境的变化，常变常新。企业要适应市场需要，走向成功，也像自然界一切生物种群适应环境一样，在于独特，在于有勇气变异成新。谁敢于在市场上开拓出为消费者需要的独特的新"区隔市场"，谁就会在竞争中处于优势地位。特别在当今的社会，科学技术的发展日新月异，社会经济环境瞬息万变，在新的环境下，人们的价值导向、道德观念、消费习惯、消费心理等均在变化。企业如何适应多变、快变的时代，求得生存和发展，除了以市场为导向，制定合理的目标和企业发展战略并不断创新外，别无选择。当今社会，企业可创新的方面甚广，但必须抓住各种创新的中心环节——企业技术创新。只有创新技术，才能创新产品、创新质量；才能降低经营成本，扩大市场占有率；才能提高企业信誉，扩大企业规模；才能使企业鹤立鸡群，独领风骚；才能使企业进入良性循环而"长寿"。郭鹤年正是这样成功的。当年他基于对当时马来西亚整个形势的判断，大胆采取了两个重要步骤：一是在新山市成立民天私人有限公司，专营商品贸易，并借1957年马来西亚脱离英国殖民统治而获得独立的绝好机会，大力扩展其在马来西亚境内的商品分销网；二是他发现当时马来西亚的制糖业还是一个空白，食用糖全部依赖进口，当时国内没有人做糖业生产的生意，郭鹤年则不同，他看准了这个时机，大举向糖业进军。从1950年后期开始，郭鹤年与马来西亚联邦土地发展局合作，在靠近槟榔屿的北海创办了第一家制糖公司，入股投资一家白糖提炼厂，即马来西亚糖厂，不定期从泰国购入粗糖，在糖厂加工提炼后运销各地，包括通过香港地区的万通有限公司销往中国内地。短短几年间，他的糖业经营发展迅猛，获得了巨额利润。年仅39岁的郭鹤年即获得"亚洲糖王"的美称。郭鹤年不仅仅把眼光投向白糖加工，他还要自己生产白糖。1968年，郭鹤年大胆向大马联邦土地发展局租借了146000英亩土地，把它们开垦成甘蔗种植园。虽然刚开始产量非常小，但是经过几年的努力和积累，郭氏糖业产量迅速增长，使马来西亚走出了砂糖自给的第一步。在这期间，郭鹤年觉察到世界糖价会上涨，果断地赶在世界糖价上升之前投资糖业的期货贸易。随后世界糖价大涨，郭鹤年因为他的勇敢判断，赢得数百万元美元的收入。随着制糖业的迅猛发展，郭氏集团的糖贸易范围渐次扩展至英国、美国、中国等国家。1970年代，郭氏家族集团控制了世界糖业贸易的10%和马来西亚的80%。这些大作为正是郭鹤年

“勇”闯天下、敢想敢做的结果。

第五，儒家文化中的“忍”，是身处异乡、初来乍到海外客商们通向成功的一大法宝。孔子曰：“小不忍则乱大谋”，这里说的“忍”，并不是我们通常理解的麻木不仁的任人欺辱，而是孟子所说的“动心忍性，增益其所不能”的“忍”，关于这一“忍”，古有张良纳履之忍，韩信胯下之忍，刘备三顾茅庐之忍，勾践卧薪尝胆之忍……在这些“忍”之背后，怎一个“苦”字了得？而在这些苦难的面前，客商们表现出了异常的坚忍，这一优秀品质，在创业之初显得尤为重要。

1949 年，印尼著名客商曾沐彬先生还是一个 20 出头的后生仔，从没出过远门的他，只身一人来到了陌生的香港，当其他旅客都被亲人们接走的时候，他独身一人，投奔了当时香港著名的贫民窟——石峡尾白田村，在一间只有几根木梁撑住茅草当屋顶的泥屋里，开始了他将近一年的香港打拼。最初的生活总是艰苦的，没有工作的曾沐彬只好暂时每天给村里的人们挑水来获取一点生活费用，从山下挑到山上，卖给都是跟他一样穷的人们，曾沐彬的生存困境可想而知，夏天赤膊挑水，肩膀都挑破了，冬天赤脚挑水，脚板都磨破了。然后这个年轻的客家仔却乐观地接受了这一切，他能把任何辛苦的工作都看作一种快乐，何况能够在异乡帮助自己的客家亲人们，这本身也是一种无上的快乐啊！

正如他自己所说：“不怕吃苦，就怕没苦吃；吃苦的人不怕苦，怕吃苦的人才是真正的苦；人活着就是为自己和他人吃苦，为自己和他人吃苦的人生才是快乐的人生。”之前跟他一起从老家到香港来的年轻人，有的受不了这份苦，匆匆回老家了。“这哪是人过的日子！”这是好朋友阿黄临走前愤愤地丢下的一句话。曾沐彬坦然一笑，“我就是要活得像人一样才回去”。

《菜根谭》中有一句这样刺耳的话说：“嚼得菜根者百事可做。”人，总会有苦尽甘来的时候，曾沐彬的忠厚老实，让一家藤具店的老板看在眼里，并打心底喜欢上了这个后生仔，然而他的第二份工作也并不轻松，每天都挑着百多斤的货物，徒步到几十里外的地方去兜售或者送货，风里来雨里去，曾沐彬的工作似乎总是与走路有关，他的人生就是在走路中延续的，还好，他有着强劲的脚杆子，任何艰难的道路他都走得过。

“吃得苦中苦，方为人上人”，这是古训，也是父训。从香港到印尼，曾沐彬更能够每天都得到父亲的言传身教，在父亲的藤具店里干活，他学会怎样打理一大家子生意，逐渐成为了店里的核心人物，他动脑筋想办法，渐渐把生意扩展了，店面也做大了。与两个弟弟不同之处是，曾沐彬是在苦水里泡大的，而弟弟出生在印尼，一出生就在父母庇护下生活。所以，当父亲提到要把家里的事业交给曾沐彬来打理的时候，曾沐彬沉默了。都说吃过苦的孩子有出息，他知道自己是苦惯了的孩子，不能只有这点出息，早在香港的时候，他就注意利用工作，建立好这种关系网，暗暗下定决心，一定要干一番大事业，而这番事业，决不是只依赖于父母的，他要做一个顶天立地的男子汉！

1955年4月的一天，在印尼泗水正是雨季时节，曾沐彬准备就绪，正式去筹建真正属于自己的制藤加工厂。在泗水的郊外，一处荒无人烟的地方，曾沐彬和妻子肖汉芬踏着泥泞的道路，走在乡间的小路上。就在这杂草丛生的泥地里，他们开始建造厂房，也建造着他们的未来。

当时印尼政府希望人们办厂，凡是办厂的，政府免费出地，曾沐彬获得了郊外的一块荒地。这里很偏僻，交通不方便，周围居民又少，当时同去的老乡说："阿彬办厂的地方是连狗也不来屙屎的地方。"其荒凉程度可想而知。曾沐彬却不以为然，他觉得这里很好，道路自己可以开辟，交通不便不怕，因为可以挑担啊，他不是在香港靠着两条腿打天下的吗？

按照自己设计的建筑图纸，用砖头、石灰、木头、铁桩等制成起来的厂房在半个月之内就搭建起来了，曾沐彬开始了自己真正意义上的创业——九龙藤业有限公司。

厂房的工作条件不好，请来做饭的佣人都走了，请一个，走一个，请两个，走一双。厂里的交通工具是一辆旧单车，曾沐彬就是骑着它去联系业务的。最麻烦的就是生产问题。曾沐彬虽说对制作藤器有一定的经验，对销售也能打开一些渠道，但是，办厂的要素是管理和产品质量问题。因此，他每天都在厂里，厂就是家，家就是厂。他曾经由于兜里没钱，就索性不出门，埋头带领工人在厂里生产藤条藤芯，竟然有三四个月没有出过厂门。就这样，凭着一股子不怕苦的劲头，九龙藤厂的名声打出去了，曾沐彬除了监督工人的生产质量外，还想方设法自己生产藤椅等藤制品，把藤条作进一步的深加工，做成新颖的有更大利润的产品。

随着公司在圈子里获得很高的声誉，客户的订单也与日俱增。尽管生意有了出路，但是才刚开始有起色，资金还是缺乏，还是困难重重。另外，管理工厂，负责财务，收单、开单、结账付款、保管资金、出货、托运、写信、回信等大量具体事务都由曾沐彬夫妇俩来承担，这样的苦日子，没有坚忍的品质又如何能一路走过来？到海外发展的华人是如此的坚忍，怪不得当地人都怕被华人抢走了饭碗。

风浪一波一波地来，难关一个一个的闯，资金、销售，被竞争对手在关键时刻挖走了技术人员，这些都算得了什么？就是1962年的印尼排华剧变时，不得不把九龙藤厂关闭，他也是默默的忍了下来，没有半句怨言，撤回香港，半年以后又重新恢复了九龙藤厂的生产。并且还进一步开拓其他的产品市场，雅加达繁荣塑胶厂的收购，神龙塑胶厂的诞生，印尼泗水太阳鱼饲料有限公司的成立，他相信自己不会向任何困难低头，就是凭着这股子能吃苦的韧劲，他把生意做到了泗水之外的城市，做到了香港，做到了亚洲，做到了遥远而美好的未来……

创业艰难苦路多，回首往事，曾沐彬无不感慨万分——"人生充满冒险，充满坎坷，也充满希望"。

五、共赢天下

中华民族是世界上伟大的民族之一。作为汉民族中优秀民系之一的客家人，被国外学者称之为“中华民族之精华”。这是由于客家人在其独特的历史条件下形成的独特的性格特质、思维方式和心理状态，这就是“客家精神”。

客家人遍布全球。俗话说：有太阳照到的地方，就有中国人的足迹，有中国人的所在，就有客家人的影子。客家男人向来都有“各抱四方志”，客家当代著名华侨华人，英才辈出，叱咤风云，在某种意义上代表了一个爱国爱乡、前仆后继、不畏强暴、不可战胜的中国力量。以世界客都“文化之乡”梅州市为例，祖籍大埔者有：近代著名爱国侨领张弼士，海外致富，魂系中华，“生为中华民族，当效力中华民众”，在国内开发铁路、矿山，创办实业，开放商埠，其“实业兴邦”的足迹踏遍祖国大地，成为振兴中华实业先驱。他在山东烟台创办的张裕品牌葡萄酒荣获国际金奖。孙中山曾赠“品重醴泉”牌匾。1992 年，正值张裕百年庆典之际，江泽民总书记视察了张裕并欣然命笔：“沧浪欲有诗味，酝酿才能芬芳……”；有一国两总理李光耀、李显龙；大埔出过总统，南美圭亚那前总统张西瑟是大埔人；璀璨的小行星田家炳；慈善家萧畹香；弘扬中华民族文化的姚美良，爱国爱乡的钟卓才等。祖籍梅县侨贤有：曾宪梓领带生涯 30 载，勇创名牌“金利来”，被誉为“领带大王”；“维他奶之父”罗桂祥博士；“国货大王”余国春；美籍华人化学巨子潘毓刚等。祖籍梅江区者有：近代爱国诗人、政治家、外交家黄遵宪；心系故园的美国侨领熊德龙博士；旅港乡贤殚心竭力，造福桑梓的刘锦庆等。祖籍兴宁侨贤有：旅港爱国实业家刘宇新；爱国侨领张荣珍；异域展鸿业的南洋实业家曾沐彬；造福桑梓的黄德林；旅港爱国实业家李济平；澳门基督教会主任、奉献爱心牧师蓝钦文等。祖籍蕉岭者有：爱国保台志士、诗人、教育家丘逢甲；弘扬文化、报效祖国杰出侨领汤锡林；旅港世界级数学家丘成桐等。祖籍五华者有：枢机主教胡振中；悉尼市副市长曾筱龙等。祖籍平远侨贤有：旅印尼侨贤钟和三；美籍华裔学者沈已尧等。祖籍丰顺侨贤有：泰国中华总商会主席郑明如博士；一代侨领丘细见；杰出爱国爱乡实业家丁家骏；具有炽热爱国心的旅泰华侨徐思恒等。此外，还有千千万万无名英雄，以自己的汗水和智慧创造出惊人的业绩。

历史事实证明，客家子弟在国家和民族危难之时，方显英雄本色，他们会以自己的血肉之躯誓死捍卫祖国。他们支持和参加孙中山领导的辛亥革命，参加和援助抗日战争，支持和援助抗美援朝战争。他们情系家山，花开故园，对桑梓故土怀有强烈的依恋之情，用辛勤汗水换来的钱，一方面源源不绝地寄回故土接济家庭或赈灾济困，极大地改善了侨属生活；另一方面大力资助桑梓各项建设事业，或兴办实业、农田水利，修路筑桥，创建医院，或兴建学校，赞助仪器，传授科技，培才育人等。既促进了客家人文文化与海洋文化的融合，也促进了现代科技与客家传统文化中和谐精神的结合，且有广泛的渗透力，促使客家人文文化具有朝气蓬勃的活力和生动鲜明的侨乡特色。

浮云游子意，落日故人情。谁不爱自己的祖国，谁不想念自己的家乡，客家人也有自己强烈的念祖思亲的游子情结。虽身在异邦，但心系祖国。对中华民族的繁荣与发展贡献出自己的力量，中华民族富强了，自己的民族自豪感也增强了，客家人就有着一种与中华民族共荣辱的伟大使命。海外客籍商人对家乡的贡献主要表现在：一是赞助文化教育事业；二是赞助体育运动事业；三是赞助文化艺术事业；四是赞助社会福利、公益事业等。下面我们分别从印尼客籍商人、马来西亚客籍商人和泰国客籍商人三个角度来分析海外客籍商人对家乡的贡献。

印尼客籍商人们对家乡的贡献是非常大的。其中祖籍广东省平远县的钟和三就是一位发达后不忘家乡教育和公益事业的爱国者。钟和三发达致富后，对家乡的兴学育才情有独钟，对家乡的教育事业总是不断地慷慨解囊。祖国实行改革开放后，钟和三于 1980 年 7 月，回到了阔别 50 多年的故乡，在访友探亲、观光考察中目睹了家乡的巨大变化。他以一位爱国者的眼光看到，由于历史的原因，国民素质仍然有待提高，因此他认为大力发展教育乃当务之急。于是，钟和三先生在区政府和乡政府领导的陪同下，亲临家乡的热柘中学、热水小学考察。当即决定捐资热柘华侨中学兴建“和三阅览室”，出资建侨中的运动场并设立“和三奖学金”；为热柘热水小学兴建一栋两层建筑面积为 740 平方米的教学大楼；为平远中学捐建建筑面积为 872 平方米的四层老师宿舍。钟和三还十分热心公益事业。首次回乡，看到家乡村民劳作一天后，有到温泉（汤湖）洗澡的习惯，而当时没有修整，地上尽是泥巴，浴池男女不分，连放衣服的地方也没有，他便捐资整修了汤湖，为家乡父老做了件好事。1985 年，钟先生第二次回乡之时，看到热水村道路破烂不堪，于是捐款人民币 6 万元，将村内一条 2000 多米长的泥土路改建为平整的水泥路。热水村道的建成，改变了村容、村貌，深受村民的称赞。之后钟先生又为平远修路，建桥，筑河堤，兴建电视转播台等公益事业捐款达 25 次，共计人民币 2.8 万元，港币 38 万元。钟和三在自己事业成功之余，还帮助当地父老积极拓展致富来源。有一次他返乡在走廊中看到村民的生活虽有改善，但还不富裕。还发现全村 100 多户人家，大都房前屋后有空地，于是他萌生出让全村的家家户户行动起来，在房前屋后种上

客家名产沙田柚

果树。方便管理且可为各户增加经济收入。1985年春，他亲自到乡政府，由他出资，送村里每人一株沙田柚果苗，请乡里农业站、经管干部传授栽培技术。五年后当他归来再次到家家户户拜见村中父老时，发现各户房前屋后沙田柚树长成林，并受到父老们送上沙田柚品尝。村中父老齐声称赞钟先生想得周到，给我们大家种上了“摇钱树”。钟先生情系家乡，热心教育事业，热心公益，是最早回家乡捐资办公益事业的华人华侨之一，其为人可嘉可敬，深受邑人的赞誉。钟先生1990年去世后，他的子女受到他的影响，继承他的遗志，不断为家乡捐资办公益事业。

念祖爱乡、造福后人的华侨还不止钟先生一个。祖籍广东省蕉岭县的汤锡林先生也是一位热心家乡事业、可嘉可敬的华侨。汤锡林是印尼知名的地产实业家，在印尼担任雅加达商会副理事长，声名显赫。他曾经对人说：“我一生做了三件事：一是开拓进取，事业有成；二是情系乡梓，弘扬文化；三是报效祖国，造福社会。”这正是他一生的写照。1982年汤先生回到了阔别数十年的蕉岭。眼见故乡很穷，当年他自己就读的高思学校破烂不堪，有些孩子没钱上学，一些老师收入又低，他不禁流下热泪。“教育是强国之本”，他深情地说：“一个国家的强盛离不开科学文化；尊重知识尊重人才，是国家希望之所在。”回想自己的成长，世界经济发展中科技力量的竞争，他深有感触：家乡这样的状况怎么能适应科技新时代！他带头捐巨资并动员海外侨胞为侨兴中学兴建“侨建楼”，后又独资以其祖父母的名字捐建“悦春图书馆”，给高思学校新建“锡林教学大楼”，以其夫人之名建侨兴中学“黄良娣教学大楼”，以其母亲之名建镇平中学“鸿满科学大楼”，为福建省长汀县捐建益隆小学、梅县南口中学教学楼。为使老师认真教学，学生上进，先后为侨兴中学、高思学校捐赠奖学金和电脑等教学仪器，还为蕉岭县“教育基金百万行”捐款。1993年，锡林先生获得广东省“热爱儿童”荣誉奖殊荣。1997年以来，在释迦文化中心教学楼连续举办两期蕉岭县高中、初中英语培训班，高薪延聘中国民族大学教授授课。举办烹调培训班，为农村培养烹调工艺人员，拓开致富门路。为了弘扬中华民族文化，汤先生捐巨资给蕉岭县文化馆、山歌剧团、艺术团购置设备、音响乐器，帮助蕉岭县文化局建立民俗文化馆，捐建高思戏院等10多个文化艺术项目。为了帮助农村致富，治贫必先治文，他积极响应中央文化扶贫委员会提出的“万村书库——文化扶贫”的新举措，送书进村。“扶贫扶人，扶智扶文。”经过缜密的考虑，汤先生和郭兆明博士率先捐资人民币100万元，在梅州市七县一区举办“千村书库”工程，为1000个农村建立图书室，每室配备100册图书，为的是推动农民读书、用书、爱书，进而提高自身素质，促进经济发展，增加收入，脱贫致富，建立良好的社会风气，以求得实效。此举受到山区农民的欢迎。近年来，他又捐资为高思体育场和蕉岭县“乒乓球”基金会办实事。为了积极支持祖地侨务工作，他又以其父亲的名字捐款建蕉岭华侨大厦“泰志楼”和蕉岭县首座电梯，为梅县侨务外事大楼设施捐巨资。他还经常出钱出力，邀请侨居国的华人前来中国参观旅游，为加强各国华侨的友谊不遗余力。

马来西亚的客籍侨商们对家乡的教育事业也不遗余力地做贡献。中华国际名人、大慈善家张武帮先生便是其中一位。张武帮经过多年经营成功地将企业做大之后，他便决心为家乡、祖国的社会事业的建设而贡献力量。从1974年起，他最先在自己的（胞衣迹）北坑村，建造了两座成和石桥，与武炒、武易、秀管兄弟合建北新小学、成和路、月山引水工程、乐齐水电站、报恩亭和老人院。近廿年来建造了大同医院住院大楼、门诊大楼、成和文博大楼、晚晴亭长廊、古石大桥、员西文化中心、良田中学教学楼；1992年独资建立张武帮中学，以及揭西县境内20多座小学，总数超过人民币3000万元，此外还捐赠了六甲培风中学教学楼，价值马币60万元，为该校设立奖学金约20万元，河婆总会奖学基金10万元，森甲同乡会教育基金5万元等。这种慷慨兴学、仁风义举、乐善好施的风范，受到中国省市县的嘉奖褒扬，同乡父老的热情爱戴。

还有，慈善老人萧畹香先生也是大埔旅外著名的马来西亚侨贤。他少小离家旅居马来西亚，白手起家，创业于新山市，创立“和昌父子有限公司”，兼营建筑业和种植业，逐渐蜚声于工商界，扬名于建筑、种植行业，成为拥有殷实资产和具有较高名望的华侨实业家。萧畹香先生虽身居异域而心系桑梓，一生念念不忘哺育着他成长的故土，不忘他的“胞衣迹”。他十分关心和支持家乡各项公益事业，特别注重家乡发展教育，推动兴学育人。整整半个多世纪的兴学育人情，情满桑梓地。1945年冬回到祖籍国家乡，途经高陂，听说高陂初级中学要创办高中，当即赞助国币2万元。1946年在进灌连屋坪独资动土兴建一间小学，并由萧畹香先生请中山大学校长邹鲁题写“培新公学”。萧畹香是大埔县侨胞中最早独资兴学者。1949年10月1日，中华人民共和国成立后，人民政府更加重视教育，海外侨胞更积极兴建学校育人。萧畹香又与侨胞萧仪臣、钟振才、范子英等在当时县城（茶阳）捐资创办“大埔县华侨中学”。他还独资捐建一所“进光小学”，创办百侯人民医院。到了1979年，经历了“十年动乱”后，大埔县教育局收到了海外侨胞的第一封信就是萧畹香先生写的，信中热情诚挚地表示请求县领导协助他继续完成建校育人的心愿。他愿意先独资把进学小学修建完善后恢复上课并开办初中班。然后，他再独资把他的祖屋“善庆居”拆建成一所“进学初级中学”。1986年县政府决定在湖寮镇黎家坪角口坝筹建第二华侨中学，但是由于经费尚未落实，工程搁下两年多。这件事萧畹香先生知道后，率先捐资100万元人民币，兴建一幢4层24间教室和4间住房的教学大楼和学校大门。县城新建的大埔县第二华侨中学于1989年落成开学向全县招收初中一年级新生。新中国成立以来，萧畹香先生成为大埔县华侨捐资兴学的带头人。就大埔县来说，先后接受过萧畹香先生赞助的有：百侯中学，华侨一、二中学，石云中学，广德中学，平原中学，高陂中学，大东中学，双溪中学，大埔中学，调河小学，侯北小学，平原小学，围子里小学，北坑小学，松柏坑小学，帽山小学，文峰小学，百侯旧寨小学，大埔老师进修学校等。近年，还在梅州市嘉应大学捐建学生宿舍和纪念楼。萧畹香先生捐资办公益事业，从不留芳名，这种无私奉献的精神是非常难能可贵的。

泰国客商华侨同样对家乡教育事业、经济的发展作出了非常重要的贡献。正如我们之前提及过的泰国著名的金融巨子丘细见先生，从小受到中华民族优秀文化教育，虽远居异国他乡，但胸怀祖籍国，他迫切希望祖籍国强盛富裕。除将火热的爱国情怀化作捐资投资的实际行动外，还注意培养年轻一代的炎黄子孙的根源意识。他深刻体会到“根深才能叶茂，枝壮才能荫庇后人”的道理。为此，他一直致力于与中国的密切交流往来。1978 年，中国开始了改革开放的新时代，1979 年，丘细见即率领泰国丘氏观光省亲团一行 56 人回到故乡。5 月，丘细见一行在家乡谒祖会亲，与父老乡亲共叙情谊，同商家乡发展大计，认准科技兴国教育为本，捐资近 100 万元人民币创建丰顺县第一间侨建学校——忠实学校。后来还带动丘氏侨贤乡贤捐资近 100 万元建成丘屋寨水泥村道。

还有拥有“泰旭化工”的泰国著名侨商郑明如先生，虽然是第三代华裔，但是他一直有着对祖国的深厚感情，不遗余力地为家乡的经济建设而努力。1980 年春，中国进入改革开放的年代，郑明如应中国政府邀请，率领泰国中华总商会代表团到了首都北京，继而又到了上海、天津、广州考察工商、旅游业，受到国务院谷牧副总理的亲切接见。会见时郑明如提出开发汕头经济特区的建议，并列出扩大汕头特区面积、扩建机场、兴建深水码头、发展电讯设备、兴建广汕铁路、以石油化工业为发展重点等 7 项具体措施，基本都被采纳。汕头机场扩建竣工时，郑明如被列为特邀贵宾参加剪彩。同年，在海外华人赴中国投资尚在观望之时，他亲自赴广东蛇口考察，并联合泰中美三方投资浮法玻璃厂。在汕头投资兴建酒店，在家乡扩建九河乡承德中学校舍，修建可容千名学生、以父亲的名字命名的“添水公礼堂”，并出资捐建发电设备，使方圆数十里的乡亲结束了点煤油灯的历史。1991 年，郑明如率泰国中华总商会 65 人代表团赴新加坡参加首届世界华商大会，1995 年又主办第三届世界华商大会。近十多年来，他曾多次参加华商集会，与印尼华商首富林绍良、台湾王永庆、新加坡玻璃大王陈家和、印尼李文正等有良好关系，并鼓励大家都要到中国投资，使祖国富强起来。1992 年，他率团赴北京考察，抓住高科技项目投资 200 万美元，与华阳总公司合作开发生产高级精密仪器仪表，与中国航空航天工业部合作，在泰国办厂制造卫星接收器。1993 年 8 月，他率中总商贸代表团 150 人随泰国总理访问中国，与国务院秘书长罗干等，签署了双方经济合作投资项目 9 个。当时的李鹏总理会见了郑明如，并介绍了他在中国广东开办蛇口浮法玻璃厂、海南省的房地产、江西南昌的皮革鞋业城、广西的五星级明如大酒店、四川重庆泰龙客车制造厂、甘肃石油化工开发、北京华阳总公司及天津的房地产开发等，共 8 省 11 个行业 17 个项目开发经营情况。郑明如还有一个宏伟的构想，在中国南方三省（广东、广西、云南）和奇光异彩半岛各国（越南、老挝、柬埔寨、缅甸、泰国），共同开发澜沧江至湄公河流域地区经济，在这些地区建立共同市场，并获得亚洲开发银行的大力支持。郑明如起着一个泰中友谊使者的作用，穿梭于泰中之间，为中泰友谊做出了卓越的贡献。

事实证明，身在异国的客籍华商们由于语言、文化和祖国大陆的家乡和祖居地的共通性，对他们而言，祖国大陆的家乡有着极其强大的吸引力。一方面，海外客籍商人通过对家乡教育、文化、体育事业的支持和投资，极大地促进了祖国大陆经济、教育、文化、体育等各项事业的发展；另一方面，通过海外客籍商人的投资，也促进海外客籍商人自身所拥有的企业同中国的贸易量的增加，这是一个完全可以实现共赢的契机。包括客家人在内的中国人能够有更好的发展机会。通过研究，海外客籍商人在华投资的特点主要表现在：一是，在华投资多为其国内行业的海外延伸，第三产业中的饭店、酒店和住宅等房地产开发项目是海外华人企业集团的强项；二是，投资主要存在规模较小、来源相对单一、投资方向受局限等问题；三是，海外客籍商人投资的同时，还发挥了民间外交的作用，带动中国和侨居国之间的经济来往。从1971年第一届世界客属恳亲大会在香港举行后，中国梅州、郑州、赣州、成都都陆续举办过。世界客属总商会更是一个具有经济意义的民间组织，将世界客属商人和他们的产业链同祖国各地广泛有机地联合起来，形成网络，组建合作平台，加强团结，共谋发展，促进和壮大世界客属商人的国际阵营，提高国际知名度，使得客籍商人在侨居国的政治经济地位不断提高，增进民间往来，促进中国和海外侨居国之间经济关系的交往，是一条非常重要的渠道和一个非常重要的发展契机。

海外客家文化源于中华文化，但是由于生活在海外的客家人生活在多元文化的环境中，逐渐形成了与其他民族文化相融合的新文化，随着客籍商人自身族群意识的不断觉醒，海外客家人和祖国互动将不断加强。因此，我们应该运用好各个层面有利的平台，本着“利国、利民、利友邦”的宗旨发挥海外客籍华商在中国和各个侨居国经济关系中的正面作用。

第四节　水客与侨批

梅州市位于广东省东北部，闽粤赣三省交界处，是汕头、深圳、广州连结闽西、赣南内陆腹地的中间地带。公元1277年宋亡之际，一些梅州客家人抗元失败后，远涉重洋，避居海外，之后，因躲避战乱或者灾祸等原因往洋者众，海外华侨人数逐渐增多。据近期的调查统计，梅州市旅外华侨、华人包括港澳台同胞约300

万人，主要聚居在东南亚各埠，主要经营商农工实业，他们勤劳创业，有雄厚的经济基础。梅州素有“华侨之乡”的美誉。海外侨胞热爱乡梓，热爱祖国，热爱家乡，他们与国内亲友、眷属有密切的关系，一年三帮（年、节、中秋）汇入相当的侨汇赡家，捐建公益事业，投资建设家乡，为梅州提供了大量的外汇资金来源。据统计，清末民初，每年侨胞汇入的侨汇额高达200万美元以上。大量侨汇的汇入催生了沟通海内外捎送侨汇的水客，随着水客人数的增加，出现了侨批业，侨批业又加快了梅州金融业如银（钱）庄、汇总庄、邮政、银行业的发展兴盛。

一、水客和侨批业诞生

梅州旅外侨胞主要分布在东南亚各国，以经营工商实业和农业为主，经过几代人的积累和发展，他们的经济实力不断增加。据1947年4月16日梅县《中山日报》登载，华侨在海外商业力量巨大，马来华侨商占80%，缅甸侨商占50%，越南侨商占40%，印尼侨商占10%，而暹罗商业几乎完全操于侨商之手。侨胞在海外经营之农工矿也卓具规模，从事农业的占17%，投资额约为国币15亿元；从事工矿业的占23%，投资额约为国币7000万元；从事商业的占52%，投资额约为国币42亿元；其余为从事其他行业。

由于居住地远离家园，旅外侨胞思念亲人，思念故园，他们只能用汇款和通信表达这份情感，汇款和通信成为维系这一联系的基本途径和手段。由此，他们都要捎入相当数量的侨汇，赡养亲友，捐建公益事业，投资建设家乡。由于海外侨胞人数较多，业务繁忙，无暇经常回国，出现了一个连接海外侨胞聚居地和梅州两头，为华人移民解送信款的跨国市场，这就需要有一种人往来于家乡和海外，为海外侨胞收寄款信，这就催生了水客和水客业。

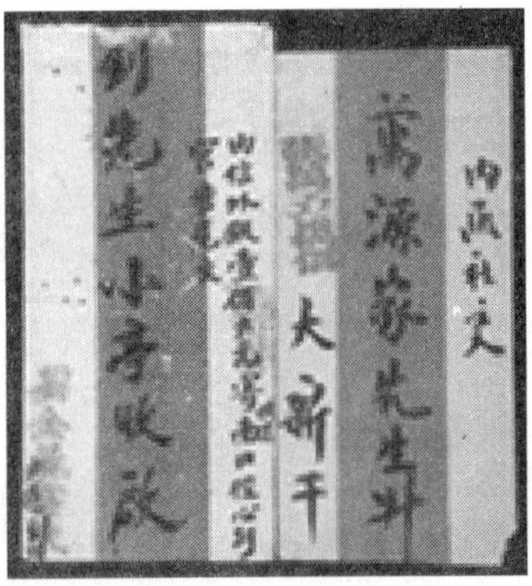

侨批信件

水客，是指从事奔走于南洋、唐山之间，专门为华侨、侨眷带钱、带信、带物，沟通海内外关系的具有特殊职业的人，是最先经营收解侨汇者，是侨乡的“特产”之一。

水客原本也是华侨，趁回家（返唐山）之便，到亲友处辞行，从亲友“顺风”（红包）以至托带款项赡家，这样就使归国华侨有可能利用亲友托带之“外汇”款项，办货到香港出售，做一帮生意后，得款带（汇）回家解汇，归侨也得以解决“返唐山”的盘缠。从带款返唐山及利用汇兑间歇资金带给南洋亲友，而又为南洋亲友带款、物归国，形成了这样一个“水客”行业。据调查，至明国初年，梅州市各县经营此业者前后累计达822人，其中梅县447人、大埔县196人、兴宁县34

人、蕉岭县45人。[1]

随着旅外华侨不断增加和侨汇的日增，数额巨大，利润可观，一部分水客认为单打独斗非长远之计，顺应这一迅速扩大的市场需求，至民国初年，梅州陆续出现了一种专为华人移民解送信款，兼有金融与邮政双重职能的专门经营汇兑的华人民间经济组织——侨批局。侨批局在其存在的百余年里，名称因时因地而异，见之于文献的尚有"信局"、"民信局"、"侨信局"、"汇兑信局"、"华侨民信局"、"批馆"、"侨批馆"、"汇兑庄"、"侨汇庄"等多种不同称呼。

侨批局收汇稍后于水客，丰顺县是梅州最早出现侨批局的县，侨批局主要是通过商业经营汇驳，通过银行汇回国内派解。它在海外固定坐庄收汇点，在国内有联号（或代理店）解汇，有固定的收汇地点，有较高的信用。在国内解付通常有如下几种：登门派解；通知侨眷到其驻地解付；通过邮局或银行转汇派解。

侨批局一面经营外汇，一面利用间歇资金经营商业，业务更加发展，其产权制度或为单一业主制或为合伙制，通过企业间多种形式的合作（俗称联号），形成了一个有效运作的经营网络，这一经营网络与覆盖同一地域的海外侨胞网络、商业网络交错、重叠，并深深嵌入海外华人社会和梅州社会。

由此可见，侨批业者进行的不但是经济的活动，而且这些活动有更加深刻的社会与文化内涵；侨批问题不仅是金融的活动，其背后同时也是人员、物资和信息的交流。

二、侨批业刺激和促进银庄的发展

梅州的银（钱）庄是从清代的兑换业发展而成，自明清侨批业发展后，银（钱）庄多兼营侨汇业务，清末民初，梅州市出现了由邓树南创办的最早的大生银庄。

邓树南生于1874年，幼年时，远渡重洋到印尼谋生，为人忠直刻苦，历尽艰辛，在印尼创办"志成公司"，经营包括侨批业在内的各种行业，面对清政府腐败无能，丧权辱国，民不聊生，他断然把自己的全部财产押出筹得资金，支持孙中山领导的革命活动，故有邓树南毁家报国之誉。1912年，他吸收了侨批局的经营管理方式，在梅县集资创办了大生银行，在兴宁、汕头、香港、印尼等地设立了分支机构，发行钞票，流通市面，经营侨批汇兑业务，成为金融信用行业一颗耀眼的明星，开启嘉应五属第一家私人银行的先例。

在大生银庄的成功和侨批业发展的刺激下，不久梅州出现了专营汇兑的银庄、

① 邓锐：《侨批业与梅州金融业的关系初探》，转引自：http：//www.gdqt.org/view-newso4.asp？id＝6917&Smallclass-id＝8。

汇兑庄：陈富源汇兑庄、宏通银庄、商业庄、永德庄、建丰庄、汇兴庄、金生庄、益生庄、广丰庄、利记庄、曾琼兴汇兑庄等10多家。1941年统计，正式登记的银钱庄号有12家，其他金银找换兼汇兑店号有126家，水客800多人，挂牌侨批业也有57家，这也反映了在银行空白时期（即政府官办银行未设立之前）梅州侨乡金融的特色。①

三、侨批业奠定了和促进银行业的发展

侨批业的不断发展，不仅刺激和促进了银（钱）庄、汇兑庄的发展，为后来的银行业奠定了基础，也刺激和促进了邮政业的发展。

1912年，官商合办的中国银行成立，中国银行除了承担代理国库，发行货币，整理政府公债等政府中央银行的职能外，还兼营普通商业银行存款、放款和汇兑等业务。

然而，由于侨批局的存在历史悠久，信誉好，不管中国银行怎么做工作，海外侨胞仍然将款信投寄侨批局。为此，国民政府一方面命令财政部制定出“凡在国外设有分支行办理侨汇者，应与中国银行取得联系，所有汇兑行市并应照中国银行规定办理，不得歧异”②，并通电各省银行暨银行工会一体遵照；同时函请侨务委员会通告华侨团体，晓谕侨民必须将汇款直接向国家银行或其委托之银行接洽交汇，以利收集。这些规定，限制了侨批业的活动，目的是将侨汇业务收归国家银行经营，表明了当时的政府，一方面尽量限制民办侨批局，另一方面却是官办银行在具体侨汇业务中与侨批业者的合作，但是直至1937年，东南亚华人移民汇兑市场，仍然是侨批局与外国银行的天下。

鉴于以上种种原因，1937年4月1日，广东省银行在梅城设立广东省银行梅县办事处，这是梅州有史以来设立的第一个官办银行。1937年以后，广东省银行、中国银行在梅州各县设立了机构，与水客与侨批局合作，开始收解侨汇。这一时期，梅州各县的银元收兑也进入了高峰，并从金属货币流通为主转入了以纸币流通为主的时期。1937年7月7日抗日战争全面爆发后，好些大中城市相继沦陷，兴梅山区成为战略后方，不少沿海机关企业纷纷内迁，人口骤增，经济畸形发展，而国家银行，省县银行也相继在梅州各县城镇建立。从1937年4月1日梅县设立“省行”开始，至1945年统计，抗战八年期间，中、交、农、广东省行在梅州给各县就设立了50个行、处、部、库，邮政储金汇业局也建立起4个专业机构，而且各县也正在筹

① 邓锐：《侨批业与梅州金融业的关系初探》，转引自：http：//www. gdqt. org/view-newso4. aps？ id = 6917&smallclass-id = 8。

② 陈春声：《近代华侨汇款与侨批业的经营——以潮汕地区的研究为中心》，载《中国社会经济史研究》2000年第4期。

组县银行，形成了星罗棋布的金融网。特别是1945年3月韶关沦陷，广东省政府迁往平远县，韶关等地的国家银行、广东省银行总行也先后随迁梅县及平远县，顿时机构增多，金融业盛极一时。抗战八年，是梅州金融事业发展的八年，也是梅州的国家金融机构从无到有、从空白发展到高峰的八年，也是金融专业人才辈出的八年。

新中国成立后，南方人民银行迅速沟通了侨汇，1950年6月成立了中国银行梅县支行、中国人民银行国外部与海外中国银行，以及香港、澳门各家中资、侨资银行，逐渐建立了通汇关系，使中国银行国内外联行和代理人行结成了广大的通汇网。根据外汇归公、利润归私的政策，水客与侨批局的收汇，可通过香港银行汇入国内，通过国内银行结汇、验批、解汇；海外侨胞也可以在海外银行直接汇入，或通过香港转汇内地，进行解付，此后，由银行收汇汇入与解付，侨批局解散。

四、侨批推动近代梅州邮政业务

各地侨批局为直接解送达款信的机关，侨批局的营业范围具有营运兼具邮政和金融两方面的性质，就梅州而言，批信一般通过邮局，寄往侨批分号和代理商号，侨批分号和代理商号接到批信后，通常要先垫款支付给收款人。而南洋的批局则将批款就地换成可以在香港兑换的汇票，或寄往香港的中间商换成梅州可以流通的货币，再寄往梅州批局；或直接将汇票寄到梅州，由梅州批局卖给本地的银行或钱庄套现。

由于银行在内地乡村没有服务网络，各银行在海外收到华侨汇款后，还是常常委托在梅州的批局、银行或邮政负责送款的工作。据调查，梅州的侨批局最早充分利用邮政渠道，降低费用，增大安全度，较少或者基本上不会出差错。究其原因主要是：一是邮政成立早，渠道广，信誉好；二是侨批的存在对于地方官来说，是一笔不竭的地方税收财源，一定会极力保护；三是送款信的信差有当地乡长和保甲作保，纵使偶有被劫，也会责令乡村保甲赔款；四是侨批局注意款信的安全解付，如遇数目较大者，侨批局往往开出记名本票，要求收款人到城市兑换；五是信差的社会待遇较高，他们虽然工薪不高，但是通常各收款人收到侨汇款后，都会给予信差一定的代书费或脚力，且信差所到之处供迎酒食，为乡人所欢迎，他们工作颇忙，生活颇佳，故颇自重，绝少机会走入邪途，信差也甚少被劫。

所有这些都说明了侨批和邮政的关系：邮政积极利用邮政渠道安全准确地解付侨汇，侨批局在依赖邮政渠道解付侨汇的同时，也在一定程度上树立了邮政的声誉，促进近代邮政发展。

综上所述，侨批局出现于现代银行制度在中国本土确立之前，是适应海外侨胞寄送信款的需要而产生的，在侨批局的产生、发展和壮大过程中，显示出来的组织制度上和经营管理上的诸多优势，在一定程度上刺激和促进了梅州金融业的发展。

五、侨批业的历史作用

侨批业的繁盛使海外侨胞更好地履行赡养留在故乡的父母、妻儿的义务，也满足了建设家乡公益事业的需要。

民国时期，政府和民间都没有设立专门从事引导侨资的机构。地方要集资兴办较大型的企业或公共福利事业，都是由一些热心人士在国内向侨属集资或派人到海外发动捐助。如梅州最先创办的电力企业光耀电灯公司，就是由华侨集资兴办。梅县的梅江桥、锦江桥、梅东桥、松口中山公园等比较大型的公共福利事业也主要是华侨捐款兴建。区内的中小学校、农村的桥梁道路、农田水利设施等由华侨资助捐建的就人数更多了，如梅县重点侨乡松口镇1000多间店宇中60%左右是侨资兴建或购买的。

建国后，人民政府对利用侨资工作极为重视，1955年5月间，即成立了“兴梅企业股份公司”，经营业务范围包括：有利于国计民生的生产建设交通公用事业的投资；农林畜牧水利事业；土产加工厂及进出口业务；承办政府国营贸易机构及合作社的委托购销等业务。华侨、侨眷踊跃入股，集资兴办了挂历纸厂（现梅县造纸厂的前身）、黄石仑水电站、桥兴玻璃墨水厂、松香厂等，促进了地方工业的发展。

1956年，成立了“广东省华侨投资公司梅县支公司”，受省公司和政府侨务部门双重领导。公司的主要任务为协助省公司宣传华侨投资政策，发动华侨投资家乡建设；为省公司代付投资股本利息，及时反映当地侨情。

1957年8月，国家公布了《华侨投资兴办学校办法》和《华侨投资于国营华侨投资公司的优待办法》，规定华侨投资办的学校，尊重创办人的权利，校名由创办人自定，当地要解决办校的困难；华侨投资于国营华侨投资公司，股本注入后仍为投资人所有；年息8厘，所得股息（不超过50%），可以汇往国外。梅县支公司成立后，发动了华侨200多人次投资，投资总额达人民币200多万元；兴建了梅县华侨大厦、华侨戏院、华侨水电站、松口影剧院等。而银行、批局、信用社职工通过派解侨汇深入侨户，协助回文回批，查找亲人，沟通汇路，引导侨资出路，为侨属建房，兴办家乡公益事业，也做了许多工作，争取了不少外汇。据新编《丰顺县志》综述：丰顺县永电照明以及汽车运输的历史，均由侨资企业揭开。早在明末清初，华侨便在汤坑黎头山村创办振东学堂，在丰良建立高田学校，在丰顺县立一中建成暹侨堂等。新中国成立后，先后捐建了县华侨中学、大同中学、东海中学、侨思中学、颍川中学、龙泉中学、龙山中学、千顷中学等。到1987年底，侨胞、港澳同胞捐资办学的有2000多人次，新建、扩建中小学119所，同时捐资兴建桥梁59座，医院、自来水、供电等项目266宗，金额共达6000多万元。丰顺华侨，情系桑梓，爱国爱乡，在各个不同的历史时期，合力支持家乡建设，赤子情深，为祖国的繁荣作出不朽的贡献，保障他们的合法权益和尽最大努力创造了优良的投资环境，鼓励海外侨胞回国投资办实业和捐资公益事业，改革开放政策实施以来，海外侨胞捐资家乡各项建设事业盛况空前，捐助项目从水利水电、购置农业机械、车辆、造桥修路、发展养殖，到文、教、卫、体等。其中捐资兴建学校教学大楼、宿舍、科学馆、图书馆，购置教学仪器设备，设立奖学基金等的热潮经久不息。据统计，改革开放至2003年底，外商对梅沙投资全额达500多亿元，其中大部分是侨资。共接受海外侨胞捐资各项公益事业金额达人民币21亿元①。他们在梅州的捐资和投资，有力地促进了梅州地方工业的发展，既加速农村经济的发展，又增添了侨属的收入。

第五节　与时俱进的香港客商

一、“客商”在自由港中悄然成长

或许出于客家人迁徙的来历，关于客家人的说法，就有了不同的版本：有人说，“地平线上皆有华人，有华人的地方就有客家人”；也有人说，“哪里有阳光，哪里就有客家人；哪里有一片土，哪里就有客家人”。由于客家人行走天下，到处移民，且涌现出不少经济实力雄厚的企业家，因此，又有“东方犹太人”之称。

客家人从西晋末年到清朝末年，先后经历了五次南迁，最先集中分布于闽、赣、湘三省交界山区，后来又逐渐迁入粤东北，以致桂、琼、川、鄂、浙、台各省的局部山区也都有客家人。

经过了一代又一代生生不息的繁衍，又凭借坚韧不拔、开拓进取的奋斗精神，客家人在不断的南迁中处处落地生根；如今，客家人已几乎遍布全国，走向世界各地。

秉承了迁徙变通的优良传统，客家这支历经磨难的民系，为了生存，更为了发展，群雄一心，不畏艰难，继续向世界各地挺进，其中就有不少人大胆地“闯入”了素有“东方明珠”之称的香港都城。在创业中，他们继承祖辈们吃苦耐劳、坚贞刚毅的心理个性，培育出崇正、守信、爱国的民族之魂。一代又一代的香港客家移民，不仅拥有独特可贵的精神气质，创造了恢弘深厚的客家文化；而且，一批又一批的客家商人还成就了一番辉煌的事业，为香港的经济发展和繁荣昌盛，为香港的

① 谭元亨主编：《世界客都论》，华南理工大学出版社2005年版，第109页。

顺利回归，作出了不懈的努力。

香港，这颗亚洲王冠上璀璨的明珠，位于中国东南端，珠江口的东侧，在中国漫长的海岸线和辽阔的疆域上，只占据一小点，总面积不过1104平方公里——由香港岛、一海之隔的九龙半岛和新界组成，共有大小岛屿235个。曾经饱经沧桑，被形容为“荒芜之地”的香港，如今，已是一个国际金融商贸中心，跻身于世界大都会之列。香港的迅速发展，首先无疑是人力的因素。香港具有最可宝贵的人力资源，与其他地区相比，香港人讲求效率，求真务实，积极进取。具备素质良好的工作人口，是香港经济具有竞争力的重要动力。

香港的人口，在最近的一个半世纪里，经历了一个快速发展的过程。早在五千多年前，香港岛内就有我国居民从事捕鱼、采集、耕作等生产活动。英国强占香港时，港岛人口仅5000多人，其中水上渔民2000多，还有2000多分散于黄泥涌、赤柱、石排湾、筲箕湾等20多个村落，从事渔业、农业生产。到了1851年，人口增至3万多，其中华人占绝大多数。1881年人口又增至16万多，1911年香港人口已超过了45万。此后，随着香港经济的发展，自由港的开辟，居民出入更加自由化，港外人员也大量地涌入，使香港人口急骤增长。

目前，香港拥有600多万人口，其中，客家人约有200多万，占人口的1/3强。香港从濒临南海的小渔岛发展为国际大都会，从荒芜偏僻的弹丸之地成为当今世界贸易中心，其间随处可见客家人的足迹，客家人与港岛荣辱与共，共同颠簸了几个世纪。

客家人进入香港落户开埠，最早可追溯到宋代。起先是零星的个别行为，然后才是大规模的迁移。据有关人士查证，客家人大批地移居香港，大致可分为四个时期①：

第一时期，从清康熙年间到香港开埠（约1684—1842年），为强迫迁入阶段。因当时清廷与郑成功对峙，为孤困郑氏，顺治曾令沿海人民内迁三十里。至康熙二十三年（1684年）明令复界，招致各地农民前往垦殖。于是，江西、福建和广东等地的客家人，便很多经由惠州、淡水而至沙鱼涌、盐田、大梅沙、西乡、南头、梅林，或更至沙头角、大埔澳、沙田、西贡、九龙城、官富城、筲箕湾、荃湾、元朗等地，开垦荒地，定居垦殖。到柴湾一带拓荒垦地的5个客籍家族，后来建立了大坪村、西村等小村庄，并以姓氏为名各建立自己的屋村——罗屋、成屋、陆屋、蓝屋。

第二时期，从香港开埠到辛亥革命（约1842—1912年），为谋生迁入阶段。港九开埠，城市初建，需要大量劳力。这时涌入香港的客家人很多，尤其善于采石的五华人更多。位于柴湾的“蓝屋”以及位于望夫石下的“曾大屋”，就是粤东客家

① 谭元亨主编：《客商》，人民出版社2008年版，第110页。

人涌入港九的里程碑。五华县七都围的邓焦六（花名打石六）和圆瑾村的曾三利（又名贯万）兄弟，大约在道光年间只身出走香港，他们开设元昌和三利石行，后成巨富，三利在九龙沙田还建有“曾大屋”。兴宁县罗岗镇的袁安成（又名石秀），大约在19世纪60年代去香港，在中环码头打石为生，开设袁秀记店号，卓有成效，富有盛名。稍后去的还有兴宁县的刘三桂、陈瑞山、丘裕和，五华县的李瑞琴、杨发利、李浩如等。这些是有史可考的迁入香港的粤东客家人。

第三时期，从民国初年至新中国成立前（约1912—1949年），为接引迁入阶段。这一时期又分前后两期。前期至香港沦陷前（1941年），由于此时香港政治相对比较稳定，经济呈现蓬勃发展势头，故粤东客家人去港谋生者与日俱增，多操打石、织藤、织布，也有经营洋杂、笔墨等小本生意。此后，客家人出港学师谋生者愈来愈多。后期（1945—1949年），随着二战的结束，日本的投降，除以前回乡避难的老港客纷纷返港外，又有一大批年青人跟随亲友长辈赴港。

第四时期，从新中国成立到现在（约1949年至今），为受限迁入阶段。前期为50年代初，由于香港尚可自由出入，一批无地少地的农民和原属国民政府的军政人员、学者、富商及其家属。中期为50年代中期至改革开放前，每年都有一批为继承财产、协助父母经营工商或争取团聚经批准去港者。此外，50年代至60年代，又有大批归侨到香港谋求发展。田家炳于1958年从印尼移居香港，曾宪梓于1968年从泰国返回香港创事业。由于受限入港，结果偷渡或闯关事件也时有发生。后期为改革开放以后，政策有所放宽，又有一批客家人批准来到香港。[①]

无论哪个时期入港的客家人，本着祖祖辈辈吃苦耐劳的创业精神，走到哪里都能落地生根。在香港这个充满激烈竞争的自由社会里，客家人同样历尽艰辛，以其独特的生存方式和顽强的毅力，在那里苦打苦拼，安居扎根。

客家的历史充满了辛酸的血泪，客家民系是一个笼罩着悲情色彩的群体——多少个世纪，多少次离乡背井。每一次的迁居，都像是一次逃离，也都是一次奋起。当初闯荡香港的客家人，绝大部分是来自穷乡僻壤的农民，每天习惯于面朝黄土背朝天的辛苦耕作，当双脚刚离开农田菜地，来到香港这座陌生的国际都市时，他们也曾迷茫，也曾孤寂。但历经磨难的客家人，早已练就了逆境中生存的本领，锻造出拼搏实干的胆识魄力；面对生存，他们没有过多的彷徨，也没有太多的时间犹豫，不计辛苦，不管哪一行业，只要能生活，只要有利于发展，他们就卖力地干，大胆地闯。

来自粤东的香港客家人，多凭借家乡的传统工艺生存发展，比如长乐、惠州客家人，大部分是石匠，而香港、九龙和新界的地质，多为火成岩结构，石质坚固，是筑路、盖楼的优质石材，他们因地制宜，就地取材，专以凿石为生；而来自梅

① 刘加洪：《闯荡香港的客家人》，载《中央民族学院学报》（哲学社会科学版）1998年第3期。

县、五华、紫金、兴宁及东江沿岸的客家人，除采石外，还擅长编织藤器，就专门发展藤器业，产品不仅供应本港市场，还远销东南亚、美国；此外，香港的客家人还从事饮食、服务、纺织等行业。

在香港现有的几百万劳动人口中，大部分从事服务行业，有的经营批发、零售、进出口贸易、饮食及酒店业，有的经营运输、仓储及通讯业，也有的从事金融、保险、地产及商用服务业，还有的从事制造业、社会或个人服务业……不管哪一行业都可显见客家人勤劳的身影。

香港的客家人，不仅活跃于各个服务行业，在工商实业界亦各显神通，大展身手，有的还成为商业巨子，社会名流。而且，在香港的客家商人中，在数量上以粤籍商人为多，也最负盛名。因为广东本是客家人聚集的重镇之一，纯客县市就有十几个，如梅县、蕉岭、平远、兴宁、五华、大埔、丰顺、河源、龙川等，还有好几十个非纯客区，分散于广东各地，粤东的梅州还有“客都”之誉。粤港在地域上紧密相邻，深圳与香港一衣带水，自然在旅港的200多万客家人中，粤籍客家人占了绝大多数，而来自梅州的客家人就有30多万人。

也是受益于优越的地理环境，近年来广东经济迅速腾飞，成为中国最发达地区之一，是最早实行改革开放的前沿阵地，这里独特的地理人文孕育了独特的岭南精神与文明，旅居香港的广东客家人以其精明能干和务实进取的精神，搏击于商海，驰骋于各界，创造了巨大的物质财富，谱写了一曲曲瑰丽的华夏客商乐章。

斗转星移，日月流梭，几世纪以来，香港几经沉浮，在曲折中发展，香港的客商也走过了漫长的旅程——从无到有，从弱小到强大，从最初的个体奋斗，到联结成群，携手创业。

在数量上，旅港的客家商人无法作精确的统计，因为香港是一个人才辈出，财富聚集之地，多少风流人物在此涌现，又沉寂；但许多客商精英仍能给我们的时代留下深深的烙印，不仅客家族谱里记载了他们，香江都城记住了他们，中国大地处处流播着他们的芳名。如果截取一个时段，选取一些有代表性的客家商人，我们能对现代客商在香港的崛起和发展作大致的划分。

早期移居香港取得较大成就的客家商人，比如余碧友，裕华公司的创办人，可称第一代旅港客商，他们是客家人在香港开埠经商的拓荒者，经历了最艰苦的创业历程。古人云：“前人栽树，后人乘凉”，早期的客商开拓者们艰苦卓绝积累下来的财富业绩，为后辈客家子孙带来了福荫。踩着前辈乡贤打下的基石，第二代客商们继续努力，团结奋进，发展壮大，如曾宪梓、田家炳、刘皇发、罗焕昌、何冬青、梁亮胜等。当今正活跃且事业如日中天的林光如、余国春、余鹏春、曾智明、罗港楠等人，应是第三代富有成就的客家商人。

“天下客属，本为一家”，为了联络乡谊，更为了携手共进，旅港的客家人成立了各种各样的社会团体。在众多的客属社团中，最为突出的是“香港崇正总会”、“香港梅州联会”和“香港嘉应商会”。“香港崇正总会”成立于1921年，是香港客家人的总团体，海内外客家乡亲的联络中心。为了共同创业，为了发展壮大，也为了能在世界金融中心立于不败之地，旅港的粤籍客家人还成立了“香港梅州联会”和“香港嘉应商会”，这两大社团在香港工商业界影响颇大。“香港梅州联会”的前身是“香港义安公社”，2004年更名为“香港梅州联会”，由会长、副会长、常董和会董们组成，内设有咨议会，会董会下有总务部、财务部、福利部等十几个部们，是一个组织严谨的社团机构。“嘉应商会”创办于1916年，联合了梅州市及所辖梅县、兴宁、五华、丰顺、大埔、平远、蕉岭等地的工商业界人士，早先称“嘉属商学会”。这些社团联络了一批又一批的客家工商名人，香港客商们也以此为平台活跃于香港各界，并身体力行，以一颗颗拳拳之心，实现“爱国、爱港、爱乡”之情，热心于家乡经济建设，献身于国家的繁荣大计，为了民族的振兴不遗余力，真正做到心系祖国，众志成城，团结互助，扶弱济贫，将自身的发展与家乡的建设和祖国的昌盛连为一体，切实体现了一个客家民系的博大心胸与无私的奉献精神。

二、东方明珠的神奇与魔力

香港，凭借其优越的地理位置，独特的地形地貌，成为当今世界上三个最优良的天然海港之一，也是日益发展的东亚地区的重要枢纽。

香港不仅有着得天独厚的地理条件，还有良好的经济制度和人文环境。香港一向以市场主导的经济政策著称，政府不对经济或市场作任何指导性规划，极力推行“尽量扶助、减少干预”的政策。香港政府的一个主要功能是尽可能提供有利营商的条件，包括个人自由、廉洁而高效的公营部门和公平的商业竞争环境等基础“软件”；另一重要责任，就是消除市场障碍，鼓励公平竞争。在税率方面，与其他国家相比，香港一直维持低税率的简明税制，以鼓励工人生产和吸引企业家投资，比如，法团利得税的税率为17.5%，薪俸税税率为16%。而且，香港是一个法治的社会，法律制度健全，社会保障机制较为完善。香港市民和居港人士享有充分的公民权利，在言论、新闻传媒方面，香港亦有很高的自由度。

这些自由开放的政治经济氛围，各种优越的条件——高度国际化的城市、便利营商的法治体制、自由贸易及自由的资讯流通、公平开放的竞争、发展完备和庞大的金融网络、一流的交通及通讯基建、完善的支援服务、高教育水平的工作人口与高效率的企业家，以及庞大的外汇储备、自由兑换的稳定货币、低税率的简明税制等等，为香港的发展蓬勃提供重要的内部动力。

除了优越的地理位置和良好的经济、法律制度，香港能被誉为“东方之珠”，经济发展曾跃居亚洲“四小龙”之首，还有许多世界大环境的因素。比如，第一次世界大战使欧洲工商业遭受严重破坏，迫使欧洲大规模从殖民地以及其他国家输入工商业产品，而贸易伙伴多数集中在远东，如日本、中国、东南亚，这些贸易都以香港为中心转运站，使香港转口贸易得到了一次飞跃性的发展；30年代初由于中国国内军阀混战以及以后的日本帝国主义的入侵，使大量内地游资和人才流入香港，极大地推动了香港贸易业的发展；50年代，中国通过香港这个大窗口大量进口战争所必需的五金、西药、汽油、橡胶等战略物资；60年代，由于帝国主义的对华封锁和贸易保护主义兴起，一定程度上打击了香港的贸易，但西方对香港采用了相应优惠的政策，如美国对香港产品销售采取了“综合来源制度”；70年代末中国改革开放以来，中国的经济、政治地位提高，迫使西方国家改变了对华政策，加强同中国经济往来，进一步巩固了香港贸易中心的地位，其经济纽带的作用更为突出。

各种条件因素的综合作用，促使香港成为世界自由贸易的中心，从而吸引世界各地的投资者，也为客家人进入香港发展，客家商人在香港的崛起提供良好的契机。而客家人勤劳进取的精神，恰好适应于香港发展。几个世纪以来，一代又一代的客家人为了生存，为了发展，来到香港，寻找商机。许多客家人凭着自身的聪明才智，敢于冒险的勇气，在这富丽的自由港掘得了第一桶金。

应该说，香港的客商大多数是来自中国内地的客家移民，尤其以广东客家人为多。这些人初到香港时，基本上是两袖清风，凭着勤劳的双手，借着香港优越的商业环境这一东风，克服了重重的困难，在逆境中求得生存和发展，且不断创造奇迹。如果翻开一本本客家族谱，成功的个案举不胜举。从近代到民国，再到当今，邓焦六、曾三利、杨应基、邹伟光、曾宪梓、田家炳，一个个看似平凡的名字，却潜藏着巨大的业绩。

20世纪初，随着西方工业的兴起，香港也出现了工业的萌芽，起先是外国商人在香港投资办厂，继而本地商人追随，同时，带动了一些客家移民从小型工厂做起，逐步发展壮大。

到了50年代，香港的工业出现了高潮，当时主要是上海商人带来了资金和技术，纺织、制衣行业有了很大的发展。著名的侨领曾宪梓先生，创办的金利来（远东）有限公司在60年代末就推出名牌产品，“金利来领带，男人的世界”，行销全球，被称为亚洲“领带大王”，1985年当选为亚洲领带协会主席。随后，业务不断拓展，又开发了皮革、皮鞋、皮包等皮具制品，产品由香港远销到新加坡、马来西亚、印尼、泰国和欧美等40多个国家和地区。1992年9月，金利来集团有限公司发行股票，在香港联交所股票市场挂牌上市。“金利来”创造了奇迹，优秀的客家儿女创造了奇迹。曾宪梓先生从而赢得了“总督工业奖”，拥有“海内外杰出华人”的美称。

70年代香港经历第二个经济高潮，香港的工业走向多元化，特别是向电子产品方向发展。蓬勃的制造业出口带动了其他行业的兴起，保险、贸易、建筑、房地产、旅游、饮食、运输、娱乐事业等纷纷得到发展，外来投资大量增加。六七十年代旅港定居的客家人，在香港经济发展的触动下，纷纷尝试在国际市场中竞争抗衡，在不同行业各领风骚，有的成为杰出的工商实业家。

少数客商不是直接从中国内地出发，而是从国外辗转到香港，借助国际大都会的强劲发展势头得以崛起。杰出归侨田家炳先生，出生于广东大埔，18 岁时就离家，远赴南洋，先后到越南、印尼经营工商业，20 世纪 50 年代移居香港，在元朗屯门海边购买 30 多万平方米的海滩，填海建厂，于 1960 年出产了第一批人造革。经过几十年的奋斗，所创办的塑胶工业在 60 年代就跨进世界先进行列，享誉香港和东南亚，被誉为“人造革大王”、“塑胶大王”。

香江的优越吸引了世界各地的资本，自由港的魅力呼唤了海内外的客家商人，无论是劳力、人才还是金钱资本，都汇聚于香江，根本的原因在于香港的各方优势和各种政策，把香港打造成全球最自由经济体系的地区。这就是自由港魔力之迷底，也是香港客商崛起的根基。

历经几世纪的漫漫征程，香港已成为仅次于纽约、伦敦的世界第三大国际金融中心，超过 3800 家国际企业在香港设立亚洲区总部或办事处，从事的业务包括批发、零售及进出口贸易、其他商用服务、银行和金融、制造业、运输及相关服务。其中，有香港客家人的努力，少不了客家商人的参与；美丽的香江赋予了客家人发展的机遇，勤劳质朴的客家儿女反哺归心，为香港的繁荣发展贡献了一己心力。

三、筚路蓝缕，创业维艰

客家，一个辗转迁徙的民系。

客家历史，一部浸透辛酸血泪的拓荒史。

客家儿女，扬帆驾舟，筚路蓝缕，得以在海外地平线上升起。

客家先民为了谋生，离开故土，远涉重洋，遍布南洋、美洲、非洲、大洋洲等世界各地，所以说，“有海水处，就有客家人”。

最初移居海外的客家侨民，有的拓荒辟地，有的掘矿筑路，一路披荆斩棘，不仅能立足，而且繁荣了当地的经济。从远到近，从东到西，马来西亚的橡胶园和锡矿，横贯美国东西两岸的铁路线，沟通太平洋大西洋的巴拿马运河，何处没有客家华裔的足迹?

客家人移居海外，在不同的时代，有不同的路线，也有不同的触机。基本上，尤其是早期主要是为了生存，可以说是选择了无奈的逃离；但也有一些有志之士，为了发展，赴海外开辟埠头，经商从业，广东的罗芳伯、叶亚来等就是这类富于传奇色彩的杰出侨领。

一百多年来，客家人“出洋过番”的风气盛行。时至现代，素有“东方明球”之称，世界国际金融商贸中心的香港更是吸引了一批又一批的客家人，成就了不少出色的客家商界精英。

在香港，客家人踩着前辈乡贤的足迹，继续发扬克勤克俭、锐意进取的客家精神，走过了一路的坎坷，经历了一路的艰辛，而坐拥一片天地。余连庆、曾宪梓、田家炳、刘皇发、罗焕昌、刘宇新、林光如、余国春、余鹏春、何冬青……一串串当今响彻客家祖地的名字，一个个富有成就的客家商界名人。香港，如今被世界称为“购物天堂”，可见百货业历史之悠久。早在1900年，中国现代百货业之父马应彪，便在香港开设了先施公司，不久则有了永安、大新等四大百货公司。客家人在百货业上也算是“后来人”，可却有独到的目光，他们打出的，则是“国货”的品牌。

余连庆先生又名余碧友，1906年出生于梅县松口镇官坪村，年少因家境清贫而失学，帮父亲在松口镇经营小生意以济家用，18岁远涉重洋到印度尼西亚谋生，后往马来西亚一家百货公司任职。在抗日战争前，他在印度尼西亚开设国华百货商店，后兼做汇兑业务。20世纪50年代初期，他开始从祖国办货到印度尼西亚销售。1957年，他应邀到北京参加国庆观礼，益发增添爱国热忱及兴办国货事业的决心。1959年6月，他邀集印度尼西亚旅港同乡及友好，在香港合资开办裕华百货有限公司，“裕华”二字，乃取“富裕中华”之意。“裕华国货”草创之时，只是一间2000平方英尺的小店，因为经营有方，生意日隆，不但增开新店，而且设备越来越先进，经营模式越来越科学，管理方法越来越先进。1976年，它的新总店开张时，是全港第一间用计算机来控制收银的零售店，也是全港第一间每层楼（总共6层）都安装有滚动式扶手电梯的零售店。1981年，“裕华国货”已发展至4个店20万平方英尺。经20多年苦心经营及悉心打理，终使公司事业有成，蜚声海内外。虎父无犬子，他的后人，在国货业上更后来居上。

在余国春、余鹏春兄弟的带领下，裕华经常在市场处于逆境时，洞悉先机，提早作出部署。上世纪70年代中期，香港经济处于低潮，裕华开设伦敦总店；在中英谈判未果、移民成风时，购买尖沙咀柏丽购物大道分店物业。本世纪初，在亚洲金融风暴阴影还没有完全过去的时候，裕华又斥巨资，在黄金旺地中环，利用著名的龙子行开设中环店。裕华还看准时机，将国货公司概念向海外和内地拓展，在新加坡开设了颇具规模的分店，在北京亦投入近亿元资金兴办合资企业，做中长线投资。

田家炳先生

被誉为“人造革大王”、“塑胶大王”的田家炳先生，出生于书香门第。16岁时不幸父亡，不得已弃学从商，肩负持家重任。银滩村地处韩江西畔，与高陂毗邻，高陂瓷业历史悠久，享誉海内外。1937年，18岁的田先生便选择了瓷土外销的业务，前往越南与同乡组织茶阳瓷土公司，奔走于大埔、汕头、越南之间。1939 年因汕头沦陷，瓷土运输中断，遂转往印度尼西亚，从事橡胶业，并手创“超伦”、“南洋”两树胶厂。经过几十年的奋斗，所创办的塑胶工业在 60 年代就跨进世界先进行列，享誉香港和东南亚。

今天看来风光无限的知名品牌，曾经经过难以为继的灰色时期。但是正是经历了种种考验，才使得这些企业在逆境中更加蓬勃发展，绽放生机。

林光如经过了艰难的创业时期，1970 年，他将省吃俭用积攒下来的 5000 元港币，租了间 16 平方米的房子，买了部二手印刷机，请了一名员工，办起了最初的星光印刷厂，所印的都是信纸、信封、名片和单据之类的小批量产品，不要说人家瞧不起，就连他雇请的那名员工也跟着皱起眉头。开工第一天，林先生外出联系业务，下午回来时，那位员工竟不辞而别。林光如在困境中苦苦支撑，从未退缩。

随着世界经济的复苏，香港印刷业间的竞争也变得愈来愈激烈。林光如以过人的胆识，不惜投入巨资，率先从西德引进当时最先进的全新胶印机。加之他一向推崇“一流设备，不允许二流职工，三流产品”的严格的管理理念，星光很快在同行业中脱颖而出，从一个作坊式的小厂一跃而为中型印刷企业。

林光如先生创办的星光集团现在已经成为一家以包装印刷为核心的跨国公司，迄今已在新加坡、香港、上海、广州、深圳、苏州、韶关等地均设有分公司及生产基地，属下有经过严格培训的员工 7000 多人，印刷设备和产品质量堪称世界一流，连美国两家特大型玩具商也将所有外包装交由星光集团承印。1993 年 3 月 3 日，星光股票在香港联合交易所成功上市，这一具有里程碑意义的重大举措，更进一步为企业的发展注入了蓬勃的活力。至此，拥有总资产 7 亿港元的星光跨国集团公司，在林光如先生的率领下，终于走出了一条令世人瞩目的星光之路。

罗焕昌先生 1949 年辗转到香港创业。他的青少年时代，是在军阀混战和抗日战争的炮火声中度过的。由于当时的政治腐败，百业萧条，民不聊生，使一个幼小心灵感到“国弱民贫，任人欺负”的现实。于是激发起他“振兴实业以强国，为中华民族争口气”的雄心壮志。

20 世纪 50 年代的香港，百业萧条，要发展要富裕谈何容易？还是要脚踏实地艰苦去开拓。创业之初的罗焕昌只是开了个胶鞋小摊档。当时的香港市场，销售的尽是洋货，国货没有一席之地。富有民族自尊心和爱国心的罗焕昌，心里很难过，暗想，有朝一日，要让国货在香港乃至全球能举足轻重。几十年来，罗焕昌先生在香港开拓和发展国货市场，终于有了今日的中华大成行有限公司的辉煌成就。

正是在“危”中能看到“机”，并抓住机会，不断向前，才能获得成功。

敢为天下先者，定为成大业者。邹锡昌就是这样一个有胆识谋略和创新精神的商人。早在上个世纪 80 年代，邹锡昌还在深圳蛇口一家公司负责宣传工作，但是，目光敏锐的他早就瞅准了包装纸箱的广阔前景，但是，开办一个包装纸箱厂的费用却高达 60 万元，在那个年代，对于一个普通的公司员工，这无疑是一个天文数字。

然而，他就是有这样的胆识，东借西凑地找人合资经营起了纸箱印刷业务，并且创造了 3 个月回本的奇迹。而更让人叹服的是，在办纸箱厂之前，他还完全是一个行业门外汉！而此时的邹锡昌也只有 24 岁，人们常说的商场第一桶金就这样靠敏锐的眼光得到了！就是这样的眼光，让邹锡昌在后来进入房地产事业中一次又一次地所向披靡。

像所有的成功者一样，邹锡昌迅速扩张自己的第一桶金，到 1989 年，他已经把房地产做到了香港，1992 年，他在香港定居后，注册成立了昌盛集团有限公司，主要从事房地产开发。广州著名的购物中心——中华广场，就是他的成名之作，他也因此被业界称为“第一个吃商业地产螃蟹”的人。人往往都不会一帆风顺的，光彩的背后总会有许多我们无法想象的艰辛和牺牲。敢为天下先，就不要怕刺猬。邹锡昌在创业中遇到的何止是刺猬？几乎所有的商人都还记得，1997 年夏天，泰国的货币泰铢急剧贬值，引起了一场席卷整个东南亚的金融风暴，使这些国家的经济遭到巨大打击。在当时融资非常困难的情况下，中华广场的建筑工地却塌方了。当时形势的危急是可想而知的，说不定，多年的江山就会付诸一旦。邹锡昌果断地以超低的价格卖掉了自己的写字楼、半山豪宅和一些施工项目，筹集资金保证中华广场的施工，终于成功地化解了这一关乎自己未来前途的危机。事后，邹锡昌更坚定了自己的信念——“靠天更要靠自己！”在生死关头，面对取舍，这位客家商人是何等的镇定与豪迈！

大浪乘风破，云帆济沧海。近年，邹锡昌又把眼光转向了金融及高科技产品，形成了由地产、工业、金融投资及高新科技四大产业组成的企业集团。集团现有 15 家子公司，分布于全国各大发达城市，资产净值由最初的数千万元，增长至今逾 30 亿元。而他个人，也以近 20 亿元的身家，在新财富劳斯莱斯 500 富人榜中名列 71，并被评为 2006 中国十大慈善家之一。

从当年村里的状元郎，到中国赫赫有名的“地产英雄”，到如今的“知识经济型富商”，一路走来的邹锡昌，用三颗心经营着他的未来，那就是在他每个办公都会看到的——“精心、耐心、修心”。

这些曾经困苦的经历，造就了这批客家成功商人的坚强的心志，让其在困难面前更是奋勇前行，平稳度过一个个浪潮，有了后来的成功。

四、香港客商的经商理念

（一）锐意创新：品牌、人才是策略

一个企业的成功，依靠的是不断创新；产品的不断创新，依靠的是品牌策略和人才策略。

虽然事业上有了长足的进步，曾宪梓并不满足，他不断地反问自己：为什么香港市面上充斥的都是外国的名牌产品；为什么港制产品与外国名牌不相上下却仍然不受消费者垂青。原因很简单，就是因为港制产品的牌子还没有成为出名的牌子。而一个品牌出名，除了高质量，也需要不断的、深入人心的宣传，才能走进每个普通人的心里，成为一个名副其实的品牌。曾宪梓毅然决定给自己、给金利来一次大胆的尝试——马上在报章上做广告。

1970 年，一年一度的父亲节即将来到之际，曾宪梓抓住时机，不惜花费近 3000 港元在报纸上刊登了大幅广告，内容很简洁，大意是：向父亲致意，送金利来领带。这次初试牛刀的创举，不仅为金利来接下来向国际名牌的顶峰上顺利发展奠定了基础，而且也大开了香港生产商为推销产品、树立品牌而刊登广告的先河。

与此同时，精明的曾宪梓率先看中了橱窗文化的妙用，于是他要求几家大的百货公司将金利来领带也陈列进橱窗里，而且标上“金利来”的牌子，以吸引消费者注意力。真正使金利来家喻户晓是 1971 年，中国乒乓球队再次囊括世界杯，凯旋途经香港，应邀在港举行乒乓球赛时，香港的无线电视台夺得了乒乓表演赛的独家转播权。无线台请曾宪梓投资广告，需要 3 万元，当时是属于一个大数目，曾宪梓不想错失良机，要求分期付款，还请来当时著名男歌星来做金利来产品的介绍。“金利来，男人的世界”这句广告词，每天都轮番不停地播放，在几百万香港人的口中争相传诵。不到一个星期，乒乓球比赛的盛况，轰动全香港，而金利来领带也成为香港家喻户晓的名牌。广告效应发挥得淋漓尽致，订单如雪片一般向曾宪梓飞来。曾宪梓一再扩大他的工厂，大批量购进制造高档领带的原料，增加工人，日夜加班地赶货。第一次，港产货战胜了舶来品，金利来独领风骚。

1974 年，香港经济出现了大萧条，各种商品纷纷降价出售，而曾宪梓却反其道而行之。他一面不断改进金利来领带的质量，一面独树一帜地适当提高价格。结果，生意反而出人意料地好起来，当经济萧条过后，金利来更是身价倍增，在香港成了独占鳌头的名牌领带。

到了 80 年代，曾宪梓开始向海外扩张自己的市场，第一个目标就是东南亚。他这边厢买厂房，生产金利来领带，那边厢重金在报纸、杂志、电台、电视台隆重地推出广告宣传，成功地开辟了马来西亚、泰国、台湾、澳门、文莱、澳大利亚等地的市场。

在内地，曾宪梓同样采取了广告先行的战术。从 1981 年开始，曾宪梓就不断利用内地最有影响的传媒，连续展开“金利来攻势”，不惜花费数以百万计的人民币，使“金利来领带，男人的世界”长期占据报纸的重要版面和电视的黄金时间，使得金利来品牌家喻户晓。

在金利来事业处于巅峰状况之际，具有远见卓识的曾宪梓，又做出了多元化经营的果断决策。不久，金利来 T 恤衫、皮带、钱包、衬衫、袜子……凡是男士所需的衣物和服饰配件，全都纳入了金利来的世界。同时，他还认为，金利来不能仅仅是“男人的世界”，它同样也应该是“女性的世界”。从1990年起，以系列女性时装为先导，曾宪梓又为女性创造出了一个更具魅力的世界。

他使金利来由家庭手工作坊变成了一枝独秀的名牌领带工业，以极其鲜明、充满活力的产品形象，将欧洲风格率先引进香港，成功地树立起她独一无二的金字招牌，其产品以独特的风姿，优秀的策划，占领男性的世界、征服男性的世界。

作为战后第一代实业家的曾宪梓在一穷二白的困境中以充分的自信和忘我的拼搏精神，终于成功地跻身优秀企业家的行列。他凭着敏锐的目光抓住机遇，以勤劳和智慧缔造了不同凡响的金利来名牌。

再如星光，1970年，星光还只是林光如独自创业开办的一个印刷小作坊。16平方米的厂房、一台二手印刷机，就是全部家当。从信纸、名片、单据等小批量印刷品做起，凭着客家人那股锲而不舍的韧劲，林光如在香港印刷界站稳了脚跟。

上世纪七八十年代，香港印刷界一些人因担心香港的前途纷纷减少投资，林光如却看准时机扩大投资，并不惜斥巨资率先从德国引进当时最先进的印刷设备，满足欧美客商对精美包装的需求。在当时香港印刷界还普遍采用二手机的背景下，这一敢为人先的举动立即引起了不小的震动，香港业界纷纷效仿，从而带动了全港印刷水平的整体提升。星光因此声名鹊起。

1993年，星光在香港联合交易所上市，成功实现从家族式管理到资产上市社会化，赢得了更大的发展空间。

印刷是个既古老又现代的行业，只有不断创新，才能使企业永葆青春。

三十多年来，星光集团始终应用最前沿的科技于生产管理中。它率先在业内启用ISO9001及ISO14001管理系统，凭借精细化的管理、优质的产品和服务、成功的快速反应、“客户联盟”的市场推广机制，使不少世界500强企业如微软、惠普、英特尔、宝洁、松下、欧莱雅等都成为星光的长期客户。

印刷业是个竞争激烈的行业，除了“以科技领先”，星光的做法是寻找新的经济增长点，通过设立“创意中心”来设计研发新产品，利用“授权”、“品牌”和“服务”来赢得利润，同时以全球化思维探讨和引领印刷行业标准的制定，以保证自己始终走在行业的前端。

上世纪90年代中期，由于多元化、国际化发展过速，管理、人才一时无法跟上，星光集团曾一度陷入低谷。痛定思痛，林光如决定要在自己的企业办一所管理学院。这所学院与其他业内专业学院不同的是，学院与工厂、研究、设计等环节紧密相连，学生直接与实践接轨，掌握国际上最先进的印刷设备操作技术与设计技能，毕业后均成为业内即用人才。

更具特色的是，“星光管理学院”不仅培训属下员工，还同时开办了面对客户和供货商的培训课程，比如举办“以全球化思维探讨印刷行业标准”论坛、“印刷品买家证书课程”等等。许多星光老客户如欧莱雅、CD、露华浓、默沙东、联合利华等知名品牌企业派员参加培训后，都给予高度评价。这种互动式培训使企业和联盟伙伴相互协作，结成了更为紧密的一体化经营和发展关系。

林光如常说：“过去的经验告诉我，人才是企业发展的第一要素。”他非常注重并极力倡导建设学习型企业。除培训之外，还选拔优秀员工到国外进修。识才、爱才、用才、育才，林光如的真诚、热情与谦和感染着每一个人。他多次感慨地说：“公司曾经因决策失误陷入低谷，错在我这个当家的没有广为纳谏”。为此，50多岁时，他还到新加坡国立大学修完了工商管理硕士课程，提升自己的现代管理水平，并规定，每月召开一次集团中高层管理人员参加的为期一天半的学习会和经营分析会，集思广益。由此，公司业绩连年稳定增长，2005年，星光集团被《福布斯》杂志评为“亚洲200家最佳中小型上市公司”之一。

星光重视人才，认为“我们要将员工‘举在头顶，放在心上’，给员工更多的关爱和栽培”。因此，在星光，员工们有充分的归属感，因为“选择星光，就是选择成长，就是选择了一种生活”。星光集团有不少二三十年伴随公司一起成长的老员工，即便在星光曾因种种原因濒临倒闭的艰难时刻，员工们都不离不弃，甚至把自家的存款拿出来集资，与公司共渡难关。人才的力量，在这里充分显示。

人们一提起“国货”，亦容易想到“保守”两字，联想到一成不变的小店铺和传统的摆售方式。而裕华国货在余国春、余鹏春兄弟和一班充满创新精神的管理层推动下，坚持“与时代并进，与社会同步，与社会同心”的行动指南，不断在管理服务和经营等方面创新。符合潮流，这是裕华之所以在竞争激烈的香港百货业中成为名牌的另一个重要原因。自置物业，从租到自置的转变，变得更为主动，为灵活经营创造了极好的前提，并坚持以自置物业来发展事业。

在管理上，裕华不断探索新路，拓展广阔的新空间，采用先进的企业化管理手法，使人力资源发挥更大的成效。在管理上，裕华创下了不少业内的“第一”。人们还记得，当年裕华率先在国货公司中引进电脑结算管理系统，采用敞开式的开架摆售，还在商场内安装气派而方便上下的扶手电梯。这些改革和创新，大大提升了公司效益，方便顾客购物，营造了舒适的购物空间，从而在市场上渐渐形成了鲜明、清新的形象。在今天，这些方法已是很平常的了，但在当时，却是极富挑战意味的创举，承担着不小的风险。

“裕华”现今已成为响当当的金字招牌，形象深入人心，成为香港国货业的重要代表。然而，众所周知，裕华的品牌，绝不是一天两天就树得起来的，而是几十年如一日通过一天天实实在在的热忱服务积累起来的。过去，凡是经营国货行业者都知道这一行业很难做，除了政治原因之外，内地计划经济运作模式更是形成了难以预料的困难。

经营百货，要货如轮转，就必然要有良好的进货渠道，要有琳琅满目紧贴市场需求的货品。市场的口味总是千变万化，一旦落后于市场要求，结果自然是货品卖不出去，存积仓库，损失惨重。可在改革开放之前，内地奉行计划经济，按计划生产产品，与市场的瞬息万变天生就是一对矛盾。采购进口的货品中不符合市场需要的情况，肯定在所难免。改革开放后，内地经济逐渐活跃，也朝市场化方向迈进了，货源充足，花色品种齐全。裕华凭着长期对消费者的了解和对市场的把握，一批经验丰富的买手在全国各地采购货品，形成了畅通的进货渠道，保证“正货”。

良好的货源是裕华保证其上佳服务的前提，经过长期努力，裕华以销售富有特色的国货，特别是正宗高档的中药、中国工艺品、丝绸成衣纺织品等国货，在市场中独树一帜。裕华特别强调给客人“正货”的承诺，客人在裕华购买到伪劣产品，公司一定会全数赔偿，绝不允许任何欺诈行为毁掉其商业信誉。“裕华”品牌的浇铸，除了销售优质国货外，还有赖其点点滴滴的优质服务。裕华宗旨特别强调“服务”意识，凭借严格的管理，形成和谐的公司文化。员工们都非常珍惜并自觉地维护“裕华”招牌，以自己尽心尽力的“优质微笑”服务，为公司添彩。

（二）诚信、稳健、勤俭

搏击香港商界的客家骄子们，取得如此辉煌的业绩，除了身上蕴含的勤勤恳恳、开拓进取的客家精神，还有其胆识、谋略，在商战中，他们悟出一个个成功的经营理念。

曾宪梓先生经营金利来，坚持“君子爱财，取之有道”的原则。在创业初期，两次对钱财的放弃，奠定了他对金钱的理念。第一次，是对父亲在泰国的遗产的放弃，此举让叔叔大为佩服，全心教导曾宪梓为商之道。第二次是刚到香港发展的时候，叔叔提供了价值3万元的做领带用的原材料泰国丝，而曾宪梓的事业刚起步后就凑齐3万元还给叔叔。因此，这些理念也影响了曾宪梓的经营理念。

金利来与人做生意，坚持诚信原则，坚持“不贷款，不赊账”的原则。谁要与金利来交易，先要把钱汇入金利来的账户，然后再出货，稳打稳扎。

而金利来的所有生意，都是用现金完成的，虽然银行的低息贷款有可能会让企业运转得很快，但是曾宪梓坚持稳中求发展的原则。这在别人看来是非常“保守”的做法，曾宪梓自己也说，这不是做大生意的手法。但是这一保守的做法却使得金利来在1998年金融风暴中逃过一难，并取得发展。

裕华主张不断创新和坚持拓展的战略。余国春强调，他反对盲目扩张，而主张以稳健作风进行，避免随意盲目地上规模和上项目，反对一味追求大而全，这是对公司和员工负责的态度。正是对这个分寸巧妙地拿捏，才保证了裕华在几十年的激烈竞争中健康成长。

在经营的货品和风格上，一方面保持中国特色的传统风格，在销售的近十万种货品中，只有极少数为外国货品。另一方面，现在裕华国货的业务还突出了中药的销售，开设了两家大型中成药专门店，力图向多元化的商品和服务方向发展。而且在坚持传统特色的同时，还有意地加入并糅合了强烈的现代感。在经营上做到“中西合璧”。

在坚持销售具有传统特色的优质产品时，亦适当地引进外国优质的、具有现代特色的潮流产品。在“中西合璧”的概念下，国货公司近年在经营手法及销售商品上已有了很大变化，这个变化是良性的。正是因为与时并进，勇于创新，裕华在本地顾客、海外华侨和各地旅客中享有美誉。

罗焕昌作为民族自尊心极强的游子，把经营国货作为自己神圣的职责。近40年来，他一直以祖国的利益为重，坚守信约，千方百计团结爱国的商人，为经销国货竭尽努力，而他的公司也成为祖国在港经销雨伞、胶鞋两大宗国货的批发商行。这些年来他一直担任中华总商会会董，中华进出口商会会董，香港树胶、塑胶鞋业商会副会长等职。

在理论与实践结合中，他找到了立业的法宝：依靠知识，依靠祖国，团结朋友，掌握信息，运用经济法则管理企业，以诚实取得信誉。从此，罗焕昌先生奋发图强，鸿图大展，事业如日中天，成为香港的殷实商家。

“从商不忘报国，……要为中华民族争口气！”这是罗焕昌经商办实业的宗旨。但是，仅有这个宏愿还不行，还要以实际行动去做，才能实现。

中华人民共和国成立之后，祖国开始在香港开拓国货市场，发动商家经营国货。罗焕昌先生十分高兴，他暗下决心，把推销国货作为自己的神圣职责和实业。1958年，他创办了“永成国货有限公司”专营国货。由于他锐意经营，勤俭创业，为人诚信，使实业从小到大，不断发展，至1960年，又创建了相当规模的“香港中国大成行有限公司”，其后又相继发展了“中国大成行有限公司”、“新梅行有限公司”，全部经营国内产品。“顶天立地”是他的“大成行有限公司”的广告词，这四个字寓意深刻，不仅标志公司经营国产雨伞和胶鞋，更重要的是寄寓着罗焕昌先生的心愿：做好国货生意，让祖国早日富强，在世界上顶天立地。

几十年来，罗焕昌先生千方百计为国家承担了许多经销出口的繁重任务。在上世纪60年代初国家经济困难时期，他还主动向国家有关部门提出，把自己经营国货的纯利率从国家允许的范围内下降二三个百分点。有人劝喻他说这是让自己吃亏。他说：“只要对国家有利，纵使吃亏也心甘情愿！”罗焕昌先生这种崇高的思想品格，深得香港同行的敬佩和北京轻工业总公司以及内地香港代理公司的赞誉。

在林光如的办公室，“诚爱勤敏”四个大字格外醒目。作为星光集团的企业文化，“诚信、关爱、勤奋、敏锐”确立了星光人共同的价值观和行为准则。

林光如先生说，做生意就要遵守规则，就如开车要遵守交通规则，红灯停，绿灯行，也许有很多人冲撞红灯能早点到达终点，但是，遵守规则能获得更多的机会。

他说，星光集团从事印刷不单是为了谋生，还要发挥印刷在文化教育方面的作用，为社会提供健康的精神食粮和高品质的生活。因此，星光创办35年来，一贯坚持“八不印”，包括不印烟包，不印淫秽刊物，不印盗版产品的包装品，不印伪冒商标，不印虚假证件，不印宣扬封建迷信的书刊，不印反宗教的宣传品，不印反政府的传单、报刊等等。

虽然因此损失了“厚利”，但林光如认为，“君子爱财，取之有道”，一个现代企业家应该对社会承担更多责任，不能唯利是图。对此，许多欧美企业高管称赞道：星光不愧为亚洲企业良好道德规范的代表。

在欧美一些发达国家考察时，林光如对当地良好的全民环保意识印象颇深。为此，他在香港和内地也不遗余力地推动环保事业的发展。1995年，星光集团在广州经济技术开发区投资一亿元兴建了“星光环保中心”，从欧美发达国家引进最先进的纸浆模塑自动化生产系统，用废纸做原料，生产内包装和儿童益智玩具，以取代严重污染环境的发泡胶产品。林光如说：“十年来，尽管成本高，做得很艰难，但这是一个有益于社会可持续发展的潜力无限的事业，我们会坚持做下去。”

由此，星光从5000元港币起家的印刷小作坊，发展到亚洲最大的印刷企业之一、“亚洲200家最佳上市公司”之一。

余国春说，父辈当初之所以选择经营国货，皆因倾注着对国家的一份真诚感情。父亲和叔父在1957年应国务院侨办之邀，经香港回北京，亲眼目睹了国家欣欣向荣的景象，不禁热泪盈眶，作为中国人的自豪感油然而生。他们对国家民族工业的发展前景充满信心。正是因为这份朴素的感情，余碧友和弟弟余庆等自然就以推销国货作为自己的事业了。

从小受到家庭气氛的耳濡目染，余国春兄弟从小就比同龄人多一份对国家的认识和感情。余国春至今还记得，1963年，当时他年仅14岁，在赴澳洲读书前，父亲专门带他回广州旅游，以增加对国家的了解。正是因为这样，当父亲召唤余国春回港帮手打理业务时，他毫不犹豫地回来了。也正是受到家庭的熏陶，余国春无论事业做得多大，一直保持着客家人坚韧不拔、质朴勤奋的本色。

正是基于一种对国家的感情、对国货的信念，余氏兄弟几十年痴心不改，坚守在国货经营上。哪怕是最困难的时期也没有动摇。现在，公司近十万种商品中除了电器、化妆品之外，全是国货，国货营业额占绝对优势。余国春就常说，自己从事国货业，一直充满着民族自豪感，以销售国货为荣。自己对国家工业的进步感受尤其深，现在中国的经济的确是今非昔比了。随着国家不断进步，经济再上台阶，国货在全球市场上肯定会树立更好的形象，占领更大的市场。所以他坚信，只要不满足于现状，与时共进，加强管理，经营国货的前景一定美好。

田家炳从1955年锐意经营塑胶厂，生产塑料薄膜，人造皮革等。几年奋斗，塑胶产业垄断印度尼西亚，声誉很高。1958年他果断地移居香港，谋求新的发展。在屯门填海造地，建起田氏化工城，专事生产塑料薄膜和人造革，积极扶植人造革行业，带动下游加工工业的发展和工人的就业，促进社会繁荣。

1958 年田家炳抵港不久，于屯门买下逾卅万平方尺海滩，劈山填海，兴办化工工业城，生产塑料薄膜与人造皮革，业务蒸蒸日上。嗣后又于屏山扩建分厂，巩固田氏工业根基。当时，香港塑料加工工业始兴，产品销路不大，加之投资巨大，取利微薄，技术性高，先生不避艰辛，主力兴盛下游加工工业，促进社会繁荣。

1992 年在广东省东莞市成立东莞田氏化工厂有限公司，建成现代化、自动化的 PVC 薄膜及人造革制造厂，无论规模、技术、管理等都居国内前列，并于 1997 年取得《ISO9002 国际标准品质管理证书》，2000 年春取得《ISO14001 国际标准环境管理体系证书》。

目前他首创的田氏塑胶厂及田氏化工厂有限公司，为东南亚最大人造革制造厂，在香港有“人造革大王”的称号。50 年代香港塑胶加工业尚在萌芽期间，田氏开业后为厂家提供加工技术，解决原料供应，开发海外市场等多方面协助，使香港产品能在国际间占一重要地位，香港当局及工商界人士交口赞誉，认为其是一位不可多得的成功工业家。1982 年香港总督为表扬田家炳先生的贡献，特颁赐英皇荣誉奖章，用资嘉勉。

田家炳先生说：他不会做生意，做这生意，是因为当时这些原材料很难找，需要日本进口，所以就想着要给港人方便，因此尽管生意难做，秉着诚信有各方朋友关照，也一直坚持下来。这些话自然是谦辞，其中的艰苦奋斗，开拓创业，是可以想象的。

田家炳先生为自奉甚俭，克己待人。其处世之道，成功要诀，是秉承了“勤、俭、诚、朴”四德。职业无分贵贱，不论身处何种工作岗位，只要尽忠职守，敬业乐业，自能拨云见日，渐入佳境，逐步攀登成功的高峰。除此之外，田家炳目光如炬、稳中求进，因此能够转逆境为顺境；知人善任，礼贤下士，加以凡事亲力亲为，任劳任怨，能人之所不能，敢人之所不敢，故能使田氏企业，上下一心，群策群力，发挥出超卓的成效。

田家炳先生说：我资助需要帮助的人们，倾尽所有都无所谓。大家会说，田家炳每年拿出 3000 万元去捐款，给亲戚们几千元又何妨？家乡的一些亲戚，说家境困难，我说，比我当时的境地好多了，有手有脚，我不会给钱的，但是若发生了突如其来的困难，我肯定要帮。

田家炳为人节俭，出外开会自备饮用水，到酒店住宿自备肥皂，平常也是乘巴士地铁。“我住了多年的寓所有数千呎，只有我和太太住实在太浪费，于是我卖掉它，转为以每月 2 万多元租住一个千多呎的小单位，住十年也只是 300 多万。”

田家炳先生感叹现今的家长对子女过分宠爱，使孩子不知物质其实得来不易，碰到小困难便以为自己很凄凉。“和内地的孩子比较起来，香港的孩子物质生活充足，内地的孩子因贫穷而养成勤俭的美德，对得到的一切都很珍惜。”

他曾说，我兢兢业业做人做事，从来没有对不起别人，无愧于心。也许是因为诚信，所以，大家才帮衬我的生意，不致倒闭。

1968 年，曾宪梓带着母亲、妻子和 3 个孩子，再次来到香港。当时是年关，又没钱，最后还是叔父的汇款才给这 6 口人一个安家之处。万事开头难，虽然是大学毕业生，但毕竟是个外来户，什么都不懂，还要养活家人，曾宪梓从来没有这么艰难过。为了谋生，他曾做过保姆，给别人看孩子挣钱，但艰苦的环境并没有磨灭他的信心。生活的艰难，却萌发了曾宪梓创业的决心。他利用晚上的时间认真钻研香港的市场状况，发现当时香港服装业很发达，400 多万香港人，不少人有几套西装。有句话这么说：“着西装，捡烟头。”意思是捡烟头的流浪汉都穿着西装，可见西装的流行程度。在泰国就在领带行业干过的曾宪梓出于一种职业敏感，发现一个惊人的事实：西装那么普遍，但是作为西装最重要的配件——领带却没几个像样的，这是一个颇为巨大的市场。通过调查，曾宪梓还发现，当时香港的领带大多从外国进口，本地的领带业还很薄弱。他默默地在心里盘算，以香港 400 万人计，假如每人有一套西装，配一条领带，这领带的销售量也是非常可观的。起初，曾宪梓和妻子两人只是用手工缝制低档的领带。尽管夫妻两人起早摸黑，干得很辛苦，生意却非常不好。开始的时候，没有人买他的领带，好不容易，有一家商店的经理同意看一看他的领带。可是他报出的价钱，简直就叫曾宪梓无利可图了。曾宪梓当然不愿卖。那位经理便把自己店里经营的进口名牌领带指给曾宪梓看，相比之下，曾宪梓所做的领带用料低廉、款式单一、色彩灰暗，确实摆不上柜台。

曾宪梓

曾宪梓受到了极大的震动。他察觉自己从主观想象出发，认为生产档次较低的廉价领带，会比较容易进入市场，事实证明他想错了。廉价产品所换来的不是利润，而是别人的歧视与羞辱。只有精品才能打开市场，否则自己生产的和地摊货又有什么区别，自己当初生产领带的初衷也就不能实现了。

在困境面前，曾宪梓没有气馁。6000 元本钱交了“学费”，学到了一条教训：要想打入市场，就得生产高档名牌产品。经过仔细考虑，他决定改做高级领带。他买来法国、瑞士的高档领带进行研究仿制，生产出了一批高级领带。然后他花大价钱从商店里买回各种外国名牌领带，一一拆开，琢磨用料、裁剪、造型、花色……他还做了大量的市场调查，研究花色品种的新潮流、新趋向。最后，曾宪梓用仅剩下来的钱买进了一批法国面料，以外国名牌领带为标本，加入了他自己的设计方案，精心制作成了4条新领带。他把自己做的领带和几条外国名牌领带混在一起，去请一位领带行家鉴定。那位行家看来看去，一口咬定这都是进口产品。他肯定地说："香港的领带业我清楚，像这样面料考究、做工精良、款式新潮、质量上乘的领带，当然只有外国才生产得出来。"

而在成功路上，有一件事对曾宪梓后来的发展至关重要——

有一天，曾宪梓去尖沙咀旅游区洋服店一带，推销自己制作的领带。被街头烈日晒得满头大汗的曾宪梓，拎着两大盒领带，走进一家洋服店。为了自己的生意，他直接走过去，打断别人的谈话，问老板要不要他的领带。而洋服店的老板像是见到瘟神一样，毫不客气地把他赶出来。曾宪梓羞愤不已，回到家中，左思右想，忽然明白了自己为什么受挫的原因。第二天下午，他衣装整洁，戴上领带，趁店里没顾客便进去向老板赔不是，老板见到他如此诚恳，直说，被骂过的人不止一个，但是没有一个回来道歉的，这真是个韩信式的人物，将来必然会大有作为，后来这个老板成为曾宪梓的第一批客户和朋友。

这亦促成以后曾宪梓的经商之道——先做朋友，后做生意。这经商之道后面的更大的理念则是：诚信。

曾宪梓还把眼光投向了大商场、百货公司，要把自己的领带摆在百货公司的显眼位置。他找到地处旺角的瑞兴百货公司经理，虽然两人有较好的私人关系，但是毕竟这是个没牌子的东西，经理也怕亏本。曾宪梓说：我拿我的领带来与这里的进口领带比较，看能否分辨哪些是我的，哪些是进口的。经理看过之后，也无法分辨出来。于是，他的领带与进口的放在了一起。就这样，曾宪梓做的领带终于在大商店中挂了出来，而且是与外国名牌挂在一起。不出曾宪梓所料，购买者被那新颖的款式、独特的花纹、地道的进口面料和精湛的工艺所吸引，再看价格大大低于同等质量的进口领带，自然纷纷购买曾宪梓的产品。

香港的商业信息是最灵通的，从瑞兴公司传出的消息，立刻引起了许多大公司、大商店的注意，一时间，竟形成了一股抢购曾宪梓领带的风潮。当时一般的香港产领带只卖6元一条，曾宪梓卖到9.9元，仍然供不应求。

创业4年，曾宪梓赚来了人生中的第一个100万。他决定扩大自己的规模。1970年，曾宪梓注册成立了"金利来（远东）有限公司"，金利来，即"GOLD"，意译"金"，而"LION"（狮）取音译，为"利来"，即成为"金利来"名称。金利来，金与利一起来，在很讲吉利和彩头的香港非常适合。

正是有了朋友间的诚信，人们也正是看到了诚信，才会不遗余力地给予他帮忙。曾宪梓先生的办公室，非常醒目的挂着一幅字，是著名书法家刘海粟的作品，写着四个大字——"勤俭诚信"，这就是金利来获得成功的砝码。

五、香港客商的客家情怀

（一）福泽乡里，回报家邦

古诗云："谁言寸草心，报得三春晖"。在这些成功的企业家身上，我们不难看到同样的一个品德，就是爱心，爱桑梓、爱香港、爱祖国。

作为一个中国人，曾宪梓有一颗可贵的中国心。为了支持故乡建设，他在梅县与一家企业合资，创办了"银利来有限公司"，生产银利来领带，并把自己从这个企业所得到的利润全部献给了梅县，用作嘉应大学的办学经费及其他公益事业费用。他深知教育事业和体育事业对于一个国家和民族发展的重要性，所以多次捐资给母校兴教，鼓励中国足球队冲出亚洲，支持北京申办奥运会和奖励中国奥运健儿。

曾宪梓博士幼年丧父，曾因家贫交不起学费而中途辍学，砍柴放牛帮补家计，是政府给了他重新上学、受教育的机会。"滴水之恩，当以涌泉相报"。曾宪梓博士毋忘祖国对他的培育，难舍的乡土浓情，秉承科教兴国、产业报国精神，80年代初已热衷致力于发展、捐助内地及香港文化教育、体育、医疗与社会公益事业。1992年，曾宪梓博士捐资港币一亿元与国家教育部合作设立曾宪梓教育基金，扶助贫困地区教育事业；2003年宣布捐资港币一亿元设立曾宪梓载人航天基金，奖励对祖国航天科技事业作出贡献的专家和航天员。曾宪梓博士几十年如一日，自奉甚俭，无私奉献，回报祖国，拳拳赤子之情，溢于言行，先后捐赠金额逾5.7亿元。

为表彰曾宪梓博士对祖国事业以及对香港多方面作出卓越贡献，于1997年7月2日曾宪梓博士获颁授香港特别行政区勋衔制度中最高的荣誉，大紫荆勋章；并分别获北京、哈尔滨、沈阳、大连、广州等多个城市人民政府颁授荣誉市民称号。1993年中国南京紫金山天文台以国际编号3388号小行星呈请国际小行星命名委员会核准，命名为"曾宪梓星"。

据不完全统计，在十几年中他的捐款达到了200多项，总额高达4亿多元，为海外华侨、港澳同胞关心和参加祖国和家乡建设起到了极大的鼓励和促进作用。在他的会议室里的三面墙上，挂满了曾宪梓先生捐资建办的医院、学校等设施的照片。

曾宪梓一直强调，作为一个中国人，一定要爱国，爱共产党，没有共产党就没有新中国。因此，他在香港的一些场合，公开指名批评几个民主派不爱国。这种硬派作风不是每个人都能做到的，这里也有客家人的"硬颈"精神。

曾宪梓以自己对祖国、家乡的倾情之爱，以自己的高风亮节，为海内外的中国人树立起一座永远的丰碑。

田家炳先生，秉着“取诸社会、用诸社会”、“留财予子孙不如积德予后代”的中华传统美德，于1982年决定捐出10余亿元的财产，成立“田家炳基金会”，专事捐办公益事业。田先生在全国各地均有独资和襄资捐建善业，项目包括教育、医疗、卫生、交通、文娱、社会福利等，以“田家炳”命名的单位和建筑物数达百项。田先生履仁崇义，不求闻达，深得海内外政府各级机构及社会各界人士的嘉许。1994年南京紫金山天文台将2886号小行星命名为“田家炳星”。1996年，英国女皇授予他MBE勋章。美国环球大学、香港浸会大学授予他荣誉博士学位、香港大学授予他名誉院士荣衔；国内30余个省、市、县授予他荣誉公民、荣誉市民称号，数十所大学聘其为荣誉教授。

田家炳先生一贯主张，捐款做善事的目的不是为了个人的名和利，而是真正造福于人民，他不单关心家乡的事，凡是社会上的事，他力所能及的都一样关心。

他对教育事业是很关心，而且对文化事业亦很重视，如大埔县建青少年宫，他积极捐资赞助；大埔县汉剧团缺乏服装道具等，他也捐巨款解决，类此事例太多，不胜枚举，他做到了“不分行业，能帮就帮。”田家炳先生不仅关心家乡的发展，而且亦关心香港的公益事业。

田家炳先生敦品励学、勤俭自勉、治事严谨、淡泊名利的崇高品格，不分界域地举办善业，关心教育，公而忘私的可贵情操，深为世人所钦敬。

“裕华”创始人余连庆先生身居香港，心系乡土，他热心公益，早期多次捐助官坪村建学校，挖水井，修水利，并捐赠汽车给松口区。1982年，他独自捐资100万港元兴建松口中学连庆礼堂，开创了该校捐资办学的风气。同年又以公司名义捐资人民币18万元兴建裕华科学馆，1986年更发起集资捐建松口中学80周年纪念楼。其义举对其家族和社会影响深广。在他逝世后，其子女亲属遵照其生前遗嘱，捐献20万港元给松口中学和官坪小学设立“余连庆先生教育基金会”，为兴学育才再作贡献。

余国春、余鹏春亦从没有忘记自己对香港社会、对国家的一份责任感。他们积极参加社会公益活动，为港事国事恪尽一份力量，为内地和香港的各项福利事业捐款无数，回馈社会。余氏兄弟浓浓的家国情怀，大概是“裕华”强烈民族特色的一个很好理由，是裕华始终不渝坚持经营国货的深层原因。

何冬青，男，梅州市第一批荣誉市民、梅州市发展战略顾问、香港七洋发展有限公司董事长。1928年出生于平远石正，早年就读于平远石正中学及江西寻乌师范学校，抗战胜利后入读广州文化大学，主修中国文学，以优异成绩毕业，获文学学士学位。1949年只身移居香港。初期从事出版工作，1953年创立大中国印刷厂、中华文化事业公司和大道书局，集出版、印刷、发行、推广于一体，享誉文化界；1966年创办香港静宜女子中学，至1972年，发展为7间分校，跻身香港中学十大之列。1968年与香港市政局议员黄梦花、香港政府华员会（相当于内地工会组织）

会长钱世年联名发起成立香港中文教育促进会，以抗衡港英政府重英轻中、数典忘祖的教育政策；进而于1970年发动争取中文法定运动，被推举为“香港各界促成中文为法定语文联合工作委员会”总干事，负责策划及执行具体工作。最终迫使港英政府宣布中、英文在香港享有同等法律地位，成功捍卫中华民族和文化的尊严。1984年获港督委任太平绅士勋衔。1985年香港推行代议政制时，当选为第一位民选葵青区议会主席，并连任三届香港区议会主席联谊会主席。1991年联合香港政坛精英千余人，组建稳定香港协会，被推举为名誉会长兼秘书长。1995年被国务院聘为港事顾问，为香港平稳过渡、政权顺利交接，提出不少重要建议。1986年5月首次应邀重归阔别40年的平远老家，毅然成立何冬青基金会，开展龙腾盛世系列工程，迄今为止已捐资2000多万元，主要用于教育、文化、医疗、路桥等福利事业。

刘宇新先生，祖籍兴宁市坭陂镇，旅居香港。任香港宝德集团有限公司董事长，香港嘉应商会永远荣誉会长，全国第八、九届政协委员。他爱国爱乡，感情真挚；艰苦创业，慷慨为公。从70年代起，先后为母校泥陂中学捐资兴建科学大楼、舍、体育场，购制教学设备，帮助、支持学校工厂发展生产，设立奖教奖学基金；为嘉应大学、体育运动中心、剑英公园以及梅县、大埔、五华、丰顺等县捐建文化教育、体育卫生事业项目。同时为发展家乡的乡镇企业出谋献策，开展来料加工业务，提供车辆、织布机等各项资助，并为家乡侨务、城建、公安等方面的工作给予积极的支持。

祖国改革开放以后，罗焕昌先生心里想到的是祖国和家乡，他说：“我旅港40余年，一直眷恋祖国，怀念家乡，总想为国家和故乡做点实事，好事，尽自己之能力报答国家和家乡。”于是，他说到做到。据粗略统计，他自1979年以来，为祖国和家乡的建设和公益事业总共捐献近几千万元。因此，1992年他分别被梅州市和兴宁市政府授予“荣誉市民”的光荣称号。

“取诸社会、用诸社会”是林光如一直奉行的准则。几十年来，他积极推动社会公益事业，捐资助学超千万元，1986年，他获选为“香港十大杰出青年”之一。

“星星之光，也要惠泽大地”。林光如这样诠释公司取名“星光”的深刻寓意，并为此不懈努力。

2006年12月22—26日，林光如会长率领香港梅州联会的余国春先生、余鹏春先生、罗焕昌先生、罗港枏先生、何冬青先生等“情系梅州爱心行”的一行人，抵达梅州，进行爱心行动，捐资达2000多万元用以医疗教育，资助1200多名贫困学生。

邹锡昌认为：“个人的财富取之于民、用之于民，生不带来、死不带走，所以钱应该用在刀刃上，用在最需要的地方，发挥出最好的作用。”2004年，中山大学成立80周年之际，邹锡昌捐赠2000万元为母校哲学系兴建教学大楼——“锡昌堂”。2005年12月，邹锡昌先生大力支持家乡梅州医疗事业的发展，在梅州市人民医院迎来110周年华诞之际，捐资1200万元修建住院大楼。让手中的财富回归社会和家乡父老，他认为是一个有责任心的商人应该做的事。作为一个成功者，他已经改变了自己的命运，也希望通过自己的一点努力，改变更多人的生命旅程。

尽管如此，他们从来都不愿自封或者被他人封为“慈善家”，因为觉得所做的都是微不足道的，仅仅是做了力所能及的事情，是对祖国的一点回报。这种爱，是一种大爱。

同时，他们从来不觉得资助了需要帮助的人们，是一种很高贵的行为，觉得施与受都是有福的，是平等的，不图回报。因为，他们坚信，由于他们的爱心，受过资助的人们也一定会将这份爱心传递下去。

（二）秉承客家精神，应对新的挑战

广东地处五岭之南，自然是大规模移民和民族大融合的地区，也是客家人聚居的重要地带之一。由于地处特殊的位置，广东不仅是居民迁入甚多的省份，同时，也是向海外移民最多的地区，成为全国最大的侨乡。祖籍广东的华侨华人有2000多万，分布于世界五大洲100多个国家和地区，祖籍广东的港澳同胞就有500多万人。

广东移民与土著杂居，形成了以广府文化为代表，由广府文化、潮汕文化和客家文化组成的典型的移民文化——岭南文化。这里我们且不论广府文化和潮汕文化，着重考察培育了众多华夏客商的客家文化。

不管人们怎么看待客家的迁徙，客家的祖先源于中原，从中原一路迁徙至南方，这是铁的事实。这样，客家的文化便是一种融合的文化，既保留了中原文化的主要特征，又吸收了南方百越族土著居民的精神气质。那么，客家文化的特质是什么?

首先，客家人来自中原，自然浸透着儒家的正统思想，留存着中原的古风。其次，早期客家人移居之地几乎是僻远的山区，俗语说，“逢山必有客，有客必住山”。一方水土养一方人，与山林和谐相处的客家人，又具有山一样的品格——坚韧不屈，挺拔伟岸……此后，富于进取的客家人又走出大山，漂洋过海，散居于世界各地。苍茫辽阔的大海，激发了客家新移民的雄心壮志，海水的滋养，使他们具有博大的胸怀。所以，客家文化或客家精神是一个复合的、动态的意识形态，诸如勤劳克俭、崇文尚教、开拓进取、隐忍坚韧、宽广大气都是客家精神的底蕴。千百年来，客家人就凭着这股精神顽强地生存，且不断地开拓创新。

一直以来，香港的客家商界人士与香港荣辱与共。香港的开埠，到处印有客家拓荒者的足迹；香港的腾飞，倾注着客家儿女的汗水。一代又一代的客家商人抓住时代赐予的机遇，大胆进取，创造了一个个经济奇迹。

客家人有着顽强的生命力，走到哪里都能生根；客家人具有不畏艰难和吃苦耐劳的精神，能够抓住每一个时机。不同时代的客家人经历了不同的香港经济历程，

在不同的阶段，客家人都能与时俱进，他们经营过制造、纺织、服装、皮革、橡胶、餐饮、贸易等不同的行业。无论从事哪一行业，客家人都脚踏实地，兢兢业业，不仅为香港，为社会创造了巨大的物质财富，而且，用自身的行动阐释了什么是客家精神。

刻苦耐劳，刚强弘毅，勤劳创业，团结奋进，务实求真……就是客家文化的精髓。客家人的每一次迁徙，每一个开拓进取，应从两个层面分析：从表层看，是为了求得更好的生存环境，改善基本的生活境遇；从深层看，应是寻求达到人与自然，人与社会的和谐，包括经济生活和精神品格的和谐。从农业经济到商品经济，客家人不断调适，努力进取；如今进入知识经济，客家人依然能做到无所畏惧，正是因为有了客家精神这一支撑，而客家精神本身就是历史的形成，动态发展的过程，是维系客家生存，推动客家民系发展的动力，是既具有地域色彩又富有群体普遍意义的精神品格。

如今，历史年轮已转入了21世纪，世界发生翻天覆地的变化，曾经的天各一方，如今却有了“地球村”的说法。

美丽的自由港，给客家人带来许多机遇的香江，面对时代的挑战，也需要不断地调整，以适应新经济形势的发展。香港的经济，与世界其他地区一样，时有风雨，但又见彩虹。香港面对的难题，是香港经济弄潮儿的难题，作为驰骋于香港商界的客家人也应对此作出回应。相信香港客商们仍能以客家精神应对全球化挑战。

一拨又一拨闯荡香港的客家人，在各行各业叱咤风云，创造了一个又一个神话般的奇迹。面对全球化的来临，相信香港客家商界精英会有新的理念，采取新的战略，以应对新的经济转型。或许作行业的调整，或许作资本的转移，或许提升科技……

正如香港客商精英们感言：

“发扬客家优良传统，团结进取，造福社会”——曾宪梓

“在中华民族奔向盛世的过程中，梅州联会老中青全体同仁将齐心协力，本着‘新思维、新风格、新形象’的理念，共同为香港社会的稳定繁荣作出应有的贡献”——林光如

“凝聚乡情，繁荣香港；情系桑梓，振兴中华”——余国春

“团结友爱，和谐合作；承先启后，继往开来”——罗焕昌

…………

这就是所有香港客家商界人士的心声！

这就是客家精神！